Prof. P. Bachmann.

ZAHLENTHEORIE

VERSUCH

EINER

GESAMTDARSTELLUNG DIESER WISSENSCHAFT

IN IHREN HAUPTTEILEN

VON

PAUL BACHMANN

VIERTER TEIL

DIE ARITHMETIK DER QUADRATISCHEN FORMEN

VERLAG U. DRUCK VON B. G. TEUBNER · LEIPZIG · BERLIN 1923

DIE ARITHMETIK DER QUADRATISCHEN FORMEN

DARGESTELLT VON

PAUL BACHMANN †

MIT EINEM GELEITWORTE

HERAUSGEGEBEN VON

DR. ROBERT HAUSSNER
PROFESSOR AN DER UNIVERSITÄT JENA

ZWEITE ABTEILUNG

MIT EINEM TITELBILD UND 20 TEXTFIGUREN

VERLAG U. DRUCK VON B. G. TEUBNER · LEIPZIG · BERLIN 1923

Vorrede.

Als ich bei der Veröffentlichung der ersten Abteilung dieses Werkes in Aussicht stellte, ihr die zweite Abteilung baldmöglichst nachfolgen lassen zu wollen, habe ich nicht geglaubt, daß achtzehn Jahre vergehen würden, bis es mir gelänge, diesem Versprechen nachzukommen. Es sind — neben anderweitigen Umständen — nicht allein die Studien und Arbeiten, deren ich zur Ausarbeitung meiner übrigen in diesen Jahren erschienenen Werke bedurfte, welche die Ausführung meiner Absicht solange verhindert haben; vornehmlich war es der Umstand, daß inzwischen die Forschungen namentlich Minkowskis, aber auch anderer Gelehrten, welche sich auf den von mir darzustellenden Gegenstand bezogen, ihn in stetem Flusse und reicher Entwicklung erhielten, und es mir daher wünschenswert und geraten schien, erst einen passenden Abschluß derselben zu erwarten. Dieser ist ja dann in sehr beklagenswerter Weise durch das vorzeitige Ableben Minkowskis bis auf weiteres eingetreten und brachte Plan und Ausführung meines Werkes endlich zur Reife.

Das Problem der Reduktion der quadratischen Formen, der diese zweite Abteilung ihrer „Arithmetik" gewidmet sein sollte, hat unter den Händen jener wie schon früherer Forscher eine ganze Reihe anderer Fragen und Beziehungen von großem Interesse herbeigeführt und geknüpft, die im Zusammenhange zu behandeln diese Abteilung sich vorgesetzt hat. Dahin rechnen die Fragen nach dem Minimum quadratischer Formen, nach den sogenannten Grenzformen oder den formes extrêmes, nach den von Minkowski so bezeichneten „Diophantischen Approximationen", d. i. der Annäherung gegebener Ausdrücke mit mehreren Unbestimmten an die Null, nach der Annäherung durch rationale Brüche an eine oder mehrere gegebene Irrationellen, nach den arithmetischen Charakteren der algebraischen Zahlen u. dergl. mehr. Zwei Forscher vornehmlich sind es gewesen, die hier die reichsten Ergebnisse geliefert haben: Charles Hermite und Hermann Minkowski, und die Herleitung ihrer Ergebnisse bildet den eigentlichen Grundstock meiner Darstellung, dem freilich mannigfache Arbeiten anderer anzugliedern und einzufügen waren, um das Ganze zu bilden. Von zwei ganz verschiedenen und doch im Grunde eng verbundenen Gesichtspunkten aus haben jene beiden großen Mathematiker die gedachten Probleme zu bewältigen gesucht: Hermite auf algebraischer Grundlage mittels seines Algorithmus der sogenannten réduction continuelle, d. h. der Reduktion von Formen mit veränderlichen Parametern für alle Wertsysteme der letzteren, Minkowski, angeregt und ausgehend zwar von Hermites schönen Ergebnissen, aber tiefer nach ihren Gründen forschend, von der zahlengeometrischen Vorstellung der allgemeinen Zahlengitter aus und besonders mittels der Eichfläche seiner sogenannten Strahldistanzen, in der er den eigentlichen Quellpunkt der bezüglichen Untersuchungen fand. Es bietet ein eigentümliches Interesse dar, das Verhältnis, in welchem diese gewissermaßen parallel laufenden Untersuchungen zueinander stehen, zu verfolgen und darzustellen; inwieweit letzteres von mir erreicht worden ist, muß der Leser entscheiden.

Ausführlich sonst hier auf den Inhalt des Buches einzugehen, kann unterbleiben und in dieser Hinsicht auf das Inhaltsverzeichnis verwiesen werden. Es trifft sich eigen, daß mitten unter unseren Kämpfen gegen Ost und West ich bei der Ausarbeitung meines Werkes genötigt gewesen bin, vornehmlich die Ergebnisse von Forschern des Westens und des Ostens zur Darstellung zu bringen. Wenn so dies Buch jene deutsche Art bekundet, die willig annimmt und anerkennt, was fremde Kultur an Tüchtigem darzubieten hat, so trägt es vielleicht durch innerliche Verbindung der behandelten Forschungen doch auch den tieferen Zug deutschen Geistes, der in der vollen Erfassung des Zusammenhanges der Dinge das eigentliche Ziel wissenschaftlichen Strebens und seine Befriedigung sieht

Weimar, März 1916

Paul Bachmann.

Geleitwort.

Aus den 18 Jahren, von denen mein verstorbener alter Freund in seiner Vorrede zu diesem Werke spricht, ist durch die Ungunst der Verhältnisse, unter denen wissenschaftliche Veröffentlichungen während des Krieges gelitten haben und in noch weit höherem Maße seit dem Schandfrieden zu leiden haben, ein volles Vierteljahrhundert geworden. Mit großer Betrübnis erfüllte es Bachmann, als der Verlag im Jahre 1916 ihm sein Manuskript zurücksandte, da die Drucklegung damals nicht geraten erschien, und er nun seine Arbeit im Schreibtische ruhen lassen mußte mit immer geringer werdender Wahrscheinlichkeit, das Erscheinen des Buches noch zu erleben. Bis zu seinem Tode im Frühjahr 1920 hat er sich viel mit dem Manuskripte beschäftigt und noch manche Verbesserung eingefügt. Das Schicksal desselben lag Bachmann besonders am Herzen; ich bin kein einziges Mal in jenen Jahren bei ihm gewesen, ohne daß er mich gebeten hat, nach seinem Tode für die Drucklegung des Werkes zu sorgen und die Herausgabe selbst zu übernehmen. Wie er befürchtet hatte, war es ihm nicht vergönnt, die Entscheidung über das Schicksal seines Werkes zu erleben; eine um so größere Freude ist es mir, seinen letzten Willen haben erfüllen und das mit dem Bilde seines Verfassers geschmückte Werk den Forschern und Freunden der Zahlentheorie übergeben zu können.

Ein Bild von Bachmanns Leben und Wirken habe ich in dem Gedächtnisworte gegeben, mit dem ich der zweiten Auflage seiner *Grundlehren der neueren Zahlentheorie* (Berlin 1921) das Geleit gab. Indem ich auf jenes verweise, kann ich mich hier darauf beschränken, kurz das Verhältnis zu skizzieren, in dem die selbständig erschienenen Werke Bachmanns, deren Titel zum Teil nur wenig verschieden lauten, zueinander stehen. Dabei kann abgesehen werden von seiner Dissertation (*de substitutionum methoda theoria meditationes quaedam*, Berlin 1862), von seiner wichtigen Habilitationsschrift (*de unitatum complexarum theoria*, Breslau 1864) und von der „*Theorie der komplexen Zahlen*“ (Berlin 1867), deren Inhalt in sein eigentliches Lebenswerk, die mit diesem Bande zum Abschlusse kommende sechsbändige „*Zahlentheorie*“ Aufnahme gefunden haben.

Der Verwirklichung des während seiner akademischen Lehrtätigkeit schon gefaßten großen Planes, eine Gesamtdarstellung der

Zahlentheorie in ihren Hauptteilen zu verfassen, konnte Bachmann erst nach seinem Ausscheiden aus dem akademischen Lehramte im Jahre 1890 nähertreten. Wie er in dem Vorworte zum ersten Teile dieses Werkes, den *„Elementen der Zahlentheorie"*, ausdrücklich hervorhebt, war es nicht seine Absicht, ein Kompendium dieses Wissenszweiges zu geben, in dem alles zu finden wäre, was erreicht und veröffentlicht war, und wie ein solches in Dicksons vortrefflicher *history of the theory of numbers* jetzt vorliegt, sondern er beabsichtigte vielmehr in einer Reihe von Einzeldarstellungen Bilder zu entwerfen, welche die einzelnen Gebiete der Zahlentheorie in ihrem wesentlichen Inhalte und ihren charakteristischen Zügen übersichtlich zeichnen und von den hauptsächlichen Forschungen Kenntnis geben sollen. Dank seiner umfassenden Kenntnis und Beherrschung der zahlentheoretischen Literatur, seiner ausgezeichneten Gabe einer künstlerisch vollendeten Darstellung konnte Bachmann der Ausführung eines so groß angelegten Planes nähertreten und ihn vortrefflich durchführen. Ein solches Bild lag bereits in seinen 1872 erschienenen „Vorlesungen über die Lehre von der Kreisteilung" fertig vor, das als dritter Teil der Gesamtdarstellung der *„Zahlentheorie"* eingefügt ist. Die einzelnen Teile dieses Werkes hat Bachmann in den Vorreden zu denselben ihrem Inhalte und Zwecke nach kurz skizziert, weshalb sich dies hier erübrigt. Die drei ersten Teile, der fünfte Teil und die erste Abteilung des vierten Teiles waren bis zum Jahre 1905 erschienen, während die Fertigstellung dieser zweiten Abteilung des vierten Teiles sich aus den in der Vorrede angegebenen Gründen so lange hinauszögern mußte. Für den letzten sechsten Teil, der die speziellen Zahlenkörper behandeln sollte, hat Bachmann nur Vorarbeiten geringen Umfanges hinterlassen, da ihm andere Veröffentlichungen nicht genügend Zeit dafür gelassen hatten. So sehr bedauerlich es ist, nicht auch über dieses Gebiet eine Darstellung von Bachmanns Meisterhand zu besitzen, so wird bei dem Charakter des ganzen Werkes sein Wert dadurch nicht im geringsten beeinträchtigt. Im Gegenteil wird Bachmanns *Zahlentheorie* ihre hohe wissenschaftliche Bedeutung und damit den ihr gebührenden Platz in der zahlentheoretischen Literatur stets behalten. Deshalb ist es nicht überraschend, daß von den ersten drei Teilen, trotz des verhältnismäßig kleinen Kreises von Freunden der Zahlentheorie, bereits anastatische Neudrucke nötig geworden sind.

Die übrigen Bücher Bachmanns können als Supplementbände zu dieser Gesamtdarstellung der Zahlentheorie angesehen werden. Von ihnen erschienen seine *Vorlesungen über die Natur der Irrationalzahlen* im Frühjahr 1892 noch vor dem ersten Teile des großen Werkes, der im Herbste 1892 erschien. Ganz besonders aber kann Bachmanns zweibändiges Werk *Niedere Zahlentheorie*, das durch seine zwei Artikel für die Enzyklopädie der mathematischen Wissenschaften (1902) veranlaßt worden ist, als eine Ergänzung jenes ersten Teiles, der *Elemente der Zahlentheorie* betrachtet werden, wie es von Bachmann selbst auch geschehen ist. Der erste, der multiplikativen Zahlentheorie gewidmete Band (Leipzig 1902), gibt nicht nur eine andersartige Behandlung der Elemente, sondern weiter zahlreiche speziellere Untersuchungen, eine sehr eingehende Theorie der quadratischen Reste und die Theorie der höheren Kongruenzen. Der zweite Band der *Niederen Zahlentheorie*, die *additive Zahlentheorie* (Leipzig 1910), ist aber nicht nur Supplementband, sondern füllt darüber hinaus eine große und sehr fühlbare Lücke in der zahlentheoretischen Literatur aus; in ihm finden sich zum ersten Male Untersuchungen zusammengefaßt, die zum Teil von den größten Mathematikern herrühren, bis dahin nur sehr verstreut an den verschiedensten Stellen zu finden und daher teilweise recht schwer zugänglich waren. Für diese schönen und interessanten Untersuchungen hat Bachmanns Darstellungskunst trotz des losen Zusammenhanges der einzelnen Probleme meistens ein einigendes Band durch die Art der Problemstellung und die benutzten Gedankenketten zu schaffen gewußt. Bachmanns letztes Buch, *Das Fermatproblem in seiner bisherigen Entwicklung* (Berlin 1919), das er in der trübsten Zeit, die Deutschland je erlebte und unter der er als aufrechter nationaler Deutscher schwer litt, verfaßt hat, gehört eng zu seiner eben erwähnten *additiven Zahlentheorie*, deren letztes Kapitel es erweitert und fortführt. Das Problem des sog. großen Fermatschen Satzes hat für den ernsten Forscher ein ungewöhnlich großes geschichtliches und wissenschaftliches Interesse, da ihm gerade wichtigste und interessanteste Fortschritte der zahlentheoretischen Forschung zu danken sind, durch die in erster Linie die Vorherrschaft Deutschlands in der Zahlentheorie über alle anderen Länder festgehalten worden ist.

Auch das in der Sammlung Schubert zuerst 1907 erschienene Werk *Grundlehren der neueren Zahlentheorie*, von dem 1921 eine neue Auflage nötig wurde, darf als Ergänzung seiner großen Zahlentheorie angesprochen werden. Es enthält keine Wiederholung der Elemente aus den oben genannten Werken, sondern behandelt vielmehr das Thema in moderner Weise und geht bis zu den quadratischen Formen und den Zahlenkörpern. Bachmann betont in dem Vorworte dazu ausdrücklich, daß ihm nach der Abfassung der früheren Werke die Übernahme dieser neuen ihm angetragenen Aufgabe nur möglich gewesen sei, indem er den Schwerpunkt desselben in die genannten Höhenpunkte verlegte, wobei ihm durch den geplanten Umfang des Buches allerdings eine gewisse Beschränkung auferlegt war.

Bei der Herausgabe des vorliegenden Bandes, in dem sich überall Bachmanns liebevolle Sorgfalt und seine große Kunst, aus zahllosen schwer übersehbaren Einzelarbeiten eine großzügige zusammenfassende Darstellung herauszuarbeiten, von neuem zeigen, habe ich mich im wesentlichen auf eine nochmalige Durchsicht des Manuskripts beschränkt. Von einem Verwerten und Einarbeiten neuerer, seit 1916 veröffentlichter Arbeiten über quadratische Formen mußte ich zu meinem Bedauern absehen; einerseits hätte durch die notwendig sich ergebenden Abänderungen das Werk an Bachmannscher Eigenart Einbuße erleiden, und andererseits hätte sich das Erscheinen noch weiter verzögern müssen. So bietet das Werk ein in sich abgerundetes und geschlossenes Bild des Standes dar, den die Forschung über quadratische Formen im Jahre 1916 aufwies und gibt ein überaus wertvolles Hilfsmittel für die wissenschaftliche Weiterarbeit auf diesem Gebiete, auf dem noch so mannigfache Fragen ihrer Lösung harren.

Dem Verlage ist es warm zu danken, daß er trotz der Ungunst der Verhältnisse und ihrer nicht vorauszuschauenden Entwicklung im Frühjahr 1922 meinem Wunsche, mit dem Drucke zu beginnen, stattgab. Auch der Notgemeinschaft deutscher Wissenschaft sei an dieser Stelle für den gewährten Beitrag zu den Druckkosten gedankt. In bereitwilligster Weise hat der Verlag meinen Wünschen bei der Herausgabe stets entsprochen, und besonders danke ich es ihm, daß er sofort bereit war, dieses letzte Werk Bachmanns mit seinem Bilde zu schmücken. Ferner gilt mein herzlicher Dank meinem Hilfsassistenten, Herrn cand. math. G. Dittrich, für die große Sorgfalt und unermüdliche Arbeit, mit der er mich beim Lesen der Korrekturen unterstützt und das Autoren- und Sachregister angefertigt hat.

Leider hat sich das Erscheinen des Bandes bis jetzt verzögert, da meine amtlichen Pflichten, besonders die Führung des Dekanats im vergangenen Studienjahre, mich zuerst nicht in dem erwarteten und erhofften Maße der Herausgabe widmen ließen.

Misdroy, im August 1923.

Robert Haußner.

Inhaltsverzeichnis.

Erstes Kapitel.

Die binären quadratischen Formen.

Zweites Kapitel.

Gitter und Kettenbrüche.

Drittes Kapitel.

Die Reduktion unbestimmter binärer Formen.

Viertes Kapitel.

Über die Minima unbestimmter binärer Formen.

Fünftes Kapitel.

Die Gitter binärer quadratischer Formen.

Sechstes Kapitel.

Raumgitter und positive ternäre quadratische Formen.

Siebentes Kapitel.

Der n-dimensionale Raum.

Achtes Kapitel.

Die positiven quadratischen Formen mit *n* Unbestimmten.

Neuntes Kapitel.

Die Reduktion der positiven quadratischen Formen.

Zehntes Kapitel.

Vollkommene und Grenzformen.

Elftes Kapitel.

Von Äquivalenz und Klassen positiver quadratischer Formen.

Zwölftes Kapitel.

Die zerlegbaren Formen.

Dreizehntes Kapitel.

Die quadratischen und kubischen Irrationellen.

Vierzehntes Kapitel.

Der verallgemeinerte Kettenbruchalgorithmus.

Fünfzehntes Kapitel.

Minkowskis Charakteristik algebraischer Zahlen.

Sechzehntes Kapitel.

Die unbestimmten quadratischen Formen mit mehr als zwei Unbestimmten.

Einleitung.

Die hauptsächlichste und ursprüngliche Aufgabe in der Theorie der quadratischen Formen, wie sie in der ersten Abteilung dieses Werkes behandelt worden ist, ist die Bestimmung der ganzen Zahlen, welche durch eine solche Form mittels ganzzahliger Werte ihrer Unbestimmten darstellbar sind, sowie der verschiedenen möglichen Darstellungen jeder dieser Zahlen. Mit dieser Untersuchung aufs engste verbunden erwies sich die andere Aufgabe, zu entscheiden, ob zwei verschiedene quadratische Formen derselben Determinante einander äquivalent sind oder nicht, und im erstern Falle alle Transformationen der einen in die andere zu ermitteln. Hierzu bediente als erster Lagrange (Hist. de l'Acad. de Berlin 1773 (1775)), der diese Aufgabe bezüglich der binären quadratischen Formen zu lösen unternahm, sich des Hilfsmittels, für jede etwa vorhandene Klasse äquivalenter Formen gewisse einfache oder normale Formen aufzusuchen derart, daß die Aufgabe darauf zurückkam, zu ermitteln, ob die beiden zu untersuchenden quadratischen Formen ein und derselben jener besonderen Formen äquivalent seien oder nicht. Die so bewirkte Zurückführung auf die letzteren Formen heißt nach Gauß' Vorgange „Reduktion" und die gedachten besonderen, durch einfache Bedingungen bestimmten Formen werden „reduzierte Formen" genannt. Dasselbe Hilfsmittel ist dann später auch auf die Formen mit mehr als zwei Unbestimmten zur Anwendung gebracht worden. Wir haben in der ersten Abteilung dieses Werkes mehrfach Lücken lassen müssen, die nur durch das gedachte Hilfsmittel ergänzt werden können, und gehen gegenwärtig daran, dies zu tun. Aber die Bedeutung der reduzierten Formen geht weit über die eines Hilfsmittels zu dem angedeuteten Zwecke hinaus und liegt vielmehr in dem Umstande, daß ihnen die Eigenschaft eines Minimums zukommt und sie so zu Untersuchungen über Minimal- oder Grenzwerte anderer Ausdrücke und damit in ein ganz in sich abgeschlossenes Gebiet der Zahlentheorie hinführen, welchem, indem darin den ganzen Zahlen die stetig veränderliche Größe sich zugesellt, ein eigentümlich analytischer Charakter eigen ist. Ebendeswegen haben wir die Betrachtung der Reduktion einer besonderen Abteilung unseres Werkes vorbehalten, die sich in mehrfacher Hinsicht von der früheren unterscheidet. Vor allem dadurch, daß wir die Koeffizienten der quadratischen Formen, während wir für deren Unbestimmte auch hier durchweg nur ganzzahlige Werte zulassen werden, nicht mehr, wie in der ersten Abteilung, auf solche Werte beschränken, sondern, wo nicht ausdrücklich das Gegenteil angesagt wird, als ganz beliebige reelle Werte voraussetzen werden. Und während wir dort die binären quadratischen Formen ganz beiseiteließen, indem wir die bezüglichen Teile ihrer Theorie als bekannt voraussetzten, werden wir hier genötigt sein, von der Reduktion gerade dieser Formen unsern Ausgang zu nehmen, und ihnen in unserer Darstellung einen breiten Raum zu gewähren. Dabei werden hier neben rein arithmetischen Methoden, wie die erste Abteilung des Werkes sie verwandte, ganz eigentümliche geometrische Betrachtungen von größtem Interesse sich fruchtbringend erweisen, zu deren Benutzung dort noch keinerlei Anlaß vorhanden war.

Erstes Kapitel.

Die binären quadratischen Formen.

1. Die binären quadratischen Formen

$$f = ax^2 + 2bxy + cy^2 \tag{1}$$

unterscheiden sich nach den reellen Werten, welche ihre Koeffizienten haben können, bekanntlich in verschiedene Arten, je nachdem ihre Determinante

$$D = b^2 - ac \tag{2}$$

positiv, Null oder negativ ist. Ist sie Null, so ist die Form das Quadrat eines linearen Ausdrucks, also nicht eigentlich eine quadratische Form; von diesem Falle wird daher in der Folge abgesehen; ist sie positiv, so stellt die Form Zahlen eines beliebigen Vorzeichens dar und heißt deshalb eine unbestimmte; wenn aber D negativ ist, so kann die Form nur Zahlen desjenigen Vorzeichens darstellen, das ihr Koeffizient a aufweist, und heißt daher eine bestimmte und genauer eine positive oder negative, je nachdem a (und ebenso c) positiv oder negativ ist. Man darf sich bei Betrachtung bestimmter Formen auf positive Formen beschränken. Die Reduktion der letzteren aber, wie zuerst Lagrange sie gelehrt hat, läßt sich leisten wie folgt.[1])

Eine positive quadratische Form kann immer nur für eine endliche Anzahl ganzzahliger Systeme x, y unter einer gegebenen Grenze G bleiben (vgl. den allgemeinen Satz in Abteilung I dieses Werkes S. 423). Denn aus der Ungleichung

$$ax^2 + 2bxy + cy^2 < G \quad \text{folgt} \quad (ax + by)^2 + \Delta y^2 < aG,$$

1) Vgl. „Elemente der Zahlentheorie“ des Verf., S. 213—214.

wo $D = -\Delta$ gesetzt, Δ also positiv ist, und hieraus zunächst y absolut kleiner als $\frac{\sqrt{aG}}{\Delta}$, und sodann für jedes ganzzahlige, dieser Bedingung genügende y die ganze Zahl x durch die weitere Bedingung

$$|ax + by| < \sqrt{aG}$$

beschränkt. Unter dieser endlichen Menge ganzzahliger Systeme x, y gibt es dann notwendig mindestens eins: $x = \alpha$, $y = \gamma$, für welches der Wert der Form am kleinsten ist, und es ist einleuchtend, daß dabei α, γ teilerfremd sein müssen; also lassen sich andere ganze Zahlen β, δ so wählen, daß

$$\alpha\delta - \beta\gamma = 1$$

wird, und nun geht die Form f durch die Substitution

$$x = \alpha x' + \beta y', \quad y = \gamma x' + \delta y'$$

in eine äquivalente Form

$$f' = a'x'^2 + 2b'x'y' + c'y'^2$$

über, in welcher der erste Koeffizient

$$a' = a\alpha^2 + 2b\alpha\gamma + c\gamma^2$$

das Minimum der Form f, also, da äquivalente Formen die gleichen Zahlen darstellen, auch dasjenige der Form f' ist. Letztere aber verwandelt sich durch die Substitution

$$x' = x'' + hy'', \quad y' = y''$$

in eine neue äquivalente Form

$$f'' = a''x''^2 + 2b''x''y'' + c''y''^2,$$

in welcher $a'' = a'$, $b'' = a'h + b'$ ist; war daher nicht schon b' absolut nicht größer als $\frac{a'}{2}$ (in welchem Falle $h = 0$ d. i. f'' identisch mit f' gewählt werde), so läßt sich die ganze Zahl h so wählen, daß absolut b'' nicht größer als $\frac{a''}{2} = \frac{a'}{2}$ wird. Zudem ist a'' das Minimum von f'', mithin $c'' \gtreqless a''$. Demnach ist die Form f einer andern äquivalent, bei welcher die Ungleichheiten

$$|2b''| \lesseqgtr a'' \lesseqgtr c''$$

erfüllt sind. Nennt man nun eine positive Form

$$ax^2 + 2bxy + cy^2$$

reduziert, wenn

$$(3) \qquad |2b| \lesseqgtr a \lesseqgtr c$$

ist, so darf man sagen: **Jede positive Form ist einer reduzierten äquivalent oder in jeder Klasse äquivalenter positiver Formen gibt es mindestens eine reduzierte Form.**

Aus den Ungleichheiten (3) in Verbindung mit der Gleichung $b^2 - ac = D$ oder $ac = b^2 + \Delta$ geht leicht hervor, daß

$$(4) \qquad a \overline{\gtrless} \sqrt{\frac{4\Delta}{3}}, \quad |b| \overline{\gtrless} \sqrt{\frac{\Delta}{3}},$$

jede positive Form mit der Determinante $D = -\Delta$ also einer andern äquivalent ist, deren erste beiden Koeffizienten a, b den Ungleichheiten (4) genügen.

Sei nun
$$f = ax^2 + 2bxy + cy^2$$
eine unbestimmte Form mit der Determinante D. Ist a absolut $> \sqrt{\frac{4D}{2}}$, so verwandele man f durch die Substition

$$x = hx' + y', \quad y = -x'$$

in die ihr äquivalente Form

$$f' = a'x'^2 + 2b'x'y' + c'y'^2;$$

man findet
$$c' = a, \quad b' = ha - b$$
und kann die ganze Zahl h so wählen, daß $|b'| \overline{\gtrless} \frac{|a|}{2}$. Da nun

$$b' \overline{\gtrless} \frac{a^2}{4}, \quad D < \frac{3a^2}{4}$$

und
$$b'^2 - a'c' = b'^2 - aa' = D$$

ist, ergibt sich gewiß $|aa'| \overline{\gtrless} \frac{3a^2}{4}$, also $|a'| \overline{\gtrless} \frac{3}{4}|a|$. Sollte nun $|a'|$ noch wieder $> \sqrt{\frac{4D}{3}}$ sein, so könnte man das Verfahren wiederholen und zu einer neuen äquivalenten Form

$$f'' = a''x''^2 + 2b''x''y'' + c''y''^2$$

gelangen, in welcher $|a''| \overline{\gtrless} \frac{3}{4}|a'|$ ist, usf.; so muß man aber endlich zu einer äquivalenten Form

$$f^{(n)} = a^{(n)}x^2 + 2b^{(n)}xy + c^{(n)}y^2$$

kommen, in welcher $a^{(n)} \overline{\gtrless} \sqrt{\frac{4D}{3}}$ ist; auch darf man $|b^{(n)}| \overline{\gtrless} \frac{1}{2}|a^{(n)}|$ voraussetzen, da man sonst durch die Substitution

$$x = x' + hy', \quad y = y'$$

und passende Wahl der ganzen Zahl h zu einer neuen äquivalenten Form käme, welche diese Bedingungen erfüllte. Es gilt also für unbestimmte Formen ein dem letzten für positive Formen ausgesprochenen Satze ganz entsprechender Satz:

Jede unbestimmte Form mit der Determinante D ist einer andern:

$$ax^2 + 2bxy + cy^2$$

äquivalent, in welcher

(5) $$|a| \lesseqgtr \sqrt{\frac{4D}{3}}, \quad |b| \lesseqgtr \tfrac{1}{2}|a| \lesseqgtr \sqrt{\frac{D}{3}} \quad \text{ist.}$$

Da nur eine endliche Anzahl ganzzahliger a, b den Ungleichheiten (4) oder (5) genügen und dann für jedes System a, b dieser Art auch nur höchstens eine ganze Zahl c vorhanden sein kann, für welche $ac = b^2 - D$ ist, schließt man für positive wie für unbestimmte Formen den Satz: Es gibt für jede Determinante nur eine endliche Anzahl Klassen äquivalenter binärer quadratischer Formen mit ganzzahligen Koeffizienten.

2. Jede Form ist der einfache Ausdruck für die Gesamtheit der Zahlen, welche durch sie mittels ganzzahliger Werte der Unbestimmten x, y dargestellt werden können. Was aber hier diese Gesamtheit wesentlich bestimmt und wie ein gemeinsames Band zusammenhält, ist das Tripel (a, b, c) der Koeffizienten der Form, welches deshalb geradezu als ihr Repräsentant betrachtet werden kann. Unter diesem Gesichtspunkt bietet sich nun eine sehr einfache geometrische Deutung der binären quadratischen Formen dar, indem man jenes Tripel als die trimetrischen Koordinaten für einen Punkt einer Ebene auffaßt. So wird dann die Gesamtheit aller solcher Formen durch die sämtlichen Punkte einer Ebene repräsentiert. Die Gleichung $b^2 - ac = 0$ bedeutet dann eine Linie zweiten Grades, die man als einen Kreis vorstellen darf, für welchen die Geraden $a = 0$, $c = 0$ zwei Tangenten, die Gerade $b = 0$ die Verbindungslinie von deren Berührungspunkten ist; man darf jene als Parallelen, die letztere also als Durchmesser des Kreises vorstellen, wie in umstehender Fig. 1. Die Punkte auf der Kreisperipherie

(6) $$y^2 - xz = 0$$

kann man durch einen Parameter ω, der alle reellen Werte durchläuft, mittels der Proportion

(7) $$x : y : z = 1 : -\omega : \omega^2$$

kennzeichnen. Dann ist für irgendeinen Punkt (a, b, c) der Ebene seine Polare mit Bezug auf den Kreis von der Form

(8) $$az - 2by + cx = 0$$

oder wegen (7)

(9) $$a\omega^2 + 2b\omega + c = 0,$$

und die beiden Wurzeln dieser Gleichung, nämlich

$$\omega_1 = \frac{-b+\sqrt{D}}{a}, \quad \omega_2 = \frac{-b-\sqrt{D}}{a}, \tag{10}$$

wo $D = b^2 - ac$ gesetzt ist, also die Determinante der dem Punkte (a, b, c) entsprechenden Form

$$ax^2 + 2bxy + cy^2 \tag{11}$$

bedeutet, sind die Parameterwerte der Punkte, in denen der Kreis (6) von den Polaren (8) geschnitten wird. Nun sind bekanntlich

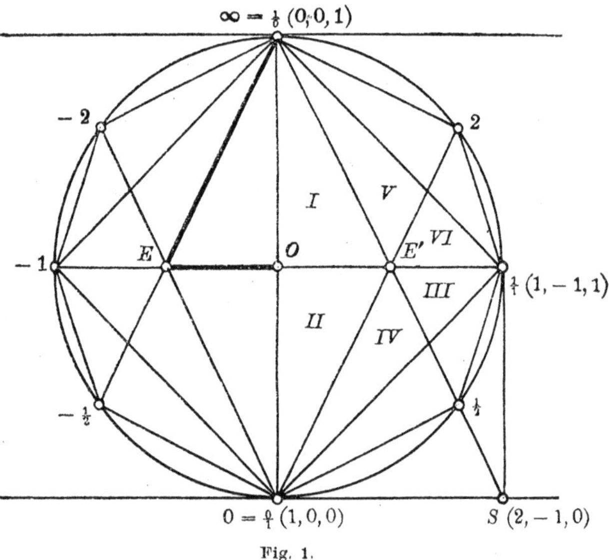

Fig. 1.

diese Punkte reell oder imaginär, je nachdem der Punkt (a, b, c) ein äußerer oder innerer Punkt für den Kreis ist; demgemäß muß entsprechend $D > 0$ oder $D < 0$ sein, und wir haben als erstes Resultat unserer geometrischen Deutung den Satz: Den Punkten des Kreisinnern entsprechen die Formen mit negativer, den äußeren Punkten die Formen mit positiver Determinante.

Betrachtet man nun die quadratischen Formen unter dem Gesichtspunkte der Äquivalenz, so führt man Beziehungen zwischen den sie repräsentierenden Punkten (a, b, c) der Ebene herbei, denen wir jetzt nähere Aufmerksamkeit zuwenden wollen. Durch Verwandlung einer Form

$$f = ax^2 + 2bxy + cy^2$$

mittels der ganzzahligen Substitution

$$x = \alpha x' + \beta y', \quad y = \gamma x' + \delta y' \tag{12}$$
$$(\alpha\delta - \beta\gamma = 1)$$

in eine ihr äquivalente Form

$$f' = a'x'^2 + 2b'x'y' + c'y'^2$$

werden aber einerseits Gleichungen festgelegt von der Form

$$(13)\qquad \begin{cases} a' = a\alpha^2 + 2b\alpha\gamma + c\gamma^2 \\ b' = a\alpha\beta + b(\alpha\delta + \beta\gamma) + c\gamma\delta \\ c' = a\beta^2 + 2b\beta\delta + c\delta^2, \end{cases}$$

zu denen die andere

$$(14)\qquad b'^2 - a'c' = b^2 - ac$$

hinzutritt, während die umgekehrte Substitution

$$(12a)\qquad x' = \delta x - \beta y,\quad y' = -\gamma x' + \alpha y'$$

die Form f' in die Form f zurückverwandelt und zu den Gleichungen (13) die aufgelösten:

$$(13a)\qquad \begin{cases} a = a'\delta^2 - 2b'\delta\gamma + c'\gamma^2 \\ b = -a'\delta\beta + (\alpha\delta + \beta\gamma)b' - c'\gamma\alpha \\ c = a'\beta^2 - 2b'\beta\alpha + c'\alpha^2 \end{cases}$$

hinzufügt. — Andererseits ergeben die Gleichungen (12) die Beziehung

$$ax^2 + 2bxy + cy^2 = a'x'^2 + 2b'x'y' + c'y'^2,$$

der man, wenn $\frac{x}{y} = z,\ \frac{x'}{y'} = z'$ gesetzt wird, die Form geben kann

$$y^2(az^2 + 2bz + c) = y'^2(a'z'^2 + 2b'z' + c'),$$

während aus (12) zwischen z und z' die Beziehung

$$(15)\qquad z = \frac{\alpha z' + \beta}{\gamma z' + \delta}$$

hervorgeht. Daher besteht zwischen den Wurzeln der beiden Gleichungen

$$az^2 + 2bz + c = 0,\quad a'z'^2 + 2b'z' + c' = 0$$

oder, wie wir sagen wollen, zwischen den Wurzeln der beiden Formen f und f' die Beziehung (15); durch Einführung der Werte

$$z = \frac{-b + \varepsilon\sqrt{D}}{a},\quad z' = \frac{-b' + \varepsilon'\sqrt{D}}{a'},$$

wo $\varepsilon, \varepsilon'$ die positive oder negative Einheit bedeuten, gibt man ihr leicht nachstehende Gestalt:

$$\frac{-b + \varepsilon\sqrt{D}}{a} = \frac{a'\delta\beta - b'(\alpha\delta + \beta\gamma) + c'\gamma\alpha + \varepsilon'\sqrt{D}}{a'\delta^2 - 2b'\delta\gamma + c'\gamma^2},$$

aus der man bei Beachtung von (13a) den Umstand entnimmt, daß $\varepsilon' = \varepsilon$ sein muß. Nennt man nun die Wurzel einer Form, bei welcher $\sqrt{D}$ mit positivem Vorzeichen genommen wird, ihre erste, die andere ihre zweite Wurzel, so besagt das Gefundene folgenden Satz: Geht eine Form f durch die Substitution (12) in eine ihr äquivalente Form f' über, so besteht zwischen ihren gleichnamigen Wurzeln ω, ω' die Beziehung

$$\omega = \frac{\alpha\omega' + \beta}{\gamma\omega' + \delta}. \tag{16}$$

3. Für positive Formen sind ω, ω' gleichzeitig zwei komplexe Werte, für unbestimmte Formen aber reell und im allgemeinen irrational. Wir wollen nun aber insbesondere den Fall erörtern, in welchem die zwei Paare gleichnamiger Wurzeln ω, ω' gleichzeitig rational werden, ein Fall, der sich nur ereignen wird, wenn die Formen (von einem Proportionalfaktor abgesehen) ganzzahlig sind und ihre Determinante Null oder eine Quadratzahl ist, wo dann die Form f nach der Formel

$$f = a(x - \omega_1 y)(x - \omega_2 y)$$

in rationale Linearfaktoren zerfällt, also aufhört, eine eigentlich quadratische zu sein. Den Berührungspunkten der vom entsprechenden Punkte der Ebene an den Kreis gelegten Tangenten kommen dann die rationalen Parameter ω_1, ω_2 zu; und so wollen wir zunächst die Gesamtheit der Punkte auf der Kreisperipherie untersuchen, denen rationale Parameter zugehören.

Den Endpunkten des Durchmessers $b = 0$ entsprechen die Parameter $0 = \frac{0}{1}$ und $\infty = \frac{1}{0}$. Aus diesen beiden Brüchen lassen sich aber bekanntlich alle nur möglichen positiven Rationalzahlen mittels der sogenannten Fareyschen Reihen folgendermaßen gewinnen[1]):

Man bilde die unbegrenzte Menge der Reihen

$$\begin{array}{ll} F_0: & \frac{0}{1},\ \frac{1}{0} \\ F_1: & \frac{0}{1},\ \frac{1}{1},\ \frac{1}{0} \\ F_2: & \frac{0}{1},\ \frac{1}{2},\ \frac{1}{1},\ \frac{2}{1},\ \frac{1}{0} \\ \ldots & \ldots\ldots\ldots\ldots, \end{array}$$

indem man aus jeder schon gebildeten Reihe die nächste dadurch ableitet, daß man zwischen je zweien aufeinanderfolgenden Gliedern $\frac{\beta}{\delta}$, $\frac{\alpha}{\gamma}$ das neue Glied $\frac{\beta + \alpha}{\delta + \gamma}$ einfügt; dann tritt jeder beliebige rationale irreduktible Bruch $\frac{\alpha}{\gamma}$ in einer dieser Reihen und zwar zuerst in derjenigen Reihe F_n auf, deren Ordnung n

1) S. des Verf. „Niedere Zahlentheorie", Bd. 1, S. 121—125.

gleich der größeren der beiden Zahlen α, γ ist, um sodann in allen folgenden zu verbleiben. In jeder Reihe besteht für je zwei aufeinanderfolgende Glieder $\frac{\beta}{\delta}$, $\frac{\alpha}{\gamma}$ die Beziehung

$$\alpha\delta - \beta\gamma = 1; \tag{17}$$

in der Tat, wenn dies für eine Reihe gilt, so gilt es auch noch für die folgende, da

$$\alpha(\delta + \gamma) - \gamma(\beta + \alpha) = \alpha\delta - \beta\gamma = 1$$
$$(\beta + \alpha)\delta - (\delta + \gamma)\beta = \alpha\delta - \beta\gamma = 1$$

ist, und es gilt somit allgemein, da es ersichtlich für die oben angegebenen ersten Fareyschen Reihen sich bestätigt. Sind umgekehrt $\frac{\beta}{\delta}$, $\frac{\alpha}{\gamma}$ zwei der Beziehung (17) genügende positive Brüche, so sind sie in derjenigen Fareyschen Reihe, in welcher sie zuerst beide auftreten, zwei aufeinanderfolgende Glieder. Die Ordnung n dieser Reihe wäre die größte der vier Zahlen α, β, γ, δ. Läge nun ein Glied derselben zwischen $\frac{\alpha}{\gamma}$ und $\frac{\beta}{\delta}$, so müßte dies ein irreduktibler Bruch von der Form

$$\frac{\lambda\alpha + \mu\beta}{\lambda\gamma + \mu\delta}$$

sein, wo λ, μ teilerfremde, positive Zahlen bedeuten, was aber unzulässig ist, da eine der Zahlen $\lambda\alpha + \mu\beta$, $\lambda\gamma + \mu\delta$ sicher größer wäre als die Ordnung n der Reihe.

Nachdem diese Sätze in Erinnerung gebracht worden sind, wollen wir nun eine Sehne, welche zwei Punkte der Kreisperipherie verbindet, denen rationale Parameter $\frac{\alpha}{\gamma}$, $\frac{\beta}{\delta} < \frac{\alpha}{\gamma}$ zugehören, eine Elementarsehne nennen, wenn für letztere die Beziehung (17) besteht; und wir nennen ein Dreieck ein Elementardreieck, wenn seine Seiten drei Elementarsehnen sind. Man sieht leicht ein, daß an jede Elementarsehne nach beiden Seiten hin je ein Elementardreieck sich anlegt. In der Tat, wegen $\alpha\delta - \beta\gamma = 1$ müssen $\frac{\beta}{\delta}$, $\frac{\alpha}{\gamma}$ von gleichem Vorzeichen sein; nehmen wir sie positiv an, so muß der Parameter desjenigen dritten Eckpunktes, welcher algebraisch größer als $\frac{\beta}{\delta}$ wäre, von der Form $\frac{\lambda\alpha + \beta}{\lambda\gamma + \delta}$ sein, wo λ ein positiver, rationaler Wert ist; zudem aber müssen die Gleichungen

$$(\lambda\alpha + \beta)\delta - (\lambda\gamma + \delta)\beta = 1, \quad \alpha(\lambda\gamma + \delta) - \gamma(\lambda\alpha + \beta) = 1$$

erfüllt sein, d. h. λ wird gleich 1 und jener Parameter gleich $\frac{\alpha + \beta}{\gamma + \delta}$; für den Parameter des dritten Eckpunktes auf der anderen Seite der

Elementarsehne findet sich ebenso der Wert $\frac{\alpha-\beta}{\gamma-\delta}$. Sind aber $\frac{\alpha}{\gamma}$, $\frac{\beta}{\delta}$ positive Brüche und F_n die erste Fareysche Reihe, in welcher sie sich finden, so sind dem Obigen zufolge

$$\frac{\beta}{\delta},\ \frac{\alpha+\beta}{\gamma+\delta},\ \frac{\alpha}{\gamma}$$

drei aufeinanderfolgende Glieder der nächsten Fareyschen Reihe F_{n+1}.

Geht man so in der Fig. 1 von der Elementarsehne $(0\ \infty)$ aus, so legt sich zunächst auf der Seite der positiven Parameter an sie das Elementardreieck $(0\ 1\ \infty)$ an; seine drei Ecken entsprechen den Zahlen der Fareyschen Reihe F_1. An seiner Seite $(0\ 1)$ legt sich das Elementardreieck $(0\ \frac{1}{2}\ 1)$, an die Seite $(1\ \infty)$ das Elementardreieck $(1\ 2\ \infty)$ an, und die Ecken dieser Dreiecke entsprechen zusammen den Zahlen der Fareyschen Reihe F_2. Fährt man in dieser Weise beliebig weiter fort, so sieht man auf dem Halbkreise zur Rechten von $(0\ \infty)$ Polygonzüge entstehen, welche den sukzessiven Fareyschen Reihen entsprechen, und sieht den Halbkreis mit immer mehr und mehr Elementardreiecken sich füllen und, indem allmählich jeder Punkt seines Inneren von ihnen aufgenommen wird, ihn vollständig und einfach von denselben überdeckt werden. Zur Linken des Durchmessers $(0\ \infty)$ aber kann dieselbe Konstruktion in symmetrischer Weise ausgeführt werden.

Man bemerke noch, daß der Punkt der Peripherie mit dem Parameter $\frac{1}{2}$ der Schnittpunkt derselben mit der Geraden $(S\infty)$ ist, welche die Punkte $(2, -1, 0)$ und $(0, 0, 1)$ verbindet; in der Tat ist die Gleichung dieser Geraden

$$x+2y=0,$$

und wegen (7) hat man für jenen Schnittpunkt die Beziehung

$$1-2\omega=0, \quad \text{d. h.} \quad \omega=\tfrac{1}{2}.$$

Die gedachte Gerade trifft den Durchmesser $(-1, 1)$ im Mittelpunkte E' des Radius (O_1), zu welchem E der symmetrisch gegen den Durchmesser $(0\ \infty)$ liegende Punkt sei. Da somit die Gerade $(E\infty)$ die Gleichung

$$x-2y=0$$

hat, der Durchmesser $(-1, 1)$ aber die Gleichung $x=z$, so begrenzen diese drei Geraden dasjenige Gebiet der Punkte oder der quadratischen Formen (a, b, c), welche die Bedingungen (3) für reduzierte positive Formen erfüllen. Das Dreieck $(E\infty E')$ bezeichnet den sogenannten „reduzierten Raum", den Ort aller

Punkte (a, b, c), welche die reduzierten positiven Formen repräsentieren.

Leicht zeigt sich noch, daß die Gerade (O_2) die Gleichung $z+2y=0$ hat und folglich sich mit der Geraden $(S\infty)$ im Punkte E' kreuzt.

4. Dies vorausgeschickt untersuchen wir nun, wie die Ebene durch eine Substitution (12), die wir kurz als die Substitution

$$\begin{pmatrix}\alpha, & \beta \\ \gamma, & \delta\end{pmatrix} \tag{18}$$

bezeichnen und als identisch mit der Substitution

$$\begin{pmatrix}-\alpha, & -\beta \\ -\gamma, & -\delta\end{pmatrix}$$

betrachten wollen, transformiert wird. Der Punkt (a, b, c) wird durch sie in den Punkt (a', b', c') übergeführt, für welchen die Gleichungen (13) und (13 a) bestehen, woraus zu schließen ist, daß jede homogene lineare Gleichung zwischen a, b, c in eine ebensolche Gleichung zwischen a', b', c' und umgekehrt verwandelt, d. i. jede Gerade der Ebene wieder in eine Gerade und somit jedes Dreieck wieder in ein Dreieck übergeführt werden muß. Der Beziehung (14) zufolge aber geht die Kreislinie $b^2 - ac = 0$ in sich selbst über, und die Beziehung (16) lehrt aus dem Parameter ω des Punktes (a, b, c) der Kreisperipherie den Parameter ω' des anderen Punktes derselben finden, in welchen jener durch die gedachte Substitution übergeht. Derselben Beziehung zufolge entsprechen den Punkten oder Parametern

$$\omega' = 0, \quad \omega' = 1, \quad \omega' = \infty$$

die Punkte

$$\omega = \frac{\beta}{\delta}, \quad \omega = \frac{\beta+\alpha}{\delta+\gamma}, \quad \omega = \frac{\alpha}{\gamma}, \tag{19}$$

d. h. das Elementardreieck $(0\ 1\ \infty)$ geht durch die Substitution $\begin{pmatrix}\alpha, & \beta \\ \gamma, & \delta\end{pmatrix}$ in ein ganz bestimmtes anderes Elementardreieck

$$\left(\frac{\beta}{\delta}, \ \frac{\beta+\alpha}{\gamma+\delta}, \ \frac{\alpha}{\gamma}\right)$$

über. Die Ecken des letzteren, in welche die Ecken $0, 1, \infty$ des ersteren übergehen, sind nach (19) durch die Substitution eindeutig bestimmt. Aber es gibt noch zwei andere Substitutionen, durch welche das erstere Elementardreieck in das letztere übergeht, indem seine Ecken $0, 1, \infty$ in

$$\frac{\beta+\alpha}{\delta+\gamma}, \ \frac{\alpha}{\gamma}, \ \frac{\beta}{\delta} \quad \text{bzw. in} \quad \frac{\alpha}{\gamma}, \ \frac{\beta}{\delta}, \ \frac{\beta+\alpha}{\delta+\gamma}$$

übergeführt werden, nämlich die Substitutionen

$$\begin{pmatrix}-\beta, & \beta+\alpha \\ -\delta, & \delta+\gamma\end{pmatrix} \quad \text{bzw.} \quad \begin{pmatrix}\beta+\alpha, & -\alpha \\ \delta+\gamma, & -\gamma\end{pmatrix}. \tag{20}$$

Die drei übrigen noch möglichen Zuordnungen zwischen den Ecken beider Dreiecke sind auszuschließen, weil die zugehörigen Substitutionen den Modul -1, nicht $+1$ hätten. Nur durch die drei Substitutionen (19) und (20) kann also ein Punkt (a, b, c) des zweiten Elementardreiecks in einen Punkt des Elementardreiecks $(0\ 1\ \infty)$ übergeführt werden, und die gemäß diesen Substitutionen nach den Formeln (13) zu ermittelnden drei Punkte des letzteren sind die Punkte oder quadratischen Formen

$$(21)\qquad \begin{gathered}(a', b', c), \quad (c', -b'-c', \quad a'+2b'+c'),\\ (a'+2b'+c', -a'-b', a').\end{gathered}$$

Nun zerfällt das Dreieck $(0\ 1\ \infty)$ in sechs kleinere, in Fig. 1 durch die Ziffern I bis VI numerierte Dreiecke. Liegt der Punkt (a', b', c') im Innern des ersten derselben, so liegt er im reduzierten Raum. Liegt er im zweiten Dreiecke, ist mithin $c' \gtreqless a'$, $c' + 2b' \lesseqgtr 0$, so geht der Punkt (a', b', c') durch die neue Substitution $\begin{pmatrix}0, & -1\\ 1, & 0\end{pmatrix}$ in einen Punkt (a'', b'', c'') über, für welchen

$$a'' = c', \quad b'' = -b', \quad c'' = a',$$

also $a'' \gtreqless c''$, $a'' - 2b'' \lesseqgtr 0$ ist, der mithin in dem Dreiecke $(E O \infty)$, d. h. im reduzierten Raume gelegen ist. Liegt dagegen (a', b', c') im dritten Dreiecke, ist mithin

$$a' + 2b' \gtreqless 0, \quad c' + 2b' \gtreqless 0, \quad a' \lesseqgtr c',$$

so geht der zweite der Punkte (21) durch die neue Substitution $\begin{pmatrix}0, & -1\\ 1, & 0\end{pmatrix}$ in einen Punkt (a'', b'', c'') über, für welchen

$$a'' = a' + 2b' + c' \gtreqless c' = c''$$
$$a'' - 2b'' = (a' + 2b' + c') - 2(b' + c') = a' - c' \lesseqgtr 0$$

ist, der also wieder im Dreiecke $(E O \infty)$, d. h. im reduzierten Raume befindlich ist. Wenn ferner (a', b', c') im vierten Dreiecke liegt, so ist

$$a' + 2b' \gtreqless 0, \quad c' + 2b' \gtreqless 0, \quad a' \gtreqless c',$$

und der dritte der Punkte (21) erweist sich als ein im Dreiecke $(E' O \infty)$, also im reduzierten Raume befindlicher Punkt. Für den Fall, daß (a', b', c') im fünften Dreiecke liegt, führt die neue Substitution $\begin{pmatrix}0, & -1\\ 1, & 0\end{pmatrix}$ den dritten der Punkte (21) in einen Punkt des reduzierten Raumes, nämlich des Dreiecks $(E O \infty)$ über, und endlich, wenn (a', b', c') ins sechste Dreieck zu liegen kommt, so liegt der zweite der Punkte (21) im Dreiecke $(E' O \infty)$, also wieder im reduzierten Raume.

So zeigt sich, daß jeder Punkt (a, b, c) des zweiten, d. h. eines beliebigen Elementardreiecks durch unimodulare Substitutionen, und, da die erwähnten Elementardreiecke den ganzen Kreis überdecken, jeder Punkt des Kreisinneren durch eine solche Substitution in einen Punkt des reduzierten Raumes übergeführt werden kann. Mit anderen Worten: wir sind zu dem schon früher abgeleiteten Ergebnisse wieder zurückgelangt, daß jede positive Form einer reduzierten Form äquivalent ist.

Wir entnehmen aber unserer Betrachtung auch noch den Zusatz, daß sie im allgemeinen nur einer solchen Form äquivalent ist. In der Tat führt, wenn (a', b', c') ins Innere eines der sechs Dreiecke fällt, stets nur eine der drei Formen (21) zu einer mit (a, b, c) äquivalenten reduzierten Form. Nur, wenn (a', b', c') auf einer der Grenzlinien zwischen zweien jener Dreiecke liegt, treten zwei solche Formen auf, die, je nachdem diese Grenzlinie die Strecke

$$OE', \quad \infty E', \quad E'0, \quad E'1, \quad E'\tfrac{1}{2}, \quad E'2$$

ist, die Gestalten

$$\begin{gathered}
(a', b', a'), \quad (a', -b', a') \\
\left(a', \frac{a'}{2}, c'\right), \quad \left(a', -\frac{a'}{2}, c'\right) \\
\left(c', \frac{c'}{2}, a'\right), \quad \left(c', -\frac{c'}{2}, a'\right) \\
(2(a'+b'), a'+b', a'), \quad (2(a'+b'), -a'-b', a') \\
(c', b'+c', c'), \quad (c', -b'-c', c') \\
(a', a'+b', a'), \quad (a', -a'-b', a')
\end{gathered}$$

annehmen. Fällt insbesondere (a', b', c') auf den Punkt E', so fallen diese Formen alle zusammen in die zwei:

$$\left(a', \frac{a'}{2}, a'\right), \quad \left(a', -\frac{a'}{2}, a'\right).$$

Dies läßt erkennen, was auch leicht rein arithmetisch gezeigt werden kann (z. B. Dirichlet-Dedekinds Vorlesungen über Zahlentheorie, 4. Aufl. S. 157—159), daß eine reduzierte Form (a, b, c) nur dann einer zweiten äquivalent ist, wenn entweder $a = c$ oder $2|b| = a$ ist, und diese zweite Form ist alsdann $(a, -b, c)$. Wenn man daher in Fig. 1 die stark ausgezogenen Strecken $E\infty$ und EO der Begrenzung des reduzierten Raumes diesem Raume noch zurechnet, dagegen die Strecken $E'\infty, E'O$ davon ausschließt, so darf man sagen: Zwei Punkte des reduzierten Raumes stellen niemals äquivalente Formen dar, und jeder Punkt des Kreisinnern ist nur einem einzigen Punkte des erstern, d. h. jede positive Form nur einer einzigen reduzierten Form äquivalent, wenn jetzt unter einer solchen genauer eine Form (a, b, c) verstanden wird, für welche

$$\begin{aligned}
&\text{entweder} \quad c > a \gtreqless 2|b|, \quad \text{aber} \quad 2b + a > 0 \\
&\text{oder} \quad c = a \gtreqless 2|b|, \quad \text{aber} \quad b \gtreqless 0
\end{aligned}$$

ist. Diesem Satze zufolge entscheidet sich die Frage, ob zwei gegebene, positive Formen **einander** äquivalent sind oder nicht, einfach dadurch, ob sie es ein und derselben **reduzierten** Form sind oder nicht.

5. Gehen wir jetzt von den bestimmten zu den unbestimmten Formen, d. i. zu den Punkten außerhalb des Kreises über, so lassen sich hier nicht in gleicher Weise wie bei den ersten Gebiete der Ebene abgrenzen, die einander äquivalent wären. Man kann aber gleichwohl auch das äußere Gebiet der Ebene durch die Kreisfigur beherrschen, wenn man, ähnlich wie in verschiedenen geometrischen Untersuchungen, jedem Punkte außerhalb des Kreises eindeutig seine Polare zuordnend, die quadratische Form (a, b, c) nicht mehr durch den ihr zugehörigen Punkt, sondern durch dessen Polare repräsentiert denkt. Indem man so verfährt, vollzieht man in einfachster Weise eine höchst beachtenswerte Tat, die zuerst Ch. Hermite gewagt hat, eine methodische Erweiterung der Arithmetik der Formen, indem man Formen einführt mit stetig veränderlichen Koeffizienten. Die Polare, die man dem Punkte, d. i. der einzelnen unbestimmten Form substituiert, bedeutet, soweit sie in den Kreis fällt, für unsere Betrachtung eine stetige Reihe von Punkten, durch welche positive Formen repräsentiert werden; man ersetzt also die unbestimmte Form durch eine positive Form, deren Koeffizienten stetige Wertereihen durchlaufen. Bald kommen wir auf den Hermiteschen Gedanken, seine *Introduction des variables continues dans la théorie des nombres* (Journ. für Math. 41), eingehender zu sprechen. Verfolgen wir hier zunächst, was durch die Einführung jener Polare geleistet wird.

Die Schnittpunkte dieser letztern mit dem Kreise hatten die reellen Wurzeln

$$\omega_1 = \frac{-b+\sqrt{D}}{a}, \quad \omega_2 = \frac{-b-\sqrt{D}}{a}$$

als zugehörige Parameter. Wir definieren nun die unbestimmte Form (a, b, c) als eine reduzierte, wenn diese Parameter entgegengesetzte Vorzeichen haben, genauer: wenn $\omega_1 > 0$, $\omega_2 < 0$ ist, d. h. wenn die Schnittpunkte der Polaren zu beiden Seiten des Durchmessers $(0\ \infty)$ liegen, die Polare also den letzteren schneidet.

Wie immer aber die Polare auch liegt, jedenfalls durchsetzt sie Elementardreiecke und daher auch Elementarsehnen. Und, wenn s_0 eine dieser Sehnen ist, so trifft die Polare notwendig auch in jedem der beiden ihr zur Seite liegenden Elementardreiecke noch eine Seite jedes der letzteren, d. i. zwei neue Elementarsehnen s_1 und s_{-1}, welche wir der ersteren benachbart nennen wollen. So gehört dann wieder zu jeder der Sehnen s_1, s_{-1} neben s_0 noch eine wieder benachbarte

Elementarsehne s_2 bzw. s_{-2}, welche von der Polaren geschnitten wird; es bildet sich also von s_0 aus nach beiden Seiten hin eine ganze Kette solcher Sehnen

(22) $$\ldots s_{-3},\ s_{-2},\ s_{-1},\ s_0,\ s_1,\ s_2,\ s_3.\ \ldots$$

Waren aber $\frac{\beta}{\delta}$, $\frac{\alpha}{\gamma}$ die Endpunkte einer Elementarsehne, so gingen diese durch die Substitution $\begin{pmatrix}\alpha, & \beta \\ \gamma, & \delta\end{pmatrix}$ in die Punkte 0 bzw. ∞, die Elementarsehne also in den Durchmesser $(0\ \infty)$ über. Daher ordnet sich der Kette der Sehnen eine andere Kette von Substitutionen

(23) $$\ldots S_{-3},\ S_{-2},\ S_{-1},\ S_0,\ S_1,\ S_2,\ S_3,\ \ldots$$

zu, derart, daß allgemein die Substitution S_i die Sehne s_i in den Durchmesser überführt. Und werden diese Substitutionen auf die Form $f = (a, b, c)$ zur Anwendung gebracht, so entsteht eine den Ketten (22) und (23) entsprechende Kette von Formen

(24) $$\ldots f_{-3},\ f_{-2},\ f_{-1},\ f_0,\ f_1,\ f_2,\ f_3,\ \ldots,$$

welche alle der Form f und daher auch untereinander äquivalent sind. Diese Formen aber sind sämtlich reduziert, denn, da die Substitution S_i die Form f in f_i überführt, so geht durch sie auch die zu f gehörige Polare in die zu f_i gehörige über, und weil die erstere die Sehne s_i schneidet, welche durch die Substitution S_i in $(0\ \infty)$ übergeht, so schneidet die Polare zu f_i die letztere Linie; f_i ist also nach obiger Definition eine reduzierte Form.

Hieraus entnimmt man zunächst den Satz, daß jede unbestimmte Form reduzierten Formen äquivalent ist.

Nun sei f' eine der Form f äquivalente Form und S eine Substitution, durch welche f in f' übergeht, was wir durch die Gleichung

$$fS = f'$$

ausdrücken. Der Form f' kommt ebenfalls eine Kette von Elementarsehnen

(22') $$\cdots s'_{-2},\ s'_{-1},\ s'_{-0},\ s'_{-1},\ s'_{-2},\ \cdots$$

zu, welche ihre Polare durchsetzt, also auch eine entsprechende Kette von Substitutionen

(23') $$\cdots S'_{-2},\ S'_{-1},\ S'_{-0},\ S'_{-1},\ S'_{-2},\ \cdots,$$

die den Übergang dieser Sehnen in den Durchmesser $(0\ \infty)$ bewirken und die Form f' in eine Kette von äquivalenten reduzierten Formen

(24') $$\cdots f'_{-2},\ f'_{-1},\ f'_{-0},\ f'_{-1},\ f'_{-2},\ \cdots$$

verwandeln. Durch die Substitution S, welche f in f', also auch die Polare der ersteren Form in die Polare der zweiten überführt, wird die von der ersteren Polare geschnittene Sehne s_0 in eine derjenigen übergeführt, welche die zweite Polare durchsetzt, etwa s_0 in s'_h und damit allgemein jede der Sehnen s_i in die Sehne s'_{h+i}, was sich ausdrückt in der Gleichung

$$s_i S = s'_{h+i} \quad \text{oder} \quad s_i = s'_{h+i} \cdot S^{-1},$$

woraus, da s_i durch S_i in den Durchmesser $(0\ \infty)$ übergeht, erkannt wird, daß dies für s'_{h+i} durch die Substitution $S^{-1} \cdot S_i$ geleistet wird, und daß folglich

$$S^{-1} \cdot S_i = S'_{h+i}$$

sein muß. Also schließt man weiter für jeden Wert des Index i

$$f'_{h+i} = f' \cdot S'_{h+i} = f' \cdot S^{-1} \cdot S_i = f \cdot S_i = f_i.$$

Mit andern Worten: die Kette reduzierter Formen, welche der Form f' zugehört, ist, wenn f' äquivalent ist mit f, mit der zu f gehörigen Kette reduzierter Formen bis auf eine Verschiebung ihrer Glieder gegeneinander identisch.

Umgekehrt aber, wenn dies letztere für zwei Formen f, f' der Fall, also für jedes i

(25) $$f'_{h+i} = f_i$$

ist, so folgt die Gleichung

$$f \cdot S_i = f' \cdot S'_{h+i}, \quad \text{d. i.} \quad f \cdot S_i (S'_{h+i})^{-1} = f';$$

die Formen f, f' sind also einander äquivalent. Wir erhalten demnach den Satz: Zwei unbestimmte Formen sind dann und nur dann einander äquivalent oder der gleichen Klasse angehörig, wenn die ihnen zugehörigen Ketten reduzierter Formen bis auf eine etwaige Verschiebung ihrer Glieder gegeneinander identisch sind.

Identifiziert man aber die beiden Formen $f\ f'$, so nimmt die Gleichung (25) die Gestalt an

$$f_{h+i} = f_i$$

für jeden Wert des Index i, und die Substitutionen $S_i(S'_{h+1})^{-1}$ transformieren die Form f in sich selbst. Hieraus erkennt man, daß dann und nur dann eine unbestimmte Form Transformationen in sich selbst zuläßt, wenn die zu ihr gehörige Kette reduzierter Formen periodisch ist.

Dies aber findet immer dann und nur dann statt, wenn die Koeffizienten der Form kommensurabel sind. Daß es nur dann statthat, folgt daraus, daß für eine Transformation $\begin{pmatrix}\alpha, & \beta \\ \gamma, & \delta\end{pmatrix}$ der Form in sich selbst für jede ihrer Wurzeln ω die Gleichung

$$\omega = \frac{\alpha\omega + \beta}{\gamma\omega + \delta}$$

d. i. die ganzzahlige quadratische Gleichung

$$\gamma\omega^2 + (\delta - \alpha)\omega + \beta = 0$$

erfüllt wäre; die Koeffizienten der Form müßten also proportional sein mit γ, $\delta - \alpha$, β. Sind aber umgekehrt diese Koeffizienten kommensurabel, so kann die Form durch einen Punkt mit ganzzahligen Koordinaten repräsentiert werden, und gleiches gilt auch für die ihr äquivalente reduzierte Form (a, b, c), für deren Wurzeln

$$\omega_1 = \frac{-b + \sqrt{D}}{a}, \quad \omega_2 = \frac{-b - \sqrt{D}}{a}$$

die Ungleichheiten

$$\frac{-b + \sqrt{D}}{a} > 0, \quad \frac{-b - \sqrt{D}}{a} < 0$$

erfüllt sein müssen. Aus ihnen schließt man aber leicht weiter

$$a > 0, \ -\sqrt{D} < b < \sqrt{D}, \ c < 0,$$

also aus $D - b^2 = a(-c)$ den Umstand, daß es nur eine endliche Anzahl ganzer Zahlen a, b, c gibt, die ihnen genügen, mithin auch in der Kette der reduzierten Formen nur eine endliche Anzahl voneinander verschiedener, und daß folglich diese Kette periodisch sein muß.[1])

6. Nachdem wir diese geometrische Deutung der Formen und ihrer Reduktion dargelegt haben, wollen wir ihr eine zweite folgen lassen, welche durch eine einfache Abbildung der Kreisfigur 1 daraus hervorgeht und für die Beziehungen der positiven quadratischen Formen zur Theorie der elliptischen Funktionen von hervorragender Bedeutung ist.

Unsere Betrachtung beruhte wesentlich auf der Gleichung

$$\omega = \frac{\alpha\omega' + \beta}{\gamma\omega' + \delta}, \tag{26}$$

durch welche die gleichnamigen Wurzeln zweier äquivalenter quadratischer Formen verknüpft waren. Man nennt dann auch diese Wurzeln, allgemeiner je zwei Zahlen ω, ω', zwischen welchen eine Gleichung (26) besteht, in der die vier ganzen Zahlen α, β, γ, δ der Gleichung

$$\alpha\delta - \beta\gamma = 1 \tag{27}$$

genügen, zwei einander äquivalente Zahlen, weil aus jener Gleichung auch umgekehrt ω' durch ω mittels der Beziehung

$$\omega' = \frac{\delta\omega - \beta}{-\gamma\omega + \alpha} \tag{27a}$$

---

1) Vgl. zu diesen Darlegungen A. Hurwitz „Über die Reduktion der binären quadratischen Formen". (Math. Ann. Bd. 45, S. 85) und F. Kleins Ausgewählte Kapitel der Zahlentheorie I.

von gleichem Charakter bestimmt wird. Ist nun wieder ω' äquivalent mit ω'':

$$\omega' = \frac{\alpha'\omega'' + \beta'}{\gamma'\omega'' + \delta'}, \tag{28}$$

$$\text{und} \qquad \alpha'\delta' - \beta'\gamma' = 1, \tag{29}$$

so ergibt sich durch Substitution in (26)

$$\omega = \frac{\alpha''\omega'' + \beta''}{\gamma''\omega'' + \delta''},$$

$$\text{wo} \qquad \begin{cases} \alpha'' = \alpha\alpha' + \beta\gamma', & \beta'' = \alpha\beta' + \beta\delta' \\ \gamma'' = \gamma\alpha' + \delta\gamma', & \delta'' = \gamma\beta' + \delta\delta' \end{cases} \tag{30}$$

gesetzt ist, Gleichungen, aus denen wegen (27) und (29)

$$\alpha''\delta'' - \beta''\gamma'' = (\alpha\delta - \beta\gamma)(\alpha'\delta' - \beta'\gamma') = 1 \tag{31}$$

hervorgeht; hiernach sind auch ω, ω'' äquivalente Zahlen, und man erhält den Satz: Zwei Zahlen, welche derselben dritten Zahl äquivalent sind, sind es auch untereinander. Dies gestattet, sämtliche Zahlen in Klassen zu verteilen, indem man die untereinander äquivalenten je in eine Klasse zusammenfaßt. Unsere bisherige Darlegung ging von der Betrachtung rationaler Werte von ω und ω' in der Beziehung (26) aus; man sieht leicht ein, daß alle diese Zahlen eine einzige Klasse bilden und erfüllen. In der Tat können in ihr offenbar nur rationale Zahlen sein; ist aber $\frac{\beta}{\delta}$ irgendeine rationale Zahl, wobei β, δ teilerfremd gedacht werden können, so lassen sich zwei andere ganze Zahlen angeben, für welche $\alpha\delta - \beta\gamma = 1$ ist, und nach der Identität

$$\frac{\beta}{\delta} = \frac{0 \cdot \alpha + \beta}{0 \cdot \gamma + \delta}$$

ist die beliebige rationale Zahl $\frac{\beta}{\delta}$ der Null äquivalent, sind alle solche also zu derselben gehörig, die wir hinfort als die Klasse R bezeichnen wollen. — Indem wir von dem Falle irrationaler Zahlen einstweilen absehen, werden wir jetzt ausschließlich die Äquivalenz komplexer Zahlen, also positiver quadratischer Formen, ins Auge fassen.

Jede komplexe Zahl $\xi + \eta i$ denken wir in Gaußscher Weise als Punkt einer Ebene dargestellt, dessen rechtwinklige Koordinaten ξ, η sind. Da nun die Wurzeln der positiven quadratischen Form (a, b, c) mit der Determinante $D = b^2 - ac = -\Delta$

$$\omega_1 = \frac{-b + i\sqrt{\Delta}}{a}, \quad \omega_2 = \frac{-b - i\sqrt{\Delta}}{a}$$

sind, so wird die erste dieser Wurzeln durch den Punkt der positiven Halbebene dargestellt sein, dessen Koordinaten

(32) $$\xi = \frac{-b}{a}, \quad \eta = \frac{\sqrt{\Delta}}{a}$$

sind, aus welchen Gleichungen

(32a) $$\xi^2 + \eta^2 = \frac{c}{a}$$

hervorgeht. Somit wird eine reduzierte positive Form (a, b, c) zufolge der für solche charakteristischen Bedingungen (3) durch einen

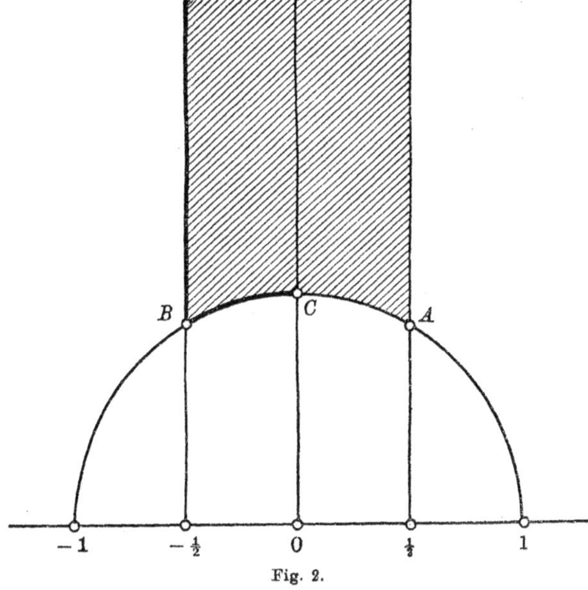

Fig. 2.

Punkt repräsentiert werden können, dessen Koordinaten ξ, η die Ungleichheiten erfüllen

(33) $$|\xi| \lesseqgtr \tfrac{1}{2}, \quad \xi^2 + \eta^2 \gtreqless 1,$$

d. h. durch einen Punkt desjenigen Gebietes der positiven Halbebene, das einerseits zwischen den beiden zur Axe der imaginären Größen im Abstand $\frac{1}{2}$ zur Rechten und zur Linken gezogenen Parallelen, andererseits außerhalb des um den Nullpunkt O (Fig. 2) mit dem Radius 1 beschriebenen Kreises gelegen ist. Umgekehrt entspricht jedem Punkte ξ, η der positiven Halbebene nach den Formeln (32), (32a), wenn darin a positiv gedacht wird, eine positive Form (a, b, c) mit der Determinante $-\Delta = b^2 - ac$, insbesondere also jedem Punkte ξ, η des bezeichneten Gebietes eine solche Form (a, b, c), welche den Ungleichheiten (33) zufolge reduziert ist. Nennen wir mit Dedekind das genannte Gebiet das Hauptfeld der positiven Halbebene, so repräsentiert es mithin die Gesamtheit der reduzierten positiven Formen und erweist sich so als das Abbild des reduzierten Raumes ($E \infty E'$) der Kreisfigur. Überhaupt, wenn man bedenkt, daß die Beziehungen zwischen den trimetrischen Koordinaten a, b, c eines Punktes und den rechtwinkligen Koordinaten ξ, η des neu eingeführten, ihm zugeordneten Punktes in Gestalt der folgenden Proportion geschrieben werden können:

$$a : b : c = 1 : -\xi : \xi^2 + \eta^2,$$

so lassen sich die neuen Verhältnisse einfach durch eine Abbildung der Kreisfigur gewinnen, indem man in der Gleichung jeder Linie der letzteren die laufenden trimetrischen Koordinaten a, b, c durch $1, -\xi, \xi^2 + \eta^2$ bzw. ersetzt. Wir ziehen aber vor, sie direkt abzuleiten, wie folgt.[1])

7. Setzen wir $\omega' = \xi' + \eta' i$ als äquivalent mit $\omega = \xi + \eta i$, also eine Beziehung

$$\xi' + \eta' i = \frac{\alpha(\xi + \eta i) + \beta}{\gamma(\xi + \eta i) + \delta}$$

voraus, so folgen daraus die Gleichungen

$$(34) \quad \begin{cases} \xi' = \dfrac{\beta\delta + (\beta\gamma + \alpha\delta)\xi + \alpha\gamma(\xi^2 + \eta^2)}{\delta^2 + 2\delta\gamma\xi + \gamma^2(\xi^2 + \eta^2)} \\[2ex] \eta' = \dfrac{\eta}{\delta^2 + 2\delta\gamma\xi + \gamma^2(\xi^2 + \eta^2)} \\[2ex] \xi'^2 + \eta'^2 = \dfrac{\beta^2 + 2\beta\alpha\xi + \alpha^2(\xi^2 + \eta^2)}{\delta^2 + 2\delta\gamma\xi + \gamma^2(\xi^2 + \eta^2)}. \end{cases}$$

Der Nenner dieser Brüche ist positiv als Norm der komplexen Zahl

$$\gamma(\xi + \eta i) + \delta,$$

demnach hat η' dasselbe Vorzeichen wie η und ist also positiv, wenn ω als Punkt der positiven Halbebene vorausgesetzt wird. Es wird nun behauptet, daß jeder Punkt ω dieser Halbebene einem Punkte des Hauptfeldes äquivalent ist, also einem Punkte $\omega' = \xi' + \eta' i$, dessen Koordinaten den Ungleichheiten

$$(35) \qquad |\xi'| \overline{\gtrless} \tfrac{1}{2}, \quad \xi'^2 + \eta'^2 \overline{\gtrless} 1$$

oder, wenn $N(\omega')$ die Norm der komplexen Zahl ω' bedeutet, den Ungleichheiten

$$(36) \qquad N(\omega' \pm 1) \overline{\gtrless} N(\omega') \overline{\gtrless} 1$$

genügen. Zum Beweise bemerke man, daß die Norm

$$(37) \qquad N(x + y\omega) = x^2 + 2\xi xy + (\xi^2 + \eta^2)y^2$$

eine positive quadratische Form $(1, \xi, \xi^2 + \eta^2)$ ist, welche daher für gewisse teilerfremde Zahlen $x = \delta$, $y = \gamma$ ihren kleinstmöglichen Wert annimmt. Setzt man dann

$$(38) \qquad \omega' = \frac{\alpha\omega + \beta}{\gamma\omega + \delta},$$

1) Vgl. Dedekind, Journ. f. Math. 83, S. 270—273.

so findet sich hierdurch allein schon die dritte der Ungleichheiten (36) erfüllt. Nun lassen sich aber die ganzen Zahlen α, β auf unendlich viele Arten so wählen, daß $\alpha\delta - \beta\gamma = 1$ wird, und, wenn α_0, β_0 eine Lösung dieser Gleichung bedeutet, so sind sie sämtlich

$$\alpha = \alpha_0 + \gamma z, \; \beta = \beta_0 + \delta z$$

für alle ganzzahligen z. Dabei wird aber der reelle Bestandteil von ω', wenn $\overline{\omega}$ den zu ω konjugierten Wert bezeichnet, gleich

$$\frac{1}{2}\left(\frac{\alpha_0\omega + \beta_0}{\gamma\omega + \delta} + \frac{\alpha_0\overline{\omega} + \beta_0}{\gamma\overline{\omega} + \delta}\right) + z$$

und nimmt für einen ganz bestimmten Wert der ganzen Zahl z einen Wert zwischen $-\frac{1}{2}$ und $+\frac{1}{2}$ an. Diese so bestimmte mit ω äquivalente Zahl ω' leistet also den Aussagen des behaupteten Satzes Genüge.

Jedem Punkte ω des linken Randes des Hauptfeldes ist offenbar der symmetrisch zur imaginären Axe liegende Punkt $\omega + 1$ des rechten Randes äquivalent. Desgleichen ist jedem Punkte $\omega = \xi + \eta i$ des halbkreisförmigen Randes, für welchen mithin $\xi^2 + \eta^2 = 1$ ist, der ihm zur imaginären Axe symmetrische Punkt $-\xi + \eta i = \frac{-1}{\omega}$ äquivalent. Rechnet man also zum Hauptfelde nur die in der Figur 2 stark ausgezogenen Teile des Randes, so ist im übrigen kein Punkt $\omega = \xi + \eta i$ des Hauptfeldes, für welchen die Ungleichheiten

$$-\tfrac{1}{2} < \xi < \tfrac{1}{2}, \quad \xi^2 + \eta^2 > 1, \quad \eta > 0 \tag{39}$$

erfüllt sind, einem andern Punkte des Hauptfeldes äquivalent. Bestände nämlich für einen solchen Punkt $\omega' = \xi' + \eta' i$, für den also die Ungleichheiten

$$-\tfrac{1}{2} \gtreqless \xi' \gtreqless \tfrac{1}{2}, \quad \xi'^2 + \eta'^2 \gtreqless 1, \quad \eta' > 0 \tag{40}$$

gelten, eine Beziehung von der Gestalt

$$\omega' = \frac{\alpha\omega + \beta}{\gamma\omega + \delta}, \tag{41}$$

in welcher $\alpha\delta - \beta\gamma = 1$ wäre, so wäre einerseits wegen (39) die quadratische Form

$$N(x + y\omega) = x^2 + 2\xi xy + (\xi^2 + \eta^2)y^2$$

eine im engeren Sinne reduzierte Form, die (nach Ende von Nr. 4) keiner von ihr verschiedenen solchen Form äquivalent sein kann; andererseits ergäbe sich durch Einsetzen des Ausdrucks (41) in die Norm $N(x' + y'\omega')$ die Gleichung

$$N(x + y\omega) = N(\gamma\omega + \delta) \cdot [x'^2 + 2\xi' x'y' + (\xi'^2 + \eta'^2)y'^2],$$

wenn $\quad x = \delta x' + \beta y', \quad y = \gamma x' + \alpha y'$

gesetzt wird; die reduzierte Form zur Linken wäre also der Form zur Rechten äquivalent, welche sich mit Rücksicht auf (40) als im weiteren Sinne reduziert erweist. Demnach müßte

$$N(\gamma\omega + \delta) = 1, \quad \xi' = \pm \xi,$$

also
$$-\tfrac{1}{2} < \xi' < \tfrac{1}{2} \quad \text{und} \quad \xi'^2 + \eta'^2 = \xi^2 + \eta^2 > 1,$$

die Form also im engeren Sinne reduziert sein. Daraus folgte (nach Ende von Nr. 4)
$$\xi' = + \xi, \quad \text{also} \quad \eta' = \eta,$$

der Voraussetzung zuwider, wonach ω' von ω verschieden gedacht ist.

8. Nachdem wir so die vollständige Übereinstimmung des reduzierten Raumes mit seinem Abbilde, dem Hauptfelde der positiven Halbebene, bestätigt haben, sehen wir nun zu, wie sich dieses Hauptfeld durch jede beliebige Substitution in ein äquivalentes Gebiet der Halbebene überträgt. Die so entstehende Einteilung dieser Halbebene ist dann das genaue Korrelat zur Einteilung des Kreisinnern in seine Elementardreiecke.

Allen Punkten mit derselben Abzisse ξ', d. i. jeder Parallelen zur imaginären Axe, insbesondere also jedem der beiden geradlinigen Ränder des Hauptfeldes entspricht nach der ersten der Formeln (34) in der positiven Halbebene ein Halbkreis, welcher seinen Mittelpunkt auf der reellen Axe hat, diese also unter rechten Winkeln schneidet. Für die besonderen Substitutionen von der Form $\omega' = \omega + \beta$ artet diese Kreislinie in eine zur imaginären Axe parallele Gerade $\xi' = \xi + \beta$ aus. Der Kreislinie $\xi'^2 + \eta'^2 = 1$ aber, d. i. dem untern Rande des Hauptfeldes, entspricht nach der dritten der Formeln (34) gleichfalls eine Kreislinie von der zuvor bezeichneten Art. Daher wird im allgemeinen jedes dem Hauptfelde äquivalente Gebiet der Halbebene ein von Kreisbögen begrenztes endliches Dreieck sein, welches nur für jene besonderen Substitutionen in einen nach unten durch einen Kreisbogen begrenzten, nach oben unendlich ausgedehnten Parallelstreifen zur imaginären Axe ausartet.

Da jeder Punkt der Halbebene einem Punkte des Hauptfeldes äquivalent ist, also einem der gedachten Felder angehören muß, so überdecken alle diese Felder die ganze Ebene lückenlos. Sie überdecken sie aber auch nur einfach, d. h. zwei von ihnen haben keinen inneren Punkt gemeinsam. Denn, gehörte ein Punkt ω zwei verschiedenen Feldern an und dabei wenigstens einem derselben als ein innerer Punkt, so gäbe es zwei verschiedene Substitutionen

$$\omega' = \frac{\alpha\omega + \beta}{\gamma\omega + \delta}, \quad \omega'' = \frac{\alpha'\omega + \beta'}{\gamma'\omega + \delta'},$$

durch welche ω zwei verschiedenen Punkten des Hauptfeldes äquivalent würde[1]), von denen wenigstens einer dessen Innerem angehörte; diese würden also auch miteinander äquivalent sein, was dem in voriger Nr. Bewiesenen widerspricht. Nur der Punkt $\omega = \infty$ ist allen dem Hauptfelde äquivalenten Parallelstreifen gemeinsam, aber nicht als ein innerer Punkt, sondern als ihr dritter Eckpunkt. Die diesem Punkte des Hauptfeldes entsprechenden Eckpunkte der endlichen Felder sind die rationalen Punkte der reellen Axe, da jeder Ausdruck $\frac{\alpha\omega+\beta}{\gamma\omega+\delta}$ für $\omega = \infty$ sich auf einen rationalen Wert $\frac{\alpha}{\gamma}$ reduziert. In jedem solchen Punkte der reellen Axe aber stehen senkrecht zur Axe unendlich viele äquivalente Dreiecke, die ihn zur einen Ecke haben; denn ist in kleinsten Zahlen $\frac{\alpha}{\gamma}$ irgendein rationaler Wert, so gibt es unendlich viele ganzzahlige Lösungen β, δ der Gleichung $\alpha\delta - \beta\gamma = 1$, also unendlich viele verschiedene Substitutionen $\omega' = \frac{\alpha\omega+\beta}{\gamma\omega+\delta}$ und unendlich viele dem Hauptfelde äquivalente Felder, denen der $\omega = \infty$ entsprechende Punkt $\frac{\alpha}{\gamma}$ als ein gemeinsamer Eckpunkt angehört. Alle diese Felder rücken der reellen Axe, indem sie kleiner und kleiner werden, immer näher, und somit kann die obenerwähnte Klasse R der rationalen reellen Zahlen, soweit es sich um Äquivalenz handelt, als die eigentliche **Begrenzung** der positiven Halbebene angesehen werden. Sie ist das genaue Korrelat zur Gesamtheit der auf der Kreisperipherie liegenden Eckpunkte sämtlicher Elementardreiecke.

9. Wir fügen diesen Betrachtungen zunächst noch einige interessante Bemerkungen an (s. A. Hurwitz, Math. Ann. Bd. 18, S. 528).

Zuerst sieht man leicht ein, daß in jedem Parallelstreifen zur imaginären Axe nur eine endliche Anzahl von Punkten $\omega' = \xi' + \eta' i$ vorhanden sein kann, welche einem gegebenen Punkte $\omega = \xi + \eta i$ äquivalent sind, und für die $\eta' > \eta$ ist. Setzt man nämlich

$$\omega' = \frac{\alpha\omega+\beta}{\gamma\omega+\delta}, \quad \alpha\delta - \beta\gamma = 1$$

voraus und bezeichnet mit $\bar{\omega}$, $\bar{\omega}'$ die bzw. zu ω, ω' konjugierten Werte, so ist

$$\eta' = \frac{1}{2}\left(\frac{\alpha\omega+\beta}{\gamma\omega+\delta} - \frac{\alpha\bar{\omega}+\beta}{\gamma\bar{\omega}+\delta}\right) = \frac{\eta}{N(\gamma\omega+\delta)}$$

$$\xi' = \frac{1}{2}\left(\frac{\alpha\omega+\beta}{\gamma\omega+\delta} + \frac{\alpha\bar{\omega}+\beta}{\gamma\bar{\omega}+\delta}\right).$$

1) Wären nämlich ω', ω'' einander gleich, so bestände eine Beziehung $\omega = \frac{\lambda\omega+\mu}{\nu\omega+\varrho}$ oder $\nu\omega^2 + (\varrho-\lambda)\omega - \mu = 0$ mit $\lambda\varrho - \mu\nu = 1$ und den für eine Reduzierte $(\nu, \varrho-\lambda, \mu)$ negativer Determinante geltenden Ungleichheiten $|\varrho-\lambda| \overline{\gtrless} |\nu| \overline{\gtrless} |\mu|$; dies gibt aber nur die Werte $\omega' = i$ oder $\omega' = \frac{-1+\sqrt{-3}}{2}$, die auf den **Rand** des reduzierten Gebietes fallen.

Die Bedingung $\eta' > \eta$ kommt also auf die Ungleichheit

$$N(\gamma\omega + \delta) = \delta^2 + 2\xi\delta\gamma + (\xi^2 + \eta^2)\gamma^2 < 1$$

hinaus, der nur eine endliche Anzahl ganzzahliger, a fortiori also auch nur eine endliche Anzahl teilerfremder Zahlen γ, δ genügen kann. Ist dann für ein solches System von Zahlen α_0, β_0 irgendeine Lösung der Gleichung $\alpha\delta - \beta\gamma = 1$, so darf man

$$\alpha = \alpha_0 + \gamma z, \quad \beta = \beta_0 + \delta z$$

setzen, wo z ganzzahlig, und demnach wird

$$\xi' = \frac{1}{2}\left(\frac{\alpha_0\omega + \beta_0}{\gamma\omega + \delta} + \frac{\alpha_0\bar{\omega} + \beta_0}{\gamma\bar{\omega} + \delta}\right) + z,$$

und es gibt nur eine endliche Anzahl ganzer Zahlen z, für welche etwa dieser Wert zwischen die den Rändern des Parallelstreifens zugehörigen Abszissen fallen kann.

Auf Grund dieses Satzes wollen wir nun die Substitution aufsuchen, durch welche ein beliebig gegebener Punkt $\omega = \xi + \eta i$ in das Hauptfeld übergeführt wird. Sei h die zunächst an ξ gelegene ganze Zahl, so daß $\xi - h$ zwischen die Grenzen $\pm\frac{1}{2}$ zu liegen kommt; dann ist der Punkt

$$\omega' = \xi' + \eta' i,$$

worin $\xi' = \xi - h$, $\eta' = \eta$ ist, zufolge der Beziehung

$$\omega' = \omega - h \tag{42}$$

äquivalent mit ω, und man hat $-\frac{1}{2} \lesseqgtr \xi' \lesseqgtr \frac{1}{2}$. Ist daher auch $\xi'^2 + \eta'^2 \gtreqless 1$, so fällt ω' in das Hauptfeld hinein. Andernfalls ist

$$\omega'' = \frac{-1}{\omega'}, \tag{43}$$

das ist

$$\omega'' = \frac{-\xi'}{\xi'^2 + \eta'^2} + \frac{\eta' i}{\xi'^2 + \eta'^2},$$

ein mit ω', also auch mit ω äquivalenter Punkt, dessen Abszisse $\eta'' > \eta' = \eta$ ist. Von diesem ausgehend gelangt man durch eine Substitution von der Form (42) zu einem wieder mit ω äquivalenten Punkte ω''', dessen Ordinate η''' gleich η'' und dessen Abszisse ξ''' zwischen $-\frac{1}{2}$ und $+\frac{1}{2}$ enthalten ist, der also entweder im Hauptfelde liegt oder durch eine Substitution von der Form (43) in einen Punkt ω'''' übergeht, dessen Ordinate wieder größer als $\eta'' > \eta$ ist, usw. Da ein unbegrenzter Fortgang dieser Art unendlich viele mit ω äquivalente, zwischen den das Hauptfeld begrenzenden Parallelen liegende Punkte mit einer Ordinate größer als η liefern müßte, so folgt nach dem voraufgeschickten Satze, daß man nach einer endlichen Anzahl von Substitutionen von der Art (42) und (43) zu einem mit ω äquivalenten Punkte des Hauptfeldes gelangen muß. Man bedenke ferner, daß eine

Substitution von der Form (42) offenbar, je nachdem h negativ gleich $-\varkappa$ oder positiv ist, durch die $\varkappa$malige bzw. $h$malige Wiederholung der Substitution

$$\omega' = \omega + 1 \quad \text{bzw.} \quad \omega' = \omega - 1,$$

deren letztere die Inverse der ersteren ist, hervorgebracht werden kann. Daraus entnimmt man sogleich das nachfolgende bemerkenswerte Ergebnis: Jede Substitution von der Form

$$(44) \qquad \omega' = \frac{\alpha\omega + \beta}{\gamma\omega + \delta},$$

worin $\alpha\delta - \beta\gamma = 1$ ist, kann aus den beiden Substitutionen

$$(45) \qquad \omega' = \omega + 1, \quad \omega' = \frac{-1}{\omega}$$

(und ihren Inversen) zusammengesetzt werden.

Man kann diesem Satze einen anderen Ausdruck geben, wenn man beachtet, daß jeder Substitution (44) eine Substitution anderer Art, nämlich die Beziehungen von der Form

$$(46) \qquad x' = \alpha x + \beta y, \quad y' = \gamma x + \delta y$$

zwischen zwei Systemen x, y und x', y' von Zahlen, an die Seite gestellt werden kann. Ist

$$(47) \qquad \omega = \frac{\alpha'\omega'' + \beta'}{\gamma'\omega'' + \delta'}$$

eine zweite Substitution der ersteren Art und

$$(48) \qquad x = \alpha'x'' + \beta'y'', \quad y = \gamma'x'' + \delta'y''$$

das ihr entsprechende System von Gleichungen, so haben wir in Nr. 6 gezeigt, wie die beiden Substitutionen (44) und (47) sich zu einer einzigen

$$\omega' = \frac{\alpha''\omega'' + \beta''}{\gamma''\omega'' + \delta''}$$

zusammensetzen, deren Koeffizienten durch die Gleichungen (30) bestimmt wurden. Verbindet man aber die Gleichungen (46) und (48), um x, y zu eliminieren, so erhält man neue Gleichungen

$$x' = \alpha''x'' + \beta''y'', \quad y' = \gamma''x'' + \delta''y''$$

mit ebendenselben Koeffizienten, welche mithin die zur zusammengesetzten Substitution der ersteren Art zugehörige Substitution der zweiten Art darstellen. Die Bildung der Koeffizienten bei der Zusammensetzung von Substitutionen ist also in beiden Fällen die gleiche. Nun entsprechen den beiden besonderen Substitutionen (45) der ersteren Art die beiden Gleichungssysteme

$$(49) \qquad x' = x + y, \; y' = y \quad \text{bzw.} \quad x' = -y, \; y' = x.$$

Demnach kann der vorige Satz auch dahin ausgesprochen werden, daß jede lineare Substitution von der Form (46), für welche $\alpha\delta - \beta\gamma = 1$ ist, sich aus den beiden besonderen Substitutionen (49) — und ihren Inversen — zusammensetzen läßt.

10. Es bleiben nun noch die unbestimmten Formen zu behandeln. Diesen entsprechen die irrationalen Punkte der reellen Axe, aber sie lassen sich nicht in ähnlicher Weise in äquivalente Gebiete zerlegen wie die Gesamtheit der den positiven Formen entsprechenden Punkte der Ebene. Vielmehr muß man hier wieder auf jenen Hermiteschen Grundgedanken zurückgreifen, den wir in Nr. 5 erwähnten und zu diesem Zwecke nun in seiner ursprünglichen Fassung entwickeln.

Man denke die unbestimmte Form

$$f = ax^2 + 2bxy + cy^2$$

in ihre beiden irrationalen Faktoren zerlegt:

$$f = a(x - \omega_1 y)(x - \omega_2 y), \tag{50}$$

wo also ω_1, ω_2 die beiden reellen Wurzeln der Form sind; Hermite stellt, unter λ einen reellen Parameter verstehend, der positiv gedacht werden kann, ihr die positive Form

$$F = (x - \omega_1 y)^2 + \lambda^2 (x - \omega_2 y)^2 \tag{51}$$

an die Seite und bezeichnet die unbestimmte Form f als reduziert, wenn es Werte von λ gibt, für welche die Form F reduziert ist. Die Wurzeln der letzteren sind

$$\Omega = \frac{\omega_1 \mp \lambda\omega_2 i}{1 \mp \lambda i} = \frac{\omega_1 + \lambda^2\omega_2}{1 + \lambda^2} \pm i \cdot \frac{\lambda(\omega_1 - \omega_2)}{1 + \lambda^2} = \xi \pm \eta i,$$

also ist F und damit auch f eine reduzierte Form, wenn

$$\left\{\begin{aligned} |\xi| &= \frac{|\omega_1 + \lambda^2\omega_2|}{1 + \lambda^2} \overline{\leqq} \frac{1}{2} \\ \xi^2 + \eta^2 &= \frac{\omega_1^2 + \lambda^2\omega_2^2}{1 + \lambda^2} \overline{\geqq} 1 \end{aligned}\right. \tag{52}$$

ist. Eliminiert man aus diesen Beziehungen den Parameter λ, so ergibt sich

$$\xi^2 + \eta^2 - \xi(\omega_1 + \omega_2) + \omega_1\omega_2 = 0$$

oder

$$a(\xi^2 + \eta^2) + 2b\xi + c = 0,$$

d. i. die Gleichung eines Kreises, der seinen Mittelpunkt auf der reellen Axe hat, sie in den Punkten $\xi = \omega_1$ und $\xi = \omega_2$ schneidet und nach der Schlußbemerkung in Nr. 6 das Abbild der zum Punkte a, b, c gehörigen Polare ist; die Ungleichheiten (52) aber definieren diejenigen Punkte ξ, η desselben, welche etwa in das Hauptfeld hineinfallen. Demnach darf man auch sagen: Die Form f heißt reduziert, wenn der hier bezeichnete Kreis das Hauptfeld schneidet.

Nun ist aber der möglicherweise in dieses Hauptfeld fallende Bogen des Kreises begrenzt, mit anderen Worten: der Wert des Parameters λ ist durch die Ungleichheiten (52) auf ein endliches Intervall beschränkt; läßt man ihn von irgendeinem, diesen Ungleichheiten genügenden Werte an stetig wachsen oder stetig abnehmen, so wird ein Augenblick eintreten, wo sie nicht mehr erfüllt werden, die Form F also aufhört, eine reduzierte Form zu sein. Alsdann aber kann sie durch eine geeignete unimodulare Substitution

$$x = \alpha x' + \beta y', \quad y = \gamma x' + \delta y'$$

in eine äquivalente Form verwandelt und dieser die Gestalt

$$(\alpha - \gamma\omega_1)^2 \cdot F'$$

gegeben werden, wo, wenn

$$\omega_1' = \frac{\delta\omega_1 - \beta}{\alpha - \gamma\omega_1}, \quad \omega_2' = \frac{\delta\omega_2 - \beta}{\alpha - \gamma\omega_2}, \quad \lambda' = \lambda \cdot \frac{\alpha - \gamma\omega_2}{\alpha - \gamma\omega_1}$$

und

$$F' = (x' - \omega_1' y')^2 + \lambda'^2 (x' - \omega_2' y')^2$$

gesetzt wird, F' eine Form ist, die ihrerseits in einem gewissen Intervalle für λ', d. h. in einem gewissen neuen Intervalle für λ reduziert bleibt. Durch dieselbe Substitution geht auch die Form f in eine ihr äquivalente Form

$$f' = a'(x' - \omega_1' y')(x' - \omega_2' y')$$

über, worin

$$a' = a(\alpha - \gamma\omega_1)(\alpha - \gamma\omega_2)$$

gesetzt ist, und welche nach der angegebenen Definition zugleich mit F' reduziert ist. Wiederholt man am Ende des neuen Intervalls für λ dieselbe Betrachtung, um wiederum zu reduzieren usw., so erhält man aus der Form f eine unbegrenzte Reihe äquivalenter reduzierter Formen (die nicht alle verschieden zu sein brauchen), denen in der Ebene eine ebensolche Reihe sich aneinanderschließender Kreisbögen entspricht, welche das Hauptfeld durchsetzen. — Sollten für die gegebene Form f die Ungleichheiten (52) für kein λ erfüllbar sein, so müßte man schon anfangs die Form F reduzieren, um dann von den so aus F und f erhaltenen ihnen bzw. äquivalenten Formen ab das dargelegte Verfahren auszuführen. Es treten hiermit völlig entsprechende Verhältnisse ein, wie sie bei der früheren geometrischen Deutung der quadratischen Formen in Nr. 5 bemerkt worden sind, obwohl, was hervorgehoben werden mag, die hier gegebene Definition reduzierter unbestimmter Formen sich mit der dortigen nicht deckt. Weiter auf jene Verhältnisse einzugehen dürfen wir hier unterlassen, da wir sie später noch näher erörtern werden; hier genügt uns, das Prinzip der Hermiteschen Auffassung kurz gezeichnet zu haben. Es sei nur zum Schluß noch auf den wichtigen Unterschied zwischen bestimmten und unbestimmten Formen aufmerksam gemacht, der bei beiden geometrischen Deutungen sich in dem Umstande geäußert hat, daß bei jenen aus jeder Klasse eine einzige Form als reduziert herausgehoben werden kann, während bei diesen stets nur eine ganze Kette solcher Formen sich absondern läßt, ein Umstand, der für die Entscheidung über die Äquivalenz zweier Formen wesentliche Bedeutung hat.

Zweites Kapitel.

Gitter und Kettenbrüche.

1. Bisher haben wir die Gesamtheit der quadratischen Formen (a, b, c) betrachtet; nunmehr wollen wir der Gesamtheit der Werte unsere Aufmerksamkeit zuwenden, welche durch eine einzige quadratische Form $ax^2 + 2bxy + cy^2$ dargestellt werden, also der Gesamtheit der ganzzahligen Wertesysteme zweier reellen Variabeln x, y entsprechen.

Die Werte einer einzigen reellen Veränderlichen x lassen sich geometrisch als Punkte einer Geraden darstellen, nämlich als die Endpunkte der Abszissen, deren Längen je gleich $|x|$ sind. Hiernach sprechen wir dann vom Werte x auch als vom Punkte x und umgekehrt. Allen ganzzahligen x entspricht so eine vom Nullpunkte nach beiden Seiten hin ausgehende Reihe äquidistanter Punkte, deren Abstand je gleich der willkürlich angenommenen Längeneinheit ist. Hier gelten zwei Tatsachen, die, so selbstverständlich sie erscheinen, doch ebenso wichtig zu bemerken sind.

Erstens: In jedem Intervall von x bis $x' > x$ der Geraden, welches gleich oder größer als 1 ist, liegt mindestens ein ganzzahliger Punkt. Denn, bezeichnet $[x]$ die größte nicht über x gelegene ganze Zahl und setzt man $x = [x] + r$, so ist nach Voraussetzung

$$x' \geqq [x] + r + 1 \geqq [x] + 1 > x,$$

mithin die ganze Zahl $[x] + 1$ in dem gedachten Intervall enthalten. Grenzt man also um den Nullpunkt als Mittelpunkt ein Intervall ab, welches $\geqq 2$ ist, so findet sich in demselben mindestens ein Paar ganzzahliger, gegen den Nullpunkt symmetrisch liegender Punkte.

Zweitens: Liegen im Innern eines Intervalls von x bis $x' > x$, welches gleich oder kleiner als die ganze Zahl n ist, $n + 1$ der Größe nach geordnete Punkte $x_1, x_2, \cdots, x_{n+1}$, wobei einer der Punkte x_1, x_{n+1} auch mit dem Punkte x bzw. x' zusammenfallend gedacht werden darf, so ist wenigstens für zwei aufeinanderfolgende jener Punkte ihr

Abstand voneinander kleiner als 1. Denn sonst wäre die Summe dieser Abstände, d. i. der gesamte Abstand von x_1 bis x_{n+1} mindestens gleich n und a fortiori das Intervall von x bis x' größer als n. — Oder auch so: Denkt man die Punkte x_i mit den bezüglichen Intervallen von $x_i - \frac{1}{2}$ bis $x_i + \frac{1}{2}$ umgeben, so ist deren gesamte Summe gleich $n + 1$. Da sie aber insgesamt in dem Intervalle von $x - \frac{1}{2}$ bis $x' + \frac{1}{2}$ enthalten sind, dessen Größe höchstens gleich $n + 1$ ist, so sind nur zwei Fälle denkbar: entweder schließen jene Intervalle genau aneinander, so daß allgemein

$$x_{i+1} - \tfrac{1}{2} = x_i + \tfrac{1}{2}$$

ist; dann wäre $x_{i+1} = x_i + 1$, und die Punkte $x_1, x_2, \cdots x_{n+1}$ würden in diesem besonderen Falle, während der erste und letzte das Intervall xx' begrenzen, es in n gleiche Teile zerlegen; oder jene Intervalle müssen teilweise übereinandergreifen; ist dies etwa für die zu x_i und zu x_{i+1} gehörigen Intervalle der Fall, so ist für jeden ihnen gemeinsamen Punkt ξ

$$x_{i+1} - \tfrac{1}{2} < \xi < x_i + \tfrac{1}{2},$$

mithin $x_{i+1} - x_i < 1$ (s. Borel, Journ. des Math. (5) t. 9).

Man kann dieser Tatsache auch die folgende Fassung geben. Teilt man das Intervall von 0 bis n durch die ganzen Zahlen $1, 2, 3, \cdots n - 1$ in n gleiche Teile, so müssen von $n + 1$ in das Innere dieses Intervalls fallenden, der Größe nach geordneten Punkten $x_1, x_2, \cdots x_{n+1}$ wenigstens zwei in dasselbe Teilintervall fallen. Denn sonst läge zwischen je zwei aufeinanderfolgenden dieser Punkte mindestens ein ganzzahliger, also lägen im Intervall x_1 bis n inklusive, welches kleiner ist als n, mindestens $n + 1$ voneinander verschiedene ganzzahlige, d. h. solche Punkte, deren gegenseitiger Abstand $\geqq 1$ ist, was der vorigen Bemerkung zuwiderläuft.

Von dieser Bemerkung hat zuerst Dirichlet einen genialen weitgehenden Gebrauch gemacht. Im Grunde besagt sie nur die triviale Tatsache, daß die Elemente einer aus $n+1$ Dingen bestehenden Mehrheit den Elementen einer Mehrheit von n Dingen nur so zugeordnet werden können, daß wenigstens einem Elemente der letzteren mehr als ein Element der ersteren zugeteilt wird.

2. Ließ sich die eindimensionale Mannigfaltigkeit einer reellen Veränderlichen x durch die Punkte einer Geraden veranschaulichen, so bedarf es zur Versinnlichung der zweidimensionalen Mannigfaltigkeit aller Wertesysteme zweier reellen Veränderlichen x, y einer Ebene. Man denke sich in einer solchen zwei unter einem beliebigen Winkel φ sich kreuzende Geraden OX, OY als Koordinatenaxen, trage auf OX nach beiden Seiten von O gleiche Strecken von einer beliebigen Länge $\mathfrak{a}$, auf OY solche von einer ebenfalls beliebigen Länge $\mathfrak{b}$ ab und ziehe

durch die Endpunkte derselben Parallelen bzw. zur Axe OY und OX; die zwei Parallelenscharen bilden dann ein Netz oder ein Gitter, das sich aus lauter kongruenten Parallelogrammen von der Größe

$$\mathfrak{a}\mathfrak{b}\cdot\sin\varphi$$

zusammensetzt: wir wollen es als Grundgitter bezeichnen; ihren Durchschnittspunkten, den sog. Netz- oder Gitterpunkten aber kommen die Koordinaten $\mathfrak{a}x$, $\mathfrak{b}y$ für alle ganzzahligen Wertsysteme x, y zu; sie können demnach als Repräsentanten der letzteren angesehen werden. Faßt man die Koordinaten als Vektoren auf, so entspricht jedem Gitterpunkte ein Vektor

$$\mathfrak{a}x+\mathfrak{b}y$$

oder ein Wert der Linearform

(1) $$f=\mathfrak{a}x+\mathfrak{b}y;$$

man darf daher das Gitter, genauer seine Gitterpunkte, auch als den geometrischen Ausdruck für die Gesamtheit der Werte betrachten, welche aus der Linearform f mittels ganzzahliger x, y hervorgehen. Letztere Gesamtheit bildet einen sog. Zahlenmodul, d. h. sie hat die charakteristische Eigenschaft, daß zwei beliebige ihrer Zahlen als Summe und Differenz wieder eine Zahl der Gesamtheit ergeben. Sind daher

(2) $$\mathfrak{A}=\mathfrak{a}\alpha+\mathfrak{b}\gamma,\quad \mathfrak{B}=\mathfrak{a}\beta+\mathfrak{b}\delta$$

zwei solche Werte von f, wobei wir voraussetzen wollen, daß $\alpha\delta-\beta\gamma$ nicht Null sei, so gehören auch die Werte

$$\mathfrak{A}x'+\mathfrak{B}y'=\mathfrak{a}(\alpha x'+\beta y')+\mathfrak{b}(\gamma x'+\delta y')$$

für alle ganzzahligen x', y' derselben Gesamtheit an, bilden aber offenbar selbst wieder einen Modul von Zahlen. Durch die Substitution

(3) $$x=\alpha x'+\beta y',\quad y=\gamma x'+\delta y'$$

mit ganzzahligen α, β, γ, δ, durch welche die Linearform f in die andere

(4) $$F=\mathfrak{A}x'+\mathfrak{B}y'$$

übergeht, so daß die Beziehung

(5) $$\mathfrak{a}x+\mathfrak{b}y=\mathfrak{A}x'+\mathfrak{B}y'$$

durch die Gleichungen (3) identisch erfüllt wird, geht also aus dem Modul f ein anderer Modul F hervor, dessen Zahlen sämtlich dem ersteren zugehören, da zufolge (3) ganzzahligen x', y' auch ganzzahlige x, y entsprechen. Der Modul F ist daher ein Teiler von f, d. i. enthalten in f. Sollen auch umgekehrt ganzzahligen x, y stets ganzzahlige x', y' entsprechen, so ist bekanntlich notwendig und hinreichend, daß der Substitutionsmodul

$$\alpha\delta - \beta\gamma = \pm 1 \tag{6}$$

ist. In diesem Falle gehören dann zufolge der Identität (5) auch alle

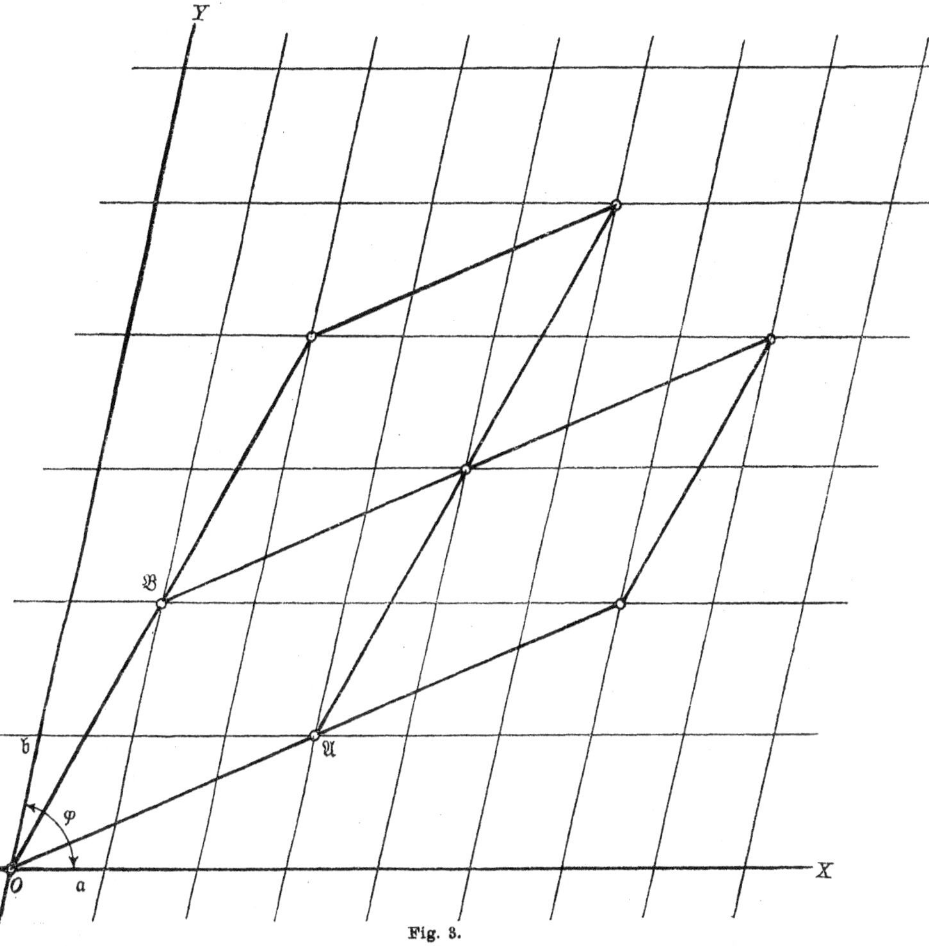

Fig. 3.

Zahlen des Moduls f zum Modul F, und somit sind beide Moduln identisch, d. h. sie bestehen insgesamt aus denselben Zahlen.

Faßt man dies nun geometrisch auf (Fig. 3), so bestimmen die Gleichungen (2) die beiden Vektoren $O\mathfrak{A}$ und $O\mathfrak{B}$, die nach den Punkten α, γ bzw. β, δ des Grundgitters hingehen; das Gitter aber, welches aus diesen Vektoren gebildet wird wie das Grundgitter aus den Vektoren $O\mathfrak{a}$ und $O\mathfrak{b}$, ist diesem eingelagert, d. h. alle seine Gitterpunkte fallen mit Gitterpunkten des letzteren zusammen; und die Beziehung (6) bezeichnet die Bedingung dafür, daß auch das Umgekehrte eintritt und somit das neue Gitter mit dem Grundgitter sich deckt. Bekanntlich bestimmt sich der Inhalt jedes der dem neuen Gitter zugehörigen Parallelogramme aus den Koordinaten $\mathfrak{a}\alpha$, $\mathfrak{b}\gamma$; $\mathfrak{a}\beta$, $\mathfrak{b}\delta$ der Punkte $\mathfrak{A}$ und $\mathfrak{B}$ mittels des Ausdrucks

$$\pm(\mathfrak{a}\alpha\cdot\mathfrak{b}\delta-\mathfrak{a}\beta\cdot\mathfrak{b}\gamma)\sin\varphi=\pm(\alpha\delta-\beta\gamma)\cdot\mathfrak{a}\mathfrak{b}\sin\varphi,$$

ist also um den Absolutwert von $\alpha\delta-\beta\gamma$ mal größer als das Fundamentalparallelogramm des Grundgitters. Die Bedingung dafür, daß die beiden Gitter sich decken, läuft geometrisch also darauf hinaus, daß die Fundamentalparallelogramme beider Gitter gleichen Inhalts sind.

Behält man im Gitter nur die Gitterpunkte bei, während die Parallelen, deren Durchschnitte sie sind, unterdrückt werden, so entsteht im Unterschiede von dem ursprünglichen Parallelgitter ein sog. Punktgitter. Aus der voraufgehenden Betrachtung ersieht man, daß ein solches Punktgitter auf unzählig viele verschiedene Arten als Parallelgitter aufgefaßt werden kann, und daß diese sämtlich aus einem beliebigen von ihnen, das als Grundgitter zu denken ist, durch die verschiedenen Substitutionen mit dem Modul ± 1:

$$x=\alpha x'+\beta y',\quad y=\gamma x'+\delta y',\quad (\alpha\delta-\beta\gamma=\pm 1)$$

hervorgehen. Wir bezeichnen sie als die dem Punktgitter eigenen Parallelgitter.

3. Nun leiten wir einen Satz her, der nur eine Verallgemeinerung der ersten der in Nr. 1 hervorgehobenen einfachen Tatsachen, selbst aber einer großen Verallgemeinerung für Mannigfaltigkeiten beliebiger Dimension fähig ist und das wesentliche Prinzip für die Untersuchungen bildet, die Minkowski unter dem Titel einer „Geometrie der Zahlen“ zusammengefaßt hat. Wir werden ihn deshalb in der Folge als **den Minkowskischen Grundsatz** bezeichnen.

Man denke sich um den Nullpunkt O des Punktgitters ein endliches Gebiet abgegrenzt durch eine in sich geschlossene Kurve, welche O zum Mittelpunkt hat und nach außen hin überall konvex ist, einen Kreis, eine Ellipse oder dergleichen. Wird diese gleichmäßig in allen Richtungen von O aus hinreichend zusammengezogen, so wird sie außer dem Nullpunkte keinen weiteren Gitterpunkt einschließen; von da aus aber ebenso wieder ausgedehnt, wird sie allmählich ein oder zugleich mehrere Paare P, P' gegen O symmetrisch gelegener Gitterpunkte in der Umgebung von O in sich aufnehmen. In dem Augenblicke, wo dies geschieht, sei $\mathfrak{J}$ der Inhalt der von der Kurve begrenzten Fläche. Nun ziehe man die Kurve wieder im Verhältnisse von $2:1$ gleichmäßig zusammen, so daß der Inhalt der von ihr umschlossenen Fläche $\frac{\mathfrak{F}}{4}$ wird, und denke dann diese Fläche nach jedem der Gitterpunkte des Grundgitters als Mittelpunkt parallel verschoben. Es ist klar, daß die so um P, P' abgegrenzten Flächen die Fläche um O in den Mittelpunkten der Strecken OP bzw. OP' nur von außen berühren, also von der Fläche um O völlig getrennt bleiben werden. Da für jeden anderen Gitterpunkt und seine Umgebung genau gleiches gelten muß, sieht man, daß auf jeden einzelnen Gitterpunkt des Grundgitters je ein Flächenstück von der Größe $\frac{\mathfrak{F}}{4}$ kommt, diese sich aber nirgends überdecken, sondern im allgemeinen noch Teile der gesamten Ebene *unbedeckt* lassen werden. Wenn aber andererseits um jeden Gitterpunkt ein Parallelogramm konstruiert wird, das ihn zum Mittelpunkte hat und dem Fundamentalparallelogramme kongruent ist, so werden *diese* die *gesamte* Ebene lückenlos und einfach überdecken. Daraus ist zu schließen, daß $\frac{\mathfrak{F}}{4}$ nicht größer sein kann als der Inhalt des Fundamentalparallelogrammes. *Wird letzterer zur Flächeneinheit gewählt, so ergibt sich also die Beziehung*

$$\mathfrak{F} \lesseqgtr 4. \tag{7}$$

Wenn jetzt bei stetiger Ausdehnung der um O gedachten Kurve die von ihr umschlossene Fläche $\gtreqless 4$ wird, so wird sie der vorstehenden Ungleichheit zufolge um so mehr $\gtreqless \mathfrak{F}$, umfaßt also diese Fläche und mit ihr die Gitterpunkte P, P'. Somit gelangt man zu folgendem Ergebnisse:

Minkowskis Grundsatz. *Ein um den Nullpunkt des Gitters durch eine geschlossene Kurve, welche ihn zum Mittelpunkte hat und nach außen konvex ist, abgegrenztes Flächenstück enthält, falls sein Inhalt $\gtreqless 4$ ist, in seinem Innern oder doch, falls das Gleichheitszeichen gilt, auf seiner Begrenzung mindestens ein Paar gegen den Nullpunkt symmetrisch liegender Gitterpunkte.*

4. *Von diesem Grundsatze soll sogleich eine sehr folgenreiche Anwendung gemacht werden.*[1])

Seien

$$\xi = ax + by, \quad \eta = cx + dy \tag{8}$$

zwei Linearformen mit reellen Koeffizienten und

$$\Delta = ad - bc \tag{9}$$

ihre von Null verschieden gedachte Determinante. Die Gleichungen

1) S. hierzu Minkowski, „Geometrie der Zahlen" (Leipzig 1910), S. 147ff.

$\xi = 0$, $\eta = 0$ stellen dann zwei durch den Nullpunkt O, d. i. den Gitterpunkt 0, 0 hindurchgehende Geraden und die Gleichungen

(10) $$\xi = \pm \lambda, \quad \eta = \pm \mu$$

die Seiten eines Parallelogrammes dar, welches den Nullpunkt zum Mittelpunkt hat und kurz als das Parallelogramm $[\lambda, \mu]$ bezeichnet werden soll. Sein Inhalt I, unter welchem das über das Parallelogramm erstreckte Integral $\iint dx\,dy$ verstanden werde, ist, da zufolge (8) die Funktionaldeterminante der ξ, η in bezug auf die x, y gleich Δ ist, gleich $\frac{1}{|\Delta|} \cdot \iint d\xi\,d\eta$, also

(11) $$I = \frac{4\lambda\mu}{|\Delta|}.$$

In einem solchen Parallelogramme kann außer dem Nullpunkte nur eine endliche Anzahl von Gitterpunkten liegen, die sich stets zu Paaren von je zwei zum Nullpunkte symmetrisch gelegenen Gitterpunkten zusammenfassen lassen. Ein Parallelogramm $[\lambda, \mu]$ soll ein freies heißen, wenn es keinen Gitterpunkt außer dem Nullpunkt in seinem Innern enthält, während solche auf seiner Begrenzung vorhanden sein können. Hört es auf, ein freies zu sein, wenn λ oder μ oder beide auch noch so wenig vergrößert werden, so soll $[\lambda, \mu]$ ein äußerstes (freies) Parallelogramm genannt werden.

Aus dieser Definition geht sogleich hervor, daß bei einem äußersten Parallelogramm sowohl auf den ξ-Seiten als auch auf den η-Seiten mindestens ein Gitterpunkt liegen muß, diese aber nicht nur in seine Ecken fallen dürfen, denn andernfalls könnte man zwei parallele Seiten weiter voneinander entfernen, ohne daß zunächst Gitterpunkte in das Innere träten. Ferner ergibt sich der Satz:

A. Sind $[\lambda, \mu]$, $[\lambda', \mu']$ zwei äußerste Parallelogramme, so muß entweder $\lambda > \lambda'$, $\mu < \mu'$ oder $\lambda < \lambda'$, $\mu > \mu'$ sein. Denn, wären zugleich $\lambda \gtreqless \lambda'$, $\mu \gtreqless \mu'$ oder $\lambda \lesseqgtr \lambda'$, $\mu \lesseqgtr \mu'$, so enthielte im ersteren Falle $[\lambda, \mu]$ das Parallelogramm $[\lambda', \mu']$, wenn es nicht mit ihm identisch ist, samt den Gitterpunkten desselben in seinem Innern, und umgekehrt im zweiten Falle, entgegen der Bedeutung eines äußersten Parallelogrammes.

5. Als weitere Grundlage für unsere Betrachtungen beweisen wir die nachfolgenden Sätze:

B. Ist das von den Geraden

(12) $$\xi = \pm 1, \quad \eta = \pm 1$$

begrenzte Parallelogramm ein freies und liegen auf seiner Begrenzung mehr als zwei Paare von Gitterpunkten, so muß die Determinante $\Delta = \pm 1$ sein. Denn, wären mindestens drei solcher Paare darauf vorhanden, also sechs ganzzahlige Systeme x, y, für welche wenigstens eine der Größen ξ, η absolut 1 wäre, so müßten, da die Werte von ξ, η nur vier verschiedene Vorzeichenkombinationen darbieten, ihnen wenigstens zwei jener Systeme: x', y'; x'', y'' Werte von je demselben Vorzeichen erteilen. Der vom Nullpunkte verschiedene Gitterpunkt $x^0 = x' - x''$, $y^0 = y' - y''$ würde ihnen also Werte geben, die absolut kleiner als 1 sind, es sei denn, daß für eins der beiden Systeme, etwa x', y', eine der Größen ξ, η, etwa $\eta = 0$, mithin die andere $\xi = \pm 1$ wäre, wo dann η für den Gitterpunkt x^0, y^0 absolut gleich 1 sein könnte. Dieser Fall müßte aber eintreten, denn im andern würde x^0, y^0 ins Innere des Parallelogrammes fallen, dasselbe also kein freies sein. Somit müßte x', y' eine ganzzahlige Auflösung der Gleichung

$$\eta = cx' + dy' = 0 \tag{13}$$

und zugleich

$$\xi = ax' + by' = \pm 1 \tag{14}$$

sein. Der Punkt x', y' wäre hiernach Mittelpunkt einer der ξ-Seiten. Nun könnte innerhalb dieser Seite kein weiterer Gitterpunkt liegen, da sonst gegen die Voraussetzung, wie sofort einzusehen, auf der Geraden $\xi = 0$ im Innern des Parallelogramms noch ein von Null verschiedener Gitterpunkt vorhanden sein würde. Die übrigen der vorausgesetzten Paare von Gitterpunkten lägen daher auf den η-Seiten. Sei dann x_1, y_1 ein Gitterpunkt auf der Seite $\eta = 1$, mithin

$$cx_1 + dy_1 = 1, \tag{15}$$

so findet man durch Verbindung dieser Gleichung mit den beiden voraufgehenden die Beziehung

$$\Delta(x'y_1 - x_1y') = \pm 1,$$

aus welcher, da $x'y_1 - x_1y'$ eine ganze Zahl ist, $|\Delta| \overline{\gtrless} 1$ hervorgeht. Andererseits beträgt nach Minkowskis Grundsatz der Inhalt des als frei vorausgesetzten Parallelogrammes (welches als eine konvexe Figur gelten darf) nicht mehr als 4, zufolge (11) ist also $|\Delta| \overline{\gtrless} 1$, und demnach wie behauptet, $\Delta = \pm 1$.

C. Umgekehrt: Ist das gedachte Parallelogramm ein freies und $\Delta = \pm 1$, so liegen auf seinen Seiten mehr als zwei Paare von Gitterpunkten. Denn nach Minkowskis Grundsatz findet sich darauf wenigstens ein solches Paar. Wäre nur ein solches vorhanden, etwa auf den ξ-Seiten, oder auch nur zwei, beide auf diesen Seiten, so bliebe für ein hinreichend kleines δ das Parallelogramm $[1, 1 + \delta]$ noch ein freies, hätte aber einen Inhalt > 4, dem Minkowskischen Grundsatze zuwider. Es müßte also, wenn nur zwei Paare vorhanden sind, sowohl auf die ξ- als auch auf die η-Seiten ein Paar fallen. Läge nun eins derselben, etwa das auf den η-Seiten, nicht in deren Mitte, so bliebe das Parallelogramm noch ein freies, wenn diese Seiten hinreichend wenig um ihre Gitterpunkte gedreht würden; dadurch würde aber bei einer der beiden Richtungen der Drehung der Inhalt > 4, was wieder gegen jenen Grundsatz verstößt. Hiernach fielen notwendig die beiden Paare von Gitterpunkten in die Mittelpunkte der Seiten; dann lägen aber solche auch in den Ecken, und es gäbe vier, nicht nur zwei Paare von Gitterpunkten auf dem Parallelogramm. Demnach sind stets mehr als zwei Paare vorhanden und alsdann, wie bei B., ein Paar in den Mitten zweier Parallelen, die übrigen auf den anderen Parallelen. Es könnten zudem auf diesen auch nicht mehr als zwei Paare liegen, denn sonst fielen zwei Gitterpunkte auf dieselbe Hälfte derselben, woraus sogleich erkennbar, daß dann im Innern des Parallelogramms außer dem Nullpunkte noch ein Gitterpunkt vorhanden wäre, gegen die Voraussetzung.

D. Ist endlich $\Delta = \pm 1$ und gelten Gleichungen wie die Gleichungen (13) und (14), liegt also auf der Mitte einer der Seiten des Parallelogramms (12) ein Gitterpunkt x', y' und sind dabei x', y' teilerfremde Zahlen, so ist das Parallelogramm ein freies, nämlich kein vom Nullpunkte verschiedener Gitterpunkt in seinem Innern vorhanden. Denn, wäre x_1, y_1 ein solcher, so hätte man neben den Gleichungen (13) und (14) statt der Gleichung (15) die Ungleichheit

$$|cx_1 + dy_1| < 1,$$

und es ergäbe sich die Beziehung

$$|x'y_1 - x_1y'| < 1,$$

was nur sein könnte, wenn $x'y_1 - x_1y' = 0$ wäre, aber durch den Umstand, daß x', y' teilerfremd sind, ausgeschlossen ist.

6. Wir setzen von nun an $\Delta = 1$ voraus und betrachten unter dieser Voraussetzung das Parallelogramm (10), dessen Inhalt zufolge (11) dann gleich $4\lambda\mu$ ist. Dann fließt aus Minkowskis Grundsatz sogleich der andere Satz:

E. Für ein freies $[\lambda\mu]$ ist stets $\lambda\mu \leqq 1$.

Da die Gleichungen (10) mit den anderen:

$$\frac{a}{\lambda}x + \frac{b}{\lambda}y = \pm 1, \quad \frac{c}{\mu}x + \frac{d}{\mu}y = \pm 1$$

gleichbedeutend sind, deren Determinante gleich $\frac{1}{\lambda\mu}$, hier also der Einheit nur gleich ist, wenn $\lambda\mu = 1$ ist, so lassen die Betrachtungen, die zu B. geführt haben, die Tatsache erkennen, daß ein freies

$[\lambda, \mu]$ nur dann mehr als zwei Gitterpunktspaare aufweisen kann, wenn wenigstens auf einer der Mittellinien $\xi = 0$, $\eta = 0$ ein Gitterpunkt liegt und $\lambda\mu = 1$ ist. Die Gerade $\xi = ax + by = 0$ enthält aber nur dann Gitterpunkte, wenn a und b ein rationales Verhältnis haben; wenn dann m der positive Wert ist, für welchen ma, mb zwei teilerfremde ganze Zahlen werden, so ist $x = -mb$, $y = ma$ einer der beiden dem Nullpunkt nächsten Gitterpunkte auf $\xi = 0$ und

$$\eta = -mb \cdot c + ma \cdot d = m$$

der kleinste Wert, den η für die Gitterpunkte auf dieser Geraden annehmen kann. Für ein freies $[\lambda, \mu]$ muß also $\mu \leqq m$ sein. Ebenso kann auf $\eta = 0$ nur dann ein Gitterpunkt liegen, wenn c, d ein rationales Verhältnis haben; und wenn dann l den positiven Wert bedeutet, für welchen lc, ld teilerfremde ganze Zahlen werden, so ist $x = ld$, $y = -lc$ einer der beiden dem Nullpunkte nächsten Gitterpunkte auf $\eta = 0$ und

$$\xi = ld \cdot a - lc \cdot b = l$$

der kleinste Wert, den ξ für die auf dieser Geraden gelegenen Gitterpunkte erhält; für ein freies $[\lambda, \mu]$ ist also $\lambda \leqq l$. Treten beide Fälle zugleich ein, so folgt, daß

$$ma \cdot ld - mb \cdot lc = lm(ad - bc) = lm$$

eine ganze Zahl, mithin $lm \geqq 1$ ist. Diese Ungleichheit besteht aber allgemein, wenn wir für den Fall, daß a, b bzw. c, d kein rationales Verhältnis haben, m bzw. l gleich ∞ setzen; und dann gelten die zuvor für freie $[\lambda, \mu]$ gefundenen Ungleichheiten $\lambda \leqq l$, $\mu \leqq \lambda$ auch in diesen Fällen. Man schließt ferner aus der vorhin hervorgehobenen Tatsache den Satz:

Ein freies $[\lambda, \mu]$, für welches $\lambda\mu < 1$ ist, kann nicht mehr als zwei Paare von Gitterpunkten haben.

Ist dagegen für ein freies $[\lambda, \mu]$

$$\lambda\mu = 1,$$

so folgt aus C., daß drei oder vier Paare von Gitterpunkten vorhanden sein müssen, deren wenigstens eins in die Mitten zweier Parallelen fällt, daß also wenigstens eine der Größen l, m endlich und $[\lambda, \mu]$ mit einem der beiden Parallelogramme $\left[l, \frac{1}{l}\right]$, $\left[\frac{1}{m}, m\right]$ identisch sein muß. Nach D. ist aber auch jedes der letzteren, falls l bzw. m endlich ist, wirklich ein freies Parallelogramm.

Für den Fall, daß $lm = 1$ ist, fallen sie beide in ein einziges zusammen, bei welchem dann Gitterpunkte in den Mitten der Seiten, sowie auch in den Ecken gelegen und ihrer vier Paare vorhanden sind. Dieses Parallelogramm ist jedenfalls ein äußerstes.

Ist dagegen $lm > 1$ bei endlichem l, also $\frac{1}{l} < m$, so ist $\left[l, \frac{1}{l}\right]$ nach D. ein freies Parallelogramm und hat nach C. ein Paar Gitterpunkte in den Mitten der ξ-Seiten und zwei Paare auf den η-Seiten, doch wegen $\frac{1}{l} < m$ keins in deren Mitten, noch also auch in den Ecken; es ist demnach wieder ein äußerstes. Da die Gitterpunkte nicht auf dieselbe Hälfte der η-Seiten fallen dürfen (siehe bei C.), so hat ξ für einen derselben einen zwischen $-l$ und 0 fallenden Wert $-l_0$, und demnach muß (Fig. 4) für den anderen derselben $\xi = l - l_0$ sein. — Das Entsprechende gilt für $\left[\frac{1}{m}, m\right]$, falls m endlich ist.

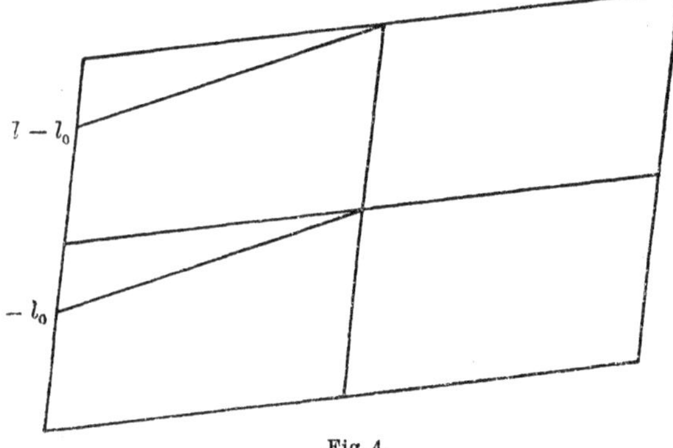

Fig. 4.

Hieraus fließen für jedes von diesen zwei Parallelogrammen verschiedene äußerste $[\lambda, \mu]$ zufolge A. die Ungleichheiten

$$\lambda > \frac{1}{m}, \quad \mu > \frac{1}{l},$$

aus denen auch ersehen wird, daß, wenn $lm = 1$ ist, außer dem einen Parallelogramme

$$\left[l, \frac{1}{l}\right] = \left[\frac{1}{m}, m\right]$$

kein äußerstes Parallelogramm weiter vorhanden ist.

Für jedes andere äußerste $[\lambda, \mu]$ aber ist $\lambda\mu < 1$, mithin ist nur je ein Gitterpunkt auf jeder Seite, aber weder in ihrer Mitte noch in den Ecken vorhanden.

7. Sei nunmehr $lm > 1$.

Werden bei einem Parallelogramme $[\lambda, \mu]$ die ξ-Seiten gleicherweise vom Nullpunkte entfernt oder ihm genähert, so soll dies als ein Heben bzw. Senken der ξ-Seiten (bzw. der η-Seiten, wenn dasselbe mit den letzteren geschieht) bezeichnet werden.

Sei
$$\frac{1}{m} < \lambda' < l,$$

eine Bestimmung, die möglich ist, da wir $\frac{1}{m} < l$ vorausgesetzt haben.

Dann ist das Parallelogramm $\left[\lambda', \frac{1}{\lambda'}\right]$ von jedem der beiden Parallelogramme $\left[l, \frac{1}{l}\right]$, $\left[\frac{1}{m}, m\right]$ verschieden, kann also, da $\lambda' \cdot \frac{1}{\lambda'} = 1$ ist, kein freies sein und enthält somit Gitterpunkte, doch keinen auf der Geraden $\eta = 0$, da für einen solchen $|\xi| \overline{\gtrless} l > \lambda'$ sein müßte. Sei nun $\eta = \mu$ der absolut kleinste Wert, den η für einen jener Punkte annimmt, so kann man durch Senken der η-Seiten bis zu diesem Punkte ein $[\lambda', \mu]$ bestimmen, das auf den η-Seiten Gitterpunkte, zwischen ihnen aber keinen solchen enthält, also ein freies ist. Liegen dabei die Gitterpunkte nur in Ecken, also auch in den ξ-Seiten, so kann man durch Heben der η-Seiten es erreichen, daß, während jene in den ξ-Seiten bleiben, zwischen den letzteren noch auf die η-Seiten Gitterpunkte treten, was nach Minkowskis Grundsatz spätestens in dem Augenblicke geschehen muß, wo der Inhalt des Parallelogramms die Grenze 4 überschreitet. Das so gewonnene Parallelogramm $[\lambda', \mu']$, in welchem $\mu' > \mu$, wäre dann ein äußerstes. Wenn dagegen Gitterpunkte innerhalb der η-Seiten von $[\lambda', \mu]$ vorhanden sind, so tritt ebenso beim Heben der ξ-Seiten ein Augenblick ein, in welchem auch auf diese zwischen den η-Seiten gelegene Gitterpunkte treten, und das so erhaltene Parallelogramm $[\lambda, \mu]$, in welchem $\lambda > \lambda'$ ist, wäre wiederum ein äußerstes. Zudem gibt es in diesem Falle kein äußerstes $[\lambda^0, \mu^0]$, bei welchem $\lambda > \lambda^0 > \lambda'$ wäre; denn zufolge A. müßte dann $\mu^0 > \mu$ sein, das Parallelogramm $[\lambda^0, \mu^0]$ enthielte also $[\lambda', \mu]$ und könnte kein äußerstes sein, da es nicht einmal ein freies wäre. Die Betrachtung bleibt auch anwendbar, wenn $\lambda' = l$, das Ausgangsparallelogramm also $\left[l, \frac{1}{l}\right]$ ist; offenbar fällt dann $[\lambda, \mu]$ mit diesem zusammen. Hiernach ist folgendes festgestellt:

Ist $\frac{1}{m} < \lambda' \overline{\gtrless} l$, so gibt es ein bestimmtes, von $\left[\frac{1}{m}, m\right]$ verschiedenes äußerstes $[\lambda, \mu]$, bei welchem $\lambda \overline{\gtrless} \lambda'$ und dabei möglichst klein ist. Wenn also l und m unendlich, d. h. die Verhältnisse $a : b$ und $c : d$ irrational sind, so ist stets ein äußerstes $[\lambda, \mu]$ vorhanden, für welches $\lambda\mu < 1$ ist, da die Parallelogramme $\left[l, \frac{1}{l}\right]$, $\left[\frac{1}{m}, m\right]$ dann ausfallen. Da innerhalb jeder der Seiten eines solchen ein Gitterpunkt liegt, gibt es ganze, von 0, 0 verschiedene Zahlen x, y, für welche

$$|ax + by| = \lambda, \quad |cx + dy| \overline{\gtrless} \mu,$$

mithin

$$|(ax + by)(cx + dy)| \overline{\gtrless} \lambda\mu < 1$$

ist. Man schließt also den Satz:

Sind $ax + by$, $cx + dy$ zwei Linearformen mit beliebigen reellen Koeffizienten, die in irrationalen Verhältnissen stehen, und mit einer Determinante $ad - bc = 1$, so gibt es ganze Zahlen x, y welche die Ungleichheit

$$(16) \qquad |(ax + by)(cx + dy)| < 1$$

erfüllen und nicht beide Null sind.

Geht man nun von irgendeinem äußersten $[\lambda, \mu]$ aus, bei welchem $\lambda > \frac{1}{m}$ ist, so kann man durch Senken der ξ-Seiten bis zu dem der Geraden $\xi = 0$ nächstgelegenen Gitterpunkte der η-Seiten ein freies $[\lambda_1, \mu]$ bilden, in welchem $\lambda_1 < \lambda$ ist; durch Heben seiner η-Seiten aber muß man, spätestens in dem Augenblicke, wo der Inhalt des Parallelogramms größer als 4 würde, auf ein $[\lambda_1, \mu_1]$ mit $\mu_1 > \mu$ kommen, das zwischen den ξ-Seiten auf den η-Seiten einen Gitterpunkt hat, mithin wieder ein äußerstes Parallelogramm ist. Zudem gibt es kein äußerstes $[\lambda_0, \mu_0]$, bei welchem $\lambda > \lambda_0 > \lambda_1$ wäre; denn sonst wäre (nach A.) $\mu_0 > \mu$, mithin enthielte $[\lambda_0, \mu_0]$ das Parallelogramm $[\lambda_1, \mu]$ und könnte kein äußerstes sein, da es nicht einmal ein freies wäre. Daraus folgt: Zu jedem äußersten $[\lambda, \mu]$, bei welchem $\lambda > \frac{1}{m}$ ist, gibt es ein anderes äußerstes $[\lambda_1, \mu_1]$, bei welchem $\lambda_1 < \lambda$ und dabei möglichst groß ist, und welches deshalb jenem benachbart heißen soll.

So kann durch abwechselndes Senken der ξ- und Heben der η-Seiten eine ganze Kette von schrittweise benachbarten äußersten Parallelogrammen $[\lambda, \mu]$ mit stets abnehmendem λ, also zunehmendem μ gebildet werden. Irgend zwei Glieder dieser Kette werden dabei nur durch eine endliche Anzahl von Zwischengliedern getrennt sein. Denn, sind w und $W > w$ irgend zwei positive Zahlen, so gibt es nur eine endliche Anzahl äußerster $[\lambda, \mu]$, bei welchen $w < \lambda \gtreqless W$ ist; in der Tat ist bei jedem solchen $\mu < \frac{1}{\lambda} < \frac{1}{w}$ und daher $[\lambda, \mu]$ enthalten in $\left[W, \frac{1}{w}\right]$; da nun in letzterem Parallelogramm nur eine endliche Anzahl von Gitterpunkten liegen kann, so kann auch λ, d. h. der Wert von ξ für einen dieser Punkte nur endlich viele verschiedene Werte haben.

Ist l endlich, so beginnt die Kette mit $\left[l, \frac{1}{l}\right]$ und endet, wenn m endlich ist, mit $\left[\frac{1}{m}, m\right]$; andernfalls ist sie nach jenem oder diesem Ende, und wenn l, m beide unendlich sind, nach beiden Enden zu unbegrenzt.

Für $lm = 2$ reduziert sich die ganze Kette auf die beiden Parallelogramme $\left[l, \frac{1}{l}\right]$, $\left[\frac{1}{m}, m\right]$. Denn, ist dann l_0 der für den Fall

$lm > 1$ in Nr. 6 angegebene Wert und l' der kleinere der beiden Werte l_0, $l - l_0$, also $l' \lesseqgtr \frac{l}{2}$, so ist das mit $\left[l, \frac{1}{l}\right]$ benachbarte äußerste $[\lambda_1, \mu_1]$ offenbar $[l', \mu_1]$, wo $l' \gtreqless \frac{1}{m} = \frac{l}{2}$ und nun wegen der voraufgehenden Ungleichheit $l' = \frac{l}{2} = \frac{1}{m}$, also $[l', \mu_1]$ mit $\left[\frac{1}{m}, m\right]$ identisch gefunden wird.

8. Im folgenden setzen wir deshalb $lm > 2$ voraus. Angenommen, l sei endlich. Dann kann die soeben mit l' bezeichnete Zahl nicht $\frac{l}{2}$ sein, denn sonst wäre $\left[l', \frac{1}{l}\right]$ ein freies Parallelogramm, welches nur in den Ecken Gitterpunkte hätte und durch Heben der η-Seiten zu einem äußersten würde, das auf den ξ-Seiten mehr als ein Paar solcher Punkte besäße, also nach Nr. 6 nur mit $\left[\frac{1}{m}, m\right]$ identisch sein könnte; somit wäre $l' = \frac{l}{2} = \frac{1}{m}$, also $lm = 2$ gegen die Voraussetzung. Demzufolge liegt jetzt auf $\left[l, \frac{1}{l}\right]$ in den Mitten der ξ-Seiten je ein Gitterpunkt und auf den η-Seiten ein solcher, für welchen $|\xi| = l' < \frac{l}{2}$ ist, d. h. es gibt ganze Zahlen p, q, r, s, für welche

$$ap + bq = l, \quad ar + bs = \varepsilon l'$$

$$cp + dq = 0, \quad cr + ds = \frac{1}{l}$$

ist, wobei unter ε die positive oder negative Einheit verstanden wird. Dies aber sagt aus, daß

$$\xi = ax + by, \quad \eta = cx + dy$$

durch die Substitution

$$x = px' + ry', \quad y = qx' + sy'$$

in

$$\xi = lx' + \varepsilon l'y', \quad \eta = \frac{1}{l}y'$$

übergehen, und da die Determinante der ursprünglichen sowohl wie der transformierten Ausdrücke gleich 1 ist, erweist sich

$$ps - qr = 1,$$

d. h. die Substitution $\begin{pmatrix} p, & r \\ q, & s \end{pmatrix}$ als unimodular. So gehört zu $\left[l, \frac{1}{l}\right]$, wenn es existiert, nämlich l endlich ist, eine ganz bestimmte unimodulare Substitution, und offenbar gilt das gleiche für $\left[\frac{1}{m}, m\right]$, wenn m endlich ist.

Nun sei $[\lambda, \mu]$ irgendein anderes äußerstes Parallelogramm der Kette. Sowohl auf den ξ- als auf den η-Seiten eines solchen, aber weder in der Mitte derselben, noch in den Ecken liegt je ein Gitterpunkt. Diese können aber nicht demselben der vier Quadranten angehören, in welche die Mittellinien das Parallelogramm zerlegen (Fig. 5), da sonst noch ein vom Nullpunkte verschiedener Gitterpunkt ins Innere desselben fiele. Demnach gibt es hier ganze Zahlen p, q, r, s der Art, daß Gleichungen stattfinden von der Form:

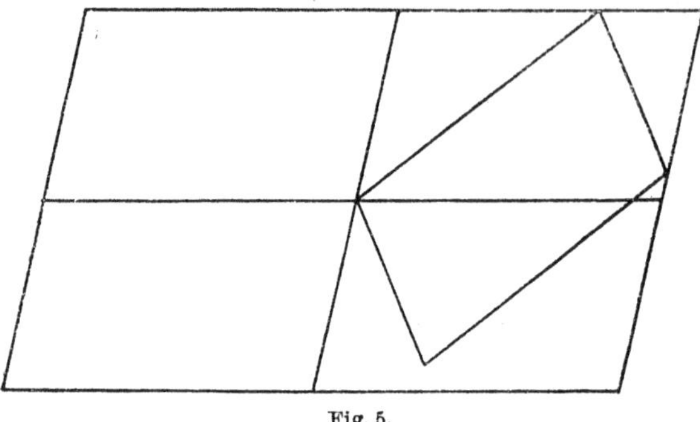

Fig. 5.

$$(17)\qquad \begin{cases} ap + bq = \lambda, & ar + bs = \varepsilon\lambda' \\ cp + dq = -\varepsilon\mu', & cr + ds = \mu, \end{cases}$$

wo $\lambda, \mu, \lambda', \mu'$ positiv und

$$0 < \frac{\lambda'}{\lambda} < 1, \quad 0 < \frac{\mu'}{\mu} < 1$$

ist. Durch die Substitution $\binom{p,\ r}{q,\ s}$ gehen also jetzt ξ, η über in

$$(18)\qquad \xi = \lambda x' + \varepsilon\lambda' y', \quad \eta = -\varepsilon\mu' x' + \mu y',$$

und es wird

$$\begin{vmatrix} a & b \\ c & d \end{vmatrix} \cdot \begin{vmatrix} p & r \\ q & s \end{vmatrix} = \begin{vmatrix} \lambda & \varepsilon\lambda' \\ -\varepsilon\mu' & \mu \end{vmatrix},$$

also $ps - qr = \lambda\mu + \lambda'\mu' > 0$ und zugleich, da $\lambda'\mu' < \lambda\mu < 1$ ist,

$$ps - qr < 2\lambda\mu < 2,$$

mithin wieder $ps - qr = 1$. Man bemerke noch hieraus die folgende Ungleichheit $\lambda\mu > \frac{1}{2}$.

Aus diesen Betrachtungen findet sich allgemein der Satz: Zu jedem Gliede der Kette äußerster Parallelogramme $[\lambda, \mu]$ gehört eine ganz bestimmte unimodulare Substitution $\binom{p,\ r}{q,\ s}$.

Nun gilt aber auch das Umgekehrte: Werden ξ, η durch eine unimodulare Substitution $\binom{p,\ r}{q,\ s}$ in Ausdrücke der Form (18) verwandelt, in denen $\lambda > 0$ und entweder

$$(a)\qquad 0 < \frac{\lambda'}{\lambda} < 1, \quad 0 < \frac{\mu'}{\mu} < 1$$

oder

(b) $$\begin{cases} \mu' = 0, & 0 < \frac{\lambda'}{\lambda} < \frac{1}{2} \\ \lambda' = 0, & 0 < \frac{\mu'}{\mu} < \frac{1}{2} \end{cases}$$

ist, so gibt es ein äußerstes Parallelogramm $[\lambda, \mu]$, und $\binom{p,\ r}{q,\ s}$ ist die zu ihm gehörige Substitution. Denn zunächst folgt aus den Voraussetzungen (a)

$$\lambda\mu\left(1 + \frac{\lambda'\mu'}{\lambda\mu}\right) = \lambda\mu + \lambda'\mu' = ps - qr = 1,$$

demnach auch μ, sowie auch λ', μ' positiv. Also ist $[\lambda, \mu]$ ein Parallelogramm, auf dessen ξ- bzw. η-Seiten den Gleichungen (17) zufolge die Gitterpunkte p, q bzw. r, s so liegen, wie es bei äußersten $[\lambda, \mu]$ der Fall ist; daß $[\lambda, \mu]$ aber wirklich ein äußerstes Parallelogramm ist, d. h. in seinem Innern keinen Gitterpunkt außer dem Nullpunkte enthält, erkennt man daraus, daß die Ungleichheiten

$$|\lambda x' + \varepsilon\lambda' y'| < \lambda, \quad |-\varepsilon\mu' x' + \mu y'| < \mu$$

für kein ganzzahliges x', y' gleichzeitig erfüllbar sind. In der Tat, wäre eine der ganzen Zahlen x', y' Null, so ergäbe sich wenigstens einer der beiden Ausdrücke $\geqq \lambda$ bzw. μ; sind sie aber beide von Null verschieden, so ist notwendig einer der beiden Brüche $\frac{\varepsilon\lambda' y'}{x'}$ oder $\frac{-\varepsilon\mu' x'}{y'}$ positiv, worauf aber einer jener Ausdrücke $> \lambda$ bzw. μ würde. — Findet dagegen eine der Voraussetzungen (b), z. B. die erste derselben statt, so erhält man aus (17) $cp + dq = 0$, d. h. $c : d$ als rationales Verhältnis, mithin $p = ld$, $q = -lc$, demnach $\lambda = ap + bq = l(ad - bc) = l$, ferner $ps - qr = \lambda\mu = 1$, $\mu = \frac{1}{\lambda} = \frac{1}{l}$; die Substitution ist also die zum Parallelogramme $[\lambda, \mu] = \left[l, \frac{1}{l}\right]$ gehörige und ebenso bei der zweiten jener Voraussetzungen (b) die zum Parallelogramm $\left[\frac{1}{m}, m\right]$ gehörige.

9. Kennt man ein Glied $[\lambda, \mu]$ der Kette und die zu ihm gehörige Substitution $\binom{p,\ r}{q,\ s}$, so erhält man daraus durch einen einfachen Algorithmus das nächste Glied der Kette nebst seiner zugehörigen Substitution. Nennen wir nämlich die letzteren $[\lambda_1, \mu_1]$ und $\binom{p_1,\ r_1}{q_1,\ s_1}$, so bestehen eben wie die Gleichungen (17) und (18), in welchen $[\lambda, \mu]$ nicht als letztes Glied gedacht, also $\lambda' > 0$ ist, die entsprechenden Beziehungen:

(17a)
$$\begin{cases} ap_1 + bq_1 = \lambda_1, & ar_1 + bs_1 = \varepsilon_1\lambda_1' \\ cp_1 + dq_1 = -\varepsilon_1\mu_1', & cr_1 + ds_1 = \mu_1 \end{cases}$$

und

(18a)
$$\xi = \lambda_1 x_1 + \varepsilon_1\lambda_1' y_1, \quad \eta = -\varepsilon_1\mu_1' x_1 + \mu_1 y_1$$

mit positiven $\lambda_1, \lambda_1', \mu_1, \mu_1'$, während ε_1 gleich $+1$ oder -1 ist. Da aber $[\lambda_1, \mu_1]$ aus $[\lambda, \mu]$ gefunden wird, wenn die ξ-Seiten des letzteren bis zu dem $\xi = 0$ nächstgelegenen Gitterpunkte auf den η-Seiten gesenkt werden, muß $\lambda_1 = \lambda'$ sein; durch Vergleichung der ersten der Gleichungen (17a) mit der zweiten der Gleichungen (17) findet sich also $p_1 = \varepsilon r$, $q_1 = \varepsilon s$, folglich $-\varepsilon_1\mu_1' = \varepsilon\mu$ und $\varepsilon_1 = -\varepsilon$, $\mu_1' = \mu$. Dadurch nehmen die Gleichungen (18a) die Gestalt an

$$\xi = \lambda' x_1 - \varepsilon\lambda_1' y_1, \quad \eta = \varepsilon\mu x_1 + \mu_1 y_1,$$

und sie entstehen offenbar aus den Formeln (18) durch eine Substitution von der Form

$$\begin{pmatrix} \lambda, & \varepsilon\lambda' \\ -\varepsilon\mu', & \mu \end{pmatrix}^{-1} \cdot \begin{pmatrix} \lambda', & -\varepsilon\lambda_1' \\ \varepsilon\mu, & \mu_1 \end{pmatrix} = \begin{pmatrix} p, & r \\ q, & s \end{pmatrix}^{-1} \cdot \begin{pmatrix} p_1, & r_1 \\ q_1, & s_1 \end{pmatrix}$$
$$= \begin{pmatrix} s, & -r \\ -q, & p \end{pmatrix} \cdot \begin{pmatrix} \varepsilon r, & r_1 \\ \varepsilon s, & s_1 \end{pmatrix} = \begin{pmatrix} 0, & -\varepsilon \\ \varepsilon, & g_1 \end{pmatrix},$$

worin
$$g_1 = ps_1 - qr_1$$
gesetzt ist. Schreibt man diese Beziehung wie folgt:

(19)
$$\begin{pmatrix} \lambda', & -\varepsilon\lambda_1' \\ \varepsilon\mu, & \mu_1 \end{pmatrix} = \begin{pmatrix} \lambda, & \varepsilon\lambda' \\ -\varepsilon\mu', & \mu \end{pmatrix} \cdot \begin{pmatrix} 0, & -\varepsilon \\ \varepsilon, & g_1 \end{pmatrix},$$

so findet sich
$$\lambda_1' = \lambda - \lambda' g_1, \quad \mu_1 = \mu' + \mu g_1.$$

Da λ_1' positiv und kleiner als λ' sein muß, erweist die erste dieser Gleichungen g_1 als das größte in $\frac{\lambda}{\lambda'}$ enthaltene Ganze und führt zu der Formel

(20)
$$\frac{\lambda'}{\lambda} = \frac{1}{g_1 + \frac{\lambda_1'}{\lambda'}}.$$

Hiernach sind g_1, λ_1' allein durch λ, λ', diese beiden aber nach den ersten zwei der Gleichungen (17) außer durch die Substitution $\begin{pmatrix} p, & r \\ q, & s \end{pmatrix}$ nur durch die Koeffizienten der Form ξ bestimmt. So erkennt man den wichtigen Umstand, daß der Fortgang in der Kette von irgendeinem ihrer Glieder nach Seite der abnehmenden λ hin außer von der zum Gliede gehörigen Substitution ganz allein von der Gleichung $\xi = 0$, nämlich von den Koeffizienten der Form ξ abhängig ist.

Man bemerke noch, daß $g_1 \gtreqless 2$ sein muß, wenn $[\lambda, \mu]$ erstes oder $[\lambda_1, \mu_1]$ letztes Glied der Kette ist; denn im ersten Falle ist $\lambda' < \frac{l}{2} = \frac{\lambda}{2}$ also $\frac{\lambda}{\lambda'} > 2$, in letzterem Falle aber wäre $\lambda_1' = 0$, mithin $g_1 = \frac{\lambda}{\lambda'} > 1$.

10. Von nun an wollen wir uns auf den für unsere Betrachtungen allein wesentlichen Fall beschränken, in dem l, m unendlich, also die Kette der $[\lambda, \mu]$ nach beiden Enden hin unbegrenzt ist.

Das Ergebnis der vorigen Nr. führt zu der Frage, wie sich die Kette der Substitutionen verhält, wenn statt η eine andere Form $\zeta = \gamma x + \delta y$ mit ξ verbunden wird, für welche entsprechend $a\delta - b\gamma = 1$ ist. Die Antwort lautet: In den zu ξ, η und zu ξ, ζ gehörigen Ketten lassen sich stets zwei Glieder angeben, denen die gleiche Substitution zukommt; zufolge hiervon stimmt dann der weitere Fortgang in beiden Ketten überein. Dies zu beweisen, ziehen wir zuvörderst aus den Gleichungen

$$ad - bc = 1, \quad a\delta - b\gamma = 1$$

die andere

$$a(\delta - d) = b(\gamma - c),$$

mithin, unter z eine von Null verschiedene Zahl verstehend, die Beziehungen

$$\gamma = c + az, \quad \delta = d + bz,$$

also $\zeta = \eta + \xi z$. Bezeichnet nun ϱ einen positiven Wert, so bilden die Geraden

$$\xi = \varrho, \quad \eta = 0, \quad \zeta = 0$$

ein Dreieck mit der Spitze im Nullpunkte, in welchem η und ζ von entgegengesetzten Vorzeichen, also, wenn $z > 0$ ist, $\eta \lesseqgtr 0$, $\zeta \gtreqless 0$, wenn dagegen $z < 0$ ist, $\eta \gtreqless 0$, $\zeta \lesseqgtr 0$ sein wird; umgekehrt verhält es sich in dem Dreieck, welches zu jenem gegen den Nullpunkt symmetrisch ist. Sind in denselben überhaupt Gitterpunkte vorhanden, so kann doch deren Anzahl nur endlich sein, und für einen von ihnen nimmt ξ den absolut kleinsten Wert an, welcher σ heiße; ist überhaupt keiner vorhanden, so setzen wir $\sigma = \varrho$. Dann sind bei jedem vom Nullpunkte verschiedenen Gitterpunkte, für welchen $|\xi| < \sigma$ ist, der also gewiß außerhalb jener Dreiecke liegt, η und ζ von Null verschieden und von gleichem Vorzeichen. Zufolge Nr. 7 aber wird in der zu ξ, η gehörigen Kette der $[\lambda, \mu]$ nach einer endlichen Anzahl von Gliedern die Größe $\lambda + \lambda'$, welche $< 2\lambda$ ist, unter den Wert σ herabsinken. Die dann zu einem solchen Gliede jener Kette gehörige Substitution $\begin{pmatrix} p, & r \\ q, & s \end{pmatrix}$, welche ξ, η in die Ausdrücke

$$\lambda x' + \varepsilon\lambda' y', \quad -\varepsilon\mu' x' + \mu y'$$

mit positivem $\lambda, \mu, \lambda', \mu'$ überführt, verwandele ζ in den Ausdruck

$$-\varepsilon\nu' x' + \nu y'.$$

Da für die Gitterpunkte $x' = -\varepsilon$, $y' = 0$; $x' = \varepsilon$, $y' = 1$ sich bzw.

$$\xi = -\varepsilon\lambda,\quad \eta = \mu',\quad \zeta = \nu';$$

$$\xi = \varepsilon(\lambda + \lambda'),\quad \eta = \mu - \mu',\quad \zeta = \nu - \nu'$$

ergibt und $\mu' > 0$, $\mu - \mu' > 0$ ist, so finden sich auch ν' und $\nu - \nu' > 0$; dem letzten Satze in Nr. 8 zufolge ist also $[\lambda, \nu]$ ein Glied und die Substitution $\begin{pmatrix} p, & r \\ q, & s \end{pmatrix}$ auch die zu ihm gehörige Substitution der Kette von ξ, ζ. —

Unter der anfangs dieser Nr. eingeführten Voraussetzung kann a nicht Null sein, man darf also $z = -\frac{c}{a}$ wählen. Dann wird

$$\zeta = \eta - \frac{c}{a}\xi = \frac{y}{a}.$$

Die Substitution $\begin{pmatrix} p, & r \\ q, & s \end{pmatrix}$ liefert also die Gleichungen

$$ar + bs = \varepsilon\lambda',\quad \text{also } |ar + bs| < \lambda$$

und $$\frac{s}{a} = \nu,\quad \text{mithin } \frac{s}{a}\cdot|ar + bs| < \lambda\nu < 1$$

und $$|ar + bs| < \frac{a}{s}.$$

Da hiernach $ar + bs$ unter jeden Grad von Kleinheit herabsinkt, indem bei unendlich abnehmendem λ die Größe ν, mithin auch die ganze Zahl s unendlich wächst, so dient die unbegrenzte Kette der ξ, η bzw. ξ, ζ dazu, das Verhältnis $\frac{b}{a}$ mit beliebig großer Annäherung anzugeben, mit anderen Worten, es zu definieren.

Sind nun $\lambda x' + \varepsilon\lambda' y'$, $-\varepsilon\mu' x' + \mu y'$ die Ausdrücke, welche einem beliebigen Gliede der Kette von ξ, η entsprechen, also durch eine unimodulare Substitution S aus ξ, η entstehen, und geht man jetzt von diesen Ausdrücken aus, denen eine anfängliche Substitution $\begin{pmatrix} 1, & 0 \\ 0, & 1 \end{pmatrix}$ entspricht, so hängt der weitere Fortgang mittels der Zahlen g_i nach dem Satze voriger Nr. nur von dem ersteren Ausdrucke ab und bestimmt das Verhältnis $\frac{\lambda'}{\lambda}$ seiner Koeffizienten. Soll daher in der Kette zweier anderer Formen ξ', η' mit der Determinante 1 von einem bestimmten Gliede an der Fortgang durch dieselbe Reihe der Zahlen g_i geschehen, so muß diesem Gliede ein Ausdruck für ξ' entsprechen, der dasselbe Verhältnis der Koeffizienten darbietet, also die Form hat

$\varkappa(\lambda x' + \varepsilon\lambda' y')$ mit $\varkappa > 0$ und eine unimodulare Substitution S', durch welche er aus ξ' entsteht. Demnach müssen offenbar ξ' und ξ durch eine Substitution $T = S' \cdot S^{-1}$ vom Modulus ± 1 miteinander verbunden sein. Umgekehrt: ist dies der Fall, geht also ξ durch eine solche Substitution über in $\xi' = \varkappa\xi$, zugleich also η' in einen Ausdruck $\frac{1}{\varkappa} \cdot \zeta$, wo $\zeta = \eta + \xi z$ gesetzt werden kann, so folgt leicht mit Hilfe des zuvor bewiesenen Satzes, daß der Fortgang in den beiden Ketten von ξ', η' und von ξ, η schließlich mittels ein und derselben Reihe von Zahlen g_i geschieht.

11. Die hier in nahem Anschluß an Minkowski aus der geometrischen Vorstellung des Systems ganzzahliger x, y als eines Gitters hergeleiteten Sätze zeigen, rein arithmetisch gefaßt, die Möglichkeit, die Form $\xi = ax + by$ durch ganze Werte der Unbestimmten x, y beliebig klein zu machen, d. i. die diophantische Gleichung $ax + by = 0$ mit beliebiger Annäherung zu lösen oder das irrationale Verhältnis $\frac{b}{a}$ als Grenzwert einer Reihe rationaler Werte zu bestimmen. Sie sind dadurch aufs engste mit der Theorie der Kettenbrüche verwandt, und es soll nun gezeigt werden, wie diese in der Tat nur in einer Spezialisierung jener Betrachtungen besteht.

Verstehen wir jetzt unter ξ, η die besonderen Formen

$$\xi = x - \omega y, \quad \eta = y \tag{21}$$

und unter ω eine reelle Zahl von der Beschaffenheit, daß in $\omega = [\omega] + \varrho$ der Rest ϱ positiv und $< \frac{1}{2}$ ist, und setzen $g = [\omega]$. Die Kette dieser Formen hat ein Anfangsglied $\left[l, \frac{1}{l}\right]$, indem hier offenbar $l = 1$ ist; da 2ω keine ganze Zahl ist, so ist $m > 2$ also auch $lm > 2$, und die Betrachtungen der drei letzten Nummern sind anwendbar. Für die zu diesem Gliede gehörige Substitution finden sich nach Anfang von Nr. 8 die Bestimmungsgleichungen

$$p - \omega q = 1, \quad r - \omega s = \varepsilon\lambda', \quad q = 0, \quad s = 1,$$

woraus $p = 1$ und leicht $r = g$ erhalten wird; sie ist also

$$\begin{pmatrix} p, & r \\ q, & s \end{pmatrix} = \begin{pmatrix} 1, & g \\ 0, & 1 \end{pmatrix} = \begin{pmatrix} 0, & 1 \\ -1, & 0 \end{pmatrix} \cdot \begin{pmatrix} 0, & -1 \\ 1, & g \end{pmatrix}$$

und verwandelt ξ, η in

$$x' - (\omega - g)y', \quad y',$$

während $\omega = g + \frac{\lambda'}{\lambda}$ gesetzt werden kann, so daß $\varepsilon = -1$ ist. Der durch die Formel (19) gegebene Fortgang in der Reihe der Substitutionen liefert dann für das nächste Glied die Substitution

$$\begin{pmatrix} p_1, & r_1 \\ q_1, & s_1 \end{pmatrix} = \begin{pmatrix} p, & r \\ q, & s \end{pmatrix} \cdot \begin{pmatrix} 0, & 1 \\ -1, & g_1 \end{pmatrix},$$

wo (nach Ende von Nr. 9) $g_1 \gtreqless 2$ sein muß, und allgemein für die zum $(\varkappa + 1)$ten Gliede gehörige Substitution die Formel

$$(22) \qquad \begin{pmatrix} p_\varkappa, & r_\varkappa \\ q_\varkappa, & s_\varkappa \end{pmatrix} = \begin{pmatrix} p_{\varkappa-1}, & r_{\varkappa-1} \\ q_{\varkappa-1}, & s_{\varkappa-1} \end{pmatrix} \cdot \begin{pmatrix} 0, & (-1)^{\varkappa+1} \\ (-1)^\varkappa, & g_\varkappa \end{pmatrix},$$

in welcher $g_\varkappa$ eine positive ganze Zahl ist. Durch entsprechende Fortsetzung der Formel (20) aber ergibt sich die Entwicklung von ω in einen gewöhnlichen Kettenbruch mittels der Formel

$$(23) \qquad \omega = g + \cfrac{1}{g_1 + \cfrac{1}{g_2 + \ddots + \cfrac{1}{g_\varkappa + \cfrac{\lambda_{\varkappa+1}}{\lambda_\varkappa}}}},$$

deren Schlußglied die Ungleichheiten

$$0 \gtreqless \frac{\lambda_{\varkappa+1}}{\lambda_\varkappa} < 1$$

erfüllt, da die $\lambda_\varkappa$ positive, stets abnehmende Werte erhalten.

Für den Fall, von dem jedoch hier abgesehen werden soll, daß ω eine rationale Zahl, also m endlich ist, muß einmal einer dieser Werte gleich Null werden; ist dies etwa der Wert $\lambda_{\varkappa+1}$, so erhält man ω unter der Gestalt des endlichen Kettenbruchs

$$\omega = g + \cfrac{1}{g_1 + \cfrac{1}{g_2 + \ddots + \cfrac{1}{g_\varkappa}}},$$

in welchem (nach Ende von Nr. 9) $g_\varkappa \gtreqless 2$ sein muß. Gewöhnliche Kettenbrüche dieser Beschaffenheit bezeichnet Minkowski als normale.

Die so nachgewiesene Darstellbarkeit einer Irrationalen ω in einen unbegrenzten Kettenbruch mit lauter positiven ganzzahligen Teilnennern ist aber nicht auf die zuvor über ω gemachte Voraussetzung beschränkt. In der Tat, bezeichnet ω, wie bisher, jede Irrationelle mit einem Reste $\varrho < \frac{1}{2}$, so ist $-\omega = -(g+1) + (1-\varrho)$ jede Irrationelle, deren Rest $1 - \varrho > \frac{1}{2}$ ist. Setzt man nun nach (23) $\omega = g + \frac{1}{\omega_1}$, das ist

$$\omega_1 = g_1 + \cfrac{1}{g_2 + \ddots + \cfrac{1}{g_\varkappa + \cfrac{\lambda_{\varkappa+1}}{\lambda_\varkappa}}},$$

so findet man

$$-\omega = -g - \frac{1}{\omega_1} = -(g+1) + \cfrac{1}{1 + \cfrac{1}{\omega_1 - 1}},$$

mithin für $-\omega$ die Kettenbruchentwicklung

$$(24) \qquad -\omega = -(g+1) + \cfrac{1}{1 + \cfrac{1}{(g_1 - 1) + \cfrac{1}{g_2 + \ddots + \cfrac{1}{g_\varkappa + \frac{\lambda_{\varkappa+1}}{\lambda_\varkappa}}}}},$$

welche dieselbe Gestalt hat wie die für ω und vom dritten Gliede ab die gleichen Teilnenner aufweist wie jene.

12. Bricht man einen solchen gewöhnlichen Kettenbruch, den wir zur Abkürzung mit dem Symbole

$$(25) \qquad \mathfrak{K}(g;\, g_1, g_2, g_3, \ldots)$$

bezeichnen wollen, bei seinen einzelnen ganzzahligen Teilnennern ab, so erhält man seine sog. Näherungsbrüche

$$(26) \qquad \frac{z_0}{n_0}, \quad \frac{z_1}{n_1}, \quad \frac{z_2}{n_2}, \ldots.$$

Die einfachen Gesetze, welche diese letzteren befolgen und nach denen sie zu bilden sind, setzen wir aus der Theorie der Kettenbrüche als bekannt voraus. Danach bestehen die Beziehungen

$$\frac{z_{\varkappa+1}}{n_{\varkappa+1}} = \frac{g_\varkappa z_\varkappa + z_{\varkappa-1}}{g_\varkappa n_\varkappa + n_{\varkappa-1}}$$

und

$$(27) \qquad z_\varkappa n_{\varkappa-1} - n_\varkappa z_{\varkappa-1} = (-1)^{\varkappa-1},$$

der zufolge Zähler und Nenner der Näherungsbrüche (26) teilerfremd sind und die voraufgehende Gleichung mit dem Systeme der beiden folgenden:

$$(28) \qquad z_{\varkappa+1} = g_\varkappa z_\varkappa + z_{\varkappa-1}, \quad n_{\varkappa+1} = g_\varkappa n_\varkappa + n_{\varkappa-1}$$

gleichbedeutend ist. Da hiernach die Zähler und ebenso die Nenner der sukzessiven Näherungsbrüche über jede Grenze hinaus wachsen, erkennt man aus der in der Gestalt

$$\frac{z_\varkappa}{n_\varkappa} - \frac{z_{\varkappa-1}}{n_{\varkappa-1}} = \frac{(-1)^{\varkappa-1}}{n_\varkappa n_{\varkappa-1}}$$

geschriebenen Gleichung (27), daß jene Näherungsbrüche einander beliebig nahe kommen, indem stets die Brüche ungerader Ordnung größer bleiben als diejenigen gerader Ordnung, und daß ihre Reihe gegen einen bestimmten Grenzwert konvergiert, welcher den Wert des unbegrenzten Kettenbruchs (25) ergibt.[1]) Somit stellen die unbegrenzt fortgesetzten Kettenbrüche (23), (24) wirklich die Irrationellen ω bzw. $-\omega$ dar, aus denen sie entwickelt worden sind. Dabei bestehen zwischen den Näherungsbrüchen des letzteren, welche $\frac{z'_\varkappa}{n'_\varkappa}$ heißen mögen, und den Näherungsbrüchen $\frac{z_\varkappa}{n_\varkappa}$ des ersteren die Beziehungen

$$(29) \qquad z'_{\varkappa+1} = -z_\varkappa, \quad n'_{\varkappa+1} = n_\varkappa.$$

In der Tat findet man zunächst

$$z_0 = g,\ n_0 = 1;\ z'_0 = -g-1,\ n'_0 = 1,$$
$$z_1 = g_1 g + 1,\ n_1 = g_1;\ z'_1 = -g,\ n'_1 = 1,$$
$$z'_2 = -g_1 g - 1,\ n'_2 = g_1,$$

jene Beziehungen also für $\varkappa = 0$, $\varkappa = g_1$ erfüllt; sind sie es aber für irgend zwei aufeinanderfolgende Werte des Index $\varkappa$, so zeigen die Formeln (28) und die entsprechenden für $z'_{\varkappa+1}$, $n'_{\varkappa+1}$, daß sie es auch noch für den nächsten Wert desselben, also allgemein bleiben.

Erinnern wir uns nunmehr der Formel (22). Sie liefert für jedes $\varkappa > 0$ die Beziehungen

$$(30)\begin{cases} r_\varkappa = g_\varkappa r_{\varkappa-1} + (-1)^{\varkappa-1} p_{\varkappa-1}, & s_\varkappa = g_\varkappa s_{\varkappa-1} + (-1)^{\varkappa-1} q_{\varkappa-1} \\ \qquad p_\varkappa = (-1)^\varkappa r_{\varkappa-1}, & q_\varkappa = (-1)^{\varkappa-1} s_{\varkappa-1}, \end{cases}$$

mithin für jedes $\varkappa > 1$

$$(31) \qquad r_\varkappa = g_\varkappa r_{\varkappa-1} + r_{\varkappa-2}, \quad s_\varkappa = g_\varkappa s_{\varkappa-1} + s_{\varkappa-2}$$

und insbesondere

$$r_0 = r = g,\ s_0 = s = 1,\ \ r_1 = g_1 g + 1,\ \ s_1 = g_1.$$

Führt man also zwei Anfangsglieder

$$r_{-1} = 1, \quad s_{-1} = 0$$

ein, so bestehen die Gleichungen (31) auch noch für $\varkappa = 1$. Die Vergleichung dieser Beziehungen mit den Formeln (28) und den Werten der ersten Näherungsbrüche läßt erkennen, daß allgemein die zuvor gefundenen Zahlen $r_\varkappa$, $s_\varkappa$ bzw. $-r_\varkappa$, $s_\varkappa$ Zähler und Nenner der Näherungsbrüche des Kettenbruchs für ω bzw. $-\omega$ bedeuten.

Die Formel $x - \omega y$ geht durch die unimodulare Substitution $\begin{pmatrix} \delta, & -\beta \\ -\gamma, & \alpha \end{pmatrix}$ in die Form

$$\zeta = (\gamma\omega + \delta)\cdot(x - \Omega y)$$

1) S. hierüber etwa des Verf. „Niedere Zahlentheorie", Bd. 1, S. 105 ff.

mit der zu ω äquivalenten Größe

$$\Omega = \frac{\alpha\omega + \beta}{\gamma\omega + \delta}$$

über. Erinnert man sich des am Schlusse von Nr. 10 Gesagten, so erhält man hieraus die Folgerung: In der zu den Formen $\xi = x - \omega y$, $\eta = y$ gehörigen Kette findet dann und nur dann schließlich der Fortgang mittels der gleichen Reihe von Zahlen g_i statt wie in der zu den Formen $\xi = x - \Omega y$, $\eta = y$ gehörigen Kette, wenn ω, Ω zwei einander äquivalente Zahlen sind. Mit andern Worten: in diesem und nur in diesem Falle sind die Kettenbrüche für ω und für Ω von einer endlichen Stelle an identisch.

13. Ist $[\lambda_\varkappa, \mu_\varkappa]$ das Glied der Kette für die Funktionen (21), welchem die Substitution $\begin{pmatrix} p_\varkappa, & r_\varkappa \\ q_\varkappa, & s_\varkappa \end{pmatrix}$ zugehört, so bestehen die Gleichungen

$$(32) \qquad p_\varkappa - \omega q_\varkappa = \lambda_\varkappa, \quad s_\varkappa = \mu_\varkappa,$$

deren erste wegen (30) auch durch die andere

$$r_{\varkappa-1} - \omega s_{\varkappa-1} = (-1)^\varkappa \lambda_\varkappa$$

ersetzt werden darf. Man denke sich nun wieder das quadratische Gitter der x, y und in demselben die Gerade OL mit der Gleichung $x - \omega y = 0$ gezogen. Der voraufgehenden Gleichung zufolge liegen die Gitterpunkte $r_\varkappa, s_\varkappa$ mit geradem Index auf der einen Seite von OL, diejenigen mit ungeradem Index auf der anderen Seite, und da $\lambda_\varkappa$ mit wachsendem Index unendlich abnimmt, rücken sie immer näher an diese Gerade heran. Verbindet man also je zwei aufeinanderfolgende, auf derselben Seite gelegene Punkte durch Gerade, so entstehen zwei Polygonzüge, welche die Gerade OL zwischen sich fassen und ihr sich asymptotisch annähern. Nach dem Vorgange von F. Klein (s. Vorlesungen über ausgewählte Kap. der Zahlentheorie, Bd. I, S. 17 ff.) bezeichnen wir sie daher zusammen als das Umrißpolygon der Geraden. Um es zu konstruieren, dienen folgende Bemerkungen.

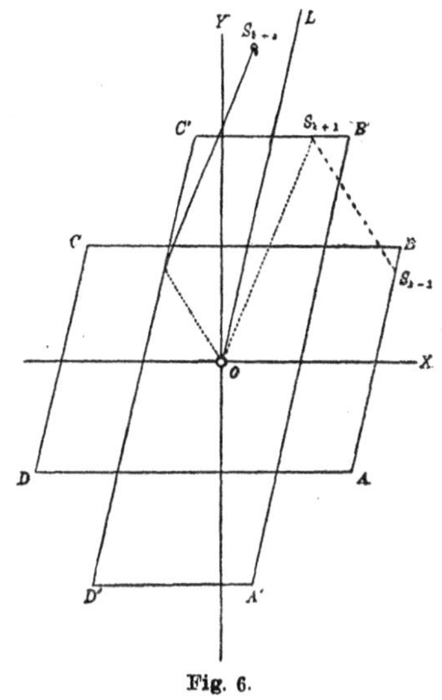

Fig. 6.

Sei (Fig. 6) $ABCD$ das Parallelogramm $[\lambda_\varkappa, \mu_\varkappa]$ und $A'B'C'D'$ das in der Kette folgende, so liegt der Punkt $S_{\varkappa-1}$ $(r_{\varkappa-1}, s_{\varkappa-1})$ auf einer der zu OL parallelen Seiten des ersteren; er ist in der Figur angenommen auf AB. Der Punkt $S_\varkappa(r_\varkappa, s_\varkappa)$ liegt dann auf der anderen Seite von OL, in der Seite des $C'D'$ nächsten Parallelogramms. Nun folgt aus (31)

$$\frac{r_{\varkappa+1}-r_{\varkappa-1}}{s_{\varkappa+1}-s_{\varkappa-1}}=\frac{r_\varkappa}{s_\varkappa},$$

d. h. die Gerade, welche die Punkte $r_{\varkappa-1}, s_{\varkappa-1}$ und $r_{\varkappa+1}, s_{\varkappa+1}$ verbindet, ist zur Geraden, welche den Nullpunkt mit dem Punkte $r_\varkappa, s_\varkappa$ verbindet, parallel.

Aus $$r_{\varkappa+1}=g_\varkappa r_\varkappa+r_{\varkappa-1},\quad s_{\varkappa+1}=g_\varkappa s_\varkappa+s_{\varkappa-1}$$

ersieht man aber, daß die Strecke zwischen den ersten Punkten $g_\varkappa$ mal (in der Figur, in welcher $g_\varkappa=2$, $g_{\varkappa+1}=1$ angenommen ist, doppelt) so lang ist, wie der Vektor des Punktes $r_\varkappa, s_\varkappa$. So stellt sich also die folgende Regel zur Konstruktion des Umrißpolygons heraus:

Ausgehend von den beiden Punkten $1, 0$; $g, 1$ findet man aus zwei aufeinanderfolgenden Eckpunkten $r_{\varkappa-1}, s_{\varkappa-1}$; $r_\varkappa, s_\varkappa$ die nächste Polygonseite, d. i. die Gerade, welche von dem ersteren zum nächstfolgenden Eckpunkte $r_{\varkappa+1}, s_{\varkappa+1}$ führt, indem man an jenen den zu $r_\varkappa, s_\varkappa$ gehörigen Vektor so oft anträgt, als es die zugehörige Zahl $g_\varkappa$ angibt. Verbindet man also in der Figur O mit $r_{\varkappa+1}, s_{\varkappa+1}$ und legt diese Strecke nun von $r_\varkappa, s_\varkappa$ aus in gleicher Richtung $g_{\varkappa+1}$ mal (in der Figur einmal) an, so gelangt man zum Punkte $r_{\varkappa+2}, s_{\varkappa+2}$ und konstruiert also die nächste Seite des Umrißpolygons usw.

Es soll noch gezeigt werden, daß zwischen den zwei Zügen desselben kein Gitterpunkt liegen kann. Auf seinen Seiten liegen im allgemeinen noch Gitterpunkte außer den Ecken, z. B. auf der Seite von $r_{\varkappa-1}, s_{\varkappa-1}$ bis $r_{\varkappa+1}, s_{\varkappa+1}$, sobald $g_\varkappa > 1$ ist, noch die Gitterpunkte

$$hr_\varkappa+r_{\varkappa-1},\quad hs_\varkappa+s_{\varkappa-1} \tag{33}$$

für $h=1, 2, \cdots g_\varkappa-1$, für welche Werte das Verhältnis

$$\frac{hr_\varkappa+r_{\varkappa-1}}{hs_\varkappa+s_{\varkappa-1}}$$

die sog. Nebennäherungsbrüche des Kettenbruchs darstellt. Läge aber ein Gitterpunkt r, s zwischen den Zügen, so müßte er in einem der Dreiecke liegen, welches O zur Spitze und eine Polygonseite, etwa die eben genannte, zur Basis hat, genauer in einem der Dreiecke mit den Ecken

$$0, 0;\quad (h+1)r_\varkappa+r_{\varkappa-1},\quad (h+1)s_\varkappa+s_{\varkappa-1};\quad hr_\varkappa+r_{\varkappa-1},\quad hs_\varkappa+s_{\varkappa-1},$$

um so mehr also in dem Parallelogramme, das aus den Seiten des letzteren gebildet ist. Nun sind die Zahlen (33), welches auch $\varkappa$ sei,

teilerfremd, denn jeder ihnen gemeinsame Teiler müßte auch aufgehen in
$$s_\varkappa(hr_\varkappa + r_{\varkappa-1}) - r_\varkappa\ (hs_\varkappa + s_{\varkappa-1}) = \pm 1.$$
Demzufolge kann auf den Strecken, welche O mit den Eckpunkten des gedachten Dreiecks verbinden, außer diesen Eckpunkten kein Gitterpunkt vorhanden sein. Andererseits ist der Inhalt des Parallelogramms der absolute Wert des Ausdrucks
$$((h+1)r_\varkappa + r_{\varkappa-1})\,(hs_\varkappa + s_{\varkappa-1}) - ((h+1)s_\varkappa + s_{\varkappa-1})\,(hr_\varkappa + r_{\varkappa-1})$$
$$= r_\varkappa s_{\varkappa-1} - s_\varkappa r_{\varkappa-1} = \pm 1,$$
d. h. gleich dem Inhalte des Fundamentalparallelogramms. Nach Nr. 2 ist also das Parallelogramm ein Elementarparallelogramm, und es kann daher auch in seinem Innern kein Gitterpunkt vorhanden sein, womit die Behauptung bewiesen ist.

14. Da für jedes Parallelogramm $[\lambda_\varkappa, \mu_\varkappa]$ immer $\lambda_\varkappa \mu_\varkappa < 1$ ist, folgt aus den Gleichungen (32) die Ungleichheit
$$|(r_{\varkappa-1} - \omega s_{\varkappa-1})s_\varkappa| < 1,$$
und da $s_{\varkappa-1} < s_\varkappa$ ist, um so mehr

(34) $$|(r_{\varkappa-1} - \omega s_{\varkappa-1})s_{\varkappa-1}| < 1,$$

eine Ungleichheit, der man auch, den Index um eine Einheit vergrößernd, die Gestalt geben kann

(35) $$\left|\frac{r_\varkappa}{s_\varkappa} - \omega\right| < \frac{1}{s_\varkappa^2}.$$

In der ersten Gestalt spricht sie den Satz aus, daß man in den Zählern und Nennern der Näherungsbrüche für ω unendlich viele Systeme ganzer Zahlen x, y besitzt, für welche
$$|(x - \omega y)y| < 1$$
ist, also nur einen besonderen Fall des allgemeinen Satzes, den wir in der Formel (16) in Nr. 7 schon fanden, nur daß dort noch nicht hervorgehoben wurde, daß die Anzahl solcher Systeme unendlich ist. In der zweiten Gestalt aber gibt sie ein Gesetz für den Grad der Annäherung, die zwischen dem Werte der Irrationellen ω und jenen Näherungsbrüchen erzielt werden kann. Dieses zuerst von Lagrange festgestellte Gesetz hat auf die einfachste Weise Dirichlet mittels des schon in Nr. 1 erwähnten Prinzips hergeleitet wie folgt.

Sei n eine beliebige positive ganze Zahl und das Intervall von 0 bis 1 in n gleiche Teile von der Größe $\frac{1}{n}$ geteilt. Gibt man dann in dem Ausdrucke $x - \omega y$ der Zahl y die $n+1$ verschiedenen Werte

$0, 1, 2, \ldots, n$, so kann man x jedesmal so bestimmen, daß der Wert des Ausdrucks zwischen 0 und 1, also in eins jener n Intervalle hineinfällt. Demnach müssen für mindestens zwei der $n+1$ angegebenen Systeme x, y, etwa für die Systeme x', y' und x'', y'', deren erstes den größeren Wert des y haben möge, die zugehörigen Werte $x' - \omega y'$, $x'' - \omega y''$ in ein und dasselbe Intervall fallen und deshalb der Wert

$$x - \omega y,$$

wenn $x = x' - x''$, $y = y' - y''$ gesetzt wird, absolut kleiner als $\frac{1}{n}$ sein, während $0 < y < n$ ist. Man findet also

$$|x - \omega y| < \frac{1}{n} < \frac{1}{y}$$

oder

(36) $$\left|\frac{x}{y} - \omega\right| < \frac{1}{y^2}.$$

Hat man aber so ein oder auch schon mehrere Systeme x, y gefunden, für welche diese Ungleichheit erfüllt ist, so wähle man nun die beliebige ganze Zahl n so groß, daß $\frac{1}{n}$ kleiner ist als die sämtlichen für jene Systeme geltenden Werte des Ausdrucks $x - \omega y$. Für das nach Dirichlets Methode dann sich ergebende Wertsystem x, y muß folglich dieser Ausdruck kleiner ausfallen als für alle jene und demnach das neue System von den früheren verschieden sein. Somit erkennt man, daß es in der Tat unendlich viele Wertsysteme der gedachten Art gibt.

Noch einer andern Methode hat sich Hermite bedient, indem er den Zusammenhang wahrte, in welchem diese Betrachtungen mit der Reduktion der quadratischen Formen stehen. Der Ausdruck $(x - \omega y)y$ ist eine unbestimmte quadratische Form, für welche die nach Hermite ihr zugeordnete positive Form die Gestalt

(37) $$(x - \omega y)^2 + \lambda^2 \cdot y^2$$

hat. Sucht man nun diese für einen gegebenen Wert des reellen Parameters λ durch eine unimodulare Substitution $\begin{pmatrix} p, & r \\ q, & s \end{pmatrix}$, bei welcher $q > 0$ gedacht werden darf, zu reduzieren, so ist nach Kap. I, Nr. 1 der erste Koeffizient der reduzierten Form, nämlich

$$(p - \omega q)^2 + \lambda^2 \cdot q^2,$$

der kleinste durch sie darstellbare Wert, also auch das Minimum der Form (37), und nach Formel (4) daselbst

(38) $$(p - \omega q)^2 + \lambda^2 \cdot q^2 < \lambda \cdot \sqrt{\tfrac{4}{3}}.$$

Da nun das Produkt zweier positiver Größen nie größer ist als das Quadrat ihres arithmetischen Mittels, so folgt aus dieser Ungleichheit die andere:

$$(p - \omega q)^2 \cdot q^2 < \tfrac{1}{3}$$

und sonach auch

$$|p - \omega q| < \frac{1}{q}\sqrt{\frac{1}{3}}$$

oder

$$\left|\frac{p}{q} - \omega\right| < \frac{1}{\sqrt{3}} \cdot \frac{1}{q^2} < \frac{1}{q^2}, \tag{39}$$

während wegen (38) zugleich $q^2 < \frac{1}{\lambda}\sqrt{\frac{4}{3}}$ ist. So ist zunächst das Vorhandensein ganzer Zahlen x, y, welche der Ungleichheit (36) genügen, nachgewiesen. Aus dem Umstande aber, daß p, q das Minimum der Form (37) liefern, folgt für jedes ganzzahlige System x, y

$$(x - \omega y)^2 + \lambda^2 \cdot y^2 \gtreqless (p - \omega q)^2 + \lambda^2 \cdot q^2$$

und folglich, sooft $|y| \lesseqgtr q$ ist, die Ungleichheit

$$|x - \omega y| \gtreqless |p - \omega q|.$$

Die Zahlen p, q geben also unter allen Systemen x, y, deren $|y| \lesseqgtr q$ ist, dem Ausdrucke $x - \omega y$ den kleinsten Absolutwert oder machen ihn, wie man sagt, zu einem relativen Minimum.

Nun hat schon Lagrange den Satz bewiesen[1]), daß die Zähler und Nenner $r_\varkappa, s_\varkappa$ der Näherungsbrüche des Kettenbruchs für ω die sämtlichen Systeme x, y mit positivem y ausmachen, für welche $x - \omega y$ zu einem relativen Minimum wird. Die Wahrheit dieses Satzes ergibt sich aufs einfachste aus den zuvor entwickelten Betrachtungen von Minkowski. In der Tat: einerseits bestimmten

$$r_\varkappa - \omega s_\varkappa = (-1)^{\varkappa+1} \cdot \lambda_{\varkappa+1}, \quad s_\varkappa = \mu_{\varkappa+1}$$

ein äußerstes, also freies Parallelogramm $[\lambda_{\varkappa+1}, \mu_{\varkappa+1}]$, d. h. es gibt außer $r_\varkappa, s_\varkappa$ keinen Gitterpunkt x, y, für welchen zugleich $|y| \lesseqgtr \mu_{\varkappa+1} = s_\varkappa$ und $|x - \omega y| \lesseqgtr \lambda_{\varkappa+1}$, also keinen Gitterpunkt, für welchen

$$|y| \lesseqgtr s_\varkappa \quad \text{und} \quad |x - \omega y| \lesseqgtr |r_\varkappa - \omega s_\varkappa|$$

wäre. Sind andererseits p, q ganze Zahlen, $q > 0$ und für jedes ganzzahlige System x, y, bei welchem $|y| \lesseqgtr q$ ist,

$$|x - \omega y| \gtreqless |p - \omega q|,$$

so bestimmen $p - \omega q = \lambda$, $q = \mu$ ein freies $[\lambda, \mu]$, welches durch Heben seiner ξ-Seiten zu einem äußersten, also zu einem der Parallelo-

1) Siehe Additions aux élémens d'Algèbre d'Euler, § 2, 23—27: L. Euleri opera omnia, ser. I, vol. 1, pag. 538—548 (1911) und J. L. Lagranges Zusätze zu Eulers Elementen der Algebra (Ostwalds Klassiker der exakten Wiss. Nr. 103, 1898), S. 39—50.

gramme $[\lambda_{\varkappa+1}, \mu_{\varkappa+1}]$ wird, so daß $q = \mu = \mu_{\varkappa+1}$, d. i. $q = s_\varkappa$ und daher auch $p = r_\varkappa$ gefunden wird, da sonst für $x = r_\varkappa$, $y = s_\varkappa$, wie gezeigt, $|x - \omega y| < |p - \omega q|$ sein würde. Diesem Satze zufolge sind also die Zahlen p, q, welche für irgendeinen Wert von λ die Form (37) zu einem Minimum machen, Zähler und Nenner eines Näherungsbruchs von ω. Läßt man nun λ unbegrenzt abnehmen, so kann (38) nicht dauernd durch dasselbe System p, q erfüllt bleiben; es wird für einen gewissen Wert von λ geschehen, daß es in ein anderes p', q' übergeht. Dann darf für diesen Wert von λ

$$\begin{cases}(p - \omega q)^2 + \lambda^2 q^2 = \lambda \cdot \sqrt{\tfrac{4}{3}}\\ (p' - \omega q')^2 + \lambda^2 q'^2 = \lambda \cdot \sqrt{\tfrac{4}{3}},\end{cases} \tag{40}$$

dagegen für ein unendlich kleines positives δ

$$(p - \omega q)^2 + (\lambda - \delta)^2 q^2 > (\lambda - \delta)\sqrt{\tfrac{4}{3}}$$
$$(p' - \omega q')^2 + (\lambda - \delta)^2 q'^2 < (\lambda - \delta)\sqrt{\tfrac{4}{3}}$$

gesetzt werden. Die Zahlen p', q' sind wieder Zähler und Nenner eines Näherungsbruchs des Kettenbruchs für ω; durch Verbindung vorstehender Ungleichheiten mit den entsprechenden Gleichungen aber ergibt sich unschwer $|q| < |q'|$ und demgemäß

$$|p - \omega q| > |p' - \omega q'|, \tag{41}$$

d. h. der letztgedachte Näherungsbruch ist also ein späterer als der vorige. Die Multiplikation der beiden Gleichungen (40) miteinander liefert ferner einer Eulerschen Formel für das Produkt zweier Quadratsummen zufolge die Gleichung

$$((p - \omega q)(p' - \omega q') + \lambda^2 q q')^2 + \lambda^2 (pq' - p'q)^2 = \tfrac{4}{3}\lambda^2,$$

aus welcher $\qquad |pq' - p'q| < \sqrt{\tfrac{4}{3}} < 2, \quad$ also

$$pq' - p'q = \pm 1 \tag{42}$$

hervorgeht. Bei weiterer Abnahme von λ kommt man ebenso zu einem neuen Systeme p'', q'', welches für einen kleineren Wert von λ die Form (37) zu einem Minimum macht; es ergeben sich entsprechend

$$|q'| < |q''|, \quad |p' - \omega q'| > |p'' - \omega q''|,$$

und

$$p'q'' - p''q' = \pm 1; \tag{43}$$

p'', q'' sind also Zähler und Nenner eines späteren Näherungsbruches, usw. Bestimmt man nun Zahlen h, k durch die Gleichungen

$$p'' = hp' + kp, \quad q'' = hq' + kq,$$

so findet sich

$$k = \frac{p''q' - p'q''}{pq' - p'q}$$

d. i. wegen (42) und (43) gleich ± 1, mithin

$$p'' = hp' \pm p, \quad q'' = hq' \pm q.$$

Sind daher $\frac{p}{q}, \frac{p'}{q'}$ zwei aufeinanderfolgende Näherungsbrüche für ω, so erkennt man aus diesen Beziehungen mit Rücksicht auf das Bildungsgesetz der Näherungsbrüche sogleich, daß $\frac{p''}{q''}$ der nächstfolgende Näherungsbruch sein muß. Beachtet man aber, daß für sehr große λ bis zu dem Werte $\lambda = \frac{1}{2}\sqrt{3}$ ausschließlich offenbar $x = 1$, $y = 0$, von diesem Werte des λ an aber zunächst $x = g$, $y = 1$ das Minimum der Form (37) liefern, nämlich die Ungleichheit (38) erfüllen, so folgt aus dem Gesagten, daß die Werte x, y, welche entsprechend den stets kleineren Werten von λ die sukzessiven Minima der Form (37) hervorbringen, mit den Zählern und Nennern der sukzessiven Näherungsbrüche des Kettenbruchs für ω identisch sind.

15. Hermites Methode hat dahin geführt, daß der Satz, nach welchem es unendlich viele Systeme ganzzahliger x, y gibt, die der Ungleichheit

$$|(x - \omega y)y| < 1$$

genügen, schärfer gefaßt, nämlich die Schranke 1 durch die kleinere $\sqrt{\frac{1}{3}}$ ersetzt werden kann. Es wird sich zeigen, daß man noch weitergehen kann, und daß insbesondere unendlich viele ganzzahlige Systeme x, y die Ungleichheit $|(x - \omega y)y| < \frac{1}{2}$ oder

$$\left|\frac{x}{y} - \omega\right| < \frac{1}{2y^2} \tag{44}$$

erfüllen. Hier soll jetzt der Umstand nachgewiesen werden, den ebenfalls schon Lagrange erkannt hat, daß jedes ganzzahlige System x, y mit positivem y, welches dieser Ungleichheit genügt, mit dem Zähler und Nenner eines Näherungsbruchs des gewöhnlichen Kettenbruchs für ω übereinstimmen muß.

Nennt man $\omega_\varkappa$ den Schlußnenner des Kettenbruchs (23), der stets ein positiver Wert > 1 ist, so ist einerseits

$$\omega_\varkappa = \mathfrak{K}(g_{\varkappa+1};\ g_{\varkappa+2},\ g_{\varkappa+3}, \cdots); \tag{45}$$

andererseits folgt aus der Formel

$$s_\varkappa = g_\varkappa s_{\varkappa-1} + s_{\varkappa-2},$$

wenn man

$$q_\varkappa = \frac{s_\varkappa}{s_{\varkappa-1}} \tag{46}$$

setzt,

$$q_\varkappa = g_\varkappa + \frac{1}{q_{\varkappa-1}} \tag{47}$$

und, da insbesondere $q_1 = g_1$ ist, die Formel

(48) $$q_\varkappa = \Re(g_\varkappa;\ g_{\varkappa-1}, \cdots, g_1).$$

Da nun dem Bildungsgesetze der Näherungsbrüche zufolge

$$\omega = \frac{\omega_\varkappa r_\varkappa + r_{\varkappa-1}}{\omega_\varkappa s_\varkappa + s_{\varkappa-1}}$$

gesetzt werden kann, so ergibt sich die Differenz

$$\omega - \frac{r_\varkappa}{s_\varkappa} = \frac{r_{\varkappa-1}s_\varkappa - r_\varkappa s_{\varkappa-1}}{s_\varkappa(\omega_\varkappa s_\varkappa + s_{\varkappa-1})} = \frac{(-1)^\varkappa}{s_\varkappa(\omega_\varkappa s_\varkappa + s_{\varkappa-1})}$$

oder

(49) $$\omega - \frac{r_\varkappa}{s_\varkappa} = \frac{(-1)^\varkappa}{\Theta_\varkappa \cdot s_\varkappa^2},$$

wenn

(50) $$\Theta_\varkappa = \omega_\varkappa + \frac{s_{\varkappa-1}}{s_\varkappa} = \omega_\varkappa + \frac{1}{q_\varkappa}$$

gedacht wird; nach (45) und (48) darf man dafür auch schreiben

(51) $$\Theta_\varkappa = \Re(g_{\varkappa+1};\ g_{\varkappa+2}, \cdots) + \Re(0;\ g_\varkappa, g_{\varkappa-1}, \cdots, g_1).$$

Da $\omega_\varkappa > 1$ ist, zeigt (50), daß

(52) $$\Theta_\varkappa > \frac{s_\varkappa + s_{\varkappa-1}}{s_\varkappa}$$

sein muß. Bedeutet also $\frac{x}{y}$ einen Näherungsbruch von ω, $\frac{x}{y} = \frac{r_\varkappa}{s_\varkappa}$, und $\frac{r_{\varkappa-1}}{s_{\varkappa-1}}$ den ihm vorangehenden, so erfüllt die Größe $\Theta_\varkappa$ in (49) die vorstehende Ungleicheit.

Sei umgekehrt $\frac{x}{y}$ ein rationaler Bruch und

$$\frac{x}{y} = \Re(g;\ g_1, g_2, \cdots, g_\varkappa)$$

seine Entwicklung in einen gewöhnlichen Kettenbruch, so daß $\frac{r_{\varkappa-1}}{s_{\varkappa-1}}$ und $\frac{r_\varkappa}{s_\varkappa} = \frac{x}{y}$ die beiden letzten Näherungsbrüche desselben sind. Durch die Gleichung

(53) $$\omega = \frac{\omega_\varkappa r_\varkappa + r_{\varkappa-1}}{\omega_\varkappa s_\varkappa + s_{\varkappa-1}}$$

bestimmt sich dann aus ω ein Wert $\omega_\varkappa$, und nunmehr erhält man eine Gleichung

(54) $$\omega - \frac{x}{y} = \frac{(-1)^\varkappa}{\Theta_\varkappa \cdot y^2},$$

in welcher $\Theta_\varkappa$ durch (50) ausgedrückt wird. Nun darf die Anzahl der Glieder des Kettenbruchs für $\frac{x}{y}$ nach Belieben gerade oder ungerade angenommen werden; denn man darf seine beiden letzten Glieder

$$g_{\varkappa-1}+\frac{1}{g_\varkappa},$$

wenn $g_\varkappa > 1$ ist, durch

$$g_{\varkappa-1}+\frac{1}{(g_\varkappa-1)+\frac{1}{1}},$$

und wenn $g_\varkappa = 1$ ist, durch

$$(g_{\varkappa-1}+1)$$

ersetzen, also nach Belieben die Anzahl der Glieder um eine Einheit verändern. Mithin kann $\varkappa$ so gedacht werden, daß in (54) der Wert von $\Theta_\varkappa$ positiv wird. Ist dann $\omega_\varkappa$ positiv und >1, so ist

$$\mathfrak{K}(g;\, g_1,\, g_2,\, \ldots,\, g_\varkappa,\, \omega_\varkappa)$$

ein gewöhnlicher Kettenbruch, welcher nach Formel (53) den Wert ω darstellt und $\frac{x}{y}=\frac{r_\varkappa}{s_\varkappa}$ als einen Näherungsbruch für ω erweist. Dieser Umstand trifft aber wegen (50) jedenfalls zu, sobald

$$\Theta_\varkappa > \frac{s_\varkappa + s_{\varkappa-1}}{s_\varkappa},$$

um so mehr also, wenn $\Theta_\varkappa > 2$ oder

$$\left|\frac{x}{y}-\omega\right|<\frac{1}{2y^2}$$

ist, und hiermit ist der gewollte Nachweis erbracht.

16. Man kann nun fragen, welches die **schärfste** Schranke, d. i. welches der **größte** Wert von Θ ist, für den die Ungleichheit

(55) $$\left|\frac{x}{y}-\omega\right|<\frac{1}{\Theta y^2}$$

ganzzahlige Lösungen x, y besitzt. Wir stellen dabei diese Frage in dem Sinne, bei welchem größten Θ für jede Irrationalzahl ω solche Lösungen vorhanden seien, wie dies bei den bisher gefundenen Schranken 1 und $\sqrt{\frac{1}{8}}$ zu verstehen war. Später wird auch die andere Frage berührt werden, welches bei gegebenem ω der größte dafür zulässige Wert von Θ sein könne.

Hurwitz hat in einer in den Math. Annalen, Bd. 39, S. 279 erschienenen Abhandlung auf diese Frage mit folgendem Satze geantwortet: Es gibt für jedes ω unendlich viele ganzzahlige x, y, für welche

(56) $$\left|\frac{x}{y}-\omega\right|<\frac{1}{\sqrt{5}}\cdot\frac{1}{y^2}$$

ist; wenn aber $\Theta > \sqrt{5}$ ist, so gibt es Irrationalzahlen ω, jedenfalls die Zahl $\omega = \frac{1+\sqrt{5}}{2}$ und die mit ihr äquivalenten Zahlen, für welche höchstens eine endliche Anzahl ganzzahliger Systeme x, y die Ungleichheit (55) erfüllen.

Sein Beweis gründet sich durchaus auf die in voriger Nr. gegebene Beziehung (51). Wir bedienen uns aber hier derselben nur zu dem Zwecke, den auf die Zahl $\omega = \frac{1+\sqrt{5}}{2}$ bezüglichen Teil des Hurwitzschen Satzes zu beweisen, setzen also zunächst $\omega = \frac{1+\sqrt{5}}{2}$, d. i. die sämtlichen Teilnenner des Kettenbruchs für ω gleich 1 voraus. Dann hat der erste Kettenbruch zur Rechten von (51) den Wert $\frac{1+\sqrt{5}}{2}$, und offenbar nähert sich der zweite mit unbegrenzt wachsendem $\varkappa$ der Grenze $\frac{2}{1+\sqrt{5}}$; mithin erhält man

$$\lim \Theta_\varkappa = \frac{1+\sqrt{5}}{2} + \frac{2}{1+\sqrt{5}} = \sqrt{5}.$$

Zudem aber nimmt die Beziehung (47) die Gestalt an

$$q_\varkappa = 1 + \frac{1}{q_{\varkappa-1}}.$$

Ist nun $q_{\varkappa-1} < \frac{1+\sqrt{5}}{2}$, so folgt $q_\varkappa > 1 + \frac{2}{1+\sqrt{5}} = \frac{1+\sqrt{5}}{2}$; umgekehrt folgt $q_\varkappa < \frac{1+\sqrt{5}}{2}$, wenn $q_{\varkappa-1} > \frac{1+\sqrt{5}}{2}$ ist. Bei wachsendem $\varkappa$ wird also $q_\varkappa$ stets abwechselnd größer und kleiner als $\frac{1+\sqrt{5}}{2}$, umgekehrt wird $\frac{1}{q_\varkappa}$, d. h. der Wert des zweiten jener Kettenbrüche, abwechselnd kleiner und größer als $\frac{2}{1+\sqrt{5}}$, und demgemäß schwankt $\Theta_\varkappa$, indem es seinem Grenzwerte $\sqrt{5}$ zustrebt, unendlich oft um ihn und ist also für unendlich viele Werte des Index $\varkappa$ größer als $\sqrt{5}$. Nach Formel (49) ist daher die Ungleichheit

$$\left|\frac{r_\varkappa}{s_\varkappa} - \omega\right| < \frac{1}{\sqrt{5}} \cdot \frac{1}{s_\varkappa^2}$$

in Übereinstimmung mit dem ersten Teile des Hurwitzschen Satzes für unendlich viele Näherungsbrüche erfüllt. Bedeutet aber Θ irgendeinen Wert $> \sqrt{5}$, so bleibt

$$\left|\frac{r_\varkappa}{s_\varkappa} - \omega\right| = \frac{1}{\Theta_\varkappa s_\varkappa^2}$$

von einem hinreichend großen, aber endlichen Werte des $\varkappa$ an dauernd größer als $\frac{1}{\Theta\cdot s_\varkappa^2}$. Gibt es also überhaupt ganze Zahlen x, y, für welche

$$\left|\frac{x}{y}-\omega\right|<\frac{1}{\Theta y^2}<\frac{1}{2y^2}$$

ist, so kann doch $\frac{x}{y}$ nach Lagranges Satz sich nur unter der endlichen Menge der Näherungsbrüche für ω finden, deren Index kleiner ist als jener Wert von $\varkappa$, w. z. b. w.

Nach dem Ende von Nr. 12 stimmen die Kettenbrüche für $\omega=\frac{1+\sqrt{5}}{2}$ und für die mit dieser Zahl äquivalenten Zahlen von einer endlichen Stelle an überein und schließen somit diese letzteren sämtlich mit lauter Teilnennern gleich 1. Daher nimmt für hinreichend großes $\varkappa$ die Formel (51) die Gestalt an:

$$\Theta_\varkappa=\mathfrak{K}(1;1,1,\cdots)+\mathfrak{K}(0;1,1,\cdots,g_2,g_1),$$

wo der zweite Kettenbruch bei wachsendem $\varkappa$ immer mehr Teilnenner 1 aufweist, also gegen $\frac{2}{1+\sqrt{5}}$ konvergiert. Man gelangt also zu demselben Grenzwerte für $\Theta_\varkappa$ und daher auch für die mit ω äquivalenten Zahlen zu gleichen Schlüssen wie für ω selbst.

Um nun aber weiter allgemein den ersten Teil des Satzes zu bestätigen, schlagen wir den lichtvolleren Weg ein, auf welchem Borel[1]) dahin gelangt ist. Aus (47) folgt leicht, daß für jede Irrationalzahl ω eine der Größen $q_\varkappa, q_{\varkappa-1}$ größer sein muß als $\frac{1+\sqrt{5}}{2}$. In der Tat, wenn $g_\varkappa>1$ ist, so ist $q_\varkappa>2$, also $>\frac{1+\sqrt{5}}{2}$; ist aber $g_\varkappa=1$ und ist nicht $q_{\varkappa-1}>\frac{1+\sqrt{5}}{2}$, so ist vorher schon bemerkt, daß dann $q_\varkappa>\frac{1+\sqrt{5}}{2}$ sein muß. Bestimmt man nun die Größe $\eta_\varkappa$ aus der Gleichung

$$\left|\frac{r_\varkappa}{s_\varkappa}-\frac{r_{\varkappa-1}}{s_{\varkappa-1}}\right|=\eta_\varkappa\cdot\left(\frac{1}{s_{\varkappa-1}^2}+\frac{1}{s_\varkappa^2}\right),$$

so findet sich einfacher

$$\frac{1}{\eta_\varkappa}=q_\varkappa+\frac{1}{q_\varkappa}. \tag{57}$$

Da aber der Ausdruck $x+\frac{1}{x}$ für $x>1$ um so größer ist, je größer x selbst ist, so folgt, wenn $q_\varkappa>\frac{1+\sqrt{5}}{2}$ ist,

$$\frac{1}{\eta_\varkappa}>\frac{1+\sqrt{5}}{2}+\frac{2}{1+\sqrt{5}}=\sqrt{5},$$

1) Borel, Journ. des Math. (5), t. 9, p. 329.

also $\eta_\varkappa < \frac{1}{\sqrt{5}}$. Dem über $q_\varkappa, q_{\varkappa-1}$ Gesagten zufolge muß also eine der beiden Größen $\eta_\varkappa, \eta_{\varkappa-1}$ kleiner sein als $\frac{1}{\sqrt{5}}$.

Wir wollen nun das Intervall von $\frac{r_\varkappa}{s_\varkappa} - \frac{1}{\sqrt{5}\cdot s_\varkappa^2}$ bis $\frac{r_\varkappa}{s_\varkappa} + \frac{1}{\sqrt{5}\cdot s_\varkappa^2}$ kurz als „die Umgebung" des Näherungsbruchs $\frac{r_\varkappa}{s_\varkappa}$ bezeichnen und zwei solche Intervalle oder auch die zugehörigen Näherungsbrüche „einander anliegend" nennen, wenn sie einen gemeinsamen Teil haben. Damit dies für zwei aufeinanderfolgende Näherungsbrüche $\frac{r_{\varkappa-1}}{s_{\varkappa-1}}, \frac{r_\varkappa}{s_\varkappa}$ der Fall sei, ist offenbar notwendig und hinreichend, daß, je nachdem der erstere kleiner als der zweite gedacht wird oder umgekehrt,

$$\frac{r_\varkappa}{s_\varkappa} - \frac{1}{\sqrt{5}\cdot s_\varkappa^2} < \frac{r_{\varkappa-1}}{s_{\varkappa-1}} + \frac{1}{\sqrt{5}\cdot s_{\varkappa-1}^2}$$

oder

$$\frac{r_{\varkappa-1}}{s_{\varkappa-1}} - \frac{1}{\sqrt{5}\cdot s_{\varkappa-1}^2} < \frac{r_\varkappa}{s_\varkappa} + \frac{1}{\sqrt{5}\cdot s_\varkappa^2},$$

das heißt

$$\left|\frac{r_\varkappa}{s_\varkappa} - \frac{r_{\varkappa-1}}{s_{\varkappa-1}}\right| < \frac{1}{\sqrt{5}}\cdot\left(\frac{1}{s_{\varkappa-1}^2} + \frac{1}{s_\varkappa^2}\right),$$

also $\eta_\varkappa < \frac{1}{\sqrt{5}}$ ist. Diese Bedingung war erfüllt, wenn $q_\varkappa > \frac{1+\sqrt{5}}{2}$ war. Umgekehrt folgt aber aus ihr diese letztere Ungleichheit; denn, da die Gleichung

$$\eta_\varkappa = \frac{1}{\sqrt{5}}$$

oder $q_\varkappa^2 - \sqrt{5}\cdot q_\varkappa + 1 = 0$ die Wurzeln $\frac{\pm 1 + \sqrt{5}}{2}$ hat und $q_\varkappa > 1 > \frac{-1+\sqrt{5}}{2}$ ist, muß $q_\varkappa > \frac{1+\sqrt{5}}{2}$ sein, wenn $\eta_\varkappa < \frac{1}{\sqrt{5}}$, d. h. $q_\varkappa^2 - \sqrt{5}\cdot q_\varkappa + 1 > 0$ ist. Man gelangt hierdurch zu dem Schlusse: Damit zwei aufeinanderfolgende Näherungsbrüche $\frac{r_{\varkappa-1}}{s_{\varkappa-1}}, \frac{r_\varkappa}{s_\varkappa}$ anliegend sind, ist notwendig und hinreichend, daß $q_\varkappa > \frac{1+\sqrt{5}}{2}$ ist.

Da aber eine der beiden Zahlen $q_\varkappa, q_{\varkappa-1}$, wie gezeigt, diesen Wert übersteigt, so schließt man weiter: Von drei aufeinanderfolgenden Näherungsbrüchen müssen wenigstens zwei benachbarte einander anliegend sein.

Nun liegt ω stets zwischen zwei aufeinanderfolgenden Näherungsbrüchen; sind also zwei solche anliegend, d. h. greifen ihre Umgebungen übereinander, so muß ω notwendig wenigstens einer dieser

Umgebungen mit Ausschluß ihrer Grenzen angehören. So leuchtet ein, daß es unendlich viele Näherungsbrüche $\frac{r_\varkappa}{s_\varkappa}$ gibt, zu deren Umgebung ω gehört, so daß $\frac{r_\varkappa}{s_\varkappa} - \omega$ zwischen $\pm \frac{1}{\sqrt{5} \cdot s_\varkappa^2}$ enthalten ist, also unendlich viele Zahlen $x = r_\varkappa$, $y = s_\varkappa$, welche der Bedingung (56) genügen. Man darf hinzufügen, daß es in der Reihe der zu ω gehörigen Näherungsbrüche keine drei aufeinanderfolgende gibt von der Art, daß ω nicht in wenigstens einer ihrer Umgebungen enthalten wäre.

17. Die im vorigen so ausführlich behandelte Aufgabe, die Gleichung

$$x - \omega y = 0$$

mittels ganzer Zahlen x, y approximativ zu lösen, ist von Tschebischeff für die allgemeinere Gleichung

$$x - \omega y - \Omega = 0 \tag{58}$$

gestellt worden, und er hat gezeigt, daß es ganzzahlige x, y gibt, für welche der Ausdruck

$$|x - \omega y - \Omega| < \frac{1}{2|y|}$$

gemacht werden kann. Hermite[1]) hat dann wieder die Schranke $\frac{1}{2}$ durch die kleinere $\sqrt{\frac{2}{27}}$ ersetzt, indem er sich, worauf später zurückzukommen sein wird, zu diesem Zwecke der Reduktion einer ternären quadratischen Form bediente. Endlich ist es Minkowski[2]) gelungen, diese Grenze durch die noch kleinere $\frac{1}{4}$ zu ersetzen und das Ergebnis gleichzeitig sehr erheblich zu verallgemeinern.

Die Behauptung von Tschebischeff läßt sich wieder sehr einfach mit Hilfe des Kettenbruchs für die Irrationelle ω bestätigen. Sind $\frac{r_{\varkappa-1}}{s_{\varkappa-1}}, \frac{r_\varkappa}{s_\varkappa}$ zwei aufeinanderfolgende Näherungsbrüche desselben, also

$$r_{\varkappa-1}s_\varkappa - r_\varkappa s_{\varkappa-1} = \varepsilon, \quad \text{d. i. } \pm 1,$$

so setze man

$$s_{\varkappa-1} \cdot \Omega = n_{\varkappa-1} + \varrho_{\varkappa-1}, \quad s_\varkappa \cdot \Omega = n_\varkappa + \varrho_\varkappa, \tag{59}$$

wobei $n_{\varkappa-1}, n_\varkappa$ als die zunächst an den Produkten liegenden ganzen Zahlen, also $\varrho_{\varkappa-1}, \varrho_\varkappa$ absolut kleiner als $\frac{1}{2}$ gedacht sind; hieraus geht

$$\varepsilon\Omega = -r_\varkappa n_{\varkappa-1} + n_\varkappa r_{\varkappa-1} - r_\varkappa \varrho_{\varkappa-1} + \varrho_\varkappa r_{\varkappa-1}$$

1) Hermite, Journ. für die reine u. angew. Math., Bd. 88, S. 10.

2) Minkowski, Diophantische Approximationen, S. 42 oder Mathem. Annalen, Bd. 54, S. 91.

hervor. Für die ganzzahligen Werte

$$(60)\qquad \begin{cases} \varepsilon x = r_{\varkappa-1}n_\varkappa - r_\varkappa n_{\varkappa-1} \\ \varepsilon y = s_{\varkappa-1}n_\varkappa - s_\varkappa n_{\varkappa-1} = -s_{\varkappa-1}\varrho_\varkappa + s_\varkappa \varrho_{\varkappa-1} \end{cases}$$

erhält man dann

$$|y| < \frac{s_{\varkappa-1}+s_\varkappa}{2}$$

und

$$\varepsilon(x-\omega y - \Omega) = \varrho_{\varkappa-1}(r_\varkappa - \omega s_\varkappa) - \varrho_\varkappa(r_{\varkappa-1} - \omega s_{\varkappa-1}).$$

Mit Benutzung der Beziehung

$$\omega = \frac{r_\varkappa \omega_\varkappa + r_{\varkappa-1}}{s_\varkappa \omega_\varkappa + s_{\varkappa-1}}$$

geht diese Gleichung in die folgende

$$\varepsilon(x - \omega y - \Omega) = -\varepsilon\cdot\frac{\varrho_\varkappa \omega_\varkappa + \varrho_{\varkappa-1}}{s_\varkappa\omega_\varkappa + s_{\varkappa-1}}$$

über, deren rechte Seite absolut kleiner ist als

$$\frac{1}{2}\cdot\frac{\omega_\varkappa+1}{s_\varkappa\omega_\varkappa + s_{\varkappa-1}};$$

d. i. eine Funktion von $\omega_\varkappa$, die mit wachsendem Argumente abnimmt, also, da $\omega_\varkappa > 1$ ist, kleiner ist als $\frac{1}{2}\cdot\frac{2}{s_\varkappa + s_{\varkappa-1}} < \frac{1}{2|y|}$. Somit wird in der Tat

$$(61)\qquad |x - \omega y - \Omega| < \frac{1}{2|y|}.$$

Die Funktion $x - \omega y - \Omega$ kann möglicherweise durch ganzzahlige x, y genau gleich Null werden, auch wenn, wie vorausgesetzt, ω irrational ist. Wenn dies aber geschieht, so kann es jedenfalls nur auf eine Weise geschehen; denn, wäre zugleich für zwei ganzzahlige Systeme x', y'; x'', y''

$$x' - \omega y' - \Omega = 0,\quad x'' - \omega y'' - \Omega = 0,$$

so ergäbe sich $x' - x'' = \omega(y' - y'')$, mithin ω rational gegen Voraussetzung. Nehmen wir nun an, es sei für ganze Zahlen x_0, y_0

$$(62)\qquad x_0 - \omega y_0 - \Omega = 0.$$

Dann erhalten die Formeln (59), da bekanntlich

$$\omega = \frac{r_{\varkappa-1}}{s_{\varkappa-1}} - \frac{\delta_{\varkappa-1}}{s_{\varkappa-1}s_\varkappa},\quad \omega = \frac{r_\varkappa}{s_\varkappa} - \frac{\delta_\varkappa}{s_\varkappa s_{\varkappa+1}}$$

gesetzt werden kann, wobei $\delta_{\varkappa-1}$, $\delta_\varkappa$ absolut < 1 sind, die Gestalt

$$s_{\varkappa-1}\cdot\Omega = (s_{\varkappa-1}x_0 - r_{\varkappa-1}y_0) + \frac{\delta_{\varkappa-1}y_0}{s_\varkappa}$$

$$s_\varkappa\cdot\Omega = (s_\varkappa x_0 - r_\varkappa y_0) + \frac{\delta_\varkappa y_0}{s_{\varkappa+1}},$$

und die beiden Brüche werden absolut $< \frac{1}{2}$, sobald $\varkappa$ so groß gewählt wird, daß $s_{\varkappa+1} > s_\varkappa > 2y_0$ ausfällt. Alsdann aber ergeben sich nach (59)

$$n'_{\varkappa-1} = s_{\varkappa-1}x_0 - r_{\varkappa-1}y_0$$

$$n_\varkappa = s_\varkappa x_0 - r_\varkappa y_0$$

und hieraus durch Vergleichung mit (60)

$$x = x_0, \quad y = y_0.$$

Man ersieht hieraus, daß, falls die Gleichung (62) in ganzen Zahlen lösbar ist, die unbegrenzt vielen Lösungen x, y der Ungleichheit (61), zu welchen man auf dem obigen Wege gelangt, wenn man $\varkappa$ wachsen läßt, von einem endlichen Werte des $\varkappa$ an stets mit der Lösung der Gleichung identisch sind und daß folglich diese Lösung — wenn sie existiert — auf dem angegebenen Wege gefunden werden muß.

18. Schreibt man die Ungleichheit (61) in der Form

$$|(x - \omega y - \Omega)y| < \tfrac{1}{2},$$

so steht zur Linken nur ein ganz besonderer Fall des allgemeineren Ausdrucks

$$(\xi - \xi_0)(\eta - \eta_0) = (ax + by - \xi_0)(cx + dy - \eta_0),$$

bei welchem

(63) $$ad - bc = 1$$

ist. Minkowski hat nur für diesen allgemeineren Ausdruck das Vorhandensein ganzzahliger x, y nachgewiesen von der Beschaffenheit, daß

(64) $$|(\xi - \xi_0)(\eta - \eta_0)| \lesseqgtr \tfrac{1}{4}$$

ist. Umgibt man zum Zwecke solchen Nachweises den Nullpunkt des Gitters aller x, y als Mittelpunkt mit einem Parallelogramme, welches die Geraden

$$\xi = ax + by = 0, \quad \eta = cx + dy = 0$$

zu Diagonalen hat, und jeden anderen Gitterpunkt, den wir durch die zugehörigen Werte ξ', η' von ξ, η bestimmt denken und als den Gitterpunkt ξ', η' bezeichnen können, mit einem zu jenem homologen kongruenten Parallelogramme, so kann man diese zunächst so zusammenziehen, daß sie keine gemeinsamen Teile haben, sie aber dann gleichmäßig anwachsen lassen, bis die gesamte Ebene von ihnen überdeckt wird. Würde sie dabei genau zweifach überdeckt, so käme offenbar auf jeden Gitterpunkt ξ', η' ein Flächenteil gleich 2; und ließe sich das gedachte Parallelogramm so wählen, daß die Ebene nirgends mehr als zweifach überdeckt wird, so wäre jener

Flächenteil höchstens gleich 2. Dieser Flächenteil wäre aber der Inhalt des Parallelogramms um ξ', η', welches durch die Ungleichheit

$$\left|\frac{\xi-\xi'}{2\varrho}\right| + \left|\frac{\eta-\eta'}{2\sigma}\right| \gtreqless 1 \tag{65}$$

ausgedrückt werden kann, wenn 2ϱ, 2σ die Längen der halben Diagonalen bedeuten, und beträgt daher $8\varrho\sigma$, wenn man die Diagonalen aufeinander senkrecht denkt, was durch passende Wahl der Axen für das Grundgitter erreicht werden kann. Somit ist bei der vorausgesetzten Beschaffenheit des Parallelogramms $8\varrho\sigma \gtreqless 2$, d. i.

$$\varrho\sigma \gtreqless \tfrac{1}{4}. \tag{66}$$

Da aber jeder Punkt ξ, η oder x, y der Ebene in wenigstens einem dieser Parallelogramme liegen muß, so gilt dies auch von demjenigen Punkte x, y, welcher durch die Gleichungen

$$\xi = \xi_0, \quad \eta = \eta_0$$

bestimmt wird, und man erhält aus (65) für den zugehörigen Gitterpunkt ξ', η' die Ungleichheit

$$\left|\frac{\xi_0-\xi'}{2\varrho}\right| + \left|\frac{\eta_0-\eta'}{2\sigma}\right| \gtreqless 1,$$

aus welcher sich nach dem bekannten Satze vom arithmetischen Mittel zweier positiver Größen

$$\left|\frac{\xi_0-\xi'}{\varrho} \cdot \frac{\eta_0-\eta'}{\sigma}\right| \leqq 1,$$

mit Rücksicht auf (66) also

$$|(\xi'-\xi_0)(\eta'-\eta_0)| \gtreqless \tfrac{1}{4},$$

d. h. ein System ganzer Zahlen x, y ergibt, welches die Ungleichheit (64) befriedigt.

Alles gipfelt hiernach in dem Nachweise, daß eine Wahl des Parallelogramms möglich ist, der die angenommene Überdeckung der Ebene entspricht. Statt diesen Nachweis, welchen Minkowski a.a.O. in der Tat führt, hier anzufügen, ziehen wir es vor, seinen Satz jetzt auf dem rein arithmetischen Wege zu erweisen, welchen neuerdings Remak dafür gewiesen hat.[1])

Bestimmt man zwei Zahlen x_0, y_0 durch die Gleichungen

$$ax_0 + by_0 = \xi_0, \quad cx_0 + dy_0 = \eta_0,$$

so läßt sich der Ausdruck

$$(\xi - \xi_0)(\eta - \eta_0) \tag{67}$$

1) Remak, Journ. für die reine u. angew. Math., Bd. 142, S. 278.

in der Form schreiben:

$$[a(x-x_0)+b(y-y_0)]\cdot[c(x-x_0)+d(y-y_0)]$$

und ist mithin gleich der quadratischen Form

$$f(x,y)=A(x-x_0)^2+2B(x-x_0)(y-y_0)+C(y-y_0)^2,$$

wenn $\qquad A=ac,\quad 2B=ad+bc,\quad C=bd$

gesetzt wird; für ihre Determinante D findet sich mit Rücksicht auf die vorausgesetzte Beziehung (63) der Wert

$$D=\left(\frac{ad-bc}{2}\right)^2=\frac{1}{4}.$$

Nun sei $\qquad x=\alpha x'+\beta y',\quad y=\gamma x'+\delta y'$

eine unimodulare Substitution, und man bestimme durch die entsprechenden Gleichungen

$$x_0=\alpha x_0'+\beta y_0',\quad y_0=\gamma x_0'+\delta y_0'$$

zwei neue Größen x_0', y_0'. Durch jene Substitution verwandelt sich $f(x,y)$ in die ihr äquivalente Form

$$f'(x',y')=A'(x'-x_0')^2+2B'(x'-x_0')(y'-y_0')+C'(y'-y_0')^2,$$

durch welche mittels ganzzahliger x', y' dieselben Zahlen dargestellt werden, wie mittels ganzzahliger x, y durch die Form $f(x,y)$; ihre Determinante ist die vorige, also D. Wie in Kap. I Nr. 1 gezeigt worden ist, darf vorausgesetzt werden, daß der neue erste Koeffizient

(68) $$A'<\sqrt{\frac{4D}{3}}=\sqrt{\frac{1}{3}}\quad\text{ist.}$$

Wenn nun erstens A' von Null verschieden ist, so wähle man $y'=y_1$ so, daß $|y_1-y_0'|\overline{\gtrless}\frac{1}{2}$ wird. Dann ist $f'(x',y_1)$ nur noch eine Funktion zweiten Grades von x', die wir kurz schreiben, wie folgt:

$$f'(x',y_1)=\varphi(x')=a'x'^2+2g'x'+h',$$

wo $$a'=A',\quad g'=B'(y_1-y_0')-A'x_0'$$

$$h'=A'x_0'^2-2B'x_0'(y_1-y_0')+C'(y_1-y_0')^2,$$

also

$$g'^2-a'h'=(B'^2-A'C')(y_1-y_0')^2=D(y_1-y_0')^2=\left(\frac{y_1-y_0'}{2}\right)^2$$

und daher

(69) $$g'^2-a'h'\overline{\gtrless}\frac{1}{16}$$

ist. Da dieser Ausdruck zudem positiv ist, so hat die Funktion $\varphi(x)$ reelle Linearfaktoren; schreibt man also

$$\varphi(x')=a'(x'-p)(x'-q),$$

so bedeuten p, q reelle Größen. Ist wenigstens eine von ihnen, etwa p, eine ganze Zahl, so verschwindet $\varphi(x')$ für $x' = p$, und die Form $f'(x', y')$ nimmt für das ganzzahlige System $x' = p$, $y' = y_1$ den Wert Null an, wird also $< \frac{1}{4}$. Ist aber keine der Größen p, q eine ganze Zahl, so sind nur zwei Fälle möglich. Entweder liegen sie beide zwischen denselben zwei aufeinanderfolgenden ganzen Zahlen x_1 und $x_1 + 1$:

$$x_1 < p \lesseqgtr q < x_1 + 1,$$

wobei wir unter p die kleinere von ihnen verstanden haben. Bildet man dann das Produkt

$$\varphi(x_1) \cdot \varphi(x_1 + 1),$$

dem man die Gestalt geben kann

$$a'^2 \cdot [(x_1 + \tfrac{1}{2} - p)^2 - \tfrac{1}{4}] \cdot [(x_1 + \tfrac{1}{2} - q)^2 - \tfrac{1}{4}],$$

so findet sich sein Wert $\lesseqgtr \frac{a'^2}{16} = \frac{A'^2}{16}$, d. i. wegen (68) kleiner als $\frac{1}{48}$, einer seiner Faktoren muß also kleiner sein als $\sqrt{\frac{1}{48}} < \frac{1}{4}$. Bedeutet daher δ einen passenden der Werte 0 oder 1, so nimmt die Form $f'(x', y')$ einen Wert $< \frac{1}{4}$ an, wenn

$$x' = x_1 + \delta, \quad y' = y_1$$

gesetzt wird.

Oder man findet, die größte ganze Zahl unterhalb q mit x_1 bezeichnend, die Ungleichheiten

$$p < x_1 < q < x_1 + 1.$$

Wendet man dann auf die Form

$$F(x', y') = a'x'^2 + 2g'x'y' + h'y'^2$$

mit der Determinante $g'^2 - a'h'$ die unimodulare Substitution

$$x' = (x_1 + 1)\,x'' + x_1 y'', \quad y' = x'' + y''$$

an, so geht sie in eine Form

$$F_1(x'', y'') = a''x''^2 + 2g''x''y'' + h''y''^2$$

über, in welcher offenbar

$$a'' = \varphi(x_1 + 1), \quad h'' = \varphi(x_1)$$

und demnach die mit $g'^2 - a'h'$ gleiche Determinante gleich

$$g''^2 - \varphi(x_1) \cdot \varphi(x_1 + 1)$$

ist. Da nur die eine Wurzel der Gleichung $\varphi(x') = 0$, nämlich q, zwischen x_1 und $x_1 + 1$ enthalten ist, so ist das Produkt in diesem Ausdrucke negativ und somit der Ausdruck selbst gleich

$$g''^2 + |\varphi(x_1)\varphi(x_1 + 1)|.$$

Aus (69) entnimmt man daher die Folgerung

$$|\varphi(x_1) \cdot \varphi(x_1 + 1)| \lesseqgtr \tfrac{1}{16},$$

wo das Gleichheitszeichen nur nötig ist, wenn $g'' = 0$; da alsdann aber die beiden Faktoren nicht gleich sein dürfen, weil sonst

$$F_1(x'', y'') = a''(x''^2 - y''^2)$$

für $x'' = 1$, $y'' = -1$, also $F(x', y')$ für $x' = 1$, $y' = 0$, d. i. $a' = A'$ gleich Null würde, gegen Voraussetzung, so folgt wieder in allen Fällen für einen der Werte $\delta = 0$ oder 1 die Ungleichheit

$$|\varphi(x_1 + \delta)| < \tfrac{1}{4}$$

und der gleiche Schluß, wie im früheren Falle.

Ist aber zweitens $a' = A'$ gleich Null, also $B'^2 = D = \frac{1}{4}$, $|B'| = \frac{1}{2}$, so ist

$$f'(x', y') = (y' - y_0') \cdot [\pm (x' - x_0') + C'(y' - y_0')],$$

und jeder der beiden Faktoren kann durch passende Wahl zuerst von y' und dann von x' als ganzer Zahlen absolut kleiner als $\frac{1}{2}$, das Produkt also $< \frac{1}{4}$ gemacht werden. Nur, wenn zugleich y_0' und $x_0' - \frac{C'}{2}$ mitten zwischen zwei ganze Zahlen fielen, würden beide Faktoren gleich $\frac{1}{2}$. In diesem Falle könnte also nur gesagt werden, daß es ganze Zahlen x', y' gibt, so beschaffen, daß

$$f'(x', y') \lesseqgtr \tfrac{1}{4}$$

wird.

Da nun für $f(x, y)$, d. i. für den Ausdruck (67) dasselbe gilt, wie für $f'(x', y')$, so ist Minkowskis Aussage bewiesen und zugleich der Fall bezeichnet, in welchem in der Bedingung (64) neben dem Ungleichheitszeichen auch das Gleichheitszeichen erforderlich ist.

Drittes Kapitel.

Die Reduktion unbestimmter binärer Formen.

1. Es ist schon bemerkt worden, wie die Betrachtungen Minkowskis über das System zweier Linearformen

$$\xi = ax + by, \quad \eta = cx + dy$$

und die zu ihnen gehörige Kette äußerster Parallelogramme, insbesondere die daraus entwickelte Theorie der Kettenbrüche eng mit der Reduktion der unbestimmten quadratischen Formen zusammenhängen.

Wir wollen jetzt diese Reduktion eingehender erörtern und den genannten Zusammenhang, indem wir ihn weiter verfolgen, in ein helleres Licht rücken.

Die Definition reduzierter unbestimmter Formen kann verschieden gefaßt werden, wie in Nr. 5 und 10 des ersten Kapitels zu sehen ist, ohne daß dadurch, wie ebenfalls dort zu ersehen, an den wesentlichsten Eigenschaften derselben etwas geändert würde. Dies werden die folgenden Betrachtungen noch weiter bestätigen. Wir stellen zunächst die schon erwähnte Hermitesche Reduktionsmethode — ausführlicher, als bisher geschah, ins einzelne gehend — hier dar.

Die unbestimmte quadratische Form

$$f(x, y) = ax^2 + 2bxy + cy^2 \tag{1}$$

mit der positiven Determinante $D = b^2 - ac$, in welcher $a \gtrless 0$ sei, kann in Linearfaktoren zerlegt und, indem man ihre Wurzeln

$$\frac{-b+\sqrt{D}}{a}, \quad \frac{-b-\sqrt{D}}{a}$$

mit ω_1, ω_2 bezeichnet, folgendermaßen geschrieben werden:

$$f(x, y) = a(x - \omega_1 y)(x - \omega_2 y). \tag{2}$$

Als zugeordnete positive Form gilt dann nach Hermite die Form

$$F(x, y) = (x - \omega_1 y)^2 + \lambda^2 (x - \omega_2 y)^2 \tag{3}$$

mit veränderlichem reellen Parameter λ. Ihm zufolge nannten wir jene Form reduziert, wenn nach den Bestimmungen von Lagrange diese letztere Form für irgendwelche reellen Werte von λ reduziert ist. Schreibt man

$$F(x, y) = Ax^2 + 2Bxy + Cy^2, \tag{4}$$

so findet sich

$$A = 1 + \lambda^2, \quad B = -\omega_1 - \lambda^2 \omega_2, \quad C = \omega_1^2 + \lambda^2 \omega_2^2,$$

während

$$b = -\frac{\omega_1 + \omega_2}{2} \cdot a, \quad c = \omega_1 \omega_2 a$$

ist, und hieraus folgen die Beziehungen

$$b^2 - ac = \frac{a^2}{4}(\omega_1 - \omega_2)^2, \quad B^2 - AC = -\lambda^2(\omega_1 - \omega_2)^2,$$

also

$$B^2 - AC = -\frac{4\lambda^2}{a^2}(b^2 - ac)$$

und

$$aC - 2bB + cA = 0. \tag{5}$$

Die simultane Invariante beider Formen ist demnach Null. Geht also $f(x, y)$ durch eine unimodulare Substitution

$$x = \alpha x' + \beta y', \quad y = \gamma x' + \delta y'$$

in eine äquivalente Form $f'(x', y')$ über, so ist die aus $F(x, y)$ durch die gleiche Substitution entstehende äquivalente Form $F'(x', y')$ die zugeordnete Form von jener, und umgekehrt: wenn die Substitution auf $F(x, y)$ angewandt zu einer Form $F'(x', y')$ führt, so muß die Form $f'(x', y')$, welcher die letztere zugeordnet ist, aus $f(x, y)$ durch die gleiche Substitution hervorgehen.

Ist nun $F(x, y)$ für keinen Wert des λ reduziert, also der Definition gemäß auch $f(x, y)$ keine reduzierte Form, so lasse man λ alle seine möglichen Werte von 0 bis ∞ durchlaufen. Geht man aus von einem bestimmten dieser Werte, $\lambda = \lambda_0$, so wird $F(x, y)$ durch eine unimodulare Substitution S_0 in eine Form $F_0(x, y)$ verwandelt, welche für ein gewisses Intervall des Parameters λ reduziert bleibt und die Zugeordnete derjenigen Form $f_0(x, y)$ ist, die mittels der gleichen Substitution aus $f(x, y)$ gewonnen wird. Hört sie für $\lambda = \lambda_1$ auf, reduziert zu sein, so führe man sie durch eine neue Substitution S', d. h. die ursprüngliche Form durch die Substitution $S_1 = S_0 S'$ wieder in eine reduzierte Form $F_1(x, y)$ über, die in einem neuen Intervalle des Parameters λ reduziert bleiben wird, und die Zugeordnete der Form $f_1(x, y)$ ist, welche durch die nämliche Substitution aus $f(x, y)$ entsteht. So findet sich für alle aufeinanderfolgenden Werte von λ, genauer für eine unbegrenzte Reihe aufeinanderfolgender Intervalle des λ eine ebensolche Reihe positiver, für diese einzelnen Intervalle reduzierter Formen

$$F_0(x, y), \quad F_1(x, y), \quad F_2(x, y), \cdots \tag{6}$$

und ihnen entsprechend eine Reihe

$$f_0(x, y), \quad f_1(x, y), \quad f_2(x, y), \cdots \tag{7}$$

reduzierter unbestimmter Formen, welche derselben Klasse äquivalenter Formen angehören, wie die gegebene Form $f(x, y)$. Die letztere Reihe enthält aber auch alle Formen dieser Klasse, welche nach Hermites Definition reduziert sind. Denn, bezeichnet $\varphi(x, y)$ irgendeine mit $f(x, y)$ äquivalente reduzierte Form und F die Substitution, durch welche sie aus letzterer entsteht, so muß dem oben Gesagten zufolge die ihr zugeordnete reduzierte positive Form durch dieselbe Substitution aus $F(x, y)$ hervorgehen, also mit einer der Formen (6), welche die einzigen Formen dieser Art darstellen, identisch sein, und somit kann $\varphi(x, y)$ nur eine der Formen (7) sein. Jede Klasse unbestimmter Formen mit der Determinante D enthält daher einen ganz bestimmten Komplex (f) reduzierter Formen, welche durch stete Reduktion der zu einem Repräsentanten der Klasse zugeordneten positiven Form für alle Werte ihres Parameters ermittelt werden können. Dieser Komplex (f) ist aber unabhängig von der willkürlichen Wahl des Repräsentanten $f(x, y)$. Ist nämlich

$$f'(x', y') = a'(x' - \omega_1' y')(x' - \omega_2' y')$$

eine mit $f(x, y)$ äquivalente Form, so stimmt der ihr entsprechende Komplex (f') in seiner Gesamtheit mit dem Komplexe (f) überein. In der Tat: sei

$$x' = \alpha x + \beta y, \quad y' = \gamma x + \delta y$$

eine unimodulare Substitution S, welche $f'(x', y')$ in $f(x, y)$ überführt, so bestehen einerseits die Beziehungen

$$\omega_1' = \frac{\alpha\omega_1 + \beta}{\gamma\omega_1 + \delta}, \quad \omega_2' = \frac{\alpha\omega_2 + \beta}{\gamma\omega_2 + \delta},$$

andererseits ist die zu $f'(x', y')$ zugeordnete positive quadratische Form

$$F'(x', y') = (x' - \omega_1' y')^2 + \lambda'^2 (x' - \omega_2' y')^2,$$

und sie geht bei Beachtung der obigen Beziehungen durch die gleiche Substitution S über in

$$(\alpha - \omega_1'\gamma)^2 \cdot [(x - \omega_1 y)^2 + \lambda^2 (x - \omega_2 y)^2] = (\alpha - \omega_1'\gamma)^2 \cdot F(x, y),$$

wenn darin

$$\lambda = \frac{\alpha - \omega_2'\gamma}{\alpha - \omega_1'\gamma} \cdot \lambda'$$

gedacht wird. Es besteht also dann in bekannter Schreibweise die Beziehung

$$F'(x', y'; \lambda') \cdot S = (\alpha - \omega_1'\gamma)^2 \cdot F(x, y; \lambda).$$

Ist nun Σ eine unimodulare Substitution, welche für ein gewisses Intervall für λ die Form F und somit auch die Form $(\alpha - \omega_1'\gamma)^2 \cdot F$ reduziert, also, auf f angewandt, eine Reduzierte $f \cdot \Sigma$ des Komplexes (f) hervorbringt, so wird die Form F' durch die Substitution $S \cdot \Sigma$ in dieselbe Form übergeführt, die für ein entsprechendes, durch die gedachte Beziehung zwischen λ und λ' zu bestimmendes Intervall für λ' reduziert ist und somit zu einer Form $f' \cdot S\Sigma$ des Komplexes (f') führt. Man hat aber $f' \cdot S\Sigma = f \cdot \Sigma$; jede Form in (f) ist also auch eine solche in (f') und offenbar auch umgekehrt, w. z. b. w. Hier liegt die Lösung der Frage, ob zwei gegebene unbestimmte Formen $f(x, y)$ und $f'(x, y)$ äquivalent sind. Man bilde für jede von ihnen den zugehörigen Komplex reduzierter Formen, was durch das oben angegebene Verfahren geschehen kann. Je nachdem diese Komplexe eine Form gemein haben oder nicht, werden die gegebenen Formen derselben Klasse angehören oder nicht.

2. Im ersteren Falle wird man alle Transformationen verlangen können, welche $f(x, y)$ in $f'(x, y)$ überführen. Hat man nun den Komplex (7) für die Funktion $f(x, y)$ gebildet und findet etwa bei Aufsuchung des der Funktion $f'(x, y)$ entsprechenden Komplexes, daß ihm die Form $f_i(x, y)$ mit jenem gemeinsam ist, und sind S, S' die Substitutionen, durch welche $f(x, y)$ bzw. $f'(x, y)$ in sie übergehen, so wird man die gedachte Aufgabe lösen, indem man alle Transformationen von $f(x, y)$ in sich selbst mit der Substitution $S \cdot S'^{-1}$ zusammensetzt. Die Substitution S selbst aber läßt sich zusammensetzen aus einer solchen, die $f(x, y)$ in die erste Form $f_0(x, y)$ des Komplexes (7) verwandelt, und aus den Substitutionen, durch welche jede Form dieses Komplexes bis $f_i(x, y)$ hin in die nächstfolgende übergeht. Indem wir von den automorphen Substitutionen von $f(x, y)$ einstweilen absehn, wollen wir nun zeigen, wie die letztbezeichneten Übergänge zwischen den Formen des Komplexes (7) zu bewerkstelligen sind.

Voraufgeschickt sei eine Bemerkung über reduzierte positive Formen.

Ist
$$F(x, y) = Ax^2 + 2Bxy + Cy^2$$
eine solche, also
$$|2B| \lesseqgtr A \lesseqgtr C,$$
so sind die Zahlen $A, C, A - |2B| + C$ in wachsender Folge die drei kleinsten durch die Form, also auch durch jede andere Form ihrer Klasse darstellbaren Zahlen. In der Tat, da das mittlere Glied der Form je nach den Vorzeichen von x, y positiv oder negativ wird, im letzteren Falle aber einen kleineren Wert der Form liefert als im ersteren, so werden ihre kleinsten Werte durch den Ausdruck
$$\mathfrak{F}(x, y) = Ax^2 - 2|B|xy + Cy^2$$
gegeben, während x, y gleiches, etwa positives Vorzeichen haben. Ist eine dieser Zahlen Null, so erhält man entweder Ax^2 oder Cy^2 und als die kleinsten Zahlen dieser Art A und $C \gtreqless A$. Andernfalls zeigen die Identitäten
$$\mathfrak{F}(x-1, y) = \mathfrak{F}(x, y) - A(x-y) - y(A - 2|B|) - A(x-1),$$
$$\mathfrak{F}(x, y-1) = \mathfrak{F}(x, y) - C(y-x) - x(C - 2|B|) - C(y-1),$$
daß der Wert der Form, solange $x > y$ ist, mit x und, solange $y > x$ ist, mit y abnimmt, bis x und y gleich werden; dann ist aber der Ausdruck
$$\mathfrak{F}(x, y) = (A - 2|B| + C)x^2$$
und erhält für $x = 1$ seinen kleinsten Wert
$$A - 2|B| + C \gtreqless C \gtreqless A$$

w. z. b. w. — Umgekehrt wird eine Form (A, B, C) stets eine reduzierte sein, wenn jene drei Zahlen die drei kleinsten durch sie darstellbaren Zahlen bedeuten.

Man denke sich nun alle durch die Form $F_0(x, y)$ darstellbaren Zahlen nach ihrer Größe geordnet, indem man dabei die etwa gleichen Zahlenwerte in einen einzigen zusammenfaßt:

$$F_0(x_1, y_1), \quad F_0(x_2, y_2), \quad F_0(x_3, y_3), \ldots; \tag{8}$$

die drei ersten derselben sind, wenn

$$F_0(x, y) = Ax^2 + 2Bxy + Cy^2 \tag{9}$$

gesetzt wird, $A, C, A - 2|B| + C$. Wenn nun λ von λ_0 an sich stetig verändert, so verändert sich ebenso stetig auch die Form und die Reihe der Werte (8), doch wird zunächst deren Aufeinanderfolge ungeändert bleiben, bis etwa für einen gewissen Wert von λ zwei Glieder der Reihe, nachdem sie einander gleich geworden, ihren Rang vertauschen. Solange dies bei den ersten drei Gliedern nicht geschieht, bleibt die Form eine reduzierte. Eine Vertauschung ihrer Rangordnung aber kann eintreten entweder zwischen dem zweiten und dritten Gliede oder zwischen den beiden ersten von ihnen. Für den entsprechenden Wert von λ hört dann $F_0(x, y)$ auf, reduziert zu sein und wird, aufs neue reduziert, die folgende Form des Komplexes (6) ergeben. Tritt der erste Fall ein, d. h. wird $2|B| > A$, etwa $2|B| = A + \delta$, so geht die nicht mehr reduzierte Form

$$Ax^2 + \varepsilon(A + \delta)xy + Cy^2,$$

wo dem Vorzeichen von B entsprechend $\varepsilon = \pm 1$ ist, durch die Substitution $x = x' - \varepsilon y'$, $y = y'$ über in die Form

$$Ax'^2 - \varepsilon(A - \delta)x'y' + (C - \delta)y'^2,$$

welche für hinreichend kleines positives δ wieder reduziert ist, also die folgende Form des Komplexes (6) vorstellt. In dem besonderen Falle, wo $C = A$ wäre, müßte man die genannte Substitution mit der zweiten $x' = y''$, $y' = -x''$ verbinden, wodurch die Form

$$(C - \delta)x''^2 + \varepsilon(A - \delta)x''y'' + Ay''^2$$

entstünde, die allen Bedingungen reduzierter Formen entspräche. Dieser erste Fall kann sich wiederholt ereignen, es muß aber auch einmal der zweite Fall eintreten, da die Beziehung $A = C$ eine nicht identische lineare Gleichung für den Parameter λ^2 bedeutet. Wird dann also bei weiterer Änderung des Parameters $C < A$, etwa $C = A - \delta$, so geht die Form (A, B, C) durch die Substitution

$$x = y', \quad y = -x' \tag{10}$$

in die Form $(A - \delta, -B, A)$ über, die für hinreichend kleine positive δ wieder reduziert, also die folgende Form des Komplexes (6) ist. Bezeichnet man die Substitution

$$x = x' - y', \quad y = y', \tag{11}$$

von welcher die andere

$$x = x' + y', \quad y = y'$$

nur die Inverse ist, mit T und die Substitution (10) mit U, so können also die Substitutionen, durch welche die Formen des Komplexes (6), also auch diejenigen des Komplexes (7) sukzessive ineinander transformiert werden, in folgende Formel

$$\cdots T^h \cdot U \cdot T^i \cdot U \cdot T^k \cdots, \tag{12}$$

in welcher $h, i, k, \cdots$ positive oder negative ganze Exponenten bedeuten, zusammengefaßt werden.

Hermite bezeichnet diejenigen Formen des Komplexes (7), die aus der voraufgehenden durch die Substitution U entstehen, also dem Gleichwerden von A und C entsprechen, als Hauptreduzierte. Soll

$$f_0(x, y) = a_0 x^2 + 2 b_0 xy + c_0 y^2 = a_0(x - \Omega_1 y)(x - \Omega_2 y) \tag{13}$$

eine solche sein, so ist notwendig und hinreichend, daß die für $\lambda = \lambda_0$ aus der Form (3) abgeleitete reduzierte positive Form gleiche äußere Koeffizienten erhalte. Diese Form ist aber die für $\lambda = \lambda_0$ der Form $f_0(x, y)$ Zugeordnete, mithin von der Gestalt

$$(x - \Omega_1 y)^2 + \lambda_0^2 (x - \Omega_2 y)^2; \tag{14}$$

demnach müßte

$$1 + \lambda_0^2 = \Omega_1^2 + \lambda_0^2 \Omega_2^2$$

sein, während zugleich, den Bedingungen reduzierter positiver Formen gemäß,

$$2 \,|\, \Omega_1 + \lambda_0^2 \Omega_2 \,| \lesseqgtr 1 + \lambda_0^2$$

wäre. Durch Elimination von λ_0^2 mittels der voraufgehenden Gleichung und Quadrierung nimmt diese Ungleichheit die Gestalt an:

$$4 \cdot \left| \frac{1 + \Omega_1 \Omega_2}{\Omega_1 + \Omega_2} \right|^2 \lesseqgtr 1. \tag{15}$$

Ist aber diese erforderliche Bedingung erfüllt, der man auch die Form geben kann:

$$4(1 - \Omega_1^2)(1 - \Omega_2^2) + 3(\Omega_1 + \Omega_2)^2 \lesseqgtr 0,$$

so erweisen sich die Differenzen $1 - \Omega_1^2$, $1 - \Omega_2^2$ als von verschiedenen Vorzeichen, demnach wäre

$$\lambda_0^2 = - \frac{1 - \Omega_1^2}{1 - \Omega_2^2}$$

ein positiver, also λ ein reeller Wert, für welchen die Form (14) die Gestalt erhält:

$$\frac{\Omega_1^2 - \Omega_2^2}{1 - \Omega_2^2}\left(x^2 - 2 \cdot \frac{1 + \Omega_1 \Omega_2}{\Omega_1 + \Omega_2} xy + y^2\right),$$

also reduziert ist und gleiche äußere Koeffizienten hat; daher ist die Form $f_0(x, y)$, der sie zugeordnet ist, eine Hauptreduzierte. Hiernach ist die notwendige und hinreichende Bedingung dafür, daß die Form (13) eine Hauptreduzierte sei, die Ungleichheit (15) oder

(16) $$|b_0| \geqq |a_0 + c_0|,$$

d. h. der Umstand, daß der mittlere Koeffizient absolut nicht kleiner ist als die Summe der beiden äußeren.

3. Stellen wir jetzt der Hermiteschen Methode diejenige an die Seite, zu welcher die Kette der äußersten Parallelogramme die Handhabe bietet. Die unbestimmte quadratische Form

(17) $$f = ax^2 + 2bxy + cy^2$$

läßt sich in zwei reelle Linearfaktoren zerlegen. Damit die Determinante der beiden Linearformen ξ, η, wie bei der Betrachtung jener Ketten vorausgesetzt, gleich 1 sei, wählen wir

(18) $$\xi = x - \omega_1 y, \quad \eta = \frac{a}{2\sqrt{D}}(x - \omega_2 y),$$

indem wir $b^2 - ac = D$ und

$$\omega_1 = \frac{-b + \sqrt{D}}{a}, \quad \omega_2 = \frac{-b - \sqrt{D}}{a}$$

setzen. Man hat dann

(19) $$f = ax^2 + 2bxy + cy^2 = 2\sqrt{D} \cdot \xi\eta.$$

Nun sei

(20) $$x = px' + ry', \quad y = qx' + sy'$$

irgendeine Substitution der zu den Formen (18) gehörigen Kette, welche nach beiden Richtungen unbegrenzt ist, wenn die Koeffizienten beider Linearformen kein rationales Verhältnis haben; wir wollen voraussetzen, daß ω_1 irrational sei. Durch diese Substitution mögen ξ, η in die Gestalt übergehen

(21) $$\xi = \lambda x' + \varepsilon\lambda' y', \quad \eta = -\varepsilon\mu' x' + \mu y',$$

wobei λ, λ', μ, μ' positive Werte bedeuten und die Ungleichheiten

(22) $$\frac{\lambda'}{\lambda} < 1, \quad \frac{\mu'}{\mu} < 1$$

erfüllen; man findet dann für ihre Werte die Gleichungen

$$\lambda = p - \omega_1 q, \quad \varepsilon\lambda' = r - \omega_1 s$$

$$-\varepsilon\mu' = \frac{a}{2\sqrt{D}}(p - \omega_2 q), \quad \mu = \frac{a}{2\sqrt{D}}(r - \omega_2 s).$$

Durch dieselbe unimodulare Substitution (20) geht die Form f in eine ihr äquivalente Form

$$F = Ax'^2 + 2Bx'y' + Cy'^2 \tag{23}$$

über, für welche die mit ξ, η entsprechend gebildeten Linearformen durch

$$X = x' - \Omega_1 y', \quad Y = \frac{A}{2\sqrt{D}}(x' - \Omega_2 y') \tag{24}$$

mit

$$\Omega_1 = \frac{-B + \sqrt{D}}{A}, \quad \Omega_2 = \frac{-B - \sqrt{D}}{A} \tag{25}$$

bezeichnet seien. Da entsprechend (19)

$$F = Ax'^2 + 2Bx'y' + Cy'^2 = 2\sqrt{D} \cdot XY$$

ist, so besteht infolge der Beziehungen (20) die Gleichung

$$XY = \xi\eta. \tag{26}$$

Nun sind X, Y lineare Formen in x', y' mit der Determinante 1, ebenso wie nach (21) die Formen ξ, η, da diese durch eine unimodulare Substitution aus den Formen (18) mit einer Determinante 1 hervorgehen. Demnach kann man auch X, Y als lineare Formen in ξ, η mit einer Determinante 1 auffassen, und daher kann (26) nur bestehen, wenn entweder

$$X = \tau \cdot \xi, \quad Y = \frac{1}{\tau} \cdot \eta$$

oder $X = \frac{1}{\tau}\eta$, $Y = \tau\xi$ ist, unter τ einen konstanten Faktor verstanden; die letztere Alternative aber ist auszuschließen, da ihr die Determinante -1 entspräche. Somit erhält man die Beziehungen

$$x' - \Omega_1 y' = \tau(\lambda x' + \varepsilon\lambda' y')$$

$$\frac{A}{2\sqrt{D}}(x' - \Omega_2 y') = \frac{1}{\tau}(-\varepsilon\mu' x' + \mu y'),$$

aus denen $\tau = \frac{1}{\lambda}$, also

$$\Omega_1 = \frac{-\varepsilon\lambda'}{\lambda}, \tag{27}$$

$$A = -\varepsilon\lambda\mu' \cdot 2\sqrt{D}, \quad A\Omega_2 = -\lambda\mu \cdot 2\sqrt{D}$$

und daher

(28) $$\frac{1}{\Omega_2} = \frac{\varepsilon\mu'}{\mu}$$

und

(29) $$\frac{\Omega_1}{\Omega_2} = -\frac{\lambda'\mu'}{\lambda\mu}$$

gefunden wird. Demzufolge erweisen sich die beiden Wurzeln der quadratischen Form F von entgegengesetzten Vorzeichen und wegen (22) die erste Wurzel absolut kleiner, die zweite absolut größer als Eins. Definiert man nun als reduzierte unbestimmte Form jede Form, deren Wurzeln diesen Charakter haben, so läßt sich das Ergebnis der Betrachtung in den Satz fassen: Der unbegrenzten, zu den Formen ξ, η gehörigen Kette von Substitutionen entspricht eine ebensolche Kette reduzierter Formen, welche der gegebenen Form f äquivalent sind. Durch irgendwelche dieser Substitutionen kann man letztere Form also in eine reduzierte überführen.

Nun findet sich aber auch jede mit f äquivalente reduzierte Form F in jener Kette. Denn, ist $\begin{pmatrix} p, & r \\ q, & s \end{pmatrix}$ eine unimodulare Substitution, durch welche f in F verwandelt wird, die man, eventuell alle ihre Koeffizienten entgegengesetzt nehmend, stets so denken darf, daß

(30) $$p - \omega_1 q > 0$$

wird, und gehen dadurch ξ, η in Ausdrücke (21) über, in denen wegen vorstehender Ungleichheit $\lambda > 0$ und bei passender Wahl von ε auch $\lambda' > 0$ ist, so erfüllen die Größen $\lambda, \lambda', \mu, \mu'$ infolge der für die Wurzeln der Form vorausgesetzten Bedingungen mit Rücksicht auf die Gleichungen (27) bis (29) die Ungleichheiten

$$0 < \lambda' < \lambda, \quad 0 < \mu' < \mu;$$

nach dem Schlußsatze in Nr. 8 des zweiten Kapitels ist daher die Substitution $\begin{pmatrix} p, & r \\ q, & s \end{pmatrix}$ eine zur Kette von ξ, η gehörige Substitution, mithin die Form F eine der reduzierten Formen, die dieser Kette entsprechen.

Die auf solche Weise ermittelte Kette reduzierter Formen ist also das völlige Analogon zu dem Hermiteschen Komplex (f) solcher Formen, und dementsprechend folgert man sogleich wieder, daß zwei Formen dann und nur dann einander äquivalent sind, wenn sie dieselbe Kette reduzierter Formen darbieten. Zur Entscheidung über die Äquivalenz zweier Formen genügt es daher, für eine von ihnen diese Kette zu bilden, dann für die zweite irgendeine ihrer reduzierten Formen und zuzusehen, ob auch diese in jener Kette befindlich ist oder nicht (s. hierzu weiter unten Nr. 7).

Aber die hier aufgestellte Definition reduzierter Formen ist von der Hermiteschen verschieden und deckt sich auch nicht mit derjenigen, die in Nr. 5 des 1. Kap. gewählt worden ist. In der Tat ist sie enger als diese, da zu der Bedingung, daß die beiden Wurzeln entgegengesetztes Vorzeichen haben sollen, noch weitere hinzutreten. Man kann diese Bedingungen auch durch die Koeffizienten der Form zum Ausdruck bringen. Zeichnet man auf einer Geraden die zulässige Lage der Punkte $0, \pm 1, \Omega_1, \Omega_2$, so sind jenen Bedingungen gemäß nur die beiden in nebenstehenden Figuren 7 angegebenen möglich, deren erste einem positiven, die zweite einem negativen Werte von Ω_1 entspricht. Da nun Ω_1, Ω_2 die Wurzeln der Gleichung

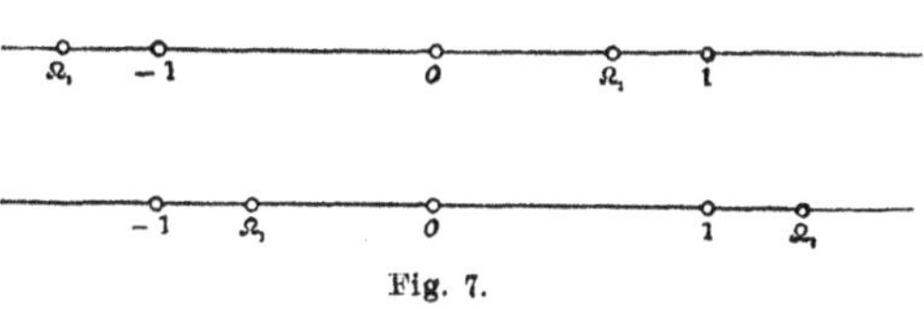
Fig. 7.

$$Az^2 + 2Bz + C = 0$$

bedeuten, so nimmt dieser Ausdruck im ersten Falle für $z = 0$ und $z = 1$ entgegengesetzte, für $z = 0$ und $z = -1$ gleiche Vorzeichen an, und umgekehrt im zweiten Falle. Demnach haben jedenfalls

$$(31) \qquad A + 2B + C, \quad A - 2B + C$$

entgegengesetzte Werte, ebenso wie A und C. Durch Verbindung der Formel

$$F = 2\sqrt{D} \cdot XY = 2\sqrt{D} \cdot \xi\eta$$

mit (21) ergibt sich ferner, da für reduzierte Formen $\lambda'\mu' < \lambda\mu < 1$ ist,

$$(32) \qquad B = \sqrt{D}(\lambda\mu - \lambda'\mu') > 0 \quad \text{und} \quad < \sqrt{D};$$

dann aus

$$A = -\varepsilon\lambda\mu' \cdot 2\sqrt{D}, \quad C = \varepsilon\lambda'\mu \cdot 2\sqrt{D},$$

daß $-A$ und C dasselbe Vorzeichen haben wie ε und daß die Bedingungen $\frac{\lambda'}{\lambda} < 1$, $\frac{\mu'}{\mu} < 1$ mit Rücksicht auf die Beziehung

$$-AC = (\sqrt{D} + B) \cdot (\sqrt{D} - B)$$

gleichbedeutend sind mit den folgenden:

$$(33) \qquad \begin{cases} \sqrt{D} - B < |A| < \sqrt{D} + B \\ \sqrt{D} - B < |C| < \sqrt{D} + B. \end{cases}$$

4. Auch die Definition der reduzierten positiven Formen kann anders gefaßt werden, wenn man darauf verzichtet, daß in jeder Klasse nur eine einzige Form dieser Art vorhanden sein soll. Hier hat Selling[1]) einen eigentümlichen Weg eingeschlagen, der seine Vorzüge hat und in seinen wesentlichsten Punkten mitgeteilt werden soll.

Statt einer positiven Form, welche $(\mathfrak{a}, \mathfrak{k}, \mathfrak{b})$ heiße, betrachtet Selling immer zugleich deren drei, welche durch die Substitution $\begin{pmatrix} 0, & 1 \\ -1, & 1 \end{pmatrix}$ zyklisch auseinander hervorgehen, nämlich die Formen

$$(39) \qquad (\mathfrak{a}, \mathfrak{k}, \mathfrak{b}), \quad (\mathfrak{b}, \mathfrak{g}, \mathfrak{c}), \quad (\mathfrak{c}, \mathfrak{h}, \mathfrak{a}),$$

deren Koeffizienten durch die Gleichungen

$$(40\text{a}) \qquad \mathfrak{a} + \mathfrak{h} + \mathfrak{k} = 0, \quad \mathfrak{b} + \mathfrak{k} + \mathfrak{g} = 0, \quad \mathfrak{c} + \mathfrak{g} + \mathfrak{h} = 0$$

$$(40\text{b}) \qquad \mathfrak{a} = \mathfrak{b} + 2\mathfrak{g} + \mathfrak{c}, \quad \mathfrak{b} = \mathfrak{c} + 2\mathfrak{h} + \mathfrak{a}, \quad \mathfrak{c} = \mathfrak{a} + 2\mathfrak{k} + \mathfrak{b}$$

aus $\mathfrak{a}, \mathfrak{k}, \mathfrak{b}$ sich finden. Zwischen ihnen bestehen infolge davon die Gleichungen

$$(41) \qquad \mathfrak{g}\mathfrak{h} + \mathfrak{h}\mathfrak{k} + \mathfrak{k}\mathfrak{g} = \Delta, \quad \mathfrak{a}\mathfrak{g} + \mathfrak{b}\mathfrak{h} + \mathfrak{c}\mathfrak{k} = -2\Delta,$$

in welchen

$$(42) \qquad \Delta = \mathfrak{a}\mathfrak{b} - \mathfrak{k}^2$$

den Absolutwert der Determinante der drei äquivalenten positiven Formen bezeichnet. Nach Selling wird dann jede der drei Formen (39) reduziert genannt, wenn keine der drei Zahlen $\mathfrak{g}, \mathfrak{h}, \mathfrak{k}$ positiv ist.

Daß jede Klasse äquivalenter Formen solch Tripel reduzierter Formen enthält und somit jede Form einer reduzierten äquivalent ist, erkennt man folgendermaßen. Sei $(\mathfrak{a}, \mathfrak{k}, \mathfrak{b})$ eine beliebige Form der Klasse, wobei $\mathfrak{k}$ als nicht-positiv gedacht werden kann, da man sonst statt von $(\mathfrak{a}, \mathfrak{k}, \mathfrak{b})$ von der ihr äquivalenten Form $(\mathfrak{b}, -\mathfrak{k}, \mathfrak{a})$ ausgehen könnte. Sind dann nicht $\mathfrak{g}$ und $\mathfrak{h}$ auch bereits nicht-positive Zahlen, die Form also nicht schon reduziert, so sei etwa $\mathfrak{g} > 0$. Durch die Substitution $\begin{pmatrix} 1, & 0 \\ 1, & 1 \end{pmatrix}$ geht $(\mathfrak{a}, \mathfrak{k}, \mathfrak{b})$ in eine äquivalente Form $(\mathfrak{a}', \mathfrak{k}', \mathfrak{b}')$ über, für welche die den $\mathfrak{g}, \mathfrak{h}, \mathfrak{k}$ entsprechenden Zahlen

$$\mathfrak{g}' = \mathfrak{k} + 2\mathfrak{g} = \mathfrak{g} - \mathfrak{b}, \quad \mathfrak{h}' = \mathfrak{h} + 2\mathfrak{g} = \mathfrak{g} - \mathfrak{c}, \quad \mathfrak{k}' = -\mathfrak{g}$$

sind; hier ist nun $\mathfrak{k}' < 0$ und die Zahlen $\mathfrak{g}', \mathfrak{h}'$, wenn sie noch positiv sind, jedenfalls kleiner als $\mathfrak{g}$. Wenn dagegen $\mathfrak{h} > 0$, so führt die Substitution $\begin{pmatrix} 1, & 1 \\ 0, & 1 \end{pmatrix}$ die Form $(\mathfrak{a}, \mathfrak{k}, \mathfrak{b})$ in eine äquivalente Form $(\mathfrak{a}'', \mathfrak{k}'', \mathfrak{b}'')$

1) Selling, Journ. für die reine u. angew. Mathematik, Bd. 77, S. 143.

über, in welcher

$$\mathfrak{g}'' = \mathfrak{g} + 2\mathfrak{h} = \mathfrak{h} - \mathfrak{c}, \quad \mathfrak{h}'' = \mathfrak{k} + 2\mathfrak{h} = \mathfrak{h} - \mathfrak{a}, \quad \mathfrak{k}'' = -\mathfrak{h},$$

mithin jetzt $\mathfrak{k}'' < 0$ ist und die Zahlen $\mathfrak{g}''$, $\mathfrak{h}''$, falls sie noch positiv sind, doch jedenfalls kleiner als $\mathfrak{h}$ sind. Durch eine endliche Folge solcher Substitutionen muß man daher, wie leicht zu übersehen, zu einer Form $(\mathfrak{a}^{(i)}, \mathfrak{k}^{(i)}, \mathfrak{b}^{(i)})$ der Klasse gelangen, in der keine der Zahlen $\mathfrak{g}^{(i)}, \mathfrak{h}^{(i)}, \mathfrak{k}^{(i)}$ mehr positiv ist, welche also in Sellings Sinne eine reduzierte ist.

Der Übelstand, daß bei solcher Definition reduzierter Formen jede Klasse noch mehrere derselben aufweist, wird durch die Bemerkung behoben, daß alle drei Formen des Tripels (39) auf einen einzigen Ausdruck zurückgeführt werden können. Versteht man nämlich unter u, v, w drei Veränderliche, welche durch die Beziehung

$$u + v + w = 0 \tag{43}$$

miteinander verbunden sind, so geht der Ausdruck

$$-\mathfrak{g}u^2 - \mathfrak{h}v^2 - \mathfrak{k}w^2, \tag{44}$$

je nachdem man u, v, w aus ihm eliminiert, in die drei Formen

$$\begin{cases} \mathfrak{c}v^2 - 2\mathfrak{g}vw + \mathfrak{b}w^2, \\ \mathfrak{a}w^2 - 2\mathfrak{h}wu + \mathfrak{c}u^2, \\ \mathfrak{b}u^2 - 2\mathfrak{k}uv + \mathfrak{a}v^2 \end{cases} \tag{45}$$

über, welche den drei Formen des Tripels (39) äquivalent sind. Hieraus erkennt man auch, daß in jeder Klasse äquivalenter Formen nur ein einziges Tripel reduzierter Formen vorhanden ist. Denn, da für ein solches die drei Zahlen $-\mathfrak{g}, -\mathfrak{h}, -\mathfrak{k}$ nicht negativ sind, zeigt der Ausdruck (44), daß, welche ganzen mit der Gleichung (43) verträglichen Werte den Zahlen u, v, w auch beigelegt werden, er stets gleich oder größer als jede der Zahlen

$$-\mathfrak{h} - \mathfrak{k} = \mathfrak{a}, \quad -\mathfrak{g} - \mathfrak{k} = \mathfrak{b}, \quad -\mathfrak{g} - \mathfrak{h} = \mathfrak{c}$$

sein muß, daß also diese drei Zahlen die kleinsten sind, welche mittels ganzzahliger Werte der Unbestimmten durch die Formen (45), mithin durch die Formen der Klasse darstellbar sind; mit $\mathfrak{a}, \mathfrak{b}, \mathfrak{c}$ zugleich sind aber auch $\mathfrak{g}, \mathfrak{h}, \mathfrak{k}$ bestimmt.

Greifen wir hier auf einen Augenblick auf die Lagrangesche Definition reduzierter Formen zurück, wonach

$$2|\mathfrak{k}| \lesseqgtr \mathfrak{a} \lesseqgtr \mathfrak{b} \tag{46}$$

wäre, und wählen dabei, falls $\mathfrak{k}$ nicht Null ist, von zwei solchen mit entgegengesetzten mittleren Koeffizienten, durch welche dieselben

Zahlen darstellbar sind, diejenige mit negativem, so ist $\mathfrak{a} + 2\mathfrak{k} \gtreqless 0$, also

$$\mathfrak{c} = \mathfrak{a} + 2\mathfrak{k} + \mathfrak{b} \gtreqless \mathfrak{b} \gtreqless \mathfrak{a},$$

und aus

$$\mathfrak{a} = \mathfrak{b} + 2\mathfrak{g} + \mathfrak{c}, \quad \mathfrak{b} = \mathfrak{c} + 2\mathfrak{h} + \mathfrak{a}$$

folgt $\mathfrak{b} + 2\mathfrak{g} \lesseqgtr 0$, $\mathfrak{a} + 2\mathfrak{h} \lesseqgtr 0$, mithin $\mathfrak{g}$ und $\mathfrak{h}$ negativ; die Form $(\mathfrak{a}, \mathfrak{k}, \mathfrak{b})$ ist also auch im Sellingschen Sinne reduziert. Somit schließt man aus dem Stattfinden der Bedingungen (46) den Umstand, daß $\mathfrak{a}, \mathfrak{b}, \mathfrak{a} + 2\mathfrak{k} + \mathfrak{b}$ der Reihe nach die drei kleinsten Zahlen sind, welche durch die Form $(\mathfrak{a}, \mathfrak{k}, \mathfrak{b})$ mittels ganzzahliger Werte der Unbestimmten dargestellt werden können, eine Tatsache, die schon in Nr. 2 auf rechnerischem Wege festgestellt worden ist.

5. Selling hält nun auch bei den unbestimmten Formen immer ein entsprechendes Tripel von Formen zusammen:

$$(47) \qquad (a, k, b), \quad (b, g, c), \quad (c, h, a),$$

welche aus der ersten durch die mit (40a), (40b) analogen Bestimmungen

$$a + h + k = 0, \quad b + k + g = 0, \quad c + g + h = 0$$

$$a = b + 2g + c, \quad b = c + 2h + a, \quad c = a + 2k + b$$

gebildet werden. Die Reduktion dieser Formen aber führt er, ganz wie Hermite, auf die der positiven zurück. Zu diesem Zwecke stellt er die Form (a, k, b) als Differenz zweier Quadrate dar:

$$(48) \qquad ax^2 + 2kxy + by^2 = (\xi x + \eta y)^2 - (\xi_1 x + \eta_1 y)^2,$$

so daß

$$(49) \qquad a = \xi^2 - \xi_1^2, \quad k = \xi\eta - \xi_1\eta_1, \quad b = \eta^2 - \eta_1^2$$

wird, und stellt der unbestimmten Form die positive Form

$$(50) \qquad \mathfrak{a}x^2 + 2\mathfrak{k}xy + \mathfrak{b}y^2 = (\xi x + \eta y)^2 + (\xi_1 x + \eta_1 y)^2$$

an die Seite, deren Koeffizienten durch die Gleichungen

$$(51) \qquad \mathfrak{a} = \xi^2 + \xi_1^2, \quad \mathfrak{k} = \xi\eta + \xi_1\eta_1, \quad \mathfrak{b} = \eta^2 + \eta_1^2$$

gegeben werden. Schon Hermite hatte gezeigt[1]), daß diese Art der Zuordnung im wesentlichen nicht von derjenigen verschieden ist, deren er sonst sich bediente und welche darin besteht, der unbestimmten Form

$$ax^2 + 2bxy + cy^2 = a(x - \omega_1 y)(x - \omega_2 y)$$

die positive Form

$$(x - \omega_1 y)^2 + \lambda^2 (x - \omega_2 y)^2$$

1) Journ. für die reine und angew. Math., Bd. 47, S. 337.

oder etwas allgemeiner die Form

(52) $$\mu^2(x-\omega_1 y)^2+\nu^2(x-\omega_2 y)^2$$

zuzuordnen. In der Tat liefert die Gleichung (48) für die Wurzeln ω_1, ω_2 die Werte

$$\omega_1=-\frac{\eta+\eta_1}{\xi+\xi_1},\quad \omega_2=-\frac{\eta-\eta_1}{\xi-\xi_1};$$

daher geht die Form (52), wenn man darin $\mu=\xi+\xi_1$, $\nu=\xi-\xi_1$ wählt, in die Summe

$$(\xi x+\eta y+\xi_1 x+\eta_1 y)^2+(\xi x+\eta y-\xi_1 x-\eta_1 y)^2$$
$$=2\cdot[(\xi x+\eta y)^2+(\xi_1 x+\eta_1 y)^2]$$

über, die nur unwesentlich von der Form (50) verschieden ist.

Halten wir aber mit Selling an der letzteren fest, so ist vor allem die zwischen den Determinanten der unbestimmten und der ihr zugeordneten positiven Form bestehende Beziehung

(53) $$\mathfrak{a}\mathfrak{b}-\mathfrak{k}^2=k^2-ab$$

zu bemerken. Da ferner aus den Gleichungen (49) und (51) die anderen:

$$(\mathfrak{k}+k)^2-(\mathfrak{a}+a)(\mathfrak{b}+b)=0$$
$$(\mathfrak{k}-k)^2-(\mathfrak{a}-a)(\mathfrak{b}-b)=0$$

hervorgehen, schließt man aus der Subtraktion dieser beiden die neue Beziehung

(54) $$\mathfrak{b}a-2\mathfrak{k}k+\mathfrak{a}b=0,$$

d. h. den Umstand, daß die simultane Invariante beider Formen gleich Null ist. Daraus geht dann hervor, daß, wenn auf die Formen (48) und (50) eine unimodulare Substitution angewandt wird, die neu entstehende positive Form die zugeordnete Form zu der neuen unbestimmten Form sein muß.

Dies vorausgeschickt, bedenke man nun, daß die vier Zahlen ξ, η, ξ_1, η_1, weil sie miteinander nur durch die drei Gleichungen (49) verbunden sind, als Funktionen eines willkürlich veränderlichen Parameters λ, für welchen auch eine von ihnen selbst, etwa η_1 gewählt werden darf, gedacht werden können; mit diesem zugleich verändern sich die Koeffizienten $\mathfrak{a}, \mathfrak{k}, \mathfrak{b}$ der positiven Form so, wie die Gleichungen (53) (54) es bedingen. Gibt es Werte von λ oder Lösungen der Gleichungen (49), für welche die Form $(\mathfrak{a}, \mathfrak{k}, \mathfrak{b})$ oder allgemeiner das Tripel

(55) $$(\mathfrak{a}, \mathfrak{k}, \mathfrak{b}),\quad (\mathfrak{b}, \mathfrak{g}, \mathfrak{c}),\quad (\mathfrak{c}, \mathfrak{h}, \mathfrak{a})$$

nach Sellings Definition reduziert ist, so soll auch das Tripel der Formen

$$(56) \qquad (a, k, b), \quad (b, g, c), \quad (c, h, a)$$

reduziert heißen. Es fragt sich nun, wie dies sich durch die Koeffizienten der unbestimmten Form selbst ausdrücken läßt. Man bemerke, daß nach den Gleichungen (49), (51) die Größe $\mathfrak{k}$ beliebig große positive Werte erhalten kann, während $\mathfrak{a}$ endlich bleibt; demzufolge muß dann nach (40a) $\mathfrak{h}$ sehr große negative und auch $\mathfrak{g}$ negative Werte erhalten. Soll somit $(\mathfrak{a}, \mathfrak{k}, \mathfrak{b})$ bei Veränderung des Parameters reduziert werden, so muß einmal $\mathfrak{k}$ durch Null hindurchgehen oder wenigstens diesen Wert erreichen, wobei dann zugleich nach (40a) auch $\mathfrak{g}$ und $\mathfrak{h}$ negativ sein müssen; für $\mathfrak{k} = 0$ folgt aber aus (54), daß a, b entgegengesetztes Vorzeichen haben müssen. Diese notwendige Bedingung ist aber zudem auch ausreichend dafür, daß (a, k, b) eine reduzierte Form ist; denn, wenn sie stattfindet, kann der Formel (54) zufolge $\mathfrak{k} = 0$, also $\mathfrak{g}$ und $\mathfrak{h}$ negativ werden, indem gleichzeitig mit Rücksicht auf (53)

$$\mathfrak{a} = \sqrt{\frac{-a\Delta}{b}}, \quad \mathfrak{b} = \sqrt{\frac{-b\Delta}{a}}$$

zu setzen ist. Zugleich haben dann auch entweder a, c oder b, c entgegengesetztes Vorzeichen; man kann also aus dem Tripel der Formen (56) eine ganz bestimmte auswählen, bei welcher der erste Koeffizient positiv und der dritte negativ ist, und diese speziell als reduzierte Form festsetzen.

Ferner muß, wenn $\mathfrak{k}$ die Null erreicht hat, bei weiterer, im bisherigen Sinne gedachten Veränderung des Parameters dieser Koeffizient negativ werden und es dauernd bleiben; denn ein Minimum für $\mathfrak{k}$ kann den Gleichungen (53), (54) zufolge nicht statthaben, da dann

$$\mathfrak{a} \cdot \partial\mathfrak{b} + \mathfrak{b} \cdot \partial\mathfrak{a} = 0, \quad b \cdot \partial\mathfrak{a} + a \cdot \partial\mathfrak{b} = 0,$$

also

$$\begin{vmatrix} \mathfrak{a}, & \mathfrak{b} \\ a, & b \end{vmatrix} = 0$$

sein müßte, was der entgegengesetzten Vorzeichen von a, b wegen nicht möglich ist. Da aber, wenn $\mathfrak{k}$ bis zu sehr großen negativen Werten steigt, der Formel (41) zufolge, in welcher $\Delta = k^2 - ab$ ein endlicher positiver Wert ist, nicht auch $\mathfrak{g}, \mathfrak{h}$ beide negativ bleiben können, muß nach einem gewissen endlichen Intervalle des veränderlichen Parameters einer der Koeffizienten $\mathfrak{g}, \mathfrak{h}$ durch Null hindurchgehen, d. h. die Form $(\mathfrak{a}, \mathfrak{k}, \mathfrak{b})$, also auch (a, k, b) aufhören, reduziert zu sein; dies kann aber auch nur bei einem der beiden Koeffizienten sich ereignen, da ihr Verschwinden entgegengesetzte Vorzeichen für

b, c bzw. für a, c bedingt, zwei Bedingungen, die wegen der entgegengesetzten Vorzeichen von a, b nicht beide stattfinden können. Wird nun $\mathfrak{g} > 0$, so führt die Substitution $\begin{pmatrix}1, 0\\1, 1\end{pmatrix}$ die Form $(\mathfrak{a}, \mathfrak{k}, \mathfrak{b})$ in die Form $(\mathfrak{c}, -\mathfrak{g}, \mathfrak{b})$ und entsprechend (a, k, b) in $(c, -g, b)$ über, welche wieder für ein gewisses Intervall des Parameters reduziert bleiben; wird dagegen $\mathfrak{h} > 0$, so entstehen durch die Substitution $\begin{pmatrix}1, 1\\0, 1\end{pmatrix}$ die neuen, in einem gewissen Intervalle reduzierten Formen $(\mathfrak{a}, -\mathfrak{h}, \mathfrak{c})$ bzw. $(a, -h, c)$. Durch die eine oder die andere dieser zwei Substitutionen läßt sich also aus einer reduzierten Form (a, k, b) immer wieder eine neue herleiten, welche mit ihr entweder den ersten oder den dritten Koeffizienten gemeinsam hat und deshalb als auf der Strecke von a bzw. von b liegend bezeichnet werden soll. Gelangt man in der Reihe dieser Reduzierten auf der Strecke von a zu einer Form (a, k', b'), bei welcher dieser Sinn wechselt, deren Nachfolger nämlich jetzt auf der Strecke des dritten Koeffizienten liegt, oder auf der Strecke von b zu einer Form (a_1, k_1, b), deren Nachfolger auf der Strecke des ersten Koeffizienten liegt, so nennt Selling diese ausgezeichnete Form eine Hauptreduzierte. Da der Nachfolger von (a, k', b') durch die Substitution $\begin{pmatrix}1, 0\\1, 1\end{pmatrix}$ erhalten, also gleich $(a + 2k' + b', k' + b', b')$ gefunden wird, so würden a, b' sowohl wie $a + 2k' + b', b'$ entgegengesetzten Vorzeichens, mithin a, $a + 2k' + b'$ gleichen Vorzeichens sein; da die Form (a, k', b') aber aus ihrem Vorgänger durch die Substitution $\begin{pmatrix}1, 1\\0, 1\end{pmatrix}$, dieser aus ihr also durch die Substitution $\begin{pmatrix}1, -1\\0, \;\;1\end{pmatrix}$ entsteht, so findet er sich als die Form $(a, k' - a, a - 2k' + b')$, weshalb a und $a - 2k' + b'$ und daher auch $a + 2k' + b'$ und $a - 2k' + b'$ entgegengesetztes Vorzeichen haben müssen. Zu analogem Schlusse führt die Betrachtung der Form (a_1, k_1, b), und man erkennt daraus den Umstand, daß für eine Hauptreduzierte (a, k, b) nicht nur a, b, sondern auch die beiden Zahlen $a - 2k + b$, $a + 2k + b$ von entgegengesetzten Vorzeichen sind.

Obwohl also die Sellingsche Definition der reduzierten positiven Formen eine andere ist als die Lagrangesche, welche unseren früheren Betrachtungen zugrunde liegt, so deckt sich doch seine Definition der reduzierten unbestimmten Formen, wie man sieht, mit der in Nr. 5 des ersten Kapitels gegebenen, und die Definition seiner Hauptreduzierten mit der engeren Fassung reduzierter unbestimmter Formen, die wir in Nr. 3 dieses Kapitels aufgestellt haben.

6. Die Ungleichheiten (32) und (33), welche die reduzierten

Formen dort kennzeichnen, sind genau diejenigen, die zuerst Gauß (Disqu. arithm. art. 183) zur Definition der reduzierten unbestimmten binären quadratischen Formen aufgestellt hat, während die andere dort gegebene Fassung, welche mit der Sellingschen Definition seiner Hauptreduzierten gleichbedeutend ist, von Dirichlet herrührt. Auch Gauß hat dann gezeigt, daß jede Form einer Reduzierten äquivalent ist, und hat eine Regel gegeben, nach welcher aus einer Reduzierten eine ganze Kette ihr äquivalenter Reduzierten, die im Falle ganzzahliger Formen aus einer endlichen Anzahl sich periodisch wiederholender Formen besteht, derart hergeleitet werden kann, daß zwei Formen dann und nur dann äquivalent sind, wenn die ihnen entsprechenden Ketten reduzierter Formen identisch sind. Dieser Nachweis, der in den Disqu. arithm. ziemlich kompliziert erscheint, ist von Dirichlet[1]) wesentlich vereinfacht worden dadurch, daß er die eigentliche Grundlage der Untersuchung, die Entwicklung der Wurzel einer quadratischen Form in einen gewöhnlichen Kettenbruch, ins rechte Licht gestellt hat. Einen noch sehr viel einfacheren Beweis des Gaußschen Satzes gab Mertens[2]). Es handelt sich wesentlich darum, zu zeigen, daß, wenn f und F zwei äquivalente Reduzierte sind, F in der zu f gehörigen Kette befindlich sein muß. Ist nun $\begin{pmatrix}\alpha, & \beta\\ \gamma, & \delta\end{pmatrix}$ eine Substitution, welche f in F überführt und deren Koeffizienten positiv angenommen werden dürfen, so lehrt Mertens daraus eine andere Substitution mit durchweg kleineren positiven Koeffizienten herzuleiten, durch welche eine andere Form der zu f gehörigen Kette in F übergeht, usw., so daß zuletzt eine solche durch die identische Substitution sich in F verwandelt, d. h. mit F identisch ist. Aber bei diesem Nachweise, wobei Mertens wie auch schon Gauß unnötigerweise nur ganzzahlige Formen betrachtet, wird wieder jene zuvor erwähnte natürliche Grundlage der Sache verhüllt. Daher reproduzieren wir hier im wesentlichen diejenige Wendung des Mertensschen Beweises, welche jüngst Frobenius[3]) veröffentlicht hat.

Wir ziehen zunächst aus der Definition der Reduzierten einige einfache Folgerungen. Ist

$$Ax^2 + 2Bxy + Cy^2$$

eine solche, so soll B positiv und kleiner als $\sqrt{D}$, die erste Wurzel

$$\Omega = \frac{-B + \sqrt{D}}{A}$$

1) Abhandlungen der Berlin. Akad. 1854 oder Vorlesungen üb. Zahlenth., hrsg. von Dedekind. 4. Aufl. § 74—82.

2) Journ. für die reine und angew. Math., Bd. 89, S. 332.

3) Sitzungsber. d. Berl. Akad. 1913, S. 202.

absolut kleiner als 1, die zweite

$$\Omega' = \frac{-B - \sqrt{D}}{A}$$

absolut größer als 1 sein, während A, C entgegengesetzte Vorzeichen haben; jene Wurzel hat demnach das Vorzeichen von A, diese das Vorzeichen von C. Ferner folgen aus den Ungleichheiten (33) sowohl für $E = |A|$ als für $E = |C|$ die anderen:

$$B > \sqrt{D} - E, \quad B > E - \sqrt{D}$$

d. h. $B > |\sqrt{D} - E|$. Für reduzierte Formen sind also die Ungleichheiten

$$\sqrt{D} > B > |\sqrt{D} - E|$$

erforderlich. Aber auch umgekehrt ist (A, B, C) eine Reduzierte, wenn diese Ungleichheiten auch nur für einen der Werte $E = |A|$ oder $E = |C|$ erfüllt sind. Denn, sind sie es etwa für $E = |A|$, so erschließt man sogleich die beiden ersten der Ungleichheiten (33), deren beide anderen aber dann eine Folge der Gleichung

$$-AC = (\sqrt{D} + B)(\sqrt{D} - B)$$

sind.

Auf Grund dieser einfachen Bemerkung erkennt man leicht, daß jede Form einer Reduzierten äquivalent ist, was zwar schon aus Nr. 3 hervorgeht, hier aber unabhängig davon nochmals bewiesen werden soll. In Nr. 1 des ersten Kapitels ist gezeigt, daß jede unbestimmte Form einer anderen (A, B, C) äquivalent ist, bei welcher

$$|A| \leqq \sqrt{\frac{4D}{3}}, \quad |B| \leqq \frac{|A|}{2},$$

also $|B| < \sqrt{D}$ ist. Aus $B^2 - AC = D$ folgt daher, daß A, C entgegengesetztes Vorzeichen haben, und demnach muß die absolut kleinere dieser Zahlen gleich oder kleiner sein als $\sqrt{D}$. Sei etwa $|C| \leqq \sqrt{D}$, so läßt sich jedenfalls zwischen den positiven Grenzen $\sqrt{D}$ und $\sqrt{D} - |C|$ eine Zahl B' finden, für welche $B - B'$ ein Vielfaches von C, für ein ganzzahliges h also $B - B' = h \cdot C$ ist, und die Form (A, B, C) verwandelt sich durch die Substitution

$$x = x', \quad y = y' - hx'$$

in die äquivalente Form (A', B', C), in welcher $A' = A - 2Bh + Ch^2$, zudem aber

$$\sqrt{D} > B' > \sqrt{D} - |C| \geqq 0$$

ist, d. h. nach der voraufgehenden Bemerkung in eine Reduzierte.

7. Dies vorausgeschickt, gewinnt man die Gaußsche Kette äquivalenter Reduzierten durch die Bildung der im Gaußschen Sinne be-

nachbarten Formen. Nach ihm heißen zwei Formen (a, b, c), (a_1, b_1, c_1) einander (nach rechts) benachbart, wenn $c = a_1$ und $b + b_1$ ein Vielfaches von a_1 ist: $b + b_1 = a_1 \cdot \delta$, wo δ ganzzahlig; dann geht die erste in die zweite über durch die Substitution

$$x = -y', \quad y = x' + \delta y',$$

und, da allgemein bei einer Substitution $\begin{pmatrix}\alpha, & \beta\\ \gamma, & \delta\end{pmatrix}$ zwischen den gleichnamigen Wurzeln ω, ω_1 beider Formen nach (16) des ersten Kapitels die Gleichung

$$\omega = \frac{\alpha\omega_1 + \beta}{\gamma\omega_1 + \delta}$$

besteht, so gilt in diesem Falle die Beziehung

$$\frac{1}{\omega} = -\delta - \omega_1.$$

Zu jeder Reduzierten, die wir jetzt $(A, B, -A_1)$ schreiben wollen, wo dann A, A_1 gleiches Vorzeichen haben, gibt es hiernach eine ganz bestimmte, ihr (nach rechts) benachbarte Reduzierte $(-A_1, B_1, A_2)$. Denn, damit diese Form eine solche sei, müssen außer der Gleichung $B + B_1 = -A_1 \cdot \delta$, welche lehrt, daß δ das entgegengesetzte Vorzeichen wie A und A_1 haben muß, zwischen den ersten Wurzeln Ω, Ω_1, sowie den zweiten Wurzeln Ω', Ω_1' beider Formen die Gleichungen stattfinden

$$\frac{1}{\Omega} = -\delta - \Omega_1, \quad \Omega_1' = -\delta - \frac{1}{\Omega'};$$

ferner muß Ω_1 das entgegengesetzte Vorzeichen haben wie Ω, Ω_1' das entgegengesetzte wie Ω', zudem $\frac{1}{\Omega}$ und Ω_1' absolut größer, Ω_1 und $\frac{1}{\Omega'}$ absolut kleiner als 1 sein. Den voraufgehenden Gleichungen zufolge würde also $|\delta|$ das größte sowohl in $\left|\frac{1}{\Omega}\right|$ als auch in $|\Omega_1'|$ enthaltene Ganze, daher eindeutig bestimmt sein, und demnach kann es nur eine solche Form geben. Wählt man aber $|\delta|$ als das größte in $\left|\frac{1}{\Omega}\right|$ enthaltene Ganze und δ mit entgegengesetztem Vorzeichen wie A, so geht die Form $(A, B, -A_1)$ durch die Substitution $\begin{pmatrix}0, & -1\\ 1, & \delta\end{pmatrix}$ in eine Form $(-A_1, B_1, A_2)$ über, deren Wurzeln Ω_1, Ω_1' mit den gleichnamigen Wurzeln Ω, Ω' der ersteren durch die vorigen Gleichungen verbunden sind; aus diesen aber werden Ω_1, Ω_1' als von entgegengesetzten Vorzeichen, die erstere als absolut kleiner, die zweite als absolut größer als 1 und somit die Form $(-A_1, B_1, A_2)$ als eine Reduzierte erkennbar.

So entsteht also aus jeder Reduzierten $F=(A, B, -A_1)$ eine ganze Kette zu je zweien benachbarter Reduzierten, die man statt nach rechts hin ebenso auch nach der linken Seite hin in ganz bestimmter Weise fortsetzen kann:

$$\ldots F_{-2}, F_{-1}, F, F_1, F_2, \ldots,$$

wo allgemein

$$F_i = ((-1)^i A_i, \quad B_i, (-1)^{i+1} A_{i+1})$$

aus

$$F_{i-1} = ((-1)^{i-1} A_{i-1}, \quad B_{i-1}, (-1)^i A_i)$$

durch eine Substitution $\begin{pmatrix} 0, & -1 \\ 1, & \delta_{i-1} \end{pmatrix}$ hervorgeht; dabei sind die sämtlichen B_i positiv, die sämtlichen A_i von demselben Vorzeichen wie A, und der Gleichung

$$B_{i-1} + B_i = (-1)^i A_i \cdot \delta_{i-1}$$

zufolge hat $(-1)^i \delta_{i-1}$ dasselbe Vorzeichen wie A_i, d. h. wie A. Da die Kette offenbar durch jedes beliebige ihrer Glieder fest bestimmt ist, darf man F als ein solches voraussetzen, dessen erster Koeffizient A positiv ist; dann sind sämtliche A_i, B_i positiv und daher

$$g_{i-1} = (-1)^i \delta_{i-1}$$

für jedes positive ganzzahlige i. Zwischen den ersten Wurzeln Ω_{i-1} und Ω_i der beiden Formen F_{i-1}, F_i besteht aber die Beziehung

$$\frac{1}{\Omega_{i-1}} = -\delta_{i-1} - \Omega_i$$

oder, wenn

$$\frac{(-1)^{i-1}}{\Omega_{i-1}} = R_{i-1}$$

gesetzt wird, die ihr gleichbedeutende

$$R_{i-1} = g_{i-1} + \frac{1}{R_i},$$

aus welcher man, von $i=1$ an beginnend, für die Größe $R = \frac{1}{\Omega}$, da R_i positiv und größer als 1 ist, ihre Entwicklung in einen gewöhnlichen Kettenbruch:

$$(\Omega) \qquad \frac{1}{\Omega} = \mathfrak{K}(g_0;\, g_1, g_2, \cdots g_{i-1}, R_i)$$

erschließt.

8. **Nunmehr läßt sich ohne große Mühe der Gaußsche Nachweis erbringen.** Seien $F=(A, B, C)$ und $F_0 = (A_0, B_0, C_0)$ zwei verschiedene einander äquivalente Reduzierte und $\begin{pmatrix} \alpha, & \beta \\ \gamma, & \delta \end{pmatrix}$ eine Substitution, durch welche F in F_0 verwandelt wird, so soll gezeigt werden, daß F_0 in der zu F gehörigen Kette enthalten ist. Es genügt dazu, dies vom Nachbar von F_0 nachzuweisen; da aber die zu F gehörige

Kette auch als die zum Nachbar von F gehörige angesehen werden kann und der erste Koeffizient von einem Gliede der Kette zum folgenden das Vorzeichen wechselt, so darf man offenbar von der Voraussetzung ausgehen, daß A und A_0 positiv seien. Dann sind die ersten Wurzeln Ω und Ω_0 beider Formen gleichfalls positiv und kleiner als 1, die zweiten Wurzeln Ω' und Ω_0' aber negativ und absolut größer als 1, und es bestehen die Beziehungen

$$\Omega = \frac{\alpha\Omega_0 + \beta}{\gamma\Omega_0 + \delta}, \quad \Omega' = \frac{\alpha\Omega_0' + \beta}{\gamma\Omega_0' + \delta},$$

denen man auch die Gestalt geben kann:

$$\frac{1}{\Omega} = \frac{\gamma + \delta \cdot \frac{1}{\Omega_0}}{\alpha + \beta \cdot \frac{1}{\Omega_0}}, \quad \frac{1}{\Omega'} = \frac{\gamma + \delta \cdot \frac{1}{\Omega_0'}}{\alpha + \beta \cdot \frac{1}{\Omega_0'}}.$$

Nun kann α nicht Null sein, denn wegen $\alpha\delta - \beta\gamma = 1$ wäre sonst $\beta\gamma = -1$, also etwa $\beta = -1$, $\gamma = 1$, wie man immer voraussetzen kann, da man andernfalls statt der Substitution $\begin{pmatrix}\alpha, & \beta\\ \gamma, & \delta\end{pmatrix}$ die andere $\begin{pmatrix}-\alpha, & -\beta\\ -\gamma, & -\delta\end{pmatrix}$ zum Ausgangspunkte nehmen könnte; aus den vorstehenden Beziehungen gingen dann aber die Gleichungen

$$\delta = -\Omega_0 - \frac{1}{\Omega}, \quad \delta = -\Omega_0' - \frac{1}{\Omega'}$$

hervor, denen zufolge δ gleichzeitig kleiner als -1 und größer als $+1$ sein müßte. Hiernach darf also bei passender Wahl der Substitution α positiv, d. i. $\alpha \gtreqless 1$ angenommen werden. Nun lassen sich die obigen Beziehungen folgendermaßen schreiben:

$$\left(\frac{\alpha}{\Omega} - \gamma\right)(\alpha\Omega_0 + \beta) = 1, \quad \left(\frac{\alpha}{\Omega'} - \gamma\right)(\alpha\Omega_0' + \beta) = 1.$$

Aus ihnen erschließt man, daß β, γ nicht Null sein können. Denn, wäre $\beta = 0$, so wäre $\alpha\delta = 1$, also $\alpha = 1$, $\delta = 1$ und nach der zweiten dieser Gleichungen $\gamma = \frac{1}{\Omega'} - \frac{1}{\Omega_0'}$, d. i. absolut kleiner als 1, also $\gamma = 0$; wäre $\gamma = 0$, so folgte aus der ersten der Gleichungen $\beta = \Omega - \Omega_0$, d. i. absolut kleiner als 1, also $\beta = 0$. In beiden Fällen wäre die Substitution $\begin{pmatrix}\alpha, & \beta\\ \gamma, & \delta\end{pmatrix}$ die identische und F_0 identisch mit F entgegen der Voraussetzung. Ferner erkennt man nun aus jenen Gleichungen, daß β und γ stets gleiches Vorzeichen haben müssen. Ist nämlich $\beta > 0$, also $\alpha\Omega_0 + \beta > 1$, so folgt $\frac{\alpha}{\Omega} - \gamma < 1$, $\gamma + 1 > \frac{\alpha}{\Omega} > \alpha$, folglich $\gamma \gtreqless \alpha$; ist aber $\gamma > 0$ und somit $\frac{\alpha}{\Omega'} - \gamma < -1$, so folgt $0 > \alpha\Omega_0' + \beta > -1$,

$\beta + 1 > -\alpha\Omega_0' > \alpha$, folglich $\beta \gtreqless \alpha$. Hiernach ist jedenfalls $\beta\gamma > 0$, also $\alpha\delta = \beta\gamma + 1 > 1$ und daher δ positiv. Wären dann β, γ negativ, so wären in der inversen Substitution $\begin{pmatrix} \delta, & -\beta \\ -\gamma, & \alpha \end{pmatrix}$ die Koeffizienten $-\beta, -\gamma$ positiv, und offenbar darf man zu dem betrachteten Nachweise die beiden Formen F, F_0 ihre Rolle tauschen lassen. Also dürfen wir bei unserem Nachweise jetzt voraussetzen, daß alle Koeffizienten $\alpha, \beta, \gamma, \delta$ positiv und $\beta \gtreqless \alpha$, $\gamma \gtreqless \alpha$ sind; aus letzteren Ungleichheiten folgen aber noch weiter $\delta\beta \gtreqless \alpha\delta > \beta\gamma$, also $\delta > \gamma$ und $\delta\gamma \gtreqless \alpha\delta > \beta\gamma$, also $\delta > \beta$. Der Bedingung $\alpha\delta - \beta\gamma = 1$ zufolge sind also $x = \alpha$, $y = \gamma$ eine Lösung der unbestimmten Gleichung

$$\delta x - \beta y = 1$$

in positiven ganzen Zahlen x, y, bei welcher $x \lesseqgtr \beta$, $y < \delta$ ist. Eine solche Lösung ist aber eindeutig bestimmt; entwickelt man nämlich $\frac{\delta}{\beta}$ in einen gewöhnlichen Kettenbruch:

$$\frac{\delta}{\beta} = \mathfrak{K}(g_0;\, g_1, g_2, \cdots, g_{i-1}),$$

dessen Gliederzahl i, wie in Nr. 15 des vorigen Kapitels bemerkt worden ist, als gerade vorausgesetzt werden darf, so ist jene Lösung nichts anderes als Zähler und Nenner des vorletzten Näherungsbruches

$$\frac{\gamma}{\alpha} = \mathfrak{K}(g_0;\, g_1, g_2, \cdots, g_{i-2}),$$

und nun führt die Formel

$$\frac{1}{\Omega} = \frac{\delta \cdot \frac{1}{\Omega_0} + \gamma}{\beta \cdot \frac{1}{\Omega_0} + \alpha}$$

und das bekannte Bildungsgesetz der aufeinanderfolgenden Näherungsbrüche zur Gleichung

$$\frac{1}{\Omega} = \mathfrak{K}\left(g_0;\, g_1, g_2, \cdots, g_{i-1}, \frac{1}{\Omega_0}\right),$$

was, da $\frac{1}{\Omega_0}$ positiv und größer als 1 ist, den gewöhnlichen Kettenbruch für $\frac{1}{\Omega}$ bis zum Teilnenner g_{i-1} darstellt. Da es aber bekanntlich nur einen solchen gibt, muß dieser mit dem in (Ω) angegebenen, d. h. $\frac{1}{\Omega_0}$ mit R_i identisch, $\Omega_0 = (-1)^i \Omega_i = \Omega_i$, ebenso also auch $\Omega_0' = (-1)^i \Omega_i' = \Omega_i'$ sein. Hieraus folgt endlich bis auf einen Proportionalitätsfaktor, der aber, wie leicht einzusehen ist, die Einheit sein muß, die Identität der Form F_0 mit F_i, w. z. b. w. —

Aus der Vergleichung dieses Gaußschen Satzes mit dem ganz entsprechenden, für die Ketten reduzierter Formen der in Nr. 3 betrachteten Art geltenden Satze geht nun noch hervor, daß diese letzteren Ketten und die Gaußschen aus den gleichen Formen zusammengesetzt sind. Überhaupt lehrt die Zusammenstellung der Formeln (20) des zweiten und (27) dieses Kapitels mit der Formel (Ω), daß man es beidemal mit wesentlich den gleichen Zusammenhängen zu tun hat.

Man bemerke ferner noch Folgendes. Bezeichnen die Formen (A_i, B_i, A_{i+1}) für alle Werte des Index i von $-\infty$ bis ∞ die Kette der Reduzierten für eine Klasse äquivalenter Formen mit der Determinante D und A irgendeine durch die Formen dieser Klasse eigentlich darstellbare Zahl, so gibt es in der Klasse eine Form (A, B, C) mit dem ersten Koeffizienten A, deren zweiter Koeffizient B zwischen $\sqrt{D}$ und $\sqrt{D} - |A|$ enthalten ist. Wenn nun

$$E = |A| \gtrless \sqrt{D},$$

so findet sich

$$\sqrt{D} > B > |\sqrt{D} - E|,$$

und somit ist (A, B, C) eine Reduzierte der Klasse, also mit einer der Formen (A_i, B_i, A_{i+1}) identisch. Demnach gilt der Satz: Jede durch die Klasse darstellbare Zahl A, welche absolut kleiner ist als $\sqrt{D}$, wie es deren nach dem Ende von Nr. 6 gibt, findet sich unter den Zahlen A_i; unter diesen ist daher auch das etwaige Minimum jeder Form der Klasse zu suchen.

Wir wenden dies an auf die Klasse, welcher die Form $f = (x - \omega y)y$ mit der Determinante $D = \frac{1}{4}$ angehört. Nimmt diese Form für ganzzahlige x, y, deren y positiv gedacht werden darf, einen Wert an, der kleiner als $\sqrt{D} = \frac{1}{2}$ ist,

$$|(x - \omega y)y| < \tfrac{1}{2},$$

so muß er dem ersten Koeffizienten einer Form der zu f gehörigen Kette von Reduzierten gleich, d. h. nach der Art, wie diese in Nr. 3 gebildet wurde, ein Ausdruck

$$(r_k - \omega s_k)s_k,$$

nämlich x, y Zähler und Nenner eines Näherungsbruches für ω sein. Man gewinnt auf diese Weise eine neue Bestätigung des schon in Nr. 15 des vorigen Kapitels bewiesenen Satzes von Lagrange.

9. Wir kehren nun zu der Kette der äußersten Parallelogramme $[\lambda, \mu]$ oder der zugehörigen Substitutionen und zu den Betrachtungen von Nr. 3 wieder zurück. Nehmen wir an, die Kette zweier Formen

$$\xi = ax + by, \quad \eta = cx + dy, \quad (ad - bc = 1)$$

weise zwei Substitutionen S und S' — deren zweite die weiter nach dem λ-Ende der Kette hin gelegene sei — von der Beschaffenheit auf, daß ξ durch sie in die Formen X und τX bzw. übergehe, wo τ eine positive Konstante, die wegen des stets abnehmenden λ kleiner als 1 ist, so ersieht man aus dem Umstande, daß der Fortgang der Kette nur von dem bei X und τX gleichen Verhältnisse der Koeffizienten dieser Formen abhängig ist, daß nun von τX an sich immer wieder derselbe Fortgang wie von X zu τX wiederholen, also eine Periodizität in der Reihe der Zahlen $g_i, g_{i+1}, \ldots$ eintreten muß. Setzt man aber $S' = S \cdot T$, so geht offenbar ξ durch die Substitution $ST \cdot S^{-1}$, die durch $\begin{pmatrix} p, & r \\ q, & s \end{pmatrix}$ bezeichnet werde, in $\tau\xi$ über, d. h. es ergeben sich die Gleichungen

$$(57) \qquad (p-\tau)\,a + qb = 0, \quad ra + (s-\tau)b = 0,$$

aus denen τ als Wurzel der quadratischen Gleichung

$$(58) \qquad \tau^2 - (p+s)\tau + 1 = 0$$

erkannt wird, während sich

$$\frac{b}{a} = \frac{-r}{s-\tau}$$

findet. Der letzteren Formel zufolge ist $\frac{b}{a}$, wie τ selbst, eine reelle Wurzel einer ganzzahligen quadratischen Gleichung und, da die periodische Kette jedenfalls nach dem Ende der abnehmenden λ hin unbegrenzt ist, irrational.

Nun bemerke man, daß, wie wir in Nr. 7 des vorigen Kapitels von einem äußersten Parallelogramme $[\lambda, \mu]$ zu einem nach der Seite der abnehmenden λ, also der wachsenden μ hin benachbarten äußersten $[\lambda_1, \mu_1]$ übergegangen sind, man ebenso durch Senken der η-Seiten und darauffolgendes Heben der ξ-Seiten zu einem nach der Seite der abnehmenden μ, also der wachsenden λ hin benachbarten, d. i. einem solchen äußersten $[\lambda', \mu']$ gelangen kann, daß kein anderes $[\lambda_0, \mu_0]$ vorhanden, bei welchem $\mu > \mu_0 > \mu'$, also $\lambda < \lambda_0 < \lambda'$ ist. Demzufolge steht das Parallelogramm $[\lambda, \mu]$ zu diesem neuen genau in der Beziehung, die es als sein nach der Seite der abnehmenden λ hin benachbartes charakterisiert, und man erkennt somit, daß die Fortsetzung der Kette nach der μ-Seite hin nichts anderes ist, als derjenige Teil der nach der λ-Seite hin gebildeten Kette, welcher dem zuvor betrachteten Gliede dieser Kette voraufgeht. Falls also von $[\lambda, \mu]$ ab auch für jene Kette Periodizität eintritt, so setzt sich die vorherige Periode der Kette der ξ, η auch nach der μ-Seite hin, aber rückwärts, fort.

Dies geschieht nun offenbar, wenn die Substitutionen S und S', welche ξ in X bzw. τX überführen, die Form η' gleichzeitig in zwei Formen Y und $\frac{1}{\tau} Y$ verwandeln, wodurch die zu (57) entsprechenden Gleichungen

$$\left(p - \frac{1}{\tau}\right) c + qd = 0, \quad rc + \left(s - \frac{1}{\tau}\right) d = 0,$$

also $\frac{1}{\tau}$ als die zweite Wurzel der reziproken Gleichung (58) und $\frac{d}{c}$ durch die Formel

$$\frac{d}{c} = \frac{-r}{s - \frac{1}{\tau}}$$

als die andere Wurzel der ganzzahligen quadratischen Gleichung, der $\frac{b}{a}$ genügt, gefunden werden.

10. Diese Tatsachen veranlassen uns, die Betrachtungen von Nr. 3 jetzt auf solche unbestimmte quadratische Formen

$$f = ax^2 + 2bxy + cy^2$$

anzuwenden, deren Koeffizienten ganze Zahlen sind, während ihre Determinante D keiner Quadratzahl gleich sein soll, um den Nachweis zu führen, daß die Kette der zu ihnen gehörigen Formen

$$\xi = x - \omega_1 y, \quad \eta = \frac{a}{2\sqrt{D}}(x - \omega_2 y) \tag{59}$$

vollkommen, d. h. nach beiden Seiten hin periodisch ist. In der Tat geht aus den dort für die Koeffizienten der reduzierten Formen angegebenen Beschränkungen (32), (33) hervor, daß, wenn sie ganzzahlig sein sollen, ihrer nur eine endliche Menge vorhanden ist. Hieraus zieht man zunächst den wichtigen Schluß, daß für ganzzahlige unbestimmte quadratische Formen mit gegebener Determinante D nur eine endliche Anzahl reduzierter Formen und infolge davon auch nur eine endliche Anzahl von Klassen äquivalenter Formen vorhanden ist (vgl. Kap. 1 Nr. 1, Ende). Daher muß es aber geschehen, daß in der unbegrenzten Kette reduzierter Formen, welche den ξ, η zugehört, einmal eine frühere Form F nochmals wiederkehrt, daß also eine Substitution S und eine erste spätere $S' = S \cdot T$ zu derselben Form

$$F = 2\sqrt{D} \cdot XY$$

führen oder ξ, η gleichzeitig in X, Y, bzw. τX, $\frac{1}{\tau} Y$ verwandeln, wobei τ positiv und kleiner als 1 ist. Hiermit ist aber die behauptete Periodizität erwiesen.

Die Kette der mit f äquivalenten reduzierten Formen bildet also für ganzzahlige Formen eine nur aus einer endlichen Anzahl reduzierter Formen bestehende Periode. Deshalb wird das in Nr. 3 nur theoretisch aufgestellte Kriterium zur Entscheidung über die Äquivalenz zweier Formen im Falle der ganzzahligen zu einer praktisch ausführbaren Methode, da man für jede der Formen die Periode wirklich bilden und dann feststellen kann, ob sie eine gemeinsame Form enthalten, d. i. übereinstimmen oder nicht.

Die Größen ω_1, ω_2 sind die beiden Wurzeln der ganzzahligen quadratischen Gleichung
$$az^2 + 2bz + c = 0,$$
sind also, wie man sagt, zwei quadratische Irrationelle. Daß wir unter ω_1 die erste, unter ω_2 die zweite derselben verstanden haben, hat keinen wesentlichen Einfluß auf die Ergebnisse der Betrachtung; wir könnten diese statt auf die Formen ξ, η, in gleicher Weise auf die anderen zwei:
$$\bar{\xi} = x - \omega_2 y, \quad \bar{\eta} = \frac{-a}{2\sqrt{D}}(x - \omega_1 y)$$
zur Anwendung bringen. Nun hat schließlich die Kette der ξ, η, wie wir nach Nr. 10 des vorigen Kapitels wissen, denselben Verlauf, wie die Kette der Formen
$$\xi = x - \omega_1 y, \quad \eta = y.$$
Ist also jene periodisch, so ist es auch diese, und ihr entspricht die gewöhnliche Kettenbruchentwicklung der Größe ω_1. Hieraus entnimmt man die Folgerung: Jede Irrationelle zweiten Grades hat eine periodische Kettenbruchentwicklung. Da aber nach voriger Nr. auch umgekehrt jede solche, d. h. jede Kette zu
$$\xi = x - \omega_1 y, \quad \eta = y,$$
welche periodisch ist, eine Größe ω_1 bestimmt, die Wurzel einer ganzzahligen quadratischen Gleichung ist, so ergibt sich schließlich der Satz:

Die quadratischen Irrationellen sind dadurch charakterisiert, d. h. von allen übrigen unterschieden, daß ihre Entwicklung in einen gewöhnlichen Kettenbruch periodisch ist.

11. Offenbar verwandeln alle aus den Substitutionen S, T in voriger Nr. gebildeten Substitutionen $S \cdot T^n$ für jeden positiven oder negativen ganzzahligen Exponenten n die Form f in F; sie sind aber (nebst den aus ihnen durch Multiplikation aller Substitutionskoeffizienten mit -1 entstehenden) auch die sämtlichen dieser Art, denn eine Substitution, welche ξ in einen Ausdruck von der Gestalt $\tau \cdot X$ verwandelt, gehört (nach Kap. 2 Nr. 8) der Kette von ξ, η an. Hieraus

folgt, daß man sämtliche Substitutionen der Form f in sich selbst mittels der Formel

$$\pm (ST^n) \cdot S^{-1} = \pm (STS^{-1})^n$$

erhält, wobei dann ξ, η sich bzw. in $\pm \tau^n \cdot \xi, \pm \frac{1}{\tau^n} \eta$ verwandeln. Bekanntlich findet man diese „automorphen" Substitutionen der Form f mittels der Auflösungen der Pellschen Gleichung. Es ist aber leicht, auch die Theorie dieser Gleichung den voraufgehenden Betrachtungen zu entnehmen. Wir beschränken uns dabei auf primitive Formen f und nennen ε den größten gemeinsamen Teiler von $a, 2b, c$, so daß, je nachdem die Form eigentlich oder uneigentlich primitiv ist, $\varepsilon = 1$ oder 2 ist.

Sei nämlich $\begin{pmatrix} p, & r \\ q, & s \end{pmatrix}$ irgendeine jener Substitutionen und gehe ξ, η durch sie bzw. in $\sigma\xi, \frac{1}{\sigma}\eta$ über. Der Nr. 9 zufolge bestehen dann für die Formen (59) folgende Gleichungen:

$$(60) \qquad \begin{cases} p - \sigma - q\omega_1 = 0, & r - (s - \sigma)\omega_1 = 0 \\ p - \frac{1}{\sigma} - q\omega_2 = 0, & r - \left(s - \frac{1}{\sigma}\right)\omega_2 = 0, \end{cases}$$

aus denen mit Rücksicht auf die Werte

$$\omega_1 = \frac{-b + \sqrt{D}}{a} = \frac{c}{-b - \sqrt{D}}, \quad \omega_2 = \frac{-b - \sqrt{D}}{a} = \frac{c}{-b + \sqrt{D}}$$

die anderen:

$$\frac{1}{2}\left(\sigma + \frac{1}{\sigma}\right) = p + \frac{qb}{a} = s + \frac{rb}{c}$$

$$\frac{1}{2}\left(-\sigma + \frac{1}{\sigma}\right) = \frac{q\sqrt{D}}{a} = \frac{-r\sqrt{D}}{c}$$

hervorgehen. Nennt man nun den ersteren Wert $\frac{t}{\varepsilon}$, den zweiten $\frac{u\sqrt{D}}{\varepsilon}$, so findet man sogleich die Beziehungen

$$(61) \qquad \begin{cases} q = \frac{au}{\varepsilon}, & r = \frac{-cu}{\varepsilon} \\ p - s = -\frac{2bu}{\varepsilon}, \end{cases}$$

ferner

$$(62) \qquad \sigma = \frac{t - u\sqrt{D}}{\varepsilon}, \quad \frac{1}{\sigma} = \frac{t + u\sqrt{D}}{\varepsilon},$$

mithin

$$(63) \qquad t^2 - Du^2 = \varepsilon^2.$$

Da $\frac{a}{\varepsilon}, \frac{2b}{\varepsilon}, \frac{c}{\varepsilon}$ Zahlen ohne gemeinsamen Teiler sind, lehren zunächst diese Gleichungen, daß u eine ganze Zahl ist, und sodann die Gleichung

(63), da t nach der Definition rational ist, daß auch t eine ganze Zahl ist, daß also die Zahlen t, u eine ganzzahlige Auflösung der Pellschen Gleichung

$$x^2 - Dy^2 = \varepsilon^2$$

darstellen. Durch sie sind die Koeffizienten der automorphen Substitution mittels der Formeln

$$(64) \qquad p = \frac{t - bu}{\varepsilon}, \quad q = \frac{au}{\varepsilon}, \quad r = \frac{-cu}{\varepsilon}, \quad s = \frac{t + bu}{\varepsilon}$$

bestimmt, und man erhält sämtliche Substitutionen dieser Art, wenn man hierin alle jene Auflösungen einsetzt. So entsteht aber auch stets eine solche Substitution, da die vorstehenden Ausdrücke für p, q, r, s, wie man leicht übersieht, ganzzahlig werden und die Gleichungen (60) erfüllen, wenn darin σ durch die Gleichungen (62) bestimmt wird, da also die Substitution $\begin{pmatrix} p, & r \\ q, & s \end{pmatrix}$ die Formen ξ, η in $\sigma\xi, \frac{1}{\sigma}\eta$ und damit die Form f in sich selbst überführt.

Bemerkt man endlich, daß τ derjenige positive Wert von σ ist, welcher unter allen, die < 1 sind, am größten ist, und daß die Bedingung $0 < \sigma < 1$ nach (62) mit den Ungleichheiten $t > 0$, $u > 0$ übereinkommt, daß endlich, je kleiner u ist, auch t um so kleiner ausfällt, so ersieht man, daß der Annahme $\sigma = \tau$ die Auflösung der Pellschen Gleichung in kleinsten positiven ganzen Zahlen t_0, u_0 entspricht, daß also

$$\tau = \frac{t_0 - u_0\sqrt{D}}{\varepsilon}$$

ist und demnach der Beziehung $\sigma = \tau^n$ gemäß jede Auflösung dieser Gleichung durch die Formel

$$(65) \qquad \frac{t - u\sqrt{D}}{\varepsilon} = \pm\left(\frac{t_0 - u_0\sqrt{D}}{\varepsilon}\right)^n,$$

die in der Tat auch nur solche liefert, erhalten werden muß.

12. Hier soll eine interessante andere Herleitung dieser Formel für den Fall $\varepsilon = 1$, die Hermite[1]) angemerkt hat, nicht übergangen werden.

Ist $\qquad f = ax^2 + 2bxy + cy^2 = a(x - \omega_1 y)(x - \omega_2 y)$

eine ganzzahlige unbestimmte Form mit nicht quadratischer Determinante, die also für ganzzahlige x, y auch nur ganzzahlige Werte erhalten kann, und ist

$$\varphi = (x - \omega_1 y)^2 + \lambda^2(x - \omega_2 y)^2$$

die ihr zugeordnete positive Form, so gibt es unter allen von $0, 0$ verschiedenen jener Systeme x, y solche, die f ihren absolut kleinsten

1) Journ. für die reine und angew. Math., Bd. 41, S. 209.

Wert erteilen, und diese erhält man gewiß sämtlich, wenn man die Minima der Form φ für alle möglichen reellen Werte des Parameters λ aufsucht. In der Tat, ist $x = \alpha$, $y = \gamma$ ein solches System, so nimmt die Form φ, wenn darin $\lambda = \frac{\alpha - \omega_1 \gamma}{\alpha - \omega_2 \gamma}$ gesetzt wird, nämlich der Ausdruck

$$\varphi = (\alpha - \omega_1 \gamma)^2 \cdot \left[\left(\frac{x - \omega_1 y}{\alpha - \omega_1 \gamma}\right)^2 + \left(\frac{x - \omega_2 y}{\alpha - \omega_2 \gamma}\right)^2\right]$$

gleichfalls für $x = \alpha$, $y = \gamma$ den kleinsten Wert, d. i. $2(\alpha - \omega_1 \gamma)^2$ an; denn, geschähe es im Gegenteil für ein anderes ganzzahliges System x, y, so müßte für dieses

$$\left(\frac{x - \omega_1 y}{\alpha - \omega_1 \gamma}\right)^2 + \left(\frac{x - \omega_2 y}{\alpha - \omega_2 \gamma}\right)^2 < 2,$$

folglich

$$\left(\frac{(x - \omega_1 y)\,(x - \omega_2 y)}{(\alpha - \omega_1 \gamma)\,(\alpha - \omega_2 \gamma)}\right)^2 < 1$$

sein, d. h. die Form f erhielte für dieses System einen noch kleineren Wert als für α, γ, entgegen der Voraussetzung.

Nun ist der absolut kleinste für nicht verschwindende ganzzahlige x, y vorhandene Wert der Form

$$f = x^2 - Dy^2 = (x + y\sqrt{D})\,(x - y\sqrt{D})$$

die Einheit. Alle diesen Wert liefernden ganzzahligen x, y, das sind die ganzzahligen Auflösungen der Pellschen Gleichung

$$x^2 - Dy^2 = 1,$$

werden daher sicherlich gefunden, wenn man für alle reellen Werte von λ die Minima der Form

$$(x + y\sqrt{D})^2 + \lambda^2 (x - y\sqrt{D})^2$$

oder, was auf dasselbe hinauskommt, für alle reellen z die Minima des Ausdrucks

$$e^{2z} \cdot (x + y\sqrt{D})^2 + e^{-2z} (x - y\sqrt{D})^2$$

ermittelt. Das jedem Werte von z zugehörige Minimum desselben heiße $M(z)$. Es sei nun t, u irgendeine Auflösung der Pellschen Gleichung

$$x^2 - Dy^2 = 1$$

in positiven ganzen Zahlen. Durch die Gleichungen

$$(66) \qquad e^p = t + u\sqrt{D}, \quad e^{-p} = t - u\sqrt{D},$$

deren zweite die Folge der ersten ist, bestimmt sich eine positive Größe p und ihr entsprechend das Minimum $M(z + p)$ des Ausdrucks

$$(67) \qquad e^{2(z+p)} \cdot (x + y\sqrt{D})^2 + e^{-2(z+p)} \cdot (x - y\sqrt{D})^2,$$

dem man die Gestalt

$$(68) \qquad e^{2z}(x' + y'\sqrt{D})^2 + e^{-2z}(x' - y'\sqrt{D})^2$$

geben kann, wenn man

$$x' = tx + Duy, \quad y' = ux + ty$$

setzt. Letzteren Gleichungen zufolge entspricht jedem ganzzahligen Systeme x, y auch ein solches System x', y' und umgekehrt, da die Determinante der Gleichungen gleich

$$t^2 - Du^2 = 1$$

ist. Für ganzzahlige x', y' erhält demnach der Ausdruck (68) dasselbe Minimum wie der Ausdruck (67) für ganzzahlige Systeme x, y, und somit ergibt sich die für jedes reelle z gültige Beziehung

$$M(z + p) = M(z),$$

d. h. jeder Auflösung der Pellschen Gleichung in positiven ganzen Zahlen t, u entspricht eine Periode p der Funktion $M(z)$, der kleinsten solcher Auflösungen t_0, u_0 die kleinste p_0 unter diesen Perioden. Hätte nun auch überhaupt die Funktion $M(z)$ noch eine kleinere Periode, so folgte doch notwendig, daß p ein rationales Vielfaches von p_0,

$$p = \frac{n}{n_0} \cdot p_0,$$

d. h.

$$t + u\sqrt{D} = (t_0 + u_0\sqrt{D})^{\frac{n}{n_0}}$$

sein muß. Setzt man aber $n = qn_0 + r_0$, unter r_0 den kleinsten positiven Rest (mod. n_0) verstehend, so lehrt diese Beziehung, wenn man ihr die Gestalt

$$\frac{t + u\sqrt{D}}{(t_0 + u_0\sqrt{D})^q} = (t_0 + u_0\sqrt{D})^{\frac{r_0}{n_0}}$$

gibt, deren rechte Seite, unter t', u' eine gewisse Auflösung der Pellschen Gleichung in positiven ganzen Zahlen gedacht, durch $t' + u'\sqrt{D}$ ersetzt werden kann, daß

$$t' + u'\sqrt{D} < t_0 + u_0\sqrt{D}$$

ist, was nur möglich ist, wenn $t' = 1$, $u' = 0$, d. i. $r_0 = 0$, also $n = qn_0$ und

$$t + u\sqrt{D} = (t_0 + u_0\sqrt{D})^q$$

ist. Diese Formel liefert also die Auflösung der Pellschen Gleichung in positiven ganzen Zahlen, und somit kommt man für die sämtlichen Auflösungen derselben wieder zur Formel (65) für den Fall $\varepsilon = 1$ zurück.

13. Die gewöhnlichen Kettenbrüche sind bekanntlich nicht die einzigen, welche geeignet sind, eine Irrationalzahl approximativ darzustellen. Hurwitz und Minkowski haben in zwei interessanten Arbeiten die Umstände eingehend untersucht, zu welchen deren Entwicklung in zwei andere Arten von Kettenbrüchen Anlaß gibt.[1]) Bei der Ausführlichkeit, mit welcher wir diese Umstände für die gewöhnlichen Kettenbrüche hergeleitet und verfolgt haben, müssen wir uns darauf beschränken, von diesen Arbeiten hier nur eine ganz kurze Skizze zu geben, um wenigstens hervorzuheben, worin sich ihr Verlauf von dem bei jenen ermittelten charakteristisch unterscheidet.

Wie in Nr. 18 des vorigen Kapitels legt Minkowski seinen Betrachtungen die Formen

$$\xi = ax + by, \quad \eta = cx + dy$$
$$(ad - bc = 1)$$

und die Gleichungen $\xi = 0$, $\eta = 0$ als Achsen eines Koordinatensystems der ξ, η zugrunde, die man bei geeigneter Wahl der Achsen des Grundgitters der x, y als rechtwinklig voraussetzen darf. Die Gleichungen

$$(69) \qquad \xi\eta = \tfrac{1}{2}, \quad \xi\eta = -\tfrac{1}{2}$$

bezeichnen dann zwei gleichseitige Hyperbeln, welche die Achsen der ξ, η zu Asymptoten haben und deren vier Äste symmetrisch in den vier Quadranten der Achsen gelegen sind. Werden an irgendeinen Punkt ξ_0, η_0 eines dieser Äste und an die drei symmetrisch zu ihm liegenden Punkte der übrigen Äste Tangenten an die Hyperbeln gelegt, so bestimmen diese ein Parallelogramm, welches die Achsen zu Diagonalen, also den Nullpunkt zum Mittelpunkt hat und dessen Inhalt bekanntlich, wie auch der Punkt ξ_0, η_0 gewählt wird, einen festen Wert, nämlich den Wert 4 hat. Da ein solches Parallelogramm als eine den Nullpunkt als Mittelpunkt umgebende überall konvexe Figur anzusehen ist, folgt aus Minkowskis Grundsatz, daß in seinem Innern oder doch auf seiner Begrenzung mindestens ein Gitterpunkt liegen muß, d. h. der Satz, daß es nicht verschwindende ganzzahlige x, y geben muß, für welche

$$(70) \qquad |\xi\eta| = |(ax + by)(cx + dy)| \lesseqgtr \tfrac{1}{2}$$

ist, wie schon in Nr. 15 des vor. Kapitels für die besonderen Formen $\xi = x - \omega y$, $\eta = y$ ausgesagt worden ist. Sieht man von den Ausnahmefällen ab, in denen die Form $\xi\eta$ mit einer der Formen xy oder

1) Hurwitz, Acta math., Bd. 12, p. 367; Minkowski, Math. Ann., Bd. 54, S. 91: Über die Annäherung an eine reelle Größe durch rationale Zahlen (s. auch seine Diophant. Approximationen, Leipzig 1907, S. 31).

$\frac{1}{2}(x^2 - y^2)$ äquivalent ist, so darf in dieser Formel sogar das Gleichheitszeichen unterdrückt werden.

Dann zeigt Minkowski einerseits, daß, wenn p, q irgendeinen Gitterpunkt bedeutet, für welchen p, q teilerfremd sind und

(71) $$|\xi\eta| < \tfrac{1}{2}$$

ist, man ein Parallelogramm mit den Achsen als Diagonalen angeben kann, dessen Bereich, wenn die halben Diagonalen durch ϱ, σ bezeichnet werden, sich durch die Gleichung

(72) $$\left|\frac{\xi}{\varrho}\right| + \left|\frac{\eta}{\sigma}\right| < \frac{1}{2}$$

darstellen läßt und das so beschaffen ist, daß außer dem Nullpunkte und den Gitterpunkten $p, q; -p, -q$ auf seiner Begrenzung kein weiterer Gitterpunkt ihm angehören kann. Andererseits läßt sich zu jedem, die Bedingung (71) erfüllenden Gitterpunkte, dessen Elemente p, q teilerfremd sind, ein ebensolcher zweiter p', q' ermitteln, der sie gleichfalls erfüllt, während zudem für ihn $|\xi|$ einen kleineren, $|\eta|$ aber einen größeren Wert erhält wie für p, q. Sind $\xi = \varepsilon\lambda$, $\eta = \mu$ die Werte von ξ, η für den Punkt p, q, wobei man $-p, q$ eventuell durch $-p, -q$ ersetzend $-\lambda, \mu$ positiv, $\varepsilon = \pm 1$ annehmen darf, und $\xi = \varepsilon'\lambda'$, $\eta = \mu'$ die dem Punkte p', q' entsprechenden Werte, so daß

$$\lambda' < \lambda, \ \mu' > \mu$$

ist, so gibt es ferner außer den Paaren $\pm p, \pm q; \pm p', \pm q'$ und dem Nullpunkte kein teilerfremdes System x, y, welches der Bedingung (71) genügt, während zugleich $\lambda \gtreqless |\xi| \gtreqless \lambda'$, oder ein solches, bei dem $\mu \lesseqgtr |\eta| \lesseqgtr \mu'$ wäre. Das dem Parallelogramm (72) analoge, dem Punkte p', q' entsprechende Parallelogramm kann daher wieder als das dem ersteren benachbarte bezeichnet werden, und die Fortsetzung dieser Betrachtung auf solcher Grundlage führt zu einer ganzen Kette von Gitterpunkten p_i, q_i, welche die Ungleichheit (71) befriedigen und nach abnehmenden Werten λ_i des ξ und zunehmenden Werten μ_i des η geordnet sind, und zugleich zu einer entsprechenden Substitutionenkette

$$\begin{pmatrix} p_{i-1}, & p_i \\ q_{i-1}, & q_i \end{pmatrix},$$

in welcher

(73) $$\varepsilon_{i-1} = p_{i-1}q_i - p_i q_{i-1}$$

der positiven oder negativen Einheit gleich ist. Die Bildung ihrer sukzessiven Glieder aber geschieht nach folgender Regel:

Man setze

$$g_i = \left[\frac{\lambda_{i-1}}{\lambda_i}\right], \quad \delta_i = \frac{\varepsilon_i}{\varepsilon_{i-1}}$$

und wähle $h_i = g_i$ oder $h_i = 1 + g_i$, je nachdem der Ausdruck

$$(\lambda_{i-1} - g_i\lambda_i)(g_i\mu_i - \delta_i\mu_{i-1})$$

absolut $< \frac{1}{2}$ oder $\gtreqless \frac{1}{2}$ ist; dann ist zu setzen

$$(74) \qquad p_{i+1} = h_i p_i - \delta_i p_{i-1}, \quad q_{i+1} = h_i q_i - \delta_i q_{i-1}.$$

Wird diese allgemeine Untersuchung nun auf die besonderen Formen

$$\xi = x - \omega y, \quad \eta = y,$$

in welchen ω eine reelle Irrationelle bedeutet, zur Anwendung gebracht und dabei ausgegangen von den ersten beiden Gitterpunkten

$$p_0 = 1, \quad q_0 = 0; \quad p_1 = h_0, \quad q_1 = 1,$$

bei dessen zweitem h_0 die zunächst an ω liegende ganze Zahl, also $|h_0 - \omega| < \frac{1}{2}$ ist, so werden

$$\lambda_i = \varepsilon_i(p_i - \omega q_i),$$

also

$$g_i = \left[\frac{p_{i-1} - \omega q_{i-1}}{p_i - \omega q_i}\right], \qquad \delta_i = \text{sgn.}\, \frac{p_i - \omega q_i}{p_{i-1} - \omega q_{i-1}},$$

ferner h_i gleich g_i oder $1 + g_i$, je nachdem

$$[p_{i-1} - \omega q_{i-1} - \delta_i g_i(p_i - \omega q_i)] \cdot [g_i q_i - \delta_i q_{i-1}]$$

absolut $< \frac{1}{2}$ oder $\gtreqless \frac{1}{2}$ ist. Hieraus erhält man dann wegen (73)

$$p_{i-1}q_i - p_i q_{i-1} = \pm 1$$

und nach den Rekursionsformeln (74) den Kettenbruch

$$\frac{p_i}{q_i} = h_0 - \cfrac{\delta_1}{h_1 - \cfrac{\delta_2}{h_2 - \ddots - \cfrac{\delta_{i-1}}{h_{i-1}}}},$$

während der abnehmenden λ_i und der wachsenden μ_i wegen

$$\tfrac{1}{2} > |p_1 - \omega q_1| > |p_2 - \omega q_2| > \cdots,$$
$$0 < q_1 < q_2 < \cdots$$

gefunden wird. Um so mehr wird hiernach der Ausdruck $\left|\frac{p_i}{q_i} - \omega\right|$ mit wachsendem Index unendlich abnehmen, d. i. der Kettenbruch gegen den Wert der Irrationalzahl konvergieren. Minkowski nennt diesen Kettenbruch mit Rücksicht auf die ihm zugrunde liegende Bedeutung der Geraden $\xi = 0$, $\eta = 0$ als Diagonalen eines Parallelogramms, die bei den gewöhnlichen Kettenbrüchen die parallelen Seiten eines solchen ausmachten, einen Diagonalkettenbruch und die gewöhnlichen Kettenbrüche Parallelkettenbrüche. Er zeigt endlich, daß, wie der Bedeutung der Gitterpunkte p_i, q_i gemäß stets

$$|(p_i - \omega q_i) q_i| < \tfrac{1}{2}$$

ist, so auch umgekehrt jeder Gitterpunkt x, y, dessen Elemente x, y teilerfremde Zahlen sind und für welchen

$$|(x - \omega y) y| < \tfrac{1}{2}$$

ist, sich notwendig unter den Gitterpunkten p_i, q_i befinden muß; eine Tatsache, durch welche der in Nr. 15 des vorigen Kapitels gegebene Satz von Lagrange noch präziser gefaßt wird. Denn eben diesem Satze zufolge ist jedes Paar p_i, q_i Zähler und Nenner eines Näherungsbruches, d. i. $\frac{p_i}{q_i}$ selbst ein Näherungsbruch auch des gewöhnlichen Kettenbruches für ω; die p_i, q_i bilden also einen engeren Bereich für jene x, y, als ihnen in dem Lagrangeschen Satze gewährt war. Zugleich ersieht man so, daß der Diagonalkettenbruch schneller als der gewöhnliche Kettenbruch konvergieren muß.

Im übrigen läßt sich nun wieder zeigen, daß die Periodizität des Diagonalkettenbruchs von ω diese Größe als eine quadratische Irrationelle charakterisiert.

14. Bei den Kettenbrüchen, welche Hurwitz a. a. O. betrachtet, sind die Teilnenner jedesmal die zunächst an dem Schlußnenner liegenden ganzen Zahlen. Ist nämlich x_0 eine gegebene Zahl, so setze man

$$x_0 = a_0 - \frac{1}{x_1}, \quad x_1 = a_1 - \frac{1}{x_2}, \quad x_2 = a_2 - \frac{1}{x_3}, \cdots,$$

wo jede ganze Zahl a_i so gewählt ist, daß $x_i - a_i$ zwischen $-\frac{1}{2}$ und $(\frac{1}{2})$, d. i. $\frac{1}{2}$ exklusive, fällt; man denke nämlich die Gesamtheit aller reellen Größen in die Intervalle zerlegt:

$$\cdots; -\frac{5}{2} \cdots \left(\frac{-3}{2}\right); \frac{-3}{2} \cdots \left(\frac{-1}{2}\right); -\frac{1}{2} \cdots \left(\frac{1}{2}\right); \frac{1}{2} \cdots \left(\frac{3}{2}\right); \frac{3}{2} \cdots \left(\frac{5}{2}\right); \cdots$$

und verstehe unter a_i diejenige ganze Zahl, welche mit x_i in dasselbe Intervall fällt. Daraus geht für x_0 eine Kettenbruchentwicklung von der Form

$$x_0 = a_0 - \cfrac{1}{a_1 - \cfrac{1}{a_2 - \ddots - \cfrac{1}{a_i - \cfrac{1}{x_{i+1}}}}} \tag{75}$$

hervor, welche kurz

$$x_0 = \mathfrak{K}'(a_0; a_1, a_2, \cdots a_i, x_{i+1})$$

genannt werde. Zur Bildung der aufeinanderfolgenden Näherungsbrüche $\frac{p_0}{q_0}, \frac{p_1}{q_1}, \frac{p_2}{q_2}, \ldots$ eines solchen Kettenbruches gilt ein ganz analoges Gesetz wie bei den gewöhnlichen; insbesondere findet sich für den Quotienten

$$Q_i = \frac{q_i}{q_{i-1}}$$

die Entwicklung

$$Q_i = \mathfrak{K}'(a_i;\, a_{i-1},\, a_{i-2}, \cdots, a_1).$$

Die hier nun der kleineren Wurzel $r = \frac{3-\sqrt{5}}{2}$ der Gleichung $x + \frac{1}{x} = 3$ zukommende ganz besondere Bedeutung veranlaßt, neben dem bisherigen Kettenbruche, der erster Art heiße, einen anderen zweiter Art zu betrachten, bei welchem

$$x_0 = b_0 - \frac{1}{x_1}, \quad x_1 = b_1 - \frac{1}{x_2}, \quad x_2 = b_2 - \frac{1}{x_3}, \cdots$$

zu setzen, die Gesamtheit der reellen Werte aber jetzt in die Intervalle

$$\cdots(-3+r)\cdots -2+r; \quad (-2+r)\cdots -1+r;$$
$$(-1+r)\cdots(1-r); \quad 1-r\cdots(2-r);\cdots$$

zu teilen und unter b_i diejenige ganze Zahl zu verstehen ist, welche mit x_i demselben dieser Intervalle angehört. Der Quotient Q_i fällt so in das Intervall $a_{i+1} - r \cdots a_{i+1} + 1 - r$ oder in das Intervall $a_{i+1} - 1 + r \cdots a_{i+1} + r$, je nachdem $a_{i+1} > 0$ oder < 0 ist, und es gilt der Satz:

Ist

(76) $$x_0 = \mathfrak{K}'(a_0;\, a_1,\, a_2 \cdots a_i,\, x_{i+1})$$

die Entwicklung erster Art für x_0, so ist

$$Q_i = \mathfrak{K}'(a_i;\, a_{i-1}, \cdots a_1)$$

die Entwicklung zweiter Art für Q_i, ein Satz, bei welchem im allgemeinen die Bezeichnung erster und zweiter Art auch umgekehrt werden darf. Gleichviel aber, ob die Entwicklung (76) erster oder zweiter Art ist, findet das Annäherungsgesetz statt:

$$\left| x_0 - \frac{p_i}{q_i} \right| < \frac{\sqrt{5}-1}{2q_i^2}, \quad \text{d. i. } \frac{1-r}{q_i^2}.$$

Wenn nun, wie bei der ersten Art,

$$x_0 = a_0 - \frac{1}{x_1},$$

gleichzeitig aber für eine zweite Größe y_0

$$y_0 = a_0 - \frac{1}{y_1}$$

gesetzt wird, so soll das Wertepaar x_1, y_1 dem Paare x_0, y_0 (nach rechts) benachbart heißen. Fällt ein Paar in denjenigen Teil der Ebene reeller Systeme x, y, der durch die Ungleichheiten

$$x \gtreqqless 2, \qquad -1 + r \lesseqqgtr y \lesseqqgtr r$$

$$x \lesseqqgtr -2, \qquad -r \gtreqqless y \lesseqqgtr 1 - r$$

bestimmt ist, so soll es ein reduziertes Paar heißen. Dann gelten folgende Sätze:

Ist x_0 nicht äquivalent mit r, so sind in der Reihe der einander sukzessive benachbarten Paare

$$(77) \qquad x_0, y_0; \quad x_1, y_1; \quad x_2, y_2; \cdots$$

von einer bestimmten Stelle an sämtliche Paare reduziert. Sind x, x' zwei untereinander, aber nicht mit r äquivalente Größen, und $x = \mathfrak{K}'(a_0; a_1, a_2, \cdots a_n, x_{n+1}),\ x' = \mathfrak{K}'(a_0'; a_1', a_2', \cdots a_m', x_{m+1}')$

ihre Kettenbrüche erster Art, so ist für bestimmte m, n

$$x'_{m+1} = x_{n+1}$$

und umgekehrt. Die mit r äquivalenten (also aus $\sqrt{5}$ rational gebildeten) x zerfallen in zwei Klassen, in deren erster die Teilnenner des zugehörigen Kettenbruchs erster Art von einer endlichen Stelle ab dauernd -3, in deren zweiter sie dauernd $+3$ sind. Gehört x_0 der ersten Klasse an und bedeutet $\bar{x}_0$ die zu x_0 konjugierte, d. i. daraus durch Verwandlung von $\sqrt{5}$ in $-\sqrt{5}$ entstehende Größe, so sind die in der Reihe (77) auftretenden Paare niemals, bzw. von einer bestimmten Stelle an sämtlich reduziert, je nachdem y_0 zwischen $(x_0) \cdots (\bar{x}_0)$ oder $\bar{x}_0 \cdots (x_0)$ enthalten ist[1]; gehört x_0 zur zweiten Klasse, so gilt dasselbe, je nachdem y_0 zwischen $(\bar{x}_0) \cdots (x_0)$ oder $(x_0) \cdots \bar{x}_0$ fällt. Eine mit r äquivalente Größe x_0 gehört zur ersten oder zweiten Klasse, je nachdem $x_0 < \bar{x}_0$ oder $x_0 > \bar{x}_0$ ist.

Nun verstehe man unter x_0, y_0 die erste und zweite Wurzel der unbestimmten ganzzahligen quadratischen Form (a, b, c) mit der Determinante $D = b^2 - ac > 0$. Wird eine solche reduziert genannt, wenn das Paar x_0, y_0 ein reduziertes ist, so lassen sich auch bei dieser Definition reduzierter Formen ganz entsprechende Sätze nachweisen wie bei den früheren; insbesondere gilt wieder die Verteilung dieser

1) Ist algebraisch $b > a$, so wird unter dem Intervalle $b \ldots a$ die Gesamtheit der Größen verstanden, die $> b$ oder $< a$ sind.

Formen in Perioden einander äquivalenter Formen und der dem Gaußschen Satze analoge über die Äquivalenz zweier Formen, die Entwicklung der Wurzel einer Form in einen periodischen Kettenbruch der vorliegenden Art, usw. —

Fueter[1]) hat gleichfalls eine Kettenbruchentwicklung für x_0 von der Gestalt (75) — bei welcher jedoch die Bedeutung der Teilnenner a_i eine andere, unter a_i nämlich die unmittelbar über dem jedesmaligen x_i gelegene ganze Zahl zu verstehen ist — verwandt zu dem Zwecke, den schon in Nr. 9 des ersten Kapitels auf anderem Wege gefundenen Satz herzuleiten, daß jede Substitution

$$\omega = \frac{\alpha\omega' + \beta}{\gamma\omega' + \delta}, \quad (\alpha\delta - \beta\gamma = 1)$$

aus den beiden fundamentalen

$$\omega = \omega' + 1, \quad \omega = \frac{-1}{\omega'}$$

zusammensetzbar ist; ein Satz, dessen Beweis für den Fall, daß alle Koeffizienten $\alpha, \beta, \gamma, \delta$ positiv sind, schon mit Hilfe der gewöhnlichen Kettenbrüche geleistet werden kann, wie Klein in seinen Vorlesungen über ausgewählte Kapitel der Zahlentheorie ausgeführt hat.

Viertes Kapitel.

Über die Minima unbestimmter binärer Formen.

1. Mit der Reduktion der unbestimmten binären quadratischen Formen sind sehr interessante Untersuchungen verknüpft, welche Markoff[2]) über die Minimalwerte solcher Formen angestellt hat und die neuerdings durch J. Schur[3]) wesentlich ergänzt worden sind. Der Darstellung ihrer hauptsächlichsten Ergebnisse soll dieser Abschnitt gewidmet sein.

Sei irgendeine Klasse solcher Formen mit der Determinante D gegeben und sei

$$(F) \qquad \ldots F_{-2}, F_{-1}, F_0, F_1, F_2, F_3, \ldots$$

die nach Gauß gebildete zugehörige, nach beiden Seiten unbegrenzte Kette ihrer Reduzierten

$$F_i = ((-1)^i A_i, \quad B_i, (-1)^{i+1} A_{i+1}),$$

---

1) Fueter, Verhandlungen der Naturforschenden Gesellschaft zu Basel, Bd. 21, S. 94.

2) A. Markoff, Sur les formes quadratiques binaires indéfinies, Math. Annal., Bd. 15, S. 381 und Bd. 17, S. 379.

3) J. Schur, Zur Theorie der indefiniten binären quadratischen Formen, Sitzungsber. d. Berl. Ak. 1913, S. 212.

worin A_i, B_i, A_{i+1} positive Koeffizienten bedeuten. Nach Nr. 7 des vorigen Kapitels besteht zwischen den Koeffizienten zweier benachbarten Formen der Kette die Beziehung

$$B_{i-1} + B_i = g_{i-1} \cdot A_i,$$

worin g_{i-1} eine positive ganze Zahl ist, und zwischen den gleichnamigen Wurzeln beider Formen die Gleichungen

$$\frac{(-1)^{i-1}}{\Omega_{i-1}} = g_{i-1} + (-1)^i \Omega_i, \quad (-1)^{i+1} \cdot \Omega_i' = g_{i-1} + \frac{(-1)^i}{\Omega_{i-1}'}$$

oder, wenn

$$(1) \qquad \frac{(-1)^i}{\Omega_i} = R_i, \quad \frac{(-1)^{i+1}}{\Omega_i'} = S_i$$

gesetzt wird, die Beziehungen

$$(2) \qquad R_{i-1} = g_{i-1} + \frac{1}{R_i}, \quad S_i = \frac{1}{g_{i-1} + S_{i-1}}.$$

Dabei bedeuten dann R_i, S_i die positiven Werte:

$$(3) \qquad R_i = \frac{\sqrt{D} + B_i}{A_{i+1}}, \quad S_i = \frac{\sqrt{D} - B_i}{A_{i+1}}.$$

Den Beziehungen (2) zufolge ergeben sich die beiden gewöhnlichen Kettenbruchentwicklungen dieser Größen, wie folgt:

$$(4) \qquad R_i = \mathfrak{K}(g_i;\, g_{i+1}, g_{i+2}, \cdots), \quad S_i = \mathfrak{K}(0;\, g_{i-1}, g_{i-2}, \cdots),$$

und es finden die drei Gleichungen statt:

$$(5) \qquad R_i \cdot S_i = \frac{A_i}{A_{i+1}}, \quad R_i - S_i = \frac{2B_i}{A_{i+1}}, \quad R_i + S_i = \frac{2\sqrt{D}}{A_{i+1}}.$$

Nun ist in Nr. 6 des vor. Kap. bemerkt worden, daß jede Form mit der Determinante D einer anderen äquivalent ist, in welcher wenigstens einer der beiden äußeren Koeffizienten absolut $\lesseqgtr \sqrt{D}$ ist. Somit kann durch jede Form der gedachten Klasse eine Zahl dargestellt werden, welche absolut $\lesseqgtr \sqrt{D}$ ist. Da aber in Nr. 7 daselbst gezeigt ist, daß jede durch eine Form der gedachten Klasse darstellbare Zahl, deren absoluter Wert diese Grenze nicht überschreitet, sich unter den Koeffizienten A_i finden muß, so gilt dies sicher auch von der absolut kleinsten durch sie darstellbaren Zahl, und man hat daher das etwaige Minimum der Formen dieser Klasse in der Reihe jener Koeffizienten zu suchen. Der unteren Grenze dieser Reihe entspricht die obere Grenze der Werte $R_i + S_i$ oder des Ausdrucks

$$(6) \qquad K_i = \mathfrak{K}(g_i;\, g_{i+1}, g_{i+2}, \cdots) + \mathfrak{K}(0;\, g_{i-1}, g_{i-2}, \cdots),$$

in welchem zur Abkürzung K_i für $\frac{2\sqrt{D}}{A_{i+1}}$ gesetzt und der jedenfalls größer als 1 ist. Wir stellen uns mit Markoff die Frage, wann derselbe für jeden Wert des Index i gleich oder kleiner als 3 ausfällt.

Da die Summe der zwei Kettenbrüche stets $> g_i$ ist, so muß zunächst hierzu jedes $g_i < 3$ sein, die Reihe dieser Zahlen also nur aus Einsen oder Zweien bestehen.

Wenn alle $g_i = 1$ sind, so wird

$$R_i = \mathfrak{K}(1; 1, 1, 1, \ldots) = \frac{1+\sqrt{5}}{2}$$

$$S_i = \mathfrak{K}(0; 1, 1, 1, \ldots) = \frac{2}{1+\sqrt{5}},$$

mithin der Ausdruck (6) gleich

$$\frac{1+\sqrt{5}}{2} + \frac{2}{1+\sqrt{5}} = \sqrt{5} < 3,$$

und die gestellte Bedingung ist also erfüllt; aus den Beziehungen (5) ergeben sich dann

$$A_i = 2B_i = A_{i+1} = 2 \cdot \sqrt{\frac{D}{5}},$$

und die gedachte Formenklasse hat zum Repräsentanten die Form

$$\sqrt{\frac{D}{5}}\,(2x^2 + 2xy - 2y^2). \tag{7}$$

Sind alle $g_i = 2$, so wird

$$R_i = \mathfrak{K}(2; 2, 2, \cdots) = 1 + \sqrt{2}, \quad S_i = \mathfrak{K}(0; 2, 2, \cdots) = \frac{1}{1+\sqrt{2}},$$

also der Ausdruck (6) gleich

$$1 + \sqrt{2} + \frac{1}{1+\sqrt{2}} = 2\sqrt{2} < 3,$$

und mithin ist die gestellte Bedingung erfüllt; aus (5) findet sich dann

$$A_i = B_i = A_{i+1} = \sqrt{\frac{D}{2}},$$

also ist die gedachte Formenklasse repräsentiert durch die Form

$$\sqrt{\frac{D}{2}}(x^2 + 2xy - y^2). \tag{8}$$

Enthält aber die der Reihe (F) zugehörige Reihe ganzer Zahlen

$$\cdots g_{-2}, g_{-1}, g_0, g_1, g_2, g_3, \cdots \tag{G}$$

sowohl 1 als auch 2, so kann doch keine dieser Zahlen isoliert darin auftreten; denn, folgten sich drei Zahlen

$$g_{i-1} = 2, \quad g_i = 1, \quad g_{i+1} = 2,$$

so würde, da $g_{i-2} < 3$ ist,

$$K_{i-1} > \left(2 + \frac{1}{1+\frac{1}{2}}\right) + \frac{1}{3} = 3,$$

wäre dagegen ihre Folge diese:

$$g_{i-1} = 1, \quad g_i = 2, \quad g_{i+1} = 1,$$

so würde

$$K_i > (2 + \tfrac{1}{2}) + \tfrac{1}{2} = 3,$$

also in beiden Fällen die gestellte Bedingung nicht erfüllt. Da nun (G) nicht die Gestalt haben kann: $\cdots 1, 1, 1, 2, 2, 2 \cdots$, weil für $g_{i-1} = 1$, $g_i = 2$ sich

$$K_i = 1 + \sqrt{2} + \frac{2}{1+\sqrt{5}} > 3$$

ergäbe, so muß also in (G) eine Folge von Zahlen auftreten wie diese:

$$(9) \qquad g_{i-1} = 2, \quad g_i = 2, \quad g_{i+1} = 1, \quad g_{i+2} = 1,$$

und dementsprechend erhielte man

$$K_i = \mathfrak{R}(2;\, 1, 1, R_{i+3}) + \mathfrak{R}(0;\, 2 + S_{i-1})$$
$$K_{i-1} = \mathfrak{R}(2;\, 2, 1, 1, R_{i+3}) + S_{i-1}.$$

Mit Beachtung der Hilfsgleichung

$$(10) \qquad \mathfrak{R}(0;\, 2, g) + \mathfrak{R}(0;\, 1, 1, g) = 1$$

schreiben sich diese Gleichungen, wie folgt:

$$K_i = 3 + \mathfrak{R}(0;\, 2 + S_{i-1}) - \mathfrak{R}(0;\, 2, R_{i+3})$$
$$K_{i-1} = 3 + S_{i-1} - \mathfrak{R}(0;\, 1, 1, 1, 1, R_{i+3}).$$

Daher ist die Forderung, daß diese Ausdrücke beide $\leqq 3$ sein sollen, gleichbedeutend mit den Ungleichheiten

$$(11) \qquad R_{i+3} \geqq \frac{1}{S_{i-1}}, \quad \frac{1}{S_{i-1}} \geqq \mathfrak{R}(1;\, 1, 1, 1, R_{i+3}),$$

aus denen weiter folgt, daß

$$(11\text{a}) \quad R_{i+3} \geqq \mathfrak{R}(1;\, 1, 1, 1, R_{i+3}), \quad \frac{1}{S_{i-1}} \geqq \mathfrak{R}\left(1;\, 1, 1, 1, \frac{1}{S_{i-1}}\right)$$

sein müssen.

Sind nun alle Zahlen der Reihe (G) zur Rechten von g_{i+2} oder zur Linken von g_{i-1} gleich 1, d. h. ist eine der Größen R_{i+3}, $\frac{1}{S_{i-1}}$ gleich $\frac{1+\sqrt{5}}{2}$, so lehren die Ungleichheiten (11), daß auch die andere derselben diesen Wert hat und somit die ganze Reihe (G) die folgende ist:

(12) $$\ldots 1, 1, \quad 2, 2, \quad 1, 1, 1, \ldots$$

Andernfalls darf man setzen

(13) $$\begin{cases} R_{i+3} = \mathfrak{K}(\overbrace{1;\ 1, 1, \cdots 1}^{m-2}, R_{i+m+1}) \\ \dfrac{1}{S_{i-1}} = \mathfrak{K}\left(\overbrace{1;\ 1, 1, \cdots 1}^{n}, \dfrac{1}{S_{i-n-1}}\right), \end{cases}$$

worin die Kettenbrüche für R_{i+m+1} und $\frac{1}{S_{i-n-1}}$ mit einer Zwei beginnen und m, n positive ganze Zahlen sind, deren erste $\gtreqless 2$ und für deren zweite auch der Wert Null zulässig ist. Beachtet man aber die Ungleichheiten (11a) sowie den Umstand, daß der Wert eines Kettenbruchs sich vergrößert oder verkleinert, je nachdem ein Teilnenner an ungerader bzw. gerader Stelle verkleinert wird, so erkennt man leicht, daß m, n gerade Zahlen sein müssen und daß, wenn man demgemäß

$$m = 2m', \quad n = 2n'$$

setzt, nur einer der folgenden drei Fälle eintreten kann:

1) $m' = n' + 1$ und zugleich $R_{i+2m'+1} \gtreqless \frac{1}{S_{i-2n'-1}}$

2) $m' = n'$

3) $m' = n' - 1$ und zugleich $R_{i+2m'+1} \lesseqgtr \frac{1}{S_{i-2n'-1}}$.

Die zwei letzten Fälle erfordern, daß $n' > 0$ bzw. $n' > 1$, mithin positiv ist; alsdann folgt bei ihnen, ebenso beim ersten Falle, wenn $n' > 0$ ist, sowohl rechts von g_{i+2} als links von g_{i-1} in der Reihe (G) eine gerade Anzahl von Einsen, bis man wieder auf eine Zwei in derselben stößt. Ist aber $n' = 0$, also $m' = 1$, so darf man

(14) $$R_{i+3} = \mathfrak{K}(2;\ 2, R_{i+5})$$

setzen, während

$$S_{i+3} = \mathfrak{K}\left(0;\ 1, 1, 2, 2, \frac{1}{S_{i-1}}\right)$$

ist. Demgemäß hat man

$$K_{i+3} = \mathfrak{K}(2;\ 2, R_{i+5}) + \mathfrak{K}\left(0;\ 1, 1, 2, 2, \frac{1}{S_{i-1}}\right),$$

wofür wegen der Hilfsgleichung (10)

$$K_{i+3} = 3 + \mathfrak{K}\left(0;\ 1, 1, 2, 2, \frac{1}{S_{i-1}}\right) - \mathfrak{K}(0;\ 1, 1, R_{i+5})$$

geschrieben werden darf. Somit muß, damit $K_{i+3} \gtreqless 3$ werde,

$$R_{i+5} \gtreqless 2 + \frac{1}{2 + S_{i-1}}$$

werden, und mit Rücksicht auf (14) und auf die erste der Ungleichheiten (11) müssen weiter

$$(15) \quad \begin{cases} R_{i+3} \gtreqless \mathfrak{K}\left(2;\ 2,\ 2,\ 2,\ \frac{1}{S_{i-1}}\right) \gtreqless \mathfrak{K}(2; 2, 2, 2, R_{i+3}) \\ \frac{1}{S_{i-1}} \gtreqless \mathfrak{K}\left(2;\ 2,\ 2,\ 2,\ \frac{1}{S_{i-1}}\right) \end{cases}$$

sein.

Sind nun alle Zahlen zur Rechten von g_{i+2} oder zur Linken von g_{i-1} in der Reihe (G) gleich 2, d. h. ist eine der beiden Größen $R_{i+3}, \frac{1}{S_{i-1}}$ dem Kettenbruche

$$\mathfrak{K}(2; 2, 2, 2, \cdots) = 1 + \sqrt{2}$$

gleich, so folgt aus allen diesen Ungleichheiten, daß auch die andern jener Zahlen den gleichen Wert haben, also auch auf der anderen Seite der Reihe (G) nur Zweien auftreten werden, *die ganze Reihe demnach die Gestalt haben muß:*

$$(16) \qquad \ldots 2, 2, 2, 2, \quad 1, 1, \quad 2, 2, 2, 2, \ldots.$$

Andernfalls schließt man, die vorigen Betrachtungen für die Formel (14) wiederholend, daß stets eine gerade Anzahl von Zweien mit einer geraden Anzahl von Einsen abwechseln muß, oder, wie man schreiben darf, daß *die Reihe (G) die folgende Gestalt hat:*

$$(G') \quad \cdots 2\mu_{-2} \cdot 1,\ 2, 2,\ 2\mu_{-1} \cdot 1,\ 2, 2,\ 2\mu_0 \cdot 1,\ 2, 2,\ 2\mu_1 \cdot 1,\ 2, 2, \cdots,$$

in welcher die Zahlen μ_i positive ganze Zahlen oder Null sind und das Zeichen $n \cdot 1$ eine Reihe von n aufeinanderfolgenden Einsen bedeutet.

2. Nachdem wir so *notwendige* Bedingungen für die Erfüllung der gestellten Forderung erhalten, fragen wir, ob sie auch dafür *ausreichend* sind. Nun findet sich zunächst leicht, zum Teil mit Anwendung der Hilfsgleichung (10), der Ausdruck (6) für K_i im Falle der Reihen (12) und (16) stets $\gtreqless 3$; insbesondere entspricht den Stellen

$$g_{i-1} = 1, \quad g_i = 2, \quad g_{i+1} = 2; \quad g_{i-1} = 2, \quad g_i = 2, \quad g_{i+1} = 1$$

der ersten sowohl wie der zweiten jener Reihen der Wert $K_i = 3$. Im Falle der Reihen (G') sind jedenfalls, wenn

$$g_{i-1} = 2, \quad g_i = 2, \quad g_{i+1} = 1, \quad g_{i+2} = 1$$

ist, K_{i-1} und $K_i \gtreqless 3$. Ganz entsprechend aber läßt sich zeigen, daß, wenn

$$g_{i-2} = 1, \quad g_{i-1} = 1, \quad g_i = 2, \quad g_{i+1} = 2$$

gewählt werden, K_{i+1} und $K_i \gtreqless 3$ sind. Somit ist $K_i \gtreqless 3$, sobald

$$g_{i-1} = 2, \quad g_i = 2, \quad g_{i+1} = 1 \quad \text{oder} \quad g_{i-1} = 1, \quad g_i = 2, \quad g_{i+1} = 2$$

ist. In jedem anderen Falle aber ist entweder $g_i = 1$ oder

$$g_{i-1} = 2, \quad g_i = 2, \quad g_{i+1} = 2$$

und beide Male $K_i < 3$. Also genügt auch die Reihe (G') der gestellten Forderung.

Aber in ihr ist die Reihe der Zahlen

$$(M) \qquad \cdots \mu_{-2}, \quad \mu_{-1}, \quad \mu_0, \quad \mu_1, \quad \mu_2, \cdots$$

nicht willkürlich. Zwei aufeinanderfolgende Zahlen, wie μ_0, μ_1, stehen nämlich zueinander im Verhältnis der in voriger Nr. mit m', n' bezeichneten beiden Zahlen. Daraus folgt mit Beachtung der nur zulässigen Fälle 1), 2), 3), daß

1) $\mu_i - \mu_{i+1}$ nur einen der Werte $1, 0, -1$ haben kann und daß

2) je nachdem $\mu_i - \mu_{i+1} = +1$ oder -1 ist, die erste der Differenzen

$$-\mu_{i-h} + \mu_{i+h+1} \quad (\text{für } h = 1, 2, 3, \cdots),$$

welche von Null verschieden ist, positiv bzw. negativ sein muß. Aus diesen zwei Umständen ist zu schließen, daß je zwei der Zahlen μ_i sich höchstens um 1 unterscheiden. Denn, wären etwa zwei derselben: μ und $\mu' \gtreqless \mu - 2$, so müßte des ersten Umstandes halber in ihrer Reihe eine oder die andere der beiden Folgen:

$$\mu, \quad \lambda \cdot (\mu - 1), \quad \mu - 2 \quad \text{oder} \quad \mu - 2, \quad \lambda \cdot (\mu - 1), \quad \mu$$

auftreten, unter λ eine positive ganze Zahl verstanden; diese wären aber des zweiten Umstandes wegen in nachstehender Weise zu vervollständigen: die erste wegen $\mu - (\mu - 1) > 0$ zu

$$\mu - 2, \quad (\lambda - \varkappa) \cdot (\mu - 1), \quad \mu, \quad \lambda \cdot (\mu - 1), \quad \mu - 2,$$

die zweite wegen $(\mu - 1) - \mu < 0$ zu

$$\mu - 2, \quad \lambda \cdot (\mu - 1), \quad \mu, \quad (\lambda - \varkappa) \cdot (\mu - 1), \quad \mu - 2,$$

wobei auch $\varkappa$ eine positive ganze Zahl sein müßte. Beide Folgen aber widersprächen, die erste wegen $(\mu - 1) - \mu < 0$, die zweite wegen $\mu - (\mu - 1) > 0$ eben dem zweiten der vorgenannten Umstände.

Hiernach gibt es unter den Zahlen μ_i eine größte, welche μ heiße, und die Reihe (M) bietet nur eine der folgenden vier Möglichkeiten dar:

(M_0) $\cdots \mu,\ \mu,\ \mu,\ \mu, \cdots$

(M_{01}) $\cdots \mu - 1,\ \mu - 1,\ \mu,\ \mu - 1,\ \mu - 1, \cdots$

(M_{10}) $\cdots \mu,\ \mu,\ \mu - 1,\ \mu,\ \mu, \cdots$

oder endlich

(M') $\cdots \nu_{-1} \cdot (\mu - 1),\ \mu,\ \nu_0 \cdot (\mu - 1),\ \mu,\ \nu_1 \cdot (\mu - 1),\ \mu, \cdots,$

wo die Zahlen ν_i positiv und ganz oder teilweise auch Null sind.

Aber diese sind wieder nicht willkürlich; man überzeugt sich vielmehr leicht, daß, damit die Glieder der Reihe (M') den eben angegebenen beiden Bedingungen 1) und 2) genügen, erforderlich, zugleich aber auch hinreichend ist, daß die Zahlen der Reihe

(N) $\cdots \nu_{-2},\ \nu_{-1},\ \nu_0,\ \nu_1,\ \nu_2, \cdots$

zwei genau entsprechende Bedingungen erfüllen. Somit ist eine derselben wieder die größte und, wenn sie ν heißt, die Reihe (N) von einer der vier Gestalten:

(N_0) $\cdots \nu,\ \nu,\ \nu,\ \nu, \cdots$

(N_{01}) $\cdots \nu - 1,\ \nu - 1,\ \nu,\ \nu - 1,\ \nu - 1, \cdots$

(N_{10}) $\cdots \nu,\ \nu,\ \nu - 1,\ \nu,\ \nu, \cdots$

(N') $\cdots \varrho_{-1} \cdot (\nu - 1),\ \nu,\ \varrho_0 \cdot (\nu - 1),\ \nu,\ \varrho_1 \cdot (\nu - 1),\ \nu, \cdots,$

wobei die ϱ_i positive ganze Zahlen oder auch Null sind, die wieder den 1) und 2) entsprechenden Bedingungen unterworfen sind. Und so kann man unbegrenzt fortfahren: die Reihe

(R) $\cdots \varrho_{-2},\ \varrho_{-1},\ \varrho_0,\ \varrho_1,\ \varrho_2, \cdots$

läßt wieder vier verschiedene Gestalten zu, deren vierte zu einer neuen Reihe

(S) $\cdots \sigma_{-2},\ \sigma_{-1},\ \sigma_0,\ \sigma_1,\ \sigma_2, \cdots$

von gleichen Eigenschaften wie die früheren führt, usw. —

3. Erfüllt aber eine dieser Reihen, etwa (S), die gedachten Bedingungen, hat sie also eine der vier Gestalten, die den für die Reihe (M) näher bestimmten entsprechen, so gilt, wie leicht zu übersehen, das gleiche auch für alle voraufgehenden Reihen (R), (N), (M), und man gelangt zu einer Reihe (G'), welche der für die Zahlen K_i gestellten Forderung genügt; so gelangt man sogar zu unendlich vielen solcher Reihen, da die positiven ganzen Zahlen $\sigma, \varrho, \nu, \mu$ ganz beliebig wählbar sind. Einer jeden solchen Wertreihe der g_i aber, ebenso wie den Reihen (12) und (16) entspricht eine quadratische Form F_i[1]),

1) Durch die Wertreihe allein sind nur die Verhältnisse der Koeffizienten der Form bestimmt; es entsprechen ihr also unendlich viele Formen, die sich nur durch einen Proportionalitätsfaktor unterscheiden, und unter ihnen eine einzige, durch die Gleichungen (5) bestimmte Form mit vorgeschriebener Determinante. Wir werden hier Formen, die einander proportional sind, nicht als voneinander verschieden betrachten.

deren Koeffizienten aus den Gleichungen (5) bestimmbar sind, und eine ganze Formenklasse, welche durch sie repräsentiert wird, von der Beschaffenheit, daß 3 die obere Grenze der Werte K_i bezeichnet, eine Grenze, die, wie wir bei den Reihen (12) und (16) sahen, auch wirklich erreicht wird.

Letzteres geschieht auch für unendlich viele der Reihen (G'). Um dies einzusehen, bemerke man, daß, wenn eine der Reihen (M), (N), (R), ... z. B. die Reihe (S) von der zweiten oder dritten der zulässigen vier Gestalten gedacht wird, so daß man sie schreiben darf:

$$\cdots \sigma, \quad \sigma, \quad \sigma \pm 1, \quad \sigma, \quad \sigma, \cdots,$$

offenbar die Reihe (R') und jede der ihr voraufgehenden Reihen (N'), (M') die Gestalt annehmen:

$$\cdots \varrho'', \quad \varrho', \quad \varrho, \quad \varrho \pm 1, \quad \varrho', \quad \varrho'', \cdots$$

und endlich die Reihe (G') von einer der folgenden beiden Arten:

$$\cdots \gamma', \gamma', \gamma, \gamma, \quad 2, 2, 1, 1, \quad \gamma, \gamma, \gamma', \gamma', \cdots$$

oder

$$\cdots \gamma', \gamma', \gamma, \gamma, \quad 1, 1, 2, 2, \quad \gamma, \gamma, \gamma', \gamma', \cdots$$

sein wird. Dann findet sich aber wegen (10)

$$\mathfrak{K}(2;\, 1, 1, \gamma, \gamma, \cdots) + \mathfrak{K}(0;\, 2, \gamma, \gamma, \cdots) = 3$$
$$\mathfrak{K}(2;\, 2, \gamma, \gamma, \cdots) + \mathfrak{K}(0;\, 1, 1, \gamma, \gamma, \cdots) = 3.$$

Da nun die positive ganze Zahl σ beliebig gewählt werden darf, erkennt man, daß es unendlich viele Formenklassen gibt, für welche die obere Grenze der Werte K_i **gleich** 3 ist.

Wird andererseits etwa die Reihe (S) von derjenigen Gestalt gedacht, in welcher alle Glieder denselben, übrigens beliebig wählbaren Wert haben, so wird die Reihe (R') und weiter alle Reihen (N'), (M') bis zur Reihe (G') hin periodisch ausfallen. Hieraus folgt zunächst, daß dann der Ausdruck K_i nur eine endliche Anzahl verschiedener Werte zuläßt. Bedeutet ferner $2\overline{\omega}$ die Gliederanzahl der Periode in letzterer Reihe, so muß, wie eine genauere Betrachtung unschwer bestätigt, sowohl, wenn

$$(17) \qquad g_{i-1} = 2, \quad g_i = 2, \quad g_{i+1} = 1, \quad g_{i+2} = 1$$

ist, als auch, wenn

$$(18) \qquad g_{i-2} = 1, \quad g_{i-1} = 1, \quad g_i = 2, \quad g_{i+1} = 2$$

ist, die Anzahl $2k$ derjenigen Glieder zu beiden Seiten dieser Zahlen, welche paarweise einander gleich sind, kleiner sein als $2\overline{\omega}$. Schreibt man daher im ersteren Falle

(19) $$K_i = 2 + \mathfrak{K}(0;\, 1, 1, h) + \mathfrak{K}(0;\, 2, g),$$

so werden g, h verschieden voneinander sein, und wegen (10) wird die Summe der beiden Kettenbrüche die Einheit nicht erreichen; ähnlich verhält es sich in dem zweiten der bezeichneten Fälle. Da auch in jedem anderen Falle, wie oben schon erwähnt, $K_i < 3$ ist, so hat man zu schließen, daß auch der größte der endlich vielen Werte dieses Ausdrucks unterhalb 3 bleibt. Es gibt demnach unendlich viele Formenklassen, für welche die obere Grenze der Werte K_i **kleiner** als 3 ist.

Nun sei θ ein positiver Wert < 3; gibt es Formenklassen, für welche θ die obere Grenze der Werte K_i ist? Es sei (G') die zugehörige Wertreihe der g_i. Wenn sie dieser Forderung genügt, so können jedenfalls auch die den Fällen (17) und (18) entsprechenden Werte K_i nicht größer als θ sein. Da aber aus (10) und für den ersteren der Fälle aus (19), für den zweiten in ähnlicher Weise einleuchtet, daß K_i mit wachsendem Werte von $2k$ der Grenze 3 beliebig nahe kommen würde, muß es eine Grenze $2l$ geben, welche die Zahl $2k$ nicht überschreiten darf, derart, daß

$$k \gtreqless l$$

bleibt. Gesetzt nun, es sei $\mu_i - \mu_{i+1} = \pm 1$ und m die größte Zahl, für welche

$$\mu_{i+h+1} = \mu_{i-h} \quad (h = 1, 2, \cdots, m)$$

ist, so zeigt eine nähere Betrachtung der Reihen (G') und (M'), daß zwischen dieser Zahl m und der Zahl l die Ungleichheit

$$(m+2)\mu \gtreqless l + 1$$

bestehen muß. Werden mit $n, r, s, \ldots$ Zahlen bezeichnet, die für die Reihen (N), (R), (S), ... dieselbe Bedeutung haben wie m für (M), so erhält man die entsprechenden Bedingungen

$$(n+2)\nu \gtreqless m + 1$$
$$(r+2)\varrho \gtreqless n + 1$$
$$(s+2)\sigma \gtreqless r + 1,$$
$$\cdot \quad \cdot \quad \cdot \quad \cdot \quad \cdot \quad \cdot \quad \cdot \quad \cdot,$$

welche die Zahlenreihe $l, m, n, r, s, \ldots$ als eine stets abnehmende und damit den Umstand erweisen, daß in der Folge jener Reihen endlich eine auftreten muß, in welcher zwei aufeinanderfolgende Glieder nicht mehr voneinander verschieden, sondern alle Glieder einander gleich sind. Wäre dies etwa schon die nächste Reihe

(T) $$\cdots \tau, \quad \tau, \quad \tau, \quad \tau, \cdots$$

und somit die Reihe (S') von der Gestalt

$$(S') \qquad \cdots \sigma, \quad \tau\cdot(\sigma-1), \quad \sigma, \quad \tau\cdot(\sigma-1), \quad \sigma, \cdots,$$

so würde

$$s = \tau - 1$$

oder

$$\tau = s + 1.$$

Diese Bedingungen aber lassen für die Zahlen $\tau, s, \sigma, r, \varrho, n, \nu, m, \mu, l$ nur eine endliche Anzahl von Möglichkeiten zu und ergeben also nur eine ebenfalls endliche Anzahl von Zahlenreihen (G') und von zugehörigen Formenklassen. Bedenkt man noch, daß außer diesen Reihen (G') nur die beiden Reihen

$$\cdots 1, \quad 1, \quad 1, \cdots$$

$$\cdots 2, \quad 2, \quad 2, \cdots$$

als obere Grenze der Werte K_i eine Zahl < 3 ergaben, so folgt der Satz: Es gibt nur eine endliche Anzahl von Formenklassen, bei welchen die obere Grenze der Zahlen K_i eine Zahl $\theta < 3$ ist.

Ist also eine Reihe $\theta', \theta'', \ldots$ solcher Werte θ gegeben, die gegen 3 konvergiert, so muß schließlich die Menge der Formenklassen, da sie aus unendlich vielen Klassen besteht, bei denen jene Grenze $\lessgtr 3$ ist, von Intervall zu Intervall immer dichter, zuletzt unendlich dicht werden, indem sie auch unendlich viele Klassen aufweist, für welche jene Grenze gleich 3 ist. Mit Rücksicht auf die Beziehung $K_i = \frac{2\sqrt{D}}{A_{i+1}}$ läßt sich das Gesamtergebnis aussprechen wie folgt:

Bezeichnet A die untere Grenze für den absoluten Wert der Zahlen, welche durch die Formen einer bestimmten Klasse darstellbar sind, und D die Determinante der letzteren, so hat die Menge der für alle Klassen gebildeten Werte $\frac{2\sqrt{D}}{A}$ die Zahl 3 zur kleinsten Häufungsstelle.

3a. Wir kehren zu einer Frage zurück, die wir in Nr. 16 des zweiten Kapitels gestellt haben: welches nämlich für eine gegebene Irrationelle ω der größte Wert von θ sei, für den unendlich viele, der Ungleichheit

$$(1\text{a}) \qquad \left|\frac{x}{y} - \omega\right| \lessgtr \frac{1}{\theta y^2}$$

genügende rationale Brüche $\frac{x}{y}$ vorhanden sind. Dies ist, wie dort gezeigt worden, für jede Irrationelle der Fall, sobald θ größer als 1 und $\lessgtr \sqrt{5}$ ist und braucht also nur für größere Werte von θ untersucht zu werden. Da aber für $\theta \gtrless 2$ die gedachten Brüche nach Lagranges

Satz sich unter den Näherungsbrüchen des Kettenbruchs für ω befinden müssen, kann die Frage dahin gestellt werden, welches das größte $\theta > \sqrt{5}$ sei, für das die Ungleichheit (1a) durch unendlich viele dieser Näherungsbrüche erfüllt werde. Ist aber

$$\omega = \mathfrak{K}(g_0;\, g_1, g_2, g_3, \cdots) \tag{2a}$$

der Kettenbruch für ω, so besteht nach Nr. 15 daselbst für den Näherungsbruch $\frac{r_{i-1}}{s_{i-1}}$ die Beziehung

$$\left|\omega - \frac{r_{i-1}}{s_{i-1}}\right| = \frac{1}{\theta_i s_{i-1}^2}, \quad \text{worin} \tag{3a}$$

$$\theta_i = \mathfrak{K}(g_i;\, g_{i+1}, g_{i+2}, \cdots) + \mathfrak{K}(0;\, g_{i-1}, g_{i-2}, \cdots). \tag{4a}$$

Da dieser Formel zufolge θ_i immer größer als g_i ist, so wird sein Wert, falls der Kettenbruch (2a) unendlich viele verschiedene Teilnenner darbietet, über jede Grenze steigen können und demgemäß für eine solche Irrationelle ω der Wert θ in der Formel (1a) unbeschränkt sein. Andernfalls bezeiche g den Wert der größten unter den Teilnennern von ω. Da dann θ_i für diejenigen g_i, welche diesen Wert haben, größer als für die übrigen, aber gewiß kleiner ist als $g + 2$, so kann auch θ in der Formel (1a) diesen Wert nicht erreichen, und man wird die genaue Schranke, welche für solche ω dem Werte θ zukommt, erhalten, wenn man unter den Häufungsstellen der Menge

$$\theta_0, \theta_1, \theta_2, \theta_3, \cdots$$

die größte nimmt.

Wendet man in diesem Falle die Betrachtungen der vorigen Nummern auf die Klasse der Formen an, der die Form

$$f = (x - \omega' y)y \tag{5a}$$

mit der Determinante $\frac{1}{4}$ angehört, so tritt θ_i an die Stelle von K_i, wofür sich hier der Wert $K_i = \frac{1}{A_{i+1}}$ ergibt, und es bestimmt sich, wie schon in Nr. 8 des vorigen Kapitels bemerkt, A_i durch die Gleichung

$$A_i = |(r_i - \omega s_i)s_i|.$$

Nun ist zwar bei den dieser Nr. voraufgehenden Betrachtungen der zweite Kettenbruch in (6) als unbegrenzt gedacht, während er hier in (4a) nur endlich ist; doch bleiben jene Betrachtungen trotzdem im wesentlichen in Kraft, wenn man den Index i nur groß genug denkt. Demnach wird man, da der oberen Schranke 3 für K_i die untere Schranke $\frac{1}{3}$ für A_{i+1} entspricht, aus den zuvor erhaltenen Ergebnissen noch den weiteren Satz entnehmen können:

Ist $\theta > \sqrt{5}$, so gibt es, je nachdem $\theta \gtreqless 3$ oder $\theta < 3$ ist, unendlich viele oder nur eine endliche Anzahl nicht äquivalenter Irrationellen ω, für welche von einem endlichen Index i an der Ausdruck

$$|(r_i - s_i\omega)s_i|$$

dauernd gleich oder größer als $\frac{1}{\theta}$ bleibt, d. h. für welche nur endlich viele, der Ungleichheit

$$\left|\frac{x}{y} - \omega\right| \overline{\overline{<}} \frac{1}{\theta y^2}$$

genügende rationale Brüche $\frac{x}{y}$ vorhanden sind.[1])

4. Wir wollen jetzt die endlich vielen Klassen, bei welchen die obere Schranke für die Ausdrücke K_i ein Wert $\theta < 3$ ist, eingehender betrachten. Da für sie die Reihe (T) aus gleichen Gliedern besteht, so muß die zugehörige Reihe (G'), wie schon einmal bemerkt, periodisch und folglich die Ausdrücke R_i, S_i, d. h. die Wurzeln der zugehörigen Form F_i gleich quadratischen Irrationellen, die Form F_i selbst also einer Form mit ganzzahligen Koeffizienten proportional sein und daher ihren Minimalwert für ganzzahlige Werte ihrer Unbestimmten tatsächlich annehmen. Man zieht zunächst aus diesen Umständen noch den Schluß, daß, wenn die Koeffizienten einer Form f mit der Determinante D in irrationalen Verhältnissen stehen, der Unterschied

$$|f| - \tfrac{2}{3}\sqrt{D}$$

durch ganzzahlige Werte der Unbestimmten unter Null gebracht oder doch, falls er immer positiv bliebe, beliebig klein gemacht werden kann.

Wir nehmen nun an, die Reihe (T) sei in der Folge der Reihen (M'), (N'), $\cdots$ die $(n+1)^{\text{te}}$ und nennen a die konstante Zahl, aus der sie sich zusammensetzt, die Reihe selbst die Reihe (a). Wird dann der gleichmäßigen Bezeichnung wegen das größte Glied der nächstvorhergehenden Reihe a_1 genannt, so hat diese, welche mit $(a; a_1)$ bezeichnet werde, die Gestalt

$$(20) \quad \cdots a\cdot(a_1 - 1), \quad a_1, \quad a\cdot(a_1-1), \quad a_1, \quad a\cdot(a_1-1), \quad a_1, \cdots;$$

aus ihr entsteht die nun vorhergehende Reihe, deren größtes Glied a_2 heiße und die mit $(a; a_1; a_2)$ bezeichnet werde, usw., zuletzt die Reihe (M'), deren größtes Glied jetzt, statt mit μ, mit a_n be-

1) Vgl. hierzu den Schluß der S. 100 angeführten Arbeit von Hurwitz.

zeichnet werde, sie selbst mit $(a; a_1; a_2; \cdots; a_n)$, und in entsprechender Weise endlich aus ihr die Reihe $(a; a_1; a_2; \cdots; a_n; 2)$ mit dem größten Gliede 2, welche, wenn ihre Glieder zweimal geschrieben werden, die Reihe (G') ergibt. Alle diese Reihen sind, wie gesagt, periodisch, d. h. es besteht allgemein die Reihe $(a; a_1; a_2; \ldots; a_k)$ aus einer periodisch wiederkehrenden Zahlenreihe

$$\alpha_1, \alpha_2, \alpha_3, \ldots, \alpha_m.$$

Diese Periode kann aber je nach dem Gliede, mit dem man sie beginnt, verschieden geschrieben werden, und wir wollen nun bei jeder dieser Perioden zwei besondere Gestalten auszeichnen. Die Periode der Reihe (a) ist eingliedrig und mag ohne Unterschied durch $[a]$ oder $\{a\}$ bezeichnet werden. Die Periode der Reihe $(a; a_1)$, d. i. der Reihe (20), bezeichnen wir mit $[a, a_1]$ oder mit $\{a, a_1\}$, je nachdem wir sie mit dem Gliede a_1 beginnen oder schließen, also

(21) $$a_1, a \cdot (a_1 - 1) \quad \text{oder} \quad a \cdot (a_1 - 1), a_1.$$

Je nachdem man nun die Periode der Reihe (20) in der zweiten oder ersten dieser Gestalten wählt und entsprechend diejenige der Reihe $(a; a_1; a_2)$ mit a_2 oder dem folgenden Gliede beginnt, nimmt die letztere die erste oder zweite der folgenden Gestalten an:

(22a) $$a \cdot (a_2, (a_1 - 1) \cdot (a_2 - 1)), \quad a_2, \quad a_1 \cdot (a_2 - 1)$$

oder

(22b) $$a_1 \cdot (a_2 - 1), \quad a_2, \quad a \cdot ((a_1 - 1) \cdot (a_2 - 1), \quad a_2),$$

die wir $[a, a_1, a_2]$ bzw. $\{a, a_1, a_2\}$ heißen. Hat man, in dieser Weise fortfahrend, die beiden Gestalten

$$[a, a_1, \ldots, a_k], \quad \{a, a_1, \ldots, a_k\}$$

der Periode für die Reihe $(a; a_1; \ldots; a_k)$ ausgezeichnet, welche bzw. aus den Zahlen

$$\alpha_1, \alpha_2, \ldots \alpha_\mu \ldots, \alpha_m$$

$$\alpha_\mu, \alpha_{\mu+1}, \ldots \alpha_m, \alpha_1, \ldots, \alpha_{\mu-1}$$

bestehen mögen, so bilde man für die folgende Reihe $(a; a_1; \ldots; a_k; a_{k+1})$ die Periode in einer der beiden Gestalten

$$[a, a_1, \ldots a_k, a_{k+1}]$$

d. i.

(23a) $$a_{k+1}, \alpha_\mu \cdot (a_{k+1} - 1), a_{k+1}, \alpha_{\mu+1} \cdot (a_{k+1} - 1), \cdots, a_{k+1}, \alpha_{\mu-1} \cdot (a_{k+1} - 1)$$

und

$$\{a, a_1, \ldots, a_k, a_{k+1}\}$$

d. i.

(23b) $$\alpha_1 \cdot (a_{k+1} - 1), a_{k+1}, \alpha_2 \cdot (a_{k+1} - 1), a_{k+1}, \cdots, \alpha_m \cdot (a_{k+1} - 1), a_{k+1}.$$

Indem man übereinkommt, eine Zahlenreihe, welche aus einer α mal wiederholten Reihe A, einer β mal wiederholten Reihe B usw. besteht, in Gestalt einer Summe durch $\alpha A + \beta B + \cdots$ zu schreiben, stellen sich die erwähnten Gestalten der fraglichen Perioden wie folgt dar:

$$(24)\quad \begin{cases} [a, a_1] = [a_1] + a \cdot [a_1 - 1] \\ \{a, a_1\} = a \cdot \{a_1 - 1\} + \{a_1\} \end{cases}$$

$$(25)\quad \begin{cases} [a, a_1, a_2] = a \cdot [a_1 - 1, a_2] + [a_1, a_2] \\ \{a, a_1, a_2\} = \{a_1, a_2\} + a \cdot \{a_1 - 1, a_2\} \end{cases}$$

usw. Diese Gleichungen lassen ein Gesetz erkennen, welches durch allgemeine Induktion leicht zu bestätigen ist und in nachstehenden Formeln seinen Ausdruck findet:

$$(26)\quad \begin{cases} [a, a_1, \cdots a_{2h-1}] = [a_1, \cdots a_{2h-1}] + a \cdot [a_1 - 1, \cdots a_{2h-1}] \\ [a, a_1, \cdots a_{2h}] = a \cdot [a_1 - 1, \cdots a_{2h}] + [a_1, \cdots a_{2h}] \end{cases}$$

und

$$(27)\quad \begin{cases} \{a, a_1, \cdots a_{2h-1}\} = a \cdot \{a_1 - 1, \cdots a_{2h-1}\} + \{a_1, \cdots a_{2h-1}\} \\ \{a, a_1, \cdots a_{2h}\} = \{a_1, \cdots a_{2h}\} + a \cdot \{a_1 - 1, \cdots a_{2h}\}. \end{cases}$$

Werden sie mit denjenigen verbunden, die daraus durch Verwandlung von a in $a + 1$ hervorgehen, so ergibt sich das nachstehende System:

$$(28)\quad \begin{cases} [a+1, a_1, \cdots a_{2h-1}] = [a, a_1, \cdots a_{2h-1}] + [a_1 - 1, \cdots a_{2h-1}] \\ [a+1, a_1, \cdots a_{2h}] = [a_1 - 1, \cdots a_{2h}] + [a, a_1, \cdots a_{2h}] \\ \{a+1, a_1, \cdots a_{2h-1}\} = \{a_1 - 1, \cdots a_{2h-1}\} + \{a, a_1, \cdots a_{2h-1}\} \\ \{a+1, a_1, \cdots a_{2h}\} = \{a, a_1, \cdots a_{2h}\} + \{a_1 - 1, \cdots a_{2h}\}. \end{cases}$$

In allen diesen Formeln bedeuten die a_i der Natur der Sache nach positive ganze Zahlen. Beachtet man jedoch, daß, wenn $a = 0$ gedacht wird, also die Reihe (T) aus lauter Nullen besteht, die nächst vorhergehende Reihe aus lauter gleichen Zahlen a_1 zusammengesetzt ist, so erkennt man, daß allgemein die Reihe $(0; a_1; \ldots; a_k)$ nichts anderes ist als die Reihe $(a_1; \ldots; a_k)$ und daß dementsprechend die erwähnten Formeln ihre Gültigkeit behalten auch für den Wert $a = 0$.

Aus dem Bildungsgesetze (23) der beiden ausgezeichneten Periodengestalten fließen noch mehrere wichtige Folgerungen:

I. Die Periode $[a, a_1, \cdots a_k]$ beginnt mit dem Gliede a_k und schließt mit $a_k - 1$.

II. Die Periode $\{a, a_1, \ldots a_k\}$ ist die Umkehrung von $[a, a_1 \ldots a_k]$. Dies erhellt für $k = 1$ und $k = 2$ aus den Formeln (21) und (22) unmittelbar und dann durch allgemeine Induktion aus dem Bildungsgesetze (23).

III. Sei $[a, a_1, \ldots a_k]$ die Zahlenreihe

$$\alpha_1, \alpha_2, \ldots, \alpha_{m-1}, \alpha_m,$$

so ist nach I zunächst $\alpha_1 = a_k$, $\alpha_m = a_k - 1$, sodann aber sind die gleich weit von den beiden Enden abstehenden Glieder einander gleich:

$$\alpha_2 = \alpha_{m-1}, \; \alpha_3 = \alpha_{m-2}, \ldots$$

Auch dies sieht man unmittelbar aus den Formeln (21) und (22) für die Fälle $k = 1$ und $k = 2$ und wird dann wieder durch allgemeine Induktion mittels des Bildungsgesetzes (23) für jedes k bestätigt.

IV. Vergleicht man Glied für Glied die beiden Periodengestalten (21) mit den noch außer ihnen möglichen anderen:

$$\begin{array}{lll} (a-1)\cdot(a_1-1), & a_1, & a_1 - 1 \\ (a-2)\cdot(a_1-1), & a_1, & 2\cdot(a_1-1) \\ \cdots & \cdots & \cdots \\ 1\cdot(a_1-1), & a_1, & (a-1)\cdot(a_1-1), \end{array}$$

so erkennt man, daß das erste bzw. letzte Glied in $[a, a_1]$, welches von dem entsprechenden einer der anderen Gestalten verschieden ist, um 1 größer bzw. kleiner als dasselbe ist; umgekehrt für $\{a, a_1\}$. Auch dieser Umstand erweist sich leicht mittels des Bildungsgesetzes (23) durch allgemeine Induktion als durchweg gültig auch für die korrespondierenden Glieder der Perioden $[a, a_1, \ldots a_k]$ bzw. $\{a, a_1, \ldots a_k\}$ einerseits und der übrigen Gestalten der Periode andererseits. —

5. Die ausgesprochenen Sätze lassen erkennen, daß die Periode $[a, a_1, \ldots, a_n, 2]$ der Reihe $(a; a_1; \ldots; a_n; 2)$ die Gestalt

$$2, \alpha, \beta, \ldots, \beta, \alpha, 1$$

hat und demgemäß die Periode der Reihe (G') die folgende:

$$2, 2, \alpha, \alpha, \beta, \beta, \ldots, \beta, \beta, \alpha, \alpha, 1, 1. \tag{29}$$

Daraus folgt aber weiter, daß der größte Wert des Ausdrucks (6) für K_i, d. i. für die Summe $R_i + S_i$, gleich

$$\mathfrak{K}(2; 2, \alpha, \alpha, \cdots \alpha, \alpha, 1, 1, 2, \cdots) + \mathfrak{K}(0; 1, 1, \alpha, \alpha, \cdots \alpha, \alpha, 2, 2, \ldots) \tag{30}$$

ist, wofür auch $\xi + \frac{1}{\eta}$ geschrieben werden kann, wenn

$$\begin{cases} \xi = \mathfrak{K}(2; 1, 1, \alpha, \alpha, \cdots \alpha, \alpha, 2, \cdots) \\ \eta = \mathfrak{K}(2; \alpha, \alpha, \cdots \alpha, \alpha, 1, 1, 2, \cdots) \end{cases} \tag{31}$$

gesetzt wird. Nennt man nun $\frac{P}{Q}, \frac{P'}{Q'}$ den letzten und vorletzten Näherungsbruch des Kettenbruchs

$$\mathfrak{K}(2; 1, 1, \alpha, \alpha, \ldots \alpha, \alpha, 2),$$

so ist ξ die positive, also $-\frac{1}{\eta}$ die negative Wurzel der quadratischen Gleichung

$$Q\xi^2 + (Q' - P)\xi - P' = 0$$

oder auch der quadratischen Form

(32) $$Qx^2 + (Q' - P)xy - P'y^2,$$

so daß

(33) $$\xi + \frac{1}{\eta} = 2 \cdot \sqrt{\left(\frac{Q' - P}{2Q}\right)^2 + \frac{P'}{Q}}$$

gefunden wird. Zwischen ξ und $S_i = \frac{(-1)^{i+1}}{\Omega_i'}$ einerseits und $-\frac{1}{\eta}$ und $R_i = \frac{(-1)^i}{\Omega_i}$ andererseits bestehen aber die Beziehungen

$$\frac{(-1)^{i+1}}{\Omega_i'} = \xi - 2, \quad \frac{(-1)^{i+1}}{\Omega_i} = -\frac{1}{\eta} - 2,$$

welche lehren, daß die Form (32) der Form F_i äquivalent ist, so daß durch beide die gleichen Zahlen dargestellt werden können. Nach (30) und (33) findet sich also das Maximum des Ausdrucks $K_i = \frac{2\sqrt{D}}{A_{i+1}}$ für die Formen der zugehörigen Klasse, deren Determinante

$$D = \left(\frac{Q' - P}{2}\right)^2 + P'Q$$

ist, gleich $\frac{2\sqrt{D}}{Q}$ und demnach Q als kleinste aller Zahlen A_{i+1}, also auch aller durch die Klasse darstellbaren Zahlen.

Versteht man aber unter δ, ε die Zahlen 2, 1, so ist

$$\begin{aligned}\frac{P}{Q} &= \mathfrak{K}(2;\ \varepsilon, \varepsilon, \alpha, \alpha, \cdots \alpha, \alpha, \delta)\\ &= \mathfrak{K}(2;\ \varepsilon, \varepsilon, \alpha, \alpha, \cdots \alpha, \alpha, \delta - 1, 1)\\ &= \mathfrak{K}(2;\ 1, \delta - 1, \alpha, \alpha, \cdots \alpha, \alpha, \varepsilon, \varepsilon),\end{aligned}$$

und, da

$$\frac{P'}{Q'} = \mathfrak{K}(2;\ \varepsilon, \varepsilon, \alpha, \alpha, \cdots, \alpha, \alpha)$$

und nach dem Bildungsgesetze der Näherungsbrüche

$$\frac{P - P'}{Q - Q'} = \mathfrak{K}(2;\ \varepsilon, \varepsilon, \alpha, \alpha, \cdots \alpha, \alpha, \delta - 1)$$

ist, nach einer bekannten Eigenschaft der Kettenbrüche

$$\frac{Q - Q'}{Q'} = \mathfrak{K}(\delta - 1;\ \alpha, \alpha, \cdots \alpha, \alpha, \varepsilon, \varepsilon).$$

Hieraus ergibt sich wegen der dritten Gestalt des Kettenbruchs für $\frac{P}{Q}$ die Gleichung

$$\frac{Q - Q'}{Q} = \frac{P}{Q} - 2$$

oder

$$Q - Q' = P - 2Q$$

d. i.

(34) $$Q' = 3Q - P.$$

Aus der Beziehung $PQ' - P'Q = 1$ folgt dann weiter $P' = 3P - \frac{P^2+1}{Q}$ und somit

$$D = \tfrac{9}{4}Q^2 - 1$$

und als obere Grenze des Ausdrucks K_i nach (33) der Wert

$$\sqrt{9 - \frac{4}{Q^2}}.$$

Diese Ergebnisse zusammenfassend können wir folgendes aussprechen:

Bei jeder Formenklasse, für welche der Ausdruck K_i eine obere Grenze $\theta < 3$ hat, ist die zugehörige Zahlenreihe (G') periodisch und ihre Periode von der Gestalt

$$2, 2, \alpha, \alpha, \beta, \beta, \cdots \beta, \beta, \alpha, \alpha, 1, 1,$$

wo die $\alpha, \beta, \ldots$ gleich 1 oder 2 sind. Ist $\frac{P}{Q}$ der reduzierte Wert des Kettenbruchs

$$\mathfrak{K}(2; 1, 1, \alpha, \alpha, \beta, \beta, \ldots \beta, \beta, \alpha, \alpha, 2),$$

so gibt es eine Formenklasse, deren Determinante

$$D = \tfrac{9}{4}Q^2 - 1$$

ist, und für welche der Ausdruck K_i die obere Grenze

$$\sqrt{9 - \frac{4}{Q^2}}$$

hat; sie wird repräsentiert durch die Form

$$Qx^2 + (3Q - 2P)xy + (R - 3P)y^2,$$

in welcher

$$RQ = P^2 + 1$$

gedacht und der erste Koeffizient Q derselben die kleinste durch die Formen der Klasse darstellbare Zahl ist.

6. Um die Abhängigkeit der Zahl Q von der Periode

$$\{a, a, \ldots a_n, 2\}$$

zu kennzeichnen, werden wir sie bestimmter durch das Zeichen

$$Q\{a, a_1, \ldots a_n, 2\}$$

ausdrücken und wollen nun zeigen, wie diese Zahl für jede der gedachten Formenklassen auf rekurrente Weise zu bestimmen ist.

Betrachten wir zu diesem Zwecke die Kettenbrüche

$(\mathfrak{K}_1)$ $$\mathfrak{K}(2;\ \alpha, \alpha, \ldots, \lambda, \lambda, 2)$$

$(\mathfrak{K}_2)$ $$\mathfrak{K}(2;\ \beta, \beta, \ldots, \mu, \mu, 2)$$

$(\mathfrak{K}_3)$ $$\mathfrak{K}(2;\ \alpha, \alpha, \ldots, \lambda, \lambda, 2, 2, \beta, \beta, \ldots \mu, \mu, 2),$$

nennen

$$\frac{P_1}{Q_1}, \ \frac{P_1'}{Q_1'};\ \frac{P_2}{Q_2}, \ \frac{P_2'}{Q_2'};\ \frac{P_3}{Q_3}, \ \frac{P_3'}{Q_3'}$$

die letzten und vorletzten Näherungsbrüche derselben und nehmen an, es beständen die Beziehungen

$$(35)\qquad \begin{cases} Q_1' = 3\,Q_1 - P_1 \\ Q_2' = 3\,Q_2 - P_2 \\ Q_3' = 3\,Q_3 - P_3. \end{cases}$$

Da außer ihnen bekanntermaßen die folgenden stattfinden

$$(36)\qquad \begin{cases} P_1\,Q_1' - P_1'\,Q_1 = 1 \\ P_2\,Q_2' - P_2'\,Q_2 = 1 \\ P_3\,Q_3' - P_3'\,Q_3 = 1, \end{cases}$$

und der dritte Kettenbruch in der Gestalt

$$\mathfrak{K}\left(2;\ \alpha, \alpha, \ldots \lambda, \lambda, 2, \frac{P_2}{Q_2}\right)$$

geschrieben werden kann, auch die Beziehungen:

$$(37)\qquad \begin{cases} P_3 = P_1 P_2 + P_1'\,Q_2, & P_3' = P_1 P_2' + P_1'\,Q_2' \\ Q_3 = Q_1 P_2 + Q_1' Q_2, & Q_3' = Q_1 P_2' + Q_1'\,Q_2', \end{cases}$$

so erhält man hieraus zunächst

$$P_1' = 3\,P_1 - \frac{P_1^2 + 1}{Q_1}$$

$$P_2' = 3\,P_2 - \frac{P_2^2 + 1}{Q_2}.$$

Werden diese Ausdrücke für P_1', P_2' und die Ausdrücke (35) für Q_1', Q_2' in die Formeln (37) und sodann die für P_3, Q_3, Q_3' erhaltenen Werte in die letzte der Gleichungen (35) eingesetzt, so ergibt sich eine Gleichung, der durch einige leichte Reduktionen die einfache Gestalt gegeben werden kann:

$$(38)\qquad Q_1^2 + Q_2^2 + Q_3^2 = 3\,Q_1\,Q_2\,Q_3.$$

Bedeutet nun $\alpha, \ldots, \lambda, 2$ die Periode $\{a, a_1, a_2, \ldots, a_n, 2\}$ und $\beta, \ldots \mu, 2$ die Periode $\{a_1 - 1, a_2, \ldots, a_n, 2\}$ oder umgekehrt je nach der geraden oder ungeraden Anzahl der Elemente a_i, so ist den Formeln (28) zufolge $\alpha, \ldots \lambda, 2, \beta, \ldots \mu, 2$ die Periode

$$\{a+1, a_1, a_2, \ldots a_n, 2\},$$

und daher bedeuten dann Q_1, Q_2, Q_3 die Ausdrücke:

$$(39)\quad \begin{cases} Q_1 = Q\{a, a_1, \cdots a_n, 2\} \\ Q_2 = Q\{a_1 - 1, \quad a_2, \quad \cdots a_n, 2\} \end{cases} \text{oder umgekehrt, und} \\ \quad Q_3 = Q\{a+1, \quad a_1, a_2, \cdots a_n, 2\},$$

zwischen denen folglich, da für sie mit (34) entsprechend die Gleichungen (35) statthaben, die Beziehung (38) erfüllt ist, d. h., welche eine Lösung der unbestimmten Gleichung

$$(40)\qquad X_1^2 + X_2^2 + X_3^2 = 3X_1X_2X_3$$

in positiven ganzen Zahlen darstellen. Nennt man mit Frobenius jedes Element einer solchen Lösung eine Markoffsche Zahl, so ist also gezeigt, daß das Minimum jeder der in voriger Nummer betrachteten Formenklassen eine Markoffsche Zahl ist.

7. Die Gleichung (40) ist nur ein besonderer Fall der Gleichung

$$X_1^2 + X_2^2 + \cdots + X_n^2 = nX_1X_2\cdots X_n,$$

für welche A. Hurwitz in einer interessanten kleinen Arbeit[1]) nachgewiesen hat, daß alle ihre Lösungen in positiven ganzen Zahlen aus der evidenten Lösung

$$X_1 = X_2 = \cdots = X_n = 1$$

hergeleitet werden können. Dies läßt sich für den hier vorliegenden einfachen Fall $n=3$ leicht folgendermaßen erkennen.

Die Symmetrie der Gleichung (40) in bezug auf X_1, X_2, X_3 läßt aus einer Lösung immer noch andere finden, die sich von ihr nur durch die Anordnung der Elemente unterscheiden; alle diese sollen nur als eine einzige Lösung angesehen werden. Die Summe

$$X_1 + X_2 + X_3$$

werde die Höhe der Lösung genannt. Zunächst gibt es nun nur eine Lösung in gleichen Elementen, nämlich

$$X_1 = X_2 = X_3 = 1,$$

denn für solche Lösungen müßte $3X_1^2 = 3X_1^3$, also $X_1 = 1$ sein. Es gibt auch nur eine Lösung, bei welcher zwei der Elemente, etwa X_1, X_2 einander gleich sind, denn für eine solche müßte

$$2X_1^2 + X_3^2 = 3X_1^2X_3,$$

1) A. Hurwitz, Über eine Aufgabe der unbestimmten Analysis, Archiv f. Math. u. Physik (3), Bd. 9, S. 185.

also X_3 durch X_1 teilbar: $X_3 = X \cdot X_1$ und $X > 1$, mithin

$$2 + X^2 = 3XX_1,$$

d. i. $X = 2$, $X_1 = 1$, die Lösung also

$$X_1 = X_2 = 1, \quad X_3 = 2$$

sein. Bei jeder Lösung, die von diesen zwei einfachen verschieden ist, sind also die Zahlen X, X_1, X_2 ungleich. Setzt man demgemäß

$$X_1 < X_2 < X_3,$$

so folgen aus (40) die beiden Ungleichheiten

$$(41) \qquad 3X_1X_2 > X_3 > X_1X_2.$$

Setzt man ferner

$$(42) \qquad f(X) = X^2 - 3X_1X_2 \cdot X + X_1^2 + X_2^2,$$

so hat die Gleichung $f(X) = 0$ die beiden Wurzeln

$$\frac{3X_1X_2 \pm \sqrt{9X_1^2X_2^2 - 4(X_1^2 + X_2^2)}}{2},$$

von denen die mit dem oberen Vorzeichen versehene die Wurzel X_3 ist, da

$$\frac{3X_1X_2 - \sqrt{9X_1^2X_2^2 - 4(X_1^2 + X_2^2)}}{2} \lesseqgtr X_1X_2$$

gefunden wird, während X_3 wegen (41) größer ist als X_1X_2. Daraus folgt

$$X_3 > \frac{3X_1X_2}{2}.$$

Da nun die andere Wurzel X_3' aus der Beziehung

$$X_3 + X_3' = 3X_1X_2$$

hervorgeht, findet sich

$$0 < X_3' < \frac{3X_1X_2}{2} < X_3.$$

Zudem ist

$$f(X_2) < 3X_2^2(1 - X_1),$$

also negativ; folglich liegt X_2 zwischen den beiden Wurzeln von (42), und somit ist X_3' auch $< X_2$. Auf diese Weise gelangt man von der Lösung X_1, X_2, X_3 der Gleichung (40) zu einer anderen

$$(43) \qquad X_1, X_2, X_3',$$

in welcher

$$(44) \qquad X_3' = 3X_1X_2 - X_3$$

und X_2 jetzt das größte der drei Elemente, die Höhe $X_1 + X_2 + X_3'$ also geringer als bei der früheren ist. Ebenso finden sich noch zwei andere Lösungen

$$X_1,\ 3X_1X_3 - X_2,\ X_3$$
$$3X_2X_3 - X_1,\ X_2,\ X_3,$$

die nebst der vorigen die der Lösung X_1, X_2, X_3 benachbarten heißen mögen; wir bezeichnen unter ihnen die Lösung (43) als die aus X_1, X_2, X_3 abgeleitete Lösung.

Sind die Elemente derselben noch ungleich, so leitet man auf dieselbe Weise aus der Lösung (43) eine neue Lösung X_1, X_2', X_3' ab, in welcher

$$X_2' = 3X_1X_3' - X_2$$

und deren Höhe wieder geringer ist, als die der vorigen, usw. Man erkennt hieraus, daß endlich eine der abgeleiteten Lösungen gleiche Elemente darbieten, also entweder die Lösung 1, 1, 1 oder die andere 2, 1, 1 sein muß, zu deren zweiter, da $1 = 3 \cdot 1 \cdot 1 - 2$ ist, die erste die abgeleitete ist. Somit ist schließlich jede Auflösung der Gleichung (40) in positiven ganzen Zahlen auf die Auflösung 1, 1, 1 zurückgeführt.

Setzt man nun $a - 1$ statt a in den Formeln (39) und

$$Q_0 = Q\{a - 1, a_1, \cdots, a_n, 2\},$$

so bilden auch die Zahlen Q_0, Q_1, Q_2 eine Auflösung der Gleichung (40) in positiven ganzen Zahlen. Zudem ist offenbar keine der Zahlen Q_0, Q_1, Q_2, Q_3 gleich 1, somit jede dieser beiden Auflösungen eine solche in ungleichen Zahlen. Aus (37) ergibt sich ferner Q_3 als die größte der Zahlen Q_1, Q_2, Q_3 und ebenso Q_2 als die größte der Zahlen Q_0, Q_1, Q_2 und demnach gewiß $Q_3 > Q_0$. Da nun die Verbindung der Gleichung (38) mit der anderen:

$$Q_0^2 + Q_1^2 + Q_2^2 = 3Q_0Q_1Q_2$$

zur Beziehung

$$Q_3^2 - Q_0^2 = 3(Q_3 - Q_0) \cdot Q_1Q_2$$

führt, so findet sich daraus die neue:

$$Q_3 = 3Q_1Q_2 - Q_0. \tag{45}$$

Die Formelm (38) und (45) sind Rekursionsformeln, welche die Berechnung der Zahlen Q_i auf die einfachsten von ihnen zurückführen. Dies sind die Größen

$$Q\{1, 2\} \quad \text{und} \quad Q\{0, 2\} = Q\{2\},$$

d. i. die Nenner der Kettenbrüche

$$\mathfrak{K}(2;\ 1,\ 1,\ 2) = \tfrac{13}{5},\quad \mathfrak{K}(2;\ 2) = \tfrac{5}{2},$$

mithin

$$Q\{1, 2\} = 5,\quad Q\{0, 2\} = 2;$$

setzt man also nach

(39a) $$Q\{1\}=1, \quad Q\{0\}=1,$$

so besteht die der Gleichung (45) entsprechende Beziehung

$$Q\{1, 2\}=3\cdot Q\{0, 2\}\cdot Q\{1\}-Q\{0\}.$$

Hiernach erkennt man leicht, daß die Ausdrücke (39) zusammen mit (39a) die allgemeine Auflösung der Gleichung (40) in ungleichen Zahlen ergeben. Denn, gehörte eine solche Auflösung X_1, X_2, X_3, welche den Ungleichheiten $X_1 < X_2 < X_3$ genügte, nicht zu jenen, so könnte die daraus abgeleitete Auflösung X_1, X_2, X_3' auch keine derselben sein, etwa

$$X_2=Q_2, \quad X_1=Q_1, \quad X_3'=Q_0,$$

da sonst wegen (44) und (45) $X_3=Q_3$, also gegen die Voraussetzung X_1, X_2, X_3 eine der gedachten Auflösungen wäre. Da man so fortfahrend schließlich zur letzten Auflösung 5, 2, 1 der Gleichung (40) in ungleichen Zahlen geführt würde, welche mit den Ausdrücken $Q\{1,2\}, Q\{0,2\}, Q\{1\}$ identisch ist, so müßte doch wieder X_1, X_2, X_3 zu den gedachten Auflösungen gehören, und damit ist die Behauptung bewiesen. Dieser Umstand führt zur Umkehr des in voriger Nummer ausgesprochenen Satzes, nämlich zu der Aussage, daß jeder Markoffschen Zahl eine Formenklasse entspricht, für welche sie der Absolutwert der kleinsten durch die Formen derselben darstellbaren Zahl, d. i. ihres Minimums, ist.

Eine genauere Untersuchung dieser merkwürdigen Zahlen verdankt man Frobenius (Sitzungsber. Berl. Akad. 1913, S. 458), auf deren interessante Ergebnisse hier aber nur hingewiesen werden kann.

7a. Fassen wir nun zusammen, was in den letzten Nummern erhalten worden ist, so haben wir festgestellt, daß bei jeder Formenklasse, bei welcher der Ausdruck K_i zur oberen Grenze eine Zahl $\theta < 3$ oder, was dasselbe sagt, bei jeder Klasse von Formen mit der Determinante D, für welche A_i zur unteren Grenze eine Zahl

$$\frac{2}{\theta}\sqrt{D} > \frac{2}{3}\sqrt{D}$$

hat, die Koeffizienten jeder Form in rationalen Verhältnissen stehen, und daß, da dann für die Form ein Minimalwert wirklich vorhanden ist, der Minimalwert jeder derartigen Formenklasse eine Markoffsche Zahl Q ist, sowie, daß auch umgekehrt einer jeden solchen Zahl Q eine derartige Formenklasse mit dem Minimalwerte Q entspricht. Ordnet man daher die Markoffschen Zahlen der Größe nach wachsend:

(Q) $$Q\{1\}=1, \quad Q\{2\}=2, \quad Q\{1, 2\}=5, \ldots,$$

so erhält man dementsprechend die sämtlichen Formenklassen mit der Determinante D, deren Minimalwert $> \frac{2}{3}\sqrt{D}$ ist, nach der steigenden Größe ihrer Minimalwerte oder, was, da $D = \frac{9}{4}Q^2 - 1$ gefunden war, auf dasselbe hinauskommt, die sämtlichen Formenklassen mit der Determinante 1 geordnet nach der abnehmenden Größe ihrer Minimalwerte

$$\frac{Q}{\sqrt{\frac{9}{4}Q^2-1}} = \frac{2Q}{\sqrt{9Q^2-4}},$$

für welche sich die Werte $\sqrt{\frac{4}{5}}, \sqrt{\frac{1}{2}}, \sqrt{\frac{100}{221}}, \ldots$ ergeben. Da

$$\begin{aligned}
&\text{für } Q = 1 \text{ sich } P = 1,\quad R = \frac{P^2+1}{Q} = 2\\
&\quad\text{,,}\ \ Q = 2 \ \ \text{,,}\ \ P = 5,\quad R = \frac{P^2+1}{Q} = 13\\
&\quad\text{,,}\ \ Q = 5 \ \ \text{,,}\ \ P = 13,\quad R = \frac{P^2+1}{Q} = 34
\end{aligned}$$

finden, werden die gedachten Formenklassen nach Ende von Nr. 5 entsprechend repräsentiert durch die Formen

$$\begin{aligned}
f_0 &= \sqrt{\tfrac{4}{5}}\,(x^2 - xy - y^2)\\
f_1 &= \sqrt{\tfrac{1}{2}}\,(x^2 - 2xy - y^2)\\
f_2 &= \sqrt{\tfrac{100}{221}}\,(5x^2 - 11xy - 5y^2)\\
&\ldots\ldots\ldots\ldots,
\end{aligned}$$

deren Reihe beliebig weit fortgesetzt werden kann (s. in Markoffs Abhandlung, Math. Ann. Bd. 15, S. 405/6 eine Tabelle, welche eine weitere Fortsetzung derselben gibt). Somit läßt sich endlich über die Minima der unbestimmten binären quadratischen Formen folgendes aussagen:

Die genaue obere Grenze der Minima für **sämtliche** solche Formen mit der Determinante 1 ist der Wert $\sqrt{\frac{4}{5}}$, welcher der durch die Form f_0 repräsentierten Klasse entspricht; für alle nicht mit f_0 äquivalenten Formen ist sie der Wert $\sqrt{\frac{1}{2}}$, welcher der durch f_1 repräsentierten Klasse zukommt; für alle weder mit f_0 noch mit f_1 äquivalenten Formen ist sie der Wert $\sqrt{\frac{100}{221}}$, welcher der durch f_2 repräsentierten Klasse entspricht usw. Für Formen mit der Determinante D ergibt sich Entsprechendes, wenn man die Formen $f_0, f_1, f_2, \ldots$ mit $\sqrt{D}$ multipliziert. —

8. Bezogen sich die voraufgehenden Betrachtungen auf die untere Schranke für die äußeren Koeffizienten der Formen einer gegebenen

Klasse, so handeln J. Schurs Untersuchungen, von denen wir jetzt das Wesentlichste mitteilen werden, von der unteren Schranke für den mittleren Koeffizienten derselben.

Bezeichnen wieder, wie in Nr. 1, die F_i für alle Werte des Index i die Kette reduzierter Formen einer gegebenen Klasse mit der Determinante D, so folgt aus der Bedingung $B_i < \sqrt{D}$, daß man jene Schranke erhalten wird, wenn man sich auf diejenigen Formen (a, b, c) beschränkt, deren b absolut kleiner ist als $\sqrt{D}$; dabei darf $|a| \lesseqgtr |c|$ gedacht werden, da man sonst statt jener Form die äquivalente Form $(c, -b, a)$ betrachten könnte. Da nun $b^2 < D = b^2 - ac$, so muß ac negativ sein, und es ergibt sich $|a| < \sqrt{D}$; und wenn b' diejenige Zahl zwischen $\sqrt{D}$ und $\sqrt{D} - |a|$ bezeichnet, welche mit $b \pmod{a}$ kongruent ist, so ist die mit (a, b, c) äquivalente Form (a, b', c') nach Nr. 6 vor. Kap. eine reduzierte Form der Klasse, also mit einer der Formen F_i identisch, so daß $a = (-1)^i A_i$, $b' = B_i$, also

$$b \equiv b' \equiv B_i \pmod{A_i}$$

und der Gleichung

$$B_{i-1} + B_i = g_{i-1} \cdot A_i$$

zufolge

$$b \equiv -B_{i-1} \pmod{A_i}$$

gesetzt werden darf. Versteht man dann unter B'_{i-1} den absolut kleinsten Rest von $B_{i-1} \pmod{A_i}$, derart daß $|B'_{i-1}| < \frac{A_i}{2}$, so gibt es eine mit F_{i-1}, also auch mit F_i und mit (a, b, c) äquivalente Form $(A'_{i-1}, B'_{i-1}, (-1)^i A_i)$, in welcher, da $b \equiv -B'_{i-1} \pmod{A_i}$ sein muß, sicher $|B'_{i-1}| \lesseqgtr |b|$ ist. Hieraus folgt, daß man die gesuchte Schranke gewiß finden wird, wenn man die untere Schranke der Zahlen $|B'_{i-1}|$ ermittelt. Dieser unteren Schranke der Zahlen $|B'_{i-1}|$ entspricht aber die obere Schranke des Quotienten

$$\frac{\sqrt{D}}{|B'_{i-1}|}, \tag{46}$$

den wir jetzt mit Q_{i-1} bezeichnen und von dem wir nun handeln wollen.

Nach (2) ist
$$R_i = g_i + R'_i,$$
wo $0 < R'_i < 1$, und daher wegen (5)

$$\frac{2B_i}{A_{i+1}} = g_i + (R'_i - S_i)$$

oder

$$B_i = \frac{g_i}{2} \cdot A_{i+1} + (R'_i - S_i) \cdot \frac{A_{i+1}}{2},$$

worin $R'_i - S_i$ absolut kleiner als 1, also $(R'_i - S_i) \cdot \frac{A_{i+1}}{2}$ absolut kleiner als $\frac{A_{i+1}}{2}$ ist. Für ein gerades g_i findet sich hiernach

$$B_i' = (R_i' - S_i) \cdot \frac{A_{i+1}}{2},$$

für ein ungerades g_i dagegen

$$B_i' = (-1 + R_i' - S_i) \cdot \frac{A_{i+1}}{2} \quad \text{oder} \quad B_i' = (1 + R_i' - S_i) \cdot \frac{A_{i+1}}{2},$$

je nachdem R_i' größer oder kleiner als S_i ist. Wenn daher, falls nicht die beiden Zahlen R_i', S_i einander gleich sind, U_i die größere und V_i die kleinere von ihnen bezeichnet, so erhält man, da dann nach der dritten der Formeln (5)

$$\frac{2\sqrt{D}}{A_{i+1}} = g_i + U_i + V_i$$

wird, für das Verhältnis

$$Q_i = \frac{\sqrt{D}}{|B_i'|},$$

falls g_i gerade ist, den Ausdruck

$$Q_i = \frac{g_i + U_i + V_i}{U_i - V_i}, \tag{47 a}$$

falls aber g_i ungerade ist, diesen anderen

$$Q_i = \frac{g_i + U_i + V_i}{1 - U_i + V_i}, \tag{47 b}$$

wobei U_i, V_i von der Ordnung abgesehen durch die Kettenbrüche

$$\mathfrak{K}(0;\, g_{i+1}, g_{i+2}, \ldots), \quad \mathfrak{K}(0;\, g_{i-1}, g_{i-2}, \ldots) \tag{48}$$

gegeben sind. —

Wir suchen nun mit J. Schur diejenigen Formenklassen, für welche die obere Schranke für die Verhältnisse Q_i gleich oder kleiner ist als $\sqrt{5} + 2$, Q_i also für keinen Wert des Index i diese Grenze überschreitet.

9. Dabei spielt der Wert des Kettenbruchs

$$\gamma = \mathfrak{K}(0;\, 1, 1, 1, \ldots) = \frac{\sqrt{5} - 1}{2} \tag{49}$$

ein wesentliche Rolle. Seine Näherungsbrüche sind

$$\frac{p_0}{p_1} = \frac{0}{1}, \quad \frac{p_1}{p_2} = \frac{1}{1}, \quad \frac{p_2}{p_3}, \quad \frac{p_3}{p_4}, \ldots,$$

wobei allgemein

$$p_{i+1} = p_i + p_{i-1} \tag{50}$$

ist. Die Zahlen $p_0, p_1, p_2, p_3, \ldots$ sind die bekannten Fibonaccischen Zahlen[1]) mit den Werten

$$0,\ 1,\ 1,\ 2,\ 3,\ 5,\ 8,\ 13,\ \ldots,$$

für welche, wenn

$$p_{-n} = (-1)^{n-1} \cdot p_n \tag{51}$$

definiert wird, leicht folgende Beziehungen[2]):

$$\begin{cases} p_{m+n} = p_{m+1} \cdot p_n + p_m \cdot p_{n-1} \\ (-1)^{n-1} \cdot p_{m-n} = p_{m+1} \cdot p_n - p_m \cdot p_{n+1}, \end{cases} \tag{52}$$

also für $m = n - 1$ die Gleichung

$$(-1)^{n-1} = p_n^{\,2} - p_{n-1} \cdot p_{n+1} \tag{52a}$$

bestätigt werden. Aus ihnen folgt insbesondere:

$$p_{3+n} = p_4 p_n + p_3 p_{n-1}, \quad p_{-3+n} = p_{-2} \cdot p_n + p_{-3} \cdot p_{n-1}$$

und nunmehr

$$p_{3+n} - p_{-3+n} = (p_4 - p_{-2}) \cdot p_n,$$

d. h.

$$p_{n+3} = 4 p_n + p_{n-3}. \tag{53}$$

Bekannte Eigenschaften der gewöhnlichen Kettenbrüche ergeben die Ungleichheiten

$$\begin{cases} \frac{p_0}{1} < \frac{p_2}{p_3} < \frac{p_4}{p_5} < \cdots < \gamma \\ \frac{p_1}{p_2} > \frac{p_3}{p_4} > \frac{p_5}{p_6} > \cdots > \gamma \end{cases} \tag{54}$$

und

$$\lim_{n=\infty} \frac{p_n}{p_{n+1}} = \gamma. \tag{55}$$

Ferner aber fließt aus (49) die Gleichung $2\gamma + 1 = \sqrt{5}$, durch deren Quadrierung sich $\gamma^2 + \gamma = 1$, also

$$\gamma^2 = 1 - \gamma = \frac{3 - \sqrt{5}}{2} = \frac{2}{3 + \sqrt{5}} = \frac{1}{2 + \gamma} \tag{56}$$

findet. Demnach ist

$$\gamma^2 = \mathfrak{K}(0;\ 2,\ 1,\ 1,\ 1,\ \ldots)$$

mit den Näherungsbrüchen

$$\frac{p_0}{p_2},\ \frac{p_1}{p_3},\ \frac{p_2}{p_4},\ \ldots,$$

---

1) Vgl. Bachmann, Niedere Zahlentheorie, Bd. II, S. 74—75.

2) Vgl. ebendas., S. 79, Formel (87).

so daß $\frac{p_{2n}}{p_{2n+2}} < \gamma^2$ und in Verbindung mit $\frac{p_{2n+2}}{p_{2n+3}} < \gamma$ die Ungleichheit

(57) $$\frac{p_{2n}}{p_{2n+3}} < \gamma^3$$

gefunden wird, während man aus (55)

(58) $$\lim_{n=\infty} \frac{p_{2n}}{p_{2n+3}} = \lim_{n=\infty} \frac{p_{2n}}{p_{2n+1}} \cdot \frac{p_{2n+1}}{p_{2n+}} \cdot \frac{p_{2n+2}}{p_{2n+3}} = \gamma^3$$

erhält.

Nun sei

(59) $$\mathfrak{K}_n = \mathfrak{K}(0; \overbrace{1, 1, \ldots, 1}^{n}, 3, \ldots)$$

ein Kettenbruch, bei welchem die Anzahl der Einsen vor der Drei gleich n sei. Dann ist der $n+1^{\text{te}}$ Näherungsbruch gleich $\frac{p_n}{p_{n+1}}$, der folgende aber gleich

$$\frac{3p_n + p_{n-1}}{3p_{n+1} + p_n} = \frac{p_n + p_{n+2}}{p_{n+1} + p_{n+3}}.$$

Ist daher die Anzahl n eine gerade, so ergibt sich

(60) $$\mathfrak{K}_n > \frac{p_n}{p_{n+1}}, \quad \mathfrak{K}_n < \frac{p_n + p_{n+2}}{p_{n+1} + p_{n+3}}.$$

10. Nach diesen Vorbereitungen fragen wir nun, wann für jeden Index i

(61) $$Q_i \gtreqless \sqrt{5} + 2$$

sei.

Ist g_i ungerade, so folgt aus (47 b) als hierzu notwendige Bedingung die Ungleichheit

(62) $$g_i + U_i + V_i \gtreqless (\sqrt{5} + 2)(1 - U_i + V_i),$$

aus welcher, da $1 - U_i + V_i$ zwischen 0 und 1 gelegen ist,

$$g_i < \sqrt{5} + 2 < 5$$

hervorgeht; g_i kann also nur 1 oder 3 sein. Ist aber g_i gerade, so liefert (47 a) die Bedingung

(63) $$g_i + U_i + V_i \gtreqless (\sqrt{5} + 2)(U_i - V_i),$$

also $$g_i < (\sqrt{5} + 1)\, U_i < 4,$$

mithin für g_i den einzig möglichen Wert 2. Doch ist auch dieser unzulässig; denn für ihn ergäbe sich aus (63)

$$(\sqrt{5} + 1)\, U_i \gtreqless 2 + (\sqrt{5} + 3)\, V_i,$$

um so mehr also, da die Kettenbrüche (48) wegen der für die g_i allein möglichen Werte 1, 2, 3 größer als $\frac{1}{4}$ sind,

$$(\sqrt{5}+1)\,U_i > 2 + \frac{\sqrt{5}+3}{4},$$

woraus
$$U_i > \frac{10\sqrt{5}-6}{16} > \frac{15}{16}$$

gefunden wird; demnach würde der Kettenbruch für U_i mit den Nennern 1, $g \gtreqless 15$ beginnen müssen, dem schon für die g_i Bewiesenen zuwider. Man schließt also zunächst: Die für Q_i geforderte Bedingung kann nur erfüllt werden, wenn die Reihe (G) der Zahlen g_i nur Einsen oder Dreien enthält. Folgen sich aber darin zwei Dreien, so muß sie ausschließlich aus Dreien bestehen. Dieser Zusatz ist leicht zu beweisen. Denn sonst wäre in jener Reihe eine oder die andere der beiden Folgen:

$$g_{i-1} = 3, \quad g_i = 3, \quad g_{i+1} = 1$$
$$g_{i-1} = 1, \quad g_i = 3, \quad g_{i+1} = 3$$

vorhanden, für welche die Kettenbrüche (48) die Gestalten

$$\mathfrak{K}(0;\,1,\ldots), \quad \mathfrak{K}(0;\,3,\ldots)$$

annähmen, deren erster der größere Wert zukommt; daher würde $U_i > \frac{1}{2}$, $V_i < \frac{1}{3}$ sein, aber aus der vorauszusetzenden Ungleichheit (62) ergäbe sich

$$(\sqrt{5}+3)\,U_i < \frac{\sqrt{5}+1}{3} + \sqrt{5} - 1 = \frac{4\sqrt{5}-2}{3},$$

d. h.
$$U_i < \frac{14\sqrt{5}-26}{12} < \frac{1}{2},$$

also ein Widerspruch.

Hiernach besteht die Reihe (G) entweder nur aus lauter Einsen oder aus lauter Dreien, oder jede Drei ist von Einsen umgeben. Die erste Voraussetzung liefert für die Kettenbrüche (48), d. i. für U_i, V_i, den gemeinsamen Wert $\frac{\sqrt{5}-1}{2}$, also nach (47 b)

$$Q_i = \sqrt{5},$$

und somit ist bei ihr die erforderliche Bedingung erfüllt. Die zugehörigen untereinander nur durch einen Faktor verschiedenen Formenklassen sind proportional mit der schon in Nr. 1 gefundenen, welche durch die Form

$$\sqrt{\frac{D}{5}}\,(2x^2 + 2xy - 2y^2)$$

repräsentiert ist. Bei der zweiten Voraussetzung erhalten die Kettenbrüche (48), d. i. U_i, V_i, den gemeinsamen Wert

$$\mathfrak{K}(0; 3, 3, 3, \ldots) = \frac{\sqrt{13}-3}{2},$$

nach (47 b) wird also

$$Q_i = \sqrt{13} < \sqrt{5} + 2$$

und die geforderte Bedingung wieder erfüllt. Man findet

$$R_i + S_i = 3 + U_i + V_i = \sqrt{13}$$
$$R_i - S_i = 3 + U_i - V_i = 3$$
$$R_i \cdot S_i = (3 + U_i) V_i = 1$$

und hiernach aus den Beziehungen (5) die zugehörigen Formenklassen proportional derjenigen, welche durch die Form

$$\sqrt{\frac{D}{13}}(2x^2 + 6xy - 2y^2)$$

repräsentiert wird.

11. Bei der dritten Voraussetzung sei nun $g_i = 3$. Nach (47 b) müßte dann

$$\frac{3 + U_i + V_i}{1 - U_i + V_i} \gtreqless \sqrt{5} + 2 = 4 + (\sqrt{5} - 2)$$

sein, woraus

$$\frac{-1 + 5U_i - 3V_i}{1 - U_i + V_i} \gtreqless \sqrt{5} - 2$$

hervorgeht, was sich auch schreiben läßt:

$$\frac{-p_2 + p_5 U_i - p_4 V_i}{p_{-1} - p_2 U_i + p_1 V_i} \gtreqless \sqrt{5} - 2.$$

Hier ist der Nenner positiv; ist es auch der Zähler, so darf man, den Bruch umkehrend,

$$\frac{p_{-1} - p_2 U_i + p_1 V_i}{-p_2 + p_5 U_i - p_4 V_i} \lesseqgtr \sqrt{5} + 2 = 4 + (\sqrt{5} - 2)$$

schreiben, woraus mit Beachtung der Beziehung (53)

$$\frac{p_5 - p_8 U_i + p_7 V_i}{-p_2 + p_5 U_i - p_4 V_i} \lesseqgtr \sqrt{5} - 2$$

erschlossen wird. Da hiernach der Zähler positiv ist, so erhält man weiter

$$\frac{-p_2 + p_5 U_i - p_4 V_i}{p_5 - p_8 U_i + p_7 V_i} \gtreqless \sqrt{5} + 2 = 4 + (\sqrt{5} - 2)$$

und dann mit Beachtung von (53)

$$\frac{-p_8 + p_{11} U_i - p_{10} V_i}{p_5 - p_8 U_i + p_7 V_i} \gtreqless \sqrt{5} - 2.$$

Wird nun wieder der Zähler positiv angenommen, so kann man in gleicher Weise fortfahren. Solange für die sukzessiven Werte des Index n

(64) $$-p_{6n+2}+p_{6n+5}\cdot U_i-p_{6n+4}\cdot V_i>0$$

bleibt, erschließt man auf solche Art, daß

$$\frac{p_{6n+5}-p_{6n+8}\cdot U_i+p_{6n+7}\cdot V_i}{-p_{6n+2}+p_{6n+5}\cdot U_i-p_{6n+4}\cdot V_i}\gtreqless\sqrt{5}-2$$

und demnach auch

(65) $$p_{6n+5}-p_{6n+8}\cdot U_i+p_{6n+7}\cdot V_i>0$$

ist. Entweder wird also einmal

$$-p_{6n+2}+p_{6n+5}\cdot U_i-p_{6n+4}\cdot V_i\overline{\gtrless}\,0,$$

also
$$U_i\overline{\lessgtr}\frac{p_{6n+2}}{p_{6n+5}}+\frac{p_{6n+4}}{p_{6n+5}}\cdot V_i,$$

um so mehr also zufolge der Ungleichheiten (54) und (57)

$$U_i<\gamma V_i+\gamma^3.$$

Oder die Ungleichheiten (64), (65) gelten für jeden noch so großen Wert des Index n, und dann folgt beim Übergang zur Grenze $n=\infty$ aus (64) die Ungleichheit

$$-\gamma^3+U_i-\gamma V_i\,\overline{\gtrless}\,0$$

und aus (65) die andere

$$\gamma^3-U_i+\gamma V_i\,\overline{\gtrless}\,0,$$

welche zusammen die Gleichung

$$U_i=\gamma V_i+\gamma^3$$

ergeben. In jedem Falle also ist

(66) $$U_i\overline{\lessgtr}\,\gamma V_i+\gamma^3,$$

um so mehr, da $V_i\overline{\lessgtr}\,U_i$ ist,

$$U_i\overline{\lessgtr}\,\gamma U_i+\gamma^3,$$

d. i. $U_i(1-\gamma)\overline{\lessgtr}\,\gamma^3$, also nach (56)

$$U_i\overline{\lessgtr}\,\gamma.$$

12. Der in Nr. 10 nachgewiesenen Beschaffenheit der Reihe (G) zufolge haben die Kettenbrüche (48), d. h. die Zahlen U_i, V_i die Gestalt

(67) $$U_i=\mathfrak{K}(0;\overbrace{1,1,\ldots 1}^{m},3,1,\ldots),\quad V_i=\mathfrak{K}(0;\overbrace{1,1,\ldots 1}^{n},3,1,\ldots)$$

wo eine Anzahl von m bzw. n Einsen vor der Drei gedacht ist. Diese Anzahl ist unendlich, wenn $U_i = \gamma$ ist; in der Tat folgt alsdann aus (66) $\gamma \gtreqless V_i$, zusammen mit $V_i \gtreqless U_i = \gamma$ also

$$V_i = U_i = \gamma = \mathfrak{K}(0;\, 1, 1, 1, \ldots).$$

Diesem Falle entspricht eine Reihe (G) von der Gestalt

$$(68) \qquad \ldots 1, 1, 3, 1, 1, \ldots,$$

und den Formeln (5) gemäß findet sich als Repräsentant der zugehörigen untereinander proportionalen Formenklassen die Form

$$\frac{2\sqrt{D}}{2+\sqrt{5}}(\sqrt{5}\cdot x^2 + 3xy - y^2).$$

Ist aber $U_i < \gamma$ und daher auch $V_i < \gamma$, so lehrt nach der Art und Weise, wie ein Kettenbruch sich vergrößert oder verkleinert mit der Verkleinerung eines seiner Teilnenner, die Vergleichung der Kettenbrüche (67) mit dem Kettenbruche für γ, daß m und n gerade Zahlen sein müssen; desgleichen muß wegen $U_i \gtreqqless V_i$ weiter $m \gtreqqless n$ sein. Wäre aber $m > n$, also $m \gtreqqless n + 2$, so ergäben sich nach (60)

$$U_i > \frac{p_m}{p_{m+1}} \gtreqqless \frac{p_{n+2}}{p_{n+3}}, \qquad V_i < \frac{p_n + p_{n+2}}{p_{n+1} + p_{n+3}},$$

mithin wegen (66) und, weil $\gamma^3 = \gamma - \gamma^2 = 2\gamma - 1$ ist,

$$\frac{p_{n+2}}{p_{n+3}} < \gamma \cdot \frac{p_n + p_{n+2}}{p_{n+1} + p_{n+3}} + 2\gamma - 1,$$

woraus

$$\gamma \cdot \frac{p_{n+3}}{p_{n+4}} > \frac{p_{n+1} + p_{n+3}}{p_{n+3} + p_{n+5}}$$

hervorgeht. Da ferner $\frac{p_{n+5}}{p_{n+6}} > \gamma$ ist, muß um so mehr

$$\frac{p_{n+3}\cdot p_{n+5}}{p_{n+4}\cdot p_{n+6}} > \frac{p_{n+1} + p_{n+3}}{p_{n+3} + p_{n+5}}$$

sein, eine Ungleichheit, welche mit Rücksicht auf die aus (52a) folgenden Gleichungen

$$p_{n+3}^2 = 1 + p_{n+2}\cdot p_{n+4}, \quad p_{n+5}^2 = 1 + p_{n+4}\cdot p_{n+6}$$

die Gestalt annimmt

$$p_{n+3} + p_{n+5} + p_{n+2}\cdot p_{n+4}\cdot p_{n+5} > p_{n+1}\cdot p_{n+4}\cdot p_{n+6}.$$

Aus (52) aber ergibt sich

$$p_{n+1}\cdot p_{n+6} - p_{n+2}\cdot p_{n+5} = p_4 = 3;$$

es müßte also

$$p_{n+3} + p_{n+5} > 3\cdot p_{n+4}$$

sein, während doch zufolge der Gleichung (50)

$$p_{n+3} + p_{n+5} = 2p_{n+3} + p_{n+4} = 2(p_{n+4} - p_{n+2}) + p_{n+4},$$

also $< 3p_{n+4}$ ist. Hieraus folgt, daß $m = n$, d. h. die Anzahl der Einsen in den Kettenbrüchen (67) die gleiche sein muß. Jede Drei in der Reihe (G) muß also zur Linken und zur Rechten von der gleichen Anzahl von Einsen umgeben sein und demnach die Reihe (G), wenn anders sie nicht die Gestalt (68) hat — ein Grenzfall, der dem Werte $m = n = \infty$ entspräche —, von der folgenden Gestalt sein:

$$(69) \qquad \ldots 3, \overbrace{1, 1, \ldots 1}^{n}, 3, \overbrace{1, 1, \ldots 1}^{n}, 3, \ldots,$$

wobei n irgendeine gerade Zahl sein kann.

13. Wir setzen also jetzt, um den dritten der in Nr. 10 bestimmten möglichen Fälle zu Ende zu führen, die Reihe (G) von der Gestalt (69) voraus. Ist dann $g_i = 3$, so werden die Kettenbrüche (48), d. i. U_i, V_i, einander gleich, und man findet

$$R_i = 3 + U_i = 3 + V_i = 3 + S_i$$

$$S_i = \mathfrak{K}(0;\, \overbrace{1, 1, \ldots 1}^{n}, 3 + S_i),$$

d. h.

$$S_i = \frac{p_{n-1} + p_n(3 + S_i)}{p_n + p_{n+1}(3 + S_i)} = \frac{p_n + p_{n+2} \quad + p_n S_i}{p_n + 3p_{n+1} + p_{n+1} S_i},$$

und hiernach

$$(70) \qquad p_{n+1} \cdot S_i^2 + 3p_{n+1} \cdot S_i - (p_n + p_{n+2}) = 0.$$

Den Beziehungen (1) zufolge ist also $(-1)^i \Omega_i'$, insbesondere also, wenn eine Drei als Anfangsglied g_0 der Reihe (G) gedacht wird, Ω_0' Wurzel der quadratischen Form

$$(71) \qquad -(p_n + p_{n+2}) \cdot x^2 - 3p_{n+1} \cdot xy + p_{n+1} \cdot y^2,$$

welche die Determinante

$$(72) \qquad D = \frac{9p_{n+1}^2 + 4(p_n + p_{n+2})p_{n+1}}{4} = \frac{p_{n+1} \cdot p_{n+7}}{4}$$

hat und zum Repräsentanten der zur Reihe (G) gehörigen untereinander proportionalen Formenklassen genommen werden kann. Aus (47 b) folgt endlich $Q_i = 3 + 2S_i$, d. h. wegen (70) und (72)

$$Q_i = \sqrt{\frac{p_{n+7}}{p_{n+1}}},$$

wofür, da nach (52) $p_{n+7} = p_7 p_{n+1} + p_6 p_n = 13 p_{n+1} + 8 p_n$ ist,

(73) $$Q_i = \sqrt{13 + \frac{8 p_n}{p_{n+1}}}$$

gesetzt werden darf. Dieser Ausdruck ist, da $\frac{p_n}{p_{n+1}}$ für gerades n kleiner als γ ist, kleiner als

$$\sqrt{13 + 8\gamma} = \sqrt{9 + 4\sqrt{5}} = \sqrt{5} + 2.$$

Es sei jetzt $g_i = 1$. Dann muß für $n > 2$, ein Fall, welcher auch als der eines unendlich großen n, d. i. den Fall der Reihe (68) in sich begreifend, angesehen werden kann, $Q_i < 4$ sein. Wäre nämlich $Q_i \gtreqless 4$, so ergäbe sich aus (47 b) die Ungleichheit

$$1 + U_i + V_i \gtreqless 4(1 - U_i + V_i),$$

d. h. $5 U_i \gtreqless 3 + 3 V_i$. Hier könnte V_i keinen Kettenbruch liefern, der mit 1 beginnt, da sonst $V_i > \frac{1}{2}$, $U_i > \frac{9}{10}$ würde, also der Kettenbruch für U_i mit den Nennern $1, g \gtreqless 9$ begänne, den für die g_i als allein zulässig bewiesenen Werten 1, 3 zuwider. Somit begänne der Kettenbruch für V_i mit 3, also würde $V_i > \frac{1}{4}$, $U_i > \frac{3}{4}$, und der Kettenbruch für U_i begänne mit den Nennern 1, 3. Also träte in der Reihe (69) eine Folge

$$g_{i-1} = 3, \quad g_i = 1, \quad g_{i+1} = 1, \quad g_{i+2} = 3$$

auf, was der Voraussetzung $n > 2$ widerspricht. In der Tat muß daher

$$Q_i < 4 < \sqrt{13 + \frac{8 p_2}{p_3}} < \sqrt{13 + \frac{8 p_n}{p_{n+1}}}$$

sein.

Jeder Reihe von der Gestalt (69) mit einem geraden $n > 2$ entspricht also eine Formenklasse mit der Determinante (72), bei welcher die obere Schranke der Zahlen Q_i gleich $\sqrt{13 + \frac{8 p_n}{p_{n+1}}} < \sqrt{5} + 2$ ist.

Ist aber $n = 2$, so entspricht der Reihe (69) die Formenklasse mit dem Repräsentanten

$$\left(-p_2 - p_4, -\frac{3 p_3}{2}, p_3\right) = (-4, -3, 2)$$

und der Determinante $9 + 4 \cdot 2 = 17$. Da diese Form durch die Substitution $\begin{pmatrix} 1, & 0 \\ +1, & 1 \end{pmatrix}$ in die Form $(-8, -1, 2)$ übergeht, so leuchtet ein, daß 1 der kleinste absolute Wert des mittleren Koeffizienten aller Formen der Klasse ist. Demnach findet sich als obere Schranke des Quotienten Q_i die Zahl $\sqrt{17} = \sqrt{13 + \frac{8 p_2}{p_3}}$, d. h. der Wert des allgemeinen

Ausdrucks (73), welcher dem Werte $n = 2$ zukommt. Da nun dieser Ausdruck mit unendlich wachsendem n gegen die Grenze

$$\sqrt{13 + 8\gamma} = \sqrt{5} + 2$$

konvergiert, so läßt sich das Gesamtergebnis der angestellten Untersuchung in den folgenden Satz zusammenfassen:

Bezeichnet B die untere Schranke für die absoluten Werte der mittleren Koeffizienten aller Formen einer Klasse und D deren Determinante, so hat die Menge der für alle Klassen gebildeten Koeffizienten $\frac{\sqrt{D}}{B}$ die Zahl $\sqrt{5} + 2$ zur kleinsten Häufungsstelle. Die Werte des genannten Quotienten, welche unterhalb dieser Schranke liegen, haben den Ausdruck

$$\sqrt{13 + \frac{8p_{2\nu}}{p_{2\nu+1}}}$$

$$(\text{für } \nu = -1, 0, 1, 2, 3, \ldots),$$

und erst für die der Reihe (68) zugehörige Formenklasse (für $\nu = \infty$) wird die bezeichnete Schranke wirklich erreicht. —

In derselben Abhandlung hat J. Schur auch für die Menge der von ihm Minimalformen genannten und durch die Ungleichheiten

$$0 \gtreqless 2b \gtreqless a \gtreqless c$$

definierten Formen

$$ax^2 + 2bxy - cy^2,$$

deren Determinante $D = b^2 + ac$ positiv ist, die Quotienten $\frac{\sqrt{D}}{b}$ einer eingehenden Betrachtung unterzogen und ähnliche Ergebnisse, wie die hier mitgeteilten, gewonnen. Doch sei auf diese, unseren Absichten ferner liegenden Untersuchungen hier nur kurz noch verwiesen.

Fünftes Kapitel.

Die Gitter binärer quadratischer Formen.

1. Wir kehren jetzt zu den in Kap. 2 Nr. 2 eingeführten Punktgittern zurück. Dort ist gezeigt worden, daß jeder Linearform

(1) $$\mathfrak{f} = \mathfrak{a}x + \mathfrak{b}y$$

mit reellen Koeffizienten $\mathfrak{a}$, $\mathfrak{b}$ oder dem ihr entsprechenden Zahlenmodul ein Parallelgitter zugehört, dessen Elementarparallelogramm die unter beliebigem Winkel genommenen Seiten $\mathfrak{a}$, $\mathfrak{b}$ hat. Denkt man sich durch seinen Anfangspunkt O irgendwelche Koordinatenachsen gelegt — der Einfachheit wegen wählen wir sie rechtwinklig aufeinander — in bezug auf welche die Endpunkte jener Seiten, die den Werten 1, 0 bzw. 0, 1 der Zahlen x, y entsprechen, die Koordinaten a, c bzw. b, d haben mögen, so hat offenbar der durch irgendein Wertsystem x, y bestimmte Gitterpunkt die Koordinaten

$$(2)\qquad \xi = ax + by,\quad \eta = cx + dy,$$

und diese Formeln stellen daher die Gesamtheit aller Gitterpunkte dar, wenn darin x, y alle ganzzahligen Werte durchlaufen. Das so definierte Gitter werde durch $\begin{bmatrix} a, & b \\ c, & d \end{bmatrix}$ bezeichnet.

Wurden statt x, y durch die ganzzahlige Substitution

$$(3)\qquad x = \alpha X + \beta Y,\quad y = \gamma X + \delta Y$$

mit nicht verschwindendem Modulus $\alpha\delta - \beta\gamma$ andere Zahlen X, Y eingeführt, so ging die Form f in eine andere Form

$$(4)\qquad F = \mathfrak{A} X + \mathfrak{B} Y$$

mit den Koeffizienten

$$\mathfrak{A} = \mathfrak{a}\alpha + \mathfrak{b}\gamma,\quad \mathfrak{B} = \mathfrak{a}\beta + \mathfrak{b}\delta$$

über, und der ihr entsprechende Zahlenmodul war ein Teil des früheren, das zugehörige Parallelgitter dem ursprünglichen eingelagert. Jene sind miteinander identisch, die letzteren decken sich, wenn

$$(5)\qquad \alpha\delta - \beta\gamma = \pm 1$$

ist. Indem man aber in die das ursprüngliche Gitter bestimmenden Gleichungen (2) die Substitution (3) einführt, nehmen sie die Gestalt an:

$$(6)\qquad \begin{aligned} \xi &= (a\alpha + b\gamma)X + (a\beta + b\delta)Y, \\ \eta &= (c\alpha + d\gamma)X + (c\beta + d\delta)Y, \end{aligned}$$

und definieren das neue, dem ersteren eingelagerte Gitter, wenn darin X, Y alle ganzzahligen Wertsysteme durchlaufen. Die Determinante der Gleichungen (2) bedeutet absolut genommen den Inhalt des Elementarparallelogramms für das erste Gitter:

$$(7)\qquad J = |ad - bc|,$$

ebenso ist

$$J' = |(a\alpha + b\gamma)(c\beta + d\delta) - (a\beta + b\delta)(c\alpha + d\gamma)|$$

derjenige für das eingelagerte Gitter, und daher

$$J' = |(ad - bc)(\alpha\delta - \beta\gamma)| = |\alpha\delta - \beta\gamma| \cdot J,$$

mithin

$$J' = J,$$

wenn $\alpha\delta - \beta\gamma = \pm 1$ ist. Auch dies ist bereits a. a. O. auf andere Weise festgestellt worden. Jedes der beiden Gitter teilt die gesamte Ebene in kongruente Parallelogramme. Da nun J', wenn zur Abkürzung n für $|\alpha\delta - \beta\gamma|$ steht, das n fache von J ist, drängt sich der Schluß auf, daß auf jedes Parallelogramm des zweiten Gitters n Parallelogramme des ersten oder, was dasselbe sagt, auf jeden Gitterpunkt X, Y des zweiten n Gitterpunkte x, y des ersten kommen, und daß somit n die Anzahl der Gitterpunkte x, y bestimmt, die auf ein Parallelogramm des eingelagerten Gitters entfallen. Wir werden später diesen Schluß strenger begründen.

Die enge Beziehung zwischen Zahlenmoduln und Punktgittern, die hier angegeben wurde, gestattet, Begriffe wie den gemeinsamen Teiler, gemeinsames Vielfaches, Produkt zweier Moduln u. a. ganz entsprechend auch auf Punktgitter zu übertragen. Dies findet man näher ausgeführt in einer großen Arbeit von Poincaré[1]), auf welche auch sonst zur Ergänzung dessen, was in diesem Kapitel gegeben wird, hingewiesen sei. Hier müssen wir uns auf die Betrachtung der besonderen Gitter, die zur geometrischen Veranschaulichung einer quadratischen Form geeignet sind, beschränken, um deren Eigenschaften zu erläutern, soweit sie wesentliche Eigenschaften der letzteren zum Ausdrucke bringen.

2. Nur ein paar Punkte allgemeinerer Art müssen zuvor noch zur Sprache kommen.

Die Formeln (2) und (6) für die beiden Punktgitter bestimmen durch ihre Koeffizienten zugleich je eins der Parallelgitter, welche jenen eigen sind. Sei $OABC$ (Fig. 8) das Elementarparallelogramm für das eingelagerte Gitter. Seine Gitterpunkte, insbesondere die Punkte A, B, C sind auch solche des ursprünglichen. Wenn aber nicht beide sich decken, so muß $OABC$ in seinem Inneren oder doch auf seinen Seiten außerdem noch Gitterpunkte des ursprünglichen aufweisen, da es sonst ein Elementarparallelogramm des letzteren wäre, entgegen der Voraussetzung. Liegen noch auf OA Gitter-

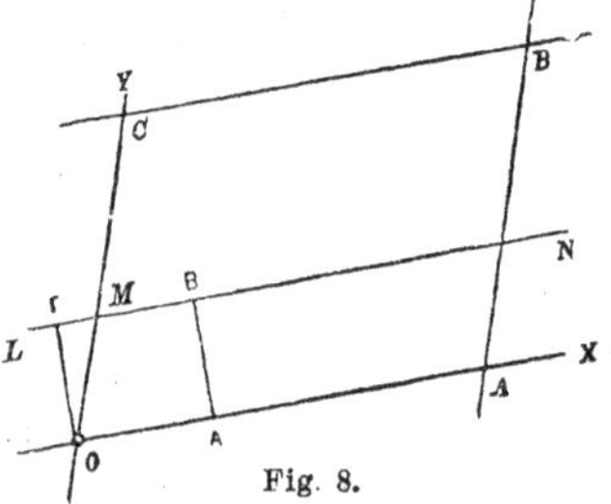

Fig. 8.

1) Poincaré, Sur un mode nouveau de représentation géométrique des formes quadratiques définies ou indéfinies. (Journ. de l'Ecole polyt., Cah. 47 (1880), p. 177).

punkte, so sei A der zunächst an O liegende, andernfalls A identisch mit A; dann wird die Gerade OAX in lauter mit OA kongruente Strecken zerlegt, deren Trennpunkte Gitterpunkte des ursprünglichen Gitters sind. Man bewege nun die Gerade OX parallel mit sich selbst bis LN, wo sie zuerst auf einen Gitterpunkt des letzteren stößt, was spätestens geschehen muß, wenn sie in die Lage CB kommt; wir nehmen an, B sei ein solcher Punkt, der auf gleicher Seite wie A möglichst nahe an OY gelegen ist. Dann leuchtet ein, daß die zu AB durch O gezogene Parallele im Schnittpunkte Γ mit LN auf einen weiteren Gitterpunkt stoßen und man in OABΓ ein Elementarparallelogramm für ein neues dem Punktgitter (2) eigenes Parallelgitter erhalten wird, dessen Achsen Ox', Oy' sind. Einerseits bestehen also neben den Gleichungen (3) analoge Gleichungen

$$x' = \lambda X + \mu Y, \quad y' = \nu X + \varrho Y, \tag{8}$$

welche die Beziehung des Gitters (6) zu dem neuen Parallelgitter bezeichnen, andererseits, um das letztere aus dem ursprünglichen Parallelgitter herzuleiten, Gleichungen von der Form

$$x' = lx + my, \quad y' = nx + ry \tag{9}$$

mit der Bedingung $lr - mn = \pm 1$. Hieraus ergibt sich zunächst die Beziehung

$$\begin{pmatrix} \lambda, & \mu \\ \nu, & \varrho \end{pmatrix} = \begin{pmatrix} l, & m \\ n, & r \end{pmatrix} \cdot \begin{pmatrix} \alpha, & \beta \\ \gamma, & \delta \end{pmatrix}. \tag{10}$$

Ferner aber entspricht der Punkt A den Annahmen $X = 1$, $Y = 0$, d. i. $x' = \lambda > 0$, $y' = \nu = 0$; dem Punkte M aber, in welchem die Achse OY von der Geraden LN geschnitten wird, kommen die Werte $X = 0$, $y' = 1$ zu, woraus $x' = \mu Y$, $1 = \varrho Y$, also $0 < x' = \frac{\mu}{\varrho} < 1$ hervorgeht. Da den Annahmen $X = 0$, $Y = 1$, d. h. $x' = \mu$, $y' = \varrho$, der Punkt B entspricht, so finden sich μ, ϱ als positive Zahlen und demgemäß $0 < \mu < \varrho$. Man erschließt so den folgenden Satz:

Ist ein Punktgitter und ein demselben eingelagertes Parallelgitter gegeben, so gibt es ein jenem eigenes Parallelgitter, aus welchem das eingelagerte durch eine Substitution (8) von dem besonderen Charakter gewonnen wird, daß darin $\lambda > 0$, $\nu = 0$ und $0 < \mu < \varrho$ ist. Wir bezeichnen es als das dem eingelagerten Gitter **angepaßte** Punktgitter.

Unabhängig von jeder Gittervorstellung läßt sich dieses Ergebnis auf Grund der Beziehung (10) auch folgendermaßen aussprechen:

Jede Substitution (3) kann durch Zusammensetzung mit einer Substitution vom Modul ± 1 in eine Substitution (8) verwandelt werden, in welcher

$$\lambda > 0, \quad \nu = 0, \quad 0 < \mu < \varrho$$

ist.

3. Ist ein Punktgitter gegeben und O einer seiner Punkte, der zum Anfangspunkte genommen werde, so gibt es mindestens zwei, nach entgegengesetzten Richtungen von O aus gelegene Gitterpunkte P, P', deren Abstand von O am kleinsten ist. Auf ihrer Verbindungslinie liegt eine Reihe von Gitterpunkten, die in ebendiesem Abstande aufeinander folgen, auf jeder Parallelen des Gitters zu dieser Linie aber eine damit kongruente Reihe von Gitterpunkten. Wählt man nun auf einer der beiden, jener Linie nächsten Parallelen von allen darauf befindlichen Gitterpunkten einen von denen aus, welche am nächsten an O liegen, und nennt ihn Q, so ist gewiß $OQ \geqq OP$; ihm entspricht als Gegenpunkt gegen O ein auf der andern der beiden Parallelen gelegener Punkt Q', und für einen der Punkte Q, Q' ist der Winkel POQ, POQ' ein nicht stumpfer; wir wollen dies für den ersteren annehmen. Die Strecke OQ bezeichnet den kleinsten Abstand von O nicht nur für alle auf der gedachten Parallelen befindlichen, sondern allgemeiner für alle außerhalb der Geraden OP gelegenen Gitterpunkte. In der Tat ist in Fig. 9 PQ gleich dem Abstande OS des auf jener Parallelen zur Linken von Q nächstliegenden Gitterpunktes S, also $PQ \geqq OQ$, und der Gleichung

$$PQ^2 = \overline{OP}^2 - 2\,OP \cdot OQ \cdot \cos POQ + \overline{OQ}^2$$

zufolge ist

$$0 \leqq 2\,OP \cdot OQ \cdot \cos POQ \leqq \overline{OP}^2 \leqq \overline{OQ}^2,$$

d. i. $\cos POQ \leqq \frac{1}{2}$. Nennt man nun h den Abstand der Parallelen von OP, so ist der Inhalt des Parallelogrammes gleich

$$h \cdot OP = OP \cdot OQ \cdot \sin POQ,$$

d. i. $h \geqq \frac{OQ}{2} \cdot \sqrt{3}$. Daher ist schon für die zweite Parallele des Gitters jeder auf ihr befindliche Gitterpunkt um mindestens $OQ \cdot \sqrt{3}$ von O entfernt, und da für die auf der andern Seite der Geraden OP liegenden Gitterpunkte als Gegenpunkte der schon betrachteten das gleiche gilt, so ist die ausgesprochene Behauptung erwiesen.

Hiernach sind die Seiten des Elementarparallelogramms $OPRQ$ ihrer Größe nach durch das Punktgitter von selbst eindeutig bestimmt und können demnach höchstens ihrer Lage nach verschieden wählbar sein. Jedes so konstruierbare, dem Punktgitter eigene Parallelgitter aber soll **eine reduzierte Gestalt** des Punktgitters heißen. Sind $OQ > OP$ und $PQ > OQ$, so ist offenbar nur eine solche möglich. In jeder reduzierten Gestalt des Punktgitters sind die Seiten des Elementarparallelogramms nicht größer als seine Diagonalen. Denn einerseits liegt die Diagonale OR einem stumpfen Winkel im Dreiecke OPR gegenüber, ist also größer als die Seiten OP und $PR = OQ$, andererseits ist, wie schon bemerkt, $PQ \gtreqless OQ \gtreqless OP$.

Hat umgekehrt das Elementarparallelogramm $OPRQ$ eines dem Punktgitter eigenen Parallelgitters diese Eigenschaft, so ist das Gitter eine reduzierte Gestalt des Punktgitters. Nimmt man nämlich OP als die nicht größere der beiden Seiten, und — was offenbar erlaubt ist, da man zwischen zwei benachbarten Parallelogrammen wählen kann — den Winkel POQ als nicht stumpf an, so hat wegen der vorausgesetzten Ungleichheiten

$$PQ \gtreqless OQ \gtreqless OP$$

das Dreieck POQ überhaupt keinen stumpfen Winkel, ebensowenig das ihm kongruente Dreieck QOS; daher trifft das von O auf die

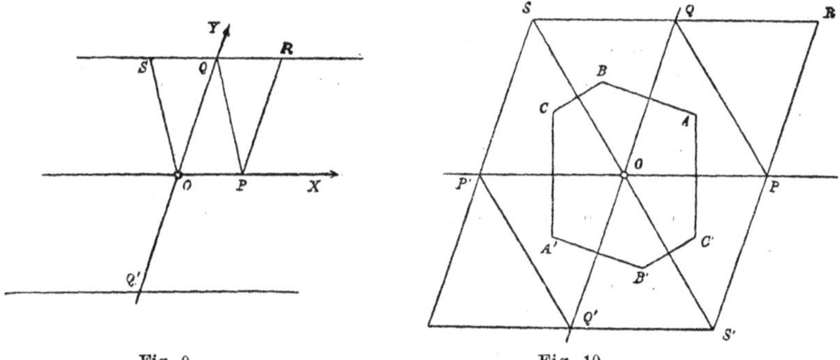

Fig. 9. Fig. 10.

Parallele SQR gefällte Lot sie zwischen Q und S, und daher steht außer dem Gitterpunkte S, dessen Abstand von O gleich dem des Punktes Q sein kann, jeder andere auf jener Parallelen gelegene Gitterpunkt weiter von O ab als Q. Daraus folgt dann wie oben, daß OQ den kleinsten Abstand von O für jeden außerhalb der Geraden OP befindlichen Gitterpunkt bezeichnet. Da zudem OP kleiner als der Abstand jedes auf OP liegenden Gitterpunktes und zugleich $OP \lesseqgtr OQ$ ist, bezeichnet OP den kleinsten Abstand für jedweden der Gitterpunkte; das Elementarparallelogramm $OPRQ$ gehört also einer reduzierten Gestalt des Punktgitters an, w. z. b. w.

4. Jetzt soll zu späterer Verwendung noch das Gebiet aller Punkte bestimmt werden, die dem Nullpunkte des Gitters näher liegen als irgendeinem andern seiner Gitterpunkte. Errichtet man in der Mitte der Verbindungslinie zweier Punkte A, B die Senkrechte, so teilt diese die Ebene in zwei Hälften, von denen diejenige, welcher der Punkt A angehört, das Gebiet aller Punkte ausmacht, die näher an A als an B liegen. Wenn man daher (s. Fig. 10, in welcher die vier den Nullpunkt zunächst umgeben-

den Parallelogramme mit Seiten gleich OP, OQ[1]) gezeichnet sind), in der Mitte der Seiten OP, OQ, OS, OP', OQ', OS' die Senkrechten errichtet, die sich in den Punkten A, B, C, A', B', C' schneiden, so wird das so entstehende Sechseck offenbar das Gebiet aller derjenigen Punkte begrenzen, die näher an O als insgesamt an den Gitterpunkten P, Q, S, P', Q', S' liegen. Es läßt sich aber zeigen, daß seine Punkte auch von allen übrigen Gitterpunkten mindestens soweit abstehen wie von O. Hierzu bemerke man, daß die Eckpunkte des Sechsecks die Mittelpunkte der Kreise sind, welche den einander kongruenten Dreiecken

$$POQ, \quad SQO, \quad OP'S, \quad P'OQ', \quad S'Q'O, \quad OPS'$$

umschrieben sind und demnach gleichen Abstand ϱ von O haben. Beschreibt man nun mit ϱ einen Kreis um O und kann man zeigen, daß jeder der übrigen Gitterpunkte um mindestens 2ϱ von O absteht, so leuchtet ein, daß die in der Mitte seiner Verbindungslinie mit O errichtete Senkrechte den Kreis und daher auch das von ihm umschriebene Sechseck nicht schneiden kann, daß also alle Punkte in letzterem näher an O als an jenem Gitterpunkte gelegen sind; mit diesem Nachweise wäre aber die ausgesprochene Behauptung begründet.

Nun ist nach bekannter Formel

$$2\varrho = \frac{PQ}{\sin POQ} < \frac{2}{\sqrt{3}} \cdot PQ$$

und, da

$$PQ^2 = OP^2 - 2\,OP \cdot OQ \cdot \cos POQ + OQ^2 < 2\,OQ^2$$

ist,

$$2\varrho < \sqrt{\tfrac{8}{3}} \cdot OQ < OQ \cdot \sqrt{3}.\text{[2])}$$

Dem in voriger Nr. Bewiesenen zufolge sind also von der zweiten Parallelen an alle in ihnen liegenden Gitterpunkte um weiter als 2ϱ von O entfernt. Die Gitterpunkte Q und S in der ersten Parallelen scheiden für diese Betrachtung aus; von den übrigen liegt, von R abgesehen, der links von S im Abstande OP gelegene Punkt T am nächsten an O, und das Quadrat seiner Entfernung ist

$$OT^2 = 4 \cdot OP^2 - 4 \cdot OP \cdot OQ \cdot \cos POQ + OQ^2.$$

1) Die Seitenlängen OP und OQ sind aber im Interesse der Deutlichkeit der Figur größer als in Fig. 9 gewählt.

2) Da, wie man leicht feststellt, der Ausdruck $2\varrho = \dfrac{PQ}{\sin POQ}$ abnimmt, wenn $\cos POQ$ von Null bis zu seiner Grenze $\frac{1}{2}$ wächst, findet man genauer

$$\varrho \gtreqless \frac{1}{2}\sqrt{OP^2 + OQ^2} \gtreqless \frac{OQ}{\sqrt{2}}$$

Bezeichnet man mit Δ den Flächeninhalt des Dreiecks POQ und setzt man zur Abkürzung

$$OP^2 = l, \quad OQ^2 = n, \quad \cos POQ = \frac{m}{\sqrt{ln}},$$

so ist

$$4\Delta^2 = OP^2 \cdot OQ^2 \cdot \sin^2 POQ = ln - m^2,$$

$$(4\varrho\Delta)^2 = OP^2 \cdot OQ^2 \cdot PQ^2 = ln(l - 2m + n),$$

$$OT^2 = 4l - 4m + n.$$

Das Produkt $OT^2 \cdot 4\Delta^2$ kann dann geschrieben werden gleich

$$ln(l - 2m + n) + l(ln - 4m^2) + ln(l - 2m) + n(l^2 - m^2) + 4m^3.$$

Hier sind m und die auftretenden Differenzen, wie in voriger Nr. bemerkt, sämtlich nicht negativ; man erhält daher die Ungleichheit

$$OT^2 \cdot 4\Delta^2 \gtreqless ln(l - 2m + n) = OP^2 \cdot OQ^2 \cdot PQ^2 = 16\varrho^2\Delta^2,$$

also

$$OT \gtreqless 2\varrho.$$

Für den Punkt R endlich findet man

$$OR^2 = OP^2 + 2OP \cdot OQ \cdot \cos POQ + OQ^2 = l + 2m + n,$$

also

$$OR^2 \cdot 4\Delta^2 = (l + 2m + n)(ln - m^2)$$

$$= ln(l - 2m + n) + lm(n - m) + mn(l - m) + 2(ln - m^2)m$$

$$\gtreqless ln(l - 2m + n) = 16\varrho^2\Delta^2,$$

folglich auch

$$OR \gtreqless 2\varrho.$$

Mit diesen Ergebnissen ist aber der gewollte Nachweis erbracht.

Man bemerke zuletzt noch die Ungleichheit

$$8\Delta^2(OQ^2 - \varrho^2) \gtreqless OP^2 \cdot OQ^4,$$

die man leicht bestätigt, wenn man mit 2 multipliziert, für Δ^2 und $16\Delta^2\varrho^2$ ihre Werte setzt und die in der vorigen Nr. festgestellten Ungleichheiten

$$0 \lesseqgtr \cos POQ \lesseqgtr \tfrac{1}{2}$$

in Betracht zieht.

5. Sei nun

$$f = ax^2 + 2bxy + cy^2 \tag{12}$$

eine quadratische Form mit der Determinante

$$D = b^2 - ac$$

und Δ der absolute Wert der letzteren, so daß $\Delta = D$ oder $\Delta = -D$, je nachdem D positiv oder negativ, die Form f also unbestimmt oder bestimmt ist; im letzteren Falle werde sie positiv, d. i. die Koeffizienten a, c als positive Werte gedacht; auch bei unbestimmten

Formen soll hier $a > 0$ vorausgesetzt werden. Die Form zerlegt sich in zwei konjugierte Linearfaktoren:

$$ax^2 + 2bxy + cy^2 = \xi \cdot \eta,$$

wo

$$(13) \qquad \begin{cases} \xi = x\sqrt{a} + \dfrac{b}{\sqrt{a}} y + \sqrt{\dfrac{D}{a}} \cdot y \\ \eta = x\sqrt{a} + \dfrac{b}{\sqrt{a}} y - \sqrt{\dfrac{D}{a}} \cdot y \end{cases}$$

sind. Jede dieser beiden Formeln bezeichnet einen Zahlenmodul dessen Elemente aber nur für positive Determinanten D reell sind, dem also auch nur in diesem Falle unmittelbar ein Gitter entspricht, Setzt man aber

$$(14) \qquad X = x\sqrt{a} + \frac{b}{\sqrt{a}} \cdot y, \quad Y = \sqrt{\frac{\Delta}{a}} \cdot y,$$

unter X, Y rechtwinklige Koordinaten verstehend, so bestimmen in jedem der beiden für D möglichen Fälle diese Formeln nach Nr. 1 ein Parallelgitter

$$(15) \qquad \begin{bmatrix} \sqrt{a}, & \dfrac{b}{\sqrt{a}} \\ 0, & \sqrt{\dfrac{\Delta}{a}} \end{bmatrix}$$

mit den vom Nullpunkte O nach den Punkten A und C mit den rechtwinkligen Koordinaten

$$\sqrt{a},\, 0 \quad \text{und} \quad \frac{b}{\sqrt{a}},\ \sqrt{\frac{\Delta}{a}}$$

gezogenen Strecken als Elementarseiten; A und C sollen als erster und zweiter Grundpunkt bezeichnet werden. Im Falle $D > 0$ fällt es mit demjenigen zusammen, welches der Linearform

$$\xi = x\sqrt{a} + \frac{b + \sqrt{D}}{\sqrt{a}} \cdot y$$

entspricht, wenn anders $\dfrac{b + \sqrt{D}}{\sqrt{a}}$ nicht als Länge, sondern als der vom Punkte O nach dem Punkte C führende Vektor gedacht wird.

Man kann nun jedem Gitterpunkte x, y den Wert zuordnen, den die quadratische Form f für das ganzzahlige System x, y annimmt, und ihn als Träger dieses Wertes betrachten. So findet man für jede quadratische Form (a, b, c) ein Punktgitter, dem die Gesamtheit der Werte, welche die Form für ganzzahlige Werte ihrer Unbestimmten erhält, zugeordnet ist, und welches in diesem Sinne als **ein geometrisches Bild der quadratischen**

Form aufgefaßt werden kann. Der Inhalt seines Elementarparallelogramms ergibt sich aus den Koordinaten von A und C gleich

$$\sqrt{a} \cdot \sqrt{\frac{\Delta}{a}} - 0 \cdot \frac{b}{\sqrt{a}} = \sqrt{\Delta}.$$

Jedem Punkte x, y dieses Gitters kommen bestimmte Werte der Ausdrücke ξ, η zu; umgekehrt aber müssen aus den Werten von ξ, η, die einem Gitterpunkte entsprechen, mittels der Formeln (13) die ganzzahligen x, y hervorgehen, durch welche dieser Punkt bestimmt ist. Daher kann der letztere ebensogut wie durch die x, y auch durch die ξ, η definiert gelten, und aus diesem Grunde sollen die Zahlen ξ, η als die zum Gitter gehörigen Gitterzahlen bezeichnet werden.

6. Galten die vorhergehenden Betrachtungen, welche für negative Determinanten zuerst Gauß[1]) entwickelt hat, sowohl für positive wie für negative Determinanten, so ist dagegen die geometrische Bedeutung der quadratischen Form in beiden Fällen eine verschiedene.

Da im Falle einer negativen Determinante

$$\xi = X + iY, \quad \eta = X - iY$$

gesetzt werden kann, so ergibt sich

$$ax^2 + 2bxy + cy^2 = X^2 + Y^2,$$

d. h. der Wert der quadratischen Form in jedem Punkte x, y ist das Quadrat seines Abstandes von O. Dies leuchtet auch aus der Fig. 11 leicht ein. Denn in ihr ist

$$OA = \sqrt{a}, \quad OC = \sqrt{\frac{b^2}{a} + \frac{\Delta}{a}} = \sqrt{c}$$

$$\cos AOC = \frac{b}{\sqrt{ac}}$$

und demnach einer bekannten trigonometrischen Formel gemäß für den Punkt $P(x, y)$

$$OP^2 = (x\sqrt{a})^2 + 2 \cdot \frac{b}{\sqrt{ac}} x\sqrt{a} \cdot y\sqrt{c} + (y\sqrt{c})^2$$
$$= ax^2 + 2bxy + cy^2.$$

Ist daher m eine Zahl, welche mittels ganzzahliger x, y durch die Form (a, b, c) darstellbar ist, allgemein

$$m = ax^2 + 2bxy + cy^2,$$

1) Gauß, Anzeige von Seebers Untersuchungen über die Eigenschaften der positiven ternären quadratischen Formen, in Götting. gel. Anz. 1831; s. Werke, Bd. II, S. 188.

so liegen die durch die darstellenden Zahlen x, y bestimmten Gitterpunkte sämtlich auf dem um O mit dem Radius $\sqrt{m}$ beschriebenen Kreise, woraus ohne weiteres einleuchtet, daß es solcher Punkte oder

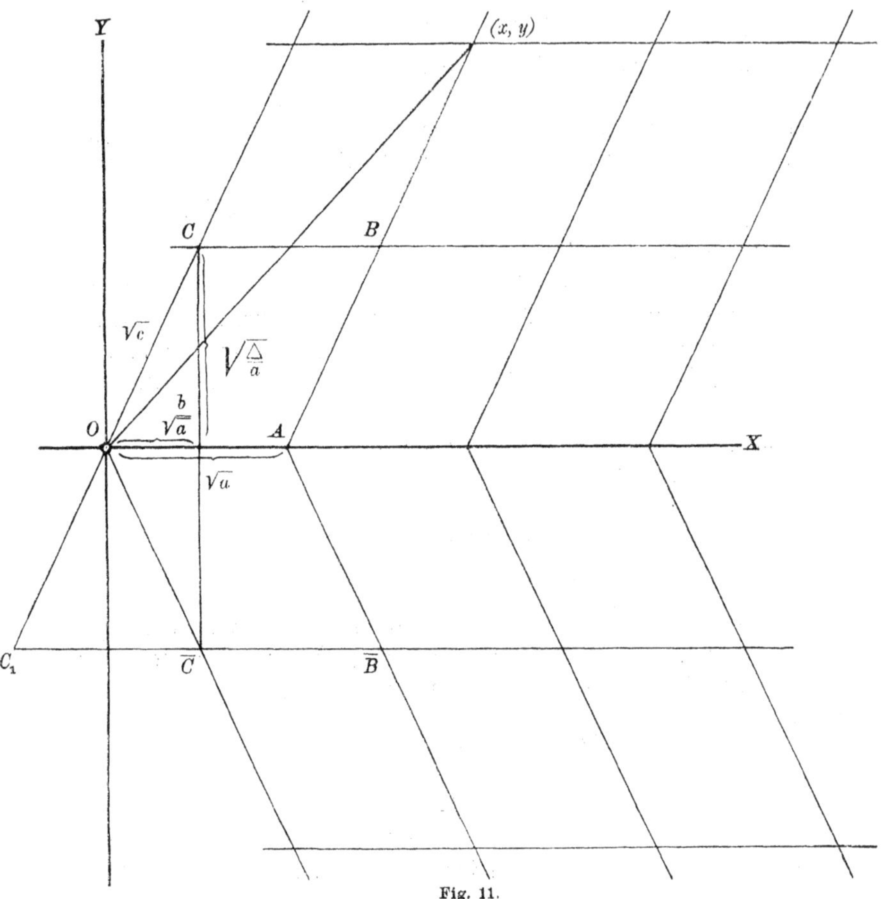

Fig. 11.

der ganzzahligen Darstellungen von m durch die Form nur eine endliche Anzahl gibt. (Vgl. Kap. 1, Nr. 1.)

Dagegen nehmen für den Fall einer positiven Determinante die Formeln (13) die Gestalt an

$$\xi = X + Y, \quad \eta = X - Y,$$

und demnach erhält man die Gleichung

$$ax^2 + 2bxy + cy^2 = X^2 - Y^2. \tag{16}$$

Hier kommt den Gitterzahlen ξ, η selbst eine einfache geometrische Bedeutung zu. Die Geraden, welche die Winkel der Koordinatenachsen halbieren, haben in laufenden Koordinaten U, V die Gleichungen

$$U + V = 0, \quad U - V = 0,$$

und demnach sind die Abstände eines Punktes X, Y von diesen beiden Halbierungslinien bzw.

$$\frac{X+Y}{\sqrt{2}}, \quad \frac{X-Y}{\sqrt{2}};$$

also bedeuten die Gitterzahlen ξ, η die mit $\sqrt{2}$ multiplizierten Abstände des durch X, Y bestimmten Gitterpunktes x, y von jenen Geraden. Ist ferner wieder m eine mittels ganzzahliger x, y durch die Form (a, b, c) darstellbare (positive) Zahl:

$$m = ax^2 + 2bxy + cy^2,$$

so nimmt die Gleichung (16) die Gestalt an:

$$X^2 - Y^2 = m \tag{17}$$

und lehrt, daß der zugehörige Gitterpunkt auf einer gleichseitigen Hyperbel liegt, deren Halbachsen gleich $\sqrt{m}$ und deren Asymptoten jene Winkelhalbierungslinien sind. Im gegenwärtigen Falle ist also, sobald m überhaupt Darstellungen durch die Form zuläßt, eine unendliche Anzahl solcher Gitterpunkte oder Darstellungen von m möglich und — wie als bekannt angenommen werden darf — tatsächlich vorhanden. Während den erhaltenen Ergebnissen zufolge den verschiedenen Werten einer quadratischen Form (a, b, c) mit negativer Determinante Kreislinien mit dem gemeinsamen Mittelpunkte O, d. h. Linien gleicher „Entfernung“ von O, entsprechen, gehört ihnen im Falle einer positiven Determinante eine Schar konzentrischer gleichseitiger Hyperbeln zu, und der Wert der Form $ax^2 + 2bxy + cy^2$ ist hier nicht mehr der in gewöhnlicher Weise gemessene, sondern durch die Halbachse der zugehörigen Hyperbel bestimmte, sogenannte „hyperbolische Abstand“ des Punktes x, y von O.

7. Wie der Form (a, b, c) das durch die Gleichungen (14) bestimmte Punktgitter zugehört, so würden die Gleichungen

$$X = x\sqrt{a} - \frac{b}{\sqrt{a}}y, \quad Y = \sqrt{\frac{\Delta}{a}} \cdot y$$

das Punktgitter bestimmen, welches der entgegengesetzten Form $(a, -b, c)$ entspricht. Da hierin aber y alle ganzen Zahlen zu durchlaufen hat, so liefern diese Formeln insgesamt die gleichen Punkte wie die folgenden:

$$X = x\sqrt{a} + \frac{b}{\sqrt{a}}y, \quad Y = -\sqrt{\frac{\Delta}{a}} \cdot y, \tag{18}$$

wenn auch in ihnen y alle ganzen Zahlen durchläuft, und somit können auch die letzteren Gleichungen als Definition des zu $(a, -b, c)$ gehörigen Gitters angesehen werden, das also den Ausdruck

$$(19) \qquad \begin{bmatrix} \sqrt{a}, & \frac{b}{\sqrt{a}} \\ 0, & -\sqrt{\frac{\Delta}{a}} \end{bmatrix}$$

erhält und sich von dem Gitter (15) nur durch das entgegengesetzte Vorzeichen der Quadratwurzel $\sqrt{\frac{\Delta}{a}}$ unterscheidet. Die Gitter zweier entgegengesetzter Formen sind also zueinander konjugiert. Die Grundpunkte des Gitters (19) sind die Punkte

$$A: \sqrt{a},\ 0 \quad \text{und}\ \bar{C}: \frac{b}{\sqrt{a}},\quad -\sqrt{\frac{\Delta}{a}},$$

wonach $\bar{C}$ als der zu C gegen die X-Achse symmetrisch liegende Punkt erkannt wird. Das zu (15) konjugierte Gitter (19) ist demnach das Spiegelbild des ersteren gegen die X-Achse und käme also mit dem Gitter (15) zur Deckung, wenn die Ebene um die X-Achse umgeklappt würde.

Die Form $(a, -b, c)$ geht aus (a, b, c) durch die Substitution $\begin{pmatrix} 1, & 0 \\ 0, & -1 \end{pmatrix}$ mit dem Modulus -1 hervor, ist ihr also uneigentlich äquivalent; durch dieselbe Substitution verwandeln sich die Formeln (14) für das Gitter der Form (a, b, c) in die Gleichungen

$$X = x\sqrt{a} - \frac{b}{\sqrt{a}}y, \quad Y = -\sqrt{\frac{\Delta}{a}} \cdot y$$

eines Gitters, dessen $x = 1$, $y = 0$ entsprechender Grundpunkt der frühere Punkt A, dessen zweiter $x = 0$, $y = 1$ entsprechende aber der zu C gegen O symmetrisch liegende Punkt C_1 ist; das Gitter ist also das frühere und erscheint nur als in einer anderen Richtung angesehen.

Untersuchen wir allgemeiner, was geschieht, wenn auf die Form (a, b, c) irgendeine Substitution

$$(20) \qquad x = \alpha x' + \beta y', \quad y = \gamma x' + \delta y'$$

mit nicht verschwindendem Modulus $\alpha\delta - \beta\gamma$ angewandt wird. Zuvörderst geht daraus eine Gleichung hervor

$$(21) \qquad ax^2 + 2bxy + cy^2 = a'x'^2 + 2b'x'y' + c'y'^2,$$

in welcher die Koeffizienten der neuen quadratischen Form (a', b', c') durch die Gleichungen

$$(22)\qquad \begin{cases} a' = a\alpha^2 + 2b\alpha\gamma + c\gamma^2 \\ b' = (a\alpha + b\gamma)\beta + (b\alpha + c\gamma)\delta \\ c' = a\beta^2 + 2b\beta\delta + c\delta^2 \end{cases}$$

bestimmt sind, während, wenn Δ' den Absolutwert der Determinante D' der neuen Form bezeichnet,

$$(23)\qquad \Delta' = \Delta \cdot (\alpha\delta - \beta\gamma)^2$$

gefunden wird. Wir wollen voraussetzen, daß hierbei $a' > 0$ werde. Setzt man dann

$$\xi' = x'\sqrt{a'} + \frac{b'}{\sqrt{a'}}y' + \sqrt{\frac{\Delta'}{a'}} \cdot y'$$

$$\eta' = x'\sqrt{a'} + \frac{b'}{\sqrt{a'}}y' - \sqrt{\frac{\Delta'}{a'}} \cdot y',$$

so nimmt die Gleichung (21) die Gestalt an

$$(21\text{a})\qquad \xi \cdot \eta = \xi' \cdot \eta'.$$

Nun erkennt man durch eine Betrachtung, welche der in Nr. 2 des ersten Kapitels angestellten völlig analog ist, daß, je nachdem $\alpha\delta - \beta\gamma$ positiv oder negativ ist, die gleichnamigen bzw. die ungleichnamigen Wurzeln der beiden Formen (a, b, c) und (a', b', c') einander, d. h. die Gitterzahlen ξ, η den Gitterzahlen ξ', η' bzw. η', ξ', zugeordnet sind.

Wendet man aber auf ξ, η oder, was dasselbe sagt, auf die Gleichungen (14) die Substitution (20) an, so bestimmen (vgl. (6)) die neu entstehenden Gleichungen ein dem Gitter der Form (a, b, c) eingelagertes Gitter mit dem Ausdrucke

$$(24)\qquad \begin{bmatrix} \alpha\sqrt{a} + \frac{b}{\sqrt{a}}\gamma, & \beta\sqrt{a} + \frac{b}{\sqrt{a}}\delta \\ \sqrt{\frac{\Delta}{a}} \cdot \gamma, & \sqrt{\frac{\Delta}{a}} \cdot \delta \end{bmatrix};$$

seine Grundpunkte A', C' entsprechen den Annahmen $x' = 1,\ y' = 0$ bzw. $x' = 0,\ y' = 1$, haben also die Koordinaten

$$A' : \alpha\sqrt{a} + \frac{b}{\sqrt{a}}\gamma, \quad \sqrt{\frac{\Delta}{a}} \cdot \gamma$$

$$C' : \beta\sqrt{a} + \frac{b}{\sqrt{a}}\delta, \quad \sqrt{\frac{\Delta}{a}} \cdot \delta,$$

und sind demnach identisch mit den Gitterpunkten α, γ bzw. β, δ des Gitters der Form (a, b, c), welche Träger der Werte $a\alpha^2 + 2b\alpha\gamma + c\delta^2$, $a\beta^2 + 2b\beta\delta + c\delta^2$ dieser Form, d. i. nach (22) der Werte a', c' sind.

Andererseits bestimmt sich das Gitter mit den Gitterzahlen ξ', η' durch die Formeln

$$(25)\qquad X' = x'\sqrt{a'} + \frac{b'}{\sqrt{a'}}\cdot y', \quad Y' = \sqrt{\frac{\Delta'}{a'}}\cdot y',$$

hat also die Gestalt

$$(26)\qquad \begin{bmatrix} \sqrt{a'}, & \frac{b'}{\sqrt{a'}} \\ 0\,, & \sqrt{\frac{\Delta'}{a'}} \end{bmatrix},$$

während dasjenige mit den Gitterzahlen η', ξ' das konjugierte Gitter

$$(26\text{a})\qquad \begin{bmatrix} \sqrt{a'}, & \frac{b'}{\sqrt{a'}} \\ 0\,, & -\sqrt{\frac{\Delta'}{a'}} \end{bmatrix},$$

d. i. das Gitter der Form $(a', -b', c')$ ist; hierbei bedeuten X', Y' Parallelkoordinaten, deren X'-Achse durch den einen Grundpunkt $x' = 1$, $y' = 0$ des Gitters hindurchgeht. Dies ist der Punkt A' und seine neuen Koordinaten sind $\sqrt{a'}, 0$. Je nachdem nun $\alpha\delta - \beta\gamma$ positiv oder negativ ist, je nachdem also das Gitter (24) dem Gitter (26) oder (26a) entspricht, wird der dem System $x' = 0$, $y' = 1$ zugehörige Punkt C' mit dem zweiten Grundpunkte des ersten bzw. zweiten dieser Gitter identisch sein. Solcherweise sind wir offenbar zu folgendem Ergebnisse gelangt:

Geht eine Form (a, b, c) durch die Substitution

$$x = \alpha x' + \beta y', \quad y = \gamma x' + \delta y'$$

mit nicht verschwindendem Modul $\alpha\delta - \beta\gamma$ in die Form (a', b', c') über, und sind A', C' die Gitterpunkte α, γ bzw. β, δ des Gitters der ersteren Form, so erhält man aus diesem Gitter, je nachdem $\alpha\delta - \beta\gamma > 0$ oder < 0 ist, dasjenige der Form (a', b', c') bzw. der entgegengesetzten Form $(a', -b', c')$, wenn man das dem Gitter von (a, b, c) eingelagerte Gitter mit den Seiten OA', OC' konstruiert. Nach Nr. 1 beträgt der Inhalt des Elementarparallelogramms für das eingelagerte Gitter $|\alpha\delta - \beta\gamma|$ mal denjenigen für das Gitter von (a, b, c), d. i.

$$|\alpha\delta - \beta\gamma|\cdot\sqrt{\Delta} = \sqrt{\Delta'}.$$

Für den ausgezeichneten Fall

$$\alpha\delta - \beta\gamma = \pm 1$$

ist die Form $(a', b', c',)$ der Form (a, b, c) äquivalent, eigentlich oder uneigentlich den beiden Vorzeichen entsprechend. Ist sie es aber uneigentlich, so ist die entgegengesetzte Form $(a', -b', c')$ der Form (a, b, c) eigentlich äquivalent. Gleichzeitig bezeichnet für $\alpha\delta - \beta\gamma = \pm 1$ das Gitter (24) jedes der dem Punktgitter der Form (a, b, c) eigenen Parallelgitter. Da andererseits jeder mit (a, b, c) eigentlich äquivalenten Form eine Substitution (20) mit dem Modul $\alpha\delta - \beta\gamma = 1$, also eins dieser Parallelgitter zukommt, so erkennt man, daß die Gesamtheit der dem Punktgitter einer Form (a, b, c) eigenen Parallelgitter mit der Gesamtheit der Gitter aller ihr eigentlich äquivalenten Formen identisch ist. Das Punktgitter einer Form kommt daher nicht nur ihr selbst, sondern auch der ganzen Formenklasse zu, der sie angehört, und darf daher auch als das geometrische Abbild dieser Klasse aufgefaßt werden.

8. Sei die gegebene Form diese:

$$\left(a, \frac{a}{2}, c\right). \tag{27}$$

Dann hat das zugehörige Gitter die Gestalt

$$\begin{bmatrix} \sqrt{a}, & \frac{1}{2}\sqrt{a} \\ 0, & \sqrt{\frac{\Delta}{a}} \end{bmatrix},$$

und der zweite Grundpunkt C steht senkrecht über der Mitte M von OA (s. Fig. 12). Da nun die entgegengesetzte Form $\left(a, -\frac{a}{2}, c\right)$ der gegebenen eigentlich äquivalent ist, indem sie durch die Substitution $\begin{pmatrix}1, & 1\\0, & 1\end{pmatrix}$ in diese übergeht, muß das zu ihr gehörige Gitter, nämlich das Spiegelbild des vorigen gegen die X-Achse, mit dem letzteren sich decken. Also ist sein zweiter Grundpunkt $\bar{C}$, dessen Abstand $M\bar{C}$ von der X-Achse gleich MC ist, zugleich ein Punkt des früheren Gitters. In der Tat, da $OC = CA$ ist, muß eine von O parallel zu CA gezogene Gerade in einer Entfernung gleich CA, d. i. in $\bar{C}$, auf einen Punkt jenes Gitters stoßen. Da aber der Inhalt des Rhombus $OCA\bar{C}$ offenbar gleich $OABC$ ist, so ist dieser Rhombus ein Elementarparallelogramm des Gitters. Man findet also: das Punktgitter

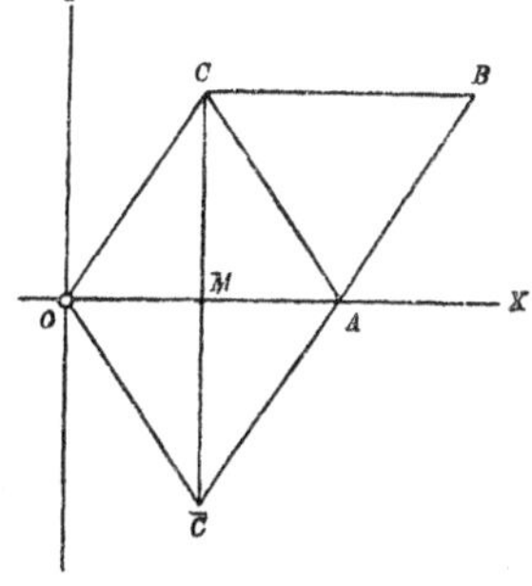

Fig. 12.

einer Form (27) teilt die Ebene in kongruente Rhomben, deren Achsen auf den Koordinatenachsen senkrecht sind.

Ein Beispiel dieser Art bietet die Form

$$x^2 + xy + \frac{1-d}{4}y^2, \tag{28}$$

in welcher d als eine ganze Zahl vorausgesetzt sei, die kongruent 1 (mod. 4) ist; ihre Determinante ist $D = \frac{d}{4}$, die zu ihr gehörige Gitterzahl

$$\xi = x + \frac{1+\sqrt{d}}{2} \cdot y. \tag{29}$$

Die Gesamtheit dieser Gitterzahlen für alle ganzzahligen x, y ist aber nichts anderes als die Gesamtheit der algebraisch ganzen Zahlen des sogenannten quadratischen Zahlenkörpers, dessen Grundzahl d ist und dessen Eigenschaften daher mit denjenigen der Form (28) aufs engste verbunden sind.

Sei ferner die gegebene Form die folgende:

$$(1, 0, -d) \tag{30}$$

mit der ganzzahligen Determinante $D = d$. Da das zugehörige Punktgitter den Ausdruck

$$\begin{bmatrix} 1, & 0 \\ 0, & \sqrt{\Delta} \end{bmatrix}$$

hat, so liegt der zweite Grundpunkt desselben (s. Fig. 13) auf der Y-Achse im Abstande $\sqrt{\Delta}$ von O. Es teilt also die gesamte Ebene in kongruente Rechtecke, deren Seiten zu den Koordinatenachsen parallel sind, und somit deckt es sich mit seinem Spiegelbilde zur X-Achse, d. i. mit dem Gitter der entgegengesetzten Form; in der Tat fällt ja letztere mit der gegebenen zusammen. Die Gesamtheit der Gitterzahlen ξ, welche hier die Gestalt

$$\xi = x + y\sqrt{d} \tag{31}$$

haben, ist wieder genau die Gesamtheit der algebraisch ganzen Zahlen des quadratischen Zahlenkörpers mit der Grundzahl $4d$, was einen innigen Zusammenhang zwischen den Eigenschaften des letzteren und denjenigen der Form (30) bezeugt.

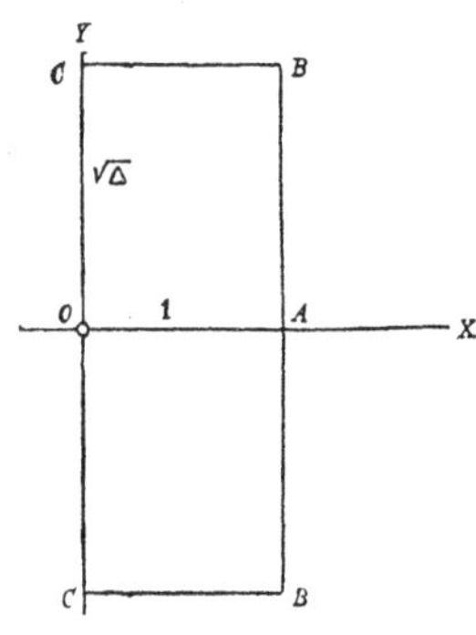

Fig. 13.

In der Tat eignen sich die Zahlengitter dieser beiden Formen vorzüglich, die Theorie der quadratischen Zahlenkörper in anschaulicher Weise zu entwickeln. Da es indessen unsere Absicht ist, hier das Gebiet der quadratischen Formen selbst nicht zu verlassen, müssen wir davon abstehen, jene Beziehungen zur Darstellung zu bringen. Der dafür interessierte Leser findet das Nähere darüber in Poincarés schon erwähnter Arbeit, sowie in der späteren Darstellung F. Kleins in seinen „Autographierten Vorlesungen über Zahlentheorie“ oder auch in des Verfassers „Grundlehren der neueren Zahlentheorie“ ausführlich auseinandergesetzt.

9. Unter den unimodularen Substitutionen, welche eine Form in eine Form derselben Klasse überführen, sind diejenigen von besonderer Bedeutung, die sie in sich selbst verwandeln, und ihnen entspricht ein besonderes Verhalten des der Form zugehörigen Gitters. Solche Substitutionen sind (s. Kap. 1, Nr. 5) nur bei Formen (a, b, c) vorhanden, deren Koeffizienten untereinander kommensurabel sind, wo es dann eine Zahl r gibt von der Beschaffenheit, daß in den Gleichungen

$$a = ra_0, \quad b = rb_0, \quad c = rc_0$$

die Größen a_0, b_0, c_0 ganze Zahlen ohne gemeinsamen Teiler sind, daß also die Form (a_0, b_0, c_0) primitiv ist. Da alsdann zwischen den zu beiden Formen gehörigen Gitterzahlen

$$\xi = X + Y, \quad \xi_0 = X_0 + Y_0$$

die Beziehung $\xi = r\xi_0$ oder

$$X = rX_0, \quad Y = rY_0$$

besteht, so sieht man, daß die ihnen entsprechenden Gitter zwei einander ähnliche Figuren sind, das Gitter der Form (a, b, c) nur die Vergrößerung desjenigen der Form (a_0, b_0, c_0) im Verhältnisse von $r : 1$. Aus diesem Grunde dürfen wir uns auf die Voraussetzung beschränken, daß schon (a, b, c) eine primitive Form sei. Je nachdem sie aber eine eigentlich oder uneigentlich primitive Form ist, haben $a, 2b, c$ den größten gemeinsamen Teiler 1 oder 2; wir nennen ihn allgemein ε. Die sämtlichen Transformationen einer solchen Form in sich selbst finden sich (Nr. 11 des 3. Kap.) durch nachstehende Formeln gegeben:

$$(32) \qquad \alpha = \frac{t - bu}{\varepsilon}, \quad \beta = -\frac{cu}{\varepsilon}, \quad \gamma = \frac{au}{\varepsilon}, \quad \delta = \frac{t + bu}{\varepsilon},$$

wenn in ihnen den Zeichen t, u sämtliche Lösungen der Pellschen Gleichung

$$t^2 - Du^2 = \varepsilon^2$$

beigelegt werden, die aus einer Fundamentallösung T, U derselben mittels der Formel

$$\frac{t+u\sqrt{D}}{\varepsilon} = \pm\left(\frac{T+U\sqrt{D}}{\varepsilon}\right)^n$$

(n alle ganzen Zahlen)

gewonnen werden. Durch die Substitution $\begin{pmatrix}\alpha, & \beta\\ \gamma, & \delta\end{pmatrix}$ von der Gestalt (32) geht aber der Ausdruck für die Gitterzahl ξ in die Gestalt

$$\sqrt{a}\left(\frac{t-bu}{\varepsilon}x' - \frac{cu}{\varepsilon}y'\right) + \frac{b}{\sqrt{a}}\left(\frac{au}{\varepsilon}x' + \frac{t+bu}{\varepsilon}y'\right) + \left(\frac{au}{\varepsilon}x' + \frac{t+bu}{\varepsilon}y'\right)\sqrt{\frac{D}{a}}$$

über, wofür man mit Rücksicht auf die Beziehung $b^2 - ac = D$ auch schreiben kann

$$\frac{t+u\sqrt{D}}{\varepsilon}\left(\sqrt{a}\cdot x' + \frac{b}{\sqrt{a}}y' + \sqrt{\frac{D}{a}}\cdot y'\right).$$

Die Gitterzahl ξ geht also über in $\frac{t+u\sqrt{D}}{\varepsilon}\cdot\xi$ und entsprechend die Gitterzahl η in $\frac{t-u\sqrt{D}}{\varepsilon}\cdot\eta$.

Unterscheiden wir nun die Fälle einer positiven und einer negativen Determinante.

Im letzteren Falle: $D = -\Delta$ hat die Pellsche Gleichung die Gestalt

$$t^2 + \Delta u^2 = \varepsilon^2$$

und im allgemeinen nur die beiden Lösungen

$$t = \pm\varepsilon, \quad u = 0,$$

von denen die erste der identischen Substitution $\begin{pmatrix}1, & 0\\ 0, & 1\end{pmatrix}$ entspricht, bei der alles ungeändert bleibt. Nur, wenn $\Delta = 1$ ist, treten zu diesen noch die zwei anderen

$$t = 0, \quad u = \pm\varepsilon,$$

und wenn $\varepsilon = 2$ und zugleich $\Delta = 3$ ist, die noch vier anderen:

$$t = \pm 1, \quad u = \pm 1$$

hinzu. Im allgemeinen geht also eine Form mit negativer Determinante abgesehen von der identischen Substitution nur durch die Substitution $\begin{pmatrix}-1, & 0\\ 0\ , & -1\end{pmatrix}$ in sich selbst über, wobei ξ, η sich in $-\xi$, $-\eta$, d. i. X, Y in $-X$, $-Y$, verwandeln. Für das Gitter der Form bedeutet also eine Automorphie derselben eine Drehung des Gitters um den Winkel π, durch welche es, wie offenbar ist, mit sich selbst zur Deckung kommen muß. — Für $\Delta = 1$ gibt es nur eine Klasse von Formen, als deren Repräsentant die Form $x^2 + y^2$, d.h. die $d = -1$ entsprechende Form (30), gewählt werden darf. Das zugehörige rechteckige Punktgitter wird in diesem Falle quadratisch. Den hier noch auftretenden beiden Lösungen $t = 0$, $u = \pm \varepsilon$ entsprechen die Gitterzahlen $\pm i \cdot \xi = \pm i \cdot (X + Yi)$; setzt man

$$X + iY = R(\cos\psi + i\sin\psi),$$

so wird

$$\pm i(X + iY) = R\left(\cos\left(\psi \pm \frac{\pi}{2}\right) + i\sin\left(\psi \pm \frac{\pi}{2}\right)\right),$$

und man sieht, daß dementsprechend das Punktgitter um den Winkel $\pm\frac{\pi}{2}$ gedreht wird. Augenscheinlich kommt das quadratische Gitter bei einer solchen Drehung wieder mit sich selbst zur Deckung. — Auch für den besonderen Fall $\varepsilon = 2$, $\Delta = 3$ gibt es nur eine Klasse, welche durch die Form

$$2x^2 + 2y^2 + 2z^2$$

repräsentiert werden kann; da sie der der Annahme $d = -3$ entsprechenden Form (28) proportional ist, so ist ihr Parallelgitter aus kongruenten Rhomben zusammengesetzt, die selbst aus zwei gleichseitigen Dreiecken bestehen, denn man hat (Fig. 14)

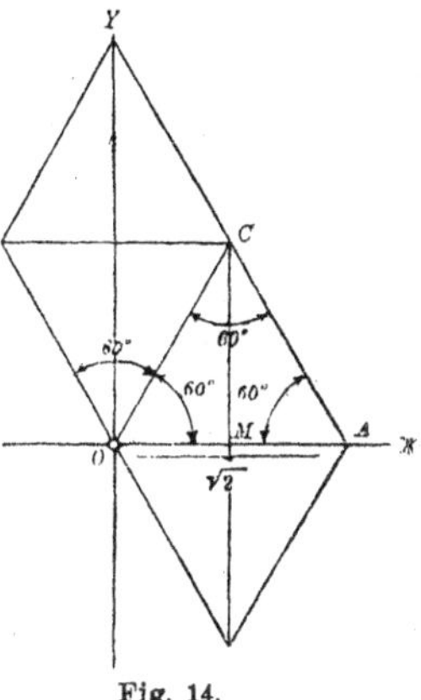

Fig. 14.

$$OA = \sqrt{2}, \quad OM = \tfrac{1}{2}\cdot\sqrt{2}, \quad MC = \sqrt{\frac{\Delta}{2}} = \sqrt{\tfrac{3}{2}},$$

mithin $OC = AC = \sqrt{\frac{1}{2} + \frac{3}{2}} = \sqrt{2} = OA$; der Winkel AOC ist also gleich $\frac{\pi}{3}$. In diesem Falle geht ξ in $\frac{\pm 1 \pm \sqrt{-3}}{2}\cdot\xi$, d. h. in $\pm \varrho \cdot \xi$ über, wenn unter ϱ eine dritte Einheitswurzel $e^{\pm\frac{2\pi i}{3}}$ verstanden wird, also

$$X + Yi = R(\cos\psi + i\sin\psi)$$

in

$$\pm R\left(\cos\left(\psi \pm \frac{\pi}{3}\right) + i\sin\left(\psi \pm \frac{\pi}{3}\right)\right).$$

Sieht man ab von Drehungen um zwei Rechte, so bedeutet diese Formel eine Drehung um den Winkel $\frac{\pi}{3}$ nach rechts oder nach links, und die Gleichseitigkeit des Dreiecks AOC läßt in der Tat erkennen (s. Fig. 14), daß bei solchen Drehungen das Gitter mit sich selbst zur Deckung kommt. — Man sieht auch leicht ein, daß die hier angeführten Deckungen die einzigen sind, deren die gedachten Gitter mit sich selbst fähig sind.

Nunmehr sei D positiv. Den unendlich vielen Transformationen der Form (a, b, c) in sich selbst, welche dann vorhanden sind, müssen ebenfalls unendlich viele Deckungen ihres Parallelgitters mit sich selbst entsprechen. Hier aber versagt die unmittelbare geometrische Anschauung, indem der Begriff der Deckung nicht mehr der bisherige bleibt. Für eine unbestimmte Form ist die Lage der Gitterpunkte gegen den Anfangspunkt bekanntlich nicht durch ihren gewöhnlichen, sondern durch ihren hyperbolischen Abstand von demselben bestimmt. Demgemäß sind bei einer Bewegung des Gitters um den Anfangspunkt die Gitterpunkte ein jeder auf der Hyperbel, auf der er sich befindet, bewegt zu denken, und wenn es mit sich selbst zur Deckung kommt, werden die Gitterpunkte durch andere ersetzt, die nicht die gleiche Entfernung, sondern nur den gleichen hyperbolischen Abstand vom Anfangspunkte haben, wobei die ursprüngliche Gestalt des Gitters verzerrt scheint. Aber auch diese Deckungen dürfen als durch Drehung bewirkt bezeichnet werden, indem an Stelle der Formeln des vorigen Falles ganz analoge treten. Führt man nämlich durch die Gleichung

$$\frac{T + U\sqrt{D}}{\varepsilon} = e^{\omega} \tag{33}$$

eine reelle Größe ω ein, sowie die hyperbolischen Sinus und Cosinus

$$\mathfrak{Cos}\,\omega = \frac{e^{\omega} + e^{-\omega}}{2}, \quad \mathfrak{Sin}\,\omega = \frac{e^{\omega} - e^{-\omega}}{2},$$

so ist zunächst

$$\frac{T + U\sqrt{D}}{\varepsilon} = \mathfrak{Cos}\,\omega + \mathfrak{Sin}\,\omega.$$

Wenn dann für einen Gitterpunkt X, Y

$$X^2 - Y^2 = R^2$$

gesetzt und die Größe ψ durch die Formeln

$$X = R \cdot \mathfrak{Cos}\,\psi, \quad Y = R \cdot \mathfrak{Sin}\,\psi$$

oder

$$\psi = \frac{1}{2} \log \frac{X + Y}{X - Y} = \frac{1}{2} \log \frac{\xi}{\eta}$$

bestimmt wird, so nimmt der Ausdruck

$$\frac{t + u\sqrt{D}}{\varepsilon} \cdot \xi = \frac{t + u\sqrt{D}}{\varepsilon} \cdot (X + Y),$$

in welchen ξ durch die Transformation (32) übergeht, die Form an:

$$\pm R(\mathfrak{Cof}\,\psi + \mathfrak{Sin}\,\psi)\cdot(\mathfrak{Cof}\,\omega + \mathfrak{Sin}\,\omega)^n,$$

was mit

$$\pm R(\mathfrak{Cof}\,(\psi + n\omega) + \mathfrak{Sin}(\psi + n\omega))$$

gleich ist, und die Veränderung des Gitters besteht wesentlich in einer Veränderung des jedem Gitterpunkte zugehörigen „hyperbolischen Winkels ψ“ um das n-fache von ω und darf dementsprechend als eine n-fache Drehung des Gitters um den hyperbolischen Winkel ω nach rechts oder nach links hin aufgefaßt werden. —

10. Was die Reduktion der Formen betrifft, so sind schon im ersten Kapitel Methoden gelehrt, um die Bedingungen, welche solche Formen charakterisieren, geometrisch zu veranschaulichen. Darum soll hier nur kurz noch gezeigt werden, wobei wir uns auf bestimmte (positive) Formen beschränken wollen, wie diese Bedingungen im Punktgitter der Formen zum Ausdrucke kommen.

Nach Lagrange ist die Form (a, b, c) reduziert, wenn die Bedingungen

$$2\,|b| \lesseqgtr a \lesseqgtr c$$

erfüllt sind, und dann sind (s. Kap. 3, Nr. 2) die Zahlen

$$a \lesseqgtr c \lesseqgtr a - 2\,|b| + c$$

die drei kleinsten durch die Form mittels ganzzahliger Werte der Unbestimmten darstellbaren Zahlen. Im Gitter dieser Form entsprechen sie bzw. den Werten 1, 0; 0, 1; und je nachdem $b > 0$ oder < 0 ist, den Werten $-1, 1$ oder 1, 1 der Unbestimmten; $a - 2|b| + c$ ist demgemäß die kleinere der beiden Diagonalen (s. Fig. 15) AC oder OB des Elementarparallelogramms, und die Seiten des letzteren sind nicht größer als seine Diagonalen. Denkt man also das Punktgitter einer Formenklasse gegeben, indem man für irgendeine Form derselben das zugehörige Parallelgitter in der früher angegebenen Weise konstruiert, so wird man daraus die Parallelgitter der Reduzierten, welche die Klasse enthält, finden, indem man einfach die reduzierten Gestalten des Punktgitters ermittelt.

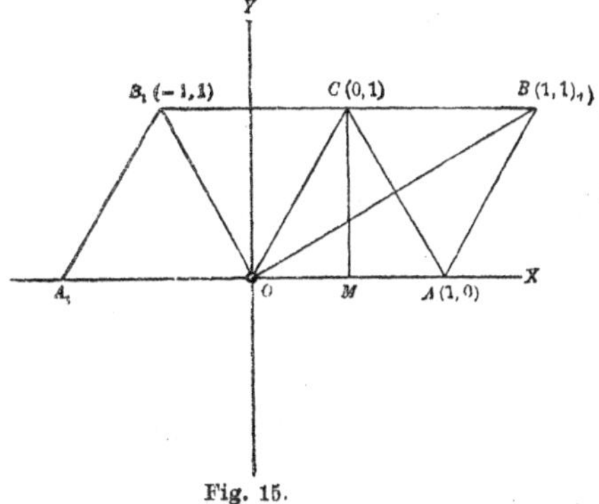

Fig. 15.

Nach **Selling** hätte man dagegen für jede Klasse ein Tripel von Formen zu betrachten:

$$(\mathfrak{a}, \mathfrak{k}, \mathfrak{b}), \quad (\mathfrak{b}, \mathfrak{g}, \mathfrak{c}), \quad (\mathfrak{c}, \mathfrak{h}, \mathfrak{a}),$$

welche durch die Substitution $\begin{pmatrix} 0, & -1 \\ 1, & -1 \end{pmatrix}$ zyklisch ineinander übergehen. Man denke sich (s. Fig. 16) das Parallelgitter der ersten Form mit dem Elementarparallelogramme $OAA'B$, dessen zweiter Grundpunkt B die Koordinaten $\frac{\mathfrak{k}}{\sqrt{\mathfrak{a}}}$, $\sqrt{\frac{\Delta}{\mathfrak{a}}}$ hat, worin $\Delta = \mathfrak{a}\mathfrak{b} - \mathfrak{k}^2$ gedacht ist. Durch die Substitution $\begin{pmatrix} 0, & -1 \\ 1, & -1 \end{pmatrix}$ erhält man daraus das Parallelgitter der zweiten Form, dessen erster Grundpunkt B, der zweite der Punkt C mit den Koordinaten

$$-\sqrt{\mathfrak{a}} - \frac{\mathfrak{k}}{\sqrt{\mathfrak{a}}}, \; -\sqrt{\frac{\Delta}{\mathfrak{a}}}$$

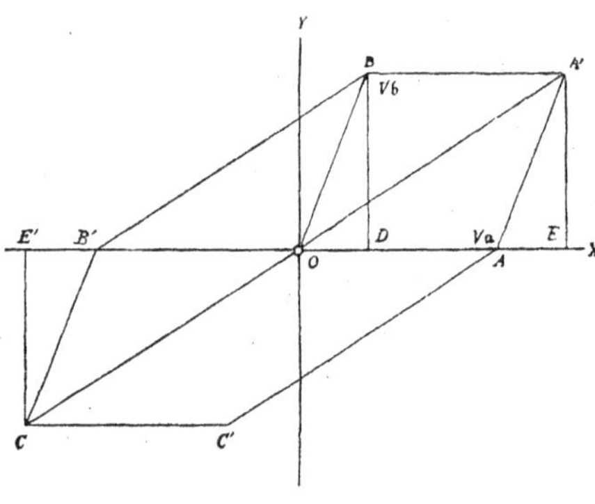

Fig. 16.

ist; man findet diesen, wenn man $OE' = OE$ und $E'C = BD$ nimmt, wobei $AE = OD = \frac{\mathfrak{k}}{\sqrt{\mathfrak{a}}}$ gedacht wird. Daher ist $OBB'C$ das zweite Elementarparallelogramm, und nunmehr muß $OCC'A$ dasjenige der dritten Form sein. Man erkennt, daß COA' eine Gerade und $CO = OA'$ ist, und somit gelangt man, von O ausgehend und die Strecken OA, OB, OC mit ihrer Richtung aneinanderlegend: OA, AA', $A'O$, wieder zum Ausgangspunkte zurück. Soll nun das Tripel dasjenige einer nach **Selling** reduzierten Form sein, so sind $\mathfrak{k}$, $\mathfrak{g}$, $\mathfrak{h}$ als nicht positiv vorauszusetzen, demnach ist das entsprechende Dreieck OAA' dadurch charakterisiert, daß seine Außenwinkel sämtlich stumpf, das Dreieck selbst also ein im gebräuchlichen Sinne „spitzwinkliges" Dreieck ist. Dieses Dreieck stimmt dann im übrigen mit dem Dreiecke OAC der vorigen Figur überein, sobald man dort unter der Form (a, b, c) diejenige der beiden entgegengesetzten Formen versteht, deren mittlerer Koeffizient negativ ist, und sie mit $(\mathfrak{a}, \mathfrak{k}, \mathfrak{b})$ identifiziert; denn nach Kap. 3, Nr. 4 bedeuten $\mathfrak{a}, \mathfrak{b}, \mathfrak{c} = \mathfrak{a} + 2\mathfrak{k} + \mathfrak{b}$ der Reihe nach die drei kleinsten durch die Formen der Klasse darstellbaren Zahlen.

10a. In der durch die Ungleichungen

$$2|b| \lesseqgtr a \lesseqgtr c$$

charakterisierten reduzierten positiven Form (a, b, c) war a die kleinste durch diese Form, also auch durch jede andere Form ihrer Klasse mittels ganzzahliger Werte x, y darstellbare Zahl und erfüllte die Ungleichheit $a \gtreqless \sqrt{\frac{4\Delta}{3}}$ oder

$$\frac{a}{\sqrt{\Delta}} \gtreqless \frac{2}{\sqrt{3}},$$

worin $\Delta = ac - b^2$ den absoluten Wert der Determinante der Form bedeutet. Man darf daher sagen: Für jede positive binäre quadratische Form $f(x, y)$ mit der Determinante $D = -\Delta$ gibt es zwei nicht zugleich verschwindende ganze Zahlen x, y, welche ihr ihren kleinsten mittels ganzzahliger x, y darstellbaren Wert erteilen; dieser ist zugleich die kleinste durch die mit der Form $f(x, y)$ äquivalenten Formen darstellbare Zahl und soll deshalb das Minimum ihrer Klasse heißen. Demnach ist $\frac{2}{\sqrt{3}}$ eine obere Schranke für den Quotienten zwischen dem Minimum einer Klasse und der Quadratwurzel aus dem absoluten Wert ihrer Determinante; und diese Schranke ist genau, denn offenbar nimmt die spezielle Form

$$2\sqrt{\frac{\Delta}{3}}(x^2 + xy + y^2),$$

welche reduziert und deren Determinante $D = -\Delta$ ist, ihren für ganzzahlige x, y kleinsten Wert an, wenn eine der Größen x, y gleich 1, die andere gleich 0 wird, und wird alsdann, durch $\sqrt{\Delta}$ geteilt, jener Schranke gleich; deshalb werde diese spezielle Form eine Grenzform genannt.

Konstruiert man andererseits das Punktgitter der Form $f(x,y)$, so bedeutet $f(x, y)$ das Quadrat der Entfernung des Gitterpunktes x, y vom Nullpunkte, der Minimalwert M der Form also dieses Quadrat für den zunächst am Nullpunkt gelegenen Gitterpunkt, d. i. das Quadrat der kleinsten Seite des Elementarparallelogramms für das reduzierte Parallelgitter. Wenn nun um jeden Gitterpunkt ein Kreis mit dem Radius $\frac{1}{2}\sqrt{M}$ geschlagen wird, dessen Inhalt also $\frac{\pi M}{4}$ ist, so bilden sich Parallelreihen von Kreisen, die aneinander liegen. Da so auf jeden Gitterpunkt, d. h. auf jedes Elementarparallelogramm vom Inhalte $\sqrt{\Delta}$, je ein Kreis kommt, so wird der von den Kreisen überdeckte Teil der Ebene sich zu der gesamten von jenen Parallelogrammen erfüllten Ebene verhalten wie $\frac{M\pi}{4} : \sqrt{\Delta}$ und somit $\gtreqless \frac{\pi}{2\sqrt{3}}$ sein. Die Parallelreihen der Kreise werden sich sämtlich berühren, wenn die Seiten jenes Elementarparallelogramms einander gleich werden. Offenbar entspricht aber auch dem Gitter, welches durch die Mittelpunkte der Kreise bei solcher Lagerung gebildet wird, eine positive reduzierte Form $f(x, y)$ mit gleichen äußeren Koeffizienten, welche den Minimalwert der Klasse bezeichnen. Die dichteste derartige Lagerung von Kreisen erhält man daher, wenn das Verhältnis $\frac{M}{\sqrt{\Delta}}$ die genannte obere Schranke erreicht, d. h. wenn $f(x, y)$ die obige Grenzform ist; das Verhältnis zwischen dem von den Kreisen überdeckten Teile der Ebene und der gesamten Ebene ist alsdann ein Maximum und beträgt $\frac{\pi}{2\sqrt{3}}$. Da das Elementarparallelogramm dieser Form aus zwei gleichseitigen Dreiecken zusammengesetzt ist, so wird bei dieser ausgezeichneten Lagerung der Kreise jeder von ihnen, während er sonst nur vier andere berührt, mit je sechs Kreisen in Berührung sein. —

11. Wir wenden uns nun noch zur Lehre von der Komposition der quadratischen Formen, welche zuerst Gauß in den Disqu. arithm. art. 234 ff. in allgemeinster Weise entwickelt hat. Sie ist dann unter einfacheren Voraussetzungen sehr elegant von Dirichlet dargestellt worden, allgemeiner von Arndt.[1]) Der Zusammensetzung zweier Formen zu einer dritten entspricht aber eine gewisse Zusammensetzung der zu ihnen gehörigen Gitter zu dem Gitter der letzteren Form, und es ist leicht, aus den Gesetzen dieser Gitterzusammensetzung diejenige der Formenkomposition als eine einfache Folgerung herzuleiten. Dies soll im folgenden geschehen. Hierbei werden die Formen als solche mit ganzzahligen Koeffizienten vorausgesetzt, und wir wollen uns der Einfachheit wegen auf die Annahme beschränken, daß die Formen eigentlich primitiv sein und gleiche Determinante haben sollen.

Seien

$$f = ax^2 + 2bxy + cy^2, \quad f' = a'x'^2 + 2b'x'y' + c'y'^2$$

zwei solche Formen und

$$G = \begin{bmatrix} \sqrt{a}, & \frac{b}{\sqrt{a}} \\ 0, & \sqrt{\frac{\Delta}{a}} \end{bmatrix}, \quad G' = \begin{bmatrix} \sqrt{a'}, & \frac{b'}{\sqrt{a'}} \\ 0, & \sqrt{\frac{\Delta}{a'}} \end{bmatrix}$$

1) Dirichlet, De formarum binariarum secundi gradus compositione 1851, Werke Bd. II, S. 105; vgl. Vorles. üb. Zahlenth., 4. Aufl. S. 387; Arndt, Auflösung einer Aufgabe in der Komposition der quadratischen Formen, Journal f. Math., Bd. 56, S. 64, vgl. dazu Dirichlets Vorl., 4. Aufl. S. 644. Siehe auch Dedekind, Journ. f. Math., Bd. 129, S. 1 und A. Speiser, Festschrift für H. Weber, Leipzig 1912, S. 375.

die beiden zu ihnen gehörigen, auf dasselbe Koordinatensystem bezogenen Parallelgitter, endlich

$$\xi = x\sqrt{a} + \frac{b}{\sqrt{a}}y + \sqrt{\frac{D}{a}} \cdot y, \quad \xi' = x'\sqrt{a'} + \frac{b'}{\sqrt{a'}}y' + \sqrt{\frac{D}{a'}} \cdot y'$$

die den letzteren entsprechenden Gitterzahlen. Man bilde alle Produkte

$$(34)\quad \xi \cdot \xi' = \left(x\sqrt{a} + \frac{b}{\sqrt{a}}y + \sqrt{\frac{D}{a}} \cdot y\right)\left(x'\sqrt{a'} + \frac{b'}{\sqrt{a'}}y' + \sqrt{\frac{D}{a'}} \cdot y'\right),$$

welche sämtlichen ganzzahligen x, y, x', y' entsprechen, sowie alle Summen solcher Produkte und nenne die Gesamtheit der so entstehenden Werte $\mathfrak{G}$. Diese Operation zu ihrer Bildung heiße die Zusammensetzung der Gitter G und G'. Wir stellen uns die Frage, ob es eine Form (a'', b'', c'') mit derselben Determinante D gibt, für welche die Gesamtheit ihrer Gitterzahlen mit der Gesamtheit $\mathfrak{G}$ identisch ist.

Soll dies der Fall sein, so muß das Produkt (34), welche ganzzahligen Werte x, y, x', y' auch haben mögen, gleich einem Werte der zu (a'', b'', c'') gehörigen Gitterzahl

$$(35)\quad \xi'' = X \cdot \sqrt{a''} + \frac{b''}{\sqrt{a''}} \cdot Y + \sqrt{\frac{D}{a''}} \cdot Y$$

sein. Den Werten $x = 1, y = 0; x' = 1, y' = 0$, welche den beiden ersten auf der X-Achse liegenden Grundpunkten der Gitter G, G' entsprechen, darf ein ebenfalls auf der X-Achse gelegener Punkt, d. h. ein Punkt mit $Y = 0$, zugeordnet werden, und aus (34) und (35) folgt dann für einen gewissen Wert μ von X

$$\sqrt{aa'} = \sqrt{a''} \cdot \mu,$$

d. h.

$$(36)\quad a'' = \frac{a a'}{\mu^2}.$$

Demnach müßte

$$(37)\quad (ax + by + y\sqrt{D})(a'x' + b'y' + y'\sqrt{D}) = \mu(a''X + b''Y + \sqrt{D} \cdot Y)$$

werden, woraus für $x = 1, y = 0, y' = 1$, bzw. für $x' = 1, y' = 0$ $y = 1$, bzw. für $x = 0, y = 1, x' = 0, y' = 1$ durch Vergleichung des Irrationalen beiderseits sich die Beziehungen

$$a \equiv 0, \quad a' \equiv 0, \quad b + b' \equiv 0 \pmod{\mu}$$

ergeben; μ muß also gemeinsamer Teiler der drei Zahlen $a, a', b + b'$ sein. Da andererseits so jede der Gitterzahlen (35) entstehen soll, so müssen jedem ganzzahligen System X, Y auch ganzzahlige x, y, x', y' entsprechen derart, daß der Ausdruck (35) dem Produkte (34) oder einer Summe solcher Produkte gleich ist. Setzt man insbesondere $Y = 1$ voraus, so lehrt die Vergleichung des Irrationalen zu beiden Seiten in (37), daß μ ein Ausdruck oder eine Summe von Ausdrücken von der Gestalt

$$(ax + by)y' + (a'x' + b'y')y = axy' + a'x'y + (b + b')yy',$$

mithin durch jeden gemeinsamen Teiler der Zahlen a, a', $b + b'$ teilbar, also ihr größter gemeinsamer Teiler sein muß. Vergleicht man dann in (37) neben dem Irrationalen beider Seiten auch das Rationale derselben für die oben bezeichneten drei Systeme der Zahlen x, x, y', y', so ergeben sich einerseits für Y die Werte $\frac{a}{\mu}$, $\frac{a'}{\mu}$, $\frac{b+b'}{\mu}$ bzw., andererseits die Kongruenzen

$$(38)\qquad \left\{\begin{aligned} \frac{a}{\mu}\cdot b'' &\equiv \frac{a}{\mu}\cdot b' \\ \frac{a'}{\mu}\cdot b'' &\equiv \frac{a'}{\mu}\cdot b \\ \frac{b+b'}{\mu}\cdot b'' &\equiv \frac{bb'+D}{\mu} \end{aligned}\right\} \pmod{a''},$$

wo

$$(38\text{a})\qquad \frac{bb'+D}{\mu} = b\cdot\frac{b'+b}{\mu} - \frac{a}{\mu}\cdot c = b'\cdot\frac{b+b'}{\mu} - \frac{a'}{\mu}\cdot c'$$

eine ganze Zahl ist.

Haben wir so Bedingungen gefunden, welche für die Bejahung der gestellten Frage notwendig sind, so zeigen wir nun zunächst, daß man, nachdem a'' der Gleichung (36) gemäß gewählt ist, den weiteren Bedingungen (38) durch ganze Zahlen b'' genügen kann. Da μ größter gemeinsamer Teiler der Zahlen a, a', $b + b'$ ist, gibt es ganze Zahlen α, β, γ, für welche

$$(39)\qquad \frac{a}{\mu}\cdot\alpha + \frac{a'}{\mu}\cdot\beta + \frac{b+b'}{\mu}\cdot\gamma = 1$$

ist. Wenn also eine Zahl b'' vorhanden ist, für welche die Kongruenzen (38) stattfinden, so leistet sie auch der aus ihnen abgeleiteten Kongruenz

$$(40)\qquad b'' \equiv \frac{a}{\mu}\alpha b' + \frac{a'}{\mu}\beta b + \frac{bb'+D}{\mu}\gamma \pmod{a''}$$

Genüge. Umgekehrt erfüllen aber auch die so definierten Zahlen b'' wirklich die gestellten Bedingungen. In der Tat folgen aus (39) zunächst die Kongruenzen

$$\left(\frac{a}{\mu}\right)^2 \cdot \alpha + \frac{b+b'}{\mu} \cdot \frac{a\gamma}{\mu} \equiv \frac{a}{\mu}$$

$$\left(\frac{a'}{\mu}\right)^2 \cdot \beta + \frac{b+b'}{\mu} \cdot \frac{a'\gamma}{\mu} \equiv \frac{a'}{\mu}$$

und folglich aus (40) mit Rücksicht auf (38a)

$$\frac{a}{\mu} \cdot b'' \equiv \left(\frac{a}{\mu}\right)^2 \alpha b' + \frac{aa'}{\mu^2}\beta b + \frac{ab'}{\mu}\left(\frac{b+b'}{\mu}\right)\gamma - \frac{aa'}{\mu^2}c'\gamma \equiv \frac{a}{\mu} b' \pmod{a''}$$

$$\frac{a'}{\mu} \cdot b'' \equiv \frac{aa'}{\mu^2}\alpha b' + \left(\frac{a'}{\mu}\right)^2 \beta b + \frac{a'b}{\mu}\left(\frac{b+b'}{\mu}\right)\gamma - \frac{aa'}{\mu^2}c\gamma \equiv \frac{a'}{\mu} b \pmod{a''},$$

endlich

$$\frac{b+b'}{\mu} \cdot b'' \equiv \frac{a\alpha}{\mu} \cdot \frac{b+b'}{\mu} b' + \frac{a'\beta}{\mu} \cdot \frac{b+b'}{\mu} b + \frac{bb'+D}{\mu} \cdot \frac{b+b'}{\mu}\gamma,$$

woraus wegen (39)

$$\begin{aligned}\frac{b+b'}{\mu} \cdot b'' &\equiv \frac{bb'+D}{\mu} + \frac{a\alpha}{\mu^2}(bb' + b'^2 - bb' - D) \\ &\qquad + \frac{a'\beta}{\mu^2}(bb' + b^2 - bb' - D) \\ &\equiv \frac{bb'+D}{\mu} + \frac{aa'}{\mu^2} \cdot \alpha c' + \frac{aa'}{\mu^2} \cdot \beta c \\ &\equiv \frac{bb'+D}{\mu} \pmod{a''}\end{aligned}$$

hervorgeht. Es gibt also eine Zahl a'' und eine durch die Kongruenz (40) definierte Restklasse (mod. a''), deren Zahlen b'' zusammen mit a'' die geforderten Bedingungen erfüllen. Für diese Zahlen erschließt man aber ferner aus den Kongruenzen (38)

$$\left(\frac{a}{\mu}\right)^2 \cdot (b''^2 - D) \equiv \left(\frac{a}{\mu}\right)^2 \cdot (b'^2 - D) \equiv \frac{aa'}{\mu^2} \cdot ac' \equiv 0$$

$$\left(\frac{a'}{\mu}\right)^2 \cdot (b''^2 - D) \equiv \left(\frac{a'}{\mu}\right)^2 \cdot (b^2 - D) \equiv \frac{aa'}{\mu^2} \cdot a'c \equiv 0$$

$$\begin{aligned}\left(\frac{b+b'}{\mu}\right)^2 \cdot (b''^2 - D) &\equiv \frac{(bb'+D)^2 - D(b+b')^2}{\mu^2} \equiv \frac{(b^2-D)(b'^2-D)}{\mu^2} \\ &\equiv \frac{aa'}{\mu^2} \cdot cc' \equiv 0 \pmod{a''}\end{aligned}$$

und folglich, da $\frac{a}{\mu}$, $\frac{a'}{\mu}$, $\frac{b+b'}{\mu}$ ohne gemeinsamen Teiler sind,

$$b''^2 - D \equiv 0 \pmod{a''},$$

so daß

$$c'' = \frac{b''^2 - D}{a''}$$

eine ganze Zahl und (a'', b'', c'') eine Form mit der Determinante D ist, deren Gitterzahlen durch die Formel (35) bestimmt sind.

Setzt man nun

$$\mu(a''X + b''Y) = aa'xx' + ab'xy' + a'bx'y + (bb' + D)yy'$$

$$\mu Y = a'x'y + axy' + (b + b')yy',$$

d. i.

$$(41)\quad \begin{cases} X = \mu xx' + \frac{1}{a''}\Big[\Big(\frac{a}{\mu}b' - \frac{a}{\mu}b''\Big)xy' + \Big(\frac{a'}{\mu}b - \frac{a'}{\mu}b''\Big)x'y \\ \qquad + \Big(\frac{bb' + D}{\mu} - \frac{b + b'}{\mu}b''\Big)yy'\Big] \\ Y = \frac{a}{\mu}xy' + \frac{a'}{\mu}x'y + \frac{b + b'}{\mu}yy', \end{cases}$$

so werden X, Y den Kongruenzen (38) zufolge für jedes ganzzahlige System x, y, x', y' auch ganze Zahlen und erfüllen die Gleichung (37), d. h. jedes Produkt $\xi \cdot \xi'$, also auch jede Summe solcher Produkte, mithin die ganze Gesamtheit $\mathfrak{G}$ gehört zu den Gitterzahlen der Form (a'', b'', c''). Da für solche Werte X, Y die Gleichung (37) bestehen bleibt, wenn $\sqrt{D}$ in $-\sqrt{D}$ verwandelt wird, so erhält man durch Multiplikation der so entstehenden mit der ursprünglichen Gleichung die Beziehung:

$$(42)\quad \begin{aligned} &(ax^2 + 2bxy + cy^2)(a'x'^2 + 2b'x'y' + c'y'^2) \\ &\qquad = a''X^2 + 2b''XY + c''Y^2. \end{aligned}$$

Die Form $f'' = (a'', b'', c'')$, welche auf diese Weise durch die bilineare Substitution (41) in das Produkt der beiden Formen $f = (a, b, c)$, $f' = (a', b', c')$ verwandelt wird, heißt aus den letzteren zusammengesetzt und wird als ihr Produkt:

$$f'' = f \cdot f' = f' \cdot f$$

bezeichnet.

Je zwei Formen (a, b, c), (a', b', c') mit der Determinante D lassen sich also zu einer dritten Form (a'', b'', c'') mit derselben Determinante zusammensetzen, deren Koeffizienten durch die Bedingungen (36), (38) bestimmt sind.

Wie gezeigt, gehören alle Zahlen der Gesamtheit $\mathfrak{G}$ zu den Gitterzahlen der Form (a'', b'', c''); aber es fragt sich noch, ob $\mathfrak{G}$ mit der Gesamtheit der letzteren identisch ist. Dies ist sicher der Fall, wenn die Zahlen a, a', $b + b'$ ohne gemeinsamen Teiler sind, also $\mu = 1$ ist. Denn alsdann ist $a'' = aa'$, und in $\mathfrak{G}$ befinden sich u. a. die Zahlen

$$\sqrt{aa'} = \sqrt{a''}$$

$$\sqrt{a} \cdot \frac{b' + \sqrt{D}}{\sqrt{a'}} = \frac{ab' + a\sqrt{D}}{\sqrt{a''}}, \quad \sqrt{a'} \cdot \frac{b + \sqrt{D}}{\sqrt{a}} = \frac{a'b + a'\sqrt{D}}{\sqrt{a''}}$$

$$\frac{b + \sqrt{D}}{\sqrt{a}} \cdot \frac{b' + \sqrt{D}}{\sqrt{a'}} = \frac{bb' + D + (b + b')\sqrt{D}}{\sqrt{a''}},$$

von denen die drei letzten nach den Kongruenzen (38) bis auf Vielfache von $\sqrt{a''}$ mit

$$a \cdot \frac{b'' + \sqrt{D}}{\sqrt{a''}}, \quad a' \cdot \frac{b'' + \sqrt{D}}{\sqrt{a''}}, \quad (b + b') \cdot \frac{b'' + \sqrt{D}}{\sqrt{a''}}$$

gleich sind; also sind auch diese drei Zahlen in $\mathfrak{G}$ enthalten, und da $a, a', b + b'$ ohne gemeinsamen Teiler sind, auch $\frac{b'' + \sqrt{D}}{\sqrt{a''}}$. Demzufolge sind dann aber endlich alle Gitterzahlen (35) Zahlen der Gesamtheit $\mathfrak{G}$ und diese mit deren Gesamtheit identisch.

Zwei Formen (a, b, c), (a', b', c'), für welche $a, a', b + b'$ ohne gemeinsamen Teiler sind, werden (nach Dedekind) einig genannt. Man darf daher das Gefundene in folgendem Satze aussprechen: Durch Zusammensetzung der Parallelgitter G, G' zweier einiger Formen (a, b, c), (a', b', c') entsteht das Parallelgitter

$$G'' = \begin{bmatrix} \sqrt{a''}, & \frac{b''}{\sqrt{a''}} \\ 0, & \sqrt{\frac{\Delta}{a''}} \end{bmatrix}$$

der aus ihnen zusammengesetzten Form (a'', b'', c''). Entsprechend der Zusammensetzung der Formen soll daher auch das Gitter G'' aus G, G' zusammengesetzt heißen, diese Zusammensetzung wieder als eine Multiplikation angesehen und demgemäß

$$G'' = G \cdot G' = G' \cdot G$$

geschrieben werden, wobei es offenbar auf die Ordnung der Faktoren nicht ankommt.

12. Sind aber K, K' zwei Klassen eigentlich primitiver Formen mit der Determinante D, so lassen sich stets auf unendlich viele Weisen zwei einige Formen f, f' als ihre Repräsentanten aus ihnen auswählen. Z. B. folgendermaßen: Bekanntlich sind in jeder Klasse eigentlich primitiver Formen unendlich viele Formen vorhanden, deren erster

Koeffizient zu einer beliebig gegebenen Zahl teilerfremd ist. Demnach kann man $f = (a, b, c)$ in der Klasse K so gewählt denken, daß a zu D, und $f' = (a', b', c')$ in der Klasse K' so, daß a' nicht nur zu D, sondern auch noch zu a teilerfremd ist. Alsdann sind die drei Zahlen $a, a', b + b'$ gewiß ohne gemeinsamen Teiler, also $\mu = 1$, f und f' sind also einige Formen, und nunmehr ergeben die Beziehungen (36) und (38), daß

$$a'' = aa'$$

und

$$(43)\qquad \begin{cases} b'' \equiv b \,(\text{mod.}\, a), \quad b'' \equiv b' \,(\text{mod.}\, a') \\ (b + b')b'' \equiv bb' + D \,(\text{mod.}\, aa') \end{cases}$$

ist; die dritte dieser Kongruenzen ist, wie die Identität

$$(b'' - b)(b'' - b') = b''^2 - (b + b')b'' + bb'$$

erkennen läßt, zufolge der ersten beiden mit der folgenden:

$$b''^2 \equiv D \,(\text{mod.}\, aa')$$

gleichbedeutend. Ist nun B ein Wert von b'', welcher diese Bedingungen erfüllt, und setzt man demgemäß

$$B^2 - D = aa' \cdot C,$$

so sind die Formen $f = (a, b, c)$, $f' = (a', b', c')$ bzw. äquivalent mit

$$(a, B, a'C), \quad (a', B, a\,C),$$

und wenn man in voriger Nummer diese Formen an Stelle von f, f' setzt, so erhält man als die aus ihnen zusammengesetzte Form die Form $f'' = (aa', B, C)$, und die Gleichung (42) nimmt die Gestalt an:

$$(44)\qquad \begin{aligned} &(ax^2 + 2Bxy + a'Cy^2)(a'x'^2 + 2Bx'y' + aCy'^2) \\ &= aa'X^2 + 2BXY + CY^2, \end{aligned}$$

während nach (41) die bilineare Substitution, durch welche diese Gleichheit bewirkt wird, die folgende ist:

$$(45)\qquad X = xx' - Cyy', \quad Y = axy' + a'x'y + 2Byy'.$$

Man erkennt hieraus, daß die aus den eigentlich primitiven Formen zusammengesetzte Form ebenfalls eigentlich primitiv ist. Denn, da f, f' solche Formen sind, so sind es auch die ihnen äquivalenten, offenbar einigen Formen $(a, B, a'C)$, (a', B, aC); dann können aber auch aa', $2B$, C keinen gemeinsamen Teiler haben; denn, ginge eine Primzahl p in ihnen allen auf, so wäre sie entweder gemeinsamer Teiler von $a, 2B, C$, also auch von $a, 2B, a'C$, oder von $a', 2B, C$, also auch von $a', 2B, aC$ gegen Voraussetzung. Nun seien φ, φ' irgend zwei einige Formen aus K und K', dann bestehen die Gitter der

Formen f, φ aus denselben Punkten, und korrespondierenden Punkten beider Gitter kommen gleiche Gitterzahlen zu[1]); demnach ist die Gesamtheit der Gitterzahlen für beide Formen dieselbe. Gleiches gilt für die miteinander äquivalenten Formen f', φ'. Deshalb muß die nach voriger Nummer aus den Gitterzahlen der Formen f, f' gebildete Gesamtheit $\mathfrak{G}$, d. i. die Gesamtheit der Gitterzahlen der Form f'', übereinstimmen mit der entsprechend für die Formen φ, φ' gebildeten Gesamtheit, d. i. mit der Gesamtheit der Gitterzahlen für die aus φ, φ' zusammengesetzte Form φ''. Mit anderen Worten: das Punktgitter der Form φ'' ist dasselbe wie das der Form f'', und demnach gehören beide Formen derselben Klasse an. Man erhält also den Satz:

Wie man auch die einigen Repräsentanten zweier Klassen K, K' eigentlich primitiver Formen mit der Determinante D auswählt, die aus beiden zusammengesetzte Form gehört stets ein und derselben Klasse K'' eigentlich primitiver Formen mit derselben Determinante an, und man darf daher jetzt auch diese Klasse aus jenen beiden Klassen zusammengesetzt nennen und dies schreiben wie folgt:

$$K'' = K \cdot K' = K' \cdot K.$$

Und entsprechend darf jetzt das Punktgitter G'' der zusammengesetzten Form f'' als aus den Punktgittern G, G' der Formen f, f' zusammengesetzt aufgefaßt und bezeichnet werden.

13. Wird unter $f' = (a', b', c')$ die Hauptform $x^2 - Dy^2$ für die Determinante D, unter K' also die Hauptklasse K_0 verstanden, d. i. $a' = 1, b' = 0, c' = -D$ gedacht, so ergeben sich die Beziehungen

$$a'' = a, \quad b'' \equiv b, \quad b''^2 \equiv D \pmod{a};$$

man darf also b'' oder B gleich b wählen. Dann wird das Gitter G'' mit G identisch und die zusammengesetzte Form f'' mit f. Man erhält also den Satz: Durch Zusammensetzung des Hauptgitters

$$G_0 = \begin{bmatrix} 1, & 0 \\ 0, & \sqrt{\Delta} \end{bmatrix}$$

mit einem beliebigen Gitter G entsteht wieder dieses Gitter:

$$G_0 \cdot G = G \cdot G_0 = G,$$

und entsprechend durch Zusammensetzung der Hauptklasse K_0 mit einer beliebigen Klasse K derselben Determinante wieder diese Klasse:

$$K_0 \cdot K = K \cdot K_0 = K.$$

1) Genauer: proportionale Gitterzahlen, doch darf von dem konstanten Proportionalitätsfaktor abgesehen werden

Insbesondere folgt hieraus, daß das Hauptgitter durch Zusammensetzung mit sich selbst, desgleichen die Hauptklasse durch Zusammensetzung mit sich selbst ungeändert bleibt.

Wenn dagegen $f' = (a', b', c')$ die zu $f = (a, b, c)$ entgegengesetzte Form, d. i. $a' = a$, $b' = -b$, $c' = c$ ist, so ist a größter gemeinsamer Teiler der Zahlen a, a', $b + b'$, mithin $\mu = a$, $a'' = 1$, und die sonst durch die Kongruenzen (38) bestimmte Zahl b'' bleibt beliebig und darf daher gleich Null gewählt werden. Demnach wird die Gesamtheit $\mathfrak{G}$ identisch mit G_0. In der Tat liefert jedes Produkt (34) zweier Gitterzahlen der entgegengesetzten Formen im Ausdrucke

$$(axx' - b(xy' - x'y) - cyy') + (xy' + x'y)\sqrt{D}$$

eine Gitterzahl des Hauptgitters, und jene Gesamtheit $\mathfrak{G}$ ist also dem letzteren eingelagert; da sie aber, wie unschwer einzusehen, die Grundzahlen 1 und $\sqrt{D}$ des Hauptgitters in sich enthält, so muß sie mit diesem identisch sein. Die aus f und f' zusammengesetzte Form f'' wird wegen $a'' = 1$, $b'' = 0$ zur Hauptform $x^2 - Dy^2$. Man hat also die einander entsprechenden Sätze: Zwei konjugierte, d. h. zu entgegengesetzten Formen gehörige Gitter, die mit G, G^{-1} bezeichnet werden sollen, geben zusammengesetzt das Hauptgitter, zwei entgegengesetzte Klassen K, K^{-1} die Hauptklasse:

$$G \cdot G^{-1} = G^{-1} \cdot G = G_0, \quad K \cdot K^{-1} = K^{-1} \cdot K = K_0.$$

Da nun für ganzzahlige Formen mit gegebener Determinante D nur eine endliche Anzahl nicht äquivalenter Klassen, also auch nur eine endliche Anzahl zugehöriger Punktgitter vorhanden ist, erkennt man aus diesen Sätzen, daß die Gesamtheit dieser Gitter eine Gruppe bildet, für welche die Multiplikation der Elemente kommutativ und, wie aus der Natur der betrachteten Zusammensetzung von selbst einleuchtet, auch assoziativ ist. Die Gruppe ist also eine endliche Abelsche Gruppe, und es besteht für sie der bekannte, solchen Gruppen eigene Fundamentalsatz: Für jedes Gitter G gibt es eine kleinste Potenz G^h, welche mit dem Hauptgitter G_0 identisch ist, was dadurch bezeichnet wird, daß man G zum Exponenten h gehörig nennt; und ferner gibt es gewisse Fundamentalgitter Γ, Γ_1, Γ_2, .. von der Art, daß das aus ihnen zusammengesetzte Gitter

$$\Gamma^k \cdot \Gamma_1^{k_1} \cdot \Gamma_2^{k_2} \ldots \tag{46}$$

jedes der Gitter G und jedes von ihnen nur einmal liefert, wenn die Exponenten k_i bzw. alle nicht negativen ganzen Zahlen bis hin zum Exponenten h_i, zu welchem Γ_i gehört durchlaufen. Ganz Entsprechendes gilt daher auch für die Formenklassen von gleicher Determinante.

14. Bisher haben wir die Parallelgitter der Formen, die wir zusammensetzten, so gelegt, daß ihre ersten Grundpunkte sämtlich auf die X-Achse des Koordinatensystems fielen. F. Klein hat statt dessen eine andere, scheinbar geringfügige Anordnung eingeführt, die in Wahrheit sehr wesentlich ist und deshalb hier nicht ohne Erwähnung bleiben soll.

Aus Nr. 7 ist zu entnehmen, daß der Multiplikation der Gitterzahlen ξ einer Form (a, b, c), deren Determinante $D < 0$ ist, mit dem Faktor $\varrho = e^{\varphi i}$ eine Drehung um den Anfangspunkt um den Winkel φ, und der Multiplikation der Gitterzahl ξ, wenn $D > 0$ ist, mit einem Faktor $\varrho = \frac{\alpha + \beta\sqrt{D}}{\varepsilon}$ eine Veränderung des Gitters entspricht, die als seine Drehung um den Anfangspunkt um den hyperbolischen Winkel

$$\varphi = \log \frac{\alpha + \beta\sqrt{D}}{\varepsilon}$$

aufgefaßt werden kann. Aus diesem Grunde darf der Faktor ϱ als Azimutal- oder Drehfaktor bezeichnet werden. Indem wir nun für das Hauptgitter, nämlich für das Parallelgitter der die Klasse K_0 repräsentierenden Hauptform $x^2 - Dy^2$, die bisherige Lage beibehalten, also seinen ersten Grundpunkt $x = 1$, $y = 0$ auf die Hauptachse legen und demgemäß seine Gitterzahlen durch $\xi_0 = x + y\sqrt{D}$ ausdrücken, wollen wir für die Repräsentanten (a, b, c) der übrigen Klassen als deren Gitterzahlen nicht mehr die Ausdrücke ξ, sondern $\varrho\xi$ einführen, d. h. die Parallelgitter dieser Formen gegen das Hauptgitter in der Weise orientieren, wie die Drehfaktoren ϱ es angeben. Damit aber das Produkt der konjugierten Linearfaktoren nach wie vor die Form $ax^2 + 2bxy + cy^2$ ergibt, muß dann statt η der Ausdruck $\varrho^{-1} \cdot \eta$ gesetzt werden. Erinnern wir uns weiter, daß konjugierte Gitter, d. i. die Parallelgitter zweier entgegengesetzter Formen, gegen die X-Achse spiegelbildlich lagen. Soll dieses Verhältnis durch die anderweitige Orientierung der Gitter nicht aufgehoben werden, so muß offenbar das Parallelgitter der entgegengesetzten Form $(a, -b, c)$ um ebenso weit, aber nach der anderen Seite, gedreht werden, wie das der Form (a, b, c); wird also

$$\xi = x\sqrt{a} + \frac{b}{\sqrt{a}}y + y \cdot \sqrt{\frac{D}{a}}$$

mit ϱ multipliziert, so muß die Gitterzahl

$$\bar{\xi} = x\sqrt{a} - \frac{b}{\sqrt{a}}y + y \cdot \sqrt{\frac{D}{a}}$$

der entgegengesetzten Form mit ϱ^{-1} multipliziert werden. Endlich bemerke man, daß durch Orientierung des Parallelgitters einer Form zugleich diejenige des Punktgitters ihrer Klasse bestimmt ist, daß letztere jedoch die gleiche bleibt, wenn statt des so orientierten Parallelgitters irgendeine seiner Deckungen mit sich selbst gesetzt wird.

Nach diesen Bemerkungen und Bestimmungen ist sehr leicht zu übersehen, daß die beiden ersten Sätze der vorigen Nummer auch für beliebig orientierte Punktgitter von Formenklassen in Geltung bleiben. Im übrigen aber ist die Orientierung der Gitter, wenn die Gesetze ihrer Zusammensetzung bestehen bleiben sollen, nicht willkürlich. Werden nämlich die Gitterzahlen ξ, ξ' zweier Formen durch $\varrho\xi$, $\varrho'\xi'$ ersetzt, so gehen die früher mit ξ'' bezeichneten Gitterzahlen des zusammengesetzten Gitters in $\varrho\varrho'\cdot\xi''$ über. Bezeichnet man daher mit ϱ_i den Drehfaktor des Fundamentalgitters Γ_i, so erhalten seine Gitterzahlen ξ_i durch Zusammensetzung des Gitters zur Potenz $\Gamma_i^{h_i}$ den Faktor $\varrho_i^{h_i}$. Soll dieses letztere Punktgitter aber mit G_0 identisch sein, so muß der bezeichnete Faktor mit einem der Faktoren übereinstimmen, durch welche das Hauptgitter mit sich selbst zur Deckung gebracht wird. Für den Fall einer negativen Determinante D gibt dies, unter n eine ganze Zahl verstanden, die Beziehung

$$\varrho_i^{h_i} = \pm 1 = e^{n\pi i},$$

d. h. $\varrho_i = e^{\frac{n\pi i}{h_i}}$; für den Fall eines positiven D aber

$$\varrho_i^{h_i} = e^{n\omega},$$

d. i. $\varrho_i = e^{\frac{n\omega}{h_i}}$, wo ω durch die Fundamentalauflösung T, U der Pellschen Gleichung nach Formel (33) bestimmt ist. Sind nun in solcher Weise die Orientierungen der Fundamentalgitter festgelegt, so werden die Gesetze der Zusammensetzung auch für die orientierten Punktgitter in voller Geltung bleiben, wenn anders man für das durch die Formel (46) definierte Gitter G die Zahl $\varrho^k\cdot\varrho_1^{k_1}\cdot\varrho_2^{k_2}\ldots$ als Drehfaktor festsetzt. In der Tat, ist G' ein zweites Punktgitter

$$\Gamma^{k'}\cdot\Gamma_1^{k_1'}\Gamma_2^{k_2'}\ldots$$

mit dem Drehfaktor $\varrho^{k'}\cdot\varrho_1^{k_1'}\cdot\varrho_2^{k_2'}\ldots$, so erhält das aus G und G zusammengesetzte Punktgitter

$$G'' = \Gamma^{k+k'}\cdot\Gamma_1^{k_1+k_1'}\cdot\Gamma_2^{k_2+k_2'}\ldots$$

den ihm zukommenden Drehfaktor $\varrho^{k+k'}\cdot\varrho_1^{k_1+k_1'}\cdot\varrho_2^{k_2+k_2'}\ldots$, d. h. die richtige Orientierung.

Die Gesamtheit der so übereinandergelagerten, richtig orientierten Punktgitter für Formen mit der Determinante

D heißt nach Klein die Normalfigur für dieselben. Sie bildet ihm die Grundlage für die Theorie des quadratischen Zahlenkörpers, wie er sie in seinen zahlentheoretischen Vorlesungen, auf welche der Leser hiermit verwiesen sei, ausführlich entwickelt hat.

Sechstes Kapitel.

Raumgitter und positive ternäre quadratische Formen.

1. Wir wenden uns nun zur Betrachtung der ternären quadratischen Formen.

Wie man die Mannigfaltigkeiten aller Werte einer oder zweier reeller Veränderlichen geometrisch durch die Punkte einer Geraden bzw. einer Ebene darstellen kann, so läßt sich diejenige von drei reellen Veränderlichen durch die Punkte des Raumes veranschaulichen. Man wähle drei beliebige durch einen Punkt O gehende Achsen, welche eine Ecke bilden, und trage auf jeder von ihnen nach beiden Seiten von O hin lauter gleiche Strecken bzw. von der Größe $\mathfrak{a}$, $\mathfrak{b}$, $\mathfrak{c}$ ab. Nimmt man sie als Vektoren, so kommt jedem Punkte des Raumes ein Vektor

$$(1) \qquad \mathfrak{p} = \mathfrak{a}x + \mathfrak{b}y + \mathfrak{c}z$$

zu, und sie werden so sämtlich erhalten, wenn man x, y, z alle reellen Werte durchlaufen läßt. Legt man aber durch die Endpunkte der auf jeder der Achsen bezeichneten Strecken Ebenen, welche der Ebene je der beiden anderen Achsen parallel sind, so zerlegt man den ganzen Raum in lauter kongruente Parallelepipede mit den Kanten $\mathfrak{a}$, $\mathfrak{b}$, $\mathfrak{c}$, und ihre Eckpunkte, welche durch die den ganzzahligen Werten von x, y, z entsprechenden Vektoren bestimmt sind, bilden die Gitterpunkte eines Raumgitters. Die Formel (1) definiert also für alle ganzzahligen x, y, z ein Raumgitter.

Indem man die Grundpunkte desselben, d. h. die Punkte mit den Vektoren $\mathfrak{a}$, $\mathfrak{b}$, $\mathfrak{c}$, auf irgendein durch O gehendes Koordinatensystem ξ, η, ζ bezieht, seien α, α_1, α_2, β, β_1, β_2; γ, γ_1, γ_2 bzw. ihre Koordinaten. Dann werden die Koordinaten des Punktes mit dem Vektor $\mathfrak{p}$

$$(2) \qquad \xi = \alpha x + \beta y + \gamma z, \quad \eta = \alpha_1 x + \beta_1 y + \gamma_1 z, \quad \zeta = \alpha_2 x + \beta_2 y + \gamma_2 z$$

sein, wobei der Modul

$$\Delta = \begin{vmatrix} \alpha & \beta & \gamma \\ \alpha_1 & \beta_1 & \gamma_1 \\ \alpha_2 & \beta_2 & \gamma_2 \end{vmatrix}$$

von Null verschieden ist und, wenn die Koordinaten ξ, η, ζ der Einfachheit wegen als rechtwinklig gedacht werden, in seinem absoluten

Werte den Inhalt des Grundparallelepipeds bestimmt. Diese Formeln ergeben, wenn x, y, z ganzzahlig sind, die Gitterpunkte des Raumgitters und stellen seine analytische Definition vor.

Nun sei

$$(3)\qquad \begin{cases} x = pX + qY + rZ \\ y = p_1X + q_1Y + r_1Z \\ z = p_2X + q_2Y + r_2Z \end{cases}$$

eine lineare Substitution mit ganzzahligen Koeffizienten und einem von Null verschiedenen Modul M. Durch Substitution dieser Ausdrücke in (2) gehen Gleichungen hervor von der Gestalt

$$(4)\qquad \begin{cases} \xi = \lambda X + \mu Y + \nu Z \\ \eta = \lambda_1 X + \mu_1 Y + \nu_1 Z \\ \zeta = \lambda_2 X + \mu_2 Y + \nu_2 Z, \end{cases}$$

in welchen die Koeffizienten durch die Formeln

$$(5)\qquad \begin{cases} \lambda = p\alpha + p_1\beta + p_2\gamma, & \mu = q\alpha + q_1\beta + q_2\gamma, & \nu = r\alpha + r_1\beta + r_2\gamma \\ \lambda_1 = p\alpha_1 + p_1\beta_1 + p_2\gamma_1, & \mu_1 = q\alpha_1 + q_1\beta_1 + q_2\gamma_1, & \nu_1 = r\alpha_1 + r_1\beta_1 + r_2\gamma_1 \\ \lambda_2 = p\alpha_2 + p_1\beta_2 + p_2\gamma_2, & \mu_2 = q\alpha_2 + q_1\beta_2 + q_2\gamma_2, & \nu_2 = r\alpha_2 + r_1\beta_2 + r_2\gamma_2 \end{cases}$$

bestimmt sind; wir fassen sie analog der Multiplikationsformel für Determinanten in die eine Formel

$$(6)\qquad \begin{matrix} \lambda, & \mu, & \nu \\ \lambda_1, & \mu_1, & \nu_1 \\ \lambda_2, & \mu_2, & \nu_2 \end{matrix} = \begin{matrix} \alpha, & \beta, & \gamma \\ \alpha_1, & \beta_1, & \gamma_1 \\ \alpha_2, & \beta_2, & \gamma_2 \end{matrix} \left| \begin{matrix} p, & q, & r \\ p_1, & q_1, & r_1 \\ p_2, & q_2, & r_2 \end{matrix} \right.$$

zusammen, der entsprechend sich die Gleichung

$$(7)\qquad \begin{vmatrix} \lambda, & \mu, & \nu \\ \lambda_1, & \mu_1, & \nu_1 \\ \lambda_2, & \mu_2, & \nu_2 \end{vmatrix} = \Delta \cdot M$$

herausstellt. Offenbar definieren die Gleichungen (4), wenn darin X, Y, Z alle ganzen Zahlen durchlaufen, ein neues Raumgitter. Da aber ganzzahligen X, Y, Z vermittels (3) auch ganzzahlige x, y, z entsprechen, für welche die durch (4) bestimmten ξ, η, ζ den durch (2) bestimmten gleich sind, so sind alle Gitterpunkte des neuen Gitters auch solche des ursprünglichen, d. h. also jenes ist diesem letzteren eingelagert. Man erhält aber auch jedes dem ursprünglichen eingelagerte Gitter, wenn man die lineare ganzzahlige Substitution (3) auf alle möglichen Weisen so wählt, daß ihr Modul M nicht verschwindet. Denn, da die Grundpunkte eines solchen zugleich auch Punkte des ursprünglichen Gitters sind, so bestehen für ihre Koordinaten $\lambda, \lambda_1, \lambda_2$; μ, μ_1, μ_2; ν, ν_1, ν_2 Gleichungen von der Form (5) mit ganzzahligen Werten p, p_1, p_2; q, q_1, q_2; r, r_1, r_2 bzw., und ihnen zufolge gehen die Gleichungen (4) für das neue Gitter aus den Gleichungen (2) des ursprünglichen durch die Substitution (3) hervor, deren Modul nicht verschwinden kann, da sonst der Formel (7) gemäß die Determinante

$$\begin{vmatrix} \lambda, & \mu, & \nu \\ \lambda_1, & \mu_1, & \nu_1 \\ \lambda_2, & \mu_2, & \nu_2 \end{vmatrix} = 0$$

wäre, während sie doch absolut genommen den Inhalt des neuen Grundparallelepipeds ausmacht.

Entsprechen nun vermittels der Gleichungen (3) auch umgekehrt ganzzahligen x, y, z stets ganzzahlige X, Y, Z, was bekanntlich dann und nur dann geschieht, wenn $M = \pm 1$ ist, so wird jeder Punkt des ursprünglichen Gitters auch ein Gitterpunkt des neuen sein; beide Gitter werden sich also decken, nämlich die beiden Parallelgitter (2) und (4) nur ein und dasselbe Punktgitter in verschiedener Einteilung repräsentieren. Der geometrische Ausdruck dieses Umstandes ist mithin die Inhaltsgleichheit der Grundparallelepipede beider Gitter oder die Gleichung

$$\begin{vmatrix} \lambda, & \mu, & \nu \\ \lambda_1, & \mu_1, & \nu_1 \\ \lambda_2, & \mu_2, & \nu_2 \end{vmatrix} = \begin{vmatrix} \alpha, & \beta, & \gamma \\ \alpha_1, & \beta_1, & \gamma_1 \\ \alpha_2, & \beta_2, & \gamma_2 \end{vmatrix},$$

und man erhält alle Darstellungen des Punktgitters als ein Parallelgitter, wenn man auf die eine Darstellung (2) desselben sämtliche ganzzahlige Substitutionen (3), deren Modul ± 1 ist, zur Anwendung bringt.

2. Da das Grundparallelepiped G des eingelagerten Gitters das $|M|$ fache des Grundparallelepipeds g des ursprünglichen Gitters ist, beide Gitter aber den Raum in kongruente Teile dieser Art zerlegen, so darf man schließen, daß auf $|M|$ Parallelepipede g nur je ein G, oder daß auf je $|M|$ Gitterpunkte des ursprünglichen Gitters ein Gitterpunkt des eingelagerten komme, d. h. daß $|M|$ die Anzahl der Gitterpunkte des ersteren bezeichne, welche auf ein Parallelepiped des zweiten entfallen. Dieser Schluß, analog einem für ebene Gitter schon im vorigen Kapitel ausgesprochenen, läßt sich durch eine Betrachtung, die ähnlich auch für jenen gelten würde, völlig streng begründen, wie folgt.

Der Einfachheit wegen denke man sich dabei das ursprüngliche Gitter (2) als ein rechtwinkliges, also $g = \mathfrak{a} \cdot \mathfrak{b} \cdot \mathfrak{c}$. Um seinen Anfangspunkt als Mittelpunkt beschreibe man einen Würfel, dessen Ecken den Werten $\pm\Omega$, $\pm\Omega$, $\pm\Omega$ von x, y, z entsprechen, wo Ω eine noch näher anzugebende ganze Zahl bedeutet. Dann gehören diesem Würfel vom Inhalt $8g\cdot\Omega^3$ genau $(2\Omega+1)^3$ Gitterpunkte des gedachten Gitters an. Nun betrachte man jeden Gitterpunkt X, Y, Z des zweiten Gitters (4), der in oder auf jenen Würfel fällt, und lege um ihn als Mittelpunkt ein dem Grundparallelepipede G kongruentes, durch eine Parallelverschiebung daraus hervorgehendes Parallelepiped. Ist d eine ganze Zahl, welche die größte Ausdehnung desselben in der Richtung der Achsen des ursprünglichen Gitters übertrifft, und denkt man nunmehr die ganze Zahl Ω größer als d, so ist klar, daß der aus allen solchen Parallelepipeden von der Größe G gebildete Körper ganz in dem Würfel, dessen Ecken den Werten $\pm(\Omega+d)$, $\pm(\Omega+d)$, $\pm(\Omega+d)$ von x, y, z entsprechen, enthalten ist, andererseits den Würfel mit den den Werten $\pm(\Omega-d)$, $\pm(\Omega-d)$, $\pm(\Omega-d)$ von x, y, z entsprechenden Ecken in sich enthalten wird. Demnach finden sich für sein Volumen V die Ungleichheiten

$$8g(\Omega-d)^3 \gtreqless V \gtreqless 8g(\Omega+d)^3.$$

Ferner aber wird er aus $\frac{V}{G}=\frac{V}{g\,|M|}$ Parallelepipeden von der angegebenen Art zusammengesetzt sein. Wenn daher N die Anzahl der Gitterpunkte des ursprünglichen Gitters bezeichnet, die in ein solches Parallelepiped oder in das Grundparallelepiped G fallen, so ist $\frac{V}{g\,|M|}\cdot N$ die gesamte Anzahl derselben in jenem Körper; diese aber befinden sich sämtlich unter denen, welche dem größeren der beiden Würfel angehören, und begreifen andererseits alle die unter sich, welche dem kleineren derselben zugehörig sind. Somit erhält man die neuen Ungleichheiten:

$$(2\Omega-2d+1)^3 \gtreqless \frac{V}{g\,|M|}\cdot N \gtreqless (2\Omega+2d+1)^3,$$

aus deren Verknüpfung mit den vorigen sich weiter

$$\frac{(2\Omega-2d+1)^3}{8(\Omega+d)^3} \gtreqless \frac{N}{|M|} \gtreqless \frac{(2\Omega+2d+1)^3}{8(\Omega-d)^3}$$

und, da man hierin Ω über jede Grenze hinaus wachsen lassen darf, die Gleichheit $N=|M|$ ergibt.

3. Ähnlich wie in Nr. 2 des vorigen Kapitels läßt sich nun unter allen dem räumlichen Punktgitter (2) eigenen Parallelgittern eins auszeichnen, das zu dem eingelagerten Gitter (4) in besonderer Beziehung steht und deshalb das ihm angepaßte Raumgitter heißen soll. Es seien $\mathfrak{A}, \mathfrak{B}, \mathfrak{C}$ die Grundpunkte des eingelagerten Gitters. Ist

$\mathfrak{A}$ nicht schon der an O nächstgelegene Gitterpunkt von (2) auf der Richtung $O\mathfrak{A}$, so sei es der Punkt a; die sämtlichen auf der nämlichen Geraden liegenden Gitterpunkte von (2), zu denen $\mathfrak{A}$ selbst gehört, folgen einander in dem konstanten Abstande Oa. Offenbar bilden ferner die in der Ebene $\mathfrak{A}O\mathfrak{B}$ gelegenen Gitterpunkte von (2) ein ebenes Gitter, und es muß eine zunächst an $O\mathfrak{A}$ gelegene Parallele geben, auf welcher eine in denselben Intervallen aufeinanderfolgende Reihe von Gitterpunkten befindlich ist; es sei dies die Gerade BB' und bb' dasjenige bestimmte der Intervalle, das von der Achse $O\mathfrak{B}$ geschnitten wird. Nun muß ersichtlich im Gitter (2) eine der Ebene $\mathfrak{A}O\mathfrak{B}$ zunächst gelegene Parallelebene vorhanden sein, in welcher sich ein mit dem eben gedachten ebenen Gitter kongruentes Gitter findet, und unter den Parallelogrammen desselben ein ganz bestimmtes, welches von der Achse $O\mathfrak{C}$ durchschnitten wird; es sei $cc'c''c'''$ dieses Parallelogramm. Dann enthält das Parallelepiped mit den Kanten Oa, Ob, Oc in sich keinen Gitterpunkt des Gitters (2) und stellt daher ein Grundparallelepiped für ein dem letzteren eigenes Parallelgitter vor. Zwischen den Gitterpunkten x', y', z' dieses neuen Gitters und den Gitterpunkten x, y, z des ursprünglichen bestehen dann Gleichungen von der Form

$$x' = lx + my + nz, \quad y' = l_1x + m_1y + n_1z, \quad z' = l_2x + m_2y + n_2z$$

mit ganzzahligen Koeffizienten und einem Modul ± 1; andererseits hängt das dem Raumgitter eingelagerte Gitter mit dem neuen durch Gleichungen zusammen, welche den Gleichungen (3) entsprechen und

$$(8) \qquad \begin{cases} x' = LX + MY + NZ \\ y' = L_1X + M_1Y + N_1Z \\ z' = L_2X + M_2Y + N_2Z \end{cases}$$

sein mögen. Durch Verbindung dieser Gleichungen mit den Gleichungen (3) findet sich zunächst zwischen den ihnen zugehörigen Koeffizienten die (6) entsprechende Beziehung

$$(9) \qquad \begin{matrix} L, & M, & N \\ L_1, & M_1, & N_1 \\ L_2, & M_2, & N_2 \end{matrix} = \begin{matrix} l, & m, & n \\ l_1, & m_1, & n_1 \\ l_2, & m_2, & n_2 \end{matrix} \left| \begin{matrix} p, & q, & r \\ p_1, & q_1, & r_1 \\ p_2, & q_2, & r_2 \end{matrix} \right. .$$

Ferner aber entsprechen dem Punkte $\mathfrak{A}$ die Werte $X=1$, $Y=Z=0$, d. i., da die x'-Achse mit der X-Achse zusammenfällt, die Werte $x' = L > 0$, $y' = L_1 = 0$, $z' = L_2 = 0$; für den Punkt, in welchem die Gerade $O\mathfrak{B}$ die Parallele BB' schneidet, gelten die Bestimmungen $y' = 1$, $X = Z = 0$, während $Y > 0$ ist; dementsprechend werden $x' = MY$, $1 = M_1Y$, $0 = M_2Y$, also $M_1 > 0$, $0 \gtreqless x' = \frac{M}{M_1} < 1$,

$M_2 = 0$; endlich hat man für den Punkt, in welchem das Parallelogramm $cc'c''c'''$ durch die Gerade $O\mathfrak{C}$ geschnitten wird, $z' = 1$, $X = Y = 0$, $Z > 0$, und daraus folgen $x' = NZ$, $y' = N_1 Z$, $1 = N_2 Z$, $N_2 > 0$, $0 \overline{\gtrless} x' = \frac{N}{N_2} < 1$, $0 \overline{\gtrless} y' = \frac{N_1}{N_2} < 1$. Hiernach nehmen die Gleichungen (8) folgende Gestalt an:

$$(10)\qquad \begin{cases} x' = LX + MY + NZ \\ y' = \phantom{LX + {}} M_1 Y + N_1 Z \\ z' = \phantom{LX + M_1 Y + {}} N_2 Z, \end{cases}$$

wobei die in der Diagonale stehenden Koeffizienten positiv, die vertikal über ihnen stehenden Koeffizienten aber nicht negativ und bzw. kleiner als jene sind. Es gibt also ein dem räumlichen Punktgitter eigenes Parallelgitter, aus welchem das jenem eingelagerte Gitter durch eine Substitution von der besonderen Art (10) hervorgeht, und dieses nennen wir das dem eingelagerten Gitter angepaßte Raumgitter.

Oder es besteht — unabhängig von der geometrischen Bedeutung dieser Betrachtung — der Satz: Jede Substitution (3) kann durch Zusammensetzung mit einer ganzzahligen Substitution vom Modul ± 1 in eine Substitution der besonderen Art (10) verwandelt werden.

4. Indem wir jetzt von jeder Beziehung des Punktgitters zu einem gegebenen ihm eingelagerten Gitter absehen, wollen wir wieder ein besonderes unter seinen Parallelgittern auszeichnen, das wir ein reduziertes Gitter heißen. Wir wählen irgendeinen der Gitterpunkte zum Anfangspunkte O und suchen nun die zunächst an O liegenden Gitterpunkte auf; ihrer gibt es mindestens zwei nach entgegengesetzten Richtungen von O aus gleich weit entfernte Punkte — sie mögen als Gegenpunkte bezeichnet werden —, es kann aber auch mehrere Paare solcher Punkte geben, und wir wählen nach Belieben einen von diesen aus und bezeichnen ihn mit A (Fig. 17).

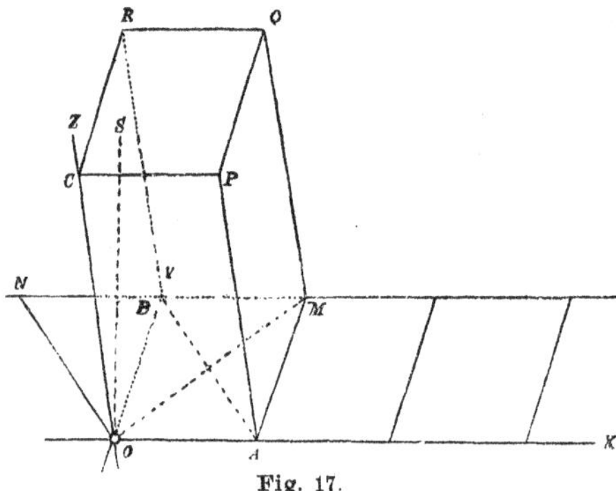

Fig. 17.

Alle in der Geraden OA liegenden Punkte des Gitters bilden eine Reihe in dem konstanten Abstande OA aufeinanderfolgender Gitterpunkte. Nun suche man unter den außerhalb der Geraden OA liegenden Gitterpunkten einen derjenigen aus, welche O am nächsten liegen; solcher Punkte gibt es mindestens ein Paar von Gegenpunkten, und es sei etwa in einem derselben B derjenige Punkt, für welchen der Winkel zwischen den Richtungen OA, OB kein stumpfer ist; hierbei ist gewiß $OB \gtrless OA$. Offenbar bilden jetzt die in der Ebene AOB liegenden Punkte des Gitters ein ebenes Gitter, für welches das aus den Seiten OA, OB gebildete Parallelogramm $OAMB$ ein Grundparallelogramm ist; die Diagonalen des letzteren sind nicht kleiner als seine Seiten. Für die Diagonale OM folgt dies aus dem stumpfen Winkel bei A, dem sie gegenüberliegt, für die Diagonale AB aber aus ihrer Gleichheit mit der von O nach dem Gitterpunkte N gezogenen Strecke, die nach der Wahl von B nicht kleiner als OB, also auch nicht kleiner als OA sein kann. Wird nunmehr unter allen in einer der beiden nächsten Parallelebenen zur Ebene OAB liegenden Punkten des Gitters einer derjenigen, welche O am nächsten liegen, wie es solcher Punkte mindestens ein Paar von Gegenpunkten geben muß, mit C bezeichnet, wobei $OC \gtrless OB \gtrless OA$ sein wird, so muß das aus den Kanten OA, OB, OC gebildete Parallelepiped ein Grundparallelepiped des Raumgitters sein, und ihm kommt die Eigenschaft zu, daß seine Diagonalen nicht kleiner als seine Kanten und die Diagonalen seiner Flächen nicht kleiner als deren Seiten sind. In der Tat ist dies für die untere Fläche $OAMB$ schon festgestellt, gilt also auch für die parallele Fläche $CPQR$. Daß die anderen der genannten Diagonalen aber nicht kleiner als OC und a fortiori also nicht kleiner als OB, OA sind, ersieht man daraus, daß sie offenbar parallel und gleich sind bezüglich mit den Strecken, die von O aus nach den, den Punkt C in der oberen Fläche umgebenden acht Gitterpunkten gezogen sind, die nach der Wahl von C nicht kleiner als OC sein können.

Ein Parallelgitter mit einem Grundparallelepiped von der bewiesenen Eigenschaft soll ein reduziertes Gitter genannt werden.

Wir konstruierten ein solches für das gegebene Raumgitter, indem wir der Reihe nach drei nicht in einer Ebene liegende Gitterpunkte A, B, C mit kleinsten Abständen OA, OB, OC von O aufsuchten, welche die Kanten des Grundparallelepipeds bildeten. Es soll nun umgekehrt gezeigt werden, daß in jedem reduzierten, einem räumlichen Punktgitter eigenen Parallelgitter die Kanten seines Grundparallelepipeds aufeinanderfolgende Minima für die Abstände aller Gitterpunkte vom Anfangspunkte sein müssen, und zwar in dem Sinne, daß OA der kleinste Abstand für alle, OB der kleinste für die außerhalb der Geraden OA gelegenen, endlich OC der kleinste für die nicht in der Ebene AOB

liegenden Punkte des Gitters ist. Stelle Fig. 17 das Grundparallelepiped eines reduzierten Gitters mit $OA \lesseqgtr OB \lesseqgtr OC$ vor. Da offenbar die in der Ebene der unteren Grundfläche liegenden Gitterpunkte ein ebenes Gitter mit dem Grundparallelogramm $OAMB$ bilden und die Diagonalen desselben nicht kleiner sind als seine Seiten, so ist dieses Gitter nach Nr. 3 des vorigen Kapitels ein reduziertes ebenes Gitter, mithin ist OA der kleinste Abstand aller Punkte und $OB \gtreqless OA$ der kleinste für die außerhalb der Geraden OA gelegenen Punkte dieses Gitters von O. Nach Voraussetzung ist OC nicht kleiner als diese zwei. Da aber in dem reduzierten Raumgitter der Abstand der den Punkt C im Gitter der oberen Grundfläche umgebenden acht Gitterpunkte von O mindestens gleich OC ist, so wird auch der Fußpunkt S des von O auf diese Fläche gefällten Perpendikels von jenen Punkten mindestens so weit entfernt sein, wie von C und daher (Nr. 4 des vor. Kap.) dem Sechseck der Punkte angehören, für welche in jenem Gitter C der nächste Gitterpunkt ist. Demnach stehen alle Gitterpunkte in dieser ersten Parallelebene zur unteren Grundfläche mindestens so weit von S, also auch von O, ab als C. Dies gilt um so mehr von allen Gitterpunkten aller übrigen Parallelebenen, d. h. von allen Gitterpunkten des gesamten Raumgitters außerhalb der Ebene AOB. Ist nämlich h der Abstand OS der ersten Parallelebene und ϱ der Radius des jenem Sechseck umschriebenen Kreises, so hat man offenbar

$$h^2 \gtreqless OC^2 - \varrho^2,$$

während (s. Nr. 4 des vorig. Kap.) $\varrho^2 \lesseqgtr \frac{1}{2} OB^2 \lesseqgtr \frac{1}{2} OC^2$ ist; also ist $h^2 \gtreqless \frac{1}{2} OC^2$ und schon die zweite Parallelebene nebst allen darin vorhandenen Gitterpunkten um weiter als $OC \cdot \sqrt{2}$ von O entfernt. Da aber endlich jede Parallele des Raumgitters zur Geraden OA, welche nicht zum Gitter in AOB gehört, einer jener Parallelebenen angehören muß, so zeigt sich OB auch als kleinster Abstand für alle außerhalb OA liegenden Punkte des Raumgitters, und somit ist die ausgesprochene Behauptung völlig erwiesen.

Daraus geht aber weiter hervor, daß, wie man auch das Raumgitter in Grundparallelepipede der reduzierten Art zerlege, die Kanten des letzteren, als lediglich durch das Gitter selbst bestimmt, ihrer Größe nach immer dieselben sein müssen. Auch kann es mehrere, wesentlich verschiedene reduzierte Darstellungen des Gitters offenbar nur geben, wenn zwei oder drei der Minima OA, OB, OC einander gleich sind, weil nur dann die Wahl der Punkte A, B, C unter verschiedenen Paaren von Gegenpunkten möglich ist. Dagegen gibt es nur eine einzige Darstellung des Gitters als reduziertes Parallelgitter, wenn die drei Minima voneinander verschieden sind.

5. Nunmehr soll gezeigt werden, wie jedem Raumgitter

eine positive ternäre quadratische Form zugeordnet werden kann.[1]) Dazu verstehen wir, wie gewöhnlich, unter dem Produkte zweier Vektoren

$$\mathfrak{p} = \mathfrak{a}x + \mathfrak{b}y + \mathfrak{c}z, \quad \mathfrak{p}' = \mathfrak{a}x' + \mathfrak{b}y' + \mathfrak{c}z'$$

das Produkt $pp' \cos \omega$ aus ihren Längen p, p' und dem Kosinus des eingeschlossenen Winkels ω, oder den Ausdruck

$$(11) \qquad \mathfrak{p} \cdot \mathfrak{p}' = \xi\xi' + \eta\eta' + \zeta\zeta',$$

worin $\xi, \eta, \zeta; \xi', \eta', \zeta'$ die Koordinaten ihrer Endpunkte bezeichnen. Dementsprechend findet man die Formeln

$$(12) \qquad \begin{cases} \mathfrak{a} \cdot \mathfrak{a} = \alpha^2 + \alpha_1^2 + \alpha_2^2 \\ \mathfrak{b} \cdot \mathfrak{b} = \beta^2 + \beta_1^2 + \beta_2^2 \\ \mathfrak{c} \cdot \mathfrak{c} = \gamma^2 + \gamma_1^2 + \gamma_2^2 \\ \mathfrak{b} \cdot \mathfrak{c} = \beta\gamma + \beta_1\gamma_1 + \beta_2\gamma_2 \\ \mathfrak{c} \cdot \mathfrak{a} = \gamma\alpha + \gamma_1\alpha_1 + \gamma_2\alpha_2 \\ \mathfrak{a} \cdot \mathfrak{b} = \alpha\beta + \alpha_1\beta_1 + \alpha_2\beta_2. \end{cases}$$

Werden diese Ausdrücke der Reihe nach durch a, b, c, a', b', c' bezeichnet, so ergibt sich jetzt aus (11) und den Ausdrücken (2) für ξ, η, ζ, sowie den entsprechenden für ξ', η', ζ' die Gleichung

$$\mathfrak{p} \cdot \mathfrak{p}' = axx' + byy' + czz' + a'(yz' + y'z) + b'(zx' + z'x) + c'(xy' + x'y);$$

d. i., wenn

$$(13) \quad f(x, y, z) = ax^2 + by^2 + cz^2 + 2a'yz + 2b'zx + 2c'xy$$

gesetzt wird,

$$(14) \quad \mathfrak{p} \cdot \mathfrak{p}' = x' \cdot \frac{1}{2} \frac{\partial f(x, y, z)}{\partial x} + y' \cdot \frac{1}{2} \frac{\partial f(x, y, z)}{\partial y} + z' \cdot \frac{1}{2} \frac{\partial f(x, y, z)}{\partial z}$$

$$= x \cdot \frac{1}{2} \frac{\partial f(x', y', z')}{\partial x'} + y \cdot \frac{1}{2} \frac{\partial f(x', y', z')}{\partial y'} + z \cdot \frac{1}{2} \frac{\partial f(x', y', z')}{\partial z'}.$$

Insbesondere also ist

$$(15) \qquad \mathfrak{p} \cdot \mathfrak{p} = f(x, y, z).$$

Da andererseits nach (11)

$$\mathfrak{p} \cdot \mathfrak{p} = \xi^2 + \eta^2 + \zeta^2$$

das Quadrat des Abstandes des Punktes ξ, η, ζ vom Anfangspunkte bedeutet, so stellt auch die ternäre quadratische Form $f(x, y, z)$

1) Vgl. hierzu Gauß' Werke, Bd. II, S. 305, sowie Selling, Journal f. Math., Bd. 77, S. 164.

das Quadrat dieses Abstandes dar; es bedeutet also $\sqrt{f(x,y,z)}$, unter x, y, z ganze Zahlen verstanden, den Abstand des Gitterpunktes x, y, z vom Nullpunkte des Gitters. Mit Beachtung der Ausdrücke (12), denen die Koeffizienten der Form $f(x, y, z)$ gleich sind, erhält man für ihre Determinante D die Beziehung

$$(16)\qquad D = \begin{vmatrix} a, & c', & b' \\ c', & b, & a' \\ b', & a', & c \end{vmatrix} = \begin{vmatrix} \alpha, & \beta, & \gamma \\ \alpha_1, & \beta_1, & \gamma_1 \\ \alpha_2, & \beta_2, & \gamma_2 \end{vmatrix}^2 = \Delta^2;$$

demnach ist $D > 0$ und $\sqrt{D}$ gleich dem Inhalte des Elementarparallelepipeds des Gitters.

Wir bezeichnen mit $F = \begin{pmatrix} A, & B, & C \\ A', & B', & C' \end{pmatrix}$ die Adjungierte zur Form $f = \begin{pmatrix} a, & b, & c \\ a', & b', & c' \end{pmatrix}$, setzen also

$$(17)\qquad \begin{cases} A = bc - a'^2, & B = ca - b'^2, & C = ab - c'^2 \\ A' = b'c' - aa', & B' = c'a' - bb', & C' = a'b' - cc'. \end{cases}$$

Hiernach leitet man aus der Bedeutung der kleinen Buchstaben für die großen nachstehende Ausdrücke ab, in denen $\mathsf{A}, \mathsf{B}, \Gamma, \mathsf{A}', \ldots$ die zu $\alpha, \beta, \gamma, \alpha', \ldots$ adjungierten Unterdeterminanten der Determinante Δ bedeuten:

$$(18)\begin{cases} A = \mathsf{A}^2 + \mathsf{A}_1^2 + \mathsf{A}_2^2, & B = \mathsf{B}^2 + \mathsf{B}_1^2 + \mathsf{B}_2^2, & C = \Gamma^2 + \Gamma_1^2 + \Gamma_2^2 \\ A' = \mathsf{B}\Gamma + \mathsf{B}_1\Gamma_1 + \mathsf{B}_2\Gamma_2, & B' = \Gamma\mathsf{A} + \Gamma_1\mathsf{A}_1 + \Gamma_2\mathsf{A}_2, & C' = \mathsf{A}\mathsf{B} + \mathsf{A}_1\mathsf{B}_1 + \mathsf{A}_2\mathsf{B}_2 \end{cases}$$

Ihnen zufolge bestehen ferner die folgenden Beziehungen:

$$(19)\qquad \begin{cases} A\alpha + C'\beta + B'\gamma = \Delta\cdot\mathsf{A}, & A\alpha_1 + C'\beta_1 + B'\gamma_1 = \Delta\cdot\mathsf{A}_1, \\ & A\alpha_2 + C'\beta_2 + B'\gamma_2 = \Delta\cdot\mathsf{A}_2, \\ C'\alpha + B\beta + A'\gamma = \Delta\cdot\mathsf{B}, & C'\alpha_1 + B\beta_1 + A'\gamma_1 = \Delta\cdot\mathsf{B}_1, \\ & C'\alpha_2 + B\beta_2 + A'\gamma_2 = \Delta\cdot\mathsf{B}_2, \\ B'\alpha + A'\beta + C\gamma = \Delta\cdot\Gamma, & B'\alpha_1 + A'\beta_1 + C\gamma_1 = \Delta\cdot\Gamma_1, \\ & B'\alpha_2 + A'\beta_2 + C\gamma_2 = \Delta\cdot\Gamma_2. \end{cases}$$

Diese Ausdrücke sind aber die Koordinaten der Endpunkte dreier neuer Vektoren, welche durch die Formeln

$$(20)\qquad \begin{cases} \mathfrak{A} = A\mathfrak{a} + C'\mathfrak{b} + B'\mathfrak{c} \\ \mathfrak{B} = C'\mathfrak{a} + B\mathfrak{b} + A'\mathfrak{c} \\ \mathfrak{C} = B'\mathfrak{a} + A'\mathfrak{b} + C\mathfrak{c} \end{cases}$$

bestimmt sind, und demzufolge findet man

$$(21)\quad \begin{cases} \mathfrak{A}\cdot\mathfrak{A} = \Delta^2(\mathsf{A}^2+\mathsf{A}_1^2+\mathsf{A}_2^2) = D\cdot A \\ \mathfrak{B}\cdot\mathfrak{B} = \Delta^2(\mathsf{B}^2+\mathsf{B}_1^2+\mathsf{B}_2^2) = D\cdot B \\ \mathfrak{C}\cdot\mathfrak{C} = \Delta^2(\Gamma^2+\Gamma_1^2+\Gamma_2^2) = D\cdot C \\ \mathfrak{B}\cdot\mathfrak{C} = \Delta^2(\mathsf{B}\Gamma+\mathsf{B}_1\Gamma_1+\mathsf{B}_2\Gamma_2) = D\cdot A' \\ \mathfrak{C}\cdot\mathfrak{A} = \Delta^2(\Gamma\mathsf{A}+\Gamma_1\mathsf{A}_1+\Gamma_2\mathsf{A}_2) = D\cdot B' \\ \mathfrak{A}\cdot\mathfrak{B} = \Delta^2(\mathsf{A}\mathsf{B}+\mathsf{A}_1\mathsf{B}_1+\mathsf{A}_2\mathsf{B}_2) = D\cdot C'. \end{cases}$$

Die Vektoren $\mathfrak{A}$, $\mathfrak{B}$, $\mathfrak{C}$ stehen also zu der mit D multiplizierten Adjungierten F in derselben Beziehung wie die Vektoren $\mathfrak{a}$, $\mathfrak{b}$, $\mathfrak{c}$ zur Form f. Bildet man daher aus ihnen ein Raumgitter, so bedeutet $\sqrt{D\cdot F(x, y, z)}$ den Abstand des Gitterpunktes x, y, z dieses Gitters vom Nullpunkte desselben. Da die Koeffizienten a, b, c der Form f und die Koeffizienten A, B, C der Adjungierten, endlich auch D positiv sind, so ist die Form f (s. die erste Abteilung dieses Werkes S. 12), welche durch diese Betrachtung dem Raumgitter zugeordnet ist, eine positive.

6. Es bieten sich hier einige einfache geometrische Beziehungen dar, welche zuerst Gauß (a. a. O.) als Grundlage von Anwendungen, die die Theorie der ternären quadratischen Formen auf die Krystallographie gestattet, angezeigt hat, und die interessant genug sind, um von uns nicht übergangen zu werden. Sie knüpfen an die Betrachtung des Tetraeders $O\mathfrak{a}\mathfrak{b}\mathfrak{c}$ an.

Es sei

$$(22)\qquad \lambda\xi+\mu\eta+\nu\zeta=\varrho$$

die Gleichung einer Ebene. Den Formeln (2) zufolge ist sie gleichbedeutend mit der Gleichung

$$(23)\qquad Lx+My+Nz=\varrho,$$

wenn zur Abkürzung

$$(24)\qquad L=\lambda\alpha+\mu\alpha_1+\nu\alpha_2,\quad M=\lambda\beta+\mu\beta_1+\nu\beta_2,\quad N=\lambda\gamma+\mu\gamma_1+\nu\gamma_2$$

gesetzt wird. Soll nun (22) die Ebene $O\mathfrak{b}\mathfrak{c}$ sein, so folgt zunächst, da sie durch den Nullpunkt geht, $\varrho=0$, sodann aber

$$\lambda\beta+\mu\beta_1+\nu\beta_2=0,\quad \lambda\gamma+\mu\gamma_1+\nu\gamma_2=0;$$

die Elimination von λ, μ, ν aus diesen und der Gleichung

$$\lambda\xi+\mu\eta+\nu\zeta=0$$

ergibt also für die Seitenfläche $O\mathfrak{b}\mathfrak{c}$ die Gleichung

$$(25)\qquad \mathsf{A}\xi+\mathsf{A}_1\eta+\mathsf{A}_2\zeta=0\quad\text{oder}\quad x=0,$$

ebenso folgt für die Fläche $O\mathfrak{c}\mathfrak{a}$ die Gleichung

$$\mathsf{B}\xi + \mathsf{B}_1\eta + \mathsf{B}_2\zeta = 0 \quad \text{oder} \quad y = 0, \tag{26}$$

für die Fläche $O\mathfrak{a}\mathfrak{b}$ die Gleichung

$$\Gamma\xi + \Gamma_1\eta + \Gamma_2\zeta = 0 \quad \text{oder} \quad z = 0. \tag{27}$$

Da nun hiernach einerseits $\mathsf{A}, \mathsf{A}_1, \mathsf{A}_2$ den Kosinus der Winkel, welche die Normale der ersten dieser Flächen, andererseits wegen (19) den Kosinus der Winkel, welche der Vektor $\mathfrak{A}$ mit den Koordinatenachsen bildet, proportional sind, und da Entsprechendes für die beiden anderen Flächen und die Vektoren $\mathfrak{B}$, $\mathfrak{C}$ gilt, so erkennt man, daß die Vektoren $\mathfrak{A}, \mathfrak{B}, \mathfrak{C}$ senkrecht sind bzw. zu den Seitenflächen $O\mathfrak{b}\mathfrak{c}, O\mathfrak{c}\mathfrak{a}, O\mathfrak{a}\mathfrak{b}$, und aus gleichem Grunde allgemeiner, daß der Vektor

$$\mathfrak{P} = \mathfrak{A}X + \mathfrak{B}Y + \mathfrak{C}Z$$

zur Ebene

$$(\mathsf{A}X+\mathsf{B}Y+\Gamma Z)\xi + (\mathsf{A}_1X+\mathsf{B}_1Y+\Gamma_1Z)\eta + (\mathsf{A}_2X+\mathsf{B}_2Y+\Gamma_2Z)\zeta = 0,$$

d. i. zur Ebene

$$Xx + Yy + Zz = 0,$$

senkrecht steht. Bemerkt man also, daß aus (20) zufolge der Beziehungen zwischen den Elementen der Determinante D und ihren Unterdeterminanten die Gleichungen

$$D\mathfrak{a} = \mathfrak{A}a + \mathfrak{B}c' + \mathfrak{C}b',$$
$$D\mathfrak{b} = \mathfrak{A}c' + \mathfrak{B}b + \mathfrak{C}a',$$
$$D\mathfrak{c} = \mathfrak{A}b' + \mathfrak{B}a' + \mathfrak{C}c$$

hervorgehen, und daß die Richtungen der Vektoren $D\mathfrak{a}, D\mathfrak{b}, D\mathfrak{c}$ denjenigen von $\mathfrak{a}, \mathfrak{b}, \mathfrak{c}$ gleich sind, so findet man $\mathfrak{a}, \mathfrak{b}, \mathfrak{c}$ beziehungsweise senkrecht zu den Ebenen

$$ax + c'y + b'z = 0,$$
$$c'x + by + a'z = 0,$$
$$b'x + a'y + cz = 0.$$

Endlich wird die Gleichung (22) die Grundfläche des gedachten Tetraeders, d. i. die Ebene $\mathfrak{a}\mathfrak{b}\mathfrak{c}$, darstellen, wenn die Bedingungsgleichungen

$$\lambda\alpha + \mu\alpha_1 + \nu\alpha_2 = \varrho,$$
$$\lambda\beta + \mu\beta_1 + \nu\beta_2 = \varrho,$$
$$\lambda\gamma + \mu\gamma_1 + \nu\gamma_2 = \varrho$$

erfüllt sind; sie nimmt also die Gestalt an:

$$\begin{vmatrix} \xi, & \eta, & \zeta, & 1 \\ \alpha, & \alpha_1, & \alpha_2, & 1 \\ \beta, & \beta_1, & \beta_2, & 1 \\ \gamma, & \gamma_1, & \gamma_2, & 1 \end{vmatrix} = 0$$

oder, ausführlich geschrieben, die folgende:

$$(28) \qquad (\mathsf{A}+\mathsf{B}+\Gamma)\xi + (\mathsf{A}_1+\mathsf{B}_1+\Gamma_1)\eta + (\mathsf{A}_2+\mathsf{B}_2+\Gamma_2)\zeta = \Delta.$$

Aus den Gleichungen der Flächen des Tetraeders entnehmen wir für die Abstände der Gegenpunkte $\mathfrak{a}$, $\mathfrak{b}$, $\mathfrak{c}$, O von ihnen die nachstehenden Ausdrücke:

$$\frac{\Delta}{\sqrt{\mathsf{A}^2+\mathsf{A}_1^2+\mathsf{A}_2^2}}, \quad \frac{\Delta}{\sqrt{\mathsf{B}^2+\mathsf{B}_1^2+\mathsf{B}_2^2}}, \quad \frac{\Delta}{\sqrt{\Gamma^2+\Gamma_1^2+\Gamma_2^2}},$$

$$\frac{-\Delta}{\sqrt{(\mathsf{A}+\mathsf{B}+\Gamma)^2+(\mathsf{A}_1+\mathsf{B}_1+\Gamma_1)^2+(\mathsf{A}_2+\mathsf{B}_2+\Gamma_2)^2}}.$$

Die ersten drei sind nach ihrem Absolutwerte bezüglich gleich

$$\sqrt{\frac{D}{A}}, \quad \sqrt{\frac{D}{B}}, \quad \sqrt{\frac{D}{C}},$$

der vierte gleich

$$\sqrt{\frac{D}{A+B+C+2A'+2B'+2C'}} = \sqrt{\frac{D}{F(1,1,1)}}.$$

Da nun der Inhalt des Tetraeders gleich einem Drittel des Produktes aus Höhe und Grundfläche, sein sechsfacher Inhalt aber dem Inhalte des Grundparallelepipeds, d. i. mit $\sqrt{D}$, gleich ist, so bestimmt sich der Inhalt der doppelten Grundfläche des Tetraeders durch die Quadratwurzel

$$\sqrt{F(1,1,1)}.$$

Für einen beliebigen Punkt mit den Koordinaten ξ, η, ζ aber sind seine Abstände von den Seitenflächen des Tetraeders bzw. gleich

$$\frac{\mathsf{A}\xi+\mathsf{A}_1\eta+\mathsf{A}_2\zeta}{\sqrt{A}}, \quad \frac{\mathsf{B}\xi+\mathsf{B}_1\eta+\mathsf{B}_2\zeta}{\sqrt{B}}, \quad \frac{\Gamma\xi+\Gamma_1\eta+\Gamma_2\zeta}{\sqrt{C}}$$

und von einer zur Grundfläche durch O gelegten Parallelebene gleich

$$\frac{(\mathsf{A}+\mathsf{B}+\Gamma)\xi+(\mathsf{A}_1+\mathsf{B}_1+\Gamma_1)\eta+(\mathsf{A}_2+\mathsf{B}_2+\Gamma_2)\zeta}{\sqrt{F(1,1,1)}}.$$

Nennt man daher die Quotienten zwischen diesen Abständen und den Abständen der Punkte $\mathfrak{a}$, $\mathfrak{b}$, $\mathfrak{c}$, O von den Gegenflächen des Tetraeders bzw. q_1, q_2, q_3, q_0, so ist

$$(29)\quad \begin{cases} q_1 = \dfrac{\mathsf{A}\xi + \mathsf{A}_1\eta + \mathsf{A}_2\zeta}{\Delta}, \quad q_2 = \dfrac{\mathsf{B}\xi + \mathsf{B}_1\eta + \mathsf{B}_2\zeta}{\Delta}, \quad q_3 = \dfrac{\Gamma\xi + \Gamma_1\eta + \Gamma_2\zeta}{\Delta}, \\ q_0 = \dfrac{(\mathsf{A}+\mathsf{B}+\Gamma)\xi + (\mathsf{A}_1+\mathsf{B}_1+\Gamma_1)\eta + (\mathsf{A}_2+\mathsf{B}_2+\Gamma_2)\zeta}{-\Delta}, \end{cases}$$

also

$$(30)\qquad q_0 + q_1 + q_2 + q_3 = 0.$$

Andererseits hat man für die Quadrate der Abstände der Punkte O, $\mathfrak{a}$, $\mathfrak{b}$, $\mathfrak{c}$ untereinander die Ausdrücke

$$\overline{O\mathfrak{a}}^2 = \alpha^2 + \alpha_1^2 + \alpha_2^2 = a, \quad \overline{O\mathfrak{b}}^2 = \beta^2 + \beta_1^2 + \beta_2^2 = b,$$
$$\overline{O\mathfrak{c}}^2 = \gamma^2 + \gamma_1^2 + \gamma_2^2 = c,$$
$$\overline{\mathfrak{a}\mathfrak{b}}^2 = (\alpha-\beta)^2 + (\alpha_1-\beta_1)^2 + (\alpha_2-\beta_2)^2 = a + b - 2c',$$
$$\overline{\mathfrak{b}\mathfrak{c}}^2 = (\beta-\gamma)^2 + (\beta_1-\gamma_1)^2 + (\beta_2-\gamma_2)^2 = b + c - 2a',$$
$$\overline{\mathfrak{c}\mathfrak{a}}^2 = (\gamma-\alpha)^2 + (\gamma_1-\alpha_1)^2 + (\gamma_2-\alpha_2)^2 = c + a - 2b'.$$

Aus ihnen geht mit Beachtung von (30) nachstehende Beziehung hervor:

$$(31)\quad \overline{O\mathfrak{a}}^2\cdot q_0q_1 + \overline{O\mathfrak{b}}^2\cdot q_0q_2 + \overline{O\mathfrak{c}}^2\cdot q_0q_3 + \overline{\mathfrak{a}\mathfrak{b}}^2\cdot q_1q_2 + \overline{\mathfrak{b}\mathfrak{c}}^2\cdot q_2q_3 + \overline{\mathfrak{c}\mathfrak{a}}^2\cdot q_3q_1 = -f(q_1, q_2, q_3).$$

Aus (29) aber ergeben sich

$$\xi = \alpha q_1 + \beta q_2 + \gamma q_3, \quad \eta = \alpha_1 q_1 + \beta_1 q_2 + \gamma_1 q_3, \quad \zeta = \alpha_2 q_1 + \beta_2 q_2 + \gamma_2 q_3,$$

mithin sind q_1, q_2, q_3 nichts anderes als die dem Punkte $P(\xi, \eta, \zeta)$ entsprechenden Größen x, y, z, und folglich ist nach Nr. 5 die Form $f(q_1, q_2, q_3)$ gleich $\overline{OP}^2$. Somit gelangt man zu folgendem von Gauß, später von Selling[1]) gegebenen geometrischen Satze:

$$(32)\quad -\overline{OP}^2 = \overline{O\mathfrak{a}}^2\cdot q_0q_1 + \overline{O\mathfrak{b}}^2\cdot q_0q_2 + \overline{O\mathfrak{c}}^2\cdot q_0q_3 + \overline{\mathfrak{a}\mathfrak{b}}^2\cdot q_1q_2 + \overline{\mathfrak{b}\mathfrak{c}}^2\cdot q_2q_3 + \overline{\mathfrak{c}\mathfrak{a}}^2\cdot q_3q_1.$$

7. Hat sich im vorigen gezeigt, wie jedem Raumgitter eine positive ternäre quadratische Form zugeordnet werden kann, so läßt sich unschwer einsehen, daß auch umgekehrt jeder solchen Form ein Raumgitter entspricht. Es sei

$$(33)\qquad f = ax^2 + by^2 + cz^2 + 2a'yz + 2b'zx + 2c'xy$$

---

1) Gauß' Werke, Bd. II, S. 407; Selling, Journal f. Math., Bd. 77, S. 178.

diese Form, wo also a, b, c und ferner

$$A = bc - a'^2, \quad B = ca - b'^2, \quad C = ab - c'^2$$

und

$$D = abc + 2a'b'c' - aa'^2 - bb'^2 - cc'^2$$

positive Werte sind. Nun wähle man die Vektoren

$$\mathfrak{a} = \sqrt{a}, \quad \mathfrak{b} = \sqrt{b}, \quad \mathfrak{c} = \sqrt{c}; \tag{34}$$

die Gleichungen

$$\mathfrak{b} \cdot \mathfrak{c} = a', \quad \mathfrak{c} \cdot \mathfrak{a} = b', \quad \mathfrak{a} \cdot \mathfrak{b} = c'$$

kommen, wenn φ, ψ, χ die Winkel bezeichnen, welche die Vektoren $\mathfrak{b}, \mathfrak{c}$ bzw. $\mathfrak{c}, \mathfrak{a}$ und $\mathfrak{a}, \mathfrak{b}$ miteinander bilden sollen, mit den anderen

$$\cos\varphi = \frac{a'}{\sqrt{bc}}, \quad \cos\psi = \frac{b'}{\sqrt{ca}}, \quad \cos\chi = \frac{c'}{\sqrt{ab}} \tag{35}$$

überein, durch welche, da A, B, C positiv sind, reelle Werte φ, ψ, χ bestimmt werden; die so festgesetzten Winkel zwischen den Vektoren sind in der Tat zulässig, da die für Bildung einer räumlichen Ecke erforderliche Bedingung

$$\cos^2\varphi + \cos^2\psi + \cos^2\chi - 2\cos\varphi\cos\psi\cos\chi < 1$$

mit der Bedingung $D > 0$ gleichbedeutend, also erfüllt ist. Zieht man also von einem Nullpunkte O aus die Vektoren (34) unter den durch die Gleichungen (35) bestimmten gegenseitigen Neigungswinkeln, so gibt die Formel

$$\mathfrak{p} = \mathfrak{a}x + \mathfrak{b}y + \mathfrak{c}z \tag{36}$$

für alle ganzzahligen x, y, z ein Raumgitter an, für welches nach Nr. 5 die Form f die ihm zugeordnete ist. Die Form f bedeutet selbst demnach das Quadrat der Entfernung jedes Gitterpunktes x, y, z vom Nullpunkte dieses Gitters und $\sqrt{D}$ den Inhalt seines Grundparallelepipeds.

Nun sei

$$\begin{cases} x = pX + qY + rZ, \\ y = p_1X + q_1Y + r_1Z, \\ z = p_2X + q_2Y + r_2Z \end{cases} \tag{37}$$

eine Substitution mit ganzzahligen Koeffizienten, deren Modul M von Null verschieden ist. Durch eine solche geht, wie in Nr. 1 erörtert ist, aus dem mit den Vektoren $\mathfrak{a}, \mathfrak{b}, \mathfrak{c}$ gebildeten Raumgitter ein demselben eingelagertes Gitter hervor, welches mittels der Vektoren

$$\begin{cases} \mathfrak{a}_1 = \mathfrak{a}p + \mathfrak{b}p_1 + \mathfrak{c}p_2, \\ \mathfrak{b}_1 = \mathfrak{a}q + \mathfrak{b}q_1 + \mathfrak{c}q_2, \\ \mathfrak{c}_1 = \mathfrak{a}r + \mathfrak{b}r_1 + \mathfrak{c}r_2 \end{cases} \tag{38}$$

ebenso gebildet wird wie jenes mittels $\mathfrak{a}$, $\mathfrak{b}$, $\mathfrak{c}$. Andererseits geht durch die gedachte Substitution die Form $f(x, y, z)$ in eine andere Form

$$(39)\quad f_1(X, Y, Z) = a_1X^2 + b_1Y^2 + c_1Z^2 + 2a_1'YZ + 2b_1'ZX + 2c_1'XY$$

über, deren Koeffizienten die folgenden sind:

$$\begin{aligned}
a_1 &= p(ap + c'p_1 + b'p_2) + p_1(c'p + bp_1 + a'p_2) + p_2(b'p + a'p_1 + cp_2),\\
b_1 &= q(aq + c'q_1 + b'q_2) + q_1(c'q + bq_1 + a'q_2) + q_2(b'q + a'q_1 + cq_2),\\
c_1 &= r(ar + c'r_1 + b'r_2) + r_1(c'r + br_1 + a'r_2) + r_2(b'r + a'r_1 + cr_2),\\
a_1' &= q(ar + c'r_1 + b'r_2) + q_1(c'r + br_1 + a'r_2) + q_2(b'r + a'r_1 + cr_2),\\
b_1' &= r(ap + c'p_1 + b'p_2) + r_1(c'p + bp_1 + a'p_2) + r_2(b'p + a'p_1 + cp_2),\\
c_1' &= p(aq + c'q_1 + b'q_2) + p_2(c'q + bq_1 + a'q_2) + p_2(b'q + a'q_1 + cq_2).
\end{aligned}$$

Mit Beachtung der Beziehungen (12) finden sich aber die Gleichungen

$$\begin{aligned}
ap + c'p_1 + b'p_2 &= \mathfrak{a}(\mathfrak{a}p + \mathfrak{b}p_1 + \mathfrak{c}p_2),\\
c'p + bp_1 + a'p_2 &= \mathfrak{b}(\mathfrak{a}p + \mathfrak{b}p_1 + \mathfrak{c}p_2),\\
b'p + a'p_1 + cp_2 &= \mathfrak{c}(\mathfrak{a}p + \mathfrak{b}p_1 + \mathfrak{c}p_2),
\end{aligned}$$

mithin $\qquad a_1 = (\mathfrak{a}p + \mathfrak{b}p_1 + \mathfrak{c}p_2) \cdot (\mathfrak{a}p + \mathfrak{b}p_1 + \mathfrak{c}p_2),$

d. i. $\qquad a_1 = \mathfrak{a}_1 \cdot \mathfrak{a}_1,$

und ähnlich

$$b_1 = \mathfrak{b}_1 \cdot \mathfrak{b}_1, \quad c_1 = \mathfrak{c}_1 \cdot \mathfrak{c}_1, \quad a_1' = \mathfrak{b}_1 \cdot \mathfrak{c}_1, \quad b_1' = \mathfrak{c}_1 \cdot \mathfrak{a}_1, \quad c_1' = \mathfrak{a}_1 \cdot \mathfrak{b}_1.$$

Demzufolge ist die Form f_1 die dem eingelagerten Gitter zugeordnete Form und, da ihre Determinante $D_1 = M^2 \cdot D$ ist, hat das Grundparallelepiped des eingelagerten Gitters den Inhalt

$$\sqrt{D_1} = |M| \cdot \sqrt{D}.$$

Soll nun das neue Gitter dem ursprünglichen nicht nur eingelagert sein, sondern sich mit ihm decken, so ist nach Nr. 1 dafür notwendig und hinreichend, daß $M = \pm 1$, d. h., daß die Form f_1 mit der Form f äquivalent, sowie daß $D_1 = D$ sei. Ist umgekehrt f_1 äquivalent mit f und (37) eine Substitution, durch welche f übergeht in f_1, so ist das derselben entsprechende, dem Gitter von f eingelagerte Gitter offenbar dasjenige, welches der Form f_1 zugeordnet ist. Man darf demnach die erhaltenen Ergebnisse zusammenfassen in den Satz:

Wird das einer positiven ternären quadratischen Form zugeordnete räumliche **Parallel**gitter als das geometrische Bild dieser **Form** aufgefaßt, so stellt das aus ihm entstehende räumliche **Punktgitter** die ganze **Klasse** von Formen dar, welche jener Form äquivalent sind.

Wählt man, bei Voraussetzung einer ganzzahligen Form $f(x, y, z)$, statt der Substitution (37) die folgende:

$$x = AX + C'Y + B'Z = \frac{1}{2} \cdot \frac{\partial F(X, Y, Z)}{\partial X},$$

$$y = C'X + BY + A'Z = \frac{1}{2} \cdot \frac{\partial F(X, Y, Z)}{\partial Y},$$

$$z = B'X + A'Y + CZ = \frac{1}{2} \cdot \frac{\partial F(X, Y, Z)}{\partial Z},$$

so werden die Vektoren $\mathfrak{a}_1$, $\mathfrak{b}_1$, $\mathfrak{c}_1$ identisch mit den durch die Gleichungen (20) definierten $\mathfrak{A}$, $\mathfrak{B}$, $\mathfrak{C}$, mithin das eingelagerte Gitter zu dem der Form $D \cdot F$ zugeordneten Gitter, d. h. f_1 identisch mit $D \cdot F$. Hiermit erhält man nicht nur die aus der ersten Abteilung dieses Werkes S. 9 bekannte Beziehung

$$f\left(\frac{1}{2}\frac{\partial F}{\partial X}, \frac{1}{2}\frac{\partial F}{\partial Y}, \frac{1}{2}\frac{\partial F}{\partial Z}\right) = D \cdot F(X, Y, Z), \tag{40}$$

sondern ersieht auch, daß das Gitter der Form $D \cdot F$ demjenigen der Form f eingelagert ist. Da die Determinante der Adjungierten F gleich D^2 und ihre Adjungierte $D \cdot f$ ist, so ist entsprechend das Gitter der Form $D^3 \cdot f$ demjenigen der Form F, mithin das Gitter von $D^4 \cdot f$ dem Gitter von $D \cdot F$, also auch demjenigen von f eingelagert, ein Umstand, der an sich einleuchtend ist.

8. Gehen wir nun zu der uns besonders obliegenden Frage nach der Reduktion ternärer Formen über, so wollen wir vor allem bemerken, daß auch hier wie bei den binären Formen die Definition der reduzierten Formen verschieden gefaßt werden kann. Die erste, welche gegeben wurde, ist diejenige von Gauß, die in der ersten Abteilung dieses Werkes (S. 44—47) mitgeteilt worden ist. Nach ihr heißt eine Form $f = \begin{pmatrix} a, & b, & c \\ a', & b', & c' \end{pmatrix}$ mit der Adjungierten $F = \begin{pmatrix} A, & B, & C \\ A', & B', & C' \end{pmatrix}$ reduziert, wenn folgende Ungleichheiten erfüllt sind:

$$\left\{\begin{array}{ll} a \lesseqgtr \frac{4}{3}\sqrt[3]{D}, & |c'| \lesseqgtr \frac{a}{2}, \\ C \lesseqgtr \frac{4}{3}\sqrt[3]{D^2}, & A', B' \text{ num.} \lesseqgtr \frac{C}{2}. \end{array}\right. \tag{41}$$

Hiermit kommt im wesentlichen diejenige Definition überein, welche aus einer allgemein für positive Formen mit beliebig vielen Unbestimmten von Hermite aufgestellten Definition speziell für ternäre Formen hervorgeht. Dieser gemäß wird die Form

$$f = ax^2 + by^2 + cz^2 + 2a'yz + 2b'zx + 2c'xy$$

reduziert genannt, wenn in

$$\frac{1}{2}\frac{\partial f}{\partial x} = ax + c'y + b'z$$

$$a \lesseqgtr \tfrac{4}{3}\sqrt[3]{D}, \qquad c', b' \text{ num.} \lesseqgtr \frac{a}{2}$$

und die aus der Adjungierten

$$F = AX^2 + BY^2 + CZ^2 + 2A'YZ + 2B'ZX + 2C'XY$$

durch die Annahme $X = 0$ entstehende binäre Form

$$BY^2 + 2A'YZ + CZ^2$$

mit der Determinante $A'^2 - BC = -Da$ reduziert, also etwa

$$C \lesseqgtr \sqrt{\tfrac{4}{3}Da} \lesseqgtr \tfrac{4}{3}\sqrt[3]{D^2}, \quad |A'| \lesseqgtr \frac{C}{2}$$

ist. Da Df die Adjungierte von F ist, ersieht man leicht, daß man von der Gaußschen zu dieser Hermiteschen Definition übergeht, wenn man einfach die Formen f, F ihre Rolle vertauschen läßt.

Wenn sich nun auch, wie a. a. O. gezeigt worden, in jeder Klasse äquivalenter Formen eine der bezeichneten reduzierten Formen finden läßt, so haben jene Definitionen doch den Mangel, daß es nach ihnen nicht in jeder Klasse nur eine solche Form gibt. Aus diesem Grunde hat Seeber[1]) eine andere Reduktion gesucht, die von solchem Mangel frei bleibt, und ist, allerdings nur durch äußerst umständliche Betrachtungen, zu Bedingungen geführt worden, die seine Absicht erfüllen. Darauf hat Dirichlet[2]), indem er von der Gittervorstellung ternärer Formen Gebrauch machte, in sehr einfacher Weise Seebers Reduktionsbedingungen hergeleitet; und auf Grund der hier voraufgehenden Betrachtung jener Gitter, in welcher Dirichlets Gedanken wesentlich mit entwickelt sind, kann dieses Ziel jetzt sogleich erreicht werden.

Man denke sich das räumliche Parallelgitter, das einer gegebenen positiven ternären quadratischen Form in der oben angegebenen Weise zugeordnet ist. Das mit ihm gegebene Punktgitter, welches durch eine Formel

$$\mathfrak{p} = \mathfrak{a}x + \mathfrak{b}y + \mathfrak{c}z$$

ausgedrückt werden kann, ist dann das Bild der ganzen Klasse der Formen, welche mit der gegebenen äquivalent sind. Nun ist gezeigt, daß letzterem Gitter ein sogenanntes reduziertes Parallelgitter eigen ist, und es gibt also eine Substitution (3) mit einem Modul ± 1,

1) Seeber, Untersuchungen über die Eigenschaften der positiven ternären quadratischen Formen, Freiburg i. Br. 1831. S. dazu Gauß' Werke, Bd. II, S. 188.

2) Dirichlet, Journal f. d. reine u. angew. Math., Bd. 40, S. 209 und Werke, Bd. II, S. 27.

durch welche es aus jenem hervorgeht. Durch dieselbe Substitution verwandelt sich die gegebene Form in eine Form

$$f = ax^2 + by^2 + cz^2 + 2a'yz + 2b'zx + 2c'xy \tag{42}$$

derselben Klasse, nämlich in die Form, welche dem reduzierten Gitter zugeordnet ist und in ihm ihr geometrisches Abbild findet. Durch eine Vertauschung zweier der Unbestimmten x, y, z, oder wenn eine von ihnen entgegengesetzt genommen wird, verändert sich offenbar das Grundparallelepiped des reduzierten Gitters nicht, es wird dann nur von einer anderen Ecke aus aufgefaßt. Dagegen zeigt zunächst eine Vertauschung derselben, daß $a \lesseqgtr b \lesseqgtr c$ gedacht werden darf. Sind alsdann nicht alle drei Größen a', b', c' negativ, so würden sie entweder es sämtlich werden oder sämtlich in nichtnegative übergehen, wenn eine passende der Unbestimmten entgegengesetzt genommen würde. Zudem, wenn $b = c$ wäre, würde eine eventuelle Vertauschung von y, z den dritten jener Koeffizienten nicht größer als den zweiten, wenn $a = b$ wäre, eine eventuelle Vertauschung von x, y den zweiten nicht größer als den ersten machen, und im Falle $a = b = c$ würde beides zugleich erreicht werden können. Man darf, mit anderen Worten, für die Form f die Voraussetzung machen, daß

$$a \lesseqgtr b \lesseqgtr c; \quad a', b', c'$$

sämtlich negativ oder sämtlich nicht negativ sind. Dann stimmen aber a, b, c mit den Quadraten der Vektoren OA, OB, OC bzw. in der Fig. 17 überein. Da ferner im reduzierten Parallelepipede die Diagonalen der Flächen sowie die Diagonalen des Parallelepipeds selbst nicht kleiner als seine Kanten sind, gilt das gleiche für die bezüglichen Quadrate dieser Längen, welche bzw. durch

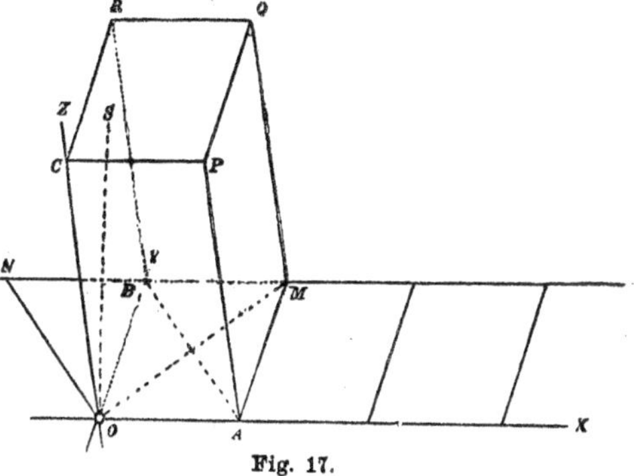

Fig. 17.

$$a \pm 2c' + b, \quad b \pm 2a' + c, \quad c \pm 2b' + a$$

und, wenn δ, ε gleich ± 1 gedacht werden, durch

$$a + b + c + 2\delta a' + 2\varepsilon b' + 2\delta\varepsilon c'$$

bestimmt sind: sie können nicht kleiner sein als bzw. b, c, c, c. Versteht man aber unter η die positive oder negative Einheit, je nachdem keine oder jede der Größen a', b', c' negativ ist, so finden sich so zunächst die drei Ungleichheiten

(43a) $$a \geqq 2\eta c', \quad b \geqq 2\eta a', \quad c \geqq 2\eta b',$$

welche die letzte Bestimmung, nämlich die Ungleichheit

$$a + b + 2\delta a' + 2\varepsilon b' + 2\delta\varepsilon c' \geqq 0,$$

falls $\eta = +1$ ist, für jede der vier möglichen Wertekombinationen δ, ε schon nach sich ziehen, während, falls $\eta = -1$ ist, noch unabhängig von ihnen für die Kombination $\delta = \varepsilon = 1$ die Ungleichheit

(43b) $$a + b + 2a' + 2b' + 2c' \geqq 0$$

hervorgeht.

Zusammenfassend dürfen wir sagen: In jeder Klasse positiver ternärer Formen gibt es eine Form (42) mit lauter negativen oder lauter nichtnegativen a', b', c', deren Koeffizienten zudem außer den Ungleichheiten

(43c) $$a \leqq b \leqq c$$

die Ungleichheiten (43a) und, wenn alle a', b', c' negativ sind, auch (43b) erfüllen. Eine solche Form soll eine nach Seeber reduzierte genannt werden. Da sie einem reduzierten Parallelgitter zugeordnet ist und es im allgemeinen, wie bemerkt, im Punktgitter der Klasse nur ein solches gibt, wird im allgemeinen auch nur eine reduzierte Form in der Klasse vorhanden sein. In den besonderen Fällen, wo unter den Koeffizienten a, b, c gleiche auftreten, also mehrere reduzierte Gitter möglich sind, hat Seeber seinen Bedingungen noch weitere hinzugefügt, die von Eisenstein[1]) vereinfacht worden sind und durch welche die Eindeutigkeit der Definition für reduzierte Formen gewahrt bleibt; der Kürze wegen sehen wir aber hier von diesen Ausnahmefällen ab.[2])

9. Von diesen reduzierten Formen (42) hat Seeber unter anderem noch bewiesen, daß das Produkt abc stets $\leqq 3D$ ist, und die Vermutung aufgestellt, daß es sogar $\leqq 2D$ sei. Die Richtigkeit seiner Vermutung hat dann schon Gauß bewiesen, indem er eine Reihe von identischen Beziehungen aufgestellt hat (s. Werke, Bd. II, S. 193), aus denen sie sofort erkennbar ist, ohne weiter anzugeben, wie man zu ihnen gelange. Z. B. geschieht dies, wenn keine der Zahlen a', b', c' negativ ist, aus der Identität

(44) $$2D - abc = aa'd + bb'e + cc'f + a'hi + b'gi + c'gh + ghi,$$

worin

(45) $$\begin{cases} d = b - 2a', & e = c - 2b', & f = a - 2c', \\ g = c - 2a', & h = a - 2b', & i = b - 2c', \end{cases}$$

1) Eisenstein im Journal f. d. reine u. angew. Math., Bd. 41, S. 141.

2) Näheres darüber s. in Seebers Werk selbst sowie auch bei Dirichlet a. a. O.

und, falls alle drei Zahlen a', b', c' negativ sind, aus einer ähnlichen für $6D - 3abc$. Da die Größen (45) wegen (43a) und (43c) nicht negativ sind, wird aus (44) die Seebersche Vermutung sogleich bestätigt. Auch aus Dirichlets Betrachtungen ist ihre Wahrheit leicht zu entnehmen. Schreibt man sie in der Form

$$\sqrt{abc} \overline{\gtrless} \sqrt{2} \cdot \sqrt{D},$$

so spricht sie den geometrischen Satz aus, daß bei einem reduzierten Elementarparallelepipede das aus seinen Kanten gebildete rechtwinklige Parallelepiped von nicht größerem Inhalte ist als der mit $\sqrt{2}$ multiplizierte Inhalt des Elementarparallelepipeds. Der letztere Inhalt ist gleich dem Produkt aus der Grundfläche $OAMB$ und der Höhe h des Parallelepipeds. Aber der ebene Teil des reduzierten Raumgitters, welcher in jene Ebene fällt, ist offenbar das Parallelgitter der binären quadratischen Form $ax^2 + 2c'xy + by^2$ und jene Fläche dessen Elementarparallelogramm, mithin ihr Inhalt gleich $\sqrt{ab - c'^2}$, während von der Höhe h in Nr. 4 bemerkt worden ist, daß (Fig. 17) $h^2 \overline{\gtrless} \overline{OC}^2 - \varrho^2 = c - \varrho^2$ ist. Die zu erweisende Ungleichheit

$$abc \overline{\lessgtr} 2D$$

wird daher gelten, sobald

$$2(ab - c'^2) \cdot (c - \varrho^2) - abc \overline{\gtrless} 0$$

ist. Setzt man nun $ab - c'^2 = 4\Delta^2$, $c = b + d$, wo d wegen (43c) nicht negativ ist, so wird die vorige Differenz

$$(46) \quad 8\Delta^2 \cdot (c - \varrho^2) - abc = 8\Delta^2(b - \varrho^2) - ab^2 + (8\Delta^2 - ab)d.$$

Hier ist einerseits $8\Delta^2 - ab = ab - 2c'^2$ und, da nach (43a) und (43c) sich $2c'^2 \overline{\lessgtr} \frac{ab}{2}$ findet, $8\Delta^2 - ab > \frac{ab}{2}$, also positiv; andererseits hat man im Parallelogramm $OAMB$ entsprechend mit der zuletzt in Kap. 5 Nr. 4 angemerkten Ungleichheit

$$8\Delta^2(\overline{OB}^2 - \varrho^2) \overline{\gtrless} \overline{OA}^2 \cdot \overline{OB}^4,$$

d. h.

$$8\Delta^2(b - \varrho^2) \overline{\gtrless} ab^2.$$

Demnach ist der ganze Ausdruck (46) positiv, w. z. b. w. —

Die Ungleichheiten, welche die nach Gauß reduzierten Formen charakterisieren, sind in der ersten Abteilung dieses Werkes zu dem Zwecke benutzt worden, zu zeigen, daß die Anzahl Klassen von Formen einer gegebenen Determinante und mit ganzzahligen Koeffizienten nur endlich ist.[1]) Dieser Umstand erweist sich auf Grund des letzten Ergebnisses noch leichter durch

1) S. Abteilung I, S. 85.

die Seeberschen Reduzierten. Denn für ganzzahlige Formen sind die Zahlen a, b, c nur unter den endlich vielen Faktoren der endlich vielen Zahlen, welche die Grenze $2D$ nicht überschreiten, zu suchen, und alsdann können a', b', c' den Ungleichheiten (43a) zufolge jedesmal auch nur endlich viele verschiedene Werte erhalten; die Anzahl reduzierter Formen, also auch die der nicht äquivalenten Klassen, ist daher nur endlich.

10. Hier finden noch ganz analoge Betrachtungen Platz, wie sie in Nr. 10 des vorigen Kapitels ausgeführt worden sind. Man denke sich das Gitter, welches einer positiven ternären quadratischen Form $f(x, y, z)$ zugehört, und in demselben das Parallelgitter, welches die äquivalente, nach Seeber reduzierte Form $\begin{pmatrix} a, & b, & c \\ a', & b', & c' \end{pmatrix}$ repräsentiert. Da $f(x, y, z)$ für jedes ganzzahlige System x, y, z dem Quadrate des Abstandes des Gitterpunktes x, y, z vom Nullpunkte gleich ist, nimmt es den für ganzzahlige x, y, z kleinsten Wert für den zunächst am Nullpunkte gelegenen Gitterpunkt an, und demnach ist er gleich dem Quadrate der kleinsten Seite des Grundparallelepipeds für das reduzierte Parallelgitter, d. h. gleich a. Dieser Koeffizient bezeichnet also die kleinste durch die Form $f(x, y, z)$, mithin auch durch jede andere Form derselben Klasse mittels ganzzahliger x, y, z darstellbare Zahl, das Minimum M der Klasse. Nun folgt aus dem Seeberschen Satze $abc \gtreqless 2D$ und den Bedingungen $a \lesseqgtr b \lesseqgtr c$ die Ungleichheit $a^3 \lesseqgtr 2D$, mithin $a \lesseqgtr \sqrt[3]{2D}$ oder

$$\frac{M}{\sqrt[3]{D}} \lesseqgtr \sqrt[3]{2},$$

also der Satz: Für positive ternäre quadratische Formen hat der Quotient zwischen dem Minimum M einer Klasse und der Kubikwurzel aus ihrer Determinante D die obere Schranke $\sqrt[3]{2}$; und diese Schranke ist genau, denn die spezielle Form

$$\sqrt[3]{2D}(x^2 + y^2 + z^2 + yz + zx + xy),$$

welche eine Seebersche Reduzierte mit der Determinante D ist, hat offenbar $\sqrt[3]{2D}$ zu ihrem kleinsten Wert für ganzzahlige x, y, z; für sie erreicht daher der gedachte Quotient die angegebene Schranke. Deshalb nennen wir sie eine Grenzform.

Legt man nunmehr um jeden Gitterpunkt als Mittelpunkt eine Kugel mit dem Radius $\frac{1}{2}\sqrt{M}$, also vom Inhalte $\frac{M^{3/2} \cdot \pi}{6}$, so entstehen Parallelreihen von gleichen Kugeln, deren jede die folgende berührt. Da auf jede von ihnen ein Gitterpunkt, also auch ein Grundparallelepiped vom Inhalte $\sqrt{D}$ entfällt, so wird der von den Kugeln eingenommene Teil des Raumes zum gesamten Raume im Verhältnis von $\frac{M^{3/2}\cdot\pi}{6}:\sqrt{D}$ stehen und demnach dieses Verhältnis die obere Schranke $\frac{\pi\sqrt{2}}{6}=\frac{\pi}{3\sqrt{2}}$ haben. Jene Parallelreihen rücken bis zur Berührung gegeneinander, wenn die Seiten des Grundparallelepipeds des reduzierten Gitters einander gleich sind. Andererseits werden bei jeder derartigen Lagerung der Kugeln ihre Mittelpunkte offenbar ein reduziertes Parallelgitter mit gleichen Seiten bestimmen. Daraus schließt man, daß die dichteste Lagerung von Kugeln dieser Art entsteht, wenn die Form $f(x, y, z)$ die oben angegebene Grenzform ist, in welchem Falle das Verhältnis zwischen dem von den Kugeln erfüllten Teile des Raumes zum gesamten Raume seinen größten Wert annimmt und $\frac{\pi}{3\sqrt{2}}$ beträgt. Jede der Kugeln wird hierbei mit zwölf anderen in Berührung sein, da die Seitenflächen des Grundparallelepipeds aus je zwei gleichseitigen Dreiecken zusammengesetzt sind.

11. Wir wollen diese Verhältnisse jetzt noch von dem Gesichtspunkte aus betrachten, zu welchem die Ausdehnung des in Nr. 3 des zweiten Kapitels aufgestellten Minkowskischen Grundsatzes auf den Fall eines Raumgitters hinführt.

Man denke sich ein solches etwa durch die Formel (1) bestimmt und um seinen Nullpunkt eine in sich geschlossene, nach außen überall konvexe Fläche und den von ihr begrenzten Raum oder Körper. Unter seinem Inhalte versteht man das über alle, seinen Punkten entsprechende, Wertesysteme x, y, z erstreckte dreifache Integral

$$J=\int dx\,dy\,dz. \tag{47}$$

Wird jene Fläche nun in allen von O ausgehenden Richtungen in gleichem Maße hinreichend zusammengezogen, so wird sich in dem von ihr begrenzten Raume außer dem Nullpunkte kein Gitterpunkt befinden; wenn man sie aber dann wieder ebenso ausdehnt, wird ein Augenblick eintreten, in welchem zuerst ein oder mehrere Gitterpunkte auf die Fläche treten, und in diesem Augenblicke sei K der Inhalt des von ihr begrenzten Raumes. Alsdann denke man diesen wieder im Verhältnisse von $2:1$ zusammengezogen, so daß der Inhalt des neuen Körpers $\frac{K}{8}$ wird und er außer dem Nullpunkte keinen weiteren Gitterpunkt enthält. Wenn nunmehr dieser Körper vom Nullpunkte nach jedem Gitterpunkte hin durch eine Parallelverschiebung versetzt wird, so werden alle so um die Gitterpunkte gelegten Körper einander berühren, aber nicht ineinander dringen können und im allgemeinen noch Raumlücken zwischen sich lassen. Vergleicht man also ihren Inhalt $\frac{K}{8}$ mit dem Inhalte des zu jedem Gitterpunkte gehörigen Elementarparallelepipeds, die zusammen den ganzen Raum füllen, so kann $\frac{K}{8}$ höchstens diesem Inhalte gleich sein, und da der letztere gleich dem auf alle x, y, z zwischen 0 und 1 erstreckten Integrale $\int dx\, dy\, dz$, also gleich 1 ist, so ergibt sich die Ungleichheit

$$K \overline{\lessgtr} 8. \tag{48}$$

Hieraus entnimmt man die angedeutete Verallgemeinerung des Minkowskischen Grundsatzes, nämlich den Satz:

Ein um den Nullpunkt eines Raumgitters durch eine geschlossene, nach außen überall konvexe Fläche abgegrenzter Raum enthält, falls sein Inhalt $\overline{\gtrless} 8$ ist, in seinem Innern oder doch, falls das Gleichheitszeichen gilt, wenigstens auf seiner Begrenzung, außer dem Nullpunkte noch mindestens einen Gitterpunkt. Ist der Nullpunkt Mittelpunkt des Raumes, so enthält dieser entsprechend mindestens ein **Paar von Gegenpunkten.**

12. Die gedachte Fläche kann analytisch in der Weise bestimmt werden, daß eine gewisse Funktion $\varphi(x, y, z)$ von den Bestimmungsstücken x, y, z eines Punktes für alle Punkte auf der Fläche einen konstanten Wert haben, etwa

$$\varphi(x, y, z) = 1 \tag{49}$$

sein soll. Diese Funktion werde weiter so gedacht, daß, wenn die Fläche in der angegebenen Weise und im Verhältnis von $t : 1$ ausgedehnt oder zusammengezogen wird, so daß jeder Punkt x, y, z derselben in einen Punkt tx, ty, tz übergeht, die Funktion sich in demselben Verhältnisse ändert; d. h., für jedes positive t soll

$$\varphi(tx, ty, tz) = t$$

oder

$$\varphi(tx, ty, tz) = t \cdot \varphi(x, y, z) \tag{50}$$

oder mit anderen Worten, die Funktion homogen von der ersten Dimension sein. Hiernach verschwindet $\varphi(x, y, z)$ nur im Nullpunkte und hat sonst nur positive Werte, und es sind alle Punkte x, y, z, bei denen $\varphi(x, y, z) < 1$ ist, innere, alle diejenigen, bei denen $\varphi(x, y, z) > 1$ ist, äußere Punkte bezüglich des von der Fläche (49) umschlossenen Raumes. Offenbar kommen diese Bestimmungen darauf hinaus, den gewöhnlichen „Begriff des Abstandes" eines Punktes vom Nullpunkte, ähnlich wie bei dem in Nr. 6 des vorigen Kapitels eingeführten „hyperbolischen Abstande" durch einen neuen zu ersetzen, bei welchem bei gleichem „Abstande" die „Entfernung" des Punktes vom Nullpunkte mit der Richtung des Abstandes veränderlich ist, bei welchem nämlich allen Punkten der Fläche

$$\varphi(x, y, z) = C$$

der gleiche „Abstand“ vom Nullpunkte zugesprochen wird. Eine in solcher Weise den „Abstand“ definierende Funktion $\varphi(x, y, z)$ des Punktes $\mathfrak{a}$ mit den Bestimmungsstücken x, y, z oder des nach ihm gezogenen Vektors $\mathfrak{a}$ nennt Minkowski eine Strahldistanz und bezeichnet sie kurz mit $S(\mathfrak{a})$. Eine Strahldistanz $S(\mathfrak{a})$ ist also dadurch charakterisiert, daß sie in $\mathfrak{a} = 0$ verschwindet, positiv ist in jedem anderen Punkte $\mathfrak{a}$ und der Bedingungsgleichung (51) $S(t\mathfrak{a}) = t \cdot S(\mathfrak{a})$ für $t > 0$ genügt. Sie wird außerdem einhellig genannt, wenn sie die weitere Bedingung erfüllt, daß für je drei Vektoren $\mathfrak{a}$, $\mathfrak{b}$, $\mathfrak{a} + \mathfrak{b}$ die Ungleichheit

$$(52) \qquad S(\mathfrak{a} + \mathfrak{b}) \overline{\gtrless} S(\mathfrak{a}) + S(\mathfrak{b})$$

stattfindet. Da die Vektoren $\mathfrak{a}$, $\mathfrak{b}$, $\mathfrak{a} + \mathfrak{b}$ den drei Seiten eines Dreiecks entsprechen, besagt diese Eigenschaft einhelliger Strahldistanzen offenbar, daß bei der ihnen entsprechenden Definition des Abstandes oder der Länge die gewöhnliche Eigenschaft jedes Dreiecks erhalten bleibt, nach welcher keine Seite größer ist als die Summe der beiden anderen. Sind x_1, y_1, z_1; x_2, y_2, z_2 die Bestimmungsstücke der Endpunkte der Vektoren $\mathfrak{a}$, $\mathfrak{b}$, mithin $x_1 + x_2$, $y_1 + y_2$, $z_1 + z_2$ diejenigen für den Endpunkt des Vektors $\mathfrak{a} + \mathfrak{b}$, so würde dieselbe Eigenschaft sich für die Funktion $\varphi(x, y, z)$ in der Ungleichheit

$$(53) \quad \varphi(x_1 + x_2, y_1 + y_2, z_1 + z_2) \overline{\gtrless} \varphi(x_1, y_1, z_1) + \varphi(x_2, y_2, z_2)$$

ausdrücken. Diese aber spricht nichts anderes aus als die im Minkowskischen Grundsatze vorausgesetzte Eigenschaft der Fläche (49), eine nach außen überall konvexe Fläche zu sein. In der Tat, verbindet man die Punkte $\mathfrak{a}$, $\mathfrak{b}$ mit dem Nullpunkte, so wird eine solche Fläche von diesen Verbindungsgeraden je in einem Punkte $\frac{x_1}{t_1}, \frac{y_1}{t_1}, \frac{z_1}{t_1}$ bzw. $\frac{x_2}{t_2}, \frac{y_2}{t_2}, \frac{z_2}{t_2}$ geschnitten, und alle Punkte auf der Verbindungslinie dieser Schnittpunkte gehören dem Innern des von der Fläche umschlossenen Raumes an; unter ihnen befindet sich der Punkt $\frac{x_1 + x_2}{t_1 + t_2}, \frac{y_1 + y_2}{t_1 + t_2}, \frac{z_1 + z_2}{t_1 + t_2}$, denn er ist der Schwerpunkt für zwei in jenen Schnittpunkten befindliche Massen t_1, t_2, also auf ihrer Verbindungslinie gelegen. Somit muß

$$\varphi\left(\frac{x_1 + x_2}{t_1 + t_2}, \frac{y_1 + y_2}{t_1 + t_2}, \frac{z_1 + z_2}{t_1 + t_2}\right) \overline{\gtrless} 1,$$

d. i. wegen der Eigenschaft (50)

$$\varphi(x_1 + x_2, y_1 + y_2, z_1 + z_2) \overline{\gtrless} t_1 + t_2,$$

und, da

$$\varphi\left(\frac{x_1}{t_1}, \frac{y_1}{t_1}, \frac{z_1}{t_1}\right) = 1, \quad \varphi\left(\frac{x_2}{t_2}, \frac{y_2}{t_2}, \frac{z_2}{t_2}\right) = 1,$$

also

$$\varphi(x_1, y_1, z_1) = t_1, \quad \varphi(x_2, y_2, z_2) = t_2$$

sind,

$$\varphi(x_1 + x_2, y_1 + y_2, z_1 + z_2) \overline{\gtrless} \varphi(x_1, y_1, z_1) + \varphi(x_2, y_2, z_2)$$

sein. Erfüllt umgekehrt die Funktion $\varphi(x, y, z)$ diese Bedingung für je zwei Punkte x_1, y_1, z_1; x_2, y_2, z_2, so ist, wie rückschließend sich ergibt, die Fläche (49) überall nach außen konvex, die Bedingung (53) also für derartige Flächen charakteristisch, w. z. b. w.

Hat der von ihr begrenzte Raum den Nullpunkt zum Mittelpunkte, so muß für die Funktion $\varphi(x, y, z)$ endlich noch die Beziehung

$$\varphi(-x, -y, -z) = \varphi(x, y, z) \tag{54}$$

und demnach die Gleichung

$$\varphi(tx, ty, tz) = |t| \cdot \varphi(x, y, z)$$

für jedwedes t bestehen.

12a. Um ein für uns wichtiges Beispiel einer solchen Fläche zu betrachten, verstehen wir unter λ, μ, ν die drei reellen Linearformen

$$\lambda = \alpha x + \beta y + \gamma z, \quad \mu = \alpha_1 x + \beta_1 y + \gamma_1 z, \quad \nu = \alpha_2 x + \beta_2 y + \gamma_2 z, \tag{55}$$

die wir als Parallelkoordinaten eines Punktes x, y, z deuten; ihre Determinante Δ sei von Null verschieden, so daß λ, μ, ν nur dann gleichzeitig Null sind, wenn es x, y, z sind. Dann bedeute $\varphi(x, y, z)$ für jedes System x, y, z den größten absoluten Wert der drei Größen λ, μ, ν. Da dieser für $x = y = z = 0$ gleich Null, für jedes andere Wertsystem x, y, z positiv ist und offenbar, wenn x, y, z durch tx, ty, tz mit positivem t ersetzt werden, ebenfalls mit t multipliziert wird (bei beliebigem t mit $|t|$), so erfüllt die Funktion $\varphi(x, y, z)$ die Bedingungen, welche für eine Strahldistanz charakteristisch sind. Sind ferner λ_1, μ_1, ν_1 bzw. λ_2, μ_2, ν_2 die Werte der Linearformen, die den beiden Systemen x_1, y_1, z_1; x_2, y_2, z_2 entsprechen, so ist bekanntlich

$$|\lambda_1 + \lambda_2| \overline{\gtrless} |\lambda_1| + |\lambda_2|,$$
$$|\mu_1 + \mu_2| \overline{\gtrless} |\mu_1| + |\mu_2|,$$
$$|\nu_1 + \nu_2| \overline{\gtrless} |\nu_1| + |\nu_2|;$$

da hier die rechten Seiten der Definition der Funktion φ zufolge nicht größer als $\varphi(x_1, y_1, z_1) + \varphi(x_2, y_2, z_2)$ sind, so ist auch die größte der linken Seiten, d.i. $\varphi(x_1+x_2, y_1+y_2, z_1+z_2)$, nicht größer als diese Summe, die gedachte Strahldistanz also auch einhellig; zudem ist der von der Fläche

$$\varphi(x, y, z) = 1$$

umgrenzte Raum ein solcher mit dem Nullpunkt als Mittelpunkt. Offenbar ist dieser Raum kein anderer als das Parallelepiped, welches die Ebenen

$$\lambda = \pm 1, \quad \mu = \pm 1, \quad \nu = \pm 1$$

zu Grenzflächen hat, und sein Inhalt daher gleich dem Inhalte des letzteren, d.i. gleich dem über dasselbe erstreckten Integrale

$$\int dx\, dy\, dz,$$

welches gleich

$$\frac{1}{|\Delta|} \cdot \int d\lambda\, d\mu\, d\nu,$$

ausgedehnt über alle λ, μ, ν von -1 bis $+1$, also gleich $\frac{8}{|\Delta|}$ ist. Demnach beträgt der Inhalt des von der Fläche

$$\varphi(x, y, z) = t$$

begrenzten Raumes $\frac{8t^3}{|\Delta|}$. Dieser Raum enthält also dem Minkowskischen Grundsatze zufolge in seinem Innern oder doch auf seiner Begrenzung außer dem Nullpunkte mindestens ein Paar von Gegenpunkten des Gitters, sobald

$$\frac{8t^3}{|\Delta|} \geqq 8,$$

d. i. $t \geqq \sqrt[3]{|\Delta|}$ ist. Bedeutet daher M den Minimalwert von $\varphi(x, y, z)$ für ganzzahlige x, y, z, d.i. für die Gitterpunkte, so muß $M \leqq \sqrt[3]{\Delta}$ sein, woraus man schließt:

Es gibt mindestens ein System ganzer, nicht zugleich verschwindender Zahlen x, y, z, für welche $\varphi(x, y, z)$ und daher auch alle drei Linearformen λ, μ, ν absolut nicht größer werden als $\sqrt[3]{|\Delta|}$. Ist insbesondere $\Delta = \pm 1$, so können diese drei Linearformen zugleich durch solche Zahlen absolut kleiner oder doch nicht größer als 1 gemacht werden.[1])

---

1) Ein entsprechender Satz gilt für zwei Linearformen $ax + by$, $cx + dy$ und gibt dann, falls $ad - bc = 1$ ist, den in der Formel (16) des zweiten Kapitels über das Produkt $(ax + by)(cx + dy)$ ausgesprochenen Satz als eine Folgerung, wenn dort zu dem Ungleichheitszeichen das Gleichheitszeichen hinzutritt.

Diesen allgemeinen Satz wenden wir auf den besonderen Fall an, in welchem, unter ω, Ω zwei reelle Irrationelle, unter θ eine positive Zahl verstanden,

$$(56) \qquad \lambda = x - \omega z, \quad \mu = y - \Omega z, \quad \nu = \frac{z}{\theta^3},$$

mithin $\Delta = \frac{1}{\theta^3}$ ist. Dem Satze entsprechend gibt es ganze, nicht zugleich verschwindende Zahlen x, y, z, für welche λ, μ, ν zugleich absolut nicht größer als $\frac{1}{\theta}$ sind; hierbei kann offenbar z, wenn $\theta \gtreqless 1$ ist, nicht Null sein, ohne daß es auch x, y wären, und kann dann positiv gedacht werden, da man eventuell alle drei x, y, z mit entgegengesetztem Vorzeichen nehmen kann. Da es alsdann wegen $\nu \leqq \frac{1}{\theta}$ nicht größer als θ^2, also $\frac{1}{\theta}$ nicht größer als $\frac{1}{\sqrt{z}}$ sein wird, so kann man auch sagen:

Es gibt ganze Zahlen x, y, z, unter denen z positiv ist, von der Beschaffenheit, daß die Ungleichheiten

$$(57) \qquad \left|\frac{x}{z} - \omega\right| \leqq \frac{1}{z\sqrt{z}}, \quad \left|\frac{y}{z} - \Omega\right| \leqq \frac{1}{z\sqrt{z}}$$

erfüllt sind.

13. Man verdankt den Untersuchungen von Hermite einen Satz gleichen Charakters, der sich nur durch eine weniger genaue Bestimmung der oberen Schranke vorstehender Ausdrücke von dem vorigen unterscheidet; Hermite ist jedoch auf anderem Wege, unmittelbar von der Reduktion der ternären Formen aus, zu ihm gelangt. Es ist nämlich

$$(58) \qquad f(x, y, z) = (x - \omega z)^2 + (y - \Omega z)^2 + \frac{z^2}{\theta^3}$$

eine positive Form mit der Determinante $D = \frac{1}{\theta^3}$. Wird diese in der Weise von Gauß oder Hermite reduziert und ist

$$\begin{pmatrix} \alpha, & \alpha', & \alpha'' \\ \beta, & \beta', & \beta'' \\ \gamma, & \gamma', & \gamma'' \end{pmatrix}$$

eine Substitution, durch welche f in die Reduzierte übergeht, so ist der erste Koeffizient der letzteren, welcher durch den Ausdruck

$$(59) \qquad (\alpha - \omega\gamma)^2 + (\beta - \Omega\gamma)^2 + \frac{\gamma^2}{\theta^3}$$

gegeben wird, nach den Bestimmungen in Nr. 8 nicht größer als $\frac{4}{3}\sqrt[3]{D} = \frac{4}{3} \cdot \frac{1}{\theta}$. Demnach gibt es ganze, nicht sämtlich verschwindende Zahlen α, β, γ, für welche

$$(\alpha-\omega\gamma)^2+(\beta-\Omega\gamma)^2+\frac{\gamma^2}{\theta^3}\overline{\overline{<}}\frac{4}{3}\cdot\frac{1}{\theta}$$

ist, eine Ungleichheit, aus welcher[1]) $\gamma\overline{\overline{<}}\sqrt{\frac{4}{3}}\cdot\theta$, also $\frac{1}{\theta}\overline{\overline{<}}\sqrt{\frac{4}{3}}\cdot\frac{1}{\gamma}$, ferner die Ungleichheiten

$$(60)\qquad\begin{cases}\left|\frac{\alpha}{\gamma}-\omega\right|\overline{\overline{<}}\sqrt{\frac{4}{3}}\cdot\frac{1}{\gamma\sqrt{\theta}}\overline{\overline{<}}\left(\frac{4}{3}\right)^{3/4}\cdot\frac{1}{\gamma\sqrt{\gamma}},\\ \left|\frac{\beta}{\gamma}-\Omega\right|\overline{\overline{<}}\sqrt{\frac{4}{3}}\cdot\frac{1}{\gamma\sqrt{\theta}}\overline{\overline{<}}\left(\frac{4}{3}\right)^{3/4}\cdot\frac{1}{\gamma\sqrt{\gamma}}\end{cases}$$

hervorgehen, welche die im Satze (57) ausgesprochenen Schranken nur etwas weiter fassen. Weil aber mit wachsendem θ die Schranken unendlich abnehmen, so ist auch aus ihnen zu ersehen, daß die Ungleichheiten nicht dauernd durch dasselbe Wertsystem α, β, γ erfüllt sein können, daß folglich mit wachsendem θ eine unbegrenzte Reihe solcher zusammengehörigen Wertesysteme α, β, γ erhalten werden muß. Und da zugleich die Ausdrücke $\frac{\alpha}{\gamma}-\omega$, $\frac{\beta}{\gamma}-\Omega$ unter jeden Grad von Kleinheit herabsinken, ergibt sich eine unbegrenzte Reihe von je zwei Brüchen $\frac{\alpha}{\gamma}$, $\frac{\beta}{\gamma}$ gleichen Nenners, welche gleichzeitig gegen die beiden gegebenen Irrationellen ω, Ω konvergieren, welche also ein verallgemeinertes Analogon für die Näherungsbrüche einer einzelnen Irrationellen darstellen. Entsprechend teilen sie mit diesen die Eigenschaft, daß sie jene Differenzen oder auch den Ausdruck

$$(\alpha-\omega\gamma)^2+(\beta-\Omega\gamma)^2$$

zu einem relativen Minimum machen, d. h., daß für Brüche $\frac{\alpha_0}{\gamma_0}$, $\frac{\beta_0}{\gamma_0}$ mit gleichem kleineren Nenner γ_0 jederzeit

$$(\alpha_0-\omega\gamma_0)^2+(\beta_0-\Omega\gamma_0)^2\overline{\overline{>}}(\alpha-\omega\gamma)^2+(\beta-\Omega\gamma)^2$$

ist; denn, wäre es anders, so wäre gewiß

$$(\alpha_0-\omega\gamma_0)^2+(\beta_0-\Omega\gamma_0)^2+\frac{\gamma_0^2}{\theta^3}<(\alpha-\omega\gamma)^2+(\beta-\Omega\gamma)^2+\frac{\gamma^2}{\theta^3},$$

während doch der Ausdruck zur Rechten als erster Koeffizient der

1) Für hinreichend große θ wird γ von Null verschieden sein, da wegen der sonst geltenden Ungleichheit $\alpha^2+\beta^2\overline{\overline{<}}\frac{4}{3}\cdot\frac{1}{\theta}$ auch α, β verschwinden müßten; man darf $\gamma>0$ denken, indem man nötigenfalls α, β, γ mit entgegengesetzten Vorzeichen nimmt.

Reduzierten die kleinste Zahl ist, welche durch die Form (58) mittels ganzer Zahlen darstellbar ist.

Eine ähnliche Behandlung gestattet die zur Form (58) adjungierte Form

$$F(x, y, z) = \frac{x^2 + y^2}{\theta^3} + (\omega x + \Omega y + z)^2, \tag{61}$$

deren Determinante $D = \frac{1}{\theta^6}$ ist. Nach den Hermiteschen Prinzipien der Reduktion wird es hier ganze, nicht verschwindende Zahlen α, β, γ geben, für welche

$$\frac{\alpha^2 + \beta^2}{\theta^3} + (\alpha\omega + \beta\Omega + \gamma)^2 \leqq \frac{4}{3} \cdot \frac{1}{\theta^2} \tag{62}$$

ist und dieser Wert das Minimum der Form F für ganzzahlige x, y, z angibt. Hieraus folgen zunächst dann die Ungleichheiten

$$|\alpha| \leqq \sqrt{\tfrac{4}{3}\theta}, \quad |\beta| \leqq \sqrt{\tfrac{4}{3}\theta}.$$

Sind α, β beide von Null verschieden, so schließt man weiter

$$\frac{1}{\theta} \leqq \frac{4}{3} \cdot \frac{1}{\alpha\beta};$$

für hinreichend großes θ können α, β nicht beide Null sein, da sonst aus (62) auch $\gamma = 0$ sich ergäbe; ist also dann etwa α nicht Null, so folgt $\frac{1}{\theta} \leqq \frac{4}{3} \cdot \frac{1}{\alpha^2}$. Es wird also für hinreichend große Werte von θ, da wegen (62)

$$|\omega\alpha + \Omega\beta + \gamma| \leqq \sqrt{\frac{4}{3}} \cdot \frac{1}{\theta} \quad \text{ist,}$$

$$|\omega\alpha + \beta\Omega + \gamma| \leqq \left(\frac{4}{3}\right)^{3/2} \cdot \frac{1}{\mu^2}$$

sein, wenn μ die kleinste von Null verschiedene der beiden Zahlen α, β bedeutet. Sind diese Zahlen beide von Null verschieden, so gelangt man zu einer noch engeren Schranke, wenn man bemerkt, daß das Produkt von drei positiven Werten nie größer ist als der Kubus ihres arithmetischen Mittels. Demgemäß muß der Ungleichheit (62) zufolge a fortiori

$$\frac{\alpha^2 \cdot \beta^2 \cdot (\alpha\omega + \beta\Omega + \gamma)^2}{\theta^6} \leqq \left(\frac{4}{9} \cdot \frac{1}{\theta^2}\right)^3,$$

d. i.

$$|\alpha\beta(\alpha\omega + \beta\Omega + \gamma)| \leqq \left(\tfrac{4}{9}\right)^{3/2}$$

oder

$$|\alpha\omega + \beta\Omega + \gamma| \leqq \frac{8}{27} \cdot \frac{1}{\mu^2} \tag{64}$$

sein.

14. Die in voriger Nr. gewonnenen Ergebnisse lassen sich noch verschärfen, wenn man statt der Reduktionsweise von Hermite diejenige von Seeber benutzt, indem dadurch der Bruch $\frac{4}{3}$ durch die kleinere Größe $\sqrt[3]{2}$ ersetzt wird. Doch auch dann nehmen die Ungleichheiten (60) nicht die Schärfe der nach Minkowski abgeleiteten Ungleichheiten (57) an. Aber diese nun lassen sich, wie gleichfalls aus Minkowskis Prinzipien erkannt wird, noch weiter verschärfen. Betrachten wir statt der Linearformen (56) die folgenden:

$$x - \omega z \pm \frac{z}{\theta^3}, \quad y - \Omega z \pm \frac{z}{\theta^3}$$

und verstehen jetzt unter $\varphi(x, y, z)$ für jedes System x, y, z den größten absoluten Wert dieser Formen oder der Ausdrücke

$$(65) \qquad |x - \omega z| + \frac{|z|}{\theta^3}, \quad |y - \Omega z| + \frac{|z|}{\theta^3},$$

der, wie man sogleich übersieht, eine einhellige Strahldistanz ist. Der durch die Fläche

$$\varphi(x, y, z) = 1$$

begrenzte Raum hat offenbar den Nullpunkt zum Mittelpunkt und besteht aus denjenigen Punkten x, y, z, für welche, wenn

$$x - \omega z = u, \quad y - \Omega z = v, \quad \frac{z}{\theta^3} = w$$

gesetzt wird,

$$|u| + |w| \gtreqless 1, \quad |v| + |w| \gtreqless 1$$

ist. Sein Inhalt beträgt

$$J = \int dx\,dy\,dz = \theta^3 \cdot \int du\,dv\,dw,$$

wenn letzteres Integral über alle den vorstehenden Ungleichheiten genügenden u, v, w ausgedehnt wird. Ihnen zufolge ist

$$|u| \gtreqless 1 - |w|, \quad |v| \gtreqless 1 - |w|$$

und daher zunächst w zwischen $+1$ und -1 zu nehmen; sodann ergeben sich als Grenzen für u und v die Werte $1 - |w|$ und $-1 + |w|$. Das dreifache Integral wird also zunächst zum einfachen Integrale

$$4 \cdot \int_{-1}^{+1} (1 - |w|)^2 \cdot dw,$$

welches sich zerlegt in

$$4 \cdot \int_0^1 (1 - w)^2 dw + 4 \cdot \int_{-1}^0 (1 + w)^2 dw$$

$$= \tfrac{4}{3}\Big[-(1 - w)^3\Big]_0^1 + \tfrac{4}{3}\Big[(1 + w)^3\Big]_{-1}^0 = \tfrac{8}{3}.$$

Man findet also $J = \frac{8\theta^3}{3}$. Demnach ist der von der Fläche $\varphi(x, y, z) = t$ umgrenzte Raum gleich

$$\frac{8\theta^3 \cdot t^3}{3}$$

und enthält, wenn er $\geqq 8$ ist, mindestens ein Paar von Gitterpunkten. Das Minimum M der Funktion $\varphi(x, y, z)$ für ganzzahlige x, y, z genügt also der Ungleichheit

$$\frac{8\theta^3 \cdot M^3}{3} \leqq 8$$

oder

$$M \leqq \frac{3^{1/3}}{\theta}.$$

Demgemäß gibt es also ganze, nicht sämtlich verschwindende Zahlen x, y, z, für welche auch die Ausdrücke (65) unterhalb dieser Schranke liegen. Somit wird

$$|x - \omega z| + |x - \omega z| + 2 \cdot \frac{|z|}{\theta^3} \leqq 2 \cdot \frac{3^{1/3}}{\theta}$$

sein, und dann ergibt sich nach dem schon in voriger Nr. benutzten Satze vom arithmetischen Mittel

$$|x - \omega z|^2 \cdot \frac{2|z|}{\theta^3} \leqq \left(\frac{2}{3} \cdot \frac{3^{1/3}}{\theta}\right)^3$$

d. h.

$$|(x - \omega z)^2 z| \leqq \frac{4}{9},$$

also, da $z > 0$ gedacht werden darf,

$$\text{(65a)} \qquad \left|\frac{x}{z} - \omega\right| \leqq \frac{2}{3} \cdot \frac{1}{z\sqrt{z}}$$

und ganz ebenso

$$\text{(65b)} \qquad \left|\frac{y}{z} - \Omega\right| \leqq \frac{2}{3} \cdot \frac{1}{z\sqrt{z}},$$

zwei Beziehungen, durch welche die erwähnte Verschärfung der Ungleichheiten (57) erreicht ist. Da $|x - \omega z|$, $|y - \Omega z|$ unter $M \leqq \frac{3^{1/3}}{\theta}$ bleiben, für hinreichend großes θ diese Schranke aber beliebig klein ist, so dürfen zugleich die Ausdrücke $\left|\frac{x}{z} - \omega\right|$, $\left|\frac{y}{z} - \Omega\right|$ unter beliebig kleiner Grenze gedacht werden. Es sei noch bemerkt, daß nach Minkowskis eingehenderer Betrachtung hier das Gleichheitszeichen unterdrückt werden darf.[1])

---

1) Minkowski, Geometrie der Zahlen, S. 110—12.

15. Hier stellt sich nun die Aufgabe ein, für die Reihe je zweier Brüche $\frac{x}{z}, \frac{y}{z}$, welche solchen Ungleichheiten genügen, analog mit dem Bildungsgesetze für die Näherungsbrüche eines Kettenbruchs die Regel zu suchen, nach welcher sie der Reihe nach zu finden sind; desgleichen für die sukzessiven Wertesysteme α, β, γ, für welche der Ausdruck $\alpha\omega + \beta\Omega + \gamma$ gegen Null konvergiert. Diese schon von Euler gestellte Aufgabe hat später Jacobi[1]) zu lösen versucht. Indem wir aber gegenwärtig davon abstehen, sie weiter zu verfolgen, um an einer späteren Stelle dieses Werkes darauf zurückzukommen, schließen wir die vorigen Betrachtungen mit einer Anwendung derselben ab, durch welche Hermite den in Nr. 7 des zweiten Kapitels behandelten Satz von Tschebyscheff, wie dort schon bemerkt, genauer gefaßt hat.

Er wendet zu diesem Zwecke die Betrachtungen von Nr. 13 auf die etwas verallgemeinerte Form (61), nämlich auf die Form

$$(66) \qquad F(x, y, z) = \frac{x^2}{t^2u} + \frac{y^2}{tu^2} + (z - \omega x - \Omega y)^2$$

an, deren Determinante $D = \frac{1}{(tu)^3}$ ist, und welche zwei veränderliche positive Parameter t, u enthält. Für jedes Wertesystem der letzteren gibt es, der Seeberschen Reduktion zufolge, ein System ganzer, nicht sämtlich verschwindender Zahlen α, β, γ, für welche

$$(67) \qquad \frac{\alpha^2}{t^2u} + \frac{\beta^2}{tu^2} + (\gamma - \alpha\omega - \beta\Omega)^2 \lesseqgtr \frac{\sqrt[3]{2}}{tu}$$

und dieser Wert das Minimum der Form für ganzzahlige Werte der Unbestimmten ist. Hieraus folgen die Ungleichheiten

$$(68) \qquad \alpha^2 \lesseqgtr t \cdot \sqrt[3]{2}, \quad \beta^2 \lesseqgtr u \cdot \sqrt[3]{2},$$

$$(69) \qquad (\gamma - \alpha\omega - \beta\Omega)^2 \lesseqgtr \frac{\sqrt[3]{2}}{tu}$$

und nach dem Satze vom arithmetischen Mittel

$$(70) \qquad |\gamma - \alpha\omega - \beta\Omega| \lesseqgtr \sqrt{\frac{2}{27}} \cdot \frac{1}{\alpha\beta}.$$

Die Parameter t, u darf man als Parallelkoordinaten eines Punktes

1) Jacobi, Journ. f. Math. 69, S. 1: Über die Auflösung der Gleichung

$$\alpha_1 x_1 + \alpha_2 x_2 + \cdots \alpha_n x_n = f$$

und S. 29: Allgem. Theorie der kettenbruchähnlichen Algorithmen.

einer Ebene auffassen. Da, wenn man sie unbegrenzt wachsen läßt, die Ungleichheit (69) offenbar nicht dauernd für ein und dasselbe Wertesystem α, β, γ erfüllt sein kann, so wird die Ungleichheit (67) für jedes Wertesystem α, β, γ nur in einem ganz bestimmten endlichen Gebiete der Ebene bestehen. Für sehr kleine Werte von u, d. h. an der Abszissenachse und in hinreichender Nähe derselben, wird dabei β der zweiten der Ungleichheiten (68) zufolge gleich Null sein und der entsprechende Teil der Ebene jener Achse anliegen, aber auch in Richtung derselben nur eine endliche Ausdehnung haben können. Denkt man sich nun zwei solche einander benachbarten Stücke der Ebene, denen also zwei verschiedene Wertsysteme $\alpha', 0, \gamma'$; $\alpha'', 0, \gamma''$ entsprechen, und geht man auf ihrer gemeinsamen Begrenzung von der Achse aus aufwärts, so muß man, da sie endlich sind, an eine Stelle t, u gelangen, wo sich ein drittes, einem Systeme α, β, γ mit nicht verschwindendem β zugehöriges Stück der Ebene anlegt; hierbei darf $\beta > 0$ gedacht werden, indem man nötigenfalls α, β, γ mit entgegengesetztem Vorzeichen nimmt, und folglich finden die drei Ungleichheiten

$$F(\alpha', 0, \gamma') \lesseqgtr \frac{\sqrt[3]{2}}{tu}, \quad F(\alpha'', 0, \gamma'') \lesseqgtr \frac{\sqrt[3]{2}}{tu}, \quad F(\alpha, \beta, \gamma) \lesseqgtr \frac{\sqrt[3]{2}}{tu}$$

zugleich statt, aus denen

$$F(\alpha', 0, \gamma') \cdot F(\alpha'', 0, \gamma'') \cdot F(\alpha, \beta, \gamma) \lesseqgtr \frac{2}{(tu)^3} \tag{71}$$

hervorgeht. Ist aber $\beta = 0$, so stellt die linke Seite in (67) das Minimum der **binären** quadratischen Form

$$(z - \omega x)^2 + \lambda^2 x^2$$

mit dem Parameter $\lambda^3 = \frac{1}{t^2 u}$ vor, mithin sind γ, α nach Nr. 14 des zweiten Kapitels Zähler und Nenner eines Näherungsbruches für den Kettenbruch von ω. Sonach sind $\frac{\gamma'}{\alpha'}, \frac{\gamma''}{\alpha''}$ zwei **aufeinanderfolgende** Näherungsbrüche desselben, also $\gamma'\alpha'' - \gamma''\alpha' = \pm 1$. Wird nun die Form $F(x, y, z)$ durch die Substitution

$$\begin{pmatrix} \alpha', & \alpha'', & \alpha \\ 0, & 0, & \beta \\ \gamma', & \gamma'', & \gamma \end{pmatrix},$$

deren Determinante $(\gamma'\alpha'' - \gamma''\alpha')\beta = \pm \beta$ ist, in eine andere transformiert, so sind in dieser die Koeffizienten der Quadrate der Unbestimmten, deren Produkt bei einer positiven Form stets gleich oder größer ist als die Determinante der Form[1]), gleich den Faktoren zur Linken von (71). Man findet also die linke Seite von (71) gleich oder größer als $\beta^2 \cdot D = \frac{\beta^2}{(tu)^3}$ und demnach $\beta^2 \leqq 2$, also $\beta = 1$. Infolge hiervon nimmt die Ungleichheit (70) die Gestalt an:

$$|\gamma - \alpha\omega - \Omega| \leqq \sqrt{\frac{2}{27}} \cdot \frac{1}{\alpha}$$

und bringt die schärfere Fassung des Satzes von Tschebyscheff zum Ausdrucke.

16. Sei jetzt

$$f(x, y, z) = ax^2 + by^2 + cz^2 + 2a'yz + 2b'zx + 2c'xy$$

eine positive Form und D ihre Determinante. Im zugehörigen Raumgitter bedeutet dann bekanntlich $\varphi(x, y, z) = \sqrt{f(x, y, z)}$ den Abstand des Punktes x, y, z vom Nullpunkte, also die Gleichung

$$\varphi(x, y, z) = 1 \tag{72}$$

eine Kugelfläche vom Radius 1, welche den Nullpunkt zum Mittelpunkte hat; die Funktion $\varphi(x, y, z)$ ist homogen von der ersten Dimension, Null nur im Nullpunkte, überall sonst positiv und somit eine Strahldistanz, auf welche die Betrachtungen der Nr. 10 und 11 Anwendung finden. Nennt man also J das auf die Punkte x, y, z der Kugel bezogene Integral

$$J = \int dx\,dy\,dz, \tag{73}$$

sowie μ das Minimum der Funktion $\varphi(x, y, z)$ für ganzzahlige x, y, z, so ist nach Minkowskis Grundsatze

$$J \cdot \mu^3 \leqq 8$$

oder

$$\mu \leqq \frac{2}{\sqrt[3]{J}}.$$

Nun kann $f(x, y, z)$ folgendermaßen als Summe dreier Quadrate von Linearformen geschrieben werden:

$$f(x,y,z) = \left(\sqrt{a}\cdot x + \frac{c'}{\sqrt{a}} \cdot y + \frac{b'}{\sqrt{a}} \cdot z\right)^2 + \left(y\sqrt{\frac{ab - c'^2}{a}} + \frac{aa' - b'c'}{\sqrt{a(ab - c'^2)}} \cdot z\right)^2$$
$$+ \left(\sqrt{\frac{D}{ab - c'^2}} \cdot z\right)^2,$$

1) Ist $\begin{pmatrix} a, & b, & c \\ a', & b', & c' \end{pmatrix}$ die positive Form und $\begin{pmatrix} A, & B, & C \\ A', & B', & C' \end{pmatrix}$ ihre Adjungierte, so folgt aus $B = ac - b'^2$, $C = ab - c'^2$, daß $abc > \frac{BC}{a}$ ist, ferner aus $BC - A'^2 = Da$, daß $\frac{BC}{a} > D$, also $abc > D$ ist.

oder, wenn man

$$(74)\quad \begin{cases} X = \sqrt{a}\cdot x + \dfrac{c'}{\sqrt{a}}\cdot y + \dfrac{b'}{\sqrt{a}}\cdot z \\ Y = \sqrt{\dfrac{ab-c'^2}{a}}\cdot y + \dfrac{aa'-b'c'}{\sqrt{a(ab-c'^2)}}\cdot z \\ Z = \sqrt{\dfrac{D}{ab-c'^2}}\cdot z \end{cases}$$

setzt,

$$f(x, y, z) = X^2 + Y^2 + Z^2.$$

Die Gleichung (72) darf mithin durch die folgende ersetzt werden:

$$(75)\qquad X^2 + Y^2 + Z^2 = 1.$$

Da die Funktionaldeterminante der Größen X, Y, Z nach den Größen x, y, z, d. h. die Determinante der Gleichungen (74) gleich $\sqrt{D}$ gefunden wird, so ist das Integral (73) gleich

$$\frac{1}{\sqrt{D}}\cdot\int dX\,dY\,dZ,$$

wenn die dreifache Integration auf alle durch die Ungleichheit $X^2+Y^2+Z^2 \overline{\gtrless} 1$ beschränkten X, Y, Z erstreckt wird. Werden aber X, Y, Z als rechtwinklige Koordinaten eines Punktes gedeutet, so sind diese X, Y, Z die Koordinaten aller Punkte einer Kugel vom Radius 1, mithin hat jenes Integral den Wert $\frac{4\pi}{3}$. Somit wird

$$J = \frac{4\pi}{3}\cdot\frac{1}{\sqrt{D}}$$

und folglich

$$\mu \overline{\gtrless} \frac{2}{\sqrt[3]{\frac{4\pi}{3}\cdot\frac{1}{\sqrt{D}}}} = \sqrt[3]{\frac{6}{\pi}\sqrt{D}};$$

demnach gilt für das Minimum M der Form $f(x, y, z)$ für ganzzahlige x, y, z die Bedingung

$$(76)\qquad M = \mu^2 \overline{\gtrless} \sqrt[3]{\frac{36}{\pi^2}}\cdot\sqrt[3]{D}.$$

Dies gibt für den Quotienten aus dem Minimum einer Klasse und der Kubikwurzel aus ihrer Determinante die Schranke $\sqrt[3]{\frac{36}{\pi^2}}$. Durch die früheren Reduktionsmethoden sind wir schon zu engeren Schranken geführt worden, haben als die genaue derselben den der Seeberschen Methode entsprechenden Wert $\sqrt[3]{2}$ festgestellt und daraus die dichteste Lagerung gleicher Kugeln gefolgert. Man verdankt nun

Minkowski den Nachweis der sehr interessanten Tatsache, daß umgekehrt aus der dichtesten Lagerung kongruenter Körper, insbesondere gleicher Kugeln jene genaue Schranke für das Verhältnis $\frac{M}{\sqrt[3]{D}}$ gefunden und aus ihr dann die Seeberschen Sätze über Reduktion positiver ternärer quadratischer Formen hergeleitet werden können.

17. Wir beginnen mit dem letzteren Punkte.

Man denke irgendein Raumgitter, etwa das durch die Formel (1) bestimmte gegeben. Ist dann

$$f(x, y, z) = ax^2 + by^2 + cz^2 + 2a'yz + 2b'zx + 2c'xy$$

eine positive Form und D ihre Determinante, so erfüllen die Werte x, y, z, welche die Ungleichheit

$$f(x, y, z) \lesseqgtr 1$$

befriedigen, nur ein endliches Gebiet der dreifach unendlichen Mannigfaltigkeit aller x, y, z; diese Ungleichheit begrenzt also einen endlichen Raum, welcher offenbar den Nullpunkt des Gitters zum Mittelpunkte hat. Gleiches gilt von der Ungleichheit

$$f(x, y, z) = t^2.$$

Für hinreichend kleine t wird der so begrenzte Raum keinen Gitterpunkt außer dem Nullpunkte enthalten; läßt man sodann t allmählich wachsen, so wird ein Augenblick kommen, wo zum erstenmal mindestens ein Paar von Gitterpunkten auf die Fläche tritt; dies geschehe für $t = M_1$ und $\alpha_1, \alpha_2, \alpha_3$ seien die zugehörigen Werte von x, y, z für solchen Gitterpunkt P_1. Liegt nun nicht noch ein anderer Gitterpunkt außerhalb der Richtung OP_1 auf der Fläche, so kann man t weiter wachsen lassen, bis es geschehen muß, daß zuerst ein solcher Punkt P_2 mit den Bestimmungsstücken $\beta_1, \beta_2, \beta_3$ auf die erweiterte Fläche tritt; dies geschehe für $t = M_2$, so daß $M_2 \gtreqless M_1$ ist, wo das Gleichheitszeichen dem Falle entspricht, daß für $t = M_1$ außer P_1 und seinem Gegenpunkte noch ein anderer Gitterpunkt auf der früheren Fläche liegt. Ebenso wird es nun einen kleinsten Wert $t = M_3 \gtreqless M_2$ geben, so beschaffen, daß bei neuer Ausdehnung der Fläche bei ihm zuerst ein außerhalb der Ebene OP_1P_2 liegender Gitterpunkt auf die Fläche tritt, dessen Bestimmungsstücke $\gamma_1, \gamma_2, \gamma_3$ seien. Durch die Substitution

$$\begin{aligned} x &= \alpha_1 X + \beta_1 Y + \gamma_1 Z \\ y &= \alpha_2 X + \beta_2 Y + \gamma_2 Z \\ z &= \alpha_3 X + \beta_3 Y + \gamma_3 Z \end{aligned}$$

mit nicht verschwindendem Modul, dessen absoluter Wert d heiße, erhält man eine Gleichung

$$f(x, y, z) = F(X, Y, Z), \tag{77}$$

in welcher

$$F(X, Y, Z) = AX^2 + BY^2 + CZ^2 + 2A'YZ + 2B'ZX + 2C'XY$$

eine quadratische Form mit der Determinante $\mathbf{D} = d^2 \cdot D$ und den Koeffizienten

$$A = F(1, 0, 0) = f(\alpha_1, \alpha_2, \alpha_3) = M_1^2$$
$$B = F(0, 1, 0) = f(\beta_1, \beta_2, \beta_3) = M_2^2$$
$$C = F(0, 0, 1) = f(\gamma_1, \gamma_2, \gamma_3) = M_3^2$$

ist; durch eventuelle Veränderung des Vorzeichens einer oder zweier der Unbestimmten X, Y, Z kann man, ohne daß der Wert d sich ändert, es erreichen, wie in Nr. 8 gezeigt ist, daß die Koeffizienten A', B', C' entweder alle drei negativ oder alle drei nicht negativ werden. Beachtet man, daß einerseits

den Werten $X, Y = 0,\quad Z = 0$ die Punkte x, y, z auf OP_1,
den Werten $X, Y \gtrless 0,\quad Z = 0$ die Punkte x, y, z der Ebene OP_1P_2 außerhalb OP_1,
den Werten $X, Y,\quad Z \gtrless 0$ die Punkte x, y, z außerhalb OP_1P_2

und andererseits ganzzahligen X, Y, Z auch ganzzahlige x, y, z entsprechen, so leuchtet ein, daß A, B, C die kleinsten Werte von F für diese drei Kategorien ganzzahliger Werte X, Y, Z sein müssen.

Dies vorausgeschickt, stellen wir $F(X, Y, Z)$ in der Gestalt dar:

$$F(X, Y, Z) = \xi^2 + \eta^2 + \zeta^2, \tag{78}$$

wo

$$\xi = X \cdot \sqrt{A} + \frac{C'}{\sqrt{A}} \cdot Y + \frac{B'}{\sqrt{A}} \cdot Z$$
$$\eta = \sqrt{\frac{AB - C'^2}{A}} \cdot Y + \frac{AA' - B'C'}{\sqrt{A(AB - C'^2)}} \cdot Z$$
$$\zeta = \sqrt{\frac{\mathbf{D}}{AB - C'^2}} \cdot Z$$

ist, und betrachten den Ausdruck

$$\varphi(\xi, \eta, \zeta) = \frac{\xi^2}{A} + \frac{\eta^2}{B} + \frac{\zeta^2}{C}. \tag{79}$$

Für die ganzzahligen X, Y, Z der ersten Kategorie verschwinden η, ζ, und es wird $F = \xi^2 \geqq A$, wobei für den Punkt P_1 das Gleichheitszeichen eintritt; demgemäß wird $\varphi = \frac{\xi^2}{A} \gtreqless 1$; für die ganzzahligen X, Y, Z der zweiten Kategorie wird $\zeta = 0$, $F = \xi^2 + \eta^2 \gtreqless B$, also, weil $B \gtreqless A$ ist, $\varphi = \frac{\xi^2}{A} + \frac{\eta^2}{B} \gtreqless \frac{\xi^2 + \eta^2}{B} \gtreqless 1$; für die ganzzahligen X, Y, Z der dritten Kategorie endlich ist $F = \xi^2 + \eta^2 + \zeta^2 \gtreqless C$, also, da $C \gtreqless B \gtreqless A$ ist,

$$\varphi \gtreqless \frac{\xi^2 + \eta^2 + \zeta^2}{C} \gtreqless 1.$$

Hieraus folgt, daß die Ungleichheit

$$\frac{\xi^2}{A} + \frac{\eta^2}{B} + \frac{\zeta^2}{C} \lesseqgtr 1 \tag{80}$$

einen ellipsoidischen Raum bestimmt, der offenbar den Nullpunkt zum Mittelpunkt, den Gitterpunkt P_1 auf seiner Begrenzung, im übrigen aber keinen Gitterpunkt in seinem Innern hat. Wird dieser Raum nun im Verhältnis von 2 : 1 zusammengezogen und dann vom Nullpunkt nach jedem Gitterpunkte durch Parallelverschiebung versetzt, so werden alle diese Ellipsoide nur aneinanderstoßen, aber nicht ineinander dringen können, und das Verhältnis zwischen dem von ihnen allen eingenommenen Teile des Raumes zum Gesamtraume wird bei festgehaltener Form $f(x, y, z)$ von dem zugrunde gelegten Raumgitter abhängig sein. Steht es nun fest, daß es, wie letzteres auch gewählt werde, die obere Schranke $\frac{\pi}{3\sqrt{2}}$ nicht überschreiten kann, so besteht, unter J den Inhalt des Ellipsoids (80) in den Größen x, y, z, d. i. das über dasselbe erstreckte Integral

$$J = \int dx\,dy\,dz$$

verstanden, die Ungleichheit

$$\frac{J}{8} \lesseqgtr \frac{\pi}{3\sqrt{2}}.$$

Andererseits ist die Funktionaldeterminante der x, y, z nach den X, Y, Z absolut gleich d, diejenige der X, Y, Z nach den ξ, η, ζ absolut gleich $\frac{1}{\sqrt{D}} = \frac{1}{d\sqrt{D}}$, also

$$J = \frac{1}{\sqrt{D}} \cdot \int d\xi\,d\eta\,d\zeta,$$

wenn letzteres Integral auf alle die Ungleichheit (80) erfüllenden ξ, η, ζ erstreckt wird. Daher ergibt sich

$$J = \frac{4\pi}{3} \cdot \frac{\sqrt{ABC}}{\sqrt{D}} \lesseqgtr 8 \cdot \frac{\pi}{3\sqrt{2}}$$

und daraus

(81) $$ABC \lesseqgtr 2D.$$

Vergleicht man ferner in (78) beiderseits die Koeffizienten von Y^2 und von Z^2, so findet man

$$B \gtreqless \frac{AB - C'^2}{A}, \quad C \gtreqless \frac{Dd^2}{AB - C'^2},$$

also

$$ABC \gtreqless d^2 D$$

und wegen (81) die Ungleichheit $d^2 \lesseqgtr 2$, was, da d ganzzahlig und ein von Null verschiedener absoluter Wert ist, $d = 1$ liefert. Dies bedeutet, daß die Form F äquivalent ist mit f. In der Form F waren $A \lesseqgtr B \lesseqgtr C$ und für die drei obengenannten Kategorien der ganzzahligen X, Y, Z

(82) $$F(X, 0, 0) \gtreqless A, \quad F(X, Y, 0) \gtreqless B, \quad F(X, Y, Z) \gtreqless C.$$
$$X \gtrless 0 \qquad Y \gtrless 0 \qquad Z \gtrless 0$$

In diesen unendlich vielen Ungleichheiten sind die nachstehenden als besondere enthalten:

(83a) $$F(\pm 1, 1, 0) \gtreqless B, \quad F(\pm 1, 0, 1) \gtreqless C, \quad F(0, \pm 1, 1) \gtreqless C,$$

welche auch geschrieben werden können:

$$A \gtreqless 2|C'|, \quad A \gtreqless 2|B'|, \quad B \gtreqless 2|A'|;$$

sowie auch diese:

(83b) $$F(\pm 1, \pm 1, 1) \gtreqless C,$$

die mit der folgenden:

$$A + B + 2\delta A' + 2\varepsilon B' + 2\delta\varepsilon C' \gtreqless 0$$

übereinkommt, in welcher δ, ε Einheiten bedeuten. Diese Ungleichheiten zusammen mit $A \lesseqgtr B \lesseqgtr C$ charakterisieren aber die Form F als eine Seebersche Reduzierte und gestatten demnach unsere Ergebnisse in den Satz zusammenzufassen:

Jede positive ternäre quadratische Form $f(x, y, z)$ ist einer Seeberschen Reduzierten $F(X, Y, Z)$ äquivalent, und in dieser ist der Beziehung (81) gemäß das Produkt der drei Hauptkoeffizienten nicht größer als die doppelte Determinante.

An späterer Stelle (Kap. 9 Nr. 4) soll gezeigt werden, daß aus den besonderen Bedingungen (83a) und (83b) umgekehrt die sämtlichen Ungleichheiten (82) hervorgehen.

18. Nachdem diese Sache erledigt ist, sei jetzt ein räumliches Gitter mit den Grundpunkten $\mathfrak{a}$, $\mathfrak{b}$, $\mathfrak{c}$ gegeben. Jeder Punkt ξ, η, ζ des

Raumes wird dann, wie in Nr. 1, durch drei Gleichungen

(84) $\xi = \alpha x + \beta y + \gamma z, \quad \eta = \alpha_1 x + \beta_1 y + \gamma_1 z, \quad \zeta = \alpha_2 x + \beta_2 y + \gamma_2 z$

bestimmt, in denen $\alpha, \alpha_1, \alpha_2$; β, β_1, β_2; $\gamma, \gamma_1, \gamma_2$ die Koordinaten der Grundpunkte bedeuten, und die Gitterpunkte ξ, η, ζ entsprechen den ganzzahligen Wertesystemen der Unbestimmten x, y, z. Um den Nullpunkt des Gitters denke man sich einen nach außen überall konvexen Raum oder Körper abgegrenzt, der ihn zum Mittelpunkte hat, was — wie in Nr. 12 — geschehen kann, indem man seine Oberfläche durch eine Strahldistanz $\varphi(\xi, \eta, \zeta)$ bestimmt, die dort überall einen konstanten Wert C habe, so daß für alle Punkte im Innern oder auf der Oberfläche des Körpers

$$\varphi(\xi, \eta, \zeta) \lesseqgtr C,$$

für alle äußeren Punkte

$$\varphi(\xi, \eta, \zeta) > C$$

ist. Derselbe Raum oder Körper werde um jeden anderen Gitterpunkt abgegrenzt. Sind diese Körper, d. h. ist die Konstante C hinreichend klein, so werden sie voneinander getrennt sein. Beim Wachsen von C bis zu einem gewissen Werte $C = \frac{M}{2}$ wird es geschehen, daß Berührungen zwischen ihnen eintreten, nämlich dann, wie in Nr. 11 bemerkt wurde, wenn zuerst ein oder mehr als ein Gitterpunkt in die Fläche

$$\varphi(\xi, \eta, \zeta) = 2C = M$$

hineintritt, d. h. wenn diese Gleichung durch einen oder mehrere solcher Gitterpunkte ξ, η, ζ erfüllt wird; und bei weiterem Wachsen von C, wenn es dann also Gitterpunkte gibt, für welche

$$\varphi(\xi, \eta, \zeta) \lesseqgtr 2C$$

ist, werden die Körper übereinandergreifen. Die Bedingung, daß sie für ein bestimmtes C völlig getrennt sind, wird also darin bestehen, daß für jeden Gitterpunkt außer dem Nullpunkte

$$\varphi(\xi, \eta, \zeta) \gtreqless 2C$$

sei. Hierbei kann $C = \frac{1}{2}$ gedacht werden, wenn die Strahldistanz passend bezeichnet wird, und somit können wir sagen:

Denkt man sich um den Nullpunkt als Mittelpunkt einen Körper K abgegrenzt, indem man für eine Strahldistanz $\varphi(\xi, \eta, \zeta)$ die Ungleichheit

(85) $$\varphi(\xi, \eta, \zeta) \lesseqgtr \tfrac{1}{2}$$

aufstellt, und legt man um sämtliche Gitterpunkte den gleichen Körper, so ist die Bedingung dafür, daß diese

Körper voneinander getrennt sind, der Umstand, daß für jeden Gitterpunkt außer dem Nullpunkte

(86) $$\varphi(\xi, \eta, \zeta) \gtreqless 1,$$

d. h., daß im Innern des durch die Ungleichheit

(87) $$\varphi(\xi, \eta, \zeta) \lesseqgtr 1$$

bestimmten Körpers $\mathfrak{K}$ kein Gitterpunkt enthalten sei.

Setzt man in (86) für ξ, η, ζ ihre durch (84) gegebenen Werte, so verwandelt sich φ in eine gewisse Funktion von x, y, z:

(88) $$\varphi(\xi, \eta, \zeta) = f(x, y, z),$$

und der erwähnte Umstand ist gleichbedeutend mit dem anderen, daß für jedes von Null verschiedene ganzzahlige Wertesystem x, y, z die Ungleichheit

(89) $$f(x, y, z) \gtreqless 1$$

erfüllt sei.

Da auf jeden Gitterpunkt einer der Körper K, deren gemeinsamer Inhalt J heiße, andererseits je ein Grundparallelepiped kommt, dessen Inhalt Δ genannt werde, und da diese zusammen den Raum einfach und lückenlos, jene aber nur teilweise erfüllen, so muß $\frac{J}{\Delta}$ das Verhältnis zwischen dem von den Körpern erfüllten und dem gesamten Raume und

(90) $$J \lesseqgtr \Delta$$

sein. Die von uns gesuchte dichteste Lagerung der Körper K wird man erhalten, wenn man, den Körper K, d. i. die Ungleichheit (85), sowie die für die Ungleichheit (89) angesetzte Bedingung festhaltend, das Gitter so einrichtet, daß das Verhältnis $\frac{J}{\Delta}$ einen möglichst großen, d. h. daß Δ einen möglichst kleinen Wert erhält.

19. Enthält nun die Fläche $\mathfrak{F}$ des Körpers $\mathfrak{K}$ noch keinen Gitterpunkt, so kann man offenbar das Grundparallelepiped Δ des Gitters durch Zusammenrücken seiner parallelen Ebenen so verkleinern, daß schließlich ein Gitterpunkt $\mathfrak{A}$ und sein Gegenpunkt $\mathfrak{A}'$ auf die Fläche tritt, denn die Bedingung (89) mit der aus ihr folgenden Ungleichheit (90) kann bei unendlicher Abnahme von Δ nicht dauernd erfüllt bleiben. Wenn dann nicht schon ein außerhalb $\mathfrak{A}O\mathfrak{A}'$ gelegener Gitterpunkt auf $\mathfrak{F}$ vorhanden ist, so wähle man nach Belieben zwei weitere Gitterpunkte $\mathfrak{B}, \mathfrak{C}$, welche mit $\mathfrak{A}$ nicht alle drei in einer Ebene liegen; sie bilden die Grundpunkte eines dem gegebenen Gitter eingelagerten Gitters, und es seien A, B, C die Grundpunkte des dem

letzteren angepaßten ursprünglichen Gitters; offenbar fällt A mit mit $\mathfrak{A}$ zusammen, da sonst A im Innern von $\mathfrak{K}$ liegen müßte. Nun ziehe man das Grundparallelepiped Δ noch weiter zusammen, indem man die Punkte B, C gegen O rücken läßt, bis, was wieder aus gleichem Grunde wie zuvor notwendig endlich geschehen muß, ein weiterer Gitterpunkt $\mathfrak{B}_1$ nebst seinem Gegenpunkte $\mathfrak{B}_1'$, die außerhalb der Geraden $\mathfrak{A}O\mathfrak{A}'$ liegen müssen, auf die Fläche $\mathfrak{F}$ tritt. Wenn dann nicht schon ein dritter Gitterpunkt nebst seinem Gegenpunkte auf $\mathfrak{F}$ befindlich ist, die außerhalb der Ebene $\mathfrak{A}O\mathfrak{B}_1$ liegen, so wähle man irgendeinen außerhalb der letzteren gelegenen Gitterpunkt $\mathfrak{C}_1$; dann bilden $\mathfrak{A}$, $\mathfrak{B}_1$, $\mathfrak{C}_1$ die Grundpunkte eines dem ursprünglichen Gitter eingelagerten Gitters, und man kann jenes wieder dem letztgenannten anpassen; ein Grundpunkt dieses angepaßten Gitters wird $A = \mathfrak{A}$, der zweite B in der Ebene $\mathfrak{A}O\mathfrak{B}_1$, der dritte C außerhalb derselben gelegen sein. Läßt man jetzt das Grundparallelepiped Δ des ursprünglichen Gitters noch weiter abnehmen, indem man C gegen O rückt, wobei die Gitterpunkte in der Ebene $\mathfrak{A}O\mathfrak{B}_1$ oder AOB unverändert bleiben, so muß endlich wieder noch ein Gitterpunkt $\mathfrak{C}_2$ nebst seinem Gegenpunkte $\mathfrak{C}_2'$ auf die Fläche $\mathfrak{F}$ treten, der nicht in jener Ebene liegt, und somit erhalten wir den Satz:

Soll die Lagerung des Körpers K und der ihm kongruenten, um die Gitterpunkte gelegten Körper eine dichteste sein, so muß jedenfalls das Gitter so bestimmt werden, daß auf die Oberfläche des Körpers $\mathfrak{K}$ wenigstens drei nicht in einer Ebene gelegene Gitterpunkte $\mathfrak{A}$, $\mathfrak{B}_1$, $\mathfrak{C}_2$ nebst ihren Gegenpunkten $\mathfrak{A}'$, $\mathfrak{B}_1'$, $\mathfrak{C}_2'$ zu liegen kommen, der Körper $\mathfrak{K}$ somit ein ihm eingeschriebenes Oktaeder — es heiße

$$\text{Okt.}\,(\mathfrak{A}\mathfrak{B}_1\mathfrak{C}_2)$$

— enthalte, dessen Eckpunkte Gitterpunkte sind.

Möglicherweise enthält es mehr als ein solches Oktaeder. Wählt man dann unter ihnen eins — Okt. $(\overline{\mathfrak{A}}\overline{\mathfrak{B}}\overline{\mathfrak{C}})$ — von möglichst kleinem Inhalte, so kann dies letztere außer seinem Mittelpunkte und seinen Ecken keinen Gitterpunkt mehr aufweisen. Denn, wäre $\overline{\mathfrak{G}}$ noch ein von $\overline{\mathfrak{A}}$, $\overline{\mathfrak{B}}$, $\overline{\mathfrak{C}}$ und den Gegenpunkten verschiedener ihm angehörender Gitterpunkt, so gehörte $\overline{\mathfrak{G}}$ auch zu $\mathfrak{K}$ und müßte also jedenfalls auf der Oberfläche $\mathfrak{F}$ von $\mathfrak{K}$ liegen; dann wäre aber das Okt. $(\overline{\mathfrak{A}}\overline{\mathfrak{B}}\overline{\mathfrak{G}})$ ein in $\mathfrak{K}$ eingeschriebenes Oktaeder und von kleinerem Inhalte als Okt. $(\overline{\mathfrak{A}}\overline{\mathfrak{B}}\overline{\mathfrak{C}})$, gegen die Voraussetzung. Nennt man nun ein dem Körper $\mathfrak{K}$ eingeschriebenes Oktaeder, dessen Ecken Gitterpunkte sind, das aber außer diesen Ecken und seinem Mittelpunkt keinen Gitterpunkt weiter enthält, ein Gitteroktaeder, so muß also zur dichtesten

Lagerung der Körper K das Gitter so eingerichtet werden, daß der Körper $\mathfrak{K}$ ein Gitteroktaeder aufweist.

20. Die Ecken des Gitteroktaeders Okt. $(\overline{\mathfrak{A}}, \overline{\mathfrak{B}}, \overline{\mathfrak{C}})$ sind die Grundpunkte eines Gitters $\mathfrak{G}$, welches dem ursprünglichen Gitter eingelagert ist. Wir wollen zunächst feststellen, in welcher Beziehung jenes zu dem letzteren steht. Zu diesem Zwecke denken wir uns das dem eingelagerten Gitter $\mathfrak{G}$ angepaßte ursprüngliche Gitter G und nennen A, B, C seine Grundpunkte. Für jeden Punkt P des Raumes bestehen dann die Vektorgleichungen

$$OP = \mathfrak{x} \cdot O\overline{\mathfrak{A}} + \mathfrak{y} \cdot O\overline{\mathfrak{B}} + \mathfrak{z} \cdot O\overline{\mathfrak{C}}$$
$$OP = X \cdot OA + Y \cdot OB + Z \cdot OC$$

und zwischen den Größen $\mathfrak{x}, \mathfrak{y}, \mathfrak{z}$ einer- und den Größen X, Y, Z andererseits, wie in Nr. 3 gezeigt, Beziehungen von der Gestalt:

$$(91) \qquad \begin{cases} X = a_1 \cdot \mathfrak{x} + a_2 \cdot \mathfrak{y} + a_3 \cdot \mathfrak{z} \\ Y = \qquad\qquad b_2 \cdot \mathfrak{y} + b_3 \cdot \mathfrak{z} \\ Z = \qquad\qquad\qquad\quad c_3 \cdot \mathfrak{z} \end{cases}$$

mit ganzzahligen Koeffizienten, welche den Ungleichheiten

$$(92) \quad a_1 > 0; \quad b_2 > 0,\ 0 \leqq \frac{a_2}{b_2} < 1; \quad c_3 > 0, \quad 0 \leqq \frac{a_3}{c_3}, \quad \frac{b_3}{c_3} < 1$$

genügen. Die Punkte aber, welche dem Okt. $(\overline{\mathfrak{A}}, \overline{\mathfrak{B}}, \overline{\mathfrak{C}})$ angehören, sind die Gesamtheit derjenigen, welche die Ungleichheit

$$(93) \qquad |\mathfrak{x}| + |\mathfrak{y}| + |\mathfrak{z}| \leqq 1$$

erfüllen. Nun stimmt A, d. i. der Punkt $X = 1$, $Y = Z = 0$, überein mit $\overline{\mathfrak{A}}$, für welchen $\mathfrak{x} = 1$, $\mathfrak{y} = \mathfrak{z} = 0$ ist, und man findet also zunächst aus (91)

$$a_1 = 1.$$

Ferner liegt B in der Ebene $O\overline{\mathfrak{A}}\overline{\mathfrak{B}}$, für welche $\mathfrak{z} = 0$, also auch $Z = 0$ ist, und der Durchschnitt dieser Ebene mit dem Oktaeder (93) wird wegen (91) durch die Ungleichheit

$$\left| X - \frac{a_2}{b_2} Y \right| + \left| \frac{Y}{b_2} \right| \leqq 1$$

bestimmt. Wäre nun $b_2 > 1$, also $b_2 \geqq 2$, so ließe sich, da $0 \leqq a_2 < b_2$ ist, $Y = 1$ und X so gleich 0 oder 1 wählen, daß $\left| X - \frac{a_2}{b_2} Y \right| \leqq \frac{1}{2}$, der vorige Ausdruck also $\leqq \frac{1}{2} + \frac{1}{2} = 1$ wird, und der Gitterpunkt $X = 0, 1;\ Y = 1;\ Z = 0$ gehörte jenem Durchschnitt an, was nicht sein kann, da er vom Punkte $\overline{\mathfrak{B}}$, für welchen $\mathfrak{x} = 0$, $\mathfrak{y} = 1$, $\mathfrak{z} = 0$, d. h. $X = a_2$, $Y = b_2 > 1$, $Z = 0$ ist, verschieden ist. Also muß

$$b_2 = 1 \quad \text{und folglich } a_2 = 0$$

sein. Somit nimmt die Ungleichheit (93) die Gestalt an:

$$\left| X - \frac{a_3}{c_3} Z \right| + \left| Y - \frac{b_3}{c_3} Z \right| + \left| \frac{Z}{c_3} \right| \gtreqless 1. \tag{94}$$

Entweder ist nun $c_3 = 1$. Dann hätte man statt der Beziehungen (91) die folgenden

$$X = \mathfrak{x}, \quad Y = \mathfrak{y}, \quad Z = \mathfrak{z}, \tag{95}$$

und daher wäre das Gitter $\mathfrak{G}$ identisch mit dem Gitter G, d. h. nur eine andere Parallelgestalt des ursprünglichen Gitters.

Oder c_3 ist größer als 1. Ist es alsdann ungerade, also $c_3 = 2d + 1$, $d > 0$, so ergäbe sich, wenn dann $Z = 1$, X und Y aber gleich 0 oder 1 so gewählt werden, daß $\left| X - \frac{a_3}{c_3} \right| < \frac{1}{2}$, $\left| Y - \frac{b_3}{c_3} \right| < \frac{1}{2}$ werden — was wegen (92) geschehen kann — der Ausdruck zur Linken in (94) gleich oder kleiner als

$$\frac{d}{2d+1} + \frac{d}{2d+1} + \frac{1}{2d+1} = 1;$$

man erhielte mithin im Punkte $X = 0, 1$; $Y = 0, 1$; $Z = 1$ einen dem Gitteroktaeder angehörigen Gitterpunkt, der außerhalb der Ebene $O\overline{\mathfrak{A}}\overline{\mathfrak{B}}$ gelegen und von $\overline{\mathfrak{C}}$ verschieden ist, da für letzteren Punkt $\mathfrak{x} = 0$, $\mathfrak{y} = 0$, $\mathfrak{z} = 1$, also $X = a_3$, $Y = b_3$, $Z = c_3 > 1$ ist. Dieser Fall ist also unmöglich. Wäre aber $c_3 > 1$ und gerade, $c_3 = 2d$, so ließen sich für $Z = 1$ die Werte X, Y gleich 0 oder 1 so wählen, daß $\left| X - \frac{a_3}{c_3} \right| \leqq \frac{1}{2}$, $\left| Y - \frac{a_3}{c_3} \right| \leqq \frac{1}{2}$ werden. Hierbei wird wenigstens einmal das Ungleichheitszeichen gelten, wenn nicht gleichzeitig $a_3 = b_3 = d$, $c_3 = 2d$ ist. Dann ergäbe sich aber der Ausdruck zur Linken in (94) gleich oder kleiner als

$$\frac{(d-1) + d + 1}{2d} = 1,$$

und $X = 0, 1$; $Y = 0, 1$; $Z = 1$ wäre ein dem Gitteroktaeder angehöriger Gitterpunkt, der nicht in der Ebene $O\overline{\mathfrak{A}}\overline{\mathfrak{B}}$ gelegen und von $\overline{\mathfrak{C}}$ verschieden ist, was nicht sein kann. Ist aber $a_3 = b_3 = d$, $c_3 = 2d$ und $d > 1$, somit nach (91) $\overline{\mathfrak{C}}$ der Punkt $X = d$, $Y = d$, $Z = 2d$, so läge der Gitterpunkt $X = 1$, $Y = 1$, $Z = 2$ auf der Strecke

$O\overline{\mathfrak{C}}$, also innerhalb des Gitteroktaeders, was wieder nicht sein kann. Demnach muß $d = 1$, also

$$a_3 = 1, \quad b_3 = 1, \quad c_3 = 2$$

sein, und die Formeln (91) erhalten die Gestalt:

$$(96) \qquad X = \mathfrak{x} + \mathfrak{z}, \quad Y = \mathfrak{y} + \mathfrak{z}, \quad Z = 2\mathfrak{z}.$$

Da hier X, Y, Z nicht nur für alle ganzen Systeme $\mathfrak{x}, \mathfrak{y}, \mathfrak{z}$, sondern auch, wenn $\mathfrak{x} + \frac{1}{2}$, $\mathfrak{y} + \frac{1}{2}$, $\mathfrak{z} + \frac{1}{2}$ ganzzahlig sind, ganzen Zahlen gleich werden, so muß man, um das ganze ursprüngliche Gitter zu erhalten, zu dem eingelagerten Gitter $\mathfrak{G}$ noch dasjenige ihm gleiche hinzunehmen, das durch seine Translation nach den Mittelpunkten seiner Parallelepipeda erhalten wird.

Hiernach gibt es zweierlei Arten von Gitteroktaedern: Das der ersten Art, für welches die Gleichungen (91) die Gestalt (95) haben und das ein mit dem ursprünglichen zusammenfallendes Gitter gibt, und das der zweiten Art, für welches die Gleichungen (91) von der Form (96) sind und das entsprechende Gitter nur die Hälfte des ursprünglichen Gitters ausmacht. Die Determinante der Gleichungen (91) ist diesen beiden Arten entsprechend gleich 1 bzw. gleich 2.

21. Wir denken uns jetzt wieder das ursprüngliche Gitter, um seine Gitterpunkte die kongruenten Körper K abgegrenzt und nun unter steter Verminderung des Grundparallelepipeds Δ das Gitter bereits so verändert, daß ein Gitteroktaeder Okt. $(\overline{\mathfrak{A}}, \overline{\mathfrak{B}}, \overline{\mathfrak{C}})$ auf $\mathfrak{K}$ zu liegen kommt. Legen wir dann statt des ursprünglichen Gitters weiterhin das ihm eingelagerte Gitter mit den Grundpunkten $\overline{\mathfrak{A}}, \overline{\mathfrak{B}}, \overline{\mathfrak{C}}$ zugrunde, so daß jeder Punkt ξ, η, ζ des Raumes durch Gleichungen von der Gestalt

$$\xi = \alpha\mathfrak{x} + \beta\mathfrak{y} + \gamma\mathfrak{z}, \qquad \eta = \alpha_1\mathfrak{x} + \beta_1\mathfrak{y} + \gamma_1\mathfrak{z}, \qquad \zeta = \alpha_2\mathfrak{x} + \beta_2\mathfrak{y} + \gamma_2\mathfrak{z}$$

bestimmt wird, so dürfen wir — unter $\varphi(\xi, \eta, \zeta)$ die den Körper K bestimmende Strahldistanz verstehend, welche durch Einführung der Größen $\mathfrak{x}, \mathfrak{y}, \mathfrak{z}$ statt ξ, η, ζ in $F(\mathfrak{x}, \mathfrak{y}, \mathfrak{z})$ sich verwandele — die Bedingung dafür, daß die Körper K voneinander getrennt sind, dahin aussprechen, daß für jeden Punkt des gegebenen Gitters, ausgenommen seinen Nullpunkt,

$$(97) \qquad F(\mathfrak{x}, \mathfrak{y}, \mathfrak{z}) \gtreqless 1$$

sein muß; dabei bestehen, da $\overline{\mathfrak{A}}, \overline{\mathfrak{B}}, \overline{\mathfrak{C}}$ auf der Oberfläche $\mathfrak{F}$ von $\mathfrak{K}$ liegen, für die ihnen zugehörigen Werte von $\mathfrak{x}, \mathfrak{y}, \mathfrak{z}$ die Gleichungen:

$$(98) \qquad F(1, 0, 0) = 1, \quad F(0, 1, 0) = 1, \quad F(0, 0, 1) = 1.$$

Ist das Gitteroktaeder von erster Art, so hat die Ungleichheit (97) entsprechend den dann geltenden Gleichungen (95) für alle ganzzahligen $\mathfrak{x}, \mathfrak{y}, \mathfrak{z}$ zu bestehen; für ein Gitteroktaeder zweiter Art treten aber nach den Formeln (96) noch die sämtlichen Ungleichheiten

$$(99) \qquad F(\mathfrak{x}+\tfrac{1}{2},\ \mathfrak{y}+\tfrac{1}{2},\ \mathfrak{z}+\tfrac{1}{2}) \geqq 1$$

für alle ganzzahligen $\mathfrak{x}, \mathfrak{y}, \mathfrak{z}$ als erforderlich hinzu.

Diese unendlich vielen Bedingungen sind aber sämtlich erfüllt, wenn nur eine gewisse endliche Anzahl derselben erfüllt ist. Um dies zu zeigen, betrachten wir zuerst den Fall eines Gitteroktaeders erster Art und heben die nachstehenden von ihnen heraus:

$$(100) \quad \begin{cases} F(\pm 1, \pm 1, 0) \geqq 1, \quad F(\pm 1, 0, \pm 1) \geqq 1, \quad F(0, \pm 1, \pm 1) \geqq 1, \\ \qquad F(\pm 1, \pm 1, \pm 1) \geqq 1. \end{cases}$$

Dann werden alle übrigen Bedingungen (97), in denen wenigstens eine der Zahlen $\mathfrak{x}, \mathfrak{y}, \mathfrak{z}$ gleich oder größer als 2 sein muß, ausgenommen die folgenden:

$$(101) \quad F(\pm 1, \pm 1, \pm 2) \geqq 1,\ F(\pm 1, \pm 2, \pm 1) \geqq 1,\ F(+2, \pm 1, \pm 1) \geqq 1$$

schon von selbst erfüllt sein. Wäre nämlich für einen Gitterpunkt $\mathfrak{x}=a, \mathfrak{y}=b, \mathfrak{z}=c$ dieser Art

$$F(a, b, c) < 1,$$

wobei man, wenn die Koordinatenachsen passend bezeichnet und die Richtungen der positiven Halbachsen geeignet gewählt werden,

$$0 \leqq a \leqq b \leqq c \geqq 2$$

annehmen darf, so wäre dieser Gitterpunkt $\mathfrak{P}$ und das ganze

$$\text{Okt.}(\overline{\mathfrak{A}\mathfrak{B}\mathfrak{P}})$$

innerhalb $\mathfrak{K}$ gelegen, und es bestände für die Punkte desselben entsprechend der Formel (94) die Ungleichheit

$$\left|\mathfrak{x} - \frac{a}{c}\mathfrak{z}\right| + \left|\mathfrak{y} - \frac{b}{c}\mathfrak{z}\right| + \left|\frac{\mathfrak{z}}{c}\right| \leqq 1;$$

aus ihr aber erschlösse man ganz ebenso wie in voriger Nummer, daß, falls nicht $a=d,\ b=d,\ c=2d$ ist, einer der Gitterpunkte $\mathfrak{x}=0, 1;$ $\mathfrak{y}=0, 1;$ $\mathfrak{z}=1$ innerhalb $\mathfrak{K}$ läge, was den vorausgesetzten Bestimmungen (100) zuwiderläuft. Setzt man aber noch die Bedingungen (101) als erfüllt voraus, so wird auch der eben ausgeschlossene Fall für ein $d > 1$ unzulässig, und demnach ist jede der unendlich vielen Ungleichheiten (97) eine notwendige Folge von den endlich vielen Ungleichheiten (100) und (101) unter ihnen.

Im Falle eines Gitteroktaeders der zweiten Art genügen sogar schon die Ungleichheiten

$$F(\pm \tfrac{1}{2}, \pm \tfrac{1}{2}, \pm \tfrac{1}{2}) \gtreqless 1$$

zusammen mit den Bestimmungen (98), um das Bestehen der sämtlichen Ungleichheiten (97) und (99) zu sichern. Doch unterlassen wir hier die Begründung dieses Ausspruchs, da wir den genannten Fall für unseren Zweck nicht gebrauchen und deshalb hinfort von ihm absehen.

Nachdem dies festgestellt ist, leuchtet nun ein, daß eine weitere Veränderung des ursprünglichen Gitters zu dem Zwecke, eine Verminderung seines Grundparallelepipeds zu erreichen, unter Wahrung der Bedingungen (98), (100) und (101) nur so weit angängig ist, bis in möglichst vielen dieser Bedingungen das Gleichheitszeichen eintritt. Alsdann wäre eine dichteste Lagerung der Körper K erreicht. Durch eine genauere Erörterung dieser Frage, wie sie Minkowski in § 6 seiner Abhandlung über die dichteste gitterförmige Lagerung kongruenter Körper[1]) — vgl. Diophantische Approximationen § 18 — gegeben hat, wird gefunden, daß nur drei jener Ungleichheiten in Gleichungen überzuführen möglich ist, und daß dafür bei geeigneter Bezeichnung und Richtung der positiven Koordinatenachsen

$$(102)\quad F(0, -1, 1) = 1, \quad F(1, 0, -1) = 1, \quad F(-1, 1, 0) = 1$$

genommen werden dürfen. Die dichteste Lagerung der Körper K tritt also ein, wenn das ursprüngliche Gitter so gewählt wird, daß die sechs Punkte

$$1, 0, 0; \quad 0, 1, 0; \quad 0, 0, 1; \quad 0, -1, 1; \quad 1, 0, -1; \quad -1, 1, 0$$

nebst ihren Gegenpunkten auf die Oberfläche von $\mathfrak{K}$ treten.

22. Wir nehmen nun im besonderen $\mathfrak{K}$ als das Ellipsoid

$$\frac{\xi^2}{A^2} + \frac{\eta^2}{B^2} + \frac{\zeta^2}{C^2} = 1$$

mit dem Nullpunkt als Mittelpunkt an. Dann ist zu setzen

$$\varphi(\xi, \eta, \zeta) = \sqrt{\frac{\xi^2}{A^2} + \frac{\eta^2}{B^2} + \frac{\zeta^2}{C^2}},$$

also

$$F(\mathfrak{x}, \mathfrak{y}, \mathfrak{z}) = \sqrt{\left(\frac{\alpha\mathfrak{x} + \beta\mathfrak{y} + \gamma\mathfrak{z}}{A}\right)^2 + \left(\frac{\alpha_1\mathfrak{x} + \beta_1\mathfrak{y} + \gamma_1\mathfrak{z}}{B}\right)^2 + \left(\frac{\alpha_2\mathfrak{x} + \beta_2\mathfrak{y} + \gamma_2\mathfrak{z}}{C}\right)^2},$$

d. h. $F^2(\mathfrak{x}, \mathfrak{y}, \mathfrak{z})$ ist von der Gestalt

$$a\mathfrak{x}^2 + a'\mathfrak{y}^2 + a''\mathfrak{z}^2 + 2b\mathfrak{y}\mathfrak{z} + 2b'\mathfrak{z}\mathfrak{x} + 2b''\mathfrak{x}\mathfrak{y}.$$

---

1) Nachr. der K. Ges. d. Wiss. zu Göttingen, 1904 u. Minkowski, Werke, Bd. II, S. 3.

Jetzt ist ein Gitteroktaeder zweiter Art nicht möglich; denn zunächst folgt aus den Bedingungen (98), die für beide Arten von Gitteroktaedern gelten,

$$a = 1, \quad a' = 1, \quad a'' = 1.$$

Außerdem aber müßte für alle Kombinationen der Vorzeichen

$$F^2(\pm \tfrac{1}{2}, \pm \tfrac{1}{2}, \pm \tfrac{1}{2}) \geqq 1,$$

d. h.

$$\frac{3 \pm 2b \pm 2b' \pm 2b''}{4} \geqq 1$$

sein, wo die Vorzeichen so zu kombinieren sind, daß das Produkt der mit ihnen genommenen Einheiten gleich 1 wird; wählt man sie dabei aber so, daß die den beiden absolut größten der Koeffizienten b, b', b'' entsprechenden Teile des Zählers im obigen Bruche negativ werden, so wird der ganze Bruch offenbar $< \frac{3}{4}$. Somit tritt allein der Fall des Gitteroktaeders erster Art ein, und es müssen noch die Bedingungen (102) erfüllt, d. h.

$$2b = 1, \quad 2b' = 1, \quad 2b'' = 1$$

sein. Im Gitter der dichtesten Lagerung wird also die Gleichung des Ellipsoides K

$$\mathfrak{x}^2 + \mathfrak{y}^2 + \mathfrak{z}^2 + \mathfrak{y}\mathfrak{z} + \mathfrak{z}\mathfrak{x} + \mathfrak{x}\mathfrak{y} = \tfrac{1}{4}$$

oder

$$(\mathfrak{y} + \mathfrak{z})^2 + (\mathfrak{z} + \mathfrak{x})^2 + (\mathfrak{x} + \mathfrak{y})^2 = \tfrac{1}{2}$$

oder

$$X^2 + Y^2 + Z^2 = \tfrac{1}{2},$$

wenn

$$X = \mathfrak{y} + \mathfrak{z}, \quad Y = \mathfrak{z} + \mathfrak{x}, \quad Z = \mathfrak{x} + \mathfrak{y}$$

gesetzt wird. Für den Inhalt J desselben aber ergibt sich

$$J = \int d\mathfrak{x}\, d\mathfrak{y}\, d\mathfrak{z} = \tfrac{1}{2}\int dX\, dY dZ,$$

wo das letztere Integral über den Bereich

$$X^2 + Y^2 + Z^2 \leqq \tfrac{1}{2}$$

ausgedehnt ist, also $J = \dfrac{1}{2} \cdot \dfrac{4\pi}{2\sqrt{2} \cdot 3} = \dfrac{\pi}{3\sqrt{2}}$.

Da andererseits das Grundparallelepiped Δ des ursprünglichen Gitters demjenigen des Gitters mit den Ecken des Gitteroktaeders als Grundpunkten gleich, also

$$\Delta = \int_0^1\!\!\int_0^1\!\!\int_0^1 d\mathfrak{x}\, d\mathfrak{y}\, d\mathfrak{z} = 1$$

ist, so wird endlich

$$\frac{J}{\Delta} = \frac{\pi}{3\sqrt{2}}$$

und dieser Ausdruck das Verhältnis zwischen dem von den dichtest gelagerten Ellipsoiden eingenommenen und dem gesamten Raume sein. Dies ist es aber, was gezeigt werden sollte.

Siebentes Kapitel.

Der n-dimensionale Raum.

1. Statt jetzt nach den positiven ternären quadratischen Formen die unbestimmten zu betrachten, erheben wir uns vorerst von dem elementaren Gebiete der binären und ternären zu dem höheren der allgemeinen quadratischen Formen mit einer beliebigen Anzahl n von Unbestimmten, von denen wir wieder die positiven zunächst in Betrachtung ziehen wollen.

Denkt man aber n Unbestimmten $x_1, x_2, \ldots, x_n$ alle möglichen reellen Werte beigelegt, so erhält man eine n fach unendliche Mannigfaltigkeit oder, wie man zu sagen pflegt, einen n-dimensionalen Raum, zu welchem die Theorie der allgemeinen quadratischen Formen eine völlig analoge Beziehung hat, wie diejenige der ternären zum wirklichen, unserer Anschauung zugänglichen dreidimensionalen Raume. Obwohl nun eben nur der letztere für uns anschaulich und der n-dimensionale nur eine arithmetische Abstraktion ist, wird es doch angezeigt sein, der Analogie wegen, nach welcher die bisherigen Ergebnisse sich nur als besondere Fälle der jetzt festzustellenden Tatsachen ergeben, entsprechende geometrische Ausdrucksweisen beizubehalten.

So bezeichnen wir jedes einzelne Wertesystem $x_1, x_2, \ldots, x_n$ als den Punkt $x_1, x_2, \ldots, x_n$ oder abgekürzt als den Punkt (x_i) des Raumes und die n Werte $x_1, x_2, \ldots, x_n$ als seine Koordinaten. Wir fassen letztere als rechtwinklige auf, d. h. wir verstehen unter dem Abstande oder der Entfernung zweier Punkte (x_i) und (y_i) voneinander die Quadratwurzel

$$\sqrt{(y_1 - x_1)^2 + (y_2 - x_2)^2 + \cdots + (y_n - x_n)^2}.$$

Der Punkt (0), d. i. der Punkt mit den Koordinaten $x_1 = 0$, $x_2 = 0$, $\ldots$, $x_n = 0$ heißt der Null- oder Anfangspunkt, und sonach ist der Abstand des Punktes (x_i) vom Anfangspunkte gleich

$$\sqrt{x_1^2 + x_2^2 + \cdots + x_n^2}.$$

Die absolut größte der Koordinaten $x_1, x_2, \ldots, x_n$ benennen wir als die Spanne des Punktes (x_i) vom Anfangspunkte und bezeichnen sie durch $E(0x)$, und allgemeiner durch $E(xy)$ die Spanne des Punktes (y_i) vom Punkte (x_i), d. h. den absolut größten der Koordinatenunterschiede $y_1 - x_1$, $y_2 - x_2$, $\ldots$, $y_n - x_n$. Hiernach besteht offenbar die Beziehung

$$(1) \qquad E(xy) = E(yx);$$

für zwei verschiedene Punkte (x_i), (y_i) ist $E(xy)$ von Null verschieden und positiv; und, wenn (x_i'), (y_i') zwei andere Punkte sind, für welche bei positivem t

$$y_i' - x_i' = t(y_i - x_i)$$
$$(i = 1, 2, \ldots, n)$$

ist, so wird

$$(2) \qquad E(x'y') = t \cdot E(xy)$$

sein. Sind endlich (x_i), (y_i), (z_i) drei voneinander verschie dene Punkte, so kann

$$z_i - x_i = (z_i - y_i) + (y_i - x_i)$$
$$(i = 1, 2, \ldots, n)$$

gesetzt werden; da hiernach

$$|z_i - x_i| \overline{\gtrless} |z_i - y_i| + |y_i - x_i|$$
$$(i = 1, 2, \ldots, n)$$

gefunden wird, kann jede der n Differenzen zur Linken, also auch deren größte gewiß die Summe aus der größten der Differenzen $|z_i - y_i|$ und der größten der Differenzen $|y_i - x_i|$, d. h. die Summe $E(yz) + E(xy)$, nicht übersteigen, und somit ergibt sich die Ungleichheit

$$(3) \qquad E(xz) \overline{\gtrless} E(xy) + E(yz).$$

Diese für die Spanne $E(xy)$ nachgewiesenen Eigenschaften entsprechen vollständig denjenigen, welche im vorigen Kapitel als charakteristisch für eine Strahldistanz aufgestellt worden sind. Bezeichnet man daher als Strahldistanz im n-dimensionalen Raume jede Funktion $S(xy)$ der Koordinaten zweier Punkte (x_i), (y_i) desselben, welche für jedes Punktepaar einen endlichen Wert und die soeben für die Spanne nachgewiesenen drei Eigenschaften hat, so sieht man in der Spanne $E(xy)$ das einfachste Beispiel einer solchen.

2. Ein Teil R des ganzen n-dimensionalen Raumes soll ein bestimmter endlicher Raumteil heißen, wenn für jeden Punkt (x_i) festgesetzt ist, ob er zu ihm gehört oder nicht, und wenn die einzelnen Koordinaten x_i seiner Punkte zwischen bestimmten endlichen Grenzen enthalten sind.

Nennt man ferner Umgebung eines Punktes (x_i) die Gesamtheit aller Punkte, deren Abstand von (x_i) eine hinreichend kleine

Größe δ nicht überschreitet, so zerfällt die Menge aller Punkte des Raumes in die Gesamtheit aller inneren Punkte von R, welche samt ihrer Umgebung zu R gehören, aller äußeren Punkte, die samt ihrer Umgebung nicht Punkte von R sind, und aller Oberflächenpunkte, deren Umgebung nur teilweise R angehörig ist. Diese letzteren Punkte werden wir im allgemeinen als zu R gehörig betrachten.

Der einfachste Raumteil der gedachten Art ist der Würfel. Zu seiner Definition bedarf es eines anderen Begriffes, des Begriffes der Ebene. Wir verstehen in Analogie mit dem dreidimensionalen Raume unter einer Ebene E die Gesamtheit der Punkte (x_i), deren Koordinaten durch eine lineare Gleichung

$$A_1 x_1 + A_2 x_2 + \cdots + A_n x_n = C \tag{4}$$

miteinander verbunden sind; diese Gesamtheit bildet eine im n-dimensionalen Raume $(n-1)$fach unendliche Mannigfaltigkeit. Zwei Ebenen E, E', deren Gleichungen

$$A_1 x_1 + A_2 x_2 + \cdots + A_n x_n = C$$
$$A_1 x_1 + A_2 x_2 + \cdots + A_n x_n = C'$$

sich nur im konstanten Gliede unterscheiden, sollen Parallelebenen heißen. Demgemäß bezeichnet eine Gleichung

$$x_i = k$$

eine gewisse Ebene und die Gleichungen

$$x_i = 0, \quad x_i = \pm k, \quad x_i = \pm 2k, \ldots \tag{5}$$

eine unbegrenzte Schar paralleler Ebenen. Alle Punkte nun, welche den n Ungleichheiten genügen:

$$0 \lesseqgtr x_i \lesseqgtr k, \quad (i = 1, 2, \ldots, n) \tag{6}$$

erfüllen einen endlichen Raumteil, der ein (vom Nullpunkt ausgehender) Würfel mit der Kante k heißen soll. Der ganze unendliche Raum wird in solche Würfel zerlegt, wenn man durch die allgemeineren Ungleichheiten

$$a_i + h_i k \lesseqgtr x_i \lesseqgtr a_i + (h_i + 1)k \quad (i = 1, 2, \ldots, n) \tag{7}$$

einen vom Punkte $(a_i + h_i k)$ ausgehenden Würfel mit der Kante k bestimmt und die h_i alle ganzzahligen Werte durchlaufen läßt.

So werden auch alle Punkte eines gegebenen endlichen Raumteils R in einer offenbar endlichen Anzahl solcher Würfel enthalten sein, von denen eine gewisse Anzahl j ihrerseits ganz in R enthalten sein wird, während möglicherweise eine weitere Anzahl o derselben es nur teilweise ist. Dementsprechend sei

$$J = j \cdot k^n, \quad J + O = (j + o)k^n.$$

C. Jordan [1]) hat den allgemeinen Nachweis geführt, daß bei unendlicher Abnahme der Kante k, mit welcher ersichtlich ein unendliches Wachsen von j und im allgemeinen auch von o verbunden ist, jede der Größen J und $J + O$ sich einem bestimmten Grenzwerte nähert, der jedoch nicht für beide der gleiche zu sein braucht. Wenn aber beide Größen gegen denselben Grenzwert konvergieren, so gibt der letztere die Definition für das **Volumen** oder den **Inhalt** des Raumteiles R. Die notwendige und hinreichende Bedingung dafür ist, daß

$$o \cdot k^n \tag{8}$$

mit unendlich abnehmendem k gegen Null konvergiert. H. Weber hat in seiner Algebra, 2. Aufl., Bd. II, § 184 Voraussetzungen mitgeteilt, unter welchen dies gewiß der Fall ist. Der Raumteil R wird im allgemeinen ähnlich wie im besonderen der Würfel durch Ungleichheiten bestimmt, denen die Koordinaten seiner Punkte genügen müssen und denen die Form

$$F(x_1, x_2, \ldots, x_n) \gtreqless 0$$

gegeben werden kann. Die einzelnen Gleichungen

$$F(x_1, x_2, \ldots, x_n) = 0$$

bestimmen dann die Begrenzungs- oder Oberflächenstücke des Raumteils. Gesetzt nun, solcher Begrenzungen wäre nur eine endliche Anzahl vorhanden und in jeder von ihnen sei eine Koordinate etwa x_n, eine stetige Funktion

$$x_n = \varphi(x_1, x_2, \ldots, x_{n-1})$$

der übrigen oder des Punktes (ξ), der durch diese im $(n-1)$-dimensionalen Raume bestimmt ist, also kürzer

$$x_n = \varphi(\xi),$$

und diese Funktion φ habe in jedem Punkte (ξ) nach jeder Richtung von (ξ) aus einen bestimmten endlichen Differentialquotienten, derart, daß, wenn (ξ') ein Punkt der Umgebung von (ξ) und ϱ seine Entfernung von (ξ) ist, der Ausdruck

$$\frac{\varphi(\xi') - \varphi(\xi)}{\varrho}$$

1) C. Jordan, Remarques sur les intégrales définies, Journal des Mathém. (4), t. 8, p. 77.

mit unendlich abnehmendem ϱ gegen einen bestimmten endlichen Grenzwert konvergiert, so wird, wie Weber a. a. O. gezeigt hat,

$$\lim_{k=0} o k^n = 0.$$

Bei den Raumteilen, welche wir fernerhin zu betrachten haben werden, wird man leicht erkennen können, daß die Weberschen Voraussetzungen erfüllt sind. Demnach dürfen wir für unsere Zwecke definieren: Das Volumen oder der Inhalt eines Raumteiles R ist der Grenzwert

(9) $$J = \lim_{k=0} j k^n.$$

Dem Begriffe eines bestimmten mehrfachen Integrals zufolge darf man dafür auch setzen

(10) $$J = \int dx_1 dx_2 \ldots dx_n,$$

wenn die Differentiale positiv gedacht werden und die Integration auf alle dem Raumteil R angehörigen Punkte (x_i) erstreckt wird. Hieraus ergibt sich als einfachster Fall für das Volumen eines Würfels mit der Kante K der Wert

(11) $$J = K^n.$$

Sind ferner

(12) $$\xi_i = \alpha_{i1} x_1 + \alpha_{i2} x_2 + \cdots + \alpha_{in} x_n$$
$$(i = 1, 2, \ldots, n)$$

n Linearformen mit reellen Koeffizienten, deren Determinante A von Null verschieden gedacht werde, so begrenzen offenbar die Ungleichheiten

(13) $$\lambda_i \lesseqgtr \xi_i \lesseqgtr \mu_i$$
$$(i = 1, 2, \ldots, n)$$

einen endlichen Raumteil, der von n Paaren je zweier Parallelebenen

$$\xi_i = \lambda_i, \quad \xi_i = \mu_i$$

begrenzt wird und deshalb als Parallelepiped bezeichnet werden darf. Es leuchtet ein, daß für ihn die Weberschen Voraussetzungen erfüllt sind. Um seinen Inhalt zu finden, muß das Integral (10) über alle den Ungleichheiten (13) genügenden Punkte (x_i) erstreckt werden. Nun läßt sich das Integral mit Benutzung der Funktionaldeterminante schreiben:

$$J = \int \left| \frac{d(x_1, x_2, \ldots, x_n)}{d(\xi_1, \xi_2, \ldots, \xi_n)} \right| d\xi_1 d\xi_2 \ldots d\xi_n,$$

wo jetzt die Integration über alle den Ungleichheiten (13) genügenden ξ_i zu erstrecken ist. Da zudem

$$\frac{d(x_1, x_2, \ldots, x_n)}{d(\xi_1, \xi_2, \ldots, \xi_n)} = \frac{1}{\mathsf{A}}$$

ist, findet sich sogleich als Inhalt des Parallelepipeds der Ausdruck

(14) $$\frac{1}{|\mathsf{A}|} \cdot (\mu_1 - \lambda_1)(\mu_2 - \lambda_2) \cdots (\mu_n - \lambda_n).$$

Insbesondere wird der Inhalt des durch die Ungleichheiten

(13a) $$-1 \gtreqless \xi_i \gtreqless 1$$
$$(i = 1, 2, \ldots, n)$$

bestimmten Parallelepipeds gleich

(14a) $$\frac{2^n}{|\mathsf{A}|}.$$

3. Fassen wir nunmehr von allen Punkten (x_i) nur diejenigen mit ganzzahligen Koordinaten ins Auge. Sie bilden die Gitterpunkte eines n-dimensionalen Raumgitters, dessen elementares Parallelepiped der durch die Ungleichheiten

(15) $$0 \gtreqless x_i \gtreqless 1$$
$$(i = 1, 2, \ldots, n)$$

bestimmte Würfel ist; das Gitter zerlegt also den ganzen Raum in lauter solche kongruente Würfel. Es sei nun $S(xy)$ eine gegebene Strahldistanz und für $S(0x)$ zur Abkürzung $S(x)$ gesetzt. Dann ist $S(x)$ nach der zuvor gegebenen Definition der Strahldistanzen eine Funktion

$$S(x) = f(x_1, x_2, \ldots, x_n)$$

der Punktkoordinaten von der Beschaffenheit, daß sie für jedes von $(0, 0, \ldots, 0)$ verschiedene Wertsystem der Koordinaten positiv, im Nullpunkte Null, und daß für jedes positive t

(16) $$f(tx_1, tx_2, \ldots, tx_n) = t \cdot f(x_1, x_2, \ldots, x_n)$$

ist; ferner muß

(17) $$f(x_1 + y_1, x_2 + y_2, \ldots, x_n + y_n) \gtreqless f(x_1, x_2, \ldots, x_n) + f(y_1, y_2, \ldots, y_n)$$

sein. Sie hat zudem noch (vgl. (1)) die Eigenschaft, daß

$$S(-x) = S(x)$$

oder

(18) $$f(-x_1, -x_2, \ldots, -x_n) = f(x_1, x_2, \ldots, x_n)$$

ist.

Offenbar wird durch die Ungleichheit

$$S(x) \lesseqgtr 1 \tag{19}$$

ein endlicher Raumteil begrenzt, welcher den Nullpunkt in sich enthält und eine durch die Gleichung

$$S(x) = 1 \tag{19 a}$$

bestimmte Oberfläche hat. Letztere soll die Aichfläche, der Raumteil selbst der Aichkörper der Strahldistanz genannt werden. Der Beziehung (18) wegen enthält dieser Körper mit jedem Punkte

$$(x_i) : x_1, x_2, \ldots, x_n$$

auch den sogenannten Gegenpunkt

$$(-x_i) : -x_1, -x_2, \ldots, -x_n$$

und darf daher als ein Körper mit dem Nullpunkt als Mittelpunkt bezeichnet werden. Nun ist durch jeden Punkt (x_i) eine bestimmte vom Nullpunkte ausgehende Richtung festgesetzt, wenn man darunter die Gesamtheit aller Punkte (tx_i) für $t > 0$ versteht; allgemeiner bestimmt jedes Punktepaar (x_i), (y_i) eine von (x_i) ausgehende Richtung durch die Gesamtheit der Punkte

$$z_i = x_i + t(y_i - x_i), \quad t > 0. \tag{20}$$
$$(i = 1, 2, \ldots, n)$$

Die Punkte der Aichfläche bestimmen alle möglichen vom Nullpunkte ausgehenden Richtungen, denn jede von ihnen entspricht einem gewissen Punkte (x_i); hat für diesen die Strahldistanz den Wert s,

$$S(x) = s,$$

so wird nach (16)

$$S\left(\frac{x}{s}\right) = 1,$$

d. i. $\left(\frac{x_i}{s}\right)$ ein Punkt der Aichfläche und auf der durch diesen bestimmten Richtung der Punkt (x_i) und alle Punkte seiner Richtung zu finden sein. Allgemeiner wird offenbar durch die Ungleichheit

$$S(xy) \lesseqgtr 1 \tag{19 b}$$

ein um den Punkt (x_i) abgegrenzter, dem Aichkörper (18) völlig kongruenter Aichkörper mit der Aichfläche

$$S(xy) = 1 \tag{19 c}$$

bestimmt, dessen sämtliche Punkte alle vom Punkte (x_i) ausgehenden Richtungen definieren.

Insbesondere betrachten wir die Strahldistanz $E(x)$ und den ihr entsprechenden Aichkörper

$$E(x) \lesseqgtr 1.$$

Er ist nichts anderes als die Gesamtheit der Punkte (x_i), deren Koordinaten absolut nicht größer sind als 1, d. h. durch die Ungleichheiten

(21)
$$-1 \lesseqgtr x_i \lesseqgtr 1$$
$$(i = 1, 2, \ldots, n)$$

bestimmt sind; er ist also ein um den Nullpunkt als Mittelpunkt gelegener Würfel mit der Kante 2. Die ihn begrenzende Aich- oder Würfelfläche

$$E(x) = 1$$

ist die Gesamtheit derjenigen der gedachten Punkte, bei denen in den Bedingungen (21) wenigstens eins der Gleichheitszeichen zu nehmen ist. Auf ihr liegen insbesondere die Gitterpunkte

$$x_i = \pm 1, \quad x_k = 0$$
$$(i, k = 1, 2, \ldots, n;\ k \neq i).$$

Für jeden ihrer Punkte hat eine jede Strahldistanz $S(x)$ je einen bestimmten endlichen Wert und wird also auf ihr zwischen einem kleinsten und einem größten positiven Werte k bzw. g enthalten sein. Zugleich aber ist dort überall $E(x) = 1$, folglich wird für jeden Punkt (x_i) der Würfelfläche

$$k \cdot E(x) \lesseqgtr S(x) \lesseqgtr g \cdot E(x)$$

oder

(22)
$$k \lesseqgtr \frac{S(x)}{E(x)} \lesseqgtr g$$

sein. Da aber nach dem zuvor Gesagten durch alle Punkte (x_i) der Fläche $E(x) = 1$ sämtliche vom Nullpunkte ausgehenden Richtungen, mit allen Punkten (tx_i) für $t > 0$ demnach sämtliche Punkte des Raumes gegeben sind und nach den Eigenschaften der Strahldistanzen

$$\frac{S(tx)}{E(tx)} = \frac{S(x)}{E(x)}$$

ist, so werden die Ungleichheiten (22) nicht allein für alle Punkte der Würfelfläche, sondern ganz allgemein für jeden Punkt (x_i) erfüllt sein.

Sei nun

$$(y_i): y_1, y_2, \ldots, y_n$$

irgendein Gitterpunkt. Dann stellt die Ungleichheit

$$E(x) \lesseqgtr \frac{S(y)}{k}$$

einen um den Nullpunkt abgegrenzten Würfel mit der Kante $\frac{2S(y)}{k}$ vor, in welchem jedenfalls ein Gitterpunkt, nämlich der Punkt (y_i) enthalten ist, weil wegen (22)

$$E(y) \overline{\overline{<}} \frac{S(y)}{k}$$

ist. Da aber in dem endlichen Würfel jedenfalls auch nur eine endliche Anzahl von Gitterpunkten liegen kann, muß für wenigstens einen von ihnen — er heiße (ξ_i) — die Strahldistanz $S(x)$ den kleinsten Wert $S(\xi)$ haben. Für jeden außerhalb des Würfels liegenden Punkt, insbesondere also auch für jeden derartigen Gitterpunkt (z_i) ist aber

$$E(z) > \frac{S(y)}{k};$$

daher ist zufolge (22)

$$S(z) \overline{\overline{>}} kE(z) > S(y) \overline{\overline{>}} S(\xi),$$

und demnach ist $S(\xi)$ der kleinste Wert, welchen die Strahldistanz für alle Gitterpunkte insgesamt haben kann. Für jede Strahldistanz $S(x)$ ist also ein auf alle Gitterpunkte bezügliches Minimum vorhanden, das wir mit $MS(x)$, kürzer mit M bezeichnen wollen. Es kann nicht größer sein als der Wert von $S(x)$ für die auf der Fläche $E(x) = 1$ liegenden Gitterpunkte; für letztere aber ist den Ungleichheiten (22) zufolge $S(x) \overline{\overline{<}} g$, und demnach ergibt sich

$$M = MS(x) \overline{\overline{<}} g. \tag{23}$$

Offenbar darf man M auch allgemeiner als das Minimum der Strahldistanz $S(yz)$ für je zwei Gitterpunkte (y_i), (z_i) definieren, da, wenn

$$z_i - y_i = x_i$$
$$(i = 1, 2, \ldots, n)$$

gesetzt wird, auch (x_i) ein Gitterpunkt und $S(yz) = S(x)$ ist.

4. Ebenso wie die Ungleichheit (19) den Aichkörper, so bestimmt allgemeiner die Ungleichheit

$$S(x) = S(0x) \overline{\overline{<}} t \tag{24}$$

für jeden positiven Wert von t einen endlichen um den Nullpunkt abgegrenzten Raumteil oder Körper, und die Ungleichheit

$$S(xy) \overline{\overline{<}} t \tag{25}$$

den kongruenten, um den Punkt (x_i) abgegrenzten Körper.

Setzt man aber $x_i = tx_i'$ für $i = 1, 2, \ldots, n$, so ergibt sich

$$(Sx') \lesseqgtr 1 \tag{25'}$$

und umgekehrt. Demnach darf der Körper (24) als der in allen Richtungen vom Nullpunkte aus in gleichem Verhältnisse $t:1$ gedehnte Aichkörper bezeichnet werden. Sein Volumen V, d. i. das über alle seine Punkte erstreckte Integral

$$\int dx_1 dx_2 \cdots dx_n,$$

ist offenbar gleich

$$t^n \cdot \int dx_1' dx_2' \ldots dx_n',$$

wenn dieses Integral über alle Punkte des Körpers (25'), d. i. über den ganzen Aichkörper erstreckt wird, und somit ist

$$V = J \cdot t^n. \tag{26}$$

Das gleiche Volumen hat der kongruente Körper (25).

Ist $t < M$, so enthält der Körper (24) keinen Gitterpunkt, da für einen solchen die Strahldistanz $S(x)$ nicht kleiner als M ist. Demnach findet sich im Körper

$$S(0x) \lesseqgtr \frac{M}{2}$$

gewiß kein Gitterpunkt, ebensowenig in dem kongruenten, um einen Gitterpunkt (y_i) abgegrenzten Körper

$$S(yx) \lesseqgtr \frac{M}{2}. \tag{27}$$

Ist (z_i) ein zweiter Gitterpunkt, so können die zwei Körper

$$S(yx) \lesseqgtr \frac{M}{2}, \quad S(zx) \lesseqgtr \frac{M}{2} \tag{28}$$

keinen inneren Punkt, sondern höchstens Punkte ihrer Oberfläche gemein haben; denn, da für zwei Gitterpunkte (y_i), (z_i)

$$S(yz) \gtreqless M,$$

andererseits den Eigenschaften einer Strahldistanz zufolge

$$S(yz) \lesseqgtr S(yx) + S(zx) \tag{29}$$

ist, so kann diese Ungleichheit für einen den beiden Körpern (28) etwa gemeinsamen Punkt (x_i) nur dann bestehen, wenn in (28) beidemal das Gleichheitszeichen gilt. Ist insbesondere (z_i) ein auf der Fläche

$$S(yx) = M$$

liegender Gitterpunkt, wie es deren nach voriger Nr. wenigstens einen gibt, ist also

$$S(yz) = S(zy) = M,$$

so findet sich für den Punkt

$$x_i = y_i + \tfrac{1}{2}(z_i - y_i) = z_i + \tfrac{1}{2}(y_i - z_i)$$
$$(i = 1, 2, \ldots, n)$$

einerseits

$$S(yx) = \tfrac{1}{2}S(yz) = \frac{M}{2},$$

andererseits

$$S(zx) = \tfrac{1}{2}S(zy) = \frac{M}{2},$$

d. h. der Punkt (x_i) ist ein gemeinsamer Oberflächenpunkt der beiden Körper (28).

Hieraus ist zu ersehen, daß, wenn man um sämtliche Gitterpunkte (ξ_i) die einander kongruenten Körper

$$S(\xi x) \lesseqgtr \frac{M}{2} \tag{30}$$

abgrenzt, gewisse dieser Körper zwar aneinanderstoßen, keine zwei derselben aber ineinander eindringen werden. Derartige Körper wollen wir mit Minkowski Stufen des Raumes nennen; im allgemeinen erfüllen sie nicht den gesamten Raum, sondern werden noch Lücken desselben zwischen sich lassen.

5. Dies vorausgeschickt, denke man sich den Würfel mit dem Nullpunkt als Mittelpunkt und der Kante $2m$, wo m eine positive ganze Zahl sei. Da jede Koordinate eines seiner Punkte zwischen $\pm m$ enthalten ist, also nur einen der $2m + 1$ ganzzahligen Werte $0, \pm 1, \pm 2, \cdots, \pm m$ erhalten kann, so liegen in ihm und auf seiner Oberfläche genau $(2m + 1)^n$ Gitterpunkte (ξ_i). Um jeden derselben grenze man den Körper (30) ab, dessen Punkte — den Ungleichheiten

$$k \lesseqgtr \frac{S(\xi x)}{E(\xi x)} \lesseqgtr g$$

zufolge, die aus (22) hervorgehen, wenn man die (x_i) durch die $(\xi_i - x_i)$ ersetzt — auch der Ungleichheit

$$E(\xi x) \lesseqgtr \frac{M}{2k}$$

genügen, also in dem Würfel enthalten sind, der den Punkt (ξ_i) zum Mittelpunkt und die Kante $\frac{M}{k}$ hat. Demnach werden die sämtlichen gedachten Körper (30), auch diejenigen, welche um die auf der Würfelfläche mit der Kante $2m$ gelegenen Gitterpunkte abgegrenzt sind, gewiß in dem größeren Würfel enthalten sein, der um den Nullpunkt mit der Kante $2m + \frac{M}{k}$ abgegrenzt ist. Folglich wird das Volumen dieses Würfels mindestens so groß sein als die Volumina all jener Körper zusammengenommen; und, da das Volumen eines jeden von ihnen mit Rücksicht auf (24), (26) und (30) gleich

$$J \cdot \left(\frac{M}{2}\right)^n$$

gefunden wird, so erhält man die Ungleichheit

$$(2m+1)^n \cdot J \cdot \left(\frac{M}{2}\right)^n \lesseqgtr \left(2m + \frac{M}{2}\right)^n.$$

Läßt man endlich hierin die beliebig gedachte ganze Zahl m unendlich wachsen, so ergibt sich an der Grenze die Beziehung

$$J \cdot \left(\frac{M}{2}\right)^n \lesseqgtr 1 \tag{31}$$

oder

$$M \lesseqgtr \frac{2}{\sqrt[n]{J}}. \tag{32}$$

Diese Ungleichheit spricht einen der fruchtbarsten Sätze des Gebietes der Zahlentheorie aus, in dem unsere Betrachtungen sich bewegen. Wir deuten sie auf zwei verschiedene Weisen:

1. Verstehen wir zunächst unter $f(x_1, x_2, \ldots, x_n)$ eine Funktion vo den Eigenschaften, die wir diesem Zeichen in Nr. 3 beigelegt haben, so folgt der Satz: Für eine Funktion $f(x_1, x_2, \ldots, x_n)$ der bezeichneten Art gibt es stets mindestens ein System ganzer, nicht sämtlich verschwindender Zahlen $x_1, x_2, \ldots, x_n$ (sowie das entgegengesetzte $-x_1, -x_2, \cdots, -x_n$), für welches

$$f(x_1, x_2, \ldots, x_n) \lesseqgtr \frac{2}{\sqrt[n]{J}} \tag{33}$$

ist, unter J den Wert des Integrales

$$\int dx_1\, dx_2 \ldots dx_n$$

verstanden, welches über alle der Ungleichheit

$$f(x_1, x_2, \cdots, x_n) \lesseqgtr 1$$

genügenden Systeme $x_1, x_2, \ldots, x_n$ erstreckt zu denken ist.

2. Ist $S(x)$ eine Strahldistanz, so soll der durch die Ungleichheit $S(x) \lesseqgtr t$ oder $S(\xi x) \lesseqgtr t$ bestimmte Körper ein Strahlkörper mit dem Nullpunkte bzw. mit dem Punkte (ξ_i) als Mittelpunkt heißen.

Auch mögen ein Punkt (x_i) und sein Gegenpunkt $(-x_i)$ kurz als ein Punktepaar bezeichnet werden. Nun folgt aus (32), wenn $J = 2^n$ ist, $M \gtreqless 1$, und wenn $J > 2^n$ ist, $M < 1$. Daraus schließt man folgenden Satz, welcher der allgemeine Ausspruch des Minkowskischen Grundsatzes ist:

Ist das Volumen eines um den Nullpunkt bzw. um einen Gitterpunkt (ξ_i) als Mittelpunkt abgegrenzten Strahlkörpers

$$S(x) \gtreqless 1 \quad \text{bzw.} \quad S(\xi x) \gtreqless 1$$

größer als 2^n, so enthält der Strahlkörper in seinem Innern, und wenn es gleich 2^n ist in seinem Innern oder doch auf seiner Oberfläche wenigstens ein Gitterpunktepaar.

Die in der Formel (17) ausgesprochene Eigenschaft der Strahldistanz ist in Kap. 6 Nr. 12 für den Fall $n = 3$ als Ausdruck für die Eigenschaft des Strahlkörpers, nach außen überall konvex zu sein, nachgewiesen worden. Identifizieren wir hiernach auch für den allgemeinen Fall die Begriffe „Strahlkörper" und „überall konvexer Körper", so stellen sich die Sätze in Kap. 2 Nr. 3 und Kap. 6 Nr. 12 als die einfachsten, den Werten $n = 2$ und $n = 3$ entsprechenden Fälle des eben ausgesprochenen Minkowskischen Grundsatzes dar.

6. Die Verallgemeinerung der Betrachtung, welche im vorigen Kapitel Nr. 12a ausgeführt ist, leitet uns jetzt sogleich zu einem allgemeinen Satze von großer Bedeutung, den man ebenfalls Minkowski verdankt.

Seien

$$\xi_i = \alpha_{i1} x_1 + \alpha_{i2} x_2 + \cdots + \alpha_{in} x_n \qquad (34)$$
$$(i = 1, 2, \ldots, \nu)$$

$\nu \gtreqless n$ gegebene Linearformen mit reellen Koeffizienten und sei unter ihnen wenigstens ein System von n unabhängigen, d. h. solchen Formen vorhanden, für welche die aus ihren Koeffizienten gebildete Determinante nicht verschwindet, dann sind die sämtlichen ξ_i zugleich nur dann Null, wenn alle x_i verschwinden. Bezeichne

$$f(x_1, x_2, \ldots, x_n)$$

für jeden Punkt (x_i) den absolut größten unter den Werten ξ_i. Man erkennt alsdann genau wie a. a. O., daß diese Funktion sämtliche Eigenschaften einer Strahldistanz hat. Bezeichnet daher J das Integral

$$J = \int dx_1\, dx_2 \cdots dx_n,$$

welches über alle der Ungleichheit

$$f(x_1, x_2, \cdots, x_n) \gtreqless 1 \qquad (35)$$

genügenden Werte der x_i erstreckt wird, so gibt es nach 1. der vorigen Nr. ganze nicht sämtlich verschwindende Zahlen x_i von der Beschaffenheit, daß

$$f(x_1, x_2, \cdots, x_n) \overline{\gtrless} \frac{2}{\sqrt[n]{J}}$$

wird, d. h. es gibt ganze nicht sämtlich verschwindende Zahlen $x_1, x_2, \ldots, x_n$, für welche die sämtlichen ν Linearformen ξ_i absolut gleich oder kleiner werden als $\frac{2}{\sqrt[n]{J}}$.

Ist insbesondere $\nu = n$, sind also n Linearformen

$$(36) \qquad \xi_i = \alpha_{i1}x_1 + \alpha_{i2}x_2 + \cdots + \alpha_{in}x_n$$
$$(i = 1, 2, \ldots, n)$$

gegeben, deren Determinante $A \gtrless 0$, so ist die Bedingung (35) gleichbedeutend mit den n folgenden:

$$(37) \qquad -1 \overline{\gtrless} \xi_i \overline{\gtrless} 1$$
$$(i = 1, 2, \cdots, n)$$

und (siehe Ende von Nr. 2)

$$J = \frac{2^n}{|A|}.$$

Der eben ausgesprochene allgemeine Satz gibt also folgenden besonderen: Für n Linearformen mit den Unbestimmten $x_1, x_2, \ldots, x_n$ und mit reellen Koeffizienten, deren Determinante A von Null verschieden ist, gibt es immer ganze nicht sämtlich verschwindende Werte der Unbestimmten, für welche die Linearformen sämtlich absolut gleich oder kleiner werden als $\sqrt[n]{|A|}$.

In dem besonderen Falle $A = \pm 1$ gibt es also stets ein solches Wertesystem der Unbestimmten, daß die Linearformen sämtlich absolut gleich oder kleiner werden als 1. Übrigens ist dieser spezielle Fall des vorigen Satzes ihm völlig äquivalent. Denn, sind die Linearformen ξ_i die durch (36) gegebenen mit der Determinante A, so haben die Linearformen $\frac{\xi_i}{\sqrt[n]{|A|}}$ die Determinante ± 1; sind also, dem spezielleren Satze zufolge, $x_1, x_2, \ldots, x_n$ Werte der Unbestimmten, für welche diese letzteren Formen absolut gleich oder kleiner als 1 werden, so geben sie den Formen ξ_i Werte, welche absolut nicht größer sind als $\sqrt[n]{|A|}$.

Wir geben endlich noch dem Minkowskischen Satze größere Geltung, indem wir auch Linearformen mit komplexen Koeffizienten in Betracht ziehen; und zwar denken wir uns $n = r + 2s$ Linearformen, deren r erste reelle Koeffizienten haben:

$$\xi_i = \alpha_{i1}x_1 + \alpha_{i2}x_2 + \cdots + \alpha_{in}x_n, \tag{38a}$$
$$(i = 1, 2, \cdots, r)$$

während $2s$ andere paarweise konjugiert imaginär sein sollen:

$$\xi'_{\pm i} = \alpha'_{\pm i,1} \cdot x_1 + \alpha'_{\pm i,2} \cdot x_2 + \cdots + \alpha'_{\pm i,n} \cdot x_n, \tag{38b}$$
$$(i = 1, 2, \ldots, s)$$

wo

$$\alpha'_{+i,k} = \beta_{ik} + \gamma_{ik} \cdot \sqrt{-1}$$
$$\alpha'_{-i,k} = \beta_{ik} - \gamma_{ik} \cdot \sqrt{-1}$$

ist. Zunächst erkennt man, daß der Wert

$$B + C \cdot \sqrt{-1}$$

der Determinante dieser Formen reell oder rein imaginär ist, je nachdem s gerade oder ungerade ist. Denn die Vertauschung von $\sqrt{-1}$ mit $-\sqrt{-1}$ bringt in jedem der s Paare konjugiert imagiginärer Reihen der Determinante eine Vertauschung dieser Reihen, d. h. im ganzen eine Multiplikation mit $(-1)^s$ für die Determinante zuwege; da aber so der Wert $B - C \cdot \sqrt{-1}$ erhalten wird, muß je nach den für s unterschiedenen Fällen $C = 0$ oder $B = 0$ sein. Führt man aber ferner die Funktionen

$$\eta_i = \frac{\xi'_i + \xi'_{-i}}{\sqrt{2}}, \quad \zeta_i = \frac{\xi'_i - \xi'_{-i}}{\sqrt{-2}},$$

d. h. die reellen Linearformen

$$\begin{cases} \eta_i = \sqrt{2}\,(\beta_{i1}x_1 + \beta_{i2}x_2 + \cdots + \beta_{in}x_n) \\ \zeta_i = \sqrt{2}\,(\gamma_{i1}x_1 + \gamma_{i2}x_2 + \cdots + \gamma_{in}x_n) \end{cases} \tag{38c}$$
$$(i = 1, 2, \cdots, s)$$

ein, so lehren einfache Sätze der Determinantentheorie, daß der absolute Betrag der Determinante für die reellen Linearformen (38a) und (38c) derselbe ist wie für die gegebenen Formen (38a) und (38b); wir bezeichnen ihn wieder durch $|\mathsf{A}|$. Nun gibt es nach dem Minkowskischen Satze ein nicht verschwindendes System ganzer Zahlen $x_1, x_2, \cdots, x_n$, für welches die Formen ξ_i, η_i, ζ_i absolut nicht größer sind als $\sqrt[n]{|\mathsf{A}|}$ Da aber

$$\xi'_i = \frac{\eta_i + \zeta_i\sqrt{-1}}{\sqrt{2}}, \quad \xi'_{-i} = \frac{\eta_i - \zeta_i\sqrt{-1}}{\sqrt{2}}$$

gefunden wird, so wird dann für dasselbe Wertesystem der Unbestimmten x_i

$$\text{mod. } \xi_i' = \text{mod. } \xi'_{-i} = \sqrt{\frac{\eta_i^2 + \zeta_i^2}{2}} \gtreqless \sqrt[n]{|\mathsf{A}|}.$$

Man erhält daher den Satz: Für $n = r + 2s$ Linearformen mit den Unbestimmten $x_1, x_2, \cdots, x_n$ von der in den Gleichungen (38a) und (38b) ausgesprochenen Beschaffenheit gibt es stets ganze, nicht sämtlich verschwindende Werte der Unbestimmten, welche die absoluten Beträge der Linearformen nicht größer ergeben als die $n$te Wurzel aus dem absoluten Betrage ihrer Determinante[1]).

Der im vorstehenden gegebene Beweis des Minkowskischen Satzes ist im Grunde ein rein arithmetischer, der nur zum Teil geometrischer Sprache sich bedient. Einen andern, von einer solchen freien und höchst elementaren Beweis desselben, welchen A. Hurwitz gegeben hat[2]), habe ich an einer anderen Stelle meiner „Zahlentheorie"[3]) wiedergegeben, auf die ich hier nur verweisen will. Desgleichen versage ich mir, einen dritten Beweis, welchen Minkowski auf Grund einer Hilbertschen Idee für den besonderen Fall $n = 3$ in seinen „Diophantischen Approximationen" entwickelt hat, hier aufzunehmen, um den Raum für andere, unserer Aufgabe näher liegende Gegenstände nicht zu beengen.

7. Als ein einfaches Beispiel für den Minkowskischen Satz schließen wir die Verallgemeinerung des Schlußsatzes in Nr. 12a des vorigen Kapitels hier an. Wenn nämlich unter den Linearformen (36) die folgenden speziellen verstanden werden:

$$x_1 - \omega_1 x_n, \quad x_2 - \omega_2 x_n, \ldots, x_{n-1} - \omega_{n-1} x_n, \quad \frac{x_n}{\theta^n},$$

in welchen θ eine positive Zahl, $\omega_1, \omega_2, \ldots, \omega_{n-1}$ irgendwelche reellen Irrationellen sind, und deren Determinante $\mathsf{A} = \frac{1}{\theta^n}$ ist, so gibt es ganze nicht sämtlich verschwindende Zahlen $x_1, x_2, \ldots, x_{n-1}, x_n$ so beschaffen, daß alle jene Formen absolut nicht größer werden als $\frac{1}{\theta}$, was, wenn $\theta > 1$ genommen wird, x_n als eine von Null verschiedene Zahl erfordert, deren absoluter Wert der letzten der Formen wegen nicht größer als θ^{n-1} ist; demzufolge wird $\frac{1}{\theta} \gtreqless \frac{1}{|x_n|^{\frac{1}{n-1}}}$. Man erhält also den Satz:

1) Eine noch engere Schranke gibt Minkowski, Geometrie der Zahlen S. 114.

2) A. Hurwitz, Über lineare Formen mit ganzzahligen Koeffizienten, Göttinger Nachrichten 1897.

3) Fünfter Teil: Allg. Arithm. der Zahlenkörper, S. 337/41.

Für irgend $n-1$ gegebene Irrationellen $\omega_1, \omega_2, \ldots, \omega_{n-1}$ gibt es stets ganze Zahlen $x_1, x_2, \ldots, x_n$, von denen $x_n \gtrless 0$ ist, so beschaffen, daß

$$(39) \qquad \left|\frac{x_n}{x_i} - \omega_i\right| \overline{\gtrless} \frac{1}{|x_n|^{\frac{n}{n-1}}}$$

$$(i = 1, 2, \ldots, n-1)$$

ist. Es sei noch hinzugefügt, daß auch dieser allgemeinere Satz wieder präziser gefaßt werden kann, wie Minkowski (Geometrie der Zahlen, S. 110/112) mittels ähnlicher Betrachtungen, wie wir sie in Nr. 14 des vorigen Kapitels entwickelt haben, gezeigt hat, wo dann die Ungleichheiten (39) durch die folgenden zu ersetzen sind:

$$(40) \qquad \left|\frac{x_i}{x_n} - \omega_i\right| \overline{\gtrless} \frac{n-1}{n} \cdot \frac{1}{|x_n|^{\frac{n}{n-1}}};$$

$$(i = 1, 2, \ldots, n-1)$$

zugleich dürfen diese Werte kleiner gedacht werden als ein beliebig klein gegebener Wert (siehe die angeführte Stelle). Für irgend gegebene $n-1$ Irrationellen $\omega_1, \omega_2, \ldots, \omega_{n-1}$ gibt es also $n-1$ Brüche $\frac{x_1}{x_n}, \frac{x_2}{x_n}, \ldots, \frac{x_{n-1}}{x_n}$ mit gleichem Nenner, für welche die Ungleichheiten (40) erfüllt sind, während zugleich die Differenzen zur Linken derselben unter einer beliebig kleinen Grenze verbleiben.

Dieser Satz erhält eine gewisse Ergänzung durch einen anderen von Borel[1]) gefundenen, welchem nachstehende Fassung gegeben werden kann: Für ein gewisses System positiver Zahlen $\omega_1, \omega_2, \ldots, \omega_{n-1}$, die nicht größer als 1 sind, gibt es keine $n-1$ echten Brüche $\frac{x_1}{x_n}, \frac{x_2}{x_n}, \ldots, \frac{x_{n-1}}{x_n}$ mit gleichem Nenner, für welche

$$\left|\frac{x_i}{x_n} - \omega_i\right| < \frac{a}{|x_n|^{\alpha}}$$

$$(i = 1, 2, \ldots, n-1)$$

ist, wenn $\alpha > \frac{n}{n-1}$ und der Nenner x_n groß genug gedacht wird, wie immer die Zahl $a > 0$ auch gewählt werde. Der Beweis dieses Satzes gründet sich auf ein allgemeines Prinzip über Räume oder Punktmengen von einer gewissen Beschaffenheit, für welche Borel zunächst einen Satz herleitet, der interessant genug ist, um

1) Borel, Contribution à l'analyse arithmétique du continu, Journ. des Math. (5), t. 9, p. 329.

in unsern Betrachtungen über den n-dimensionalen Raum hier eine Stelle zu finden. Er lautet:

Ist R ein endlicher Teil des n-dimensionalen Raumes und ist eine unbegrenzte Reihe

$$(41) \qquad R_1, R_2, R_3, \ldots$$

von endlichen Räumen gegeben von der Beschaffenheit, daß jeder Punkt (x_i) von R wenigstens für einen von ihnen ein innerer Punkt ist, so gilt das gleiche für eine endliche Anzahl dieser Räume.

Angenommen, das Gegenteil wäre richtig, so gäbe es in R wenigstens einen Punkt (x_i) der Art, daß für alle R_k, in deren Innerem er enthalten sein kann, der Index k einen beliebig großen Wert m übersteigt; und es ist klar, daß, wenn R in irgendwelche Teile zerlegt wird, für wenigstens einen von ihnen das gleiche der Fall sein muß, der betreffende Punkt aber auch in dem ganzen Raume R erhalten bleibt. Nun liegt, da der Raum R endlich gedacht ist, jede Koordinate x_i jedes seiner Punkte (x_i) zwischen endlichen Grenzen, etwa zwischen $-g$ und $+g$, d. h. jeder seiner Punkte in dem um den Nullpunkt als Mittelpunkt abgegrenzten Würfel W mit der Kante $2g$. Sei h eine positive ganze Zahl und der gedachte Würfel in kleinere mit der Kante $2 \cdot \frac{g}{2^h}$ zerlegt, so wird auch der Raum R auf eine Anzahl solcher Würfel sich verteilen und also für wenigstens einen von diesen Würfeln, er heiße W_h, dasselbe gelten wie für R. Zerlegt man aber weiter diesen Würfel in andere mit der Kante $2 \cdot \frac{g}{2^{h+1}}$, so gibt es unter den letzteren wieder einen Würfel W_{h+1} von gleicher Beschaffenheit, und so stellt sich eine unbegrenzte Reihe von Würfeln

$$W_1, W_2, W_3, \ldots$$

heraus, deren jeder im voraufgehenden enthalten ist, und für welchen das gleiche gilt wie für R, d. h. es gibt in jedem von ihnen einen auch in den vorhergehenden, also auch in R enthaltenen Punkt (x_i) der Art, daß für alle R_k, für welche er ein innerer Punkt ist, $k > m$ ist. Die Volumina der Würfel nehmen aber unendlich ab; ist daher für ein hinreichend großes h der für den Würfel W_h gedachte Punkt (x_i) ein innerer Punkt desselben, so darf W_h, wäre er ein Oberflächenpunkt, so dürfte bei hinreichend großem h noch W_{h-1} als die Umgebung des betreffenden Punktes (x_i) genommen werden; und da nach Voraussetzung (x_i) für einen der erwähnten Räume (41), etwa für $R_{\bar{k}}$, ein innerer Punkt ist, müßte für hinreichend großes h der ganze Würfel W_h in $R_{\bar{k}}$ enthalten, d. h. alle seine Punkte müßten innere

Punkte von $R_{\bar{k}}$ sein, was der Annahme widerspricht, falls $m > \bar{k}$ gewählt wird. Aus diesem Widerspruche folgt der Satz.

Es darf nun als einleuchtend angesehen werden, daß, wenn V_1, V_2, V_3, ... die Volumina der Räume R_1, R_2, R_3, ... von der angegebenen Beschaffenheit bezeichnen, die Summe derselben unendlich sein muß, sobald jeder Punkt von R in unendlich vielen dieser Räume enthalten ist, da dann das Volumen V von R in jener Summe unendlich oft enthalten sein muß.

Dieses Prinzip vorausgeschickt, sei R der Würfel

$$0 \gtreqless x_i \gtreqless 1$$
$$(i = 1, 2, \ldots, n)$$

und a, α zwei positive Größen, $\alpha > 1$. Bezeichnet q eine beliebig große positive ganze Zahl, so bestimmen die Ungleichheiten

$$\frac{p_i}{q} - \frac{a}{q^\alpha} \gtreqless x_i \gtreqless \frac{p_i}{q} + \frac{a}{q^\alpha}, \tag{42}$$
$$(i = 1, 2, \ldots, n)$$

worin die p_i jeden der Werte 0, 1, 2, ..., q bedeuten dürfen, einen Würfel mit dem Punkte $\frac{p_1}{q}, \frac{p_2}{q}, \ldots, \frac{p_n}{q}$ als Mittelpunkt und der Kante $\frac{2a}{q^\alpha}$; die Anzahl dieser Würfel ist $(q+1)^n$. Gibt man also q die sämtlichen Werte 1, 2, 3, ..., so erhält man eine unbegrenzte Reihe (41) von Räumen so beschaffen, daß jeder Punkt von R wenigstens für einen von ihnen ein innerer Punkt ist; denn es gibt wenigstens einen jener Brüche $\frac{p_i}{q}$, der von x_i höchstens um $\frac{1}{2q}$ verschieden ist; solange also $\frac{1}{2q} < \frac{a}{q^\alpha}$, d. i. $q^{\alpha-1} < 2a$ bleibt, liegt der Punkt (x_i) im Innern des durch die Ungleichheiten (42) bestimmten Würfels. Das Volumen von R ist gleich 1, dasjenige des Würfels (42) gleich $\left(\frac{2a}{q^\alpha}\right)^n$ und daher die Summe der Volumina aller Räume (42) gleich

$$(2a)^n \cdot \sum_{q=1}^{\infty} \frac{(q+1)^n}{q^{n\alpha}},$$

eine Summe, die einen endlichen Wert hat, wenn $\alpha > \frac{n+1}{n}$ ist. Der zuletzt voraufgeschickten Bemerkung zufolge ist also zu schließen, daß bei dieser Voraussetzung in R wenigstens ein Punkt vorhanden ist, der nur für eine endliche Anzahl der Räume R_i ein innerer Punkt ist. Mit anderen Worten: es gibt zwischen 0 und 1 liegende Werte

$\omega_1, \omega_2, \ldots, \omega_n$ von der Beschaffenheit, daß bei jedem hinreichend großen Nenner und allen echten Brüchen mit diesem Nenner

$$\frac{p_1}{q}, \frac{p_2}{q}, \ldots, \frac{p_n}{q}$$

$$\left|\frac{p_i}{q} - \omega_i\right| \gtreqless \frac{a}{q^{\alpha}}$$

$$(i = 1, 2, \ldots, n)$$

ist. Wenn $n-1$ statt n gesetzt wird, geht der Borelsche Satz hieraus hervor. —

8. Als Grundlage für spätere Untersuchungen betrachten wir nunmehr den Raumteil oder das Gebiet R aller Punkte (x_i), deren Koordinaten einer gegebenen Anzahl von linearen Ungleichheiten genügen,[1]) die wir schreiben:

$$(43)\qquad \xi_i = p_{i1}x_1 + p_{i2}x_2 + \cdots + p_{in}x_n \gtreqless 0.$$
$$i = 1, 2, 3, \ldots$$

Wir nehmen an, daß die Anzahl dieser Ungleichheiten gleich oder größer als n sei, und daß sich wenigstens n unter ihnen befinden, welche linear voneinander unabhängig sind, d. h. deren Determinante von Null verschieden ist. Dies kommt darauf hinaus, daß der Nullpunkt der einzige Punkt des Gebietes ist, für welchen in den Bedingungen (43) überall das Gleichheitszeichen gilt. Wir wollen voraussetzen, daß die Ungleichheiten außer dieser selbstverständlichen Lösung noch andere Lösungen gestatten. Es leuchtet dann sofort ein, daß, wenn

$$(x_i):\quad x_1, x_2, \ldots, x_n$$

eine Lösung und $t > 0$ ist, auch

$$(tx_i):\quad tx_1, tx_2, \ldots, tx_n$$

eine Lösung derselben sein muß; ebenso, daß, wenn $(x_i), (x_i'), (x_i''), \ldots$ Lösungen derselben und $t, t', t'', \ldots$ positiv sind, dann auch

$$(tx_i + t'x'_i + t''x_i'' + \ldots)$$

eine weitere ihrer Lösungen sein wird.

Da nach der Annahme n unabhängige unter den Linearformen ξ_i vorhanden sind, kann man auch $n-1$ linear unabhängige unter ihnen auswählen. Seien etwa die ersten $n-1$ Formen $\xi_1, \xi_2, \ldots, \xi_{n-1}$ von solcher Art. Dann bestimmen die Gleichungen

$$(44)\qquad \xi_1 = 0,\ \xi_2 = 0,\ \ldots,\ \xi_{n-1} = 0$$

1) Vgl. hierzu Minkowski, Geometrie der Zahlen, S. 39—45; sowie Voronoï, Journal für die reine u. angew. Math., Bd. 133, S. 97.

die Verhältnisse der Zahlen $x_1, x_2, \ldots, x_{n-1}, x_n$ eindeutig; wenn aber für sie unter den Werten der übrigen ξ_i nicht zugleich negative und nichtnegative gefunden werden, so bedeuten entweder die Zahlen $x_1, x_2, \ldots, x_n$ oder das entgegengesetzte System $-x_1, -x_2, \ldots, -x_n$ eine Lösung der Ungleichheiten (43). Nach Minkowskis Vorgange bezeichnen wir eine solche Lösung derselben als eine äußerste Lösung. Alsdann macht zugleich mit ihr, wie bemerkt, auch jedes System (tx_i) bzw. $(-tx_i)$ bei positivem t eine Lösung aus; die Gesamtheit der so bestimmten Punkte möge als eine den Gleichungen (44) entsprechende **Kante** des Gebietes R bezeichnet werden. Derartiger Kanten oder äußersten Lösungen kann es nur eine endliche Anzahl geben, wenn die Anzahl der Ungleichheiten (43) nur eine endliche ist, welche α heiße; denn unter α Formen ξ_i läßt sich nur auf eine endliche Anzahl Weisen ein System von $n-1$ etwa voneinander unabhängigen auswählen, denen möglicherweise je eine äußerste Lösung entspricht. Die wirklich vorhandenen Kanten oder vielmehr die sie definierenden äußersten Lösungen wollen wir durch die Systeme

$$(45) \qquad (x_{ij}): \; x_{i1}, x_{i2}, \ldots, x_{in} \qquad (i = 1, 2, 3, \ldots)$$

bezeichnen, deren Anzahl β zugleich mit α endlich ist.

Wir weisen nun vor allem das Vorhandensein einer äußersten Lösung nach. Sei nämlich

$$(a_i): \; a_1, a_2, \ldots, a_n$$

irgendeine Lösung, für die möglicherweise einige der Formen ξ_i verschwinden; wir bezeichnen mit m die höchste Anzahl von linear unabhängigen unter den letzteren, setzen also $m = 0$, wenn keine der Formen ξ_i verschwindet. Seien etwa $\xi_1, \xi_2, \ldots, \xi_m$ die gedachten unabhängigen Formen; möglicherweise verschwinden zugleich mit ihnen für den Punkt (a_i) noch mehrere von ihnen abhängige der Formen ξ_i, aber nach unserer Annahme lassen sich $n-m$ andere dieser Formen, etwa die Formen $\xi_{m+1}, \xi_{m+2}, \ldots, \xi_n$ so angeben, daß sie mit den erstgedachten n unabhängige Formen ausmachen, deren Werte für die Lösung (a_i) $A_{m+1}, A_{m+2}, \ldots, A_n$ seien. Da die Determinante der Formen $\xi_1, \xi_2, \ldots, \xi_n$ also nicht verschwindet, können Werte $\alpha_1, \alpha_2, \ldots, \alpha_n$ der Unbestimmten so gewählt werden, daß für sie $\xi_1, \xi_2, \ldots, \xi_m$ nebst allen von ihnen abhängigen Formen verschwinden, die $\xi_{m+1}, \ldots, \xi_n$ aber beliebige positive Werte annehmen, welche, wenn $n - m \geqq 2$ ist, nicht sämtlich den Werten $A_{m+1}, \ldots, A_n$ porportional sind; wählt man dann

$$(46) \qquad x_1 = a_1 + z\alpha_1, \; x_2 = a_2 + z\alpha_2, \; \cdots, \; x_n = a_n + z\alpha_n,$$

so verschwinden die Formen $\xi_1, \xi_2, \ldots, \xi_m$ nebst allen von ihnen abhängigen, alle übrigen Formen aber erhalten Werte von der Gestalt $A + z\mathsf{A}$, wo A jedenfalls nicht negativ, A wenigstens für die Formen $\xi_{m+1}, \ldots, \xi_n$ positiv ist. Wäre nun $m = n - 1$, so wäre nichts weiter zu zeigen, denn dann wäre eben die Lösung (a_i) eine äußerste Lösung. Ist aber $m < n - 1$, so ist $n - m \gtreqless 2$ und A nicht für alle Formen $\xi_{m+1}, \ldots, \xi_n$ proportional mit A, also läßt sich dann z so wählen, daß für alle die gedachten übrigen Formen wenigstens einer der Ausdrücke $A + z\mathsf{A}$ Null, für die andern noch positiv ausfällt. Das System (46) stellt daher dann eine Lösung der Ungleichheiten (43) dar, für welche zugleich mit den Formen $\xi_1, \xi_2, \ldots, \xi_m$ noch mindestens eine von ihnen unabhängige Form, jetzt also $m + 1$ linear unabhängige Formen nebst allen von ihnen abhängigen Formen verschwinden. So fortfahrend ersieht man das Vorhandensein einer Lösung

$$(y_i): \quad y_1, y_2, \ldots, y_n,$$

für welche $n - 1$ unabhängige unter den Formen ξ_i verschwinden, die also eine äußerste Lösung ist.

Der Herleitung nach ist diese Lösung eine solche, für welche die m unabhängigen Formen $\xi_1, \xi_2, \ldots, \xi_m$ nebst allen von ihnen abhängigen verschwinden. Das gleiche geschieht also auch für die Lösung

$$b_1 = a_1 - zy_1, \; b_2 = a_2 - zy_2, \; \ldots, \; b_n = a_n - zy_n, \tag{47}$$

der entsprechend jede der übrigen Formen ξ_i eine Gestalt $A - zY$ erhält, wo A nicht negativ und wenigstens einer der nichtnegativen Werte Y positiv sein muß, da sonst n voneinander unabhängige Formen im Punkte (y_i), der vom Nullpunkte verschieden ist, verschwänden. Demnach wird für einen passenden positiven Wert von z einer der Werte $A - zY$, d. h. eine der übrigen Formen ξ_i, gleich Null, während die andern $\gtreqless 0$ verbleiben, und die Lösung (47) stellt daher dann eine solche dar, bei welcher mindestens $m + 1$ voneinander unabhängige Linearformen verschwinden. Man darf den Gleichungen (47) entsprechend schreiben:

$$(a_i) = z \cdot (y_i) + (b_i),$$

und wenn man nun auf die Lösung (b_i) die für die Lösung (a_i) auseinandergesetzte Betrachtung wiederholt usw., so gelangt man offenbar zu folgendem wichtigen Ergebnisse:

Jede Lösung der Ungleichheiten (43) oder jeder Punkt (x_i) des durch sie bestimmten Gebietes R kann in der Gestalt

$$x_i = \sum_{h=1}^{\beta} z_h \cdot x_{hi} \qquad (i = 1, 2, \ldots, n) \tag{48}$$

dargestellt werden, in welcher die (x_{hi}) die sämtlichen äußersten Lösungen bedeuten und die $z_h \gtreqless 0$ sind.

Auch leuchtet nach den anfänglichen Bemerkungen ein, daß umgekehrt jeder durch vorstehende Formel bestimmte Punkt ein Punkt des Gebietes R ist, daß sie also dieses ganze Gebiet analytisch darstellt.

9. Schreiben wir jetzt

$$\xi_k(x_i) = p_{k1}x_1 + p_{k2}x_2 + \cdots + p_{kn}x_n$$

und halten die Voraussetzung fest, daß nur eine endliche Anzahl α von Ungleichheiten (43) vorhanden sei. Aus der Gleichung (48) ergibt sich dann

$$(49) \qquad \xi_k(x_i) = \sum_{h=1}^{\beta} z_h \cdot \xi_k(x_{hi}).$$

Nun nennen wir (x_i) einen inneren Punkt von R, wenn seine Koordinaten den sämtlichen Ungleichheiten

$$\xi_1 > 0, \; \xi_2 > 0, \; \ldots, \; \xi_\alpha > 0$$

Genüge leisten. Zum Vorhandensein eines solchen ist notwendig und hinreichend, daß keine der Linearformen für sämtliche äußersten Lösungen und somit überhaupt für alle Lösungen gleich Null ist. Denn, wäre letzteres etwa für die Form $\xi_k(x_i)$ der Fall, so fände sich unter den das Gebiet R bestimmenden Bedingungen (43) statt der Ungleichheit $\xi_k \gtreqless 0$ die Gleichung $\xi_k = 0$, und demnach könnten für die diesen Bedingungen genügenden Punkte (x_i) nicht sämtliche Formen positiv sein; umgekehrt, wenn keine der Formen für sämtliche Lösungen (x_{hi}) verschwindet, so zeigt die Formel (49), daß für jedes System positiver Werte z_h auch alle Formen $\xi_k(x_i)$ positiv werden, der entsprechende Punkt (x_i) also ein innerer Punkt ist. — Mit Voronoï kann man diese Bedingungen für das Vorhandensein innerer Punkte noch anders ausdrücken. Ist (a_i) ein solcher, so kann eine Beziehung

$$(50) \qquad c_1 \cdot \xi_1 + c_2 \cdot \xi_2 + \cdots + c_\alpha \cdot \xi_\alpha = 0,$$

wenn die Koeffizienten $c_i \gtreqless 0$ sind, nicht für alle Punkte von R stattfinden, ohne daß alle $c_i = 0$ sind. Denn für $(x_i) = (a_i)$ fände sich wenigstens einer der Summanden als positiv; umgekehrt, falls eine solche Beziehung für alle Punkte von R nur möglich ist, wenn alle c_i gleich Null sind, ist ein innerer Punkt vorhanden, da sonst, wie soeben bemerkt, eine der Linearformen für alle Lösungen gleich Null, also unter den Bedingungen (43) eine Gleichung $\xi_k = 0$ vorhanden sein müßte, die von allen Punkten des Gebietes erfüllt wäre, und die Beziehung (50) für alle diese Punkte stattfinden würde, auch wenn $c_k > 0$ gewählt wird, wenn nur alle übrigen $c_i = 0$ genommen würden. Für das Vorhandensein innerer Punkte von R ist also notwendig und hinreichend, daß die Beziehung (50) für alle Punkte von R nur möglich ist, wenn die als nicht negativ gedachten Koeffizienten c_i sämtlich gleich Null sind.

Sind innere Punkte vorhanden, so zählt zu ihnen dem obigen zufolge jeder Punkt, für welchen in (48) die sämtlichen z_h positiv gewählt werden. Insbesondere ist dann also der durch die Gleichungen

$$x_i = \sum_{h=1}^{\beta} x_{hi}$$
$$(i = 1, 2, \ldots, n)$$

bestimmte Punkt ein innerer. Ist (x_i') ein zweiter, so ist für hinreichend kleines positives z auch

$$(x_i'') = (x_i') - z \cdot (x_i)$$

ein Punkt von R, also

$$x_i'' = \sum_{h=1}^{\beta} z_h \cdot x_{hi} \text{ (mit } z_h \gtreqless 0).$$
$$(i = 1, 2, \ldots, n)$$

Daraus folgt
$$x_i' = \sum_{h=1}^{\beta} (z + z_h) \cdot x_{hi},$$
$$(i = 1, 2, \ldots, n)$$

worin $z + z_h > 0$ ist. Demnach ist umgekehrt für jeden inneren Punkt (x_i) der Multiplikator z_h in (48) positiv.

Wird das Vorhandensein innerer Punkte vorausgesetzt, so kann eine Linearform

$$(51) \qquad \eta = u_1 x_1 + u_2 x_2 + \cdots + u_n x_n$$

nur dann für alle Punkte von R verschwinden, wenn sie identisch Null ist. Denn andernfalls könnte den das Gebiet R bestimmenden Bedingungen (43) noch die Gleichung $\eta = 0$ hinzugefügt werden, ohne daß die Gesamtheit der Punkte verändert würde; da dann aber eben unter diesen Bedingungen eine Gleichung auftritt, könnten dem vorigen zufolge innere Punkte nicht vorhanden sein. Oder auch so: Ist (x_i) ein innerer Punkt, so gehören auch die Punkte seiner Umgebung dem Gebiete R an, und nach der Voraussetzung wäre η in (x_i) und in allen diesen Punkten Null; ist aber η Null in (x_i), so würde es der Stetigkeit wegen bei passender hinreichend kleiner Veränderung von (x_i) aufhören, Null zu sein, wenn anders nicht sämtliche $u_i = 0$ sind.

10. Diese Tatsachen vorausgeschickt, stellen wir jetzt dem Gebiete R ein anderes zur Seite, das mit $\overline{R}$ bezeichnet und das zu R zugeordnete Gebiet genannt werde. Sind nämlich (x_{ij}) für $i = 1, 2, \ldots, \beta$ die sämtlichen äußersten Lösungen von (43) oder die Kanten von R, so soll $\overline{R}$ das Gebiet aller Punkte (u_i) sein, deren Koordinaten die Ungleichheiten

$$(52) \qquad \eta_k(u_i) = u_1 \cdot x_{k1} + u_2 \cdot u_{k2} + \cdots + u_n \cdot x_{kn} \gtreqless 0$$
$$(k = 1, 2, \ldots, \beta)$$

erfüllen. Keiner dieser Punkte außer dem Nullpunkte kann sämtlichen Gleichheitszeichen entsprechen, da sonst die Linearform (51) durch alle äußersten und somit überhaupt durch sämtliche Lösungen von (43) zu Null würde, was, wie gezeigt, nur für den Punkt $(u_i) = (0)$ geschehen kann. Hiernach muß es n unabhängige unter den Formen $\eta_k\,(u_i)$ geben und lassen sich die für R abgeleiteten Ergebnisse auch auf $\overline{R}$ übertragen. Es wird also eine Anzahl γ äußerster Lösungen

$$(u_{ij}){:}\quad u_{i1}, u_{i2}, \ldots, u_{in}$$
$$(i = 1, 2, \ldots, \gamma)$$

der Ungleichheiten (52) geben, aus denen alle andern durch die Formeln

$$(53) \qquad u_i = \sum_{h=1}^{\gamma} z_h \cdot u_{hi}, \quad (z_h \gtreqless 0)$$
$$(i = 1, 2, \ldots, n)$$

erhalten werden. Jeder Lösung (u_i) von (52) entspricht aber eine Form (51), welche für alle äußersten und somit überhaupt für alle Lösungen von (43) gleich oder größer als Null bleibt; insbesondere entspricht jeder äußersten Lösung (u_{hi}) ein System von $n-1$ linear unabhängigen der Linearformen (52), welche für sie verschwinden, d. h. eine Linearform

$$\eta^{(h)} = u_{h1} \cdot x_1 + u_{h2} \cdot x_2 + \cdots + u_{hn} \cdot x_n,$$

die für $n-1$ linear unabhängige unter den äußersten Lösungen (x_{ki}) verschwindet und dadurch bis auf einen konstanten Faktor bestimmt ist. Aus (53) aber ergibt sich

$$(54) \qquad \eta = \sum_{h=1}^{\gamma} z_h \cdot \eta^{(h)}, \quad (z_h \geqq 0),$$

wodurch jede der gedachten Formen auf die endliche Anzahl der erwähnten besonderen Formen zurückgeführt wird.

Diese letzteren aber sind bis auf einen positiven Faktor mit je einer der Formen ξ_i identisch. Denn, bezeichnet man mit (s_i) die Summe der $n-1$ unabhängigen äußersten Lösungen (x_{ki}), für welche $\eta^{(h)}$ verschwindet, so kann (s_i) kein innerer Punkt von R sein, da sonst auch in allen Punkten seiner Umgebung alle Formen ξ_i größer als Null blieben, während doch der stetige Übergang zu ihnen der Form $\eta^{(h)}$ auch negative Werte gäbe, dem Umstande zuwider, wonach $\eta^{(h)}$ für alle Punkte in R gleich oder größer als Null ist. Somit muß wenigstens eine Form ξ_i im Punkte (s_i) verschwinden und, da sie für die einzelnen Summanden von (s_i) nicht negativ ist, muß sie auch für jeden dieser Summanden verschwinden, gerade wie die Form $\eta^{(h)}$, und wird so, wie diese Form, bis auf einen Faktor eindeutig bestimmt, könnte daher von ihr nur durch einen Faktor verschieden sein, der dann durch die der Form $\eta^{(h)}$ nicht zugehörigen Lösungen (x_{ki}) als positiv erkannt wird.

Bemerkt man endlich, daß zu den gedachten Formen η offenbar auch alle Linearformen ξ_i zählen, so kann man den Satz aussprechen:

Jede der Linearformen ξ_i kann als eine Summe von positiven Vielfachen[1]) solcher unter ihnen dargestellt werden, die für $n-1$ unabhängige äußerste Lösungen verschwinden. Diese durch je $n-1$ äußerste Lösungen charakterisierten und bestimmten Linearformen ξ_i ausgezeichneter Art sollen die **Wände** von R genannt werden. Hiernach darf man bei den Ungleichheiten, welche das Gebiet R bestimmen, die für die Wände als die allein wesentlichen beibehalten und alle übrigen unterdrücken.

Denken wir uns also das System der Ungleichheiten in dieser Weise vereinfacht und verstehen jetzt unter den Ungleichheiten (43) dieses vereinfachte System, so ist jede Linearform ξ_i durch $n-1$ unabhängige äußerste Lösungen charakterisiert und ihre Koeffizienten $p_{i1}, p_{i2}, \ldots, p_{in}$ im wesentlichen eindeutig bestimmt. Das heißt aber, daß diese Koeffizienten $n-1$ linear unabhängige der Formen (52) zu Null machen, und daher stellen sie eine Kante des Gebietes $\bar{R}$ dar, deren es also mindestens so viele gibt als Wände von R. Aber es

1) Unter dem Vielfachen einer Größe ist hier allgemein eine dieser Größe proportionale Größe verstanden.

gibt auch keine weiter. Denn, wäre $p_1, p_2, \ldots, p_n$ noch eine Kante von $\bar{R}$, so müßten diese Zahlen $n-1$ linear unabhängige der Formen (52) zu Null machen, d. h. die in den letzteren auftretenden unabhängigen äußersten Lösungen von (43) würden bis auf einen Faktor jene Zahlen bestimmen und diese demnach proportional sein mit den Koeffizienten $p_{i1}, p_{i2}, \ldots, p_{in}$ einer der Formen ξ_i. Aus den sämtlichen vorhandenen Kanten (p_{hi}) des Gebietes $\bar{R}$ findet man aber in Analogie mit (48) alle Punkte (u_i) desselben durch die Formeln

$$u_i = \sum_{h=1}^{\gamma} z_h \cdot p_{hi}, \quad (z_h \geqq 0), \quad (i = 1, 2, \ldots, n) \tag{55}$$

die somit, ebenso gut wie die Formeln (53), der analytische Ausdruck des dem Gebiete R zugeordneten Gebietes $\bar{R}$ sind. Vergleicht man einerseits die Definitionsgleichungen (43) und (52) der Linearformen ξ_i und η_i, andererseits die Formeln (48) und (55), so erkennt man eine völlige Reziprozität der beiden Gebiete R und $\bar{R}$ gegeneinander.

Achtes Kapitel.

Die positiven quadratischen Formen mit n Unbestimmten.

1. Wir wenden uns jetzt zu den positiven quadratischen Formen mit einer beliebigen Anzahl n von Unbestimmten $x_1, x_2, \ldots, x_n$, denen durchweg nur ganzzahlige Werte beigelegt werden sollen. Jede solche Form

$$f(x_1, x_2, \ldots, x_n) = \sum a_{ij} x_i x_j \quad (i, j = 1, 2, \ldots, n) \tag{1}$$

mit $(a_{ij} = a_{ji})$ kann, wie in der ersten Abteilung dieses Werkes ausgeführt worden ist, auf mannigfache Weise in die Gestalt

$$f(x_1, x_2, \ldots, x_n) = m_1 X_1^2 + m_2 X_2^2 + \cdots + m_n X_n^2 \tag{2}$$

mit positiven Konstanten m_i, oder, wenn zur Abkürzung $X_i \sqrt{m_i} = \xi_i$ gesetzt wird, in die Gestalt

$$f(x_1, x_2, \ldots, x_n) = \xi_1^2 + \xi_2^2 + \cdots + \xi_n^2 \tag{3}$$

gebracht werden, worin die ξ_i lineare Formen

$$\xi_i = \alpha_{i1} x_1 + \alpha_{i2} x_2 + \cdots + \alpha_{in} x_n \quad (i = 1, 2, \ldots, n) \tag{4}$$

mit reellen Koeffizienten und den Unbestimmten x_i sind. Insbesondere gilt die Jacobische Darstellung

(5) $$f(x_1, x_2, \ldots, x_n) = q_1 Y_1^2 + q_2 Y_2^2 + \cdots + q_n Y_n^2,$$

in welcher, wenn
$$D_h = D\begin{pmatrix}1, 2, \ldots, h\\ 1, 2, \ldots, h\end{pmatrix}$$

die aus den ersten h Reihen und Kolonnen der Determinante D von f gebildete Unterdeterminante bezeichnet,

$$q_h = \frac{D_h}{D_{h-1}}$$

eine positive Größe und die Y_i von der Gestalt

(6) $$Y_i = x_i + \beta_{i,i+1} \cdot x_{i+1} + \cdots + \beta_{in} x_n$$
$$(i = 1, 2, \ldots, n)$$

sind. Da die Determinante der letzten Gleichungen gleich 1 ist, lehrt die Formel (5) die Beziehung

$$D = q_1 q_2 \cdots q_n,$$

die auch aus den Werten der q_h hervorgeht. Andererseits zeigt die Vergleichung der Koeffizienten der Quadrate x_i^2 rechts und links in der Formel (5), daß

$$a_{11} = q_1$$
$$a_{22} = q_1 \beta_{12}^2 + q_2$$
$$a_{33} = q_1 \beta_{13}^2 + q_2 \beta_{23}^2 + q_3$$
$$\cdots\cdots\cdots\cdots$$
$$a_{nn} = q_1 \beta_{1n}^2 + q_2 \beta_{2n}^2 + \cdots + q_{n-1} \beta_{n-1,n}^2 + q_n,$$

also
$$a_{11} a_{22} \ldots a_{nn} > q_1 q_2 \cdots q_n$$
oder

(7) $$a_{11} a_{22} \ldots a_{nn} > D$$

ist, wie in dem besonderen Falle der ternären Formen in Nr. 15 des 6. Kapitels schon bemerkt worden ist. Schreibt man endlich $Y_i \sqrt{q_i} = \eta_i$, so nimmt die Formel (5) die Gestalt an:

(8) $$f(x_1, x_2, \ldots, x_n) = \eta_1^2 + \eta_2^2 + \cdots + \eta_n^2,$$

worin die η_i den allgemeinen Ausdruck

(9) $$\eta_i = \gamma_{ii} x_i + \gamma_{i,i+1} x_{i+1} + \cdots + \gamma_{in} x_n$$
$$(i = 1, 2, \ldots, n)$$

von Linearformen haben, deren jede nur diejenigen Unbestimmten enthält, deren Index nicht kleiner ist als der Index der Linearform.

Das erste, was aus diesen Darstellungen einer positiven Form geschlossen werden kann, ist die fundamentale Tatsache, daß, wie groß auch eine positive Zahl G gewählt werde, es nur eine endliche Anzahl ganzzahliger Systeme $x_1, x_2, \ldots, x_n$ gibt, für welche

$$f(x_1, x_2, \ldots, x_n) \lesseqqgtr G \tag{10}$$

ist. Der Beweis dieses Umstandes ist in der ersten Abteilung dieses Werks[1]) gegeben worden, und es werde daher hier nur auf ihn verwiesen. Daraus ist weiter zu folgern, daß eine Form (1) in eine andere gegebene Form

$$g(y_1, y_2, \cdots, y_n) = \sum b_{ij} \cdot y_i y_j, \quad (b_{ij} = b_{ji}),$$
$$(i, j = 1, 2, \ldots, n)$$

wenn überhaupt, nur durch eine endliche Anzahl linearer ganzzahliger Substitutionen übergeführt werden kann. Denn, damit

$$x_i = p_{i1} y_1 + p_{i2} y_2 + \cdots + p_{in} y_n$$
$$(i = 1, 2, \ldots, n)$$

eine solche sei, müssen u. a. die folgenden Gleichungen erfüllt sein:

$$f(p_{1i}, p_{2i}, \ldots, p_{ni}) = b_{ii},$$
$$(i = 1, 2, \ldots, n)$$

deren jede dem soeben Bemerkten zufolge höchstens eine endliche Anzahl zulässiger Systeme $p_{1i}, p_{2i}, \ldots, p_{ni}$ ergibt, die möglicherweise als Substitutionskoeffizienten gewählt werden dürften. Insbesondere schließt man demnach, daß eine positive Form stets nur eine endliche Anzahl von ganzzahligen Transformationen in sich selbst gestattet.

Für die Reduktionstheorie ist aber der andere, aus den obigen Darstellungen einer positiven Form zu entnehmende Umstand von noch größerer Bedeutung, daß jede solche Form sowie die Klasse, der sie angehört, ein Minimum hat. Ist nämlich G irgendein Wert der Form f für ganzzahlige x_i, so muß das Minimum, welches f für ganzzahlige Unbestimmte annehmen kann, einem der Systeme (x_i) entsprechen, welche der Ungleichheit (10) genügen, und da deren Anzahl nur endlich ist, muß es auch eins oder mehrere von ihnen tatsächlich geben, für welche der Wert der Form

1) Die Arithmetik der quadratischen Formen, S. 423.

von allen am kleinsten ist. Die Bestimmung dieses Minimalwertes M der Form f, der zugleich auch der Minimalwert der ganzen, die Form f enthaltenden Klasse ist, oder vielmehr der Nachweis des Umstandes, daß das Verhältnis von M zur Größe $\sqrt[n]{D}$ stets unter einer nur von n abhängigen Grenze bleibt, macht den eigentlichen Quellpunkt für die Reduktionstheorie der quadratischen Formen aus, wie uns dies schon bei der Reduktion der binären und ternären entgegengetreten ist. Hermite ist es, der ihn zuerst allgemein für Formen mit beliebig vielen Unbestimmten geliefert hat. Er bediente sich dazu der nachfolgenden Betrachtung.

2. Nach Lagrange kann durch eine positive binäre Form mit der Determinante D eine Zahl dargestellt werden, welche kleiner ist als $\left(\frac{4}{3}\right)^{\frac{1}{2}} \cdot \sqrt{D}$, nach Gauß durch eine positive ternäre Form mit der Determinante D eine Zahl, die kleiner ist als $\frac{4}{3}\sqrt[3]{D}$. Nimmt man das hieraus zu entnehmende Induktionsgesetz, daß durch positive Formen mit n Unbestimmten und der Determinante D eine Zahl darstellbar sei, welche kleiner ist als

$$\left(\frac{4}{3}\right)^{\frac{n-1}{2}} \cdot \sqrt[n]{D},$$

als bereits feststehend an und zeigt dann die Gültigkeit dieses Gesetzes auch für Formen mit $n+1$ Unbestimmten, so wird man es allgemein bewiesen haben.

Nun erinnere man sich, daß, wenn durch eine quadratische Form

$$f(x_0, x_1, x_2, \ldots, x_n)$$

mit $n+1$ Unbestimmten eine andere Form $g(y_1, y_2, \ldots, y_n)$ mit n Unbestimmten mittels der Gleichungen

$$x_i = \alpha_{i1} y_1 + \alpha_{i2} y_2 + \cdots + \alpha_{in} y_n$$
$$(i = 0, 1, 2, \ldots, n)$$

eigentlich darstellbar ist, ihre Determinante gleich

$$F(\alpha_0, \alpha_1, \alpha_2, \ldots, \alpha_n) \tag{11}$$

ist, wo F die Adjungierte von f und $\alpha_0, \alpha_1, \alpha_2, \ldots, \alpha_n$ die aus der Matrix

$$\left\|\begin{matrix} \alpha_{01} & \alpha_{02} & \cdots & \alpha_{0n} \\ \alpha_{11} & \alpha_{12} & \cdots & \alpha_{1n} \\ \cdot & \cdot & \cdot & \cdot \\ \alpha_{n1} & \alpha_{n2} & \cdots & \alpha_{nn} \end{matrix}\right\|$$

gebildeten n-reihigen Determinanten bedeuten. Bekanntlich können die letztern durch passende Wahl der ganzen Zahlen α_{ik} beliebig vorgeschriebene ganzzahlige Werte erhalten. Es gibt also zur Form f eine durch sie darstellbare Form g, deren Determinante der Ausdruck (11) mit beliebig gegebenen ganzzahligen Elementen α_i ist. Ebenso gibt es zur Adjungierten F, deren Adjungierte bekanntlich $D^{n-1}\cdot f$ ist, eine durch sie darstellbare Form G mit n Unbestimmten, deren Determinante gleich

$$D^{n-1}\cdot f(\mathsf{A}_0, \mathsf{A}_1, \ldots, \mathsf{A}_n)$$

mit beliebig gegebenen ganzzahligen Elementen A_i ist. Da nun nach Voraussetzung die Unbestimmten der durch F darstellbaren Form G so gewählt werden können, daß der Wert von G kleiner wird als

$$\left(\frac{4}{3}\right)^{\frac{n-1}{2}}\cdot\sqrt[n]{D^{n-1}\cdot f(\mathsf{A}_0, \mathsf{A}_1, \ldots, \mathsf{A}_n)},$$

so gibt es auch Werte der Unbestimmten der Form F, für die eine Ungleichheit

$$F(\alpha_0, \alpha_1, \ldots, \alpha_n) < \left(\frac{4}{3}\right)^{\frac{n-1}{2}}\cdot\sqrt[n]{D^{n-1}\cdot f(\mathsf{A}_0, \mathsf{A}_1, \ldots, \mathsf{A}_n)}$$

stattfindet. In gleicher Weise aber schließt man auf die Existenz von Werten der Unbestimmten der Form f von der Beschaffenheit, daß

$$f(\mathsf{A}_0', \mathsf{A}_1', \ldots, \mathsf{A}_n') < \left(\frac{4}{3}\right)^{\frac{n-1}{2}}\cdot\sqrt[n]{F(\alpha_0, \alpha_1, \ldots, \alpha_n)}$$

wird, woraus durch Verbindung mit der vorstehenden Ungleichheit sich die neue:

$$f(\mathsf{A}_0', \mathsf{A}_1', \ldots, \mathsf{A}_n') < \left(\frac{4}{3}\right)^{\frac{n^2-1}{2n}}\cdot\sqrt[n^2]{D^{n-1}\cdot f(\mathsf{A}_0, \mathsf{A}_1, \ldots, \mathsf{A}_n)}$$

ergibt, die wir einfacher schreiben:

$$f^{(1)} < l\cdot\sqrt[n^2]{f},$$

indem wir zur Abkürzung

$$\left(\frac{4}{3}\right)^{\frac{n^2-1}{2n}}\cdot\sqrt[n^2]{D^{n-1}} = l$$

setzen. Die Fortsetzung dieser Betrachtung führt zu den Formeln entsprechender Art:

$$f^{(2)} < l\cdot\sqrt[n^2]{f^{(1)}},\quad f^{(3)} < l\cdot\sqrt[n^2]{f^{(2)}},\quad \ldots,$$

aus denen für beliebig großes m

$$f^{(m)} < l^{1+\frac{1}{n^2}+\frac{1}{n^4}+\cdots+\frac{1}{n^{2(m-1)}}} \cdot \sqrt[n^{2m}]{f}$$

erschlossen wird. Daraus folgt für hinreichend großes m die Ungleichheit

$$f^{(m)} < l^{\frac{n^2}{n^2-1}},$$

d. h. mit Rücksicht auf den Wert von l

$$f^{(m)} < \left(\frac{4}{3}\right)^{\frac{n}{2}} \cdot \sqrt[n+1]{D}.$$

Es gibt also, was zu zeigen war, ein ganzzahliges Wertesystem der Unbestimmten von f, für welches diese Form kleiner wird als $\left(\frac{4}{3}\right)^{\frac{n}{2}} \cdot \sqrt[n+1]{D}$.

3. So hat also Hermite den allgemeinen Satz festgestellt: **Für jede positive quadratische Form mit n Unbestimmten und der Determinante D bleibt der kleinste mittels ganzzahliger Werte der Unbestimmten durch sie darstellbare Wert, welcher M heiße, unter der Grenze**

$$\left(\frac{4}{3}\right)^{\frac{n-1}{2}} \cdot \sqrt[n]{D},$$

oder das Verhältnis $\frac{M}{\sqrt[n]{D}}$ unterhalb $\left(\frac{4}{3}\right)^{\frac{n-1}{2}}$.

Auf diesen Umstand ließ sich nun die Reduktion der Formen mit n Unbestimmten einfach durch die Verallgemeinerung der nach Gauß von uns angegebenen Reduktion der ternären Formen begründen. Man definiere eine Form

$$f(x_1, x_2, \cdots, x_n) = \sum_{i,j} a_{ij} \cdot x_i x_j$$

mit n Unbestimmten als eine Reduzierte, wenn darin

$$(12) \qquad \begin{cases} a_{11} < \left(\frac{4}{3}\right)^{\frac{n-1}{2}} \cdot \sqrt[n]{D} \\ a_{12} \gtreqless \frac{1}{2} a_{11}, \quad a_{13} \gtreqless \frac{1}{2} a_{11}, \cdots a_{1n} \gtreqless \frac{1}{2} a_{11} \end{cases}$$

und wenn die aus ihrer Adjungierten

$$F(X_1, X_2, \cdots X_n) = \sum_{i,j} A_{ij} X_i X_j$$

durch die Annahme $X_1 = 0$ hervorgehende Form eine Reduzierte mit $n-1$ Unbestimmten ist. Hat man für binäre Formen die Reduzierten in Langrangescher Weise bestimmt, so ist auf solche Weise offenbar auch für Formen mit n Unbestimmten der Begriff der Reduzierten vollkommen festgesetzt. Hiernach läßt sich aber auch die Reduktion jeder solchen Form tatsächlich bewirken, sobald man bereits diejenige der Formen mit $n-1$ Unbestimmten zu leisten weiß, folglich läßt sich die Reduktion jeder solchen Form allgemein bewirken, da sie für binäre Formen uns schon bekannt ist.

Um dies zu übersehen, schicken wir eine Hilfsbetrachtung voraus. Geht eine Form $f(x_1, x_2, \ldots, x_n)$ durch die unimodulare Substitution

$$x_i = \alpha_{i1} y_1 + \alpha_{i2} y_2 + \cdots + \alpha_{in} y_n \quad (i = 1, 2, \ldots, n) \tag{13}$$

in die äquivalente Form $g(y_1, y_2 \ldots, y_n)$ über, so verwandelt sich bekanntlich die Adjungierte $G(Y_1, Y_2, \ldots, Y_n)$ der letzteren in die Adjungierte $F(X_1, X_2, \ldots, X_n)$ der ersteren durch die transponierte Substitution

$$Y_i = \alpha_{1i} X_1 + \alpha_{2i} X_2 + \cdots + \alpha_{ni} X_n \quad (i = 1, 2, \cdots, n) \tag{14}$$

und umgekehrt. Werden daher in G nur die letzten $n-1$ Unbestimmten $Y_2, Y_3, \ldots, Y_n$ durch ebensoviel andere $X_2, X_3, \ldots, X_n$ ersetzt, so bleibt bei der entsprechenden Transformation der Form f der Koeffizient von x_1^2 ungeändert. Wenn andererseits in f nur die erste Unbestimmte x_1 durch andere ersetzt, also etwa

$$x_1 = y_1 + \alpha_{12} y_2 + \cdots + \alpha_{1n} y_n, \quad x_2 = y_2, \cdots, x_n = y_n$$

gesetzt wird, so nimmt die Substitution (14) die Gestalt

$$Y_1 = X_1, \quad Y_2 = \alpha_{12} X_1 + X_2, \quad Y_3 = \alpha_{13} X_1 + X_3, \cdots, Y_n = a_{1n} X_1 + X_n$$

oder

$$X_1 = Y_1, \quad X_2 = Y_2 - \alpha_{12} Y_1, \quad X_3 = Y_3 - \alpha_{13} Y_1, \cdots, X_n = Y_n - \alpha_{1n} Y_1$$

an, und folglich bleibt derjenige Bestandteil von F, welcher von X_1 unabhängig ist, ungeändert.

Zur Reduktion einer gegebenen Form $f(x_1, x_2, \ldots, x_n)$ nehme man nun an, $\alpha_{11}, \alpha_{21}, \ldots, \alpha_{n1}$ sei die eigentliche Darstellung einer Zahl a_{11}, welche kleiner ist als $\left(\frac{4}{3}\right)^{\frac{n-1}{2}} \cdot \sqrt[n]{D}$, wie es eine solche nach dem Satze von Hermite stets gibt. Dann kann man eine unimodulare Substitution (13) aufstellen, in der jene darstellenden Zahlen die erste Vertikale ausmachen, und durch welche $f(x_1, x_2, \cdots, x_n)$ in eine äquivalente Form $g(y_1, y_2, \ldots, y_n)$ mit dem ersten Hauptkoeffizienten a_{11} übergeht. Die Adjungierte dieser Form sei $G(Y_1, Y_2, \ldots, Y_n)$ und

$$Y_i = \beta_{i2} Z_2 + \beta_{i3} Z_3 + \cdots + \beta_{in} Z_n$$
$$(i = 2, 3, \ldots, n)$$

eine Substitution, durch welche die Form $G(0, Y_2, Y_3, \ldots, Y_n)$ mit $n-1$ Unbestimmten in eine reduzierte Form ihrer Art verwandelt wird. Durch die Substitution

$$Y_1 = Z_1, \quad Y_i = \beta_{i2} Z_2 + \beta_{i3} Z_3 + \cdots + \beta_{in} Z_n,$$
$$(i = 2, 3, \ldots, n)$$

deren Umkehrung

$$Z_1 = Y_1, \quad Z_i = \gamma_{2i} Y_2 + \gamma_{3i} Y_3 + \cdots + \gamma_{ni} Y_n$$
$$(i = 2, 3, \ldots, n)$$

heiße, bzw. durch die ihr nach (13) und (14) entsprechende Substitution

$$y_1 = z_1, \quad y_i = \gamma_{i2} z_2 + \gamma_{i3} z_3 + \cdots + \gamma_{in} z_n$$
$$(i = 2, 3, \ldots, n)$$

geht dann die Form $g(y_1, y_2, \ldots, y_n)$ in eine neue äquivalente Form

$$h(z_1, z_2, \cdots, z_n) = a_{11}{}^0 z_1{}^2 + 2 a_{12}^0 z_1 z_2 + \cdots + 2 a_{1n}^0 z_1 z_n + \cdots$$

mit dem ersten Koeffizienten $a_{12}^0 = a_{11}$ über, deren Adjungierte

$$H(Z_1, Z_2, \ldots, Z_n)$$

so beschaffen ist, daß

$$H(0, Z_2, \cdots, Z_n) = G(0, Y_2, Y_3 \cdots, Y_n)$$

reduziert ist. Setzt man endlich

$$z_1 = u_1 + m_2 u_2 + \cdots + m_n u_n, \quad z_2 = u_2, \cdots, z_n = u_n$$

und dementsprechend

$$Z_1 = U_1, \quad Z_2 = U_2 - m_2 U_1, \cdots, \quad Z_n = U_n - m_n U_1,$$

so verwandelt sich $h(z_1, z_2, \cdots, z_n)$ in eine Form

$$h'(u_1, u_2, \cdots, u_n) = a_{11}' u_1{}^2 + 2 a_{12}' u_1 u_2 + \cdots + 2 a_{1n}' u_1 u_n + \cdots$$

mit dem ersten Koeffizienten $a_{11}' = a_{11}$ und der Adjungierten

$$H'(U_1, U_2, \ldots, U_n),$$

deren von U_1 unabhängiger Bestandteil, wie zuvor bemerkt, mit dem von Z_1 unabhängigen Bestandteile von H identisch:

$$H'(0, U_2, \cdots, U_n) = H(0, Z_2, \cdots, Z_n),$$

also eine Reduzierte mit $n-1$ Unbestimmten ist; zugleich finden sich

$$a'_{12} = a_{11} m_2 + a_{12}, \cdots, a'_{1n} = a_{11} m_n + a_{1n},$$

und durch geeignete Wahl ganzer Zahlen für $m_2, \cdots, m_n$ können diese Werte gleich oder kleiner gemacht werden als $\frac{1}{2} a_{11}$, so daß die Form h' nebst ihrer Adjungierten H' allen an Reduzierte mit n Unbestimmten gestellten Anforderungen gerecht wird. —

4. Hermite hat jedoch die vorhin aufgestellte, der Gaußschen analoge Definition reduzierter quadratischer Formen mit n Unbestimmten zugunsten einer anderen, die auch hinfort von uns bevorzugt werden soll, aufgegeben.

Man denke sich aus allen Formen einer Klasse diejenigen ausgesondert, deren erster Koeffizient gleich der kleinsten, durch die Formen mittels ganzzahliger Werte der Unbestimmten darstellbaren Zahl a_{11} ist. Von diesen Formen nehme man nun wieder nur diejenigen heraus, welche den kleinsten zweiten Hauptkoeffizienten a_{22} haben; einen solchen gibt es, da alle Hauptkoeffizienten Zahlen sind, welche durch die Form mittels ganzzahliger Werte der Unbestimmten dargestellt werden; nun sondere man von den letzteren Formen wieder diejenigen aus, für welche der dritte Hauptkoeffizient a_{33} am kleinsten ist, usw., bis zuletzt von den immer engeren Kategorien von Formen diejenigen Formen der Klasse verbleiben, bei denen auch der letzte Hauptkoeffizient a_{nn} den kleinsten Wert hat. Die so schließlich aus der Klasse ausgesonderte Form oder, wenn es deren noch mehrere gibt, ausgesonderten Formen mögen hinfort kurz als Hermitesche Reduzierte bezeichnet werden, obwohl, um die eigentlich Reduzierten der Klasse zu definieren, es noch weiterer Bestimmungen bedürfen würde.

Als erste Eigenschaft dieser Formen f erkennt man das Bestehen der Ungleichheiten

$$a_{11} \leqq a_{22} \leqq a_{33} \cdots \leqq a_{nn}. \tag{15}$$

In der Tat, fänden sie nicht sämtlich statt, sondern hätte man etwa

$$a_{11} \leqq a_{22} \cdots \leqq a_{i-1, i-1} > a_{ii},$$

so ginge durch Vertauschung von x_i mit $-x_{i-1}$ aus f eine äquivalente Form hervor, in welcher der $(i-1)^{\text{te}}$ Hauptkoeffizient $a_{i-1,i-1}$ durch einen kleineren Wert a_{ii} ersetzt wäre; somit wäre f noch nicht eine Hermitesche Reduzierte ihrer Klasse gewesen.

Ferner ist jede aus einer Hermiteschen Reduzierten durch Nullsetzen einiger der Unbestimmten entstehende Form mit einer geringeren Anzahl von Unbestimmten wieder eine Hermitesche Reduzierte der zugehörigen Art. Seien etwa

$x_h, x_i, x_k, \cdots$, wo $h < i < k < \cdots$ gedacht ist, die verbleibenden Unbestimmten mit den Hauptkoeffizienten $a_{hh}, a_{ii}, a_{kk}, \cdots$ und $\varphi(x_h, x_i, x_k, \cdots)$ die so aus f entstandene Form. Wäre sie keine Hermitesche Reduzierte, also etwa zuerst a_{kk} noch nicht der an der entsprechenden Stelle mögliche kleinste Hauptkoeffizient in der Klasse von φ, so gäbe es eine mit φ äquivalente Form, in welcher a_{hh}, a_{ii} die ersten Koeffizienten wären, an Stelle des dritten aber ein kleinerer Wert stände, und es gäbe eine unimodulare Substitution für die Unbestimmten $x_h, x_i, x_k, \ldots$, durch welche φ in diese Form überginge. Durch die unimodulare Substitution, welche die genannten Unbestimmten in der angegebenen Weise verändert, alle übrigen aber ungeändert läßt, ginge dann f in eine äquivalente Form über, deren Hauptkoeffizienten bis auf $a_{k-1,k-1}$ hin unverändert geblieben wären, während a_{kk} durch einen kleineren ersetzt würde, was der Annahme, daß f eine Hermitesche Reduzierte sei, zuwider ist.

4a. Die wichtigste Eigenschaft der Hermiteschen Reduzierten ist aber die, daß für sie eine Ungleichheit besteht von der Form

$$a_{11} \cdot a_{22} \cdots a_{nn} < \lambda_n \cdot D, \tag{16}$$

wo λ_n ein nur von n abhängiger endlicher Wert ist. Dieser von Hermite selbst nur ausgesagte Umstand ist von Stouff in in einer Arbeit, die auch andere Hermitesche Sätze begründet, in nachfolgender Weise bewiesen.[1])

Auf Grund der Darstellung (8), in welcher offenbar, indem man die Unbestimmten mit passenden Vorzeichen wählt, die γ_{ii} als nichtnegative Zahlen gedacht werden können, findet sich zunächst die positive Determinante D der Form f durch die Gleichung

$$D = (\gamma_{11}\gamma_{22} \cdots \gamma_{nn})^2 \tag{17}$$

bestimmt, woraus hervorgeht, daß die sämtlichen $\gamma_{ii} > 0$ sind. Macht man nun, wenn der Index $j > k$ gedacht wird, die Substitution

$$\begin{aligned} x_i &= x_i' + m_i \cdot x_j' \quad && (i = 1, 2, \cdots, k), \\ x_i &= x_i' && (i > k), \end{aligned}$$

so bleibt dabei jede der Linearformen $\eta_{k+1}, \cdots, \eta_n$ in ihren Koeffizienten ungeändert, während η_h für $h \overline{\gtrless} k$ um den Summanden

$$(\gamma_{hh} \cdot m_h + \gamma_{h,h+1} \cdot m_{h+1} + \cdots + \gamma_{hk} \cdot m_k) x_j'$$

verändert wird. Demnach bleiben in f sämtliche Hauptkoeffizienten ungeändert, nur der Koeffizient von x_j^2 geht in den von $x_j'^2$, d. i. in

1) Siehe Stouff, Remarques sur quelques propositions dues à Mr. Hermite. Ann. de l'Ec. Norm. (1902), t. 19, p. 89.

den Ausdruck

$$\begin{aligned}(\gamma_{11}\cdot m_1+\gamma_{12}\cdot m_2+\cdots+\gamma_{1k}\cdot m_k+\gamma_{1j})^2\\+(\gamma_{22}\cdot m_2+\cdots+\gamma_{2k}\cdot m_k+\gamma_{2j})^2\\+\cdots+(\gamma_{kk}\cdot m_k+\gamma_{kj})^2\\+\gamma_{k+1,j}^2+\cdots+\gamma_{jj}^2\end{aligned}$$

über, der bei passender Wahl der ganzen Zahlen $m_1, m_2, \ldots, m_k$ gleich oder kleiner wird als

$$\tfrac{1}{4}(\gamma_{11}^2+\gamma_{22}^2+\cdots+\gamma_{kk}^2)+\gamma_{k+1,j}^2+\cdots+\gamma_{jj}^2,$$

aber nicht kleiner sein kann als der Koeffizient von x_j^2 in der Hermiteschen Reduzierten f, d. h. als

$$\gamma_{1j}^2+\gamma_{2j}^2+\cdots+\gamma_{jj}^2.$$

Demnach ergibt sich:

Wenn $j>k$ ist, so ist

$$\gamma_{1j}^2+\gamma_{2j}^2+\cdots+\gamma_{kj}^2 \leqq \tfrac{1}{4}(\gamma_{11}^2+\gamma_{22}^2+\cdots+\gamma_{kk}^2). \tag{18}$$

Auf Grund hiervon läßt sich zeigen, daß in jeder Hermiteschen Reduzierten $f(x_1, x_2, \ldots, x_n)$

$$\gamma_{ii}<\varrho_i\cdot\gamma_{i+1,i+1} \tag{19}$$

ist, unter ϱ_i einen nur von dem Index i abhängigen endlichen Wert verstanden. Dies ist für den einfachsten Fall $n=2$ sogleich einzusehen. Denn, setzt man

$$a_{11}x_1^2+2a_{12}x_1x_2+a_{22}x_2^2=(\gamma_{11}x_1+\gamma_{12}x_2)^2+\gamma_{22}^2\cdot x_2^2,$$

so ist der Vorbemerkung zufolge

$$\gamma_{12}^2\leqq\tfrac{1}{4}\gamma_{11}^2$$

und, da

$$a_{11}=\gamma_{11}^2\leqq a_{22}=\gamma_{12}^2+\gamma_{22}^2$$

ist, folgt

$$\gamma_{11}\leqq\frac{2}{\sqrt{3}}\cdot\gamma_{22}.$$

Nehmen wir nun allgemeiner an, die Behauptung sei bereits für Hermitesche Reduzierte mit $n-1$ Unbestimmten erwiesen, so gilt sie auch für die Form

$$f(x_1, x_2, \cdots, x_{n-1}, 0)=\sum_{i=1}^{n-1}(\gamma_{ii}x_i+\gamma_{i,i+1}\cdot x_{i+1}+\cdots+\gamma_{i,n-1}x_{n-1})^2,$$

und folglich bestehen Ungleichheiten von folgender Gestalt:

$$\gamma_{11}<\varrho_1\cdot\gamma_{22},\quad \gamma_{22}<\varrho_2\cdot\gamma_{33}, \cdots, \gamma_{n-2,n-2}<\varrho_{n-2}\cdot\gamma_{n-1,n-1}, \tag{20}$$

und es bleibt nur zu zeigen, daß auch noch eine Ungleichheit

(21) $$\gamma_{n-1,\,n-1} < \varrho_{n-1} \cdot \gamma_{nn}$$

stattfinden muß. Zu diesem Zwecke folgern wir zunächst aus (20) für jeden Index $k \gtreqless n-1$ die Ungleichheiten

$$\gamma_{k-1,k-1} < \varrho_{k-1} \cdot \gamma_{kk},\ \gamma_{k-2,k-2} < \varrho_{k-2}\varrho_{k-1}\gamma_{kk}, \cdots,\ \gamma_{11} < \varrho_1\varrho_2 \cdots \varrho_{k-1} \cdot \gamma_{kk}$$

und folglich

$$\gamma_{11}^2 + \gamma_{22}^2 + \cdots + \gamma_{kk}^2 < \gamma_{kk}^2 (1 + \varrho_{k-1}^2 + \varrho_{k-2}^2\varrho_{k-1}^2 + \cdots + \varrho_1^2\varrho_2^2 \cdots \varrho_{k-1}^2)$$

oder, indem zur Abkürzung

$$r_k^2 = \frac{2}{1 + \varrho_{k-1}^2 + \cdots + \varrho_1^2\varrho_2^2 \cdots \varrho_{k-1}^2}$$

gesetzt wird,

(22) $$\gamma_{11}^2 + \gamma_{22}^2 + \cdots + \gamma_{kk}^2 < 2 \cdot \left(\frac{\gamma_{kk}}{r_k}\right)^2.$$

Entweder besteht nun für alle Indizes $k < n-1$ die Beziehung

(23) $$\gamma_{kk} > r_k \cdot \gamma_{k+1,k+1}.$$

Dann folgt die andere:

$$\gamma_{11}^{n-2} > r_1^{n-2} \cdot r_2^{n-3} \cdots r_{n-2} \cdot \gamma_{22}\gamma_{33} \cdots \gamma_{n-1,\,n-1}.$$

Da aber nach dem Hermiteschen Satze in Nr. 3 der Koeffizient $a_{11} = \gamma_{11}^2$ der Hermiteschen Reduzierten $f(x_1, x_2, \ldots, x_n)$ unterhalb der Grenze

$$\left(\frac{4}{3}\right)^{\frac{n-1}{2}} \cdot \sqrt[n]{D}$$

liegt, so findet sich mit Rücksicht auf die Formel (17)

$$\gamma_{11}^n < \left(\frac{4}{3}\right)^{\frac{n(n-1)}{4}} \cdot \gamma_{11}\gamma_{22} \cdots \gamma_{nn},$$

eine Ungleichheit, die mit der voraufgehenden verbunden zur folgenden führt:

$$\gamma_{11} \cdot r_1^{n-2} r_2^{n-3} \cdots r_{n-2} < \left(\frac{4}{3}\right)^{\frac{n(n-1)}{4}} \cdot \gamma_{nn},$$

die um so mehr also, da aus (23)

$$\gamma_{n-1,\,n-1} \cdot r_1 r_2 \cdots r_{n-2} < \gamma_{11}$$

hervorgeht, zur Ungleichheit (21) führt, wenn

$$\frac{\left(\frac{4}{3}\right)^{\frac{n(n-1)}{4}}}{r_1^{n-1} r_2^{n-2} \cdots r_{n-2}^2} = \varrho_{n-1}$$

gesetzt wird.

Oder es gibt unter den Indizes $1, 2, \ldots, n-2$ einen größten Index k, für welchen noch

(25) $$\gamma_{kk} \overline{\gtrless} r_k \cdot \gamma_{k+1,k+1},$$

während für alle Indizes $i > k$ jener Reihe

(26) $$\gamma_{ii} > r_i \cdot \gamma_{i+1,i+1}$$

ist. Schreiben wir in dieser Voraussetzung die Formel (8) in der Gestalt

$$f(x_1, x_2, \cdots, x_n) = \eta_1^2 + \eta_2^2 + \cdots \eta_k^2 + \varphi(x_{k+1}, x_{k+2}, \cdots x_n),$$

indem wir mit $\varphi(x_{k+1}, x_{k+2}, \cdots x_n)$ die Form

$$\eta_{k+1}^2 + \eta_{k+2}^2 + \cdots + \eta_n^2$$

mit $n-k$ Unbestimmten bezeichnen. Durch eine unimodulare Substitution

(27) $$x_i = \sum_{j=k+1}^{n} \beta_{ij} \cdot x_j', \quad (i = k+1, k+2, \cdots, n)$$

kann letztere in eine Hermitesche Reduzierte

$$\psi = \sum_{(i,j=k+1,\, k+2, \ldots, n)} c_{ij} \cdot x_i x_j$$

übergeführt werden; verbindet man aber die Substitution (27) mit den Gleichungen

$$x_i = x_i' + \beta_{i,k+1} \cdot x_{k+1}'$$
$$(i = 1, 2, \cdots, k)$$

zu einer unimodularen Substitution für die Unbestimmten $x_1, x_2, \ldots, x_n$, so geht durch letztere die Form f in eine äquivalente Form über, deren erste k Hauptkoeffizienten diejenigen der Form f sind, während der $(k+1)^{\text{te}}$ durch den Ausdruck

$$\sum_{i=1}^{k} (\gamma_{ii} \cdot \beta_{i,k+1} + \gamma_{i,i+1} \cdot \beta_{i+1,k+1} + \cdots + \gamma_{in} \cdot \beta_{n,k+1})^2 + c_{k+1,k+1}$$

gegeben wird. Durch passende Wahl der ganzen Zahlen $\beta_{k,k+1}$, $\beta_{k-1,k+1} \cdots \beta_{2,k+1}, \beta_{1,k+1}$ können die einzelnen Summanden gleich oder kleiner gemacht werden als bzw. $\frac{1}{4}\gamma_{kk}^2, \frac{1}{4}\gamma_{k-1,k-1}^2, \cdots, \frac{1}{4}\gamma_{11}^2$, der ganze Koeffizientenausdruck also gleich oder kleiner als

$$\tfrac{1}{4}(\gamma_{11}^2 + \gamma_{22}^2 + \cdots + \gamma_{kk})^2 + c_{k+1,k+1}.$$

Da sein Wert aber nicht geringer sein darf als der $(k+1)^{\text{te}}$ Hauptkoeffizient

$$\gamma_{1,k+1}^2 + \gamma_{2,k+1}^2 + \cdots + \gamma_{k+1,k+1}^2$$

der Hermiteschen Reduzierten f, so ergibt sich a fortiori die Beziehung: $\gamma_{k+1,k+1}^2 \gtreqless \frac{1}{4}(\gamma_{11}^2 + \gamma_{22}^2 + \cdots + \gamma_{kk}^2) + c_{k+1,k+1}$;

durch ihre Verbindung mit (22) und (25) erschließt man die neue:

$$(28) \qquad \gamma_{k+1,k+1}^2 \gtreqless 2 \cdot c_{k+1,k+1}.$$

Diese nimmt, da nach dem Hermiteschen Satze

$$c_{k+1,k+1} < \left(\frac{4}{3}\right)^{\frac{n-k-1}{2}} \cdot \sqrt[n-k]{D'}$$

ist, unter D' die Determinante der Form φ oder ψ verstanden, deren Wert durch die Gleichung

$$D' = (\gamma_{k+1,k+1} \cdots \gamma_{nn})^2$$

bestimmt wird, die nachstehende Gestalt an:

$$\gamma_{k+1,k+1}^2 < 2 \cdot \left(\frac{4}{3}\right)^{\frac{n-k-1}{2}} \cdot (\gamma_{k+1,k+1} \cdots \gamma_{nn})^{\frac{2}{n-k}},$$

also wird

$$\gamma_{k+1,k+1}^{n-k} < 2^{\frac{n-k}{2}} \cdot \left(\frac{4}{3}\right)^{\frac{(n-k)(n-k-1)}{4}} \cdot \gamma_{k+1,k+1} \cdots \gamma_{nn}.$$

Wäre etwa $k = n - 2$, so lautete diese Beziehung einfach

$$\gamma_{n-1,n-1} < 2 \cdot \left(\tfrac{4}{3}\right)^{1/2} \cdot \gamma_{nn},$$

und die Behauptung (21) wäre bewiesen. Andernfalls folgt aus (26) die Ungleichheit

$$\gamma_{k+1,k+1}^{n-k-2} > r_{k+1}^{n-k-2} \cdot r_{k+2}^{n-k-3} \cdots r_{n-2} \cdot \gamma_{k+2,k+2} \cdots \gamma_{n-1,n-1}$$

und durch ihre Verbindung mit der vorangehenden die neue:

$$r_{k+1,}^{n-k-2} \cdot r_{k+2}^{n-k-3} \cdots r_{n-2} \cdot \gamma_{k+1,k+1} < 2^{\frac{n-k}{2}} \cdot \left(\frac{4}{3}\right)^{\frac{(n-k)(n-k-1)}{4}} \cdot \gamma_{nn}$$

und schließlich, da wegen (26)

$$\gamma_{k+1,k+1} > r_{k+1} \cdot r_{k+2} \cdots r_{n-2} \cdot \gamma_{n-1,n-1}$$

ist, die Ungleichheit (21), wenn

$$\frac{2^{\frac{n-k}{2}} \cdot \left(\frac{4}{3}\right)^{\frac{(n-k)(n-k-1)}{4}}}{r_{k+1}^{n-k-1} \cdot r_{k+2}^{n-k-2} \cdots r_{n-2}^{2}} = \varrho_{n-1}$$

gesetzt wird.

Hiermit ist der in (19) behauptete Satz vollständig bewiesen.

Beachtet man nun endlich, daß nach Formel (8) der Hauptkoeffizient a_{ii} der Form f durch die Gleichung

$$a_{ii} = (\gamma_{1i}^2 + \gamma_{2i}^2 + \cdots + \gamma_{i-1,i}^2) + \gamma_{ii}^2$$

gegeben wird, so folgt wegen (18)

$$a_{ii} < \tfrac{1}{4}(\gamma_{11}^2 + \gamma_{22}^2 + \cdots + \gamma_{i-1,i-1}^2) + \gamma_{ii}^2,$$

also mit Rücksicht auf den Satz (19)

$$a_{ii} < \gamma_{ii}^2\left(1 + \frac{\varrho_{i-1}^2 + \varrho_{i-2}^2\varrho_{i-1}^2 + \cdots + \varrho_1^2\varrho_2^2 \cdots \varrho_{i-1}^2}{4}\right),$$

wofür kürzer

$$a_{ii} < \nu_i \cdot \gamma_{ii}^2$$

gesetzt werde. Daraus folgt dann für

$$\nu_1\nu_2 \cdots \nu_n = \lambda_n$$

das Stattfinden der Beziehung

$$a_{11}a_{22} \cdots a_{nn} < \lambda_n \cdot (\gamma_{11}\gamma_{22} \cdots \gamma_{nn})^2 = \lambda_n \cdot D,$$

wie der in (16) ausgesprochene Satz es behauptet.

Ist dieser Satz hierdurch bewiesen, so folgt daraus nun in Beachtung der Ungleichheiten (15) sogleich weiter

$$(29) \qquad a_{11} < \mu_n \cdot \sqrt[n]{D},$$

wenn $\mu_n = \lambda_n^{1/n}$ gedacht wird. Man erhält also aufs neue den Hermiteschen Fundamentalsatz, ohne freilich über den Wert der Schranke μ_n eine nähere Aussage machen zu können.

5. Haben wir diese Ergebnisse aus der Formel (8) gewonnen unter der Voraussetzung, daß $f(x_1, x_2, \ldots, x_n)$ eine Hermitesche Reduzierte sei, so wollen wir nun zeigen, daß jede Form einer anderen Form f äquivalent ist, für welche die Linearformen η_i der Formel (8) einen besonderen Charakter aufweisen.

Zunächst kann die Form in eine äquivalente verwandelt werden, deren erster Koeffizient a_{11} die kleinste durch sie oder ihre Klasse mittels ganzzahliger Werte der Unbestimmten darstellbare Zahl ist, die wir M_1 nennen. Es sei

$$f(x_1, x_2, \cdots x_n) = \sum_{(i, j = 1, 2 \ldots n)} a_{ij}x_ix_j$$

diese Form. Dann setze man dafür

$$M_1\left(x_1 + \frac{a_{12}}{a_{11}}x_2 + \cdots + \frac{a_{1n}}{a_{11}}x_n\right)^2 + \varphi(x_2, x_3, \cdots, x_n),$$

wobei $M_1 = a_{11}$ und $\varphi(x_2, x_3, \cdots, x_n)$ eine offenbar positive Form von nur noch $n - 1$ Unbestimmten ist. Auch diese hat ein Minimum M_2

und kann durch eine auf die Unbestimmten $x_2, x_3, \cdots x_n$ bezügliche unimodulare Substitution in eine äquivalente verwandelt werden, deren erster Koeffizient M_2 ist, wobei die allgemeine Form des ersten Gliedes im vorigen Ausdrucke nicht verändert wird. Entsprechend kann man daher schreiben:

$$M_1(x_1+\alpha_{12}x_2+\cdots\alpha_{1n}x_n)^2+M_2(x_2+\alpha_{23}x_3+\cdots+\alpha_{2n}x_n)^2+\psi(x_3,\cdots,x_n)$$

und kann nun in gleicher Weise fortfahren. So nimmt die mit der Ausgangsform äquivalente Form schließlich den Ausdruck an:

$$(30)\quad \begin{cases} M_1(x_1+\alpha_{12}x_2+\cdots+\alpha_{1n}x_n)^2+M_2(x_2+\alpha_{23}x_3+\cdots+\alpha_{2n}x_n)^2 \\ +M_3(x_3+\cdots+\alpha_{3n}x_n)^2+\cdots+M_{n-1}(x_{n-1}+\alpha_{n-1,n}x_n)^2 \\ \qquad +M_nx_n^2, \end{cases}$$

in welchem M_1 das Minimum von f, M_2 dasjenige von φ, M_3 dasjenige von ψ usw. ist. Ersetzt man aber x_{n-1} durch $x_{n-1}+m_{n-1,n}\cdot x_n$, so bleibt die allgemeine Gestalt dieses Ausdruckes unverändert, durch geeignete Wahl der ganzen Zahl $m_{n-1,n}$ jedoch geht $x_{n-1}+\alpha_{n-1,n}\cdot x_n$ in einen Ausdruck derselben Form über, wo nun $\alpha_{n-1,n}$ absolut gleich oder kleiner ist als $\frac{1}{2}$. Wird darauf x_{n-2} durch

$$x_{n-2}+m_{n-2,n-1}\cdot x_{n-1}+m_{n-2,n}\cdot x_n$$

ersetzt, was die folgenden Glieder des Ausdruckes unberührt und seine allgemeine Gestalt unverändert läßt, und werden die ganzen Zahlen $m_{n-2,n-1}, m_{n-2,n}$ passend gewählt, so geht

$$x_{n-2}+\alpha_{n-2,n-1}\cdot x_{n-1}+\alpha_{n-2,n}\cdot x_n$$

in einen Ausdruck gleicher Gestalt über, wobei nun aber $\alpha_{n-2,n-1}$ und $\alpha_{n-2,n}$ absolut gleich oder kleiner als $\frac{1}{2}$ sind. So fortfahrend sieht man, daß im Ausdrucke (30) der mit f äquivalenten Form sämtliche Koeffizienten α_{ik} absolut gleich oder kleiner als $\frac{1}{2}$ vorausgesetzt werden können. Diese nach Minimalwerten fortschreitende Form mag hinfort kurz eine Minima-Form der Klasse heißen. Aus der Art, wie sie gewonnen worden ist, ersieht man unmittelbar, daß, wenn man mehrere Anfangsglieder unterdrückt, der Rest noch eine Minima-Form für die dann überbleibende Form mit der geringeren Anzahl von Unbestimmten darstellt. Dasselbe wird aber auch der Fall sein, wenn man mehreren der letzten Unbestimmten $x_n, x_{n-1}, x_{n-2}, \cdots$ den Wert Null beilegt, sowie auch, wenn beides gleichzeitig geschieht.

Für binäre Formen hat jede Minima-Form den Ausdruck

$$M_1(x_1+\alpha_{12}x_2)^2+M_2x_2^2,$$

wo M_1 der Minimalwert der Form und α_{12} absolut gleich oder kleiner als $\frac{1}{2}$ ist. Da sie für $x_1=0$, $x_2=1$ den Wert $M_1\cdot\alpha_{12}^2+M_2$ annimmt, der nicht kleiner sein kann als M_1, findet sich

$$M_1 \gtreqless M_1 \cdot \alpha_{12}^2 + M_2 \gtreqless \frac{M_1}{4} + M_2,$$

also

$$M_2 \gtreqless \tfrac{3}{4} \cdot M_1.$$

Da nun für eine Form mit n Unbestimmten den voraufgeschickten Bemerkungen zufolge die binären Formen

$$\begin{gathered} M_1(x_1 + \alpha_{12}x_2)^2 + M_2 x_2^2 \\ M_2(x_2 + \alpha_{23}x_3)^2 + M_3 x_3^2 \\ \cdot\ \cdot\ \cdot\ \cdot\ \cdot\ \cdot\ \cdot\ \cdot\ \cdot\ \cdot \\ M_{n-1}(x_{n-1} + \alpha_{n-1,n} \cdot x_n)^2 + M_n x_n^2 \end{gathered}$$

sämtlich Minima-Formen sind, so ergeben sich die Ungleichheiten

$$M_2 \gtreqless \tfrac{3}{4} M_1, \quad M_3 \gtreqless \tfrac{3}{4} M_2, \cdots, M_n \gtreqless \tfrac{3}{4} M_{n-1}. \tag{31}$$

Ihnen zufolge geht aus der Gleichung

$$M_1 M_2 \cdots M_n = D, \tag{32}$$

durch welche die Determinante D der Form f bestimmt wird, von neuem die Hermitesche Grenzbestimmung

$$M_1^n \gtreqless \left(\frac{4}{3}\right)^{\frac{n(n-1)}{2}} \cdot D \tag{33}$$

oder

$$M_1 \gtreqless \left(\frac{4}{3}\right)^{\frac{n-1}{2}} \cdot \sqrt[n]{D} \tag{34}$$

hervor.[1])

Ebenso, wie aus (32) mit Rücksicht auf die Ungleichheiten (31) die Formel (33) erhalten ist, finden sich aber auch die folgenden:

$$\left\{\begin{aligned} M_2^{n-1} &\gtreqless \left(\frac{4}{3}\right)^{\frac{(n-1)(n-2)}{2}} \cdot \frac{D}{M_1} \\ M_3^{n-2} &\gtreqless \left(\frac{4}{3}\right)^{\frac{(n-2)(n-3)}{2}} \cdot \frac{D}{M_1 M_2} \\ &\cdot\ \cdot\ \cdot\ \cdot\ \cdot\ \cdot\ \cdot\ \cdot\ \cdot\ \cdot\ \cdot\ \cdot \\ M_{n-1}^2 &\gtreqless \frac{4}{3} \cdot \frac{D}{M_1 M_2 \ldots M_{n-2}} \\ M_n &= \frac{D}{M_1 M_2 \ldots M_{n-1}}. \end{aligned}\right. \tag{33a}$$

1) Siehe Korkine u. Zolotareff, Math. Annalen, Bd. 6, S. 373.

Durch diese und die Ungleichheiten (31) sind die Minima $M_2, M_3, \ldots M_n$ zwischen zwei Grenzen eingeschlossen, welche durch n, D und M_1 bestimmt sind; das Minimum M_1 bleibt der Hermiteschen Grenzbestimmung gemäß unterhalb eines nur von n und D abhängigen Wertes; gibt es aber bei den betreffenden Formen auch eine Grenze, oberhalb deren M_1 bleiben muß, so werden sämtliche Minima $M_1, M_2, M_3, \ldots M_n$ auf endliche Intervalle beschränkt. Dies ist gewiß der Fall bei ganzzahligen quadratischen Formen, da bei solchen stets $M_1 \overline{\gtrless} 1$ sein muß. Da nun für solche der Formel (30) gemäß alle Koeffizienten der Form ebenfalls auf endliche Intervalle beschränkt bleiben, und da sie zugleich ganzzahlig sind, so kann es bei derartigen Formen nur endlich viele verschiedene Formen (30), also auch nur eine endliche Anzahl der durch sie repräsentierten Klassen äquivalenter Formen mit der Determinante D geben. Man hat somit den Satz bewiesen:

Die Anzahl der Klassen äquivalenter ganzzahliger positiver Formen mit gegebener Determinante ist endlich.[1])

6. Für eine ternäre Minima-Form

$$M_1(x_1 + \alpha_{12}x_2 + \alpha_{13}x_3)^2 + M_2(x_2 + \alpha_{23}x_3)^2 + M_3x_3^2$$

gelten nach (31) die Ungleichheiten

$$M_2 \overline{\gtrless} \tfrac{3}{4}M_1, \quad M_3 \overline{\gtrless} \tfrac{9}{16}M_1.$$

Korkine und Zolotareff haben jedoch a. a. O. nachgewiesen, daß die letztere Schranke durch die genauere

$$M_3 \overline{\gtrless} \tfrac{2}{3}M_1$$

ersetzt werden darf. Da nun für eine Minima-Form (30) mit n Unbestimmten, wie vorbemerkt ist, die folgenden ternären Formen:

$$M_1(x_1 + \alpha_{12}x_2 + \alpha_{13}x_3)^2 + M_2(x_2 + \alpha_{23}x_3)^2 + M_3x_3^2$$
$$M_2(x_2 + \alpha_{23}x_3 + \alpha_{24}x_4)^2 + M_3(x_3 + \alpha_{34}x_4)^2 + M_4x_4^2$$
$$\cdots\cdots\cdots$$
$$M_{n-2}(x_{n-2} + \alpha_{n-2,n-1}\cdot x_{n-1} + \alpha_{n-2,n}\cdot x_n)^2 + M_{n-1}(x_{n-1} + \alpha_{n-1,n}\, x_n^2) + M_n x_n^2$$

ebenfalls Minima-Formen sind, so ergeben sich nachstehende Ungleichheiten:

$$M_2 \overline{\gtrless} \tfrac{3}{4}M_1, \quad M_3 \overline{\gtrless} \tfrac{2}{3}M_1,$$
$$M_4 \overline{\gtrless} \tfrac{2}{3}M_2 \overline{\gtrless} \tfrac{2}{3}\cdot\tfrac{3}{4}M_1$$
$$M_5 \overline{\gtrless} \tfrac{2}{3}M_3 \overline{\gtrless} (\tfrac{2}{3})^2\cdot M_1$$

1) Siehe die erste Abteilung dieses Werkes, S. 424.

usw., woraus allgemein

$$M_{2i} \overline{\gtrless} (\tfrac{2}{3})^{i-1} \cdot \tfrac{3}{4} M_1, \quad M_{2i+1} \overline{\gtrless} (\tfrac{2}{3})^i \cdot M_1$$

geschlossen wird. Verbindet man aber diese Ungleichheiten mit der Gleichung (32), so erhält man ohne Mühe die nachfolgenden Grenzbestimmungen für das Minimum M_1 der Klasse:

Ist n gerade, $n = 2m$, so ist

$$\text{(35a)} \qquad M_1 \overline{\lessgtr} \frac{3^{\frac{m-2}{2}}}{2^{\frac{m-3}{2}}} \cdot \sqrt[n]{D},$$

ist n ungerade, $n = 2m + 1$, so ist

$$\text{(35b)} \qquad M_1 \overline{\lessgtr} \sqrt[n]{\frac{3^{m(m-1)} \cdot D}{2^{m(m-2)}}}.$$

Diese Bestimmungen sind wesentlich enger als die bisher nach Hermite gegebenen. Für $n = 2, 3, 4, 5$ finden sich die folgenden Grenzen:

$$\sqrt{\tfrac{4}{3} D}, \quad \sqrt[3]{2D}, \quad \sqrt[4]{4D}, \quad \sqrt[5]{9D}.$$

Von ihnen sind die ersten drei genau, d. h., während für jede quadratische Form mit der bezüglichen Anzahl von Unbestimmten und der Determinante D ihr Minimalwert nicht größer ist, als die angegebene Schranke, so kann er nicht für jede von ihnen kleiner sein als sie, vielmehr gibt es eine Form, für die er der Schranke gleich ist. Derartige Formen sind bzw. die folgenden:

$$\sqrt{\frac{4D}{3}} \left(\left[x_1 + \frac{1}{2} x_2 \right]^2 + \frac{3}{4} x_2^2 \right)$$
$$= \sqrt{\tfrac{4}{3} D} (x_1^2 + x_2^2 + x_1 x_2),$$

$$\sqrt[3]{2D} ([x_1 + \tfrac{1}{2} x_2 + \tfrac{1}{2} x_3]^2 + \tfrac{3}{4} [x_2 + \tfrac{1}{3} x_3]^2 + \tfrac{2}{3} x_3^2)$$
$$= \sqrt[3]{2D} (x_1^2 + x_2^2 + x_3^2 + x_1 x_2 + x_1 x_3 + x_2 x_3),$$

$$\sqrt[4]{4D} ([x_1 + \tfrac{1}{2} x_2 + \tfrac{1}{2} x_3 + \tfrac{1}{2} x_4]^2 + \tfrac{3}{4} [x_2 + \tfrac{1}{3} x_3 + \tfrac{1}{3} x_4]^2 + \tfrac{2}{3} [x_3 + \tfrac{1}{2} x_4]^2 + \tfrac{1}{2} x_4^2)$$
$$= \sqrt[4]{4D} (x_1^2 + x_2^2 + x_3^2 + x_4^2 + x_1 x_2 + x_1 x_3 + x_1 x_4 + x_2 x_3 + x_2 x_4).$$

Für quaternäre Formen haben Korkine und Zolotareff die angegebene Schranke auch auf einem anderen Wege hergeleitet, der beachtenswerterweise nur für sie zum Ziele führt.[1]) Sei

$$f(x_1, x_2, x_3, x_4)$$

1) Mathem. Annalen, Bd. 5, S. 581.

eine quaternäre positive Form mit der Determinante D, deren erster Koeffizient a dem Minimalwerte der Klasse gleich ist. Ihre Adjungierte sei

$$F(X_1, X_2, X_3, X_4).$$

Das Minimum der positiven ternären Form

$$F(0, X_2, X_3, X_4)$$

sei M und $X_2 = \xi_2$, $X_3 = \xi_3$, $X_4 = \xi_4$ eine Darstellung desselben, wobei offenbar ξ_2, ξ_3, ξ_4 Zahlen ohne gemeinsamen Teiler sein müssen.

Nach **Gauß** lassen sich daher (siehe die erste Abt. dieses Werkes, S. 55) ganze Zahlen $l_2, l_3, l_4, m_2, m_3, m_4$ so angeben, daß

$$l_3 m_4 - l_4 m_3 = \xi_2, \quad l_4 m_2 - l_2 m_4 = \xi_3, \quad l_2 m_3 - l_3 m_2 = \xi_4$$

wird, und weiter, da diese Zahlen ohne gemeinsamen Teiler sind, andere Zahlen n_2, n_3, n_4 so, daß die Determinante

$$\begin{vmatrix} l_2 & m_2 & n_2 \\ l_3 & m_3 & n_3 \\ l_4 & m_4 & n_4 \end{vmatrix} = 1$$

wird. Dann bezeichnen die Gleichungen

$$\begin{aligned} x_1 &= y_1 + l_1 y_2 + m_1 y_3 + n_1 y_4 \\ x_2 &= \phantom{y_1 +{}} l_2 y_2 + m_2 y_3 + n_2 y_4 \\ x_3 &= \phantom{y_1 +{}} l_3 y_2 + m_3 y_3 + n_3 y_4 \\ x_4 &= \phantom{y_1 +{}} l_4 y_2 + m_4 y_3 + n_4 y_4 \end{aligned}$$

mit ganzzahligen l_1, m_1, n_1 eine unimodulare Substitution, durch welche f in eine äquivalente Form $\varphi(y_1, y_2, y_3, y_4)$ übergeht, deren erster Koeffizient ungeändert gleich a ist. Da er das Minimum dieser Form sein muß, ist er es offenbar auch für die ternäre Form $\varphi(y_1, y_2, y_3, 0)$ deren Determinante Δ heiße. Diese Form ist durch die quaternäre Form f mittels der Substitution

$$\begin{aligned} x_1 &= y_1 + l_1 y_2 + m_1 y_3 \\ x_2 &= \phantom{y_1 +{}} l_2 y_2 + m_2 y_3 \\ x_3 &= \phantom{y_1 +{}} l_3 y_2 + m_3 y_3 \\ x_4 &= \phantom{y_1 +{}} l_4 y_2 + m_4 y_3 \end{aligned}$$

und daher (s. die erste Abt., S. 564) ihre Determinante Δ durch die Adjungierte F mittels der Werte

$$X_1 = 0, \quad X_2 = l_3 m_4 - l_4 m_3, \quad X_3' = l_4 m_2 - l_2 m_4, \quad X_4' = l_2 m_3 - l_3 m_2$$

darstellbar, d. h. man hat

$$\Delta = F(0, \xi_2, \xi_3, \xi_4) = M.$$

Da nun die Determinante der Form $F(0, X_1, X_2, X_3)$ gleich $D^2 a$ ist, so erhält man nach der oben gegebenen engeren Schranke für den Minimalwert ternärer Formen die Ungleichheiten

$$M \gtreqless \sqrt[3]{2D^2 a}, \quad a \gtreqless \sqrt[3]{2\Delta} = \sqrt[3]{2M}$$

und aus ihrer Verbindung miteinander die nachzuweisende Grenzbestimmung

$$a \gtreqless \sqrt[4]{4D}.$$

Weiter haben die genannten Forscher aus ihrer für ternäre Formen angegebenen Schranke des Minimalwertes derselben noch einen neuen Beweis des Seeberschen Satzes hergeleitet, auf den wir nicht verfehlen, hier wenigstens hinzuweisen.

7. Nachdem nun schon auf mehrfache Weise der Hermitesche Satz über die Schranke für das Minimum einer Klasse hergeleitet worden ist, wollen wir jetzt zeigen, wie er am unmittelbarsten sich aus der zahlengeometrischen Grundlage ergibt, die im vorigen Kapitel entwickelt worden ist. Es bedarf dazu nur noch einer Ausdehnung der Betrachtungen des sechsten Kapitels über das Gitter einer positiven ternären quadratischen Form auf den n-dimensionalen Raum und die Formen mit n Unbestimmten.

Mit $\mathfrak{p}$ bezeichnen wir einen beliebigen Punkt des n-dimensionalen Raumes, und seine rechtwinkligen Koordinaten jetzt mit $\xi_1, \xi_2, \ldots \xi_n$.

Dasselbe Zeichen bedeute auch den Vektor nach diesem Punkte, d. h. die Gesamtheit der Punkte $t\xi_1, t\xi_2, \ldots, t\xi_n$ für das Intervall $t = 0$ bis $t = 1$; endlich bedeute $\bar{\mathfrak{p}}$ die Länge dieses Vektors oder

$$\bar{\mathfrak{p}} = \sqrt{\xi_1^2 + \xi_2^2 + \cdots + \xi_n^2}. \tag{34}$$

Sind nun n solche Punkte gegeben:

$$\mathfrak{p}_i \text{ mit den Koordinaten } \alpha_{i1}, \alpha_{i2}, \ldots, \alpha_{in} \tag{35}$$
$$(i = 1, 2, \cdots, n)$$

und ist die aus den letzteren gebildete Determinante

$$\mathsf{A} = |\alpha_{ik}| \tag{36}$$

von Null verschieden, so ergeben offenbar die Formeln

$$\xi_k = \alpha_{1k}x_1 + \alpha_{2k}x_2 + \cdots + \alpha_{nk}x_k \tag{37}$$
$$(k = 1, 2, \ldots, n)$$

jeden Punkt $\mathfrak{p}$ des n-dimensionalen Raumes und jeden von ihnen auch nur einmal, wenn man die Unbestimmten $x_1, x_2, \ldots, x_n$ alle reellen Werte durchlaufen läßt. Erteilt man ihnen aber nur alle möglichen ganzzahligen Werte, so bestimmen die Formeln (37) eine Gesamtheit von Punkten, die als n-dimensionales Raumgitter angesprochen werden darf. Die Punkte $\mathfrak{p}_i$ für $i = 1, 2, \cdots, n$ sind seine Grundpunkte, welche den besonderen Annahmen

$$x_i = 1, \quad x_k = 0 \text{ für } k \gtrless i$$

bzw. entsprechen, und die Vektoren $\mathfrak{p}_i$ sind die Kanten seines Grundparallelepipeds je von der Länge

$$\bar{\mathfrak{p}}_i = \sqrt{\alpha_{i1}^2 + \alpha_{i2}^2 + \cdots + \alpha_{in}^2}\,.$$

Die für ganzzahlige x_i dieses Raumgitter analytisch aussprechenden Formeln (37) lassen sich symbolisch in die folgende:

$$\mathfrak{p} = \mathfrak{p}_1 x_1 + \mathfrak{p}_2 x_2 + \cdots + \mathfrak{p}_n x_n \tag{38}$$

zusammenfassen. Ist nun $\mathfrak{q}$ ein zweiter Vektor, dessen Endpunkt die Koordinaten

$$\eta_k = \alpha_{1k} y_1 + \alpha_{2k} y_2 + \cdots + \alpha_{nk} y_n$$
$$(k = 1, 2, \ldots, n)$$

habe, so daß

$$\mathfrak{q} = \mathfrak{p}_1 y_1 + \mathfrak{p}_2 y_2 + \cdots + \mathfrak{p}_n y_n$$

gesetzt werden kann, so soll unter dem Produkte $\mathfrak{P}$ beider Vektoren $\mathfrak{p}, \mathfrak{q}$ der Wert

$$\mathfrak{P} = \mathfrak{p}\mathfrak{q} = \xi_1 \eta_1 + \xi_2 \eta_2 + \cdots + \xi_n \eta_n \tag{39}$$

verstanden werden. Daraus folgt, übereinstimmend mit (34)

$$\mathfrak{p} \cdot \mathfrak{p} = \xi_1^2 + \xi_2^2 + \cdots + \xi_n^2 = \bar{\mathfrak{p}}^2. \tag{40}$$

Da aber (39) auch folgendermaßen geschrieben werden kann:

$$\mathfrak{p} \cdot \mathfrak{q} = \sum_{k=1}^{n} (\alpha_{1k} x_1 + \cdots + \alpha_{1n} x_n)(\alpha_{1k} y_1 + \cdots + \alpha_{1n} y_n)$$
$$= \sum_{k=1}^{n} \sum_{i,j} \alpha_{ik} \alpha_{jk} x_i y_j,$$

oder, wenn zur Abkürzung

$$\sum_{k=1}^{n} \alpha_{ik} \alpha_{jk} = a_{ij} = a_{ji}$$

gesetzt wird,

$$\mathfrak{p} \cdot \mathfrak{q} = \sum_{(i,j=1,2,\ldots,n)} a_{ij} \cdot x_i y_j,$$

so findet sich insbesondere

(41) $$\overline{\mathfrak{p}}^2 = \mathfrak{p} \cdot \mathfrak{p} = \sum_{i,j} a_{ij} \cdot x_i x_j,$$

d. h. $\overline{\mathfrak{p}}$ als die Quadratwurzel aus der quadratischen Form

(42) $$f(x_1, x_2, \cdots, x_n) = \sum_{i,j} a_{ij} \cdot x_i x_j.$$

Jedem n-dimensionalen Raumgitter sieht man somit eine quadratische Form mit n Unbestimmten zugeordnet, welche durch Vergleichung der beiden Ausdrücke (40) und (41) für $\overline{\mathfrak{p}}^2$ als eine wesentlich positive erkannt wird, da ihr Wert, der wegen (40) nicht negativ sein kann, auch nur für

$$\xi_1 = 0, \quad \xi_2 = 0, \cdots, \quad \xi_n = 0,$$

d. i. nach der über die Determinante A gemachten Voraussetzung nur für das System

$$x_1 = 0, \; x_2 = 0, \cdots, x_n = 0$$

verschwinden kann.

8. Umgekehrt aber entspricht auch jeder positiven quadratischen Form mit n Unbestimmten ein n-dimensionales Raumgitter der angegebenen Art. Denn, wird eine solche Form (42) nach Formel (3) in die Gestalt gesetzt:

(43) $$f(x_1, x_2, \cdots x_n) = \xi_1^{\,2} + \xi_2^{\,2} + \cdots + \xi_n^{\,2},$$

wo die ξ_k Linearformen von der Gestalt (37) sind, und werden dann $\xi_1, \xi_2, \ldots, \xi_n$ sowohl wie $\alpha_{i1}, \alpha_{i2}, \cdots, \alpha_{in}$ als Koordinaten von Punkten $\mathfrak{p}$ und $\mathfrak{p}_i$ des n-dimensionalen Raumes aufgefaßt, so bestimmen eben die Linearformen (37) oder die symbolische Formel (38), wie bemerkt, ein Raumgitter, welchem die Form (42) zugeordnet ist, da aus der Vergleichung der Koeffizienten zur Rechten und Linken in (41) sich

$$a_{ij} = \sum_{k=1}^{n} \alpha_{ik} \alpha_{jk}$$

ergibt. Dieses Raumgitter kann als die geometrische Darstellung der quadratischen Form, nämlich der Gesamtheit der Werte, welche sie für ganzzahlige Werte ihrer Unbestimmten annimmt, bezeichnet werden, nicht aber nur dieser Form selbst, sondern allgemeiner als Darstellung ihrer Klasse. Denn es lassen sich nun die Kap. 7, Nr. 7 ausgeführten Betrachtungen allgemeiner jetzt wiederholen. Durch eine ganzzahlige Substitution

(44) $$x_i = p_{i1} y_1 + p_{i2} y_2 + \cdots + p_{in} y_n$$
$$(i = 1, 2, \cdots, n)$$

mit nicht verschwindendem Modul P geht aus dem Raumgitter (38), indem die Linearformen (37) die neue Gestalt annehmen:

$$\xi_k = \beta_{1k} y_1 + \beta_{2k} y_2 + \cdots + \beta_{nk} y_k,$$

$$(k = 1, 2, \ldots, n)$$

in denen

(45) $$\beta_{hk} = \sum_{i=1}^{n} p_{ih} \alpha_{ik}$$

ist, ein anderes, jenem Gitter eingelagertes Gitter

(46) $$\mathfrak{q} = \mathfrak{q}_1 y_1 + \mathfrak{q}_2 y_2 + \cdots + \mathfrak{q}_n y_n$$

hervor, dessen Grundpunkte $\mathfrak{q}_i$ durch die Koordinaten $\beta_{i1}, \beta_{i2}, \cdots, \beta_{in}$ bestimmt sind. Das aus den Kanten $\mathfrak{q}_i$ gebildete Grundparallelepiped des neuen Gitters unterscheidet sich im allgemeinen von dem ursprünglichen; ist aber $P = \pm 1$, so wird die Gesamtheit der Gitterpunkte des letzteren genau dieselbe sein wie die des neuen, welches also dann nur eine andere Einteilung des ursprünglichen Gitters ausmacht; beide Gitter sind dann nur zwei verschiedene Parallelgitter, welche ein und demselben Punktgitter eigentümlich sind. Ist aber $\varphi(y_1, y_2, \ldots, y_n)$ die dem neuen Gitter zugeordnete quadratische Form, so entsteht diese ersichtlich aus der Form $f(x_1, x_2, \ldots, x_n)$ durch die gleiche Substitution (44), welche das neue Gitter hervorgebracht hat, und ist dieser Form äquivalent, wenn $P = +1$ ist. Demnach darf das Punktgitter, dem jene Parallelgitter eigen sind, als das zahlengeometrische Abbild der durch die Form $f(x_1, x_2, \ldots, x_n)$ repräsentierten Klasse äquivalenter Formen aufgefaßt werden.

Das Grundparallelepiped des Gitters (38) besteht aus denjenigen Punkten des n-dimensionalen Raumes, dessen Koordinaten (37) allen Werten

(47) $$0 \gtreqless x_i \gtreqless 1$$

$$(i = 1, 2, \ldots, n)$$

entsprechen. Sein Inhalt ist demnach gleich dem über alle diese Punkte $\xi_1, \xi_2, \ldots, \xi_n$ erstreckten Integrale

$$\int d\xi_1 d\xi_2 \ldots d\xi_n,$$

d. h. gleich dem über alle, den Ungleichheiten (47) genügenden Wertesysteme $x_1, x_2, \ldots, x_n$ erstreckten Integrale

$$\int |\mathsf{A}| \cdot dx_1 dx_2 \cdots dx_n,$$

also gleich

$$|\mathsf{A}|.$$

Demgemäß ist $|\mathsf{B}|$ der Inhalt des neuen Gitters (46), wenn B die Determinante $|\beta_{ik}|$ bedeutet, also mit Rücksicht auf die Beziehungen (45) gleich

$$|P|\cdot|\mathsf{A}|.$$

Für $P = \pm 1$, d. h. für die verschiedenen, einem Punktgitter eigenen Parallelgitter ist daher der Inhalt ihrer Grundparallelepipede der gleiche.

9. Sei nun $m_1, m_2, \ldots, m_n$ ein beliebig gegebenes System ganzer Zahlen — und durch die Gleichungen

$$\xi_k^0 = \alpha_{1k}m_1 + \alpha_{2k}m_2 + \cdots + \alpha_{nk}m_n$$
$$(k = 1, 2, \ldots, n)$$

der entsprechende Gitterpunkt des Gitters (38) bestimmt. Setzt man dann

$$(48)\quad \xi_k' = \alpha_{1k}(m_1+x_1) + \alpha_{2k}(m_2+x_2) + \cdots + \alpha_{nk}(m_n+x_n) = \xi_k^0 + \xi_k$$
$$(k = 1, 2, \ldots, n)$$

und läßt die Zahlen $x_1, x_2, \ldots, x_n$ alle die Ungleichheiten (47) erfüllenden Systeme durchlaufen, so ordnen sich die Punkte mit den Koordinaten (48) und die Punkte des Grundparallelepipeds (38) mit den Koordinaten ξ_k eindeutig einander zu, und die Gesamtheit der ersteren bildet so ein von dem genannten Gitterpunkte aus konstruiertes Parallelepiped, welches dem vom Nullpunkte aus konstruierten Grundparallelepipede „kongruent" genannt werden darf. Die Gesamtheit aller so konstruierten Parallelepipede aber erfüllt offenbar den ganzen n-dimensionalen Raum einfach und lückenlos, da die Systeme $m_1 + x_1, m_2 + x_2, \ldots, m_n + x_n$, wenn die m_i beliebig ganzzahlig und die Zahlen x_i zwischen 0 und 1 sind, mit der Gesamtheit aller reellen Systeme $x_1, x_2, \ldots, x_n$ identisch sind.

Gleiches wird offenbar gelten, wenn die x_i in den Formeln (48) nicht das Intervall 0 bis 1, sondern das Intervall $-\frac{1}{2}$ bis $+\frac{1}{2}$ durchlaufen; die Parallelepipede sind dann nur gegen die vorigen verschoben, indem der Gitterpunkt $m_1, m_2, \ldots, m_n$ nicht mehr eine Ecke, sondern den Mittelpunkt des Parallelepipeds ausmacht. Jedes von ihnen hat den gleichen Inhalt wie das Grundparallelepiped, ist also gleich $|\mathsf{A}|$.

Man denke nun um den Nullpunkt des Gitters (38) einen Raum abgegrenzt, der ihn zum Mittelpunkte hat; seine Oberfläche wird durch eine Gleichung zwischen den Koordinaten $\xi_1, \xi_2, \ldots, \xi_n$ oder, was den Formen (37) gemäß dasselbe sagt, durch eine Gleichung zwischen den Elementen $x_1, x_2, \ldots, x_n$ bestimmt. Wählt man jene aber als die Aichfläche einer Strahldistanz, so treten die Betrachtungen in Nr. 5 des siebenten Kapitels in Kraft. Insbesondere darf man als Strahldistanz, unter $f(x_1, x_2, \ldots, x_n)$ die quadratische Form (42) verstehend, welcher das Punktgitter zugehört, die Funktion

$$(49) \qquad S(x) = +\sqrt{f(x_1, x_2, \ldots, x_n)} = \varphi(x_1, x_2, \ldots, x_n)$$

wählen. Diese erfüllt in der Tat alle Bedingungen einer Strahldistanz, da sie Null nur für den Nullpunkt des Raumes, für jeden anderen seiner Punkte aber positiv ist, da ferner $S(-x) = S(x)$ und der Homogenität der quadratischen Form wegen für jedes $t > 0$ auch $S(tx) = t \cdot S(x)$ ist; weil endlich wegen (43) für zwei Systeme $x_1, x_2, \ldots, x_n$ und $x_1', x_2', \ldots, x_n'$, denen die Koordinaten $\xi_1, \xi_2, \ldots, \xi_n$ und $\xi_1', \xi_2', \ldots, \xi_n'$ entsprechen mögen,

$$\varphi(x_1 + x_1', \ldots, x_n + x_n') = \sqrt{(\xi_1 + \xi_1')^2 + \cdots + (\xi_n + \xi_n')^2}$$

gefunden wird und

$$\sqrt{(\xi_1 + \xi_1')^2 + \cdots + (\xi_n + \xi_n')^2} \overline{\gtrless} \sqrt{\xi_1^2 + \cdots + \xi_n^2} + \sqrt{\xi_1'^2 + \cdots + \xi_n'^2}$$

ist, so erfüllt die Funktion φ auch noch die letzte der den Strahldistanzen charakteristischen Bedingungen

$$\varphi(x_1 + x_1', \ldots, x_n + x_n') \overline{\gtrless} \varphi(x_1, \ldots, x_n) + \varphi(x_1', \ldots, x_n').$$

Die Gleichung der zugehörigen Aichfläche:

$$\varphi(x_1, x_2, \ldots, x_n) = 1$$

ist gleichbedeutend mit der Gleichung

$$\xi_1^2 + \xi_2^2 + \cdots + \xi_n^2 = 1$$

und bezeichnet also eine um den Nullpunkt als Mittelpunkt mit dem Radius 1 beschriebene n-dimensionale Kugel, deren in den Koordinaten $\xi_1, \xi_2, \ldots, \xi_n$ gemessener Inhalt

$$(50) \qquad \int d\xi_1 \cdot d\xi_2 \cdots d\xi_n = \frac{\Gamma\left(\frac{1}{2}\right)^n}{\Gamma\left(1 + \frac{n}{2}\right)}$$

ist. Da aber wegen (37) der in den Größen $x_1, x_2, \ldots, x_n$ gemessene Inhalt der Kugel

$$J = \int dx_1\, dx_2 \ldots dx_n = \frac{1}{|\mathsf{A}|} \cdot \int d\xi_1 \cdot d\xi_2 \cdots d\xi_n$$

und A^2 nichts anderes als die Determinante D der Form $f(x_1, x_2, \ldots, x_n)$ ist, so findet sich nach den Sätzen der angezogenen Stelle für den

Minimalwert der Strahldistanz in den Gitterpunkten, d. h., wenn M den Minimalwert der Form für ganzzahlige Werte der Unbestimmten bezeichnet, für $\sqrt{M}$ die folgende Ungleichheit:

$$\sqrt{M} \lesseqgtr \frac{2}{\sqrt[n]{J}}$$

und ihr zufolge

$$(51) \qquad M \lesseqgtr \frac{4 \cdot \Gamma\left(1+\frac{1}{n}\right)^{2/n}}{\Gamma\left(\frac{1}{2}\right)^2} \cdot \sqrt[n]{D}.$$

Dies ist von neuem der Hermitesche Satz, nur daß der numerische Faktor vor $\sqrt[n]{D}$ ein anderer als bei Hermite und gegen den früheren Wert $\left(\frac{4}{3}\right)^{\frac{n-1}{2}}$ wenigstens bei größeren Werten von n erheblich kleiner, die Formel also genauer ist.

Legt man um jeden Gitterpunkt eine Kugel, deren Radius $\frac{1}{2}\sqrt{M}$ ist, so werden alle diese Kugeln nur in einzelnen Punkten sich berühren, aber nicht ineinanderdringen, noch auch den ganzen Raum erfüllen; der Inhalt einer jeden von ihnen ist wegen (50) gleich

$$\frac{1}{2^n} \cdot M^{n/2} \cdot \frac{\Gamma\left(\frac{1}{2}\right)^n}{\Gamma\left(1+\frac{1}{n}\right)}.$$

Vergleicht man ihn mit dem Inhalte $|A| = \sqrt{D}$ eines jeden der um die Gitterpunkte zuvor abgegrenzten Parallelepipede, welche insgesamt den ganzen Raum ausmachen, so findet sich für das Verhältnis des von all jenen Kugeln erfüllten Raumes zum Gesamtraume der Ausdruck

$$\frac{M^{n/2}}{2^n \sqrt{D}} \cdot \frac{\Gamma\left(\frac{1}{2}\right)^n}{\Gamma\left(1+\frac{1}{n}\right)},$$

dessen Wert <1 sein muß. Somit gilt in der Formel (51) allein das Ungleichheitszeichen.

Die Frage, wann jenes Verhältnis den größten Wert hat, oder wie gegebene Kugeln am dichtesten zu lagern sind, kommt offenbar auf die andere hinaus, wie die Form f mit einem bestimmten Minimum M oder das zu ihr gehörige Gitter zu wählen ist, damit D seinen kleinsten Wert erhält. Sie führt uns zu Untersuchungen, die vollständig erst zu lösen sind, wenn das Problem der Reduktion erledigt ist, und deshalb wenden wir uns nun zunächst dem letzteren zu.

Neuntes Kapitel.

Die Reduktion der positiven quadratischen Formen.

1. Die Aufgabe der Reduktion besteht, wie wir wissen, in der Ermittelung von Formen von solcher Beschaffenheit, daß sich in jeder Klasse äquivalenter Formen wenigstens eine von ihnen und, wenn möglich, nur eine befindet, so daß man über die Äquivalenz gegebener Formen danach entscheiden kann, ob sie ein und derselben jener besonderen, sogenannten reduzierten Formen äquivalent sind oder nicht. Das kommt offenbar auf das Folgende hinaus. Die Gesamtheit aller positiven quadratischen Formen mit n Unbestimmten:

$$(1) \qquad f(x_1, x_2, \ldots, x_n) = \sum_{(i, j = 1, 2, \ldots, n)} a_{ij} x_i x_j$$

kann als die Gesamtheit aller Wertsysteme

$$a_{ij} = a_{ji} \quad (i, j = 1, 2, \ldots, n)$$

aufgefaßt werden, also als eine Mannigfaltigkeit A von der Dimension

$$\nu = \frac{n(n+1)}{2},$$

und jede Form (1) als ein Punkt derselben; Punkte, welche äquivalenten Formen entsprechen, mögen ebenfalls äquivalent heißen und die Menge aller äquivalenten eine Klasse. Die Reduktion dieser Formen verlangt dann, wie dies für den Fall $n = 2$ im ersten Kapitel entwickelt worden ist, die Abgrenzung eines Gebietes B der Gesamtheit A von der Art, daß jede Klasse oder alle untereinander äquivalenten Punkte durch einen Punkt des Gebietes B und im allgemeinen auch nur durch einen einzigen Punkt des Gebietes B repräsentiert werden, von dem auch umgekehrt jeder Punkt eine solche Klasse bestimmt. Wie wir a. a. O. gesehen haben, zerfällt dann die ganze Mannigfaltigkeit A (a. a. O. der Kreis aller positiven binären Formen), den sämtlichen unimodularen Substitutionen entsprechend, in einzelne Gebiete, deren Punkte durch sie aus den äquivalenten Punkten des „reduzierten" Gebietes B hervorgehen. Die Reduktion der positiven quadratischen Formen mit n Unbestimmten wird also auch in einer gewissen Zerlegung des ν-dimensionalen Raumes all solcher Formen in Teilräume bestehen, von denen einer der „reduzierte Raum" ist. Etwas allgemeiner faßt Voronoï in seiner großen Arbeit im 134. Bande des Journ. für die reine u. angewandte Mathematik die Aufgabe der Reduktion folgendermaßen: Le problème de réduction des formes quadratiques positives consiste en une partition uniforme[1]) de l'ensemble de ces formes à l'aide de domaines de formes déterminés à l'aide d'inégalités linéaires et jouissant de la propriété, que chaque substitution à coefficiens entiers et de déterminant 1 ne change pas l'ensemble de ces domaines. En partageant cet ensemble en classes de domaines équivalents et en choisissant les représentants de toutes ces classes, on appellera réduites les formes quadratiques qui appartiennent à ces [derniers] domaines.

Dies zu erreichen, ist also die Aufgabe, die uns jetzt obliegt.

2. Wir haben schon zwei verschiedene, von Hermite angegebene Bestimmungsweisen reduzierter Formen kennengelernt. Die zweite Art derselben, die von uns „Hermitesche Reduzierte" genannten, bedürfen freilich, um vollständig dem Zwecke entsprechend bestimmt zu werden, nach Hermite noch weiterer Umgrenzungen, welche nicht, wie die bisherigen und wie es bei den binären und ternären Formen zutraf, in linearen Beziehungen zwischen den Koeffizienten der Formen, sondern in Bedingungen bestehen, welche in bezug auf die letzteren höheren als ersten Grades sind. Es erscheint aber, um mit Minkowski zu reden[2]), theoretisch als eine hochbedeutsame Tatsache, daß aus der $\nu = \frac{n(n+1)}{2}$ fachen Mannigfaltigkeit A aller positiven quadratischen Formen mit n Unbestimmten das gesuchte reduzierte Gebiet B durch eine beschränkte Anzahl von ebenen $(\nu - 1)$ fachen Mannigfaltigkeiten, d. i. von linearen Beziehungen zwischen den Koeffizienten, ausgeschieden werden kann. Aus diesem Grunde hat Minkowski die Hermitesche Definition reduzierter Formen, wie nun zunächst angegeben werden muß, dem gedachten Zwecke zugunsten abgeändert.

Die Hermiteschen Reduzierten, so wie sie bisher von uns bestimmt wurden, sind nichts anderes als die von Minkowski als niedrigste Formen einer Klasse benannten Formen

$$f(x_1, x_2, \ldots, x_n) = \sum_{(i,j=1,2,\ldots,n)} a_{ij} x_i x_j. \tag{2}$$

Wenn nämlich für $f(x_1, x_2, \ldots, x_n)$ und eine ihr äquivalente Form

$$\varphi(y_1, y_2, \ldots, y_n) = \sum_{i,j} b_{ij} y_i y_j \tag{3}$$

die Gleichungen stattfinden

$$a_{ii} = b_{ii},$$
$$(i = 1, 2, \ldots, n)$$

1) D. h. eine solche, die den ganzen Raum einfach und lückenlos erfüllt.

2) Journ. f. d. reine u. angew. Mathematik, Bd. 107, S. 278; Ges. Abh., Bd. 1, S. 243.

so mögen sie beide gleichgestellt heißen; dagegen heiße die erstere Form niedriger als die zweite, genauer: niedriger an der i-ten Stelle, wenn

$$a_{11} = b_{11},\ \ldots,\ a_{i-1,i-1} = b_{i-1,i-1},\quad a_{ii} < b_{ii}$$

ist. Da nun bei den Hermiteschen Reduzierten die Hauptkoeffizienten je die kleinsten an den betreffenden Stellen vorhandenen Koeffizienten sind, so bezeichnen jene in der Tat niedrigste Formen der Klasse, und es ist durch unsere früheren Betrachtungen schon festgestellt, daß es in jeder Klasse wenigstens eine solche niedrigste Form gibt. Ist aber

$$x_i = s_{i1}y_1 + s_{i2}y_2 + \cdots + s_{in}y_n \qquad (4)$$
$$(i = 1, 2, \ldots, n)$$

irgendeine unimodulare Substitution und die Form (3) die durch sie aus der niedrigsten Form f entstandene äquivalente Form, so spricht sich die Eigenschaft von f, eine niedrigste Form der Klasse zu sein, ersichtlich darin aus, daß für alle jene Substitutionen die Ungleichheiten

$$b_{kk} = f(s_{1k}, s_{2k}, \ldots, s_{nk}) \geqq a_{kk} \qquad (5)$$
$$(k = 1, 2, \ldots, n)$$

erfüllt sind. Weil ferner die Form (2) durch jede der Substitutionen

$$x_1 = \pm x_1',\quad x_2 = \pm x_2',\ \ldots,\ x_n = \pm x_n',$$

deren Anzahl 2^n ist, in eine gleichgestellte übergeht und offenbar durch passende Wahl der Vorzeichen zu erreichen ist, daß die Koeffizienten von $x_1'x_2', x_2'x_3', \ldots, x_{n-1}'x_n'$ nichtnegativ werden, so darf man, wenn man will,

$$a_{12} \geqq 0,\quad a_{23} \geqq 0,\ \ldots,\ a_{n-1,n} \geqq 0 \qquad (6)$$

voraussetzen.

Gegenüber den niedrigsten Formen hat nun Minkowski die reduzierten Formen einer Klasse folgendermaßen definiert:

Die Form (2) heißt reduziert, wenn für jeden Index $k = 1, 2, \ldots, n$ die Ungleichheiten (5) für alle solche ganzen Zahlen $s_{1k}, s_{2k}, \ldots, s_{nk}$, bei denen $s_{kk}, s_{k+1,k}, \ldots, s_{nk}$ Zahlen ohne gemeinsamen Teiler und von $\pm 1, 0, \ldots, 0$ verschieden und zudem die Zusatzbedingungen

$$a_{12} \geqq 0,\quad a_{23} \geqq 0,\ \ldots,\ a_{n-1,n} \geqq 0 \qquad (5a)$$

erfüllt sind.

Die Erfüllung der ersten der genannten Ungleichheiten:

$$f(s_{11}, s_{21}, \ldots, s_{n1}) \gtreqless a_{11}$$

für jedes System $s_{11}, s_{21}, \ldots, s_{n1}$ ohne gemeinsamen Teiler lehrt zunächst, daß a_{11} das Minimum der Form und ihrer Klasse ist. Man ersieht ferner, daß niedrigste Formen einer Klasse, welche die Bedingungen (6) erfüllen, stets auch reduzierte Formen derselben sind, da, wenn die Ungleichheiten (5) für alle Substitutionen (4) stattfinden, dies auch für die besonderen unimodularen Substitutionen S_k von der Form

$$(7) \qquad \begin{cases} x_i = y_i + s_{ik}y_k + \cdots + s_{in}y_n \\ \qquad (i = 1, 2, \ldots, k-1) \\ x_i = \qquad s_{ik}y_k + \cdots + s_{in}y_n, \\ \qquad (i = k, k+1, \ldots, n) \end{cases}$$

in denen die Zahlen $s_{1k}, s_{2k}, \ldots, s_{k-1,k}$ beliebig sind, $s_{kk}, s_{k+1,k}, \ldots, s_{nk}$ aber jedes System von $n-k$ Zahlen ohne gemeinsamen Teiler sein können, also auch für alle in der obigen Definition erwähnten Systeme $s_{1k}, s_{2k}, \ldots, s_{nk}$ der Fall sein wird. Demnach zieht man zunächst den Schluß:

Es gibt in jeder Klasse wenigstens eine reduzierte Form.

3. In dem Gebiete aller reduzierten Formen sind nun die inneren Formen desselben von seinen Randformen zu sondern; unter den ersteren verstehen wir alle diejenigen, bei denen in den Ungleichheiten (5) keines der Gleichheitszeichen gilt, so daß für die angegebenen Wertsysteme $s_{1k}, s_{2k}, \ldots, s_{nk}$ stets

$$(8) \qquad f(s_{1k}, s_{2k}, \ldots, s_{nk}) > a_{kk}$$
$$(k = 1, 2, \ldots, n)$$

ist; Randformen nennen wir die anderen, bei welchen statt der Ungleichheiten (8) eine oder mehrere Gleichungen

$$f(s_{1k}, s_{2k}, \ldots, s_{nk}) = a_{kk}$$

statthaben.

Zwei reduzierte Formen, von denen wenigstens eine Form eine innere ist, gehören verschiedenen Klassen an. Zum Beweise bemerken wir zuvörderst folgendes: In der unimodularen Substitution S_k ist die Determinante der letzten $n-k$ Gleichungen gleich 1; daher wird die Umkehrung der Substitution eine Substitution gleicher Form ergeben, in welcher auch die sämtlichen Koeffizienten ganzzahlig sind. Ferner ist jede unimodulare Substitution eine Substitution von der Form S_1. Dies vorausgeschickt, sei die Form (2) eine innere und (3) eine beliebige reduzierte Form. Gehörte sie zu derselben Klasse wie (2), und wäre S eine Substitution, durch welche sie aus (2) entsteht, so müßte, da S von der Form S_1 ist, wenn anders nicht die erste Kolonne der Substitution $\pm 1, 0, \ldots, 0$ ist, nach der Annahme

$$b_{11} = f(s_{11}, s_{21}, \ldots, s_{n1}) > a_{11}$$

sein; da aber die umgekehrte Substitution, welche (3) in (2) verwandelt, ebenfalls eine Substitution S_1 ist, so müßte

$$a_{11} \gtreqqless b_{11}$$

sein, was nicht möglich ist. Da demzufolge die erste Kolonne in S gleich $\pm 1, 0, \ldots, 0$ und somit $a_{11} = b_{11}$ ist, so ist diese Substitution (oder die daraus durch Entgegensetzung aller ihrer Elemente entstehende) eine Substitution S_2; wenn anders also nicht die zweite Kolonne von S die Elemente $s_{12}, \pm 1, 0, \ldots, 0$ aufweist, müßte einerseits

$$b_{22} = f(s_{12}, s_{22}, \ldots, s_{n2}) > a_{22},$$

andererseits bei umgekehrter Substitution $a_{22} \gtreqqless b_{22}$ sein, was nicht möglich ist. Somit wird $a_{22} = b_{22}$, also $s_{12} = 0$ und $0, \pm 1, 0, \ldots, 0$ die zweite Kolonne von S, usw.; schließlich erhielte die Substitution S die Gestalt

$$\begin{pmatrix} \pm 1, & 0, \ldots, & 0 \\ 0, & \pm 1, \ldots, & 0 \\ \cdot & \cdot \quad \cdot & \cdot \\ 0, & 0, \ldots, & \pm 1 \end{pmatrix},$$

womit die Koeffizienten $b_{12}, b_{23}, \ldots, b_{n-1,n}$ gleich oder entgegengesetzt zu $a_{12}, a_{23}, \ldots, a_{n-1,n}$ werden; da sie aber den Zusatzbedingungen zufolge nicht negativ sein dürfen, müssen sie diesen gleich sein, und es kann S nur eine der Gestalten

$$\begin{pmatrix} 1, & 0, \ldots, & 0 \\ 0, & 1, \ldots, & 0 \\ \cdot & \cdot \quad \cdot & \cdot \\ 0, & 0, \ldots, & 1 \end{pmatrix}, \quad \begin{pmatrix} -1, & 0, \ldots, & 0 \\ 0, & -1, \ldots, & 0 \\ \cdot & \cdot \quad \cdot & \cdot \\ 0, & 0, \ldots, & -1 \end{pmatrix}$$

haben, d. h. die Formen (2) und (3) müssen identisch sein.

Das Gebiet der reduzierten Formen hat demnach die Eigenschaft, daß jede positive quadratische Form mit n Unbestimmten und ihre Klasse durch einen seiner Punkte repräsentiert wird, und wenn der Repräsentant ein innerer Punkt ist, auch nur durch einen Punkt; nur wenn der Repräsentant eine Randform ist, können mehrere repräsentierende Punkte des Gebietes vorhanden sein. Dieses Gebiet ist also ein solches, wie es für das Gebiet B verlangt wurde.

Da eine Klasse, die durch einen inneren Punkt von B repräsentiert wird, nur eine Reduzierte enthält, die in ihr enthaltene niedrigste Form, welche die Zusatzbedingungen (6) erfüllt, aber eine solche ist, so erkennt man, daß die Reduzierte für jede Klasse, die einem inneren Punkte von B entspricht, eine niedrigste Form, und daß in dieser Klasse auch nur eine niedrigste, den Zusatzbedingungen (6) genügende Form vorhanden ist.

Wird nun auf die Gesamtheit der reduzierten Formen eine unimodulare Substitution S angewandt, so entsteht aus dem Gebiete B ein neues, welches nach Minkowski die mit B äquivalente Kammer B_S genannt werde[1]); den inneren Punkten von B entsprechen innere Punkte von B_S und umgekehrt. Die Kammern $B_S, B_{S'}$, welche zwei verschiedenen Substitutionen S, S' entsprechen, können keine inneren Punkte gemeinsam haben, da sonst der einem solchen entsprechende innere Punkt von B durch die nicht identische Substitution $S' \cdot S^{-1}$ (unter S^{-1} die Umkehrung von S verstanden) in sich selbst überginge; dies ist aber nach dem, was über die Äquivalenz zweier Formen (2) und (3) erörtert worden ist, nicht möglich. Da somit die beiden Kammern höchstens Randformen gemeinsam haben, d. h. nur in ihrer Begrenzung aneinanderstoßen können, andererseits jede positive Form mit n Unbestimmten einem Punkte des Gebietes B äquivalent, also einer der Kammern, welche durch alle möglichen unimodularen Substitutionen aus B entstehen, angehörig ist, so erfüllen diese sämtlichen Kammern den ganzen Raum aller positiven Formen der besagten Art einfach und lückenlos.

4. In der $\nu = \frac{n(n+1)}{2}$ fachen Mannigfaltigkeit all dieser Formen bilden die reduzierten Formen

$$f(x_1, x_2, \ldots, x_n) = \sum_{i,j} a_{ij} \cdot x_i x_j$$

ein Gebiet, welches außer durch die Ungleichheiten

$$(9) \qquad a_{12} \gtreqless 0, \quad a_{23} \gtreqless 0, \quad \ldots, \quad a_{n-1,n} \gtreqless 0$$

durch unendlich viele Ungleichungen

$$(10) \qquad f(s_{1k}, s_{2k}, \ldots, s_{nk}) \gtreqless a_{kk}, \qquad (k = 1, 2, \ldots, n)$$

---

1) Bezeichnet $-S$ die aus S durch Entgegensetzung aller ihrer Elemente entstehende Substitution, so gehen offenbar durch $-S$ dieselben Formen hervor wie durch S, so daß die Kammern B_S und B_{-S} identisch sind.

in denen $s_{k,k}, s_{k+1,k}, \ldots, s_{nk}$ ohne gemeinsamen Teiler sind, bestimmt ist. Kann die Anzahl der letzteren Ungleichungen beschränkt werden, sind sie nämlich sämtlich auf eine endliche Anzahl von ihnen zurückführbar, so lassen sich die Sätze zur Anwendung bringen, die in Kap. 7, Nr. 8 ff. entwickelt worden sind. Daß dies wirklich geschehen kann, hat Minkowski gezeigt.

Wir betrachten zunächst die Fälle $n = 2, 3, 4$, d. i. die binären, ternären und quaternären Formen. Für diese gilt folgender Satz: Die zur Reduktion erforderlichen Ungleichungen (10) sind sämtlich erfüllt, sobald die endlich vielen besonderen unter ihnen:

$$f(\varepsilon_1, \varepsilon_2, \ldots, \varepsilon_n) \leqq a_{kk}, \quad (k = 1, 2, \ldots, n) \tag{11}$$

in denen $\varepsilon_k = \pm 1$, alle übrigen ε_i gleich 0 oder ± 1 sind, statthaben.[1])

Zuvörderst darf man, indem man nötigenfalls die Bezeichnung der Unbestimmten ändert, für jeden Wert von n, also auch für die hier vorausgesetzten Werte $n = 2, 3, 4$

$$a_{11} \overline{\lessgtr} a_{22} \overline{\lessgtr} a_{33} \overline{\lessgtr} \cdots \overline{\lessgtr} a_{nn} \tag{12}$$

annehmen. Sind nun die Ungleichheiten (11) erfüllt, so ergeben sich speziell für $h > k$, wenn $\varepsilon_h = 1$, $\varepsilon_k = \pm 1$ und für jeden von h, k verschiedenen Wert des Index $\varepsilon_i = 0$ gesetzt wird, die Bedingungen

$$a_{kk} \pm 2 \cdot a_{kh} + a_{hh} \geqq a_{hh},$$

d. i.

$$a_{kk} \geqq 2 \cdot |a_{kh}|. \tag{13}$$

Hierauf gestützt kann man zeigen, daß mit (11) zugleich für jedes beliebige System ganzer Zahlen

$$s_1, \ s_2, \ldots, s_n,$$

in welchen s_k nicht Null ist,

$$f(s_1, s_2, \ldots, s_n) \geqq a_{kk}$$

sein muß. Dies ist selbstverständlich, wenn außer s_k alle übrigen s_i Null sind. Im anderen Falle wird sich mindestens ein absolut kleinstes unter den s_i befinden; ein beliebiges von diesen oder, falls s_k zu diesen absolut kleinsten gehört, die Zahl s_k selbst nenne man s_t und setze dann

$$\varepsilon_i = 0, \ +1, \ -1,$$

1) Minkowski, Sur la réduction des formes quadratiques positives quaternaires, Journal für die reine u. angew. Mathematik, Bd. 129, S. 230—238 u. Ges. Abh. I, S. 145, Ges. Abh. Bd. II, S. 53.

je nachdem

$$s_i = 0,\ >0 \text{ oder } <0$$

ist, und

(14) $$\varepsilon_i s_i = \sigma_i,$$

ferner

(15) $$\begin{cases} u_i = \varepsilon_i \sigma_t, \text{ wenn } i \gtrless t \\ u_t = 0. \end{cases}$$

Nun besteht die Beziehung

$$f(s_1, s_2, \ldots, s_n)$$
$$= f(s_1 - u_1, \ldots, s_n - u_n) + \sum_{i,j} a_{ij}(s_i u_j + s_j u_i - u_i u_j).$$

Da die Summe, wenn man die Glieder mit $i = t$ oder $j = t$ herausnimmt, wegen $u_t = 0$ und mit Rücksicht auf (14) sich schreiben läßt:

$$2 \cdot s_t^2 \cdot \sum_{i \gtrless t} a_{it}\varepsilon_i\varepsilon_t + \sum_{i,j \gtrless t} a_{ij}(s_i u_j + s_j u_i - u_i u_j),$$

und da

$$f(\varepsilon_1, \varepsilon_2, \ldots, \varepsilon_n) = \sum_{i,j} a_{ij}\varepsilon_i\varepsilon_j$$
$$= a_{tt} + 2 \cdot \sum_{i \gtrless t} a_{it}\varepsilon_i\varepsilon_t + \sum_{i,j \gtrless t} a_{ij}\varepsilon_i\varepsilon_j$$

ist, nimmt die vorige Beziehung die Gestalt an:

$$f(s_1, s_2, \ldots, s_n) = f(s_1 - u_1, \ldots, s_n - u_n) + s_t^2 \cdot [f(\varepsilon_1, \varepsilon_2, \ldots, \varepsilon_n) - a_{tt}]$$
$$+ 2\sigma_t \cdot \sum_{i,j \gtrless t} \Big[(\sigma_i - \sigma_t) \cdot \sum a_{ij}\varepsilon_i\varepsilon_i\Big].$$

Nach Voraussetzung ist $\varepsilon_t = \pm 1$, also $f(\varepsilon_1, \varepsilon_2, \ldots, \varepsilon_n) \geqq a_{tt}$; ferner findet sich

$$\sum_{j \gtrless t} a_{ij}\varepsilon_i\varepsilon_j$$

für $n = 2$ von der Form $a_{ii} \cdot \varepsilon_i^2$,

für $n = 3$ „ „ „ $a_{ii}\varepsilon_i^2 + a_{ii'} \cdot \varepsilon_i\varepsilon_{i'}$,

für $n = 4$ „ „ „ $a_{ii}\varepsilon_i^2 + a_{ii'} \cdot \varepsilon_i\varepsilon_{i'} + a_{ii''} \cdot \varepsilon_i\varepsilon_{i''}$,

welche Ausdrücke mit Rücksicht auf (13) alle drei als positiv erkannt werden; demnach ist, weil $\sigma_i - \sigma_t$ nach Voraussetzung nicht negativ ist, es auch das Summenglied der letzten Formel nicht, und somit lehrt diese Formel, daß

$$f(s_1, s_2, \cdots, s_n) \geqq f(s_1 - u_1, \cdots, s_n - u_n)$$

ist. Zugleich aber ist

$$\sum_i s_i^2 > \sum_i (s_i - u_i)^2.$$

Steht also die zu Beweis gestellte Behauptung schon fest für alle Wertesysteme der Unbestimmten, deren k^{te} von Null verschieden und deren Quadratsumme kleiner ist als für das Wertsystem $s_1, s_2, \cdots, s_n$, so ist sicher, da $s_k - u_k = \varepsilon_k(\sigma_k - \sigma_t)$ für $s_k \gtrless s_t$, bzw. $s_k - u_k = \varepsilon_t \sigma_t$ für $s_k = s_t$, also von Null verschieden ist,

$$f(s_1 - u_2, \cdots, s_n - u_n) \overline{\gtrless} a_{kk},$$

um so mehr also

$$f(s_1, s_2, \cdots, s_n) \overline{\gtrless} a_{kk}.$$

Weil nun, wenn die Quadratsumme der Unbestimmten gleich 1 und dabei s_k nicht Null ist, d. h. für die Wertesysteme der Formel (11), auf welche man endlich kommen muß, die Ungleichheit der Annahme nach besteht, so besteht sie hiernach auch für das behauptete Wertesystem, und der Satz ist bewiesen.

5. Um nun die anfangs voriger Nr. gemachte Aussage für jeden Wert von n zu bestätigen, wiederholen wir zunächst wieder, daß man in den reduzierten Formen

(12a) $$a_{11} \overline{\lessgtr} a_{22} \overline{\lessgtr} a_{33} \ldots \overline{\lessgtr} a_{nn}$$

voraussetzen darf. Ferner sei bemerkt, daß die erforderlichen unendlich vielen Ungleichungen (10) offenbar als spezielle auch alle diejenigen unter sich enthalten, welche aussagen, daß die aus

$$f(x_1, x_2, \cdots, x_n)$$

durch Nullsetzen einiger ihrer Unbestimmten entstehenden Formen mit weniger als n Unbestimmten ebenfalls reduzierte Formen ihrer Art sind. Da dies insbesondere für die so entstehenden binären Formen gilt, ersieht man, daß für die reduzierten Formen mit n Unbestimmten alle folgenden Ungleichheiten:

(13a) $$a_{kk} \overline{\gtrless} 2 \cdot |a_{kh}|$$
$$(k = 1, 2, \cdots, n-1; \quad k < h)$$

stattfinden müssen. Minkowski hat nun a. a. O. auf scharfsinnige Weise gezeigt, wie aus jenen Ungleichungen auch die Beziehung

$$a_{11} \cdot a_{22} \cdots a_{nn} < \lambda_n \cdot D,$$

in welcher D die Determinante der reduzierten Form und λ_n einen numerischen, nur von n abhängigen Faktor bedeutet, hervorgeht. Wir glauben, hier zur Abkürzung auf den gleichen, für Hermitesche

Reduzierte oder niedrigste Formen im vorigen Kapitel bewiesenen Umstand zurückverweisen zu können, da die Betrachtungen, welche ihn dort festgestellt haben, auch für reduzierte Formen in Gültigkeit bleiben, indem die Substitutionen, auf denen die dortigen Schlüsse beruhen, Substitutionen von der mit S_k bezeichneten Art sind. Wir setzen aber, an Minkowskis Arbeit uns näher anschließend, fortan $\frac{1}{\lambda_n}$ an Stelle von λ_n, die Beziehung also in die Form

(16) $$D > \lambda_n \cdot a_{11} a_{22} \cdots a_{nn}.$$

Da bekanntlich (s. Kap. 8, Nr. 1)

$$D \overline{\gtrless} a_{11} a_{22} \cdots a_{nn}$$

ist, muß $\lambda_n < 1$ sein.

Dies vorausgeschickt, setze man die reduzierte Form f in die Jacobische Gestalt:

(17) $$\sum_{i,j} a_{ij} x_i x_j = q_1 \xi_1^2 + q_2 \xi_2^2 + \cdots + q_n \xi_n^2,$$

in welcher

$$\xi_i = x_i + \beta_{i,i+1} \cdot x_{i+1} + \cdots + \beta_{in} \cdot x_n$$

ist. Bezeichnet man mit $D\begin{pmatrix} h_1 h_2 \ldots h_r \\ k_1 k_2 \ldots k_r \end{pmatrix}$ die aus den Reihen $h_1, h_2 \ldots h_r$ und den Kolonnen $k_1, k_2, \ldots, k_r$ gebildete Unterdeterminante r^{ten} Grades von D und setzt $D\begin{pmatrix} 1\,2 \ldots i \\ 1\,2 \ldots i \end{pmatrix} = D_i$, so ist in jener Formel

(18) $$q_i = \frac{D_i}{D_{i-1}}$$

und für $i < k$

(19) $$\beta_{ik} = \frac{D\begin{pmatrix} 1\,2 \ldots i-1, i \\ 1\,2 \ldots i-1, k \end{pmatrix}}{D_i}.$$

Die Vergleichung der Koeffizienten von x_i^2 zur Rechten und Linken in (17) ergibt zunächst die Beziehung

(20) $$a_{ii} \overline{\gtrless} q_i.$$

Ferner ist der Nenner des Ausdrucks (19) die Determinante der aus f durch Nullsetzen der Unbestimmten $x_{i+1}, x_{i+2}, \ldots, x_n$ hervorgehenden, ebenfalls — wie bemerkt — reduzierten Form, und es besteht daher entsprechend (16) eine Ungleichheit

$$D_i > \lambda_i \cdot a_{11} a_{22} \cdots a_{ii} \quad \text{mit } \lambda_i < 1,$$

aus welcher, da ähnlicherweise mit Rücksicht auf (7) des achten Kapitels

$$D_{i-1} \overline{\gtrless} a_{11} a_{22} \cdots a_{i-1,i-1}$$

gefunden wird,

(21) $$q_i > \lambda_i a_{ii}$$

hervorgeht, während der Zähler desselben Ausdrucks (19) aus $i!$ Gliedern besteht, deren jedes, unter $h_1, h_2, \ldots, h_i$ irgendeine Anordnung der Zahlen $1, 2, \ldots, i$ verstanden, von der Form

$$a_{h_1 1} \cdot a_{h_2 2}, \cdots a_{h_i k},$$

in Beachtung der Ungleichheiten (13a) also absolut gewiß $\overline{\overline{<}} \frac{1}{2} a_{11} a_{22} \cdots a_{ii}$ ist. Somit findet sich aus (19) die Ungleichheit

$$\beta_{ik} \overline{\overline{<}} \frac{1}{2} \cdot \frac{i!}{\lambda_i}. \qquad (22)$$
$$(i < k)$$

Setzt man nun, unter ξ_i die obigen Ausdrücke verstehend, deren Koeffizienten durch diese Ungleichheiten beschränkt sind, für jeden Wert $k = 1, 2, \cdots, n$ die folgenden Bedingungen fest:

$$\lambda_n \xi_n^2 < 1, \cdots, \lambda_k \xi_k^2 < 1 \qquad (23)$$

$$\lambda_{k-1} \xi_{k-1}^2 < \frac{k-1}{4}, \; \lambda_{k-2} \xi_{k-2}^2 < \frac{k-2}{4}, \cdots, \lambda_2 \xi_2^2 < \frac{2}{4}, \; \lambda_1 \xi_1^2 \overline{\overline{<}} \frac{1}{4}, \qquad (24)$$

so ist die Anzahl der ihnen etwa genügenden ganzzahligen Wertsysteme $x_1, x_2, \ldots, x_n$ jedenfalls nur endlich; unter ihnen behalten wir nur diejenigen Systeme

$$x_1 = \sigma_{1k}, \quad x_2 = \sigma_{2k}, \ldots, x_n = \sigma_{nk}$$

bei, in denen $\sigma_{kk}, \sigma_{k+1,k}, \ldots, \sigma_{nk}$ ohne gemeinsamen Teiler sind. Zu den zur Reduktion von f erforderlichen Ungleichheiten gehören dann auch die entsprechenden endlich vielen:

$$f(\sigma_{1k}, \sigma_{2k}, \cdots, \sigma_{nk}) \overline{\overline{>}} a_{kk}. \qquad (25)$$
$$(k = 1, 2, \cdots, n)$$

Es kann nun gezeigt werden, daß, wenn sie erfüllt sind, auch die sämtlichen unendlich vielen zur Reduktion erforderlichen Ungleichheiten (10) stattfinden müssen.

In der Tat, sei jetzt $x_1 = s_{1k}, x_2 = s_{2k}, \cdots, x_n = s_{nk}$ irgendein ganzzahliges Wertesystem, für welches $s_{kk}, s_{k+1,k}, \ldots, s_{nk}$ ohne gemeinsamen Teiler sind, welches aber nicht zu den eben ausgesonderten endlich vielen gehört. Dann sind für dieses System $x_1, x_2, \ldots, x_n$ entweder alle Ungleichheiten (23) erfüllt, oder es findet für eine Zahl h der Reihe $n, n-1, \cdots, k$ die Ungleichheit

$$\lambda_h \xi_h^2 \overline{\overline{>}} 1,$$

also wegen (21)

$$q_h \xi_h^2 \overline{\overline{>}} a_{hh} \overline{\overline{>}} a_{kk}$$

statt. In diesem Falle folgt dann aber aus (17) sogleich, wie behauptet, die Ungleichheit (10). — Im ersteren Falle muß, da nach Voraussetzung nicht auch alle Ungleichheiten (24) erfüllt sind, für einen ersten Index h der Reihe $k-1, k-2, \cdots, 2, 1$ die Ungleichheit

$$\lambda_h \xi_h^2 \gtreqqless \frac{h}{4}, \quad \text{bzw. } \lambda_1 \xi_1^2 > \frac{1}{4},$$

also auch

$$q_h \xi_h^2 \gtreqqless \frac{h}{4} \cdot a_{hh}, \quad \text{bzw. } q_1 \xi_1^2 > \frac{a_{11}}{4}$$

statthaben. Dann folgt aus (17)

$$(26) \qquad f(s_{1k}, s_{2k}, \cdots, s_{nk}) \gtreqqless \frac{h}{4} a_{hh} + q_{h+1}\xi_h^2 + \cdots + q_n \xi_n^2$$

$$\gtreqqless \tfrac{1}{4}(a_{11} + a_{22} \cdots + a_{hh}) + q_{h+1}\xi_{h+1}^2 + \cdots + q_n \xi_n^2.$$

Wenn man aber das System

$$s_{1k}, \cdots, s_{h-1,k}, \quad s_{hk}, \quad s_{h+1,k}, \cdots, s_{nk}$$

durch das andere

$$x_1, x_2, \cdots, x_{h-1}, x_h, s_{h+1,k}, \cdots, s_{nk}$$

ersetzt und die ganzen Zahlen $x_1, x_2, \ldots, x_h$ so wählt, daß die neuen Linearformen $\xi_1, \xi_2, \ldots, \xi_h$ absolut kleiner ausfallen als $\frac{1}{2}$, so erfüllt dieses Wertsystem, da $\lambda_i < 1$ ist, gewiß jetzt sämtliche Ungleichheiten (23) und (24), gehört also zu den zuvor ausgesonderten, und folglich ist

$$f(x_1, x_2, \cdots, x_h, s_{h+1,k}, \cdots, s_{nk}) \gtreqqless a_{kk};$$

andererseits ist für das neue Wertsystem

$$q_1 \xi_1^2 \lesseqqgtr a_{11}\xi_1^2 \lesseqqgtr \frac{a_{11}}{4}, \cdots, \quad q_h \xi_h^2 \lesseqqgtr a_{hh}\xi_h^2 \lesseqqgtr \frac{a_{hh}}{4},$$

daher wegen (26)

$$f(s_{1k}, s_{2k}, \cdots, s_{nk}) \gtreqqless f(x_1, \cdots, x_h, s_{h+1,k}, \cdots, s_{nk}) \gtreqqless a_{kk},$$

d. h. die Ungleichheiten (10) sind wieder erfüllt.

Auf solche Weise ist also in der Tat erwiesen, daß die Bedingungen für eine reduzierte Form in einer endlichen Anzahl von Ungleichheiten auszusprechen sind, nämlich außer durch die Ungleichheiten (9), (12a) und (13a) durch die endliche Menge der Ungleichheiten (25), und diese sind zudem linear in bezug auf die Koeffizienten der Form, genau, wie es Minkowski als bedeutsam bezeichnet hat.

Die Ungleichheiten (12a), (13a) zusammen mit der Bedingung

$$a_{11} a_{22} \cdots a_{nn} < \frac{1}{\lambda_n} \cdot D$$

bezeigen allein schon, daß es nur eine endliche Anzahl reduzierter ganzzahliger Formen mit gegebener Determinante gibt, und führen aufs neue zu dem Satze, daß die Anzahl Klassen äquivalenter ganzzahliger Formen mit einer gegebenen Determinante nur endlich ist.

6. Hiernach ist das Gebiet B der reduzierten Formen identisch mit dem Gebiete aller Systeme von $\nu = \frac{n(n+1)}{2}$ Zahlen

$$a_{ij} = a_{ji},$$
$$(i, j = 1, 2, \ldots, n)$$

welche einer endlichen Anzahl α gewisser linearer Ungleichheiten

$$\sum_{i,j} n_{ij} \cdot a_{ij} \gtreqless 0 \tag{28}$$

mit ganzzahligen Koeffizienten n_{ij} Genüge leisten; jedem solchen Systeme entspricht eine reduzierte Form

$$f(x_1, x_2, \cdots, x_n) = \sum_{i,j} a_{ij} x_i x_j \tag{29}$$

und umgekehrt. Sind die Zahlen a_{ij} ein solches System, so sind es auch für jedes $t > 0$ die Zahlen $t \cdot a_{ij}$, d. h. mit $f(x_1, x_2, \ldots, x_n)$ zugleich ist auch $t \cdot f(x_1, x_2, \ldots, x_n)$ eine reduzierte Form. Sind ferner $a_{ij}, a'_{ij}, a''_{ij}, \ldots$ mehrere Systeme jenes Gebietes, so ist auch für positive $t, t', t'', \ldots$ das System $t \cdot a_{ij} + t' \cdot a'_{ij} + t'' \cdot a''_{ij} + \cdots$ ein System des Gebietes mit den Formen

$$f = \sum_{i,j} a_{ij} x_i x_j, \quad f' = \sum_{i,j} a'_{ij} x_i x_j, \quad f'' = \sum_{i,j} a''_{ij} x_i x_j, \quad \cdots$$

und ist also auch der Ausdruck

$$t \cdot f + t' \cdot f' + t'' \cdot f'' + \cdots$$

eine reduzierte Form.

Nach Nr. 8 des siebenten Kapitels gibt es ferner „äußerste Lösungen" a_{ij} der Ungleichheiten (28), für welche $\nu - 1$ linear unabhängige von diesen mit dem Gleichheitszeichen erfüllt werden; sie werden durch die gedachten $\nu - 1$ Gleichungen bis auf einen positiven Proportionalitätsfaktor eindeutig bestimmt, so daß, wenn a_{ij} eine solche Lösung bezeichnet, jedes System $t \cdot a_{ij}$ auch eine ist. Die Gesamtheit dieser zusammengehörigen äußersten Lösungen wurde a. a. O. als eine Kante des gedachten Raumes oder Gebietes benannt. Da nun die Verhältnisse der a_{ij} zueinander aus jenen Gleichungen als rationale Werte gefunden werden, kann t so gewählt werden, daß das System $t \cdot a_{ij}$ aus ganzen Zahlen ohne gemeinsamen Teiler besteht. Unter den, den äußersten Lösungen derselben Kante zugehörigen reduzierten Formen werde die speziell dem letztbezeichneten Systeme zugehörige primitive Form als die der Kante entsprechende Kantenform benannt, deren es also so viele gibt, als Kanten des Raumes B vorhanden sind; ihre bekanntlich endliche Anzahl werde mit β, sie selbst durch

(30) $$\varphi', \varphi'', \ldots, \varphi^{(\beta)}$$

bezeichnet. Die äußersten Lösungen der Ungleichheiten (28), welche die entsprechenden Kanten bestimmen, mögen

(31) $$a'_{ij}, a''_{ij}, \ldots, a^{(\beta)}_{ij}$$

heißen. Aus diesen äußersten Lösungen erhält man aber nach der erwähnten Stelle sämtliche Lösungen a_{ij} der Ungleichheiten (28) durch die Formel

(32) $$a_{ij} = \sum_{h=1}^{\beta} z_h \cdot a^{(h)}_{ij},$$

wenn in derselben die Koeffizienten z_h alle nicht negativen Werte annehmen. Dementsprechend wird man **sämtliche reduzierten** Formen durch die Gleichung

(33) $$f = \sum_{h=1}^{\beta} z_h \cdot \varphi^{(h)}$$

auf gleiche Weise aus den **Kantenformen** erhalten.

Schließlich sind, wie a. a. O. ausgeführt worden ist, von den das Gebiet B bestimmenden Ungleichheiten (28) nur diejenigen als wesentlich beizubehalten, welche wir dort Wände des Gebietes genannt haben: diejenigen, deren links stehende Linearform für $\nu - 1$ unabhängige äußerste Lösungen verschwindet und somit in ihren Koeffizienten bis auf einen positiven Proportionalitätsfaktor eindeutig bestimmt ist. Wir nennen γ die endliche Anzahl dieser Wände und ersetzen die Ungleichheiten (28) durch die folgenden, die Wände charakterisierenden, allein wesentlichen Ungleichheiten:

(34) $$\sum_{(i,j=1,2,\ldots,n)} p^{(h)}_{ij} \cdot a_{ij} \geqq 0, \quad (h = 1, 2, \cdots, \gamma)$$

mit ganzzahligen Koeffizienten.

Da jede der Gleichungen

$$\sum_{i,j} p^{(h)}_{ij} \cdot a_{ij} = 0$$

eine durch den Nullpunkt des Gebietes A gehende „Ebene“ bedeutet, darf man als Endergebnis dieser Betrachtungen den Satz aussprechen:

Das reduzierte Gebiet B ist ein Kegel oder ein pyramidenförmiger Raum mit der Spitze im Nullpunkt, welcher durch γ ebene Wände (34) begrenzt ist.

7. Sei $D(f)$ die Determinante der reduzierten Form f. Fügen wir dann den die Wände des reduzierten Raumes bestimmenden Ungleichheiten die Bedingung hinzu, daß

$$D(f) = C$$

oder, wie lieber gesagt werden soll, daß

$$\sqrt[n]{D(f)} = \sqrt[n]{C} = c \tag{35}$$

sei, so durchsetzt und begrenzt die so definierte „Fläche“ den reduzierten Raum und scheidet aus ihm diejenigen reduzierten Formen aus, deren Determinante gleich C ist. Ist f eine von ihnen, d. h. das System a_{ij} ihrer Koeffizienten ein Punkt jener Fläche, so ist das System $t \cdot a_{ij}$ ein Punkt der Fläche

$$\sqrt[n]{D(f')} = t \cdot c,$$

wo $f' = t \cdot f$, d. h. die neue Fläche ist der früheren ähnlich und gegen den Nullpunkt ähnlich gelegen. Somit wird es genügen, diejenige Fläche zu betrachten, deren Gleichung

$$\sqrt[n]{D(f)} = 1 \tag{36}$$

ist, d. h. die reduzierten Formen mit der Determinante 1.

Sind aber f und g zwei solche Formen und t ein Wert zwischen 0 und 1, so läßt sich leicht einsehen, daß die Determinante der ebenfalls reduzierten Form

$$(1 - t) \cdot f + t \cdot g, \tag{37}$$

welche $\Delta(t)$ heiße, größer als 1 ist. Denn bekanntlich können f, g durch eine lineare Substitution mit dem Modul 1 gleichzeitig in die Gestalten

$$\alpha_1 x_1^2 + \alpha_2 x_2^2 + \cdots + \alpha_n x_n^2, \qquad \beta_1 x_1^2 + \beta_2 x_2^2 + \cdots + \beta_n x_n^2$$

übergeführt werden, wodurch sich (37) in eine Form verwandelt, für deren Determinante, welche gleich $\Delta(t)$ ist, sich der Ausdruck

$$\Delta(t) = (\alpha_1 + t(\beta_1 - \alpha_1)) \cdot (\alpha_2 + t(\beta_2 - \alpha_2)) \cdots (\alpha_n + t(\beta_n - \alpha_n))$$

ergibt. Aus ihm findet sich

$$\frac{d^2 \log \Delta(t)}{dt^2} = -\left(\frac{\beta_1 - \alpha_1}{\alpha_1 + t(\beta_1 - \alpha_1)}\right)^2 - \cdots - \left(\frac{\beta_n - \alpha_n}{\alpha_n + t(\beta_n - \alpha_n)}\right)^2;$$

da dieser Ausdruck im ganzen Intervalle 0 bis 1 für t negativ ist, würde die Kurve

$$u = \log \Delta(t)$$

in diesem Intervalle gegen die t-Achse konkav sein, die Funktion u also, welche an den Enden des Intervalls verschwindet, würde innerhalb desselben positiv und somit, wie behauptet, $\Delta(t) > 1$ sein.

Die Formen (37) oder die ihnen entsprechenden Punkte des Gebietes B aber machen die Sehne aus, welche die Punkte f, g der Determinantenfläche (36) verbindet. Demnach kann das erhaltene Ergebnis folgendermaßen ausgesprochen werden:

Die Determinantenfläche $D(f) = 1$ ist im Gebiete der positiven reduzierten Formen überall gegen den Nullpunkt konvex.

Zehntes Kapitel.

Vollkommene und Grenzformen.

1. Wir haben gesehen, welche Bedeutung für die reduzierten Formen dem Minimalwerte M der Klasse, die sie repräsentieren, zukommt.

Faßt man nun die ganzzahligen Werte der Unbestimmten, mittels welcher der Minimalwert durch eine Form

$$f = \sum_{(i,j=1,2,\ldots,n)} a_{ij} \cdot x_i x_j \tag{1}$$

der Klasse dargestellt wird, ins Auge, so wird man zu ganz neuen Betrachtungen geführt, die eng mit dem Probleme der Reduktion zusammenhängen, und die wir im wesentlichen Voronoï verdanken.[1]) Seien

$$\begin{cases} m_1', m_2', \ldots, m_n' \\ m_1'', m_2'', \ldots, m_n'' \\ m_1''', m_2''', \ldots, m_n''' \\ \cdot\ \cdot\ \cdot\ \cdot\ \cdot\ \cdot\ \cdot\ \cdot \end{cases} \tag{2}$$

die verschiedenen Systeme der Unbestimmten, mittels welcher M durch f dargestellt wird, wobei wir zwei Systeme nur dann als verschieden bezeichnen, wenn das eine nicht aus den entgegengesetzt genommenen Werten des anderen besteht, denn mit

$$m_1, m_2, \ldots, m_n$$

bilden ja auch

$$-m_1, -m_2, \ldots, -m_n$$

eine (nicht wesentlich davon verschiedene) Darstellung von M. Jedes das Minimum M darstellende System besteht offenbar aus Zahlen ohne gemeinsamen Teiler. Man erkennt hieraus zunächst, daß

1) Voronoï, Nouvelles applications des paramètres continues à la théorie des formes quadratiques, Journal f. reine u. angew. Mathem., Bd. 133, S. 97—178.

die Anzahl μ der verschiedenen Darstellungen, die, wie bekannt, nur eine endliche sein kann, nicht größer als $2^n - 1$:

$$(3) \qquad \mu \leqq 2^n - 1$$

ist. Zwei wesentlich verschiedene Darstellungen können nämlich nicht kongruent sein (mod. 2). Denn, wäre die eine

$$m_1, m_2, \ldots, m_n,$$

die andere

$$m_1 + 2z_1, \quad m_2 + 2z_2, \cdots, m_n + 2z_n,$$

also

$$f(m_1, m_2, \cdots, m_n) = M$$

$$f(m_1 + 2z_1, \cdots, m_n + 2z_n) = M,$$

so ergäbe sich die Gleichung

$$2\left(z_1 \cdot \frac{\partial f}{\partial m_1} + z_2 \cdot \frac{\partial f}{\partial m_2} + \cdots + z_n \cdot \frac{\partial f}{\partial m_n}\right) + 4 \cdot f(z_1, \cdots, z_n) = 0,$$

aus welcher

$$z_1 \cdot \frac{\partial f}{\partial m_1} + z_2 \cdot \frac{\partial f}{\partial m_2} + \cdots + z_n \frac{\partial f}{\partial m_n} + f(z_1, \cdots, z_n) < 0,$$

also

$$f(m_1 + z_1, \cdots, m_n + z_n) = M + z_1 \cdot \frac{\partial f}{\partial m_1} + \cdots + z_n \cdot \frac{\partial f}{\partial m_n} + f(z_1, \cdots, z_n) < M$$

hervorginge, was nicht sein kann. Da nun die Anzahl (mod. 2) nicht kongruenter Systeme $m_1, m_2, \ldots, m_n$ gleich 2^n, das aus lauter geraden Zahlen bestehende System aber, weil es den gemeinsamen Teiler 2 hat, auszuschließen ist, so bleiben höchstens $2^n - 1$ Systeme für die darstellenden Zahlen $m_1, m_2, \ldots, m_n$ verfügbar.

Sollen andererseits die μ Gleichungen

$$(4) \quad \sum_{i,j} a_{ij} m_i' m_j' = M, \quad \sum_{i,j} a_{ij} m_i'' m_j'' = M, \cdots \sum_{i,j} a_{ij} m_i^{(\mu)} m_j^{(\mu)} = M$$

ausreichen, die $\nu = \frac{n(n+1)}{2}$ Koeffizienten a_{ij} der Form f zu bestimmen, so muß

$$(5) \qquad \mu \geqq \nu$$

sein. Nehmen wir dies an, so werden die μ Gleichungen (4) die Form f eindeutig bestimmen, wenn unter ihnen wenigstens ν linear voneinander unabhängige vorhanden sind. Andernfalls gibt es unendlich viele verschiedene Lösungen a_{ij} des Systems (4) von Gleichungen und folglich unendlich viele Auflösungen $p_{ij} = p_{ji}$ der Gleichungen

$$(6) \sum_{i,j} p_{ij} m_i' m_j' = 0, \quad \sum_{i,j} p_{ij} m_i'' m_j'' = 0, \cdots, \quad \sum_{i,j} p_{ij} m_i^{(\mu)} m_j^{(\mu)} = 0.$$

Ihnen entsprechen unendlich viele Formen

$$(7)\qquad \varphi(x_1, x_2, \cdots, x_n) = \sum_{(i,j=1,2,\ldots n)} p_{ij} x_i x_j.$$

Wir setzen nun, unter ϱ einen veränderlichen Parameter verstehend,

$$(8)\quad \psi(x_1, x_2, \cdots, x_n) = f(x_1, x_2, \cdots, x_n) + \varrho \cdot \varphi(x_1, x_2, \cdots, x_n).$$

Da ψ für $\varrho = 0$ die positive Form f ist und mit ϱ zugleich sich stetig ändert, wird ψ auch in nächster Umgebung von $\varrho = 0$ positiv bleiben; damit ψ aber für eine jener Formen φ eine positive Form bleibe, muß ϱ auf ein Intervall um den Nullpunkt beschränkt bleiben. Ist sein positiver Teil unbegrenzt, was geschähe, wenn φ stets positiv bliebe, so ist gewiß der negative Teil endlich; wird dann aber $-\varphi$ statt φ gewählt, was der Definition dieser Funktion gemäß geschehen kann, so wird der positive Teil des gedachten Intervalls endlich. Wir setzen dies also für die gewählte Funktion φ voraus und nennen diesen positiven Teil 0 bis r.

Dann wird die Form $f + r \cdot \varphi$ eine solche sein, die den Wert Null zuläßt und ihn zum Minimalwerte hat, und die ihn darstellenden, nicht sämtlich verschwindenden Werte der Unbestimmten werden die Gleichungen erfüllen:

$$\frac{\partial f}{\partial x_i} + r \cdot \frac{\partial \varphi}{\partial x_i} = 0,$$
$$(i = 1, 2, \ldots, n)$$

woraus folgt, daß die Determinante der Form $f + r \cdot \varphi$, welche $\Delta(r)$ heiße, gleich Null ist. Nennt man aber $\Delta(\varrho)$ für $0 < \varrho < r$ die Determinante der entsprechenden positiven Form ψ, so besteht für ihr Minimum $M(\varrho)$ dem Hermiteschen Satze zufolge eine Ungleichheit

$$M(\varrho) < \mu_n \cdot \sqrt[n]{\Delta(\varrho)},$$

wo μ_n eine nur von n abhängige Größe ist. $\Delta(\varrho)$ verändert sich dabei stetig mit ϱ, und da es für $\varrho = r$ Null, für $\varrho = 0$ gleich der Determinante D der Form f ist, gibt es ein zwischen 0 und r liegendes ϱ, für das $\Delta(\varrho)$ einen beliebig gegebenen Wert zwischen Null und D annimmt, also auch ein ϱ, für welches

$$M(\varrho) < \mu_n \cdot \sqrt[n]{\Delta(\varrho)} = M < \mu_n \cdot \sqrt[n]{D},$$

also $M(\varrho) < M$ wird; d. h. es besteht, wenn $m_1, m_2, \ldots, m_n$ die das Minimum $M(\varrho)$ darstellenden Werte sind, die Ungleichheit

$$f(m_1, m_2, \cdots, m_n) + \varrho \cdot \varphi(m_1, m_2, \cdots, m_n) < M.$$

Hiernach kann das System $m_1, m_2, \ldots, m_n$ keins der Systeme

$$(2\,\text{a})\qquad (m_i'), (m_i''), \ldots, (m_i^{(\mu)})$$

sein, denn für jedes von diesen ist $f = M$ und zufolge der Gleichungen (6) $\varphi = 0$, die obige Ungleichheit also nicht erfüllt. Demnach muß $f(m_1, m_2, \ldots, m_n) > M$, also $\varphi(m_1, m_2, \ldots, m_n) < 0$ und folglich

$$\varrho' = \frac{f(m_1, m_2, \cdots, m_n) - M}{-\varphi(m_1, m_2, \cdots, m_n)}$$

ein positiver Wert $< \varrho < r$ sein. Nun gibt es nur eine endliche Anzahl ganzzahliger Systeme $x_1, x_2, \ldots, x_n$, für welche der Ausdruck

$$\frac{f(x_1, x_2, \cdots, x_n) - M}{-\varphi(x_1, x_2, \cdots, x_n)}$$

positiv und $\overline{\gtrless} \varrho'$, d. h. für welche die positive Form

$$f(x_1, x_2, \cdots, x_n) + \varrho' \varphi(x_1, x_2, \cdots, x_n) \overline{\gtrless} M$$

ist. Es sei $n_1, n_2, \ldots, n_n$ ein Wertsystem, für welches jener Ausdruck seinen **kleinsten** Wert annimmt, und ϱ_1 dieser Wert, so daß $\varrho_1 \overline{\gtrless} \varrho' < r$ ist. Dann ist

$$f(x_1, x_2, \cdots, x_n) + \varrho_1 \cdot \varphi(x_1, x_2, \cdots, x_n)$$

eine positive Form und

$$f(n_1, n_2, \cdots, n_n) + \varrho_1 \cdot \varphi(n_1, n_2, \cdots, n_n) = M$$

ihr Minimum; denn, gäbe es ein ganzzahliges Wertsystem $x_1, x_2, \ldots, x_n$, für welches

$$f(x_1, x_2, \cdots, x_n) + \varrho_1 \cdot \varphi(x_1, x_2, \cdots, x_n) < M$$

wäre, so müßte $\varphi(x_1, x_2, \cdots, x_n) < 0$ sein, und der Ausdruck

$$\frac{f(x_1, x_2, \cdots, x_n) - M}{-\varphi(x_1, x_2, \cdots, x_n)}$$

wäre positiv und kleiner als ϱ_1, der Bedeutung dieses Zeichens zuwider. Somit ist $n_1, n_2, \ldots, n_n$ eine Minimaldarstellung für jene Form, ebenso auch jedes der Systeme (2a), und jene ist von diesen verschieden; denn, wenn $\varrho_1 = \varrho'$, so darf man für $n_1, n_2, \ldots, n_n$ das System $m_1, m_2, \ldots, m_n$ wählen, für welches die Behauptung schon feststeht; wäre aber $\varrho_1 < \varrho'$, so hätte man

$$f(n_1, n_2, \cdots, n_n) + \varrho' \cdot \varphi(n_1, n_2, \cdots, n_n) < M,$$

während doch

$$f(m_1^{(h)}, m_2^{(h)}, \cdots, m_n^{(h)}) + \varrho' \cdot \varphi(m_1^{(h)}, m_2^{(h)}, \cdots m_n^{(h)}) = M$$
$$(h = 1, 2, \cdots, \mu)$$

ist.

Sooft also eine positive Form durch ihre Minimaldarstellungen noch nicht eindeutig bestimmt wird, kann man aus ihr eine andere herleiten, die außer jenen noch eine neue besitzt. Da aber, wie gezeigt, die Anzahl der möglichen Minimaldarstellungen der Formen mit n Unbestimmten nie größer werden kann als $2^n - 1$, so muß man endlich auf eine Form kommen, die durch ihre Minimaldarstellungen eindeutig bestimmt ist.

Jede solche Form werde nach Voronoïs Vorgang eine vollkommene Form genannt. Es gibt also vollkommene Formen mit jeder Anzahl n von Unbestimmten.

Man bemerke, daß die Minimaldarstellungen (2a) der Form f auch das Minimum jeder für $t > 0$ positiven Form $t \cdot f$ darstellen. Somit wird zugleich mit f auch $t \cdot f$ eine vollkommene Form sein. Zwei solche, einander proportionale Formen werden wir als nicht wesentlich verschiedene Formen betrachten. Um sich auf wesentlich verschiedene zu beschränken, genügt es offenbar, nur Formen mit gleichem Minimum M ins Auge zu fassen.

Die Koeffizienten a_{ij} einer vollkommenen Form ergeben sich aus den sie bestimmenden Gleichungen (4), in denen die $m_k^{(i)}$ ganze Zahlen sind, unter der Gestalt $\alpha_{ij} \cdot M$, wo α_{ij} rational. Ist demnach f eine vollkommene Form und M ihr Minimum, so ist $\frac{f}{M}$ eine Form mit rationalen Koeffizienten.

2. Ist g eine mit der vollkommenen Form f äquivalente Form und S eine Substitution, durch welche sie in f übergeht, so entsprechen vermittels dieser den Wertesystemen, welche das Minimum M von f darstellen, ebenso viele Wertesysteme, durch welche das Minimum von g, welches das gleiche ist, dargestellt wird. Da die ersteren aber eindeutig die Form f bestimmen, so bestimmen sie und mit ihnen die letztgedachten Wertesysteme auch eindeutig die Form g, deren Koeffizienten mittels S als lineare Funktionen derjenigen von f gegeben sind. Mit anderen Worten: g, d. h. jede mit einer vollkommenen Form f äquivalente Form ist auch eine vollkommene Form.

Man kann daher sämtliche vollkommenen Formen mit n Unbestimmten in Klassen untereinander äquivalenter Formen verteilen, und solche Klassen wesentlich verschiedener Formen, d. i. Klassen von Formen mit gleichem Minimum, gibt es nur eine endliche Anzahl.

Zum Beweise schicken wir zwei andere Tatsachen voraus. Zunächst können bei einer vollkommenen Form f nicht alle aus dem Systeme:

$$(2\mathrm{a}) \qquad \begin{cases} m_1', & m_2', & \ldots, & m_n' \\ m_1'', & m_2'', & \ldots, & m_n'' \\ \cdot & \cdot & \cdot & \cdot \\ m_1^{(\mu)}, & m_2^{(\mu)}, & \ldots, & m_n^{(\mu)} \end{cases}$$

ihrer Minimaldarstellungen gebildeten n-reihigen Determinanten verschwinden. Wäre dies nämlich der Fall, also auch für jede Zahl h der Reihe $n, n+1, \cdots, \mu$ die Determinante

$$\begin{vmatrix} m_1', & m_2', & \ldots, & m_n' \\ \cdot & \cdot & \cdot & \cdot \\ m_1^{(n-1)}, & m_2^{(n-1)}, & \ldots, & m_n^{(n-1)} \\ m_1^{(h)}, & m_2^{(h)}, & \ldots, & m_n^{(h)} \end{vmatrix} = 0,$$

so gäbe es eine Lösung der Gleichungen

$$\begin{gathered} m_1'\xi_1 + m_1''\xi_2 + \cdots + m_1^{(n-1)}\xi_{n-1} + m_1^{(h)}\xi_n = 0 \\ \cdot\quad\cdot\quad\cdot\quad\cdot\quad\cdot\quad\cdot\quad\cdot\quad\cdot\quad\cdot\quad\cdot\quad\cdot\quad\cdot \\ m_n'\xi_1 + m_n''\xi_2 + \cdots + m_n^{(n-1)}\xi_{n-1} + m_n^{(h)}\xi_n = 0, \end{gathered}$$

woraus sich andere Gleichungen von der Form

$$m_i^{(h)} = m_i' \cdot \eta_1^{(h)} + m_i'' \cdot \eta_2^{(h)} + \cdots + m_i^{(n-1)} \cdot \eta_{n-1}^{(h)} \tag{9}$$
$$(i = 1, 2, \cdots, n)$$

ergäben; diese Gleichungen sind zunächst nur für $h = n, n+1, \cdots, \mu$ erhalten, doch gilt ihre allgemeine Form offenbar auch für $h = 1, 2, \cdots, n-1$. Wählt man nun $\nu = \frac{n(n+1)}{2}$ Größen $p_{ij} = p_{ji}$, für welche die Gleichungen bestehen:

$$\sum_{i,j} p_{ij} \cdot m_i^{(r)} m_j^{(s)} = 0$$

(für $r, s = 1, 2, \cdots, n-1$), was möglich ist, da deren Anzahl der Relation $p_{ij} = p_{ji}$ zufolge gleich $\frac{(n-1)n}{2}$ ist, so fänden sich mit Rücksicht auf (9) die Beziehungen

$$\sum_{i,j} p_{ij} m_i^{(h)} m_j^{(h)} = 0,$$
$$(h = 1, 2, \cdots, \mu)$$

d. h. alle Gleichungen (6) wären erfüllt, die Gleichungen (4) hätten statt nur einer einzigen unendlich viele Lösungen, und f wäre keine vollkommene Form.

Hieraus folgert man leicht weiter, daß die sämtlichen n-reihigen Determinanten des Systems (2a), welche nicht verschwinden, ihrem absoluten Werte nach unter der Grenze $(\mu_n)^{n/2}$ verbleiben. Sei nämlich etwa die Determinante

$$\Delta = \begin{vmatrix} m_1', & m_2', & \ldots, & m_n' \\ m_1'', & m_2'', & \ldots & m_n'' \\ . & . & . & . \\ m_1^{(n)}, & m_2^{(n)}, & \ldots, & m_n^{(n)} \end{vmatrix}$$

nicht Null, so geht die Form $f(x_1, x_2, \ldots, x_n)$ mit dem Minimalwerte M und der Determinante D durch die Substitution

$$\begin{aligned} x_1 &= m_1' y_1 + m_1'' y_2 + \cdots + m_1^{(n)} y_n \\ x_2 &= m_2' y_1 + m_2'' y_2 + \cdots + m_2^{(n)} y_n \\ &\ldots \\ x_n &= m_n' y_1 + m_n'' y_2 + \cdots + m_n^{(n)} y_n \end{aligned}$$

in eine andere Form

$$f'(y_1, y_2, \cdots, y_n) = \sum_{i,j} a'_{ij} y_i y_j$$

mit der Determinante $D' = D\Delta^2$ über, und man findet

$$a'_{ii} = f(m_1^{(i)}, m_2^{(i)}, \cdots, m_n^{(i)}) = M.$$

Da aber bekanntlich

$$a'_{11} a'_{22} \cdots a'_{nn} \geqq D'$$

ist, ergibt sich

$$M^n \geqq D\Delta^2,$$

also in Verbindung mit dem Hermiteschen Satze

$$M < \mu_n \sqrt[n]{D}$$

die Ungleichheit

$$\mu_n^n > \Delta^2$$

oder

(10) $$|\Delta| < (\mu_n)^{n/2}.$$

Setzt man mit Hermite $\mu_n = \left(\frac{4}{3}\right)^{\frac{n-1}{2}}$, so findet man insbesondere

für $n = 2$ $\qquad |\Delta| < \sqrt{\tfrac{4}{3}}$

für $n = 3$ $\qquad |\Delta| < (\tfrac{4}{3})^{3/2}$

für $n = 4$ $\qquad |\Delta| < (\tfrac{4}{3})^{3}.$

Für binäre Formen kann also $|\Delta|$, wenn es nicht verschwindet, nur gleich 1 sein, und es muß gleich 1 sein, da es nicht verschwinden kann; denn $\Delta = 0$ wäre gleichbedeutend mit der Gleichung

$$m_1' m_2'' - m_2' m_1'' = 0,$$

aus welcher, da die Minimaldarstellungen Systeme ganzer Zahlen ohne gemeinsamen Teiler sind, $m_1'' = \pm m_1'$, $m_2'' = \pm m_2'$, die beiden Darstellungen also nicht wesentlich verschieden gefunden würden.

Für ternäre Formen kann $|\Delta|$, wenn es nicht verschwindet, nur gleich 1, für quaternäre Formen dann nur 1 oder 2 sein.

3. Um nun zu beweisen, daß die Anzahl Klassen äquivalenter vollkommener Formen mit gleichem Minimum nur endlich ist, seien f und g zwei solche Formen und

$$x_i = \sum_{k=1}^{n} \alpha_{ik} y_k \quad (i = 1, 2, \cdots, n) \tag{11}$$

die unimodulare Substitution, welche f in g verwandelt. Das System (2a) der Minimaldarstellungen von f liefert dann dasjenige der Minimaldarstellungen der Form g durch Formeln der Gestalt:

$$m_i^{(h)} = \sum_{k=1}^{n} \alpha_{ik} \cdot n_k^{(h)} \quad (i = 1, 2, \cdots, n;\ h = 1, 2, \cdots, \mu). \tag{12}$$

Ordnet man nun der Form f das System der Linearformen

$$M^{(h)} = \sum_{i=1}^{n} m_i^{(h)} x_i \quad (h = 1, 2, \cdots, \mu)$$

und ebenso der Form g das System der Linearformen

$$N^{(h)} = \sum_{k=1}^{n} n_k^{(h)} y_k \quad (h = 1, 2, \cdots, \mu)$$

zu, so folgt aus den Beziehungen (12)

$$M^{(h)} = \sum_{i,k} \alpha_{ik} x_i n_k^{(h)} = \sum_{k=1}^{n} n_k^{(h)} y_k = N^{(h)},$$

wenn

$$y_k = \sum_{i=1}^{n} \alpha_{ik} x_i \tag{13}$$

gesetzt wird. Geht also die vollkommene Form f durch die (unimodulare) Substitution (11) in eine (äquivalente) Form g über, so geht das der letzteren zugeordnete System von Linearformen durch die Substitution (13) in das der ersteren zugeordnete System von Linearformen über, und offenbar auch umgekehrt. Jeder Klasse vollkommener Formen entspricht so also eine Klasse äquivalenter Systeme von ihnen zugeordneten Linearformen, und umgekehrt der letzteren eine Klasse vollkommener Formen mit einem gegebenen Minimum.

Dies vorausgeschickt, sei etwa

$$\Delta = \begin{vmatrix} m_1', & m_2', & \ldots, & m_n' \\ m_1'', & m_2'', & \ldots, & m_n'' \\ \cdot & \cdot & \cdot & \cdot \\ m_1^{(n)}, & m_2^{(n)}, & \ldots, & m_n^{(n)} \end{vmatrix}$$

eine der von Null verschiedenen n-reihigen Determinanten des Schemas (2a). Betrachtet man die Gleichungen

$$M^{(1)} = \sum_{i=1}^{n} m_i' x_i, \quad M^{(2)} = \sum_{i=1}^{n} m_i'' x_i, \quad \cdots, \quad M^{(n)} = \sum_{i=1}^{n} m_i^{(n)} x_i$$

als eine Substitution, deren Modul jene Determinante ist, so gibt es eine unimodulare Substitution (11), welche mit jener zusammengesetzt ihre rechten Seiten in die Gestalt

$$(14) \qquad \begin{cases} p_1' y_1 + p_2' y_2 + \cdots + p_n' y_n \\ \qquad\quad p_2'' y_2 + \cdots + p_n'' y_n \\ \qquad\quad \cdot \quad \cdot \quad \cdot \quad \cdot \\ \qquad\qquad\qquad\quad p_n^{(n)} y_n \end{cases}$$

überführt, wobei die ganzzahligen Koeffizienten den Ungleichheiten

$$p_i^{(i)} > 0, \quad 0 \gtreqless p_{i+h}^{(i)} < p_i^{(i)}$$
$$(i = 1, 2, \cdots, n)$$

unterworfen sind[1]); zudem ist

$$p_1' \cdot p_2'' \cdots p_n^{(n)} = |\Delta| \gtreqless (\mu_n)^{n/2}.$$

Bei dieser Substitution (11) verwandelt sich also das System der Linearformen $M^{(1)}, M^{(2)}, \cdots, M^{(\mu)}$ in ein äquivalentes System

$$N, N', \cdots, N^{(\mu)},$$

dessen erste n Glieder durch die Ausdrücke (14) gegeben werden, also bestimmt begrenzte Koeffizienten haben. Ist aber $N^{(h)}$ eine beliebige der übrigen Formen $N^{(n+1)}, \cdots, N^{(\mu)}$, so ist die Determinante der n Formen $\qquad N^{(h)}, N^{(2)}, \ldots, N^{(n-1)}, N^{(n)}$

1) Vgl. Kap. 5, Nr. 2 und Kap. 6, Nr. 3.

eine in den Koeffizienten von $N^{(h)}$ lineare Form, deren Koeffizienten als ganze Funktionen von denjenigen der Formen $N^{(2)}, \ldots, N^{(n)}$ bestimmt begrenzte Werte haben, und deren Wert selbst absolut kleiner ist als $(\mu_n)^{n/2}$. Dasselbe gilt aber auch für alle Determinanten, welche den Formen

$$N^{(1)}, N^{(h)}, \ldots, N^{(n-1)}, N^{(n)}$$

$$\cdot \quad \cdot \quad \cdot \quad \cdot \quad \cdot \quad \cdot \quad \cdot \quad \cdot \quad \cdot \quad \cdot \quad \cdot$$

$$N^{(1)}, N^{(2)}, \ldots, N^{(h)}, \quad N^{(n)}$$

$$N^{(1)}, N^{(2)}, \ldots, N^{(n-1)}, N^{(h)}$$

zugehören; man erhält also für die n Koeffizienten von $N^{(h)}$ ebensoviele Ungleichheiten mit bestimmt begrenzten Koeffizienten, durch welche jene Koeffizienten selbst in bestimmte Grenzen gewiesen werden.

Daraus geht hervor, daß in jeder Klasse von einer vollkommenen Form zugeordneten Linearformen sich ein solches System befindet, dessen Koeffizienten ganze in bestimmte Grenzen beschränkte Zahlen sind; da es derartiger Systeme nur eine endliche Anzahl geben kann, so ist die Anzahl nicht äquivalenter Systeme und mit ihr auch die Anzahl der Klassen äquivalenter vollkommener Formen mit gegebenem Minimum nur eine endliche, w. z. b. w. —

4. Zu jeder vollkommenen Form f bilden wir nun aus den ihr zugeordneten Linearformen $M^{(1)}, M^{(2)}, \ldots, M^{(\mu)}$ die Gesamtheit R aller positiven Formen der folgenden Gestalt:

$$f = \sum_{i,j} \mathfrak{a}_{ij} x_i x_j = \sum_{h=1}^{\mu} \varrho_h \cdot (M^{(h)})^2, \tag{15}$$

worin die Koeffizienten $\varrho_h \gtreqless 0$ gedacht sind. Diese Gesamtheit ist ein Teilgebiet des Gebietes A aller positiven Formen mit n Unbestimmten, das durch die unendlich vielen Ungleichheiten

$$\sum_{i,j} a_{ij} x_i x_j \gtreqless 0$$

für alle ganzzahligen Systeme (x_i) bestimmt wird, und die Systeme der $\nu = \frac{n(n+1)}{2}$ Koeffizienten $\mathfrak{a}_{ij}$ bilden eine Mannigfaltigkeit von derselben Dimension ν wie A. Denn andernfalls müßte eine gewisse lineare Beziehung

$$\sum_{i,j} p_{ij} \cdot \mathfrak{a}_{ij} = 0$$

für sämtliche jener Systeme, also auch für die Koeffizienten der Formen

$$(M')^2, (M'')^2, \ldots, (M^{(\mu)})^2 \tag{16}$$

erfüllt sein, und demnach erhielte man die Gleichungen

$$\sum_{i,j} p_{ij} \cdot m_i^{(h)} m_j^{(h)} = 0,$$
$$(h = 1, 2, \cdots, \mu)$$

die doch mit der Annahme, daß f eine vollkommene Form sei, nicht verträglich sind.

Vergleicht man die Formel (15) mit (48) in Kap. 7, so erkennt man, daß die Formen (16) den „äußersten Lösungen" entsprechen und als solche die μ verschiedenen Kanten des Raumes R aller Formen f bestimmen. Da ihre Anzahl nur endlich ist, so ist es auch die Anzahl der Wände $\mathfrak{W}_k (k = 1, 2, \cdots, \lambda)$ dieses Raumes, deren jede durch eine gewisse Gleichung

$$W_k = \sum_{i,j} p_{ij}^{(k)} \cdot a_{ij} = 0 \tag{17}$$

charakterisiert ist; die Wand $\mathfrak{W}_k$ wird nämlich durch alle diejenigen Punkte $\mathfrak{a}_{ij}$ des Raumes R gebildet, welche diese Gleichung erfüllen, während zugleich für $h \gtrless k$

$$W_h \geqq 0$$

ist. Der gesamte Raum R aber besteht aus den Punkten $\mathfrak{a}_{ij}$, für welche die λ Ungleichheiten

$$W_1 \geqq 0, \quad W_2 \geqq 0, \cdots, W_\lambda \geqq 0 \tag{18}$$

erfüllt sind. Da die Gleichung (17) den Sätzen in Nr. 9 und 10 des siebenten Kapitels gemäß durch $\nu - 1$ unabhängige äußerste Lösungen bestimmt ist, wird die Gesamtheit ihrer Lösungen oder Formen die folgende sein:

$$f_k = \sum \varrho_{h_k} \cdot (M^{h_k})^2, \tag{19}$$

worin der Index h_k nur einen Teil der Reihe $1, 2, \ldots, \mu$ anzunehmen hat, ϱ_{h_k} aber nicht negativ ist.

Die Gesamtheit der Formen, für welche mehr als eine Gleichung $W_k = 0$ erfüllt ist, möge zum Unterschiede von den bisher gedachten Wänden, welche einfach heißen mögen, eine mehrfache Wand genannt werden. Sie wird ebenfalls durch eine Formel von der Gestalt (19) gegeben sein, nur daß die Anzahl der darin auftretenden $M^{(h)}$ eine andere sein wird.

Einer vollkommenen Form f', welche mit f äquivalent ist, kann in gleicher Weise ein Gebiet R' von Formen

$$f' = \sum_{i,j} \mathfrak{a}'_{ij} x_i x_j = \sum_{h=1}^{\mu} \varrho_h' (N^{(h)})^2$$

zugeordnet werden. Da, wenn f durch die unimodulare Substitution (11) in f' übergeht, das System der zu f' zugeordneten Linearformen sich durch die ebenfalls unimodulare Substitution (13) in das System der zu f zugeordneten Linearformen verwandelt, so gehen durch diese Substitution auch die einzelnen Formen f' in die äquivalenten entsprechenden Formen f über, und daher dürfen auch die Gebiete R, R' als einander äquivalent benannt werden.

Seien jetzt f und f' zwei beliebige wesentlich verschiedene vollkommene Formen, nämlich Formen mit dem gleichen Minimum M und R, R' die ihnen zugeordneten Gebiete. Seien dann $\overline{\mathfrak{W}}$, $\overline{\mathfrak{W}}'$ irgendzwei Wände von R, R' bzw., deren jede einfach oder beliebig mehrfach sein darf, jene etwa die Gesamtheit der Formen

$$\sum_{h=1}^{\sigma} \varrho_h \cdot (M^{(h)})^2, \quad (\sigma \gtreqless \mu),$$

diese die Gesamtheit der Formen

$$\sum_{h=1}^{\tau} \varrho_h' \cdot (N^{(h)})^2, \quad (\tau \gtreqless \mu')$$

mit nicht negativen ϱ_h, bzw. ϱ_h'. Endlich werde unter einer *inneren* Form einer dieser Gesamtheiten eine solche verstanden, bei der die ϱ_h, bzw. ϱ_h' sämtlich *positiv* sind. Dann gilt der Satz:

Haben die beiden Wände $\overline{\mathfrak{W}}$, $\overline{\mathfrak{W}}'$ eine innere Form gemeinsam, so fallen sie miteinander zusammen.

In der Tat, definieren wir ein Symbol (f, f') durch die Gleichung

$$(f, f') = \sum_{i,j} a_{ij} \cdot a'_{ij} = (f', f),$$

so ist insbesondere

$$(f, (M^{(h)})^2) = \sum_{i,j} a_{ij} \cdot m_i^{(h)} m_j^{(h)} = M$$

$$(f', (M^{(h)})^2) = \sum_{i,j} a'_{ij} \cdot m_i^{(h)} m_j^{(h)} \gtreqqless M$$

$$(f, (N^{(h)2})) = \sum_{i,j} a_{ij} \cdot n_i^{(h)} n_j^{(h)} \gtreqqless M$$

$$(f', (N^{(h)})^2) = \sum_{i,j} a'_{ij} \cdot n_i^{(h)} n_j^{(h)} = M.$$

Daraus folgen für Formen f, f' jener beiden Wände die Beziehungen

$$(f, f) - (f', f) = \sum_{h=1}^{\sigma} \varrho_h \cdot (f, (M^{(h)})^2) - \sum_{h=1}^{\sigma} \varrho_h \cdot (f', (M^{(h)})^2) \gtreqless 0$$

$$(f, f') - (f', f') = \sum_{h=1}^{\tau} \varrho_h' \cdot (f, (N^{(h)})^2) - \sum_{h=1}^{\tau} \varrho_h' \cdot (f' (N^{(h)})^2) \lesseqgtr 0.$$

Sind also f, f' eine beiden Wänden gemeinsame innere Form, so stimmen die linken Seiten dieser Ungleichheiten überein, die Differenzen zur Rechten müssen also gleich Null sein, was, da die ϱ_h, ϱ_h' positive Größen sind, nicht anders geschehen kann, als wenn

$$(f, (M^{(h)})^2) = (f', (M^{(h)})^2)$$

$$(f, (N^{(h)2})) = (f', (N^{(h)})^2),$$

also

$$(f', (M^{(h)})^2) = M, \quad (f, (N^{(h)})^2) = M$$

ist. Diese Gleichungen aber besagen, daß die Linearformen $N^{(h)}$ für $h = 1, 2, \ldots, \tau$ zu den der Form f zugeordneten μ Linearformen $M^{(h)}$, und die $M^{(h)}$ für $h = 1, 2, \ldots, \sigma$ zu den der Form f' zugeordneten μ' Linearformen $N^{(h)}$ gehören. Nun ist die Wand $\mathfrak{W}$ charakterisiert durch eine oder mehrere Gleichungen von der Form:

$$W = \sum_{i,j} p_{ij} \mathfrak{a}_{ij} = 0,$$

denen die Koeffizienten der in ihr befindlichen Formen zu genügen haben. Da zu letzteren nach Voraussetzung die Form f' zählt, ergibt sich die Beziehung

$$\sum_{h=1}^{\tau} \varrho_h' \cdot \sum_{i,j} p_{ij} \cdot n_i^{(h)} n_j^{(h)} = 0,$$

woraus, da die $\varrho_h' > 0$ sind und die Summe

$$\sum_{i,j} p_{ij} \cdot n_i^{(h)} n_j^{(h)},$$

weil, wie schon gezeigt, die $N^{(h)}$ für $h = 1, 2, \cdots, \tau$ zu den $M^{(h)}$ gehören, der Bedeutung von $\mathfrak{W}$ als einer Wand von R zufolge nicht negativ sein kann,

$$\sum_{i,j} p_{ij} \cdot n_i^{(h)} n_j^{(h)} = 0$$

hervorgeht; d. h., die τ Linearformen $N^{(h)}$ gehören zu denjenigen σ Linearformen $M^{(h)}$, welche die Wand $\mathfrak{W}$ — und in gleicher Weise die σ letztern Linearformen zu denjenigen τ Linearformen $N^{(h)}$, welche die Wand $\mathfrak{W}'$ — charakterisieren; demnach ist $\sigma = \tau$ und stimmen jene Linearformen mit diesen überein, und die beiden Wände fallen zusammen.

Insbesondere erkennt man, wenn $\sigma = \mu$, $\tau = \mu'$ gedacht wird, d. h. statt der Wände die Gebiete R, R' selbst genommen werden, daß diese beiden Gebiete sich decken müssen, wenn sie eine innere Form gemeinsam haben. Da nun eine Form, die zu beiden Gebieten gehört, entweder eine innere Form eines derselben oder irgendeiner seiner einfachen oder mehrfachen Wände sein muß, so leuchtet ein, daß die zwei verschiedenen vollkommenen Formen zugeordneten Gebiete R, R' entweder getrennt sein oder einander längs einer ihnen gemeinsamen (einfachen oder mehrfachen) Wand „anliegen" müssen.

Im folgenden verstehen wir nun unter „Wand" wieder eine einfache Wand. Dann gilt folgender Satz:

5. An jeder Wand von R liegt höchstens nur ein ganz bestimmtes anderes Gebiet R' an. Um dies zu beweisen, seien

$$f = \sum_{i,j} a_{ij} x_i x_j, \quad f' = \sum_{i,j} a'_{ij} x_i x_j$$

zwei vollkommene Formen mit gleichem Minimum M, deren zugeordnete Gebiete R, R' sind, und $\mathfrak{W}$ eine Wand, an der diese Gebiete einander anliegen. Sie sei charakterisiert durch die Gleichung

$$W = \sum_{i,j} p_{ij} \cdot \mathfrak{a}_{ij} = 0$$

und enthalte die Formen

$$\sum_{h=1}^{\sigma} \varrho_h \cdot (M^{(h)})^2,$$

so daß die Gleichungen

$$\sum_{i,j} p_{ij} \cdot m_i^{(h)} m_j^{(h)} = 0, \tag{20}$$

$$(h = 1, 2, \cdots, \sigma)$$

erfüllt und durch sie die Koeffizienten p_{ij} bis auf einen konstanten Faktor eindeutig bestimmt sind. Da die Wand auch R' angehört, so stimmen σ Minimaldarstellungen $n_1^{(h)}, n_2^{(h)}, \ldots, n_n^{(h)}$ der Form f' mit den Minimaldarstellungen $m_1^{(h)}, m_2^{(h)}, \ldots, m_n^{(h)}$ der Form f überein; man erhält daher die Gleichungen

$$\sum_{i,j} a_{ij} m_i^{(h)} m_j^{(h)} = M, \quad \sum_{i,j} a'_{ij} m_i^{(h)} m_j^{(h)} = M,$$

$$(h = 1, 2, \cdots, \sigma)$$

also für dieselben Werte von h

$$\sum_{i,j} (a'_{ij} - a_{ij})\, m_i^{(h)} m_j^{(h)} = 0,$$

woraus wegen (20)

(21) $$a'_{ij} - a_{ij} = \varrho \cdot p_{ij},$$

mithin, wenn[1])

(22) $$\sum_{i,j} p_{ij} x_i x_j = \psi(x_1, x_2, \cdots, x_n)$$

gesetzt wird, die Beziehung

(23) $$f' = f + \varrho \cdot \psi$$

hervorgeht. Ist aber h ein Index der Reihe $1, 2, \ldots, \mu$, der nicht zur Reihe $1, 2, \ldots, \sigma$ gehört, so ist, wenn

$$x_1 = m_1^{(h)},\ x_2 = m_2^{(h)},\ \cdots,\ x_n = m_n^{(h)}$$

gesetzt wird, $f = M$, $f' \gtreqless M$ und, da dann $(M^{(h)})^2$ der Wand $\mathfrak{W}$ nicht angehört, ψ positiv; weil ϱ nicht Null sein kann, da zufolge (21) sonst $a'_{ij} = a_{ij}$, die Formen f, f' also nicht verschieden wären, muß ϱ wegen (23) positiv sein. Andererseits ergibt sich aus (23), wenn zur Abkürzung $f(x_i)$ für $f(x_1, x_2, \ldots, x_n)$ geschrieben wird,

$$f'(n_i^{(h)}) = f(n_i^{(h)}) + \varrho \cdot \psi(n_i^{(h)}),$$

wo für jeden Wert des Index h aus der Reihe $1, 2, \ldots, \mu'$, der nicht zu der Reihe $1, 2, \ldots, \sigma$ gehört, $f(n_i^{(h)}) > M$, also, da $f'(n_i^{(h)}) = M$ ist, $\psi(n_i^{(h)})$ negativ sein muß. Der positive Wert

$$\varrho = \frac{f(n_i^{(h)}) - M}{-\psi(n_i^{(h)})}$$

muß aber der kleinste Wert sein, welchen der Ausdruck

$$\frac{f(x_i) - M}{-\psi(x_i)}$$

für solche ganzzahlige x_i, bei denen $\psi(x_i) < 0$ ist, annehmen kann; denn, gäbe es ein derartiges Wertesystem $x_1, x_1, \ldots, x_n$, für welches er kleiner würde als ϱ, so würde dafür

$$f'(x_i) = f(x_i) + \varrho\, \psi(x_i) < M,$$

was nicht sein kann. Hiernach ist der Wert ϱ in der Formel (23) ein völlig eindeutig bestimmter; es gibt also höchstens nur eine voll-

---

1) Da die Gleichung für W zwischen den $\nu = \frac{n(n+1)}{2}$ Größen $\mathfrak{a}_{ij} = \mathfrak{a}_{ji}$ stattfindet, ist darin $p_{ij} = p_{ji}$ zu denken.

kommene Form f' mit dem Minimum M, deren zugeordnetes Gebiet längs der Wand $\mathfrak{W}$ an R anliegend ist, d. h. nur ein so an R anliegendes Gebiet R', w. z. b. w. —

5a. An jeder Wand des der vollkommenen Form f zugeordneten Gebietes R liegt aber auch stets das Gebiet R' einer anderen vollkommenen Form an.

Zum Beweise beginnen wir mit einer allgemeinen Bemerkung. Sei $f(x_1, x_2, \ldots, x_n)$ eine positive quadratische Form und auch $\psi(x_1, x_2, \ldots, x_n)$ eine gegebene quadratische Form. Für hinreichend kleine Werte von ϱ ist dann auch die Form

$$f'(x_1, x_2, \cdots, x_n) = f(x_1, x_2, \cdots, x_n) + \varrho \cdot \psi(x_1, x_2, \cdots, x_n)$$

noch positiv und hat daher einen Minimalwert M'. Wenn nun $m_1, m_2, \ldots, m_n$ oder kurz (m_i) eine Darstellung des Minimalwertes von f ist, so hat man jedenfalls

$$M' \lesseqgtr f'(m_i) = M + \sigma,$$

wo σ zugleich mit ϱ beliebig klein wird. Ist aber (m_i') eine Darstellung des Minimalwertes M', so ergibt sich

$$M' = f(m_i') + \sigma' = f(m_i') + \sigma + (\sigma' - \sigma),$$

wo auch σ' und $\sigma' - \sigma$ zugleich mit ϱ beliebig klein ist. Wäre nun $f(m_i')$ nicht der Minimalwert M von f, so wäre $f(m_i') + \sigma$ um eine endliche Größe größer als $M + \sigma$ und daher auch die rechte Seite der Gleichung für hinreichend kleines ϱ noch größer als $M + \sigma$, was der obigen Ungleichheit widerspricht. Daraus folgt: Bei hinreichend kleinem ϱ findet sich jede Minimaldarstellung der Form f' unter denjenigen der Form f. — Sind die Minima M, M' beider Formen einander gleich, so muß nach der Beziehung

$$f'(m_i') = f(m_i') + \varrho \cdot \psi(m_i')$$

und wegen $M' = f'(m_i') = M = f(m_i')$ die Form $\psi(m_i') = 0$ sein, also für jede Minimaldarstellung der Form f' verschwinden; und umgekehrt gibt jede Minimaldarstellung (m_i') der Form f, für welche $\psi(m_i')$ verschwindet, $f'(m_i') = f(m_i') = M = M'$, also eine Minimaldarstellung der Form f'. Für hinreichend kleine ϱ stimmen also die Minimaldarstellungen von f', wenn dann die Minima der Formen f, f' einander gleich sind, mit denjenigen Minimaldarstellungen von f überein, für welche ψ verschwindet.

Dies vorausgeschickt, bedeute jetzt die Form ψ wieder dieselbe Form wie in voriger Nummer und ϱ einen hinreichend kleinen positiven Wert. Dann sind die beiden Formen

$$f_1(x_1, x_2, \cdots, x_n) = f(x_1, x_2, \cdots, x_n) + \varrho\psi(x_1, x_2, \cdots, x_n)$$
$$f_2(x_1, x_2, \cdots, x_n) = f(x_1, x_2, \cdots, x_n) - \varrho\psi(x_1, x_2, \cdots, x_n)$$

noch positive Formen. Es gibt daher nur endlich viele ganzzahlige, von lauter Nullen verschiedene Systeme $x_1, x_2, \cdots, x_n$, für welche $f_1 < M$, und ebenfalls nur endlich viele solche, für welche $f_2 < M$ ist, unter M das Minimum der Form f verstanden. Aber es gibt auch wirklich ein solches System, für das wenigstens eine dieser beiden Ungleichheiten erfüllt ist. Denn andernfalls hätten beide Formen f_1, f_2 den Minimalwert M, den sie für jedes der σ' in voriger Nr. betrachteten Wertsysteme $m_1^{(h)}, m_2^{(h)}, \ldots, m_n^{(h)}$, für welche ψ Null würde, erreichen. Infolge des letzten Satzes stimmten daher ihre Minimaldarstellungen mit den letzteren Systemen überein. Bezeichnet deshalb $m_1, m_2, \ldots, m_n$ eine der nicht zu jenen Systemen gehörigen Minimaldarstellungen von f, so müßten

$$f_1(m_i) = M + \varrho\psi(m_i)$$
$$f_2(m_i) = M - \varrho\psi(m_i)$$

beide größer als M sein, was doch, wenn es für die eine Form zutrifft, nicht auch für die andere zutreffen kann.

Sei nun etwa $f_1(x_1, x_2, \ldots, x_n)$ diejenige der beiden Formen[1]), für welche es ganzzahlige, von lauter Nullen verschiedene Systeme $x_1, x_2, \ldots, x_n$ gibt, die der Ungleichheit

$$f(x_1, x_2, \cdots, x_n) + \varrho \cdot \psi(x_1, x_2, \cdots, x_n) < M$$

genügen, für welche also, da f stets $\gtreqless M$ ist, ψ negativ und

$$0 < \frac{f(x_i) - M}{-\psi(x_i)} < \varrho$$

sein muß. Unter diesen endlich vielen Systemen sei dann (x_i) ein solches, für welches der Ausdruck in vorstehender Ungleichheit einen kleinsten positiven Wert ϱ_1 erhält. Dann ist

$$f'(x_1, x_2, \cdots, x_n) = f(x_1, x_2, \cdots, x_n) + \varrho_1\psi(x_1, x_2, \cdots, x_n)$$

eine positive Form, da $0 < \varrho_1 < \varrho$ ist, und sie hat den gleichen Minimalwert M wie f, da sie diesen Wert für diejenigen Minimaldarstellungen $(m_i^{(h)})$ der letzteren Form, durch welche ψ bis auf einen Faktor eindeutig bestimmt wird, annimmt und nicht kleiner werden kann als M, weil sonst für das entsprechende Wertesystem (x_i) sich

$$0 < \frac{f(x_i) - M}{-\psi(x_i)} < \varrho_1$$

fände. Da ferner $f(x_i)$ gegeben und $\varrho_1 \cdot \psi(x_i)$ durch die erwähnten Minimaldarstellungen $(m_i^{(h)})$, die auch diejenigen von $f'(x_i)$ sind, ein-

1) Diese Annahme darf man machen, da man sonst die Form ψ durch $-\psi$ ersetzen dürfte.

deutig bestimmt ist, so ist es durch dieselben auch die Form $f'(x_i)$; sie ist also gewiß eine vollkommene Form, und das ihr zugeordnete Gebiet R' liegt mit der Wand $\mathfrak{W}$ an R an, da die gedachten Minimaldarstellungen von $f'(x_i)$ die Gleichungen (20) erfüllen.

6. Auf diesen Betrachtungen beruht nun eine Einteilung des gesamten Gebietes A der positiven quadratischen Formen mit n Unbestimmten in Teilräume ganz ähnlich derjenigen in den reduzierten Raum und seine äquivalenten Kammern und doch durchaus von ihr verschieden. Man denke sich nämlich sämtliche vollkommene Formen $f, f', f'', \ldots$ mit demselben Minimum M und bilde alle ihnen zugeordneten Gebiete $R, R', R'', \ldots$, die lauter positive Formen enthalten. Es steht bereits fest, daß sie nicht ineinander eindringen, sondern höchstens zu zweien in einer gemeinsamen Wand aneinanderstoßen können. Nun läßt sich zeigen, daß jede positive Form

$$F(X_i) = \sum_{(i, j = 1, 2, \ldots, n)} A_{ij} \cdot X_i X_j \tag{24}$$

einem der Gebiete $R, R', R'', \ldots$ angehören muß.

In der Tat, gehört dieser Ausdruck nicht zum Gebiete R, welches durch die λ Wände $\mathfrak{W}_1, \mathfrak{W}_2, \ldots, \mathfrak{W}_\lambda$ bestimmt ist, so werden seine Koeffizienten A_{ij} wenigstens eine der ihnen entsprechenden Ungleichheiten (18) nicht erfüllen, d. h. es wird etwa

$$W_1 = \sum_{i,j} p'_{ij} \cdot A_{ij} < 0 \tag{25}$$

sein. Sei nun R' das an R längs der Wand $\mathfrak{W}_1$ anliegende Gebiet und f' die vollkommene Form, der es zugeordnet ist, so besteht bei positivem ϱ, wie in voriger Nr. gezeigt, die Beziehung

$$f' = f + \varrho \cdot \psi',$$

wenn

$$\psi' = \sum_{i,j} p'_{ij} \cdot x_i x_j$$

gedacht wird. Daraus folgt für das in jener Nr. eingeführte Symbol die Gleichung

$$(F, f') = (F, f) + \varrho \cdot (F, \psi'),$$

d. h.

$$\sum_{i,j} A_{ij} \cdot a'_{ij} = \sum_{i,j} A_{ij} \cdot a_{ij} + \varrho \cdot \sum_{i,j} A_{ij} \cdot p'_{ij},$$

also wegen (25)

$$\sum_{i,j} A_{ij} \cdot a'_{ij} < \sum_{i,j} A_{ij} \cdot a_{ij}.$$

Gehört nun der Ausdruck F auch nicht zu R', so gelangt man durch die gleiche Betrachtung für die vollkommene Form f'', deren zugeordnetes Gebiet R'' an einer gewissen Wand von R' anliegt, zu der entsprechenden Ungleichheit

$$\sum_{i,j} A_{ij} \cdot a''_{ij} < \sum_{i,j} A_{ij} \cdot a'_{ij}$$

usw. Ein solcher Fortgang ist aber nicht unbegrenzt möglich. Denn erstens sind die hier auftretenden Summen positiv. In der Tat geht die Form F durch eine unimodulare algebraische Substitution in die Gestalt

$$q_1 y_1^2 + q_2 y_2^2 + \cdots + q_n y_n^2$$

mit lauter positiven Koeffizienten q_i über; ist

$$y_i = \sum_{k=1}^{n} \lambda_{ik} x_k, \quad (i = 1, 2, \cdots, n)$$

die umgekehrte Substitution, so verwandelt sich die Summe $\sum_{i,j} A_{ij} \cdot a_{ij}$ in die andere:

$$\sum_{i=1}^{n} q_i \cdot f(\lambda_{ik}),$$

wo beide Faktoren des allgemeinen Gliedes positiv sind. Zweitens kann eine Ungleichheit

$$0 < \sum_{i=1}^{n} q_i f(\lambda_{ik}) < g$$

mit beliebig kleinem g nicht bestehen. Denn aus ihr würden zunächst die Ungleichheiten

$$0 < f(\lambda_{ik}) < \frac{g}{q_i}, \quad (i = 1, 2, \cdots, n)$$

d. h. die sämtlichen $f(\lambda_{ik})$ als beliebig kleine Größen hervorgehen. Diese Ausdrücke sind aber die Hauptkoeffizienten einer Form, in welche die Form f durch die unimodulare algebraische Substitution

$$x_i = \sum_{k=1}^{n} \lambda_{ki} y_k$$

übergeht; ihr Produkt wäre beliebig klein und müßte doch größer sein als die Determinante dieser Form, d. h. als die Determinante der Form f. Die Determinante einer Form mit gegebenem Minimum M kann aber nach der Hermiteschen Ungleichheit $M < \mu_n \cdot \sqrt[n]{D}$ nicht beliebig klein sein. — Hiernach können wir den Satz aussprechen: Die Gesamtheit (R) der den sämtlichen vollkommenen Formen mit gleichem Minimum zugeordneten Gebiete R erfüllt den ganzen Raum A der positiven Formen einfach und lückenlos.

7. Darauf läßt sich nun eine neue Art der Reduktion positiver quadratischer Formen begründen. Man denke sich die zu den sämtlichen vollkommenen Formen mit gleichem Minimum zugeordneten Gebiete R in Klassen äquivalenter Gebiete verteilt und diese Klassen durch irgendwelche ihnen angehörige Gebiete repräsentiert. Da die Anzahl dieser Klassen ebenso groß ist wie die der gedachten vollkommenen Formklassen, so ist sie endlich, und die sie repräsentierenden Gebiete seien

(26) $$R, R_1, R_2, \ldots, R_\alpha.$$

Zu einem Repräsentantensysteme dieser Art gelangt man folgendermaßen. Mit einem beliebig gewählten Gebiete R stelle man alle ihm anliegenden Gebiete in eine Reihe:

(S) $$R, R_1, R_2, \ldots, R_\beta,$$

alle diesen Gebieten anliegenden und von ihnen verschiedenen Gebiete in eine neue Reihe (S'), dann wieder alle den letzteren anliegenden und von ihnen verschiedenen Gebiete in eine Reihe (S''), usw. Durch diese Reihen hindurch kann man von R aus zu jedem gegebenen Gebiete R^0 gelangen, denn man braucht zu diesem Zwecke nur irgendeine in R^0 enthaltene Form F zu wählen und dann mit bezug auf R und F wie in voriger Nr. zu verfahren. Werden nun aber von den Gebieten (S) nur diejenigen beibehalten, die nicht untereinander äquivalent sind, diesen dann nur diejenigen Gebiete (S') hinzugefügt, die weder untereinander noch mit einem der Gebiete (S) äquivalent sind, ihnen dann wieder nur diejenigen Gebiete (S'') angereiht, die weder untereinander noch mit Gebieten (S) oder (S') äquivalent sind, usw., so gelangt man, da die Anzahl nicht äquivalenter Gebiete nur endlich ist, notwendig zu einer Reihe

$$R, R_1, R_2, \ldots, R_\alpha$$

von der Beschaffenheit, daß alle ihre Glieder untereinander inäquivalent sind, alle denselben anliegenden Gebiete aber mit je einem von ihnen äquivalent sind. Diese Reihe stellt dann ersichtlich ein Repräsentantensystem für die Klassen äquivalenter Gebiete dar. Im besondern folgt hieraus, daß, wenn die Gebiete (S) sämtlich mit R äquivalent sind, R selbst schon das Repräsentantensystem ausmacht und daß daher dann nur eine Klasse von Gebieten, also auch nur eine Klasse von vollkommenen Formen mit gleichem Minimum vorhanden ist.

Als reduzierte Formen seien nun alle in den repräsentierenden Gebieten enthaltenen Formen bezeichnet.

Jede andere Form ist dann mindestens einer reduzierten Form äquivalent, und es ist auch leicht anzugeben, wie man von einer gegebenen Form aus zu ihrer Reduzierten gelangt. Zu diesem Zwecke denken wir uns alle an den repräsentierenden Gebieten (26) anliegenden, von ihnen verschiedenen, notwendig je einem von ihnen äquivalenten Gebiete und bezeichnen mit

$$S_1, S_2, \ldots, S_\gamma \tag{27}$$

die endliche Menge der unimodularen Substitutionen, welche diese Gebiete in eins der reduzierten Gebiete überführen. Ist nun $R^{(k)}$ das Gebiet, welchem die Form F angehört, so gelangt man von R, wie im vorigen gezeigt wurde, durch eine endliche Reihe von Gebieten

$$R, R', R'', \ldots, R^{(k)},$$

deren jedes dem voraufgehenden anliegt, zum Gebiete $R^{(k)}$. In dieser Reihe können außer R auch noch eins oder mehrere der folgenden Glieder zu den reduzierten zählen; es sei etwa $R^{(h)}$ das erste in der Reihe, welches nicht mehr zu ihnen zählt, aber doch noch einem von ihnen anliegt, nämlich an $R^{(h-1)}$. Eine gewisse Substitution S' der Reihe (27) führt dann $R^{(h)}$ in ein Glied R_h der Reihe (26) und die Reihe

$$R^{(h)}, R^{(h+1)}, \ldots, R^{(k)}$$

in eine Reihe äquivalenter, einander sukzessive anliegender Gebiete

$$R_h, R_h^{(h+1)}, \ldots, R_h^{(k)}$$

und die Form F in eine äquivalente, in $R_h^{(k)}$ enthaltene Form F_h über. Nun sei in dieser kürzeren Reihe nächst R_h das erste nicht zu den reduzierten Gebieten (26) zählende Gebiet das Gebiet $R_h^{(h+h')}$; da es dem voraufgehenden, noch zu jenen zählenden Gebiete anliegt, gibt es in der Reihe (27) eine Substitution S'', durch welche es in ein reduziertes Gebiet $R_{h'}$ verwandelt wird und die Reihe

$$R_h^{(h+h')}, R_h^{(h+h'+1)}, \ldots, R_h^{(k)}$$

in eine Reihe äquivalenter, einander sukzessive anliegender Gebiete

$$R_{h'}, R_{h'}^{(h+h'+1)}, \ldots, R_{h'}^{(k)}$$

und F_h in eine in $R_{h'}^{(k)}$ enthaltene äquivalente Form $F_{h'}$ übergeht; usw. Endlich muß die sich stets verkürzende Reihe entweder in eine neue Reihe, deren Glieder bis auf das letzte hin sämtlich schon reduzierte Gebiete sind, oder in das eine letzte Glied übergehen, welches durch eine der Substitutionen (27) in ein reduziertes Gebiet verwandelt wird; und durch dieselbe Substitution $S^{(r)}$ geht die Form in eine äquivalente reduzierte Form über. Somit gelangt man von der beliebig gegebenen Form F durch eine endliche Reihe unimodularer Substitutionen S', S'', ..., $S^{(r)}$ zu einer reduzierten Form ihrer Klasse, w. z. b. w.

8. Wir bestimmen jetzt noch für die einfachsten Fälle die Anzahl der nicht äquivalenten vollkommenen Formen mit gleichem Minimum M, welches wir dabei, weil zwei einander proportionale Formen als nicht wesentlich verschieden angesehen werden sollen, gleich 1 annehmen dürfen.

Gehen wir aus von der Form

$$\varphi = x_1^2 + x_2^2 + \cdots + x_n^2 + x_1x_2 + x_1x_3 + \cdots + x_{n-1}x_n. \tag{28}$$

Ihr Minimum für ganzzahlige Werte der Unbestimmten ist ersichtlich gleich 1, und es wird erhalten, wenn man einer der Unbestimmten den Wert 1, allen übrigen den Wert Null beilegt, aber auch, wenn man eine von ihnen gleich 1, eine zweite spätere gleich -1, die übrigen gleich Null setzt. Dies gibt $\nu = \frac{n(n+1)}{2}$ Minimaldarstellungen, und man übersieht leicht, daß sie ausreichen, um die Koeffizienten der Form eindeutig zu bestimmen; **die Form φ ist also eine vollkommene.** Die ihr zugeordneten Linearformen sind

$$\begin{gathered} M' = x_1, \quad M'' = x_2, \ldots, M^{(n)} = x_n, \\ M^{(n+1)} = x_1 - x_2, \ldots, \quad M^{(\nu)} = x_{n-1} - x_n, \end{gathered} \tag{29}$$

und folglich ist das ihr zugeordnete Gebiet R die Gesamtheit der Formen

$$\sum_{i,j} \mathfrak{a}_{ij} \cdot x_i x_j = \sum_{i=1}^{n} \varrho_i^{(i)} \cdot x_i^2 + \sum \varrho_i^{(k)} (x_i - x_k)^2 \qquad (i < k = 2, 3, \ldots, n) \tag{30}$$

mit nichtnegativen Koeffizienten $\varrho_i^{(i)}$, $\varrho_i^{(k)}$. Aus der Vergleichung der Koeffizienten zur Rechten und Linken finden sich die Beziehungen

$$\varrho_i^{(k)} = -\mathfrak{a}_{ik} \quad (i < k),$$

also aus

$$\mathfrak{a}_{ii} = \varrho_1^{(i)} + \cdots + \varrho_i^{(i)} + \varrho_i^{(i+1)} + \cdots + \varrho_i^{(n)}$$

die folgende

$$\varrho_i^{(i)} = \mathfrak{a}_{1i} + \mathfrak{a}_{2i} + \cdots + \mathfrak{a}_{ni}.$$

Demnach müssen die Ungleichheiten

$$\begin{matrix} \mathfrak{a}_{1i} + \mathfrak{a}_{2i} + \cdots + \mathfrak{a}_{ni} \gtreqless 0, & -\mathfrak{a}_{ik} \gtreqless 0 \\ (i = 1, 2, \ldots, n) & (i < k) \end{matrix} \tag{31}$$

erfüllt sein, welche die Wände des Gebiets R ausmachen. Jeder von diesen entspricht ein anliegendes Gebiet und die ihnen zugeordneten Formen

$$(32)\quad \begin{cases} \varphi_i = \varphi + \varrho_{i0}(x_1 + x_2 + \cdots + x_n)\,x_i, \\ \qquad (i = 1, 2, \ldots, n) \\ \varphi_{ik} = \varphi - \varrho_{ik} \cdot x_i x_k, \\ \qquad (i < k) \end{cases}$$

worin die Faktoren ϱ_{i0}, ϱ_{ik} nach Nr. 5 bestimmt zu denken sind.

Nun ist die besondere in R enthaltene Form

$$(33)\qquad \psi = \sum_{i=1}^{\nu} (M^{(i)})^2,$$

der man nach den Ausdrücken (29) der Linearformen $M^{(i)}$ auch die Gestalt

$$(33\text{a})\qquad \psi = nx_1^2 + \cdots + nx_n^2 - 2x_1x_2 - \cdots - 2x_{n-1}x_n$$

geben kann, proportional mit der Adjungierten der Form φ. Ihr Minimalwert ist n; in der Tat, wenn keine der Unbestimmten Null ist, so lehrt die erste Gestalt (33) der Form ψ, daß ihr Wert größer als n ist, außer wenn sämtliche x_i einander und der Einheit gleich sind, wo dann ψ gleich n wird; sind aber etwa die ersten k Unbestimmten von Null verschieden, die übrigen Null, so wird

$$\psi = (n - k + 1)(x_1^2 + \cdots + x_k^2) + \sum (x_h - x_i)^2,$$
$$(h < i = 2, 3, \ldots, k)$$

was jedenfalls $\gtreqless (n - k + 1)\,k > n$ ist, außer wenn $k = 1$, wo es gleich n wird. Dieses Minimum nimmt die Form also an, wenn

$$x_i = 1, \quad x_k = 0 \quad (i = 1, 2, \ldots, n;\ i \gtrless k)$$

oder

$$x_1 = x_2 = \cdots = x_n = 1$$

gesetzt wird, welchen Annahmen die Linearformen

$$(34)\quad M' = x_1, \ldots, \quad M^{(n)} = x_n, \quad M^{(n+1)} = x_1 + x_2 + \cdots + x_n$$

entsprechen.

Dies vorausgesetzt, sei

$$(35)\qquad x_i = \sum_{k=1}^{n} \alpha_{ik} y_k$$
$$(i = 1, 2, \ldots, n)$$

jede Substitution, welche die Form φ in sich selbst verwandelt. Dann ist

$$y_i = \sum_{k=1}^{n} \alpha_{ki} x_k \tag{36}$$

$$(i = 1, 2, \ldots, n)$$

eine Substitution, welche das der Form φ zugeordnete Gebiet R in sich selbst überführt, d. i. seine Linearformen (29) untereinander vertauscht; sie läßt also (wie auch aus allgemeinen Sätzen bekannt) die adjungierte Form ψ ungeändert, und demnach wird umgekehrt jede Substitution (35) die Linearformen (34) oder auch ihre Quadrate, die man, wenn

$$x_0 = -x_1 - x_2 - \cdots - x_n$$

gesetzt wird, schreiben kann:

$$x_0^2,\ x_1^2,\ x_2^2,\ \ldots,\ x_n^2,$$

nur untereinander vertauschen. Dabei bleibt nun (wie ebenfalls aus jenen allgemeinen Sätzen folgt) die Form φ ungeändert; in der Tat kann man schreiben:

$$\varphi = \tfrac{1}{2}(x_0^2 + x_1^2 + \cdots + x_n^2).$$

Die Substitutionen (35) sind also die folgenden:

$$x_i = \pm x_{k_i}' \quad (i = 0, 1, 2, \ldots, n),$$

unter $k_0, k_1, \ldots, k_n$ jede Anordnung der Indizes $0, 1, 2, \ldots, n$ verstanden; oder vielmehr, da zugleich

$$x_0 + x_1 + \cdots + x_n = 0, \quad x_0' + x_1' + \cdots + x_n' = 0$$

sein muß, die Substitutionen

$$x_i = \varepsilon \cdot x_{k_i}' \quad (i = 0, 1, 2, \ldots, n)$$

mit $\varepsilon = \pm 1$. Demnach ist ihre mögliche Anzahl $2 \cdot n!$ oder, wenn je zwei aus einander entgegengesetzten Elementen gebildete als identisch betrachtet werden, gleich $n!$, und die gedachten Substitutionen sind die folgenden

$$x_i = x_{k_i}' \quad (i = 0, 1, 2, \ldots, n).$$

Bei ihnen allen vertauschen sich aber die Formen (32), deren n erste man in der Gestalt

$$\varphi_i = \varphi - \varrho_{i0} x_0 x_i$$

$$(i = 1, 2, \ldots, n)$$

darstellen kann, offenbar untereinander; diese Formen sind demnach sämtlich untereinander äquivalent.

9. Wählen wir irgendeine von ihnen aus, etwa die Form

$$\varphi_{12} = \varphi - \varrho_{12} \cdot x_1 x_2.$$

Sei zunächst $n = 2$. Dann ist

$$\varphi = x_1^2 + x_2^2 + x_1 x_2$$

mit der Determinante $D = {}^3/_4$ und

$$\varphi_{12} = x_1^2 + x_2^2 + x_1 x_2 - \varrho_{12} \cdot x_1 x_2.$$

Nun ist ϱ_{12} nach den Ausführungen in Nr. 5 der kleinste positive Wert, welchen der Ausdruck

$$\frac{x_1^2 + x_2^2 + x_1 x_2 - 1}{x_1 x_2}$$

für alle ganzzahligen $x_1 x_2$, bei denen $x_1 x_2 > 0$ ist, annehmen kann. Man findet leicht, daß dies der Wert 2 ist, der für $x_1 = x_2 = 1$ erhalten wird, und somit ist $\varrho_{12} = 2$ und

$$\varphi_{12} = x_1^2 + x_2^2 - x_1 x_2,$$

d. i. eine Form, die offenbar mit φ äquivalent ist. Hiernach sind alle an φ anliegenden vollkommenen Formen mit φ und untereinander äquivalent, und daher ist in Anbetracht des im Anfange von Nr. 7 Gesagten nur eine Klasse vollkommener binärer Formen mit gegebenem Minimum vorhanden, welche für den Fall des Minimum 1 durch die Form

$$x_1^2 + x_2^2 + x_1 x_2 \tag{37}$$

repräsentiert wird. Das ihr zugeordnete Gebiet R ist die Gesamtheit der Formen

$$a x_1^2 + 2b x_1 x_2 + c x_2^2 = \varrho_1 x_1^2 + \varrho_2 x_2^2 + \varrho_{12} (x_1 - x_2)^2 \tag{38}$$

mit nicht-negativen Koeffizienten ϱ_1, ϱ_2, ϱ_{12}, welche zugleich die Gesamtheit der im Sinne von Nr. 7 reduzierten Formen ausmacht. Diese sind demnach charakterisiert durch die Ungleichheiten

$$\varrho_{12} = -b \gtreqless 0, \quad \varrho_1 = a + b \gtreqless 0, \quad \varrho_2 = b + c \gtreqless 0,$$

deren Vergleichung mit den in Kap. 3, Nr. 4 für die Sellingschen Reduzierten erkennen läßt, daß die neuen Reduzierten mit den Sellingschen identisch sind. Man erhält nur einen Teil des gesamten Gebietes R, wenn man

$$\begin{aligned} a x_1^2 + 2b x_1 x_2 + c x_2^2 = \varrho x_2^2 + \varrho' (x_1^2 + x_2^2) \\ + \varrho'' (x_1^2 + x_2^2 + (x_1 - x_2)^2) \end{aligned} \tag{39}$$

setzt und $\varrho, \varrho', \varrho''$ alle nicht-negativen Werte annehmen läßt. Daraus ergeben sich für die Koeffizienten a, b, c die Bedingungen

$$\varrho = c - a \gtreqless 0, \quad \varrho' = a + 2b \gtreqless 0, \quad \varrho'' = -b \gtreqless 0,$$

welche mit den Lagrangeschen Reduktionsbedingungen identisch sind; daher erweist sich das gedachte Teilgebiet als die Gesamtheit der Lagrangeschen Reduzierten.

Ferner sei $n=3$. In diesem Falle ist

$$\varphi = x_1^2 + x_2^2 + x_3^2 + x_1 x_2 + x_1 x_3 + x_2 x_3 \tag{40}$$

eine Form mit der Determinante $D = \frac{4}{2^3} = \frac{1}{2}$ und

$$\varphi_{12} = x_1^2 + x_2^2 + x_3^2 + x_1 x_2 (1 - \varrho_{12}) + x_1 x_3 + x_2 x_3.$$

Hierin ist φ_{12} der kleinste positive Wert, welchen für ganzzahlige x_i, bei denen $x_1 x_2 > 0$ ist, der Ausdruck

$$\frac{x_1^2 + x_2^2 + x_3^2 + x_1 x_2 + x_1 x_3 + x_2 x_3 - 1}{x_1 x_2},$$

welcher durch den anderen:

$$1 + \frac{1}{2 x_1 x_2} (x_1^2 + x_2^2 + (x_1 + x_3)^2 + (x_2 + x_3)^2 - 2)$$

ersetzt werden kann, anzunehmen vermag. Da für derartige x_i das zweite Glied des letzten Ausdrucks niemals negativ wird, aber für $x_1 = x_2 = 1$, $x_3 = -1$ verschwindet, so ergibt sich $\varrho_{12} = 1$ und somit

$$\varphi_{12} = x_1^2 + x_2^2 + x_3^2 + x_1 x_3 + x_2 x_3.$$

Diese Form nun geht durch die unimodulare Substitution

$$x_1 = -x_1', \quad x_2 = x_2', \quad x_3 = -x_2' - x_3'$$

in die Form φ über, ist ihr also nebst allen anderen der letzteren anliegenden Formen äquivalent. Daher ist auch für ternäre Formen nur eine einzige Klasse vollkommener Formen mit gegebenem Minimum vorhanden, welche für den Fall des Minimum 1 durch die Form (40) repräsentiert wird. Das dieser Form zugeordnete Gebiet R ternärer Formen, nämlich die Gesamtheit der Formen

$$\begin{aligned} &a x_1^2 + a' x_2^2 + a'' x_3^2 + 2b x_2 x_3 + 2b' x_3 x_1 + 2b'' x_1 x_2 \\ &= \varrho_1 x_1^2 + \varrho_2 x_2^2 + \varrho_3 x_3^2 + \varrho_4 (x_2 - x_3)^2 + \varrho_5 (x_3 - x_1)^2 + \varrho_6 (x_1 - x_2)^2 \end{aligned} \tag{41}$$

mit nicht-negativen Koeffizienten $\varrho_1, \varrho_2, \varrho_3, \varrho_4, \varrho_5, \varrho_6$, ist zugleich die Gesamtheit der nach Nr. 7 reduzierten Formen. Durch die Vergleichung der Koeffizienten entsprechender Glieder zur Rechten und Linken der vorstehenden Gleichung ergeben sich für diese Formen nachstehende Bedingungen:

$$(42)\quad \begin{cases} \varrho_1 = a + b'' + b' \gtreqless 0, & \varrho_2 = a' + b + b'' \gtreqless 0, & \varrho_3 = a'' + b + b' \gtreqless 0 \\ \varrho_4 = -b \gtreqless 0, & \varrho_5 = -b' \gtreqless 0, & \varrho_6 = -b'' \gtreqless 0. \end{cases}$$

Sie stimmen durchaus mit denjenigen überein, welche Selling zur Definition reduzierter Formen aufgestellt hat[1]), und daher sind auch für $n = 3$ Voronoïs reduzierte Formen mit den Sellingschen identisch.

Voronoï hat a. a. O. auch noch für $n = 4$ und $n = 5$ die Anzahl Klassen der vollkommenen Formen mit dem Minimum 1 bestimmt. Auf seine bezüglichen, schon recht umständlichen Betrachtungen kann aber hier nur noch verwiesen und als ihr Endergebnis mitgeteilt werden, daß für quaternäre Formen zwei, für quinäre Formen drei Klassen vollkommener Formen mit gegebenem Minimum vorhanden sind. Die ersteren werden bei einem Minimum 1 repräsentiert durch die Formen

$$\varphi = x_1^2 + x_2^2 + x_3^2 + x_4^2 + x_1x_2 + x_1x_3 + \cdots + x_3x_4$$

mit der Determinante $\frac{5}{2^4}$ und

$$\varphi_{12} = \varphi - x_1x_2$$

mit der Determinante $\frac{4}{2^4} = {}^1/_4$; die letzteren durch die Formen

$$\varphi = x_1^2 + x_2^2 + x_3^2 + x_4^2 + x_5^2 + x_1x_2 + x_1x_3 + \cdots + x_4x_5$$

mit der Determinante $\frac{6}{2^5}$,

$$\varphi_{12} = \varphi - x_1x_2$$

mit der Determinante $\frac{4}{2^5}$, und

$$\varphi_2 = \varphi_{12} + \frac{1}{2}(x_1x_2 - x_3x_4 - x_3x_5 - x_4x_5),$$

deren Determinante $\left(\frac{3}{2}\right)^4 \cdot \frac{1}{2^5}$ ist.

10. Zu den vollkommenen Formen gehören diejenigen Formen, welche Korkine und Zolotareff (Journ. f. d. r. u. a. Math. Bd. 11, S. 242) als formes extrêmes bezeichnet haben, die hier lieber Grenzformen genannt werden mögen.

---

1) S. Kap. 14, Nr. 3 u. 4.

Zu Ende von Kap. 8 ist schon die Bedeutung des Verhältnisses

$$\frac{M}{\sqrt[n]{D}} \tag{43}$$

zwischen dem Minimalwerte einer quadratischen Form und der n^{ten} Wurzel aus ihrer Determinante, welches wir für die Form

$$f = \sum_{i,j} a_{ij} \cdot x_i x_j$$

durch $\mathfrak{M}(f)$ oder $\mathfrak{M}(a_{ij})$ bezeichnen wollen, hervorgehoben worden. Durch den Satz von Hermite ist festgestellt, daß es für keine Form eine endliche obere Grenze überschreiten kann, und wir haben die ursprünglich von Hermite gegebene obere Grenze schon wesentlich herabsetzen können. Nun fragt es sich, wie sie genau zu fixieren sei, d. h. welches der Wert L sei, so beschaffen, daß für jede Form

$$\frac{M}{\sqrt[n]{D}} \overline{\gtrless} L,$$

dagegen nicht mehr für jede Form

$$\frac{M}{\sqrt[n]{D}} < L$$

sei. Eine Form f, für welche $\mathfrak{M}(f) = L$ ist, der Ausdruck (43) also die obere Grenze erreicht, soll in Übereinstimmung mit der bei binären und ternären Formen von uns gewählten Bezeichnung eine Grenzform heißen. Jede Form der gleichen Klasse ist dann ebenfalls eine solche. Die Zahl L bezeichnet das absolute Maximum aller Werte $\frac{M}{\sqrt[n]{D}}$ als Funktion von den Formkoeffizienten, mit denen zugleich das Verhältnis sich stetig ändert. Bei solcher Änderung kann es aber mehr als ein Maximum annehmen, und wir wollen die Bezeichnung „Grenzform" auch auf diejenigen Formen ausdehnen, bei welchen diese einzelnen Maxima von $\mathfrak{M}(f)$ eintreten. Wir definieren also allgemein als Grenzform eine Form, für welche das Verhältnis

$$\mathfrak{M}(f) = \frac{M}{\sqrt[n]{D}} \tag{44}$$

bei jeder infinitesimalen Änderung der Koeffizienten der Form abnimmt.

Jede Grenzform

$$f = \sum_{i,j} a_{ij} \cdot x_i x_j$$

ist eine vollkommene Form. Würde sie nämlich nicht durch ihre Minimaldarstellungen

$$m_1^{(h)},\ m_2^{(h)},\ \ldots,\ m_n^{(h)}$$

eindeutig bestimmt, so gäbe es Werte λ_{ij}, welche nicht durchaus verschwinden und die sämtlichen Gleichungen

$$\sum_{i,j} \lambda_{ij} \cdot m_i^{(h)} m_j^{(h)} = 0 \tag{45}$$

$$(h = 1, 2, \ldots, \mu)$$

befriedigen. Sei nun

$$\varphi = \sum_{i,j} \lambda_{ij} \cdot x_i x_j$$

und ε ein hinreichend kleiner Wert, so ist

$$f + \varepsilon \cdot \varphi = \sum_{i,j} (a_{ij} + \varepsilon \lambda_{ij}) x_i x_j$$

noch eine positive Form. Einem Satze in Nr. 5a zufolge stimmen wegen (45) der Minimalwert sowie die Minimaldarstellungen dieser Form mit denjenigen der Form f überein. Da nun f eine Grenzform sein soll, also $\mathfrak{M}(a_{ij} + \lambda_{ij}) < \mathfrak{M}(a_{ij})$ ist, muß die Determinante D' der Form $f + \varepsilon \cdot \varphi$ größer sein als die Determinante D von f. Man findet aber

$$D' = D + P \cdot \varepsilon + Q \cdot \frac{\varepsilon^2}{2} + \cdots, \tag{46}$$

wenn zur Abkürzung

$$\sum_{i,j} \frac{\partial D}{\partial a_{ij}} \lambda_{ij} = P$$

$$\sum \frac{\partial^2 D}{\partial a_{ij} \cdot \partial a_{hl}} \cdot \lambda_{ij} \lambda_{hl} = Q$$

gesetzt wird. Hier ist der Ausdruck

$$P^2 - D \cdot Q$$

positiv. In der Tat bezeichnet er die simultane Invariante der zwei Formen f und φ; wenn nun die erstere derselben in die Gestalt

$$f = q_1 \xi_1^2 + q_2 \xi_2^2 + \cdots + q_n \xi_n^2$$

mit lauter positiven Koeffizienten q_i und dabei die zweite in die Gestalt

$$\varphi = \sum_{i,j} \mu_{ij} \xi_i \xi_j$$

übergeführt wird, so nimmt $P^2 - DQ$ die Gestalt

$$D^2 \cdot \left[\left(\frac{\mu_{11}}{q_1}\right)^2 + \cdots + \left(\frac{\mu_{nn}}{q_n}\right)^2 + 2 \cdot \frac{\mu_{12}^2}{q_1 q_2} + \cdots + 2 \cdot \frac{\mu_{n-1,n}^2}{q_{n-1} q_n}\right]$$

an, ist also wesentlich positiv. Wäre nun P nicht Null, so ließe sich ε in der Gleichung (46) so klein und mit solchem Vorzeichen wählen, daß $D' < D$ würde, was nicht sein kann. Also müßte $P = 0$ sein, und wegen

$$P^2 - D \cdot Q = -DQ > 0$$

ergäbe sich $Q < 0$ und damit aus (46) wieder unzulässigerweise $D' < D$. Aus diesem Widerspruche folgt, daß die Grenzform f durch ihre Minimaldarstellungen eindeutig bestimmt wird, also eine vollkommene Form ist.

11. Es sei jetzt R das dieser Form zugeordnete Gebiet aller Formen

$$\sum_{h=1}^{\mu} \varrho_h \cdot (M^{(h)})^2,$$

und seine Wände seien charakterisiert durch die Gleichungen

$$W_k = \sum_{i,j} p_{ij}^{(k)} \cdot \mathfrak{a}_{ij} = 0,$$
$$(k = 1, 2, \ldots, \lambda)$$

so daß R die Gesamtheit der Formen $\sum_{i,j} \mathfrak{a}_{ij} \cdot x_i x_j$ ist, welche die Bedingungen

$$\sum_{i,j} p_{ij}^{(k)} \cdot \mathfrak{a}_{ij} \gtreqless 0$$
$$(k = 1, 2, \ldots, \lambda)$$

erfüllen; insbesondere folgen dann für die Form $(M^{(h)})^2$ die Ungleichheiten

(47) $$\sum_{i,j} p_{ij}^{(k)} \cdot m_i^{(h)} m_j^{(h)} \gtreqless 0.$$

Setzt man nun

$$\psi_k = \sum_{i,j} p_{ij}^{(k)} \cdot x_i x_j,$$

so ist für hinreichend kleines ε, das positiv gedacht werde, die Form

$$f + \varepsilon\psi_k = \sum_{i,j} (a_{ij} + \varepsilon p_{ij}^{(k)})\, x_i x_j,$$

noch positiv, und es ist eine der Minimaldarstellungen $m_1^{(h)}, m_2^{(h)}, \ldots, m_n^{(h)}$ der Form f auch noch eine solche der Form $f + \varepsilon\psi_k$. Da aber f eine

Grenzform ist, so ergibt sich, wenn jetzt D' die Determinante der Form $f + \varepsilon\psi_k$ bedeutet, die Ungleichheit

(48) $$\frac{\sum (a_{ij} + \varepsilon p_{ji}^{(k)}) \cdot m_i^{(h)} m_j^{(h)}}{\sqrt[n]{D'}} < \frac{\sum a_{ij} \cdot m_i^{(h)} m_j^{(h)}}{\sqrt[n]{D}},$$

d. h.

(49) $$\varepsilon \cdot \sum_{i,j} p_{ij}^{(k)} \cdot m_i^{(h)} m_j^{(h)} < M\left(\sqrt[n]{\frac{D'}{D}} - 1\right),$$

woraus wegen (47) folgt, daß $D' > D$ ist. Da nun

$$D' = D + \varepsilon \cdot \sum \frac{\partial D}{\partial a_{ij}} p_{ij}^{(k)} + \frac{\varepsilon^2}{2} \cdot \sum \frac{\partial^2 D}{\partial a_{ij} \cdot \partial a_{hl}} \cdot p_{ij}^{(k)} p_{hl}^{(k)} + \cdots$$

gesetzt werden kann, so ist zu schließen (vgl. Nr. 10), daß für jeden Wert $k = 1, 2, \ldots, \lambda$ die Ungleichheit

$$\sum_{i,j} \frac{\partial D}{\partial a_{ij}} \cdot p_{ij}^{(k)} > 0$$

erfüllt sein muß, was aussagt, daß die Adjungierte der Form f dem dieser Form zugeordneten Gebiete R als eine innere Form angehört.

Zusammenfassend können wir sagen: Damit eine Form f eine Grenzform sei, ist notwendig, daß sie eine vollkommene Form und ihre Adjungierte eine innere Form des ihr zugeordneten Gebietes sei.

12. Diese notwendige Bedingung ist aber zugleich auch ausreichend. Denn, ist sie für eine Form

$$f = \sum_{i,j} a_{ij} x_i x_j$$

mit der Determinante D erfüllt, so sei ε eine beliebig kleine Größe und die Inkremente α_{ij} der Koeffizienten a_{ij} kleiner als ε, so daß die Form

$$f' = \sum_{i,j} (a_{ij} + \alpha_{ij}) x_i x_j,$$

deren Determinante D' heiße, noch positiv ist. Wäre nun f keine Grenzform, so ergäbe sich, wie klein auch ε gedacht werde, wenigstens für je eins der Wertsysteme α_{ij} die Ungleichheit

(50) $$\mathfrak{M}(a_{ij} + \alpha_{ij}) \gtreqless \mathfrak{M}(a_{ij}),$$

also gewiß auch für jede Minimaldarstellung $m_1^{(h)}, \ldots, m_n^{(h)}$ von f diese andere:

$$\sum_{i,j} \alpha_{ij} \cdot m_i^{(h)} m_j^{(h)} \gtreqless M \cdot \left(\sqrt[n]{\frac{D'}{D}} - 1\right).$$

Nun sei

(51) $$\beta_{ij} = a_{ij} \cdot \left(\sqrt[n]{\frac{D}{D'}} - 1\right) + \alpha_{ij} \cdot \sqrt[n]{\frac{D}{D'}},$$

eine Größe, die für hinreichend kleines ε, da D' für solches von D beliebig wenig verschieden wird, von beliebig kleiner Ordnung η gedacht werden kann. Die Form

$$\varphi = \sum_{i,j} (a_{ij} + \beta_{ij}) x_i x_j = \sum_{i,j} (a_{ij} + \alpha_{ij}) \cdot \sqrt[n]{\frac{D}{D'}} \cdot x_i x_j$$

hat die Determinante D. Wegen (50) ergibt sich also

$$\mathfrak{M}(a_{ij} + \beta_{ij}) \gtreqless \mathfrak{M}(a_{ij}),$$

d. h.

(52) $$\sum_{i,j} \beta_{ij} \cdot m_i^{(h)} m_j^{(h)} \gtreqless 0;$$

und da die Determinante D der Form φ auch in die Gestalt

$$D + \sum_{i,j} \frac{\partial D}{\partial a_{ij}} \beta_{ij} + R_2$$

gesetzt werden kann, in welcher R_2 eine beliebig kleine Größe von der Ordnung η^2 ist, so folgt nun weiter

$$\sum_{i,j} \frac{\partial D}{\partial a_{ij}} \beta_{ij} + R_2 = 0,$$

also auch $\sum_{j,j} \frac{\partial D}{\partial a_{ij}} \beta_{ij}$ von der Ordnung η^2. Nach Voraussetzung ist aber

$$\sum_{i,j} \frac{\partial D}{\partial a_{ij}} x_i x_j$$

eine innere Form des zur vollkommenen Form f zugeordneten Gebietes R, d. i. von der Gestalt

$$\sum_h \varrho_h (M^{(h)})^2$$

mit $\varrho_h > 0$. Hieraus folgt

$$\frac{\partial D}{\partial a_{ij}} = \sum_{i,j} \varrho_h \cdot m_i^{(h)} m_j^{(h)},$$

somit

$$\sum \frac{\partial D}{\partial a_{ij}} \beta_{ij} = \sum \varrho_h \cdot \sum \beta_{ij} m_i^{(h)} m_j^{(h)},$$

also mit Beachtung von (52) auch

$$\sum_{i,j} \beta_{ij} m_i^{(h)} m_j^{(h)}$$

von der Ordnung η^2. Da dies für jeden der Werte $h = 1, 2, \ldots, \mu$ gilt, so folgt dasselbe auch für die sämtlichen Größen β_{ij}; wenn also diese Größen durch hinreichend kleine Wahl von ε von der beliebig kleinen Ordnung η werden, sind sie es stets dann sogar noch von der Ordnung η^2, was offenbar nur möglich ist, wenn sie gleich Null sind. Dann folgt aber aus (51)

$$\alpha_{ij} = a_{ij} \cdot \left(\sqrt[n]{\frac{D'}{D}} - 1\right);$$

die Form f' wäre also proportional mit f, von welchem Falle wir absehen können, da proportionale Formen als nicht voneinander verschieden angesehen werden sollten.

13. Die eben hergeleitete, eine Grenzform charakterisierende notwendige und hinreichende Bedingung hat Voronoï a. a. O. gegeben. Aber man kann sie durch eine ganz anders lautende ersetzen, die Minkowski festgestellt hat[1]); sie bringt die Beziehung zur Reduktion der Formen, die den Grenzformen eigen ist, viel klarer zum Ausdrucke.

Hierzu bedarf es noch eines neuen Begriffes: eine im Sinne von Minkowski reduzierte Form

$$f = \sum_{i,j} a_{ij} x_i x_j$$

soll eine relative Grenzform heißen, wenn für sie der Ausdruck $\mathfrak{M}\,(a_{ij})$ bei jeder infinitesimalen Änderung ihrer Koeffizienten, bei der sie im reduzierten Raume B verbleibt, abnimmt.

Es sei nun f eine beliebige reduzierte Form mit der Determinante D; da die Fläche $D(f) = D$, welche den Punkt f in sich enthält, gegen den Nullpunkt des reduzierten Raumes, wie in Nr. 6 des neunten Kapitels gezeigt worden, überall konvex ist, so wird beim Fortgange von f in der durch f an jene Fläche gelegten Tangentialebene die Determinante stets abnehmen.

Ist aber f weder eine Kantenform noch einer solchen proportional — von welchem Falle wir wieder absehen können —, sondern eine innere Form des reduzierten Raumes, so läßt sie sich nach (33) des neunten Kapitels als Summe mehrerer Kantenformen darstellen und, wenn man eine von diesen heraushebt und die übrigen zusammenfaßt, gleich

$$c \cdot \varphi + d \cdot \psi$$

setzen, wo c, d positive Konstanten, φ und ψ aber positive reduzierte Formen bedeuten. Unter den mit φ, ψ proportionalen Formen gibt es zwei Formen φ' bzw. ψ', welche in jene Tangentialebene im Punkte f, zugleich aber noch in den reduzierten Raum zu liegen

1) Journal f. d. reine u. angew. Math., Bd. 129, S. 247 ff.; Ges. Abh., Bd. 2, S. 53.

kommen, und bezüglich ihrer wird f im Innern der sie verbindenden Strecke befindlich sein, so daß

$$f = t \cdot \varphi' + (1 - t) \cdot \psi' = \psi' + t(\varphi' - \psi')$$

gesetzt werden kann, wo $0 < t < 1$ ist. Hiernach ist der Minimalwert von f, d. i. der erste Koeffizient dieser Form, von der Gestalt $\beta + t(\alpha - \beta)$ und wird daher, wenn man von f aus auf jener Strecke sich fortbewegt, entweder überall konstant bleiben oder nach der einen Seite hin zunehmen, je nachdem $\alpha = \beta$ ist oder nicht; da gleichzeitig die Determinante, wie vorausbemerkt, abnimmt, so wird wenigstens nach einer Seite hin das Verhältnis $\mathfrak{M}(a_{ij})$ zunehmen und demnach f keine relative Grenzform sein können. Man erhält also zunächst den Satz:

Jede relative Grenzform muß eine Kantenform des reduzierten Raumes sein.

Und nun kann man die erwähnte adäquate Bedingung, welche nach Minkowski eine Grenzform charakterisiert, in folgender Weise aussprechen:

Eine positive Form f (sowie jede Form ihrer Klasse) ist dann und nur dann eine Grenzform, wenn jede im Minkowskischen Sinne reduzierte Form dieser Klasse eine relative Grenzform ist.

In der Tat kann sie zunächst es nur dann sein, weil, wenn f eine Grenzform ist, dann auch jede der letzteren Formen eine Grenzform überhaupt, also eine solche auch in bezug auf den reduzierten Raum sein muß. Aber dann muß f auch eine Grenzform sein. Ist nämlich

$$g = \sum_{i,j} b_{ij} x_i x_j$$

eine jener reduzierten Formen, so liegt sie, da sie als eine nach Voraussetzung relative Grenzform eine Kantenform von B sein muß, auf einer oder mehreren Wänden von B. Nun bezeichne

$$g' = \sum_{i,j} (b_{ij} + \varepsilon_{ij}) x_i x_j$$

sämtliche Formen des die Form g umgebenden, in B enthaltenen und bis an jene Wände reichenden Gebietes. Die mit g äquivalente, also durch eine unimodulare Substitution S daraus hervorgehende Form f liegt in einer Kammer B_S, und die sämtlichen aus den Formen g' durch die gleiche Substitution S entstehenden äquivalenten Formen

$$f' = \sum_{i,j} (a_{ij} + \delta_{ij}) x_i x_j$$

bilden die Umgebung des Punktes f in B_S. Wird dies für jede der in der Klasse von f enthaltenen reduzierten Formen g ausgeführt, so erhält man die gesamte Umgebung von f; denn diese verteilt sich auf solche und nur auf solche Kammern, die Substitutionen entsprechen, durch welche f selbst in äquivalente reduzierte Formen übergeht. Da aber beim Fortgange jeder der Formen g zu den Formen g' das Verhältnis zwischen dem Minimalwerte und der n^{ten} Wurzel aus der Determinante nach Voraussetzung niemals wächst, so gilt dasselbe für die jenen Formen äquivalenten Formen f und f'; es ist also jenes Verhältnis für die Form f ein **Maximum** und demnach diese Form selbst eine Grenzform, w. z. b. w.

14. Hat man für die einzelnen Grenzformen

$$f = \sum_{i,j} a_{ij} \cdot x_i x_j$$

den Wert des zugehörigen Verhältnisses $\mathfrak{M}(a_{ij})$ ermittelt, so wird offenbar der **größte** dieser Werte die **genaue Grenze** L dieses Verhältnisses für sämtliche Formen sein, welche in Nr. 10 verlangt wurde. Korkine und Zolotareff haben dieselbe für die Formen mit $n = 2, 3, 4, 5$ Unbestimmten ermittelt (Mathem. Annalen, Bd. 11, S. 242). Zu diesem Zwecke haben sie zunächst diejenigen vollkommenen Formen aufgesucht, bei denen die aus dem Systeme der μ Minimaldarstellungen gebildeten n-reihigen Determinanten nur die Werte 0 oder ± 1 haben; von den letzteren Determinanten ist, weil nicht alle jene Determinanten verschwinden können, dann wenigstens eine vorhanden. Die genannten Forscher haben für solche Formen gezeigt, daß für sie $\mu = \nu = \frac{n(n+1)}{2}$ sein muß und das System der Minimaldarstellungen das folgende ist:

$$\begin{array}{llll}
1, & 0, & 0, \ldots, & 0 \\
0, & 1, & 0, \ldots, & 0 \\
. & . & . \quad . & . \\
0, & 0, & 0, \ldots, & 1 \\
1, & -1, & 0, \ldots, & 0 \\
1, & 0, & -1, \ldots, & 0 \\
. & . & . \quad . & .,
\end{array}$$

in welchem auf die ersten n Reihen, die nur ein von Null verschiedenes Element enthalten, noch die $\frac{n(n-1)}{2}$ Reihen folgen, in denen je zwei Elemente die positive bzw. die negative Einheit, die übrigen Nullen sind. Dies sind aber genau die Minimaldarstellungen der in

Nr. 8 betrachteten Form

$$(53)\quad \varphi = x_1^2 + x_2^2 + \cdots + x_n^2 + x_1 x_2 + x_1 x_3 + \cdots + x_{n-1} x_n$$

und der mit ihr proportionalen Formen, von denen nun nach Nr. 12 sogleich einleuchtet, daß sie Grenzformen sind; denn die mit der Adjungierten von φ proportionale Form ψ in Nr. 8, also auch die Adjungierte selbst gehört nach ihrem Ausdrucke (33) als eine innere Form dem zu φ zugeordneten Gebiete (30) an.

Für jeden Wert von n gibt es also die Grenzform φ mit der Determinante $\frac{n+1}{2^n}$ und dem Minimalwerte 1, oder auch die Grenzform

$$2 \cdot \sqrt[n]{\frac{D}{n+1}}\,(x_1^2 + \cdots + x_n^2 + x_1 x_2 + \cdots + x_{n-1} x_n)$$

mit der Determinante D und dem Minimalwerte $M = 2 \cdot \sqrt[n]{\frac{D}{n+1}}$, für welche somit der Quotient

$$(54)\qquad \frac{M}{\sqrt[n]{D}} = \frac{2}{(n+1)^{1/n}}$$

ist; alle ihnen bzw. äquivalenten Formen sind gleichfalls Grenzformen mit demselben Werte des Quotienten. Da für $n = 2$ und $n = 3$ nach Nr. 2 die gedachten n-reihigen Determinanten keine anderen Werte haben können als $0, \pm 1$, so ersieht man ferner, daß für binäre und für ternäre Formen mit der Determinante D die Formen

$$\sqrt{\frac{4D}{3}} \cdot (x_1^2 + x_2^2 + x_1 x_2),$$

bzw.

$$\sqrt[3]{2D} \cdot (x_1^2 + x_2^2 + x_3^2 + x_1 x_2 + x_1 x_3 + x_2 x_3)$$

und die Formen der durch sie repräsentierten Klassen die einzigen Grenzformen sind; der Wert des Quotienten $\mathfrak{M}(a_{ij})$ beträgt für sie

$$\sqrt{\tfrac{4}{3}} \quad \text{bzw.} \quad \sqrt[3]{2}.$$

Diese Werte bezeichnen also auch für binäre und für ternäre Formen die genaue Grenze L des Hermiteschen Satzes, was mit dem schon in Nr. 10 des fünften und in Nr. 10 des sechsten Kapitels Gefundenen übereinstimmt. Daß hier nur je eine Klasse von Grenzformen mit gegebener Determinante möglich sei, konnte man schon aus dem Umstande entnehmen, daß jede Grenzform eine vollkommene Form ist und es, wie in Nr. 9 bewiesen, nur eine Klasse solcher Formen gibt. Aus der gleichen Nr. folgt ebenso, daß für quaternäre Formen höchstens zwei, für quinäre Formen höchstens drei Klassen von Grenzformen möglich sind. Korkine und Zolotareff ist es gelungen, zu zeigen (s. a. a. O. S. 273 u. 292), daß in der Tat die in Nr. 9 angegebenen Klassen vollkommener Formen auch Klassen von Grenzformen sind. Für quaternäre Formen mit der Determinante D werden sie daher repräsentiert durch die Formen

$$2 \cdot \sqrt[4]{\frac{D}{5}} \cdot (x_1^2 + x_2^2 + x_3^2 + x_4^2 + x_1 x_2 + x_1 x_3 + \cdots + x_3 x_4)$$

und

$$\sqrt[4]{4D} \cdot (x_1^2 + x_2^2 + x_3^2 + x_4^2 + x_1 x_3 + \cdots + x_3 x_4),$$

welche den Formen φ und φ_{12} in Nr. 9 proportional sind, und deren zweite auch durch die ihr äquivalente Form

$$\sqrt[4]{4D} \cdot (x_1^2 + x_2^2 + x_3^2 + x_4^2 \pm x_1 x_4 \pm x_2 x_4 \pm x_3 x_4)$$

ersetzt werden darf. Daraus ergibt sich für die genaue Grenze L des Hermiteschen Satzes der Wert

$$L = \sqrt{2}.$$

Für quinäre Formen mit der Determinante D sind die Repräsentanten der gedachten drei Klassen die mit den am Schlusse von Nr. 9 durch φ, φ_{12}, φ_2 bezeichneten Formen proportionalen Formen

$$2 \cdot \sqrt[5]{\frac{D}{6}} \cdot (x_1^2 + x_2^2 + x_3^2 + x_4^2 + x_5^2 + x_1 x_2 + x_1 x_3 + \cdots + x_4 x_5),$$

$$\sqrt[5]{8D} \cdot (x_1^2 + x_2^2 + x_3^2 + x_4^2 + x_5^2 + x_1 x_3 + \cdots + x_4 x_5),$$

$$\sqrt[5]{\frac{2^9 D}{3^4}} \cdot [x_1^2 + \cdots + x_5^2 + \tfrac{1}{2} x_1 x_2 + x_1 x_3 + x_1 x_4 + x_1 x_5 + x_2 x_3 + x_2 x_4 + x_2 x_5 + \tfrac{1}{2} x_3 x_4 + \tfrac{1}{2} x_3 x_5 + \tfrac{1}{2} x_4 x_5].$$

Ihnen gehören als Werte des Ausdruckes $\mathfrak{M}(a_{ij})$ die Werte

$$\frac{2}{\sqrt[5]{6}}, \quad \sqrt[5]{8}, \quad \sqrt[5]{\frac{2^9}{3^4}}$$

zu, von denen der zweite der größte ist; hier findet man daher

$$L = \sqrt[5]{8}.$$

15. Voronoï hat uns noch eine andere Arbeit hinterlassen, in welcher er die Aufgabe, den ganzen ν-dimensionalen Raum in Teilräume zu zerlegen, wie sie zur Reduktion positiver quadratischer Formen verwendbar sind, auf eine wesentlich andere Weise, als wir es im vorigen dargestellt haben, behandelt hat. Da wir uns hier darauf beschränken müssen, nur von den Hauptpunkten seiner umfangreichen Untersuchung zu berichten, verweisen wir den wißbegierigen Leser auf Voronoïs bedeutende Abhandlung selbst.

Den Ausgangspunkt seiner Untersuchungen bildet das Sechseck, welches bei Dirichlets Reduktion der positiven ternären Formen eine Rolle spielte und im Kap. 5, Nr. 3 als Ort aller Punkte eingeführt worden ist, die in der Ebene des Gitters einer positiven binären Form (a, b, c) dem Nullpunkte desselben näher liegen als jedem anderen seiner Gitterpunkte. Ist O der Nullpunkt, P irgendein Gitterpunkt x, y, so ist bekanntlich sein Abstand von O gleich $\sqrt{ax^2 + 2bxy + cy^2}$. Wenn aber X, Y seine Koordinaten in einem durch O gelegten rechtwinkligen Koordinatensysteme bedeuten, sein Abstand von O also auch durch $\sqrt{X^2 + Y^2}$ ausdrückbar ist, so ist in laufenden Koordinaten u, v

$$uY - vX = 0$$

die Gleichung der Geraden OP,

$$uX + vY = C \tag{55}$$

die Gleichung einer Senkrechten zu ihr, und der Abstand eines Punktes ξ, η von dieser gleich

$$\pm \frac{X\xi + Y\eta - C}{\sqrt{X^2 + Y^2}},$$

je nachdem derselbe auf der dem Punkte O entgegengesetzten oder ihm anliegenden Seite der Senkrechten liegt; der Abstand des Nullpunktes beträgt somit $\frac{C}{\sqrt{X^2 + Y^2}}$. Ist die Senkrechte im Mittelpunkte der Geraden OP errichtet, so ist $\frac{C}{\sqrt{X^2 + Y^2}} = \frac{1}{2}\sqrt{X^2 + Y^2}$ oder

$$C = \tfrac{1}{2}(X^2 + Y^2) = \tfrac{1}{2}(ax^2 + 2bxy + cy^2).$$

Die Gleichung (55) der Senkrechten nimmt daher dann die Gestalt an:

$$uX + vY = \tfrac{1}{2}(ax^2 + 2bxy + cy^2)$$

oder — wenn man die X, Y durch die x, y ausdrückt, was durch die Formeln

$$X = x\sqrt{a} + \frac{b}{\sqrt{a}}\,y, \quad Y = \sqrt{\frac{\Delta}{a}} \cdot y$$

geschieht, wo Δ der absolute Wert der Determinante der Form ist — die nachfolgende Gestalt:

$$\alpha x + \beta y = \tfrac{1}{2}(ax^2 + 2bxy + cy^2), \tag{56}$$

worin zur Abkürzung

$$\alpha = u\sqrt{a}, \quad \beta = u \cdot \frac{b}{\sqrt{a}} + v \cdot \sqrt{\frac{\Delta}{a}}$$

gesetzt ist. Für jeden Punkt u, v oder α, β auf der dem Nullpunkte anliegenden Seite der Senkrechten sowie auf dieser selbst hat man demnach die Ungleichheit:

$$\alpha x + \beta y \overline{\gtrless} \tfrac{1}{2}(ax^2 + 2bxy + cy^2)$$

oder

(57) $$ax^2 + 2bxy + cy^2 - 2(\alpha x + \beta y) \overline{\gtrless} 0,$$

welche Ungleichheit für die Punkte des gedachten Sechsecks mit Bezug auf jeden Gitterpunkt x, y erfüllt ist. Den Punkten des Sechsecks entspricht daher die Gesamtheit aller Wertsysteme α, β, welche die Ungleichheiten (57) für alle ganzzahligen x, y befriedigen. Nun bestehen aber die Ungleichheiten (57) für sämtliche Gitterpunkte, wenn sie für die Eckpunkte des Sechsecks erfüllt sind. Bezeichnen daher

$$\xi, \eta; \quad \xi', \eta'; \quad \xi'', \eta''$$

und ihre Gegenpunkte die Ecken des Sechsecks, so kann die gedachte Gesamtheit auch als diejenige aller α, β aufgefaßt werden, die durch die sechs besonderen Ungleichheiten

(58) $$\begin{cases} a\xi^2 + 2b\xi\eta + c\eta^2 \mp 2(\alpha\xi + \beta\eta) \overline{\gtrless} 0 \\ a\xi'^2 + 2b\xi'\eta' + c\eta'^2 \mp 2(\alpha\xi' + \beta\eta') \overline{\gtrless} 0 \\ a\xi''^2 + 2b\xi''\eta'' + c\eta''^2 \mp 2(\alpha\xi'' + \beta\eta'') \overline{\gtrless} 0 \end{cases}$$

definiert werden. Wird das Sechseck selbst vom Nullpunkte nach jedem Gitterpunkte parallel verschoben, d. h. wird um jeden solchen ein dem um den Nullpunkt konstruierten kongruentes Sechseck gebildet, so erfüllen offenbar alle diese kongruenten Sechsecke die ganze Ebene einfach und lückenlos.

16. Von diesem Grundgedanken ausgehend betrachtet nun Voronoï a. a. O. neben einer positiven quadratischen Form

$$f = \sum_{i,j} a_{ij} x_i x_j$$

mit n Unbestimmten die Gesamtheit aller Punkte (α_i) oder aller Wertsysteme $\alpha_1, \alpha_2, \ldots, \alpha_n$, welche den Ungleichheiten

(59) $$\sum_{i,j} a_{ij} x_i x_j + 2 \cdot \sum_{i=1}^{n} \alpha_i x_i \overline{\gtrless} 0$$

für alle ganzzahligen x_i Genüge leisten. Das so definierte Gebiet, welches R_0 genannt werde, ist endlich begrenzt; denn, nähme auch nur eine der Größen α_i unbegrenzt große Werte an, so könnte man endliche Werte der x_i so wählen, daß das zweite Glied der linken Seite in obiger Formel beliebig groß negativ würde, während das erste endlich bleibt, so daß die Ungleichheit (59) nicht bestände. Der Punkt (0) ist offenbar Mittelpunkt des Gebietes.

Sind nun $\varepsilon_1, \varepsilon_2, \ldots, \varepsilon_n$ beliebig gegebene Werte und setzt man, unter t einen positiven Wert verstehend, $\alpha_i = t \cdot \varepsilon_i$ für $i = 1, 2, \ldots, n$, so wird für hinreichend kleine Werte von t der Punkt (α_i) noch allen Ungleichheiten (59) genügen; dies ist selbstverständlich für diejenigen, in denen $\sum_{i=1}^{n} \varepsilon_i x_i > 0$ ist, leuchtet aber für hinreichend kleine t auch bei den anderen ein, in denen diese Summe negativ ist. Da es nun stets Wertesysteme (x_i) gibt, für welche sie negativ ausfällt, muß es auch ein solches geben — es heiße

$$m_1, m_2, \ldots, m_n, \quad (m_i)$$

— derart, daß für ein $t = t_0$ und einen entsprechenden Punkt $(\alpha_{i0}) = t_0 \cdot (\varepsilon_i)$

$$\sum_{i,j} a_{ij} \cdot m_i m_j + 2 \cdot \sum_{i=1}^{n} \alpha_{i0} \cdot m_i = 0 \tag{60}$$

wird, während für alle übrigen ganzzahligen x_i die Ungleichheiten (59) noch erfüllt bleiben. Daher kommt, wenn man

$$\alpha_{i1} = -\alpha_{i0} - \sum_{j=1}^{n} a_{ij} m_j \tag{61}$$

$$(i = 1, 2, \ldots, n)$$

setzt, für alle ganzzahligen x_i

$$\sum_{i,j} a_{ij} x_i x_j + 2 \cdot \sum_{i=1}^{n} \alpha_{i1} x_i$$

$$= \sum_{i,j} a_{ij} (m_i - x_i)(m_j - x_j) + 2 \cdot \sum \alpha_{i0} (m_i - x_i) \gtreqqless 0,$$

weshalb auch (α_{i1}) ein Punkt in R_0 ist. Da nun auch

$$\sum_{i,j} a_{ij} x_i x_j + 2 \cdot \sum_{i=1}^{n} \alpha_{i0} x_i \gtreqqless 0$$

ist, so folgt aus (61) der Satz:

Für das System (m_i) besteht bei allen ganzzahligen x_i die Ungleichheit

$$\sum_{i,j} a_{ij} x_i x_j - \sum_{i,j} a_{ij} x_i m_j \gtreqqless 0. \tag{62}$$

Schreibt man diese aber in der folgenden Gestalt:

$$\sum_{i,j} a_{ij} m_i m_j \lesseqqgtr \sum_{i,j} a_{ij} (m_i - 2x_i)(m_j - 2x_j), \tag{63}$$

so lehrt sie, daß das System (m_i) unter allen ganzzahligen Systemen derselben Restklasse[1]) (mod. 2) der Form den kleinsten Wert erteilt oder „eine Minimaldarstellung (mod. 2)“ der Form bildet. Solcher Minimaldarstellungen kann es in jeder Klasse nur eine endliche Menge geben. Man denke sich für jede der Restklassen die darin vorhandenen Minimaldarstellungen aufgestellt und bezeichne sie alle zusammen durch

$$(64)\qquad \begin{cases} (m_{i1}): & m_{11},\ m_{21},\ \ldots,\ m_{n1} \\ (m_{i2}): & m_{12},\ m_{22},\ \ldots,\ m_{n2} \\ \cdot\ \cdot\ \cdot & \cdot\ \cdot\ \cdot\ \cdot\ \cdot\ \cdot\ \cdot\ \cdot \\ (m_{is}): & m_{1s},\ m_{2s},\ \ldots,\ m_{ns}. \end{cases}$$

Das Gebiet R_0 aller (α_i), welches bisher durch die unendlich vielen Ungleichheiten (59) definiert wurde, kann dann auch als die Gesamtheit aller (α_i) bezeichnet werden, welche der **endlichen** Menge von Ungleichheiten

$$(65)\qquad \sum_{i,j} a_{ij} m_{ik} m_{jk} + 2 \cdot \sum_{i=1}^{n} \alpha_i m_{ik} \gtreqless 0$$

$$(k = 1,\ 2,\ 3,\ \ldots,\ s)$$

Genüge leisten.

Denn erstens erfüllt jeder Punkt (α_i) in R_0, da er für alle ganzzahligen x_i den Ungleichheiten (59) genügt, auch die Ungleichheiten (65). Zweitens ist jeder Punkt (α_i), für welchen die letzteren statthaben, ein Punkt in R_0. Wäre er es nämlich nicht, so könnte man, von (α_i) ausgehend wie oben von (ε_i), zu einem Punkte $(\alpha_i^0) = t \cdot (\alpha_i)$ fortgehen, wo $0 < t < 1$, welcher auf der Begrenzung von R_0 liegt, so daß sich ein System ganzer Zahlen $m_1, m_2, \ldots, m_n$ ergäbe, für welches

$$(66)\qquad \sum_{i,j} a_{ij} m_i m_j + 2 \cdot \sum_{i=1}^{n} \alpha_i^0 m_i = 0$$

würde, und dieses System würde wieder eine Minimaldarstellung (mod. 2) der Form sein, also zu den Systemen (64) gehören. Aus der Gleichung (66) aber folgt

$$\sum_{i=1}^{n} \alpha_i^0 m_i < 0, \quad \text{also auch} \sum_{i=1}^{n} \alpha_i m_i < 0;$$

1) Unter der Restklasse (mod. 2) der n Größen $x_1, x_2, \ldots, x_n$ verstehen wir das System der Reste $r_1, r_2, \ldots, r_n$, welche diese Größen (mod. 2) lassen. Solcher Restklassen gibt es 2^n, von denen bei unserer Betrachtung diejenige mit lauter geraden x_i auszuschließen ist, da eine Minimaldarstellung stets aus Zahlen ohne gemeinsamen Teiler bestehen muß.

schreibt man also die Gleichung in der Form

$$\sum_{i,j} a_{ij} m_i m_j + 2 \cdot \sum_{i=1}^{n} \alpha_i m_i = 2(1-t) \cdot \sum_{i=1}^{n} \alpha_i m_i,$$

so fände sich der Ausdruck zur Linken für die gedachte Minimaldarstellung (mod. 2) negativ, während er nach Voraussetzung für alle solche Minimaldarstellungen nicht negativ sein soll. Aus diesem Widerspruch folgt die Wahrheit des behaupteten Satzes.

17. Die Ungleichheiten (65) haben die allgemeine Gestalt

$$\text{(65a)} \qquad A_{0k} + \sum_{i=1}^{n} A_{ik} \cdot \alpha_i \gtreqless 0; \qquad (k = 1, 2, \ldots, s)$$

das durch sie definierte Gebiet R_0 der Punkte (α_i) unterscheidet sich daher von dem im 7. Kapitel, Nr. 8 eingeführten wesentlich darin, daß die definierenden Linearformen nicht mehr homogen sind. Gleichwohl gelten, was die sogenannten Wände, Kanten und Ecken von R_0 betrifft, ganz ähnliche Betrachtungen wie im vorigen. Die das Gebiet begrenzenden Wände, welche durch die Gleichungen (65) definiert werden, sind Ebenen im n-dimensionalen Raume (so daß man das Gebiet R_0 als ein Polyeder im n-dimensionalen Raume bezeichnen darf), und es läßt sich zeigen, daß jeder solchen Wand eine zweite, ihr parallele entspricht.

Ist nun (λ_i), d. h. das System $\lambda_1, \lambda_2, \ldots, \lambda_n$ irgendein Punkt jenes Raumes, so bilden die Punkte $(t \cdot \lambda_i)$ für $0 \lesseqgtr t \lesseqgtr 1$ den Vektor $[\lambda_i]$ vom Anfangspunkte nach dem Punkte (λ_i), und wenn man in den Ungleichheiten (65) die Substitution

$$\text{(67)} \qquad \alpha_i = \alpha_i' - \lambda_i \qquad (i = 1, 2, \ldots, n)$$

macht, so nehmen sie die Gestalt

$$A_{0k}' + \sum_{i=1}^{n} A_{ik} \alpha_i' \gtreqless 0$$

an, wo

$$A_{0k}' = A_{0k} - \sum_{i=1}^{n} A_{ik} \cdot \lambda_i$$

ist, und definieren ein neues Polyeder R', welches als kongruent mit R_0 angesehen werden darf; wir nennen es das längs dem Vektor $[\lambda_i]$ parallel verschobene Polyeder R_0. Nun bestimmen die n Punkte

$$(68)\qquad (a_{ik}):\quad a_{1k}, a_{2k}, \ldots, a_{nk} \quad (k = 1, 2, \ldots, n)$$

auch n Vektoren $[a_{ik}]$, und, wenn man

$$(69)\qquad \lambda_i = -\sum_{j=1}^{n} a_{ij}\cdot z_j$$

setzt und die Unbestimmten z_j alle ganzen Zahlen durchlaufen läßt, so erhält man sämtliche Gitterpunkte eines n-dimensionalen Raumgitters, dessen Grundpunkte die n Punkte (68) sind. Wird nun das Polyeder R_0 durch die Substitution (67) längs dem durch (69) bestimmten Vektor $[\lambda_i]$ in einen der Gitterpunkte parallel verschoben, so entsteht ein neues Polyeder R, dessen Punkte (α_i') durch die für alle ganzzahligen x_i geltenden Ungleichheiten

$$\sum_{i,j} a_{ij}x_i x_j + 2\sum_{i=1}^{n}\left(\alpha_i' + \sum_{j=1}^{n} a_{ij}z_j\right)x_i \gtreqless 0$$

gegeben sind. Diesen kann die Form verliehen werden:

$$\sum_{i,j} a_{ij}(x_i + z_i)(x_j + z_j) + 2\sum_{i=1}^{n}\alpha_i'(x_i + z_i)$$

$$\gtreqless \sum_{i,j} a_{ij}z_i z_j + 2\sum_{i=1}^{n}\alpha_i' z_i.$$

Da aber die $x_i + z_i$ jedes ganzzahlige System bedeuten, kann R einfacher als die Gesamtheit der (α_i') bezeichnet werden, welche für alle ganzzahligen x_i die Ungleichheiten

$$(70)\qquad \sum_{i,j} a_{ij}x_i x_j + 2\sum_{i=1}^{n}\alpha_i' x_i \gtreqless \sum_{i,j} a_{ij}z_i z_j + 2\sum_{i=1}^{n}\alpha_i' z_i$$

erfüllen. So erhält man für jeden Gitterpunkt ein dem Polyeder R_0 kongruentes, parallel verschobenes Polyeder; diese liegen, wie nun gezeigt werden kann, so aneinander, daß sie den ganzen n-dimensionalen Raum aller (α_i) einfach und lückenlos erfüllen, also das ausmachen, was Minkowski eine Stufe des Raumes genannt hat. Voronoï hat die so erhaltenen Polyeder als Paralleloeder bezeichnet. Jeder positiven quadratischen Form mit n Unbestimmten entspricht also eine Zerlegung des n-dimensionalen Raumes in gitterförmig gelegene kongruente Paralleloeder.

Unter gewissen Voraussetzungen über die Art des Aneinanderliegens dieser Polyeder, welche bewirken, daß die Ungleichungen (65) linear unabhängig und ihre Anzahl $s = 2^n - 1$ wird, werden die Paralleloeder speziell als primitive bezeichnet. Diese letzteren zerfallen nun in eine gewisse Anzahl verschiedener Typen, welche durch die Zahlenwerte der Systeme (64) näher charakterisiert sind, und wiederum verteilen sich, wenn nun ein solcher Typ T gegeben ist, die ihm entsprechenden quadratischen Formen mit n Unbestimmten in verschiedene Gebiete Δ derart, daß die den sämtlichen Typen entsprechenden Gebiete Δ den ganzen $\nu = \frac{n(n+1)}{2}$-dimensionalen Raum aller positiven quadratischen Formen mit n Unbestimmten einfach und lückenlos erfüllen. Diese Gebiete aber lassen sich in eine endliche Anzahl von Klassen äquivalenter Gebiete und Formen verteilen, und die Repräsentanten der verschiedenen Klassen bilden zusammengenommen den reduzierten Raum, indem jede Form einer und nur einer Form in den gedachten repräsentierenden Gebieten äquivalent ist.

Diese neue Voronoïsche Definition reduzierter Formen deckt sich übrigens für binäre und ternäre Formen wieder mit der im obigen in anderer Weise von Voronoï angegebenen Definition, d. h. also mit der Sellingschen Bestimmungsweise solcher reduzierter Formen.

Elftes Kapitel.

Von Äquivalenz und Klassen positiver quadratischer Formen.

1. Im vorigen ist die in Nr. 1 des 9. Kapitels ausgesprochene Aufgabe, aus dem Gebiet aller positiven quadratischen Formen ein „reduziertes“ Gebiet von der dort angegebenen Beschaffenheit auszuscheiden, auf verschiedene Weise gelöst worden. Wir gehen nun daran, den mannigfachen Gebrauch zu zeigen, den man von der Reduktion der positiven quadratischen Formen machen kann.

Zu allererst geschieht dies zu dem Zwecke, zu welchem überhaupt reduzierte Formen eingeführt worden sind, nämlich zu entscheiden, ob zwei gegebene positive quadratische Formen (der gleichen Determinante) einander äquivalent sind oder nicht. Zu diesem Zwecke ist jede derselben auf eine ihr äquivalente reduzierte Form zurückzuführen und dann festzustellen, ob diese letzteren derselben Klasse angehören oder nicht. Was das erstere betrifft, so haben wir zwar an verschiedenen Stellen (Kap. 8, Nr. 3; Kap. 10, Nr. 6) gezeigt, wie es theoretisch ausführbar ist; es fehlt aber bisher an einem praktischen Algorithmus, mittels dessen es für Formen mit beliebig vielen Unbestimmten allgemein geschehen kann, ähnlich demjenigen, durch den es bei binären Formen nach Gauss mittels der benachbarten Formen bewirkt wird. Das zweite erledigt sich von selbst, wenn die gegebenen quadratischen Formen auf ein und dieselbe äquivalente reduzierte Form zurückkommen; dies wird im Falle ihrer Äquivalenz stets dann der Fall sein, wenn der gewählten Definition reduzierter Formen gemäß in jeder Klasse nur eine solche möglich ist. Andernfalls hätte man ein Kriterium nötig, durch welches festgestellt würde, ob zwei reduzierte Formen einander äquivalent sind oder nicht, und ein solches ist wieder bisher über die binären Formen hinaus noch nicht allgemein bekannt.

Hat man aber auf irgendwelche Weise die Äquivalenz der den gegebenen Formen äquivalenten reduzierten Formen und damit ihre eigene Äquivalenz festgestellt, so ist dadurch zugleich eine ganzzahlige Transformation der einen Form in die andere gegeben, und daraus findet man, wie in der ersten Abteilung dieses Werkes schon bemerkt ist, alle jene Transformationen, wenn man jene mit den sämtlichen ganzzahligen Transformationen einer der gegebenen Formen in sich selbst zusammensetzt. Wir werden also dazu geführt, diese letzteren näher zu betrachten. Für positive binäre Formen sind sie unmittelbar angebbar, und für ternäre ergeben sie sich aus den Sätzen des 4. Kapitels im 1. Abschnitte der ersten Abteilung dieses Werkes. Darüber hinaus sind sie noch nicht allgemein angegeben worden, nur bezüglich ihrer Anzahl sind — namentlich durch Minkowski[1]) — einige sehr interessante Sätze gefunden worden, die wir jetzt hier entwickeln wollen. Wir lassen dabei neben den unimodularen Transformationen zunächst auch solche mit dem Modul -1 zu.

2. Diese Anzahl ist für verschiedene Formen $f(x_1, x_2, \ldots, x_n)$ verschieden und also als eine Funktion von f zu betrachten, die wir durch das Zeichen $t(f)$ ausdrücken wollen. Jedenfalls ist sie endlich, wie dies schon in Nr. 1 des achten Kapitels festgestellt worden ist.

Für die beiden besonderen Formen

$$(1) \qquad f_0(x_1, \ldots, x_n) = x_1^2 + x_2^2 + \cdots + x_n^2$$

$$(2) \qquad f_1(x_1, \ldots, x_n) = (x_1 + \cdots + x_n)^2 + x_1^2 + \cdots + x_n^2$$

kann sie leicht angegeben werden. Offenbar kommt jede Transfor-

1) Journ. f. d. r. u. a. Mathem. 101, S. 196; Ges. Abh., Bd. 1, S. 336. Der Leser sei hier auch auf L. Bieberbachs Abhandlung in Nachr. d. K. G. d. W. zu Göttingen 1912, verwiesen.

mation von f_0 in sich selbst darauf hinaus, die Quadrate unter sich zu vertauschen, was $n!$ Transformationen gibt, und bei jeder von ihnen die Vorzeichen der x_i beliebig zu verändern, wodurch 2^n Vorzeichenkombinationen entstehen; man findet demnach

$$t(f_0) = 2^n \cdot 1 \cdot 2 \cdot 3 \cdots n. \tag{3}$$

Jede Transformation von f_1 in sich selbst wird entweder die x_i untereinander vertauschen, was $n!$ Transformationen ergibt, wobei aber die Vorzeichen der x_i nur gleichzeitig geändert werden dürfen, damit das Quadrat ihrer Summe ungeändert bleibt; zu den so entstehenden $2 \cdot n!$ Transformationen kommen noch n Systeme von ebenso vielen hinzu, die erhalten werden, wenn ein x_h mit der Summe $x_1 + x_2 + \cdots + x_n$ vertauscht und dabei alle übrigen x_i negativ genommen werden. Somit findet sich insgesamt

$$t(f_1) = 2 \cdot 1 \cdot 2 \cdot 3 \cdots n(n+1). \tag{4}$$

Allgemein hat zuerst Jordan gezeigt[1]), daß $t(f)$ für jede positive quadratische, allgemeiner für jede homogene Form mit n Unbestimmten, die nur eine endliche Anzahl von Transformationen in sich selbst zuläßt, unterhalb einer festen, nur von n abhängigen Grenze bleibt, daß nämlich

$$t(f) < (2^{n+1} - 2)^n \tag{5}$$

sein muß. Minkowski ist es (a. a. O.) gelungen, diese Grenze herabzudrücken und überhaupt über $t(f)$ wesentlich Genaueres auszusagen.

3. Da zu den gedachten Transformationen stets auch die identische gehört und zwei solche Transformationen nacheinander angewandt wieder eine solche ergeben, so bilden sie sämtlich eine Gruppe, deren Ordnung gleich der Anzahl von ihnen, also endlich ist. Jede Transformation T der Gruppe ist demnach auch von endlicher Ordnung, d. h. sie führt nach einer endlichen Anzahl h von Wiederholungen die identische Transformation herbei, in Zeichen: es ist

$$T^h = 1.$$

Nun gilt der folgende Satz, den für $n = 3$ zuerst Hermite[2]) gegeben hat: Die ganzzahlige Substitution

$$x_i = \alpha_{i1} y_1 + \alpha_{i2} y_2 + \cdots + \alpha_{in} y_n \quad (i = 1, 2, \ldots, n) \tag{6}$$

1) Journ. de l' Ec. Polytechn., cah. 48, p. 133.

2) Hermite, Journ. für die reine u. angew. Math., Bd. 47, S. 312. Minkowski, a. a O.

ist dann und nur dann von endlicher Ordnung, wenn ihre charakteristische Determinante

$$(7)\qquad \begin{vmatrix} \alpha_{11}-r, & \alpha_{12}, & \ldots, & \alpha_{1n} \\ \alpha_{21}, & \alpha_{22}-r, & \ldots, & \alpha_{2n} \\ \cdot & \cdot & \cdot & \cdot \\ \alpha_{n1}, & \alpha_{n2}, & \ldots, & \alpha_{nn}-r \end{vmatrix}$$

nur für Einheitswurzeln r verschwindet und alle Elementarteiler derselben in r linear sind. Auf Grund dieses Satzes aber beweisen wir nun zunächst folgenden Hilfssatz:

Es gibt keine von der identischen Substitution verschiedene ganzzahlige Substitution (6) von endlicher Ordnung, welche nach irgendeinem ungeraden Primzahlmodul p der identischen Substitution kongruent ist.

Gesetzt nämlich, die Substitution (6) wäre eine solche, also

$$\alpha_{ii} \equiv 1, \qquad \alpha_{ik} \equiv 0 \qquad (\text{mod. } p).$$
$$(i = 1, 2, \ldots, n) \quad (k \neq i)$$

Da jede Einheitswurzel eine primitive Einheitswurzel eines gewissen Grades λ und die Gleichung

$$F_\lambda(x) = 0$$

vom Grade $\varphi(\lambda)$, welche diese primitiven Einheitswurzeln zu Wurzeln hat, irreduktibel ist, so muß die Determinante (7), welche der Substitution (6) von endlicher Ordnung entspricht, dem voraufgeschickten Satze zufolge von der Gestalt

$$(8)\qquad \pm (r-1)^m \cdot F_\lambda(r) \cdot F_\mu(r) \cdot F_\nu(r) \cdots$$

sein, wo

$$(9)\qquad m + \varphi(\lambda) + \varphi(\mu) + \varphi(\nu) + \cdots = n$$

ist. Setzt man nun für r eine Zahl, für welche

$$r \equiv 1 + p \ (\text{mod. } p^2)$$

ist, so werden einerseits alle Elemente der Determinante (7) durch p, die Determinante selbst also durch p^n teilbar. Andererseits ist, wenn h ein Vielfaches von p^k, aber nicht teilbar durch p^{k+1} ist,

$$r^h \equiv 1 + hp \ (\text{mod. } p^{k+2}),$$

also enthält $r^h - 1$ dieselbe Potenz von p wie hp. Da nun bekanntlich, wenn $\alpha, \beta, \gamma, \ldots$ die verschiedenen in λ aufgehenden Primfaktoren bedeuten,

$$F_\lambda(r) = \frac{(r^\lambda - 1)\left(r^{\frac{\lambda}{\alpha\beta}} - 1\right)\left(r^{\frac{\lambda}{\alpha\gamma}} - 1\right)\cdots}{\left(r^{\frac{\lambda}{\alpha}} - 1\right)\left(r^{\frac{\lambda}{\beta}} - 1\right)\left(r^{\frac{\lambda}{\gamma}} - 1\right)\cdots}$$

gesetzt werden kann, so geht p in diesem Ausdrucke genau so oft auf wie in dem folgenden:

$$\frac{\lambda p \cdot \frac{\lambda}{\alpha\beta} p \cdot \frac{\lambda}{\alpha\gamma} p \cdots}{\frac{\lambda}{\alpha} p \cdot \frac{\lambda}{\beta} p \cdot \frac{\lambda}{\gamma} p \cdots} = \frac{\lambda \cdot \frac{\lambda}{\alpha\beta} \cdot \frac{\lambda}{\alpha\gamma} \cdots}{\frac{\lambda}{\alpha} \cdot \frac{\lambda}{\beta} \cdot \frac{\lambda}{\gamma} \cdots},$$

welcher gleich 1 ist, sooft λ eine aus verschiedenen Primzahlen zusammengesetzte Zahl, dagegen gleich q, wenn λ die Potenz einer Primzahl q ist. Demnach ist die höchste Potenz von p, welche in $F_\lambda(r)$ aufgeht, p^1 oder p^0, je nachdem λ eine Potenz von p ist oder nicht. Wäre also keiner der Indizes $\lambda, \mu, \nu, \ldots$ eine Potenz von p, so ginge p im Ausdrucke (8) der Determinante (7) genau m-mal, dagegen $(m + a)$-mal auf, wenn a jener Indizes Potenzen von p wären; da aber dann a der Funktionen $\varphi(\lambda), \varphi(\mu), \varphi(\nu), \ldots$ größer als 1 wären, so ginge p nach (9) jedenfalls weniger oft als n-mal in (8) auf, die Determinante (7) wäre also nicht durch p^n teilbar. Dieser Widerspruch hebt sich nur, wenn in (8) keine Faktoren von der Form $F_\lambda(r)$ auftreten, wenn also $m = n$ und die Determinante (7) von der Gestalt $\pm (r-1)^n$ ist. Alsdann verschwinden aber die Elementarteiler derselben nur für $r = 1$, und da sie linear in r sein müssen, so verschwinden auch die Elemente der Determinante selbst für $r = 1$, d. h. man erhält

$$\alpha_{ii} = 1, \quad (i = 1, 2, \ldots, n) \qquad \alpha_{ik} = 0, \quad (i \neq k)$$

w. z. b. w. —

Ebensowenig gibt es eine von der identischen Substitution verschiedene ganzzahlige Substitution endlicher Ordnung, welche der identischen (mod. 4) kongruent ist. Man beweist dies durch die gleiche Betrachtung, indem man den Modul p durch den Modul 4 ersetzt, die Zahl

$$r \equiv 1 + 4 \pmod{8}$$

wählt und berücksichtigt, daß

$$r^h \equiv 1 + 2^{k+2} \pmod{2^{k+3}}$$

ist, sobald h durch 2^k, aber nicht mehr durch 2^{k+1} teilbar ist.

4. Nun sei für irgendeine homogene Form mit n Unbestimmten, die nur eine endliche Anzahl $t(f)$ von Transformationen in sich selbst zuläßt, G die Gruppe dieser Transformationen. Wenn S, T irgend zwei Substitutionen und T^{-1} die Inverse von T bedeuten, so heißt bekanntlich die zusammengesetzte Substitution $T^{-1} \cdot S \cdot T$ die

durch T Transformierte von S, und wenn so die sämtlichen Substitutionen

$$1,\ S,\ S',\ S'',\ \ldots$$

einer Gruppe Γ durch eine Substitution T transformiert werden, so bilden die Transformierten

$$T^{-1}\cdot 1\cdot T,\quad T^{-1}\cdot S\cdot T,\quad T^{-1}\cdot S'\cdot T,\ \ldots$$

wieder eine Gruppe, welche die durch T transformierte Gruppe $T^{-1}\cdot\Gamma\cdot T$ genannt wird. Man nennt ferner eine in einer Gruppe Γ enthaltene andere Gruppe einen Teiler von Γ und diesen insbesondere einen Normalteiler, wenn sie mit jeder Substitution T von Γ transformiert unverändert, nämlich aus denselben Substitutionen wie Γ zusammengesetzt bleibt.

Nach diesen Vorerinnerungen an die Theorie der Gruppen betrachten wir nun neben der Gruppe G aller ganzzahligen Transformationen

$$1,\ T_1,\ T_2,\ T_3,\ \ldots$$

der Form f in sich selbst ihre Reste

$$1,\ T'_1,\ T'_2,\ T'_3,\ \ldots$$

(mod. p), d. h. die Substitutionen, deren Koeffizienten die Reste (mod. p) von den Koeffizienten der ersteren Substitutionen sind. Da offenbar aus $T_i T_k = T_h$ sich $T'_i\cdot T'_k \equiv T'_h$ (mod. p) ergibt, so bilden auch die gedachten Reste (mod. p) eine Gruppe, welche mit der ersteren isomorph ist, d. h. die Substitutionen und ihre Produkte sind für beide Gruppen einander eindeutig entsprechend. In der Tat, gäben etwa zwei verschiedene Substitutionen T_i, T_k gleiche Reste (mod. p), so wäre offenbar die Substitution $T_i^{-1}\cdot T_k$, welche, weil zur endlichen Gruppe G gehörig, von endlicher Ordnung ist, der Einheit (mod. p) kongruent und demnach dem Hilfssatze zufolge gleich der identischen Substitution, also $T_i = T_k$ gegen Voraussetzung. Hiernach haben beide Gruppen dieselbe Ordnung $t(f)$, und offenbar ist der Modul jeder Substitution der zweiten von ihnen kongruent ± 1 (mod. p).

Demnach wird die neue Gruppe (mod. p) ein Teiler der Gruppe aller möglichen Substitutionen (6) sein, deren Koeffizienten irgendwelche Restkombinationen (mod. p) mit einem Modul ± 1 (mod. p) darbieten. Also ist ihre Ordnung $t(f)$ ein Teiler der Ordnung dieser größeren Gruppe, welche [für den Fall des Modulus $\equiv +1$ (mod. N)] auf S. 534 der ersten Abteilung dieses Werkes bestimmt worden und nach der dortigen allgemeinen Formel (31) gleich

$$(10)\quad \begin{aligned} &2\cdot p^{n^2-1}\left(1-\frac{1}{p^2}\right)\left(1-\frac{1}{p^3}\right)\cdots\left(1-\frac{1}{p^n}\right)\\ &= 2\,(p^n-1)\,p^{n-1}\cdot(p^{n-1}-1)\,p^{n-2}\cdots(p^2-1)\,p \end{aligned}$$

ist. Jeder Rest T' (mod. p) einer Transformation T der Form f in sich selbst gehört aber offenbar schon zu denjenigen Substitutionen der letzteren Gruppe, welche die Form f (mod. p) ungeändert lassen, und welche wieder eine Gruppe (mod. p) bilden. Daher ist die Ordnung $t(f)$ der Gruppe aller T' schon ein Teiler von der Ordnung dieser engeren Gruppe. Für jede nicht in der Determinante D der Form f enthaltene ungerade Primzahl p ist aber die gedachte Ordnung auf S. 542 der ersten Abteilung dieses Werkes bestimmt worden und dementsprechend, wenn n gerade ist, gleich

$$\text{(11a)}\quad 2\cdot p^{\frac{n(n-2)}{4}}\cdot(p^2-1)(p^4-1)\cdots(p^{n-2}-1)\cdot(p^{\frac{n}{2}}-\varepsilon),$$

wo
$$\varepsilon=\left(\frac{(-1)^{n/2}\cdot D}{p}\right),$$

wenn aber n ungerade ist, gleich

$$\text{(11b)}\qquad 2\cdot p^{\left(\frac{n-1}{2}\right)^2}\cdot(p^2-1)(p^4-1)\cdots(p^{n-1}-1).$$

Für alle Primzahlen p oberhalb einer endlichen Grenze L ist also gewiß $t(f)$ Teiler sämtlicher Zahlen (11a) oder (11b), je nachdem n gerade oder ungerade ist. Dabei darf $L \gtreqless n+1$ gedacht und im ersteren Falle der Faktor $p^{\frac{n}{2}}-\varepsilon$ durch sein Vielfaches $\frac{1}{2}(p^n-1)$ ersetzt werden, d. h. es wird $t(f)$ dann auch Teiler jedes Ausdrucks

$$\text{(11c)}\qquad p^{\frac{n(n-2)}{4}}\cdot(p^2-1)(p^4-1)\cdots(p^n-1)$$

sein. Da dies für alle Primzahlen $p>L$ gilt, so muß $t(f)$ auch Teiler des größten gemeinsamen Teilers aller, den Primzahlen $p>L$ zugehörigen Ausdrücke (11b), bzw. (11c) sein.

5. Um den letzteren zu finden, hat man nur für jede Primzahl q eine der Zahlen (11b), bzw. (11c) zu suchen, welche diese Primzahl in einer möglichst niedrigen Potenz enthält. Ist nun zunächst $q>n+1$, so wird keiner der Faktoren dieser Ausdrücke teilbar durch q, wenn p als primitive Wurzel (mod. q) gewählt wird. Ist $q \lesseqgtr n+1$ und ungerade, so treten in den gedachten Ausdrücken Faktoren auf, die durch q teilbar sind, nämlich alle diejenigen und nur diejenigen p^h-1, bei denen h ein Vielfaches des Exponenten ist, zu welchem p (mod. q) gehört; diese aber sind in kleinster Anzahl vorhanden und enthalten die niedrigste Potenz von q, wenn man p als primitive Wurzel (mod. q^2) wählt, so daß $p^{q-1}-1$ durch q, aber nicht durch q^2 teilbar ist. Alsdann geht p^h-1 genau sooft durch q auf wie $q\cdot\frac{h}{q-1}$; demnach enthält der Ausdruck (11b) sowohl wie (11c)

den Faktor q genau sooft, wie ihn das Produkt

$$q^{\left[\frac{n}{q-1}\right]}\cdot 1\cdot 2\cdot 3\cdots\left[\frac{n}{q-1}\right]$$

enthält, d. h. in der Potenz

$$q^{\left[\frac{n}{q-1}\right]+\left[\frac{n}{q(q-1)}\right]+\left[\frac{n}{q^2(q-1)}\right]+\cdots} \tag{12}$$

Ist endlich $q = 2$, so enthalten die Potenzen $p^{2h} - 1$ die niedrigste Potenz von 2, wenn $p \equiv \pm 3 \pmod{8}$ gewählt wird, und zwar ist dann $p^{2h} - 1$ genau sooft durch 2 teilbar wie $8h$, und somit sind die Ausdrücke (11b) bzw. (11c) genau sooft durch 2 teilbar wie das Produkt

$$2^{n+\left[\frac{n}{2}\right]}\cdot 1\cdot 2\cdot 3\cdots\left[\frac{n}{2}\right],$$

d. i. wieder durch die Potenz (12) für $q = 2$. Daß es aber möglich ist, die Primzahlen p in der angegebenen Weise und zugleich $> L$ zu wählen, geht aus dem bekannten Satze hervor, daß jede arithmetische Reihe $qx + r$ mit teilerfremden q, r unendlich viele Primzahlen enthält.

Da nun der größte gemeinsame Teiler gegebener Zahlen gleich dem Produkte aus den niedrigsten Primzahlpotenzen ist, die in jenen Zahlen sich vorfinden, so ist zu schließen, daß der größte gemeinsame Teiler aller, den sämtlichen Primzahlen $p > L$ entsprechenden Ausdrücke (11b), bzw. (11c) durch die Formel

$$\prod_q q^{\left[\frac{n}{q-1}\right]+\left[\frac{n}{q(q-1)}\right]+\left[\frac{n}{q^2(q-1)}\right]+\cdots} \tag{13}$$

gegeben wird, in welcher die Multiplikation auf alle Primzahlen $q \lesseqgtr n + 1$ zu erstrecken ist.

Demnach gilt der folgende elegante Satz: Für jede homogene Form mit n Unbestimmten, die nur eine endliche Anzahl von Transformationen in sich selbst zuläßt, ist diese Anzahl $t(f)$ ein Teiler des Produktes (13), welches nach Minkowski durch das Zeichen

$$\overline{n|} \tag{13a}$$

angezeigt werde.

6. Hiernach ist umgekehrt die Größe $\overline{n|}$ ein gemeinsames Vielfaches von sämtlichen, den gedachten Formen zugehörigen Anzahlen $t(f)$. Es läßt sich aber leicht einsehen, daß sie genauer das kleinste gemeinsame Vielfache derselben ist. Zum Beweise ist nur für jeden in ihr aufgehenden Primfaktor zu

zeigen, daß es eine Zahl $t(f)$ gibt, welche diesen Primfaktor in genau der gleichen Potenz enthält wie das Produkt (13). Was nun zunächst den Faktor 2 betrifft, so enthält $t(f_0)$ nach der Formel (3) diesen Faktor genau

$$n + \left[\frac{n}{2}\right] + \left[\frac{n}{4}\right] + \left[\frac{n}{8}\right] + \cdots$$

mal, d. h. ebensooft wie das Produkt (13). Ist aber q eine ungerade Primzahl $\gtreqless n + 1$, so bilde man eine quadratische Form f als Summe von $\left[\frac{n}{q-1}\right]$ Formen mit $q - 1$ Unbestimmten von der Gestalt (2) und einer Form mit

$$r = n - (q-1) \cdot \left[\frac{n}{q-1}\right]$$

Unbestimmten von der Gestalt (1). Man sieht dann nach den Formeln (3) und (4) leicht ein, daß $t(f)$ für diese Form ein Vielfaches sein muß von dem Produkte

$$\left[\frac{n}{q-1}\right]! \, (2q!)^{\left[\frac{n|}{q-1}\right]} \cdot 2^r \cdot 1 \cdot 2 \cdots r,$$

welches, da $r < q$ ist, den Primfaktor q genau in der Potenz

$$q^{\left[\frac{n}{q-1}\right] + \left[\frac{n}{q(q-1)}\right] + \left[\frac{n}{q^2(q-1)}\right] + \cdots},$$

d. h. ebensooft enthält wie das Produkt (13). Da $t(f)$ als Teiler von (13) ihn auch nicht öfter enthalten kann, so ist damit das Gewollte erwiesen.

Bedenkt man, daß für eine ungerade Primzahl q bei jedem Werte $h = 0, 1, 2, \ldots$

$$\left[\frac{2\nu+1}{q^h(q-1)}\right] = \left[\frac{2\nu}{q^h(q-1)}\right]$$

und für $h > 0$

$$\left[\frac{2\nu+1}{2^h}\right] = \left[\frac{2\nu}{2^h}\right]$$

ist, so findet sich nach dem Ausdrucke (13) sogleich die einfache Beziehung

$$\overline{2\nu+1}| = 2 \cdot \overline{2\nu}|. \tag{14}$$

Dagegen ist nur dann

$$\left[\frac{2\nu}{q^h(q-1)}\right] = \left[\frac{2\nu-1}{q^h(q-1)}\right],$$

wenn 2ν nicht durch $q^h(q-1)$ teilbar ist, andernfalls ist

$$\left[\frac{2\nu}{q^h(q-1)}\right] = \left[\frac{2\nu-1}{q^h(q-1)}\right] + 1.$$

Im ersteren Falle enthält $\overline{2\nu}\rvert$ den Primfaktor q genau sooft wie $\overline{2\nu-1}\rvert$. Bedeutet aber q eine ungerade Bernoullische Primzahl für 2ν, d. h. eine solche Primzahl, für welche 2ν durch $q-1$ teilbar ist, und geht diese Zahl in ν genau k-mal auf, so wird $\overline{2\nu}\rvert$ dieselbe genau $(k+1)$-mal öfter enthalten wie $\overline{2\nu-1}\rvert$. Da ferner für $h>0$

$$\left[\frac{2\nu}{2^h}\right]=\left[\frac{2\nu-1}{2^h}\right]$$

ist, außer wenn 2ν durch 2^h teilbar ist, wo dann

$$\left[\frac{2\nu}{2^h}\right]=\left[\frac{2\nu-1}{2^h}\right]+1$$

ist, so geht, wenn ν genau k-mal durch 2 teilbar ist, dieser Faktor in $\overline{2\nu}\rvert$ genau $(k+2)$-mal öfter auf als in $\overline{2\nu-1}\rvert$. Man findet demnach

$$\overline{2\nu}\rvert=2\cdot b_\nu\cdot\overline{2\nu-1}\rvert, \tag{15}$$

unter b_ν eine Zahl verstanden, welche aus allen (geraden und ungeraden) Bernoullischen Primzahlen q für 2ν zusammengesetzt ist und jede derselben genau $(k+1)$-mal enthält, wenn sie in ν genau k-mal aufgeht. Da das Produkt aller jener Primzahlen bekanntlich der Nenner der ν^{ten} Bernoullischen Zahl B_ν ist, die sonstigen in ν aufgehenden Primzahlpotenzen aber nach einem Satze von Lipschitz (s. des Verf. Niedere Zahlentheorie, Bd. II, S. 55) im Zähler von B_ν aufgehen, so ist b_ν selbst der Nenner von $\frac{B_\nu}{\nu}$.

Aus (14) und (15) ergibt sich endlich für die Zahl $\overline{n}\rvert$ die folgende einfache und elegante Formel:

$$\overline{n}\rvert=2^n\cdot b_1 b_2\cdots b_{\left[\frac{n}{2}\right]}. \tag{16}$$

7. Neben dem auf den Modul 4 bezüglichen Schlußsatze in Nr. 3 besteht der folgende Satz, zu dessen Begründung hier der Kürze wegen auf Minkowskis bezügliche Ahhandlung (J. f. d. r. u. a. Math. Bd. 100, S. 451/2; s. auch die Berichtigung, ebend. Bd. 101, S. 202; Ges. Abh., Bd. 1, S. 203 u. 212) verwiesen sei:

Außer den ganzzahligen Substitutionen (6), welche einer Substitution

$$x_i=\varepsilon_i y_i,\qquad (\varepsilon_i=1 \text{ oder } -1) \tag{17}$$
$$(i=1,2,\ldots,n)$$

ähnlich sind, gibt es keine ganzzahlige Substitution endlicher Ordnung, die (mod. 2) der identischen kongruent ist. Dabei sollen zwei ganzzahlige Substitutionen S, S' einander ähnlich heißen, wenn jede von ihnen aus der anderen durch Transformation mit einer ganzzahligen Substitution T vom Modul ± 1 entsteht, also

$$S' = T^{-1} \cdot S \cdot T, \quad S = T \cdot S' \cdot T^{-1}$$

ist. Nun sei S eine Substitution (17), die man bei passender Anordnung der Unbestimmten folgendermaßen schreiben kann:

$$\begin{aligned} x_1 &= y_1, \ldots, & x_m &= y_m, \\ x_{m+1} &= -y_{m+1}, \ldots, & x_n &= -y_n, \end{aligned} \tag{17a}$$

und T eine ganzzahlige Substitution

$$y_i = \alpha_{i1} z_1 + \alpha_{i2} z_2 + \cdots + \alpha_{in} z_n$$
$$(i = 1, 2, \ldots, n)$$

mit dem Modul ± 1. Wir fragen, wann

$$T^{-1} \cdot S \cdot T = S \tag{18}$$

sei. Drückt man T^{-1} durch die Gleichungen

$$Z_i = \mathsf{A}_{1i} x_1 + \mathsf{A}_{2i} x_2 + \cdots + \mathsf{A}_{ni} x_n$$
$$(i = 1, 2, \ldots, n)$$

aus, so wird $T^{-1} \cdot S \cdot T$ durch die folgenden gegeben:

$$\begin{aligned} Z_i = \mathsf{A}_{1i} & (\alpha_{11} z_1 + \cdots + \alpha_{1n} z_n) + \cdots \\ & - \mathsf{A}_{m+1,1} (\alpha_{m+1,1} z_1 + \cdots + \alpha_{m+1,n} z_n) - \cdots, \end{aligned}$$

und die Gleichung (18) erfordert, daß die rechte Seite für $i \gtreqless m$ mit z_i, für $i > m$ mit $-z_i$ übereinstimme. Man findet also die Bedingungen:

1) für $i \gtreqless m$

$$\begin{aligned} \mathsf{A}_{1i} \alpha_{11} + \cdots - \mathsf{A}_{m+1,i} \alpha_{m+1,1} - \cdots &= 0 \\ \cdots\cdots\cdots\cdots\cdots\cdots\cdots\cdots \\ \mathsf{A}_{1i} \alpha_{1i} + \cdots - \mathsf{A}_{m+1,i} \alpha_{m+1,i} - \cdots &= 1 \\ \cdots\cdots\cdots\cdots\cdots\cdots\cdots\cdots \\ \mathsf{A}_{1i} \alpha_{1n} + \cdots - \mathsf{A}_{m+1,i} \alpha_{m+1\, n} - \cdots &= 0. \end{aligned}$$

Aus diesen Gleichungen ergibt sich in Verbindung mit den bekannten Beziehungen zwischen den α_{ik} und ihren Adjungierten A_{ik} einerseits das System

$$\begin{aligned} \mathsf{A}_{1i} \alpha_{11} + \cdots + \mathsf{A}_{mi} \alpha_{m1} &= 0 \\ \cdots\cdots\cdots\cdots\cdots\cdots \\ \mathsf{A}_{1i} \alpha_{1i} + \cdots + \mathsf{A}_{mi} \alpha_{mi} &= 1 \\ \cdots\cdots\cdots\cdots\cdots\cdots \\ \mathsf{A}_{1i} \alpha_{1n} + \cdots + \mathsf{A}_{mi} \alpha_{mn} &= 0, \end{aligned}$$

woraus

$$|\alpha_{ik}| \cdot |\mathsf{A}_{ik}| = 1, \text{ also } |\alpha_{ik}| = \pm 1$$
$$(i, k = 1, 2, \ldots, m)$$

hervorgeht, und andererseits das System

$$\begin{array}{c} \mathsf{A}_{m+1,i} \cdot \alpha_{m+1,1} + \cdots + \mathsf{A}_{ni}\alpha_{n1} = 0 \\ \cdot \quad \cdot \quad \cdot \quad \cdot \quad \cdot \quad \cdot \quad \cdot \quad \cdot \quad \cdot \quad \cdot \\ \mathsf{A}_{m+1,i} \cdot \alpha_{m+1,n} + \cdots + \mathsf{A}_{ni}\alpha_{nn} = 0, \end{array}$$

aus welchem, da das System

$$\begin{array}{c} \alpha_{m+1,1}, \ldots, \alpha_{n1} \\ \cdot \quad \cdot \quad \cdot \quad \cdot \quad \cdot \quad \cdot \\ \alpha_{m+1,n}, \ldots, \alpha_{nn} \end{array}$$

wegen des Moduls ± 1 der Transformation T nicht lauter verschwindende Determinanten $(n-m)^{\text{ten}}$ Grades haben kann, sich alle A_{ki} für $i \gtreqless m < k$ gleich Null ergeben;

2) für $i > m$

$$\begin{array}{c} \mathsf{A}_{1i}\alpha_{11} + \cdots - \mathsf{A}_{m+1,i} \cdot \alpha_{m+1,1} - \cdots = 0 \\ \cdot \quad \cdot \quad \cdot \quad \cdot \quad \cdot \quad \cdot \quad \cdot \quad \cdot \quad \cdot \quad \cdot \\ \mathsf{A}_{1i}\alpha_{1i} + \cdots - \mathsf{A}_{m+1,i} \cdot \alpha_{m+1,i} - \cdots = -1 \\ \cdot \quad \cdot \quad \cdot \quad \cdot \quad \cdot \quad \cdot \quad \cdot \quad \cdot \quad \cdot \quad \cdot \\ \mathsf{A}_{1i}\alpha_{1n} + \cdots - \mathsf{A}_{m+1,i} \cdot \alpha_{m+1,n} - \cdots = 0 \end{array}$$

und hieraus $|\alpha_{ik}| = \pm 1$, und alle A_{ki} für $k \gtreqless m < i$ gleich Null.
$(i, k = m + 1, \ldots, n)$

Demnach hat die Substitution T^{-1} die Gestalt

$$\begin{pmatrix} \mathsf{A}_{11}, & \ldots, & \mathsf{A}_{1m}, & 0, & \ldots, & 0 \\ \cdot & \cdot & \cdot & \cdot & \cdot & \cdot \\ \mathsf{A}_{m1}, & \ldots, & \mathsf{A}_{mm}, & 0, & \ldots, & 0 \\ 0, & \ldots, & 0, & \mathsf{A}_{m+1,m+1}, & \ldots, & \mathsf{A}_{m+1,n} \\ \cdot & \cdot & \cdot & \cdot & \cdot & \cdot \\ 0, & \ldots, & 0, & \mathsf{A}_{n,m+1}, & \ldots, & \mathsf{A}_{nn} \end{pmatrix},$$

und daraus folgt für T selbst eine entsprechende Gestalt. Wir sprechen dies durch die symbolische Formel

$$T = T_m + T_{n-m} \tag{19}$$

aus, in der also T_m, T_{n-m} Substitutionen bedeuten, deren erstere nur die ersten m, die zweite nur die letzten $n - m$ Unbestimmten durch ebenso viele andere ersetzt. Diese Formel liefert also die bei (18) verlangten Substitutionen T.

8. Nunmehr sei G irgendeine endliche Gruppe linearer ganzzahliger Substitutionen mit n Unbestimmten. Sondert man von diesen diejenigen aus, welche (mod. 2) der identischen Substitution kongruent sind, so bilden auch sie eine Gruppe $\mathfrak{G}$, die offenbar ein Normalteiler der ersteren ist. In ihr befindet sich selbstverständlich die identische Substitution I, möglicherweise auch die mit durchweg entgegengesetzten Koeffizienten genommene Substitution, welche $-I$ heiße. Ferner ist für jede Substitution S in $\mathfrak{G}$, wie man leicht übersieht, die zusammengesetzte Substitution S^2 endlicher Ordnung der identischen Substitution (mod. 4) kongruent und demzufolge nach dem Schlußsatze in Nr. 3

$$S^2 = I.$$

Endlich kann, wie im Beweise des anfangs voriger Nr. ausgesprochenen Satzes dargetan ist, jede Substitution $\mathfrak{A}$ in $\mathfrak{G}$ so in eine andere $\mathfrak{A}'$ transformiert werden, daß sie die Form (17) erhält; die durch die gleiche Substitution transformierte Gruppe $\mathfrak{G}$ heiße $\mathfrak{G}'$. Ist nun in $\mathfrak{G}$ irgendeine weitere Substitution enthalten und $\mathfrak{B}$ ihre Transformierte in $\mathfrak{G}'$, so ist auch diese der identischen Substitution (mod. 2) kongruent, $\mathfrak{B}\mathfrak{A}'$ eine ebensolche Substitution in $\mathfrak{G}'$ und

$$\mathfrak{B}^{-1} \cdot \mathfrak{A}' \cdot \mathfrak{B} = \mathfrak{A}',$$

weil $\mathfrak{B}\mathfrak{A}' \cdot \mathfrak{B}\mathfrak{A}' = I$ sein muß. Dem in voriger Nr. Bewiesenen gemäß zerlegt sich also $\mathfrak{B}$ in zwei Teile $\mathfrak{B}_m + \mathfrak{B}_{n-m}$, wo $\mathfrak{B}_m$, $\mathfrak{B}_{n-m}$ Substitutionen sind, welche nur diejenigen m, bzw. $n-m$ Unbestimmten durch ebenso viele andere ersetzen, welche in $\mathfrak{A}'$ wie in (17a) positiv, bzw. negativ genommen werden. Sie sind ebenso wie $\mathfrak{B}$ selbst (mod. 2) der identischen Substitution ihrer Art kongruent, und somit gibt es Substitutionen T_m, T_{n-m} von entsprechender Art, durch welche transformiert sie in Substitutionen mit m, bzw. $n-m$ Unbestimmten vom Typus (17) übergehen, so daß $\mathfrak{B}$ durch die Substitution $T_m + T_{n-m}$ transformiert in eine Substitution $\mathfrak{B}'$ vom Typus (17) sich verwandelt; und bei dieser Transformation bleiben offenbar I, $(-I)$, $\mathfrak{A}'$ ungeändert; aus $\mathfrak{G}'$ aber geht eine transformierte Gruppe $\mathfrak{G}''$ hervor, welche die Substitutionen I, $(-I)$, $\mathfrak{A}'$, $\mathfrak{B}'$ enthält. So nun fortfahrend erkennt man, daß es eine Transformierte der Gruppe $\mathfrak{G}$ gibt, welche nur aus Substitutionen des Typus (17) besteht und also insgesamt einen Teiler derjenigen Gruppe Γ ausmacht, die alle 2^n Substitutionen der Form (17) umfaßt. Daher ist die Ordnung jener Gruppe, also auch diejenige der Gruppe $\mathfrak{G}$ ein Teiler von 2^n, also gleich

$$2^\nu \quad (\nu \lesseqgtr n).$$

Hiernach zerfällt die Gruppe G in Komplexe

$$\mathfrak{G},\ \mathfrak{A}_1\mathfrak{G},\ \mathfrak{B}_1\mathfrak{G},\ \ldots$$

von je 2^ν Substitutionen, welche untereinander (mod. 2) kongruent sind und also 2^ν-stufig isomorph zur Gruppe G_R der Reste ihrer Substitutionen (mod. 2) sind, d. i. jedem Elemente von G_R sind je 2^ν Substitutionen von G zugehörig. Da nun die Ordnung von G_R ein Teiler von der Ordnung derjenigen Gruppe ist, welche die Reste (mod. 2) aller Substitutionen vom Modul 1 (mod. 2) enthält, und da diese Ordnung (nach der ersten Abteilung dieses Werkes S. 534) durch den Ausdruck

$$\begin{aligned} N &= 2^{n^2-1}\left(1-\frac{1}{2^2}\right)\left(1-\frac{1}{2^3}\right)\cdots\left(1-\frac{1}{2^n}\right) \\ &= (2^n-1)(2^n-2)\cdots(2^n-2^{n-1}) \end{aligned} \tag{20}$$

gegeben ist, so ist die Ordnung der Gruppe G ein Teiler von $2^\nu \cdot N$.

Man erhält also den bedeutenden allgemeinen Satz:

Die Ordnung jeder endlichen Gruppe linearer ganzzahliger Substitutionen mit n Unbestimmten ist ein Teiler des Produktes $2^\nu \cdot N$.

Hieraus ergibt sich der Jordansche Satz als eine einfache Folgerung, denn offenbar ist

$$2^\nu \cdot N < 2^n(2^n-1)^n = (2^{n+1}-2)^n.$$

Der Satz gilt insbesondere von der Gruppe aller Transformationen einer homogenen Form mit n Unbestimmten in sich selbst, falls es deren nur eine endliche Anzahl gibt. Also ist stets $t(f)$ ein Teiler von $2^\nu \cdot N$ $(\nu \lesseqgtr n)$.

9. Unter einer Klasse von Formen, die einer gegebenen äquivalent sind, wurde bisher stets die Menge aller Formen verstanden, die aus der gegebenen Form durch alle unimodularen ganzzahligen Substitutionen hervorgehen. Diese Äquivalenz ist nach dem Sprachgebrauche von Gauß die eigentliche Äquivalenz zum Unterschiede von der uneigentlichen, bei welcher der Modulus der Substitutionen gleich -1 ist, oder von der Äquivalenz schlechthin, wo der Modulus gleich ± 1 ist. Wendet man alle Substitutionen der letzteren Art auf eine gegebene Form f an, um ihre Klasse zu bilden, so entstehen ebenso viele (unbegrenzt viele) Formen, als es solcher Substitutionen gibt; aber die Anzahl der voneinander verschiedenen Formen ist nur der $t(f)^{\text{te}}$ Teil von der Anzahl der letzteren, da den $t(f)$ Transformationen der Form f in sich selbst je $t(f)$ Substitutionen entsprechen, durch welche je ein und dieselbe Form aus f hervorgeht. Da nun $t(f)$ im allgemeinen für verschiedene Formen verschiedenen Wert hat, so wechselt im allgemeinen die Anzahl der in einer Klasse enthaltenen, voneinander verschiedenen Formen oder, wie man sagen kann, die Dichtigkeit der Klasse von einer

Klasse zur anderen. Diese Tatsache bleibt auch bei der eigentlichen Äquivalenz bestehen, nur, daß die Anzahl der gleichen Formen einer Klasse nicht mehr immer gleich $t(f)$, sondern, sooft es Transformationen einer Form in sich selbst mit dem Modul -1 gibt, nur $\frac{1}{2}t(f)$ ist. Kronecker war es, welcher die Forderung gestellt hat, die Äquivalenz in der Weise zu definieren, daß jede Klasse äquivalenter Formen gleiche Dichtigkeit aufweise[1]), und er hat für den Fall der binären quadratischen Formen gezeigt[2]), wie man dieser Forderung gerecht werden kann. Indem wir diesen etwas komplizierteren Fall $n = 2$ hier beiseitelassen, also $n > 2$ voraussetzen, können wir auf Grund der voraufgehenden Minkowskischen Ergebnisse sofort für alle homogenen Formen, die nur eine endliche Anzahl von Transformationen in sich selbst zulassen, das von Kronecker Verlangte erreichen. Zu diesem Zwecke nennen wir zwei Formen einander vollständig äquivalent, wenn sie ineinander durch eine ganzzahlige Substitution mit dem Modul $+1$ übergehen, welche der identischen Substitution (mod. 4) kongruent ist. In der Tat sind dann alle Klassen vollständig äquivalenter Formen gleich dicht, nämlich jede von ihnen enthält genau so viele verschiedene Formen, als die Menge dieser Substitutionen beträgt; denn in der Gruppe der $t(f)$ Transformationen einer Form f in sich selbst gibt es nach dem Schlußsatze in Nr. 3 nur die einzige identische Substitution, welche diesen (mod. 4) kongruent ist, und somit müssen alle durch die zuvor gedachten Substitutionen aus einer gegebenen Form f entstehenden, d. h. ihr vollständig äquivalenten Formen untereinander verschieden sein.

Je nach der Art der angenommenen Äquivalenz muß nun die Anzahl der Klassen eine verschiedene sein. Es ist klar, daß jede Klasse schlechthin äquivalenter Formen mit der Klasse eigentlich äquivalenter Formen identisch ist oder in zwei Klassen eigentlich äquivalenter Formen zerfällt, je nachdem es Transformationen der Formen in sich selbst mit einem Modul -1 gibt oder nicht; und, wenn $t'(f)$ die Anzahl derjenigen mit dem Modul $+1$ bezeichnet, so ist je nach diesen beiden Fällen $t(f) = 2t'(f)$ oder $t(f) = t'(f)$. Bedeutet ferner M die Menge der ganzzahligen Substitutionen mit dem Modul $+1$, so bieten unter ihnen (nach S. 534 der ersten Abteilung dieses Werkes) sich

$$4^{n^2-1}\left(1-\frac{1}{2^2}\right)\left(1-\frac{1}{2^3}\right)\cdots\left(1-\frac{1}{2^n}\right)=2^{n^2-1}\cdot N$$

1) Festschrift zu Hrn. Kummers Doktor-Jubiläum (Journ. f. d. r. u. a. Math., Bd. 92, S. 1), S. 107; Werke, Bd. 2, S. 237.

2) Abh. der Berl. Akad. 1883; Werke, Bd. 2, S. 425.

verschiedene Restklassen (mod. 4) dar, und daher ist M um $2^{n^2-1}\cdot N$-mal größer als die Menge $\mathfrak{M}$ der ganzzahligen unimodularen Substitutionen, welche der identischen (mod. 4) kongruent sind; es ist also

$$\frac{M}{\mathfrak{M}} = 2^{n^2-1}\cdot N.$$

Andererseits sind in der Klasse der mit f eigentlich äquivalenten Formen genau $\frac{M}{t'(f)}$ verschiedene Formen, von denen je $\mathfrak{M}$ eine Klasse vollständig äquivalenter Formen bilden; die Anzahl der letzteren Klassen ist also in jener Klasse gleich

$$\frac{M}{\mathfrak{M}}\cdot\frac{1}{t'(f)} = \frac{2^{n^2-1}\cdot N}{t'(f)}.$$

Daher zerfällt jede Klasse **schlechthin** äquivalenter Formen in jedem Falle in

$$\frac{2^{n^2} N}{t(f)}$$

Klassen **vollständig** äquivalenter Formen.

Man bemerke noch, daß, wenn wie geschehen $n > 2$ vorausgesetzt wird, diese Zahl und folglich auch die Anzahl sämtlicher Klassen vollständig äquivalenter Formen, da $t(f)$ ein Teiler von $2^n\cdot N$ ist, den Faktor 2^{n^2-n} enthalten muß.

10. Die allgemeinen Betrachtungen der vorigen Nummern gelten nun auch insbesondere für positive quadratische Formen. Doch haben die letztgenannten Sätze eigentlich nur Bedeutung für den Fall, in welchem die Anzahl der Klassen äquivalenter Formen nur endlich ist. Dieser Fall tritt bei den gedachten Formen ein, sobald sie ganzzahlig sind, und wir wollen fortan in diesem Kapitel uns auf die Betrachtung solcher Formen beschränken. Um zu finden, wie groß alsdann die Anzahl der Klassen ist, bieten in jedem besonderen Falle die Ungleichheiten, denen in ihm die ganzzahligen Koeffizienten der reduzierten Formen unterworfen sind, ein nächstes, wenn auch meist nicht ausreichendes Hilfsmittel dar. In dem Falle, wo die Determinante D der Formen gleich 1 ist, hat so Hermite die gedachte Anzahl für die positiven quadratischen Formen mit weniger als acht Unbestimmten ermittelt. Aber er hat sich bei dieser Bestimmung noch einer etwas anderen Reduktionsweise, als bisher angegeben, bedient, und wir müssen also zunächst von dieser hier Kenntnis geben.

Sei

$$f(x_0, x_1, \ldots, x_n) = \sum a_{ij}\, x_i\, x_j \qquad (i, j = 0, 1, 2, \ldots, n) \tag{21}$$

eine positive quadratische Form mit $n+1$ Unbestimmten. Setzt man

(22) $$b_{ij} = a_{00} \cdot a_{ij} - a_{0i} \cdot a_{0j},$$

so ist die mit diesen Koeffizienten gebildete Form

$$\sum b_{ij} x_i x_j \quad (i, j = 0, 1, 2, \ldots, n)$$

nur eine Form mit n Unbestimmten

(23) $$g(x_1, x_2, \ldots, x_n) = \sum b_{ij} x_i x_j, \quad (i, j = 1, 2, \ldots, n)$$

da $b_{ij} = 0$ ist, wenn i oder j gleich Null ist. Wir nennen die Form g die Seitenform von f. Man findet

$$a_{00} \cdot f = (a_{00} x_0 + a_{01} x_1 + \cdots + a_{0n} x_n)^2 + g(x_1, x_2, \ldots, x_n),$$

woraus hervorgeht, daß g zugleich mit f eine positive Form ist; dieser Gleichung gemäß kann man auch schreiben:

(24) $$g(x_1, x_2, \ldots, x_n) = \left[a_{00} \cdot f - \frac{1}{4}\left(\frac{\partial f}{\partial x_0}\right)^2\right]_{x_0 = 0}.$$

Die Beziehung (22) ergibt ferner für die Determinante D der Form g den Wert

$$D_0 = a_{00}^{n-1} \cdot D.$$

Macht man endlich die Substitution

(25) $$\begin{cases} x_0 = y_0 + l_1 y_1 + l_2 y_2 + \cdots + l_n y_n \\ x_1 = \quad m_1 y_1 + m_2 y_2 + \ldots + m_n y_n \\ \cdots\cdots\cdots\cdots\cdots \\ x_n = \quad t_1 y_1 + t_2 y_2 + \cdots + t_n y_n, \end{cases}$$

deren Modul wir gleich 1 voraussetzen, und durch welche f in die äquivalente Form

(26) $$F(y_0, y_1, \ldots, y_n) = \sum A_{ij} y_i y_j \quad (i, j = 0, 1, 2, \ldots, n)$$

übergehe, so verwandelt sich die Form g durch die in (25) enthaltene partielle, ebenfalls unimodulare Substitution

(27) $$\begin{cases} x_1 = m_1 y_1 + m_2 y_2 + \cdots + m_n y_n \\ \cdots\cdots\cdots\cdots\cdots \\ x_n = t_1 y_1 + t_2 y_2 + \cdots + t_n y_n \end{cases}$$

in eine äquivalente Form

$$G(y_1, y_2, \ldots, y_n),$$

von der man sich auf Grund der Formel (24) leicht überzeugt, daß sie zur Form F in genau der gleichen Beziehung steht wie g zu f.

Hat man nun auf irgendeine Weise für Formen mit n Unbestimmten schon eine Definition reduzierter Formen aufgestellt, was bei binären Formen in der Weise von Lagrange gedacht werde, so kann man die Substitution (27) so wählen, daß G eine Reduzierte dieser Art wird; ferner ist $A_{00} = a_{00}$, und aus dem Ausdrucke

$$A_{0i} = a_{00} l_i + a_{01} m_i + \cdots + a_{0n} t_i$$
$$(i = 1, 2, \ldots, n)$$

erschließt man, daß zudem die ganzen Zahlen l_i so gewählt werden können, daß

$$(28) \qquad 0 \gtreqless A_{0i} \gtreqless \frac{a_{00}}{2} = \frac{A_{00}}{2}$$
$$(i = 1, 2, \ldots, n)$$

wird. Diese von uns an die Unbestimmte x_0 oder an den Hauptkoeffizienten a_{00} geknüpfte Betrachtung kann ebenso an jeden der anderen geknüpft werden; wir denken sie für den kleinsten derselben ausgeführt, d. i. wir nehmen die Unbestimmten der Ausgangsform so gewählt an, daß a_{00} der kleinste Hauptkoeffizient ist. Wenn dann in der, auf die eben angegebene Weise gewonnenen Transformierten F der mit a_{00} gleiche Hauptkoeffizient A_{00} ebenfalls der kleinste aller ihrer Hauptkoeffizienten ist, so soll F als Reduzierte für Formen mit $n+1$ Unbestimmten definiert werden. Andernfalls ändere man die Bezeichnung der Unbestimmten in der Weise, daß die erste den kleinsten Hauptkoeffizienten erhalte, und nenne die neue Form

$$f' = \sum a'_{ij} x'_i x'_j,$$
$$(i, j = 0, 1, 2, \ldots, n)$$

wo nun a'_{00} der kleinste Hauptkoeffizient und $a'_{00} < a_{00}$ ist, und wo — gegebenenfalls nach einer Substitution

$$x_0' + k_1 x_1' + \cdots + k_n x_n' \quad \text{statt } x_0' \text{ —}$$

$0 \gtreqless a'_{0i} \gtreqless \frac{a'_{00}}{2}$ $(i = 1, 2, \ldots, n)$ gedacht werden kann. Wiederholt man für f' die vorige Betrachtung, so kommt man zu einer anderen Form

$$f'' = \sum a''_{ij} x''_i x''_j$$
$$(i, j = 0, 1, 2, \ldots, n)$$

mit $n + 1$ Unbestimmten, für welche eine Seitenform reduziert ist, und in welcher, wenn sie nicht der eben gegebenen Anweisung gemäß auch schon als Reduzierte zu betrachten ist, der kleinste Hauptkoeffizient $a_{00}'' < a_{00}'$ ist und $0 \gtreqless a_{0i}'' \gtreqless \frac{a_{00}''}{2}$ $(i = 1, 2, \ldots, n)$ gedacht werden kann. Bei weiterem Fortgange muß man aber endlich zu einer Reduzierten gelangen; denn die Koeffizienten $a_{00}, a_{00}', a_{00}'', \ldots$ sind offenbar ganze Zahlen, welche durch die Ausgangsform darstellbar sind, und da jede positive quadratische Form einen Minimalwert hat, so gibt es nur eine endliche Reihe abnehmender, durch sie darstellbarer ganzer Zahlen.

Man sieht, daß die neue Hermitesche Definition reduzierter Formen von der in Kap. 8, Nr. 3 angegebenen nur darin sich unterscheidet, daß an Stelle der Adjungierten der Form f ihre Seitenform g getreten ist.

11. Die Form (26) sei nun eine Reduzierte, also

$$G = \sum B_{ij} y_i y_j, \quad (i, j = 1, 2, \ldots, n)$$

worin

$$B_{ij} = A_{00} A_{ij} - A_{0i} A_{0j}, \tag{29}$$

eine Reduzierte mit n Unbestimmten und

$$A_{00} \gtreqless A_{ii}, \quad 0 \gtreqless A_{0i} \gtreqless \tfrac{1}{2} A_{00}. \quad (i = 1, 2, \ldots, n) \tag{30}$$

Dann zeigt man leicht, daß alle Koeffizienten von F gewisse nur von der Determinante und der Anzahl der Unbestimmten abhängige endliche Grenzen nicht überschreiten. Dies ist bekannt für reduzierte binäre positive Formen; wir setzen es allgemeiner als schon feststehend voraus für reduzierte Formen mit n Unbestimmten, also für die Koeffizienten der Form G, und wollen es dann auch für diejenigen der Form F erweisen. Dazu begründen wir zunächst die Ungleichheit

$$A_{00} A_{11} \ldots A_{nn} < \left(\frac{4}{3}\right)^{\frac{n(n+1)}{2}} \cdot D, \tag{31}$$

die für den Fall binärer Formen bekannt ist, und deren Richtigkeit wir auch schon für den Fall von n Unbestimmten annehmen wollen, so daß

$$B_{11} B_{22} \ldots B_{nn} < \left(\frac{4}{3}\right)^{\frac{(n-1)n}{2}} \cdot D_0$$

oder, da

$$D_0 = D \cdot A_{00}^{n-1} \tag{32}$$

ist,

$$B_{11} B_{22} \ldots B_{nn} < \left(\frac{4}{3}\right)^{\frac{(n-1)n}{2}} \cdot A_{00}^{n-1} \cdot D$$

vorausgesetzt wird. Nun ist

$$B_{ii} = A_{00} A_{ii} - A_{0i}^2$$

die negative Determinante der positiven binären Form (A_{00}, A_{0i}, A_{ii}), welche den Bedingungen (30) gemäß reduziert ist, und weshalb

$$A_{00} A_{ii} < \frac{4}{3} B_{ii}$$

$$(i = 1, 2, \ldots, n)$$

ist. Daraus folgt

$$A_{00}^n \cdot A_{11} A_{22} \ldots A_{nn} < \left(\frac{4}{3}\right)^n \cdot B_{11} \ldots B_{nn},$$

also um so mehr

$$A_{00} A_{11} A_{22} \ldots A_{nn} < \left(\frac{4}{3}\right)^{\frac{n(n+1)}{2}} \cdot D,$$

w. z. b. w. — Hiernach und nach (30) sind also die ganzen Zahlen A_{00}, A_{0i}, A_{ii} ebenfalls auf Intervalle beschränkt, die nur von n und von der Determinante D abhängig sind; nach (32) gilt dasselbe von D_0, und da nun wegen (29)

$$A_{ij} = \frac{B_{ij} + A_{0i} A_{0j}}{A_{00}}$$

gesetzt werden kann, das gleiche auch von allen übrigen Koeffizienten A_{ij} der Form F.

Man kommt also auch jetzt wieder zu dem Schlusse, daß für ganzzahlige Formen mit $n + 1$ Unbestimmten und mit einer gegebenen Determinante nur eine endliche Anzahl reduzierter Formen, also auch nur eine endliche Anzahl nicht äquivalenter Formenklassen vorhanden ist.

Aus (31) folgt für den kleinsten Hauptkoeffizienten A_{00} der Form F die Ungleichheit

$$A_{00} < \left(\frac{4}{3}\right)^{n/2} \cdot \sqrt[n+1]{D}. \tag{33}$$

Wie nun G die reduzierte Seitenform von F, so sei H die reduzierte Seitenform zu G, I diejenige zu H usw., und es seien D, D_0, D_1,

$D_2, \ldots$ die Determinanten und $\mathfrak{A}, \mathfrak{B}, \mathfrak{C}, \mathfrak{D}, \ldots$ die kleinsten Hauptkoeffizienten der Formen $F, G, H, I, \ldots$ Dann ist nach (33)

$$\mathfrak{A} < \left(\frac{4}{3}\right)^{n/2} \cdot \sqrt[n+1]{D}$$

und entsprechend

$$(34) \qquad \begin{cases} \mathfrak{B} < \left(\frac{4}{3}\right)^{\frac{n-1}{2}} \cdot \sqrt[n]{D_0} \\ \mathfrak{C} < \left(\frac{4}{3}\right)^{\frac{n-2}{2}} \cdot \sqrt[n-1]{D_1} \\ \mathfrak{D} < \left(\frac{4}{3}\right)^{\frac{n-3}{2}} \cdot \sqrt[n-2]{D_2} \\ \cdot \quad \cdot \quad \cdot \quad \cdot \quad \cdot \quad \cdot \quad \cdot \quad \cdot , \end{cases}$$

während zugleich

$$(35) \quad D_0 = \mathfrak{A}^{n-1} \cdot D, \quad D_1 = \mathfrak{B}^{n-2} \cdot D_0, \quad D_2 = \mathfrak{C}^{n-3} \cdot D_1, \ldots$$

ist. Ferner ist $\mathfrak{B}$ ein Ausdruck von der Form

$$\mathfrak{A} \cdot A_{ii} - A_{0i}^2,$$

also nach den Bedingungen (30),

$$\text{wenn } \mathfrak{A} = A_{00} \text{ gerade ist,} \qquad \mathfrak{B} \gtreqless \mathfrak{A}^2 - \left(\frac{\mathfrak{A}}{2}\right)^2 = \frac{3}{4}\mathfrak{A}^2;$$

$$\text{wenn } \mathfrak{A} = A_{00} \text{ ungerade ist,} \quad \mathfrak{B} \gtreqless \mathfrak{A}^2 - \left(\frac{\mathfrak{A}-1}{2}\right)^2.$$

Ebenso finden sich die Ungleichheiten

$$\text{für gerades } \mathfrak{B}: \quad \mathfrak{C} \gtreqless \frac{3}{4}\mathfrak{B}^2$$

$$\text{für ungerades } \mathfrak{B}: \quad \mathfrak{C} \gtreqless \mathfrak{B}^2 - \left(\frac{\mathfrak{B}-1}{2}\right)^2$$

$$\text{für gerades } \mathfrak{C}: \quad \mathfrak{D} \gtreqless \frac{3}{4}\mathfrak{C}^2$$

$$\text{für ungerades } \mathfrak{C}: \quad \mathfrak{D} \gtreqless \mathfrak{C}^2 - \left(\frac{\mathfrak{C}-1}{2}\right)^2$$

usw.

12. Diese Ungleichheiten lassen sich nun benutzen, um in einfachster Weise für

$$n + 1 = 2, 3, 4, 5, 6, 7$$

die Klassenanzahl der Formen mit der Determinante $D = 1$ zu ermitteln. Den Formeln (33), (34), (35) gemäß gelten hier die Ungleichheiten

$$\mathfrak{A} < \left(\frac{4}{3}\right)^{n/2}, \mathfrak{B} < \left(\frac{4}{3}\right)^{\frac{n-1}{2}} \cdot \sqrt[n]{\mathfrak{A}^{n-1}}, \mathfrak{C} < \left(\frac{4}{3}\right)^{\frac{n-2}{2}} \cdot \sqrt[n-1]{\mathfrak{B}^{n-2} \cdot \mathfrak{A}^{n-1}}.$$

Der ersten von ihnen zufolge ist in den Fällen $n+1=2, 3, 4, 5$ für $\mathfrak{A}$ nur der Wert 1, in den Fällen $n+1=6, 7$ nur einer der Werte 1, 2 zulässig. Aber $\mathfrak{A}=2$ ist auszuschließen. In der Tat würde für $\mathfrak{A}=2$ und $n+1=6$

$$\mathfrak{B} < \left(\frac{4}{3}\right)^2 \sqrt[5]{2^4} = 3,09\ldots, \qquad \text{also } \mathfrak{B} \overline{\gtrless} 3,$$

$$\text{mithin } \mathfrak{C} < \left(\frac{4}{3}\right)^{3/2} \cdot \sqrt[4]{3^3 \cdot 2^4} = 7,01\ldots, \qquad \text{also } \mathfrak{C} \overline{\gtrless} 7.$$

Desgleichen findet sich für $\mathfrak{A}=2$ und $n+1=7$

$$\mathfrak{B} < \left(\frac{4}{3}\right)^{5/2} \cdot \sqrt[6]{2^5} = 3,65\ldots, \qquad \text{also } \mathfrak{B} \overline{\gtrless} 3$$

$$\mathfrak{C} < \left(\frac{4}{3}\right)^2 \cdot \sqrt[5]{3^4 \cdot 2^5} = 7,50\ldots, \qquad \text{also } \mathfrak{C} \overline{\gtrless} 7.$$

Nun muß aber weiter $\mathfrak{B} \overline{\gtrless} \frac{3}{4}\mathfrak{A}^2 = 3$ sein, also ist nur $\mathfrak{B}=3$ zulässig; dann müßte aber

$$\mathfrak{C} \overline{\gtrless} \mathfrak{B}^2 - \left(\frac{\mathfrak{B}-1}{2}\right)^2 = 8$$

sein, es entsteht also, wenn $\mathfrak{A}=2$ ist, ein Widerspruch, und daher kann $\mathfrak{A}$ nur gleich 1 sein.

Wenn nun angenommen wird, daß in der reduzierten Seitenform G, deren Determinante für $D=1$ sich jetzt ebenfalls gleich 1 ergibt, alle Hauptkoeffizienten gleich 1, die übrigen gleich 0 sind, so finden sich wegen der Bedingungen (30) zunächst

$$A_{00} = \mathfrak{A} = 1, \quad A_{0i} = 0,$$
$$(i = 1, 2, \ldots, n)$$

demnächst aus der Beziehung

$$B_{ij} = A_{00} A_{ij} - A_{0i} A_{0j}$$

die Werte

$$A_{ii} = 1, \qquad A_{ij} = 0.$$
$$(i = 1, 2, \ldots, n) \quad (i \neq j = 1, 2, \ldots, n)$$

Das heißt: gibt es für Formen mit n Unbestimmten und mit der Determinante 1 nur die eine Reduzierte

$$x_1^2 + x_2^2 + \cdots + x_n^2,$$

so gibt es auch für Formen mit $n+1$ Unbestimmten und derselben Determinante nur die eine Reduzierte

$$x_0^2 + x_1^2 + x_2^2 + \cdots + x_n^2.$$

Da nun für binäre Formen mit der Determinante 1 in der Tat nur eine Reduzierte

$$x_1^2 + x_2^2$$

vorhanden ist, so gilt das Resultat auch für ternäre, also auch für quaternäre Formen usw. bis zu Formen mit 7 Unbestimmten. Aus diesem Satze folgert man aber sogleich den anderen:

Für alle positiven quadratischen Formen mit weniger als acht Unbestimmten und mit der Determinante 1 ist die Anzahl Klassen **eigentlich** äquivalenter Formen gleich 1, und der Repräsentant der einzigen Klasse die Summe von 2, bzw. 3, 4, 5, 6, 7 Quadraten.

Hermite hat a. a. O. diesen Satz auch für Formen mit acht Unbestimmten ausgesprochen, jedoch enthält seine darauf bezügliche Betrachtung rechnerische Versehen, wodurch sie ungültig wird. In der Tat hat Minkowski bemerkt[1]), daß es mindestens zwei Klassen von positiven Formen mit acht Unbestimmten und der Determinante 1 gibt, denn die Form

$$\begin{aligned} &\varphi(x_1, x_2, \ldots, x_8) \\ &= 2x_1^2 + 2x_2^2 + 4x_3^2 + 4x_4^2 + 20x_5^2 + 12x_6^2 + 4x_7^2 + 2x_8^2 \\ &+ 2x_1x_2 + 2x_2x_3 + 6x_3x_4 + 10x_4x_5 + 6x_5x_6 + 2x_6x_7 + 2x_7x_8 \end{aligned}$$

hat die Determinante 1, kann aber als uneigentlich primitive Form der eigentlich primitiven

$$x_1^2 + x_2^2 + x_3^2 + x_4^2 + x_5^2 + x_6^2 + x_7^2 + x_8^2$$

nicht äquivalent sein. Man schließt hieraus mit Minkowski allgemeiner, daß für Formen mit $n \geqq 8$ Unbestimmten und der Determinante 1 mindestens $\left[\frac{n}{8}\right] + 1$ verschiedene Klassen vorhanden sind. Versteht man nämlich unter m jeden der Werte $0, 1, 2, \ldots, \left[\frac{n}{8}\right]$, so bedeutet der Ausdruck

$$\varphi_m = \varphi(x_1, \ldots, x_8) + \varphi(x_9, \ldots, x_{16}) + \cdots + \varphi(x_{8m-7}, \ldots, x_{8m}) + \sum_{h=8m+1}^{n} x_h^2$$

1) Ges. Abhandlungen, Bd. I, S. 77.

$\left[\frac{n}{8}\right] + 1$ Formen mit n Unbestimmten und der Determinante 1, und, weil die darin auftretenden Formen φ, wenn sie nicht Null sind, positiven geraden Zahlen gleich sind, stellt jede Form φ_m die Einheit bzw. genau so oft dar wie die Form

$$\sum_{h=8m+1}^{n} x_h^{\,2},$$

d. h. $2(n - 8m)$mal. Da diese Anzahl der Darstellungen für alle jene $\left[\frac{n}{8}\right] + 1$ Formen mithin eine verschiedene ist, können keine zwei derselben zur gleichen Klasse gehören.

13. Eisenstein hat in zwei Arbeiten (Monatsber. der Akademie zu Berlin, 1852, S. 369 ff.; Journal f. d. reine u. angew. Mathem. Bd. 41, S. 141) eine Reihe von Sätzen mitgeteilt über die Anzahl von Klassen äquivalenter positiver ternärer quadratischer Formen, ohne jedoch mehr als einige Andeutungen ihrer Herleitung hinzuzufügen. Im nachstehenden soll eine solche gegeben werden.

Ihre Grundlage bildet der Begriff des Maßes einer Form, wie ihn ebenfalls Eisenstein in die Theorie dieser Formen eingeführt hat.[1]) Bezeichnet nämlich θ die Anzahl der unimodularen Substitutionen, durch welche eine positive ternäre quadratische Form f in sich selbst übergeht, so heißt $\frac{1}{\theta}$ das Maß der Form f sowie der Klasse, der sie angehört, und die Summe dieser Brüche, gebildet für alle Klassen von Formen einer gegebenen Determinante D oder einer Ordnung, eines Geschlechts solcher Formen, heißt das Maß aller jener Klassen bzw. der Klassen jener Ordnung, jenes Geschlechts.

Nun ist nach dem allgemeinen Satze in Nr. 5, den wir Minkowski verdanken, die Anzahl aller solcher Transformationen mit dem Modul ± 1 für jede ganzzahlige Form mit n Unbestimmten, welche nur eine endliche Anzahl derselben gestaltet, ein Teiler des Produktes

$$\prod q^{\left[\frac{n}{q-1}\right] + \left[\frac{n}{q(q-1)}\right] + \left[\frac{n}{q^2(q-1)}\right] + \cdots}$$

ausgedehnt über alle Primzahlen $q \overline{\gtrless} n+1$, und somit für positive ternäre Formen ein Teiler des Produktes

$$2^{3+\left[\frac{3}{2}\right]} \cdot 3^{\left[\frac{3}{2}\right]} = 48\,.$$

Für ternäre Formen entspricht aber jeder unimodularen Substitution dieser Art durch Entgegensetzung aller Unbestimmten eine andere mit dem Modul -1, und demnach ist die Anzahl der ersteren nur

1) S. Abt. I dieses Werkes, S. 134/5.

ein Teiler von 24, sie ist also eine der Zahlen 1, 2, 4, 6, 8, 12, 24, da der ungerade Teiler 3 ausfällt. Man kann dies folgendermaßen begründen.

Da für äquivalente Formen die Anzahl θ die gleiche ist, darf die zu betrachtende Form als eine Reduzierte gedacht werden. Eine solche sei

$$f = \begin{pmatrix} a, & a', & a'' \\ b, & b', & b'' \end{pmatrix}.$$

Hat sie eine von der identischen verschiedene automorphe Substitution

$$S = \begin{pmatrix} \alpha, & \beta, & \gamma \\ \alpha', & \beta', & \gamma' \\ \alpha'', & \beta'', & \gamma'' \end{pmatrix},$$

so ist auch deren Inverse

$$S' = \begin{pmatrix} \mathsf{A}, & \mathsf{B}, & \Gamma \\ \mathsf{A}', & \mathsf{B}', & \Gamma' \\ \mathsf{A}'', & \mathsf{B}'', & \Gamma'' \end{pmatrix}$$

eine solche. Wären nun je zwei solche Substitutionen voneinander verschieden, so wäre die Anzahl aller von ihnen, einschließlich der identischen, ungerade und müßte also gleich 3 sein. Da aber dann mit S auch S^2 eine sowohl von S als von der identischen verschieschiedene automorphe Substitution wäre, so müßte sie mit der dritten S' identisch sein, und man erhielte

$$S' = \begin{pmatrix} \alpha\ \alpha + \beta\ \alpha' + \gamma\ \alpha'', & \alpha\ \beta + \beta\ \beta' + \gamma\ \beta'', & \alpha\ \gamma + \beta\ \gamma' + \gamma\ \gamma'' \\ \alpha'\ \alpha + \beta'\ \alpha' + \gamma'\ \alpha'', & \alpha'\ \beta + \beta'\ \beta' + \gamma'\ \beta'', & \alpha'\ \gamma + \beta'\ \gamma' + \gamma'\ \gamma'' \\ \alpha''\alpha + \beta''\alpha' + \gamma''\alpha'', & \alpha''\beta + \beta''\beta' + \gamma''\beta'', & \alpha''\gamma + \beta''\gamma' + \gamma''\gamma'' \end{pmatrix}.$$

Daher können die bekannten Beziehungen

$$\begin{aligned} \mathsf{A}\alpha + \mathsf{A}'\alpha' + \mathsf{A}''\alpha'' &= 1 \\ \mathsf{B}\alpha + \mathsf{B}'\alpha' + \mathsf{B}''\alpha'' &= 0 \\ \Gamma\alpha + \Gamma'\alpha' + \Gamma''\alpha'' &= 0 \end{aligned}$$

wie folgt geschrieben werden:

$$\begin{aligned} \alpha(\alpha^2 + \alpha'^2 + \alpha''^2) + \alpha'(\alpha\beta + \alpha'\beta' + \alpha''\beta'') + \alpha''(\alpha\gamma + \alpha'\gamma' + \alpha''\gamma'') &= 1 \\ \beta(\alpha^2 + \alpha'^2 + \alpha''^2) + \beta'(\alpha\beta + \alpha'\beta' + \alpha''\beta'') + \beta''(\alpha\gamma + \alpha'\gamma' + \alpha''\gamma'') &= 0 \\ \gamma(\alpha^2 + \alpha'^2 + \alpha''^2) + \gamma'(\alpha\beta + \alpha'\beta' + \alpha''\beta'') + \gamma''(\alpha\gamma + \alpha'\gamma' + \alpha''\gamma'') &= 0 \end{aligned}$$

und ergeben die Gleichung

$$\alpha^2 + \alpha'^2 + \alpha''^2 = \mathsf{A}.$$

Ebenso entstehen die Gleichungen

$$\begin{aligned} \beta^2 + \beta'^2 + \beta''^2 &= \mathsf{B}' \\ \gamma^2 + \gamma'^2 + \gamma''^2 &= \Gamma'' \end{aligned}$$

und demnach wäre

(36) $\alpha^2+\alpha'^2+\alpha''^2+\beta^2+\beta'^2+\beta''^2+\gamma^2+\gamma'^2+\gamma''^2=\mathsf{A}+\mathsf{B}'+\Gamma''.$

Aus $S^2=S'$ aber folgt S^3 gleich der identischen Substitution, und diese Gleichheit kann nach einer Bemerkung von Hermite nur stattfinden, wenn die der Substitution S zugehörige charakteristische Gleichung

$$\begin{vmatrix} \alpha-\lambda, & \beta, & \gamma \\ \alpha', & \beta'-\lambda, & \gamma' \\ \alpha'', & \beta'', & \gamma''-\lambda \end{vmatrix} = 0$$

oder

$$-\lambda^3+(\alpha+\beta'+\gamma'')\lambda^2-(\mathsf{A}+\mathsf{B}'+\Gamma'')\lambda+1=0$$

nur durch Einheitswurzeln erfüllt wird. Da bei automorphen Substitutionen stets

(37) $$\alpha+\beta'+\gamma''=\mathsf{A}+\mathsf{B}'+\Gamma''$$

ist, so ist diese Gleichung eine reziproke und hat den rationalen Faktor $\lambda-1$; der andere rationale Faktor zweiten Grades müßte also zwei konjugierte Einheitswurzeln vom Grade 2, 3, 4 oder 6 zu Wurzeln haben, und diesen Fällen entsprechend fände sich für die zwei gleichen Ausdrücke (37) der Wert -1, 0, 1, 2. Von ihnen ist der erste in der Gleichung (36) unzulässig; für jeden der anderen aber ergäbe diese Gleichung für mindestens sieben der neun Koeffizienten der Substitution den Wert Null, was nicht sein kann.

14. Hierdurch ist bewiesen, daß unter den von der identischen verschiedenen automorphen Substitutionen sich eine solche S finden muß, die mit ihrer Inversen identisch ist. Dann nehmen aber die Beziehungen

$$\mathsf{A}\alpha+\mathsf{A}'\alpha'+\mathsf{A}''\alpha''=1,\ \mathsf{B}\beta+\mathsf{B}'\beta'+\mathsf{B}''\beta''=1,\ \Gamma\gamma+\Gamma'\gamma'+\Gamma''\gamma''=1$$

die Gestalt an:

(38) $\alpha^2+\alpha'^2+\alpha''^2=1,\ \beta^2+\beta'^2+\beta''^2=1,\ \gamma^2+\gamma'^2+\gamma''^2=1,$

und so müßte etwa $\alpha=\varepsilon=\pm 1$, $\alpha'=0$, $\alpha''=0$, also

$$\mathsf{A}=\beta'\gamma''-\beta''\gamma'=\varepsilon$$

sein. Daher können nicht $\beta'=\beta''=0$ sein, und sonach muß entweder $\beta'=\pm\varepsilon$, $\beta=\beta''=0$ und entsprechend $\gamma''=\pm 1$, $\gamma=\gamma'=0$, oder $\beta''=\pm\varepsilon$, $\beta=\beta'=0$ und entsprechend $\gamma'=\mp 1$, $\gamma=\gamma''=0$ sein. Dies gibt die folgenden unimodularen Substitutionen

(39) $$\begin{pmatrix} \varepsilon, & 0, & 0 \\ 0, & \pm\varepsilon, & 0 \\ 0, & 0, & \pm 1 \end{pmatrix}, \quad \begin{pmatrix} \varepsilon, & 0, & 0 \\ 0, & 0, & \mp 1 \\ 0, & \pm\varepsilon, & 0 \end{pmatrix}.$$

Ebenso ergeben sich, wenn $\alpha'=\varepsilon$ gesetzt wird, die anderen:

$$(40)\qquad \begin{pmatrix} 0, & 0, & \pm 1 \\ \varepsilon, & 0, & 0 \\ 0, & \pm\varepsilon, & 0 \end{pmatrix}, \quad \begin{pmatrix} 0, & \pm\varepsilon, & 0 \\ \varepsilon, & 0, & 0 \\ 0, & 0, & \mp 1 \end{pmatrix}$$

und, wenn $\alpha'' = \varepsilon$ gesetzt wird, die folgenden:

$$(41)\qquad \begin{pmatrix} 0, & \pm\varepsilon, & 0 \\ 0, & 0, & \pm 1 \\ \varepsilon, & 0, & 0 \end{pmatrix}, \quad \begin{pmatrix} 0, & 0, & \mp 1 \\ 0, & \pm\varepsilon, & 0 \\ \varepsilon, & 0, & 0 \end{pmatrix}.$$

Versucht man nun, für welche Werte der Koeffizienten der reduzierten Form f diese Substitutionen sie in sich selbst verwandeln können, so findet man folgendes:

1) Von der identischen Substitution abgesehen, die für jede Form in Betracht kommt, treten die drei Substitutionen des ersten Schemas bei (39) nur bei je einer der drei Formen

$$\begin{pmatrix} a, & a', & a'' \\ b, & 0, & 0 \end{pmatrix}, \quad \begin{pmatrix} a, & a', & a'' \\ 0, & b', & 0 \end{pmatrix}, \quad \begin{pmatrix} a, & a', & a'' \\ 0, & 0, & b'' \end{pmatrix}$$

mit nicht verschwindenden b, b', b'' auf, alle drei bei der Form

$$\begin{pmatrix} a, & a', & a'' \\ 0, & 0, & 0 \end{pmatrix}.$$

Von den vier Substitutionen des zweiten Schemas treten zwei nur bei der Form

$$\begin{pmatrix} a, & a', & a'' \\ 0, & 0, & 0 \end{pmatrix},$$

je eine bei den Formen

$$\begin{pmatrix} a, & a', & a' \\ b, & b', & b' \end{pmatrix}, \quad \begin{pmatrix} a, & a', & a' \\ b, & b', & -b' \end{pmatrix}$$

auf, deren zweite aber als nicht reduziert für uns ausfällt, wenn $b \gtrless 0$ ist; sie treten beide zugleich auf bei der Form

$$\begin{pmatrix} a, & a', & a' \\ b, & 0, & 0 \end{pmatrix}.$$

2) Die Substitutionen des ersten Schemas bei (40) erfordern $a = a' = a''$, und es tritt dann eine von ihnen nur auf bei der Form

$$\begin{pmatrix} a, & a, & a \\ b, & b, & b \end{pmatrix}$$

und je eine der übrigen bei den Formen

$$\begin{pmatrix} a, & a, & a \\ b, & b, & -b \end{pmatrix}, \quad \begin{pmatrix} a, & a, & a \\ b, & -b, & b \end{pmatrix}, \quad \begin{pmatrix} a, & a, & a \\ -b, & b, & b \end{pmatrix},$$

die jedoch als nicht reduziert ausfallen, wenn $b \gtrless 0$ ist; sie treten alle drei auf bei der Form

$$\begin{pmatrix} a, & a, & a \\ 0, & 0, & 0 \end{pmatrix}.$$

Von den Substitutionen des zweiten Schemas, welche $a = a'$ erheischen, treten zwei nur bei der Form

$$\begin{pmatrix} a, & a, & a'' \\ 0, & 0, & 0 \end{pmatrix}$$

auf und je eine nur bei den Formen

$$\begin{pmatrix} a, & a, & a'' \\ b, & b, & b'' \end{pmatrix}, \quad \begin{pmatrix} a, & a, & a'' \\ b, & -b, & b'' \end{pmatrix},$$

deren zweite ausfällt, falls $b \gtrless 0$; sie treten beide auf bei der Form

$$\begin{pmatrix} a, & a, & a'' \\ 0, & 0, & b'' \end{pmatrix}.$$

3) Die Substitutionen (41) erfordern sämtlich $a = a''$ und daher für reduzierte Formen $a = a' = a''$. Dann tritt eine der Substitutionen des ersten Schemas nur auf bei der Form

$$\begin{pmatrix} a, & a, & a \\ b, & b, & b \end{pmatrix},$$

und nach Ausschluß nichtreduzierter Formen die drei anderen von ihnen nur bei der Form

$$\begin{pmatrix} a, & a, & a \\ 0, & 0, & 0 \end{pmatrix}.$$

Von den Substitutionen des zweiten Schemas endlich finden sich zwei nur bei der Form

$$\begin{pmatrix} a, & a, & a \\ 0, & 0, & 0 \end{pmatrix},$$

und je eine bei den Formen

$$\begin{pmatrix} a, & a, & a \\ b, & b', & b \end{pmatrix}, \quad \begin{pmatrix} a, & a, & a \\ b, & b', & -b \end{pmatrix},$$

deren zweite ausfällt, wenn $b \gtrless 0$ ist, und sie treten beide auf bei der Form

$$\begin{pmatrix} a, & a, & a \\ 0, & b', & 0 \end{pmatrix}.$$

15. Wir bezeichnen nun mit $\mathfrak{A}$ die Anzahl der in voriger Nr. betrachteten, von der identischen verschiedenen Substitutionen, welche eine der Formen in sich selbst verwandeln, und können dann die Werte von $\mathfrak{A}$ durch folgende Tabelle angeben, in welcher die erste Kolumne die Form nebst den für sie geltenden Bedingungen, die zweite den zugehörigen Wert von $\mathfrak{A}$ nachweist:

Form	$\mathfrak{A}$
$\begin{pmatrix} a, & a', & a'' \\ b, & 0, & 0 \end{pmatrix}$, $\begin{pmatrix} a, & a', & a'' \\ 0, & b', & 0 \end{pmatrix}$, $\begin{pmatrix} a, & a', & a'' \\ 0, & 0, & b'' \end{pmatrix}$, $a < a' < a''$ $b, b', b'' \gtrless 0$	1
$\begin{pmatrix} a, & a', & a'' \\ 0, & 0, & 0 \end{pmatrix}$, $a < a' < a''$	3
$\begin{pmatrix} a, & a, & a'' \\ b, & 0, & 0 \end{pmatrix}$, $\begin{pmatrix} a, & a, & a'' \\ 0, & b', & 0 \end{pmatrix}$, $a < a''$, $b, b' \gtrless 0$	1
$\begin{pmatrix} a, & a, & a'' \\ 0, & 0, & b'' \end{pmatrix}$, $a < a''$, $b'' \gtrless 0$	3
$\begin{pmatrix} a, & a, & a'' \\ 0, & 0, & 0 \end{pmatrix}$, $a < a''$	7
$\begin{pmatrix} a, & a, & a'' \\ b, & b, & b'' \end{pmatrix}$, $a < a''$, $b \gtrless 0$	1
$\begin{pmatrix} a, & a', & a' \\ b, & 0, & 0 \end{pmatrix}$, $a < a'$, $b \gtrless 0$	3
$\begin{pmatrix} a, & a', & a' \\ 0, & b', & 0 \end{pmatrix}$, $\begin{pmatrix} a, & a', & a' \\ 0, & 0, & b'' \end{pmatrix}$, $a < a'$, $b', b'' \gtrless 0$	1
$\begin{pmatrix} a, & a', & a' \\ 0, & 0, & 0 \end{pmatrix}$, $a < a'$	7
$\begin{pmatrix} a, & a', & a' \\ b, & b', & b' \end{pmatrix}$, $a < a'$ $b' \gtrless 0$	1
$\begin{pmatrix} a, & a, & a \\ b, & b, & b \end{pmatrix}$, $b \gtrless 0$	5
$\begin{pmatrix} a, & a, & a \\ b, & b, & b'' \end{pmatrix}$, $b, b'' \gtrless 0$, $b \gtrless b''$	1
$\begin{pmatrix} a, & a, & a \\ b, & b', & b' \end{pmatrix}$, $b, b' \gtrless 0$, $b \gtrless b'$	1
$\begin{pmatrix} a, & a, & a \\ b, & b', & b \end{pmatrix}$, $b, b' \gtrless 0$, $b \gtrless b'$	1
$\begin{pmatrix} a, & a, & a \\ 0, & 0, & b'' \end{pmatrix}$, $b'' \gtrless 0$	3
$\begin{pmatrix} a, & a, & a \\ b, & b, & 0 \end{pmatrix}$, $b \gtrless 0$	1
$\begin{pmatrix} a, & a, & a \\ 0, & b', & b' \end{pmatrix}$, $b' \gtrless 0$	1
$\begin{pmatrix} a, & a, & a \\ b, & 0, & 0 \end{pmatrix}$, $b \gtrless 0$	5
$\begin{pmatrix} a, & a, & a \\ 0, & b', & 0 \end{pmatrix}$, $b' \gtrless 0$	3
$\begin{pmatrix} a, & a, & a \\ b, & 0, & b \end{pmatrix}$, $b \gtrless 0$	1
$\begin{pmatrix} a, & a, & a \\ 0, & 0, & 0 \end{pmatrix}$	23

Überall also ist $\mathfrak{A}$ ungerade. Da nun, falls für eine der gefundenen Reduzierten noch mehr automorphe Substitutionen vorhanden sind, diese notwendig paarweise auftreten, so findet sich die gesamte Anzahl solcher Substitutionen bei Formen, welche deren außer der identischen Substitutionen überhaupt besitzen, als gerade. Demnach ist θ nur eine der Zahlen

(42) $$1, 2, 4, 6, 8, 12, 24.$$

Ferner erweisen sich die Formen

$$\begin{pmatrix} a, & a', & a' \\ b, & b', & b' \end{pmatrix}, \quad \begin{pmatrix} a, & a, & a'' \\ b, & b, & b'' \end{pmatrix}, \quad \begin{pmatrix} a, & a, & a \\ b, & b', & b \end{pmatrix}, \quad \begin{pmatrix} a, & a, & a \\ b, & b, & b \end{pmatrix}$$

als äquivalent bzw. mit den Formen

$$\begin{pmatrix} 2(a'-b), & a', & a \\ -b', & 0, & a'-b \end{pmatrix}, \quad \begin{pmatrix} 2(a-b''), & a, & a'' \\ -b, & 0, & a-b'' \end{pmatrix},$$

$$\begin{pmatrix} 2(a-b'), & a, & a \\ b, & 0, & a-b' \end{pmatrix}, \quad \begin{pmatrix} 2(a-b), & a, & a \\ -b, & 0, & a-b \end{pmatrix},$$

welche die gemeinsame Gestalt haben:

$$\begin{pmatrix} 2a, & a', & a'' \\ b, & 0, & a \end{pmatrix},$$

die sämtlichen übrigen Formen als äquivalent mit einer Form von der Gestalt

$$\begin{pmatrix} a, & a', & a'' \\ b, & 0, & 0 \end{pmatrix}.$$

Man schließt daher weiter den Satz: Jede Form, die außer der identischen Substitution noch andere automorphe Substitutionen zuläßt, ist einer Form von einer der beiden Gestalten

(43) $$\begin{pmatrix} 2a, & a', & a'' \\ b, & 0, & a \end{pmatrix}, \quad \begin{pmatrix} a, & a', & a'' \\ b, & 0, & 0 \end{pmatrix}$$

äquivalent; dabei sind a, a', a'' positiv und ist in der ersten wegen der Beziehung

$$D = 2aa'a'' - 2ab^2 - a''a^2,$$

in der zweiten wegen

$$D = aa'a'' - ab^2$$

der Koeffizient a ein Teiler der Determinante D der Form.

16. Bezeichnet man nun die Anzahl sei es aller Klassen oder nur derjenigen einer bestimmten Ordnung oder eines bestimmten Geschlechts von Formen mit der Determinante D, für welche θ den Wert 1, 2, 4, 6, 8, 12, 24 hat, bzw. mit

$$H_1,\ H_2,\ H_4,\ H_6,\ H_8,\ H_{12},\ H_{24}, \tag{44}$$

und mit $M(D)$ das Maß, mit $H(D)$ die Anzahl aller Klassen mit dieser Determinante, bzw. der Klassen der gedachten Ordnung oder des Geschlechts, so hat man die beiden Gleichungen

$$M(D) = H_1 + \tfrac{1}{2}H_2 + \tfrac{1}{4}H_4 + \tfrac{1}{6}H_6 + \tfrac{1}{8}H_8 + \tfrac{1}{12}H_{12} + \tfrac{1}{24}H_{24} \tag{45}$$

$$H(D) = H_1 + H_2 + H_4 + H_6 + H_8 + H_{12} + H_{24}. \tag{46}$$

Nun läßt sich das Maß $M(D)$ nach allgemeinen Formeln berechnen und ist von Eisenstein für ternäre positive Formen in der ersten der eben genannten Arbeiten angegeben worden. Ist es daher möglich, auch die sechs letzten der Werte (44) anzugeben, so wird durch Subtraktion der beiden Gleichungen (45) und (46) auch der Wert der Klassenanzahl $H(D)$ für die ternären Formen der gedachten Art bekannt.

Auf Grund dieses einfachen Gedankens hat nun Eisenstein die Klassenanzahl $H(D)$ bestimmt und in der ersten der genannten Abhandlungen für den Fall angegeben, daß die Determinante D eine Primzahl $p > 3$ ist und es sich um die Formen des bezüglichen Hauptgeschlechts handelt.

Ist
$$f = \begin{pmatrix} a, & a', & a'' \\ b, & b', & b'' \end{pmatrix}$$
eine primitive Form und
$$F = \begin{pmatrix} A, & A', & A'' \\ B, & B', & B'' \end{pmatrix}$$
ihre Adjungierte, bezeichnet man mit Ω den größten gemeinsamen Teiler der Koeffizienten der letzteren und setzt $F = \Omega \cdot \mathfrak{F}$, so ist $\mathfrak{F}$ die sogenannte Reziproke von f, und die Determinante D von f hat die Form $D = \Omega^2 \cdot \Delta$ mit ganzzahligem Δ. Werden mit r die Ω und Δ gemeinsamen Primfaktoren, mit ω diejenigen, die nur in Ω, mit δ die, welche nur in Δ aufgehen, bezeichnet, so bestimmen die Werte der Legendreschen Symbole

$$\left(\frac{f}{\omega}\right),\ \left(\frac{f}{r}\right),\ \left(\frac{\mathfrak{F}}{\delta}\right),\ \left(\frac{\mathfrak{F}}{r}\right)$$

das Geschlecht, welchem die Form f angehört. Für den hier vorliegenden Fall einer Determinante $D = p$ ist $\Omega = 1$, $\Delta = p$, und jene

Symbole reduzieren sich auf das eine

$$\left(\frac{\mathfrak{F}}{p}\right);$$

es gibt also nur zwei Geschlechter, von denen in der gedachten Abhandlung von Eisenstein als das Hauptgeschlecht das durch die Bedingung

$$(47)\qquad \left(\frac{-\mathfrak{F}}{p}\right) = \left(\frac{-F}{p}\right) = 1$$

charakterisierte bezeichnet wird.

Dem Schlußsatze der vorigen Nr. zufolge haben wir also nur die einander nicht äquivalenten Formen von einer der vier folgenden Gestalten:

$$(48)\qquad \begin{pmatrix}1, & a', & a''\\ b, & 0, & 0\end{pmatrix}, \quad \begin{pmatrix}p, & a', & a''\\ b, & 0, & 0\end{pmatrix}, \quad \begin{pmatrix}2, & a', & a''\\ b, & 0, & 1\end{pmatrix}, \quad \begin{pmatrix}2p, & a', & a''\\ b, & 0, & p\end{pmatrix},$$

deren Determinante $D = p$ und für welche die Bedingung (47) erfüllt ist, zu betrachten, und die ihnen zugehörigen Transformationszahlen θ zu bestimmen. Die Adjungierten dieser vier Formen sind der Reihe nach

$$(49)\qquad \begin{cases} \begin{pmatrix}a'a''-b^2, & a'', & a'\\ b, & 0, & 0\end{pmatrix}, & \text{wo } a'a''-b^2 = p,\\ \begin{pmatrix}a'a''-b^2, & pa'', & pa'\\ pb, & 0, & 0\end{pmatrix}, & \text{wo } a'a''-b^2 = 1,\\ \begin{pmatrix}a'a''-b^2, & 2a'', & 2a'-1\\ 2b, & -b, & a''\end{pmatrix}, & \text{wo } a'a''-b^2 = \frac{p+a''}{2},\\ \begin{pmatrix}a'a''-b^2, & 2pa'', & 2pa'-p^2\\ 2pb, & -bp, & pa''\end{pmatrix}, & \text{wo } a'a''-b^2 = \frac{pa''+1}{2}. \end{cases}$$

Aus dem Werte p der Determinante geht zunächst hervor, daß die Formen (48) primitiv sind. Man kann für sie die Gleichungen ansetzen:

$$(50\text{a})\qquad \begin{pmatrix}1, & a', & a''\\ b, & 0, & 0\end{pmatrix} = x^2 + \varphi(y, z)$$

$$(50\text{b})\qquad \begin{pmatrix}p, & a', & a''\\ b, & 0, & 0\end{pmatrix} = px^2 + \varphi(y, z),$$

wo
$$\varphi(y, z) = a'y^2 + 2byz + a''z^2$$

eine positive Form, das erstemal mit der Determinante $-p$, das zweitemal mit der Determinante -1 ist;

$$(50\text{c})\qquad 2\cdot\begin{pmatrix}2, & a', & a''\\ b, & 0, & 1\end{pmatrix} = (2x+y)^2 + \psi(y, z),$$

wo $\psi(y, z) = (2a' - 1)\, y^2 + 4byz + 2a''z^2$

eine positive Form mit der Determinante $-2p$, und

(50d) $$2 \cdot \begin{pmatrix} 2p, & a', & a'' \\ b, & 0, & p \end{pmatrix} = p(2x+y)^2 + \chi(y, z),$$

wo $\chi(y, z) = (2a' - p)\, y^2 + 4byz + 2a''z^2$

eine positive Form mit der Determinante -2 ist.

In der ersten der Formen (49) muß wenigstens einer der Koeffizienten a', a'' durch p unteilbar sein, demnach nimmt für die Form (50a) die Bedingung (47) den Ausdruck an:

(47a) $$\left(\frac{-\varphi}{p}\right) = 1.$$

Für die zweite der Formen (49) ist

(47b) $$\left(\frac{-F}{p}\right) = \left(\frac{b^2 - a'a''}{p}\right) = \left(\frac{-1}{p}\right) = 1$$

zu setzen; die Formen (50b) gehören also nur dann und alsdann sämtlich zum Hauptgeschlecht, wenn $p \equiv 1 \pmod{4}$ ist.

Da in der dritten der Formen (49) mit Betrachtung der Determinante von $\psi(y, z)$ wenigstens einer der Koeffizienten $2a' - 1$, $2a''$ als durch p nicht teilbar erkannt wird, so läßt sich für die dritte Art der Formen (48) die Bedingung (47) schreiben, wie folgt:

(47c) $$\left(\frac{-\psi}{p}\right) = 1.$$

Endlich ist für die letzte der Formen (49)

$$2(a'a'' - b^2) = pa'' + 1,$$

also $a'a'' - b^2$ durch p nicht teilbar und somit

$$\left(\frac{-2F}{p}\right) = \left(\frac{2(b^2 - a'a'')}{p}\right) = \left(\frac{-1 - pa''}{p}\right) = \left(\frac{-1}{p}\right),$$

und für die letzte der Formen (48) geht die Bedingung (47) über in

(47d) $$\left(\frac{2}{p}\right) = (-1)^{\frac{p-1}{2}},$$

d. h. die Formen dieser Art gehören nur dann und alsdann sämtlich zum Hauptgeschlecht, wenn $p \equiv 1, 3 \pmod{8}$ ist.

17. Nun bilden zunächst die sämtlichen Formen (50b) nur **eine** Klasse, da sie offenbar äquivalent sind mit der Form

$$px^2 + y^2 + z^2.$$

Ist aber

$$\begin{pmatrix} \alpha, & \beta, & \gamma \\ \alpha', & \beta', & \gamma' \\ \alpha'', & \beta'', & \gamma'' \end{pmatrix}$$

eine unimodulare automorphe Substitution für die letztere Form, so müssen folgende Gleichungen stattfinden:

$$\begin{aligned}
p &= p\alpha^2 + \alpha'^2 + \alpha''^2\\
1 &= p\beta^2 + \beta'^2 + \beta''^2\\
1 &= p\gamma^2 + \gamma'^2 + \gamma''^2\\
0 &= p\alpha\beta + \alpha'\beta' + \alpha''\beta''\\
0 &= p\beta\gamma + \beta'\gamma' + \beta''\gamma''\\
0 &= p\gamma\alpha + \gamma'\alpha' + \gamma''\alpha''.
\end{aligned}$$

Daher muß dann entweder $\alpha = \pm 1$, $\alpha' = \alpha'' = 0$, oder $\alpha = 0$, $\alpha'^2 + \alpha''^2 = p$ sein. Ferner müssen $\beta = 0$, $\gamma = 0$ und daher dann

$$\beta'^2 + \beta''^2 = 1, \quad \gamma'^2 + \gamma''^2 = 1, \quad \beta'\gamma' + \beta''\gamma'' = 0,$$

also

$$(\beta' + \gamma')^2 + (\beta'' + \gamma'')^2 = 2,$$

d. i. $\beta' + \gamma' = \pm 1$, $\beta'' + \gamma'' = \pm 1$ sein. Da nun auch

$$\gamma'\alpha' + \gamma''\alpha'' = 0, \quad \alpha'\beta' + \alpha''\beta'' = 0$$

wird, so erhält man

$$\alpha'(\beta' + \gamma') + \alpha''(\beta'' + \gamma'') = \pm \alpha' \pm \alpha'' = 0,$$

also $\alpha'^2 + \alpha''^2 = \pm 2\alpha'\alpha''$, wodurch die zweite Alternative ausgeschlossen wird. In der ersten aber kann entweder $\beta' = \pm 1$, $\beta'' = 0$, $\gamma' = 0$, $\gamma'' = \pm 1$ oder $\beta'' = \pm 1$, $\beta' = 0$, $\gamma'' = 0$, $\gamma' = \pm 1$ gesetzt werden, was mit dem doppelten Vorzeichen bei α genau 8 verschiedene unimodulare Substitutionen ergibt. Die Formen (50b) geben also, wenn $p \equiv 1 \pmod{4}$ ist, eine Klasse des Hauptgeschlechtes mit der Transformationszahl $\theta = 8$; ist aber $p \equiv 3 \pmod{4}$, so fallen sie aus der Betrachtung aus.

Auch die Formen (50d) bilden nur eine Klasse. Denn die binäre Form $\chi(y, z)$ mit der Determinante -2 ist äquivalent mit $y^2 + 2z^2$, und, wenn

$$\begin{pmatrix} \lambda, & \mu \\ \nu, & \varrho \end{pmatrix}$$

eine Substitution ist, durch welche sie in diese übergeht, so verwandelt sich der Ausdruck (50d) in den anderen, ihm äquivalenten:

$$p(2x + \lambda y + \mu z)^2 + y^2 + 2z^2;$$

aus den Beziehungen

$$(2a' - 1)\,\lambda^2 + 4b\lambda\nu + 2a''\nu^2 = 1$$

$$(2a' - 1)\,\lambda\mu + 2b\,(\lambda\varrho + \mu\nu) + 2a''\nu\varrho = 0$$

aber ergibt sich λ als ungerade und μ als gerade. Setzt man daher

$$x - \frac{\lambda - 1}{2} y - \frac{\mu}{2} z \quad \text{statt } x,$$

so geht die vorgedachte Form in die ihr äquivalente Form

$$p(2x + y)^2 + y^2 + 2z^2$$

über, der somit auch alle doppelten Formen der vierten Art (48) äquivalent sind. Wir suchen nun die automorphen Substitutionen dieses Ausdruckes. Damit

$$(51) \qquad \begin{pmatrix} \alpha, & \beta, & \gamma \\ \alpha', & \beta', & \gamma' \\ \alpha'', & \beta'', & \gamma'' \end{pmatrix}$$

eine solche sei, muß, wenn zur Abkürzung

$$(52) \qquad 2\alpha + \alpha' = \alpha_0, \quad 2\beta + \beta' = \beta_0, \quad 2\gamma + \gamma' = \gamma_0$$

gesetzt wird, das folgende System von Gleichungen erfüllt sein:

$$\begin{aligned} p\alpha_0^2 &+ \alpha'^2 + 2\alpha''^2 = 4p \\ p\beta_0^2 &+ \beta'^2 + 2\beta''^2 = p + 1 \\ p\gamma_0^2 &+ \gamma'^2 + 2\gamma''^2 = 2 \\ p\alpha_0\beta_0 &+ \alpha'\beta' + 2\alpha''\beta'' = 2p \\ p\beta_0\gamma_0 &+ \beta'\gamma' + 2\beta''\gamma'' = 0 \\ p\gamma_0\alpha_0 &+ \gamma'\alpha' + 2\gamma''\alpha'' = 0. \end{aligned}$$

Wir bezeichnen im folgenden mit $\varepsilon, \varepsilon_0, \varepsilon_1, \varepsilon', \varepsilon''$ die positive oder negative Einheit. Aus der dritten der Gleichungen folgt dann zunächst

$$\gamma_0 = 0, \quad \gamma' = 0, \quad \text{also auch } \gamma = 0 \quad \text{und } \gamma'' = \varepsilon'',$$

folglich aus den letzten beiden $\beta'' = 0$, $\alpha'' = 0$; dann gibt die zweite, da $p > 3$ vorausgesetzt ist,

$$\beta_0 = \varepsilon, \quad \beta' = \varepsilon', \quad \text{also } \beta = \frac{\varepsilon - \varepsilon'}{2}$$

und nun die vierte

$$p\alpha_0\varepsilon + \alpha'\varepsilon' = 2p,$$

woraus α' als durch p teilbar, $\alpha' = p\alpha_1$ hervorgeht, so daß die erste Gleichung sich in

$$\alpha_0^2 + p\alpha_1^2 = 4$$

verwandelt und, da $p > 3$ sein soll, $\alpha_1 = 0$, also auch $\alpha' = 0$ und $\alpha_0 = 2\varepsilon_0$, also $\alpha = \varepsilon_0$ und der voraufgehenden Gleichung wegen $\varepsilon_0 = \varepsilon$ gefunden wird. Demnach werden sämtliche gesuchten Transformationen durch das Schema gegeben:

$$\begin{pmatrix} \varepsilon, & \frac{\varepsilon - \varepsilon'}{2}, & 0 \\ 0, & \varepsilon', & 0 \\ 0, & 0, & \varepsilon'' \end{pmatrix},$$

und da für unimodulare Substitutionen die Einheiten durch die Bedingung $\varepsilon\varepsilon'\varepsilon'' = 1$ verknüpft sind, so ergibt sich für die Formen der vierten Art (48) die Anzahl θ gleich 4, wenn $p \equiv 1, 3 \pmod{8}$ ist; für $p \equiv 5, 7 \pmod{8}$ aber fallen sie aus der Betrachtung aus.

18. Soll ferner die Substitution (51) den Ausdruck (50c) in sich transformieren, so müssen folgende Gleichungen bestehen:

$$(53)\quad \left\{\begin{array}{l} \alpha_0^2 + (2a'-1)\,\alpha'^2 + 4b\alpha'\alpha'' + 2a''\alpha''^2 = 4 \\ \beta_0^2 + (2a'-1)\,\beta'^2 + 4b\beta'\beta'' + 2a''\beta''^2 = 2a' \\ \gamma_0^2 + (2a'-1)\,\gamma'^2 + 4b\gamma'\gamma'' + 2a''\gamma''^2 = 2a'' \\ \alpha_0\beta_0 + (2a'-1)\,\alpha'\beta' + 2b(\alpha'\beta'' + \alpha''\beta') + 2a''\alpha''\beta'' = 2 \\ \beta_0\gamma_0 + (2a'-1)\,\beta'\gamma' + 2b(\beta'\gamma'' + \beta''\gamma') + 2a''\beta''\gamma'' = 2b \\ \gamma_0\alpha_0 + (2a'-1)\,\gamma'\alpha' + 2b(\gamma'\alpha'' + \gamma''\alpha') + 2a''\gamma''\alpha'' = 0. \end{array}\right.$$

Da die Form $\psi(y, z)$ positiv ist, kann die erste von ihnen nur statthaben, wenn $\alpha_0^2 \overline{\gtrless} 4$, also nur, wenn entweder $\alpha_0 = 2\varepsilon$ oder $\alpha_0 = \varepsilon$ oder $\alpha_0 = 0$ ist.

Im ersten Falle muß $\alpha' = \alpha'' = 0$, also $\alpha = \varepsilon$ sein, und aus der vierten und sechsten der Gleichungen folgt $\beta_0 = \varepsilon$, $\gamma_0 = 0$, wodurch die übrigen Gleichungen die Gestalt annehmen:

$$\begin{array}{l} (2a'-1)\,\beta'^2 + 4b\beta'\beta'' + 2a''\beta''^2 = 2a' - 1 \\ (2a'-1)\,\gamma'^2 + 4b\gamma'\gamma'' + 2a''\gamma''^2 = 2a'' \\ (2a'-1)\,\beta'\gamma' + 2b(\beta'\gamma'' + \beta''\gamma') + 2a''\beta''\gamma'' = 2b \end{array}$$

und die Substitution $\begin{pmatrix} \beta', & \gamma' \\ \beta'', & \gamma'' \end{pmatrix}$

als eine unimodulare automorphe Substitution für die binäre Form $\psi(y, z)$ ergeben, deren es bei der Determinante $-2p$ nur diese gibt:

$$\begin{pmatrix} \varepsilon', & 0 \\ 0, & \varepsilon' \end{pmatrix}.$$

Die Substitution (51) erhält also die Gestalt:

$$\begin{pmatrix} \varepsilon, & \frac{\varepsilon - \varepsilon'}{2}, & 0 \\ 0, & \varepsilon', & 0 \\ 0, & 0, & \varepsilon' \end{pmatrix}$$

mit der Bedingung $\varepsilon = 1$, in welcher zwei verschiedene Substitutionen vereint sind.

Im zweiten Falle müßte wegen der ersten der Gleichungen (53) die Zahl 3 durch die Form $\psi(y, z)$ darstellbar sein, was nur sein kann, wenn

(54) $$\left(\frac{-2p}{3}\right) = \left(\frac{p}{3}\right) = 1,$$

d. h. $p \equiv 1 \pmod{3}$ ist; dann ist $\psi(y, z)$ äquivalent mit der Form $\left(3, 2, \frac{2p+4}{3}\right)$. Es erweist sich dann wieder der Ausdruck (50c) äquivalent mit

$$(2x+y)^2 + 3y^2 + 4yz + \frac{2p+4}{3} z^2$$

und die Form $\begin{pmatrix} 2, & a', & a'' \\ b, & 0, & 1 \end{pmatrix}$ mit der Form $\begin{pmatrix} 2, & 2, & \frac{p+2}{3} \\ 1, & 0, & 1 \end{pmatrix}$, welche in der Tat eine Form des verlangten Geschlechts ist, da aus der Bedingung $\left(\frac{p}{3}\right) = 1$ sich $\left(\frac{-\psi}{p}\right) = \left(\frac{-3}{p}\right) = \left(\frac{p}{3}\right) = 1$ ergibt. Für diese Form, d. h. für die Werte

$$2a' - 1 = 3, \quad b = 1, \quad a'' = \frac{p+2}{3}$$

gibt die erste der Gleichungen (53), da $\alpha_0 = \varepsilon$ gedacht ist, $\alpha' = \varepsilon'$, also $\alpha = \frac{\varepsilon - \varepsilon'}{2}$, und $\alpha'' = 0$. Aus der zweiten folgt $\beta_0{}^2 \gtreqless 4$, und so stellen sich wieder drei Fälle ein:

1) $\beta_0 = 0$; dann müßten nach der zweiten Gleichung β', β'' gerade sein, und demnach wäre 1 durch die Form $\left(3, 2, \frac{2p+4}{3}\right)$ darstellbar, welche somit äquivalent wäre mit $(1, 0, 2p)$, was nicht sein kann, da 3 durch letztere Form nicht darstellbar ist. Dieser Fall ist also unmöglich.

2) $\beta_0 = \varepsilon_0$, $\beta' = \varepsilon_1$, also $\beta = \frac{\varepsilon_0 - \varepsilon_1}{2}$, und $\beta'' = 0$. Nach diesen Werten folgt aus der vierten der bezüglichen Gleichungen (53)

$$\varepsilon_1 \varepsilon' = \frac{2 - \varepsilon_0 \varepsilon}{3},$$

mithin $\varepsilon = -\varepsilon_0$, $\varepsilon' = \varepsilon_1$. Dann geben die folgenden Gleichungen

$$\gamma_0 \varepsilon_0 + 3\gamma' \varepsilon_1 + 2\gamma'' \varepsilon_1 = 2, \quad -\gamma_0 \varepsilon_0 + 3\gamma' \varepsilon_1 + 2\gamma'' \varepsilon_1 = 0,$$

$$\text{also } 2\gamma_0 \varepsilon_0 = 2, \quad \gamma_0 = \varepsilon_0 \quad \text{und } 3\gamma' + 2\gamma'' = \varepsilon_1,$$

wodurch die dritte der Gleichungen, in die Gestalt

$$(3\gamma' + 2\gamma'')^2 + 2p\gamma''^2 = 2p + 1$$

gesetzt, zur Gleichung $\gamma'' = \varepsilon''$ führt; dann wird

$$\gamma' = \frac{\varepsilon_1 - 2\varepsilon''}{3}, \quad \text{also } \varepsilon'' = -\varepsilon_1, \quad \gamma' = \varepsilon_1$$

und

$$\gamma = \frac{\varepsilon_0 - \varepsilon_1}{2}.$$

Man erhält also endlich das Schema:

$$\begin{pmatrix} -\frac{\varepsilon_0 + \varepsilon_1}{2}, & \frac{\varepsilon_0 - \varepsilon_1}{2}, & \frac{\varepsilon_0 - \varepsilon_1}{2} \\ \varepsilon_1, & \varepsilon_1, & \varepsilon_1 \\ 0, & 0, & -\varepsilon_1 \end{pmatrix},$$

in welchem jedoch, damit die Determinante gleich 1 wird, $\varepsilon_0 = 1$ zu wählen ist. So ergeben sich nur zwei automorphe Substitutionen:

$$\begin{pmatrix} -1, & 0, & 0 \\ 1, & 1, & 1 \\ 0, & 0, & -1 \end{pmatrix} \quad \text{und} \quad \begin{pmatrix} 0, & 1, & 1 \\ -1, & -1, & -1 \\ 0, & 0, & 1 \end{pmatrix}.$$

3) $\beta_0 = 2\varepsilon_0$, also der zweiten der Gleichungen (53) zufolge $\beta' = 0$ mit $\beta = \varepsilon_0$, und $\beta'' = 0$. Die vierte gibt dann $\varepsilon = \varepsilon_0$ und die fünfte $2\varepsilon_0\gamma_0 = 2$, also $\gamma_0 = \varepsilon_0$. Damit nun die Substitution

$$\begin{pmatrix} \frac{\varepsilon_0 - \varepsilon'}{2}, & \varepsilon_0, & \gamma \\ \varepsilon', & 0, & \gamma' \\ 0, & 0, & \gamma'' \end{pmatrix}$$

unimodular sei, muß $\varepsilon_0\varepsilon'\gamma'' = -1$ sein, was $\gamma'' = -\varepsilon_0\varepsilon'$ ergibt. Dann folgt aus der dritten Gleichung (53)

$$1 - 4\varepsilon_0\varepsilon'\gamma' + 3\gamma'^2 = 0$$

oder

$$(3\gamma' - 2\varepsilon_0\varepsilon')^2 = 1,$$

also $\gamma' = \frac{\pm 1 + 2\varepsilon_0\varepsilon'}{3}$, d. i. $\gamma' = \varepsilon_0\varepsilon'$ und $\gamma = \frac{\varepsilon_0 - \varepsilon_0\varepsilon'}{2}$. Damit aber noch die letzte der Gleichungen (53) erfüllt wird, muß $\varepsilon_0 = -1$ gewählt werden. So ergeben sich noch zwei weitere Substitutionen:

$$\begin{pmatrix} -1, & -1, & 0 \\ 1, & 0, & -1 \\ 0, & 0, & 1 \end{pmatrix} \quad \text{und} \quad \begin{pmatrix} 0, & -1, & -1 \\ -1, & 0, & 1 \\ 0, & 0, & -1 \end{pmatrix}. -$$

Der dritte Fall, in welchem $\alpha_0 = 0$ ist, führt zunächst zur Gleichung

$$(2a' - 1)\,\alpha'^2 + 4b\alpha'\alpha'' + 2a''\alpha''^2 = 4,$$

und da aus $\alpha_0 = 0$ sich α' und damit auch α'' als gerade herausstellt, zur Darstellung von 1 durch die Form $\psi(y, z)$, die folglich mit der Form $y^2 + 2pz^2$ äquivalent sein müßte. Dann fände sich wieder der Ausdruck (50c) äquivalent mit dem anderen:

$$(2x + y)^2 + y^2 + 2pz^2,$$

d. h. f äquivalent mit der Form

$$\begin{pmatrix} 2, & 1, & p \\ 0, & 0, & 1 \end{pmatrix} \quad \text{oder} \quad \begin{pmatrix} p, & 2, & 1 \\ 1, & 0, & 0 \end{pmatrix}$$

von der zweiten Art (48), und wäre daher schon durch die Betrachtungen der vorigen Nr. erledigt.

19. Denkt man sich aber die übrigen Formen f der dritten Art (48) in ihre Klassen verteilt, so entspricht jeder Klasse vermittels ihres Repräsentanten nach (50c) eine binäre Form $\psi(y, z)$ mit der Determinante $-2p$, für welche $\left(\frac{-\psi}{p}\right) = 1$ ist, sowie die Klasse solcher Formen, der sie angehört, und zwei verschiedenen Klassen von Formen f auch zwei verschiedene solcher Klassen; denn, wäre für den Repräsentanten $\begin{pmatrix} 2, & c', & c'' \\ d, & 0, & 0 \end{pmatrix}$ der anderen Klasse die nach der Gleichung

$$2 \cdot \begin{pmatrix} 2, & c', & c'' \\ d, & 0, & 0 \end{pmatrix} = (2x' + y')^2 + (2c' - 1)\,y'^2 + 4dy'z' + 2c''z'^2$$

gebildete binäre Form $(2c' - 1,\ 2d,\ 2c'')$ äquivalent mit $\psi(y, z)$ und ginge $\psi(y, z)$ in sie über durch eine Substitution $\begin{pmatrix} \lambda, & \mu \\ \nu, & \varrho \end{pmatrix}$, so ergäbe sich nach den Bedingungen

$$(2a' - 1)\,\lambda^2 + 4b\lambda\nu + 2a''\nu^2 = 2c' - 1$$

$$(2a' - 1)\,\lambda\mu + 2b\,(\lambda\varrho + \mu\nu) + 2a''\nu\varrho = 2d$$

λ als ungerade und μ als gerade, und die Form $\begin{pmatrix} 2, & a', & a'' \\ b, & 0, & 1 \end{pmatrix}$ ginge in $\begin{pmatrix} 2, & c', & c'' \\ d, & 0, & 1 \end{pmatrix}$ durch die Substitution

$$x = x' - \frac{\lambda - 1}{2}\,y' - \frac{\mu}{2}\,z', \quad y = y', \quad z = z'$$

über, wäre ihr also äquivalent. Umgekehrt ist in jeder Klasse des gedachten Geschlechts binärer Formen, wie leicht zu sehen, eine Form von der Gestalt $\psi(y, z)$ enthalten, der also eine Form $f = \begin{pmatrix} 2, & a', & a'' \\ b, & 0, & 0 \end{pmatrix}$ des Hauptgeschlechts und damit auch deren Klasse entspricht; aber zwei einander entgegengesetzte der Formen $\psi(y, z)$ führen zu ein und derselben Klasse ternärer Formen, da für letztere zwischen eigentlicher und uneigentlicher Äquivalenz kein Unterschied ist. Nun gibt es für binäre Formen mit der Determinante $-2p$ nur zwei Geschlechter und nur zwei ambige Klassen, welche durch die Formen $y^2 + 2pz^2$ und $2y^2 + pz^2$ repräsentiert werden. Von diesen kommt die erste der Bedingung $\left(\frac{-\psi}{p}\right) = 1$ gemäß unter den Formen $\psi(y, z)$ nur vor, wenn $\left(\frac{-1}{p}\right) = 1$, d. h. $p \equiv 1 \pmod{4}$ ist, und die andere nur, wenn $\left(\frac{-2}{p}\right) = 1$, d. h. $p \equiv 1, 3 \pmod{8}$ ist. Aber sie führen dann zu den ternären Formen $\begin{pmatrix} 2, & 1, & p \\ 0, & 0, & 1 \end{pmatrix}$, bzw. $\begin{pmatrix} p, & 4, & 3 \\ 2, & 0, & 0 \end{pmatrix}$, d. h. zu Klassen, die schon im vorigen gezählt sind. Bezeichnet man daher mit $\bar{h}(2p)$ die Anzahl Klassen der vorgedachten Formen $\psi(y, z)$, für welche $\left(\frac{-\psi}{p}\right) = 1$ ist, so werden sie, nach Abrechnung jener Klassen,

wenn $p \equiv 2 \pmod{3}$ ist,

$$\frac{\bar{h}(2p) - 1}{2}, \quad \frac{\bar{h}(2p) - 2}{2}, \quad \frac{\bar{h}(2p)}{2}$$

Klassen ternärer Formen des Hauptgeschlechts liefern, deren Transformationszahl θ gleich 2 ist, je nachdem dann $p \equiv 2, 3$, $p \equiv 1$, $p \equiv 7 \pmod{8}$ ist;

wenn dagegen $p \equiv 1 \pmod{3}$ ist, so ist die Anzahl dieser Klassen um 1 geringer; außerdem gibt es dann **eine** Klasse von Formen, welche durch die Form

$$\begin{pmatrix} 2, & 2, & \frac{p+2}{3} \\ 1, & 0, & 1 \end{pmatrix}$$

repräsentiert wird, mit der Transformationszahl $\theta = 6$.

20. Es bleibt noch übrig, für die Formen (50a) die Anzahl ihrer automorphen Substitutionen zu ermitteln. Soll das Schema (51) eine solche sein, so müssen nachstehende Gleichungen erfüllt sein:

$$\begin{aligned}
&\alpha^2 + a'\alpha'^2 + 2b\alpha'\alpha'' && + a''\alpha''^2 = 1\\
&\beta^2 + a'\beta'^2 + 2b\beta'\beta'' && + a''\beta''^2 = a'\\
&\gamma^2 + a'\gamma'^2 + 2b\gamma'\gamma'' && + a''\gamma''^2 = a''\\
&\alpha\beta + a'\alpha'\beta' + b(\alpha'\beta'' + \alpha''\beta') && + a''\alpha''\beta'' = 0\\
&\beta\gamma + a'\beta'\gamma' + b(\beta'\gamma'' + \beta''\gamma') && + a''\beta''\gamma'' = b\\
&\gamma\alpha + a'\gamma'\alpha' + b(\gamma'\alpha'' + \gamma''\alpha') && + a''\gamma''\alpha'' = 0.
\end{aligned}$$

Nach der ersten von ihnen muß entweder $\alpha = 0$ oder $\alpha = \varepsilon$ und dann $\alpha' = \alpha'' = 0$ sein. Im ersten Falle wäre 1 durch die Form $\varphi(y, z)$ darstellbar, diese Form also mit $y^2 + pz^2$ und die ternäre Form $\begin{pmatrix}1, & a', & a''\\ b, & 0, & 0\end{pmatrix}$ mit $\begin{pmatrix}1, & 1, & p\\ 0, & 0, & 0\end{pmatrix}$ oder $\begin{pmatrix}p, & 1, & 1\\ 0, & 0, & 0\end{pmatrix}$ äquivalent, und wir kämen auf eine bereits gezählte ternäre Klasse zurück. Im zweiten Falle folgten aus der vierten und sechsten der Gleichungen $\beta = 0$, $\gamma = 0$, und die übrigen ergäben

$$\begin{pmatrix}\beta', & \gamma'\\ \beta'', & \gamma''\end{pmatrix}$$

als eine unimodulare Substitution für die binäre Form (a', b, a''), deren es bei der Determinante $-p$ nur die Substitution $\begin{pmatrix}\varepsilon', & 0\\ 0, & \varepsilon'\end{pmatrix}$ gibt. Somit nähme (51) die Gestalt an:

$$\begin{pmatrix}\varepsilon, & 0, & 0\\ 0, & \varepsilon', & 0\\ 0, & 0, & \varepsilon'\end{pmatrix},$$

und es müßte dabei noch $\varepsilon = 1$ sein. Wir finden also nur zwei automorphe Substitutionen für die Formen (50a).

Nun entspricht wieder jeder Klasse ternärer Formen des Hauptgeschlechts eine binäre Form $\varphi(y, z)$, für welche $\left(\frac{-\varphi}{p}\right) = 1$ ist, sowie die Klasse, der sie angehört, und verschiedenen ternären Formenklassen auch verschiedene binäre; umgekehrt entspricht auch jeder binären Klasse eine ternäre, aber zwei entgegengesetzten binären ein und dieselbe ternäre Klasse. Die Formen $\varphi(y, z)$ können eigentlich und uneigentlich primitiv sein, letzteres jedoch nur, wenn $p \equiv 3 \pmod{4}$ ist. In diesem Falle gibt es nur ein Geschlecht eigentlich primitiver binärer Formen mit der Determinante $-p$ und nur eine ambige Klasse mit dem Repräsentanten $y^2 + pz^2$, der aber unter den Formen $\varphi(y, z)$ wegen $\left(\frac{-\varphi}{p}\right) = 1$ nicht auftritt; wird also mit $\bar{h}(p)$

die Anzahl der eigentlich primitiven Klassen von Formen $\varphi(y, z)$ bezeichnet, so entstehen in diesem Falle aus ihnen $\frac{1}{2}\bar{h}(p)$ ternäre Klassen. Im gleichen Falle gibt es auch nur ein Geschlecht uneigentlich primitiver binärer Formen mit der Determinante $-p$ und nur eine ambige Klasse mit dem Repräsentanten $\left(2, 1, \frac{p+1}{2}\right)$, der aber wegen $\left(\frac{-\varphi}{p}\right) = 1$ nur dann zu den Formen $\varphi(y, z)$ zählt, wenn $\left(\frac{-2}{p}\right) = 1$, d. h. $p \equiv 3 \pmod{8}$ ist, und in diesem Falle führt die binäre Form zur ternären Form

$$x^2 + 2y^2 + 2yz + \frac{p+1}{2}z^2,$$

welche äquivalent ist mit $\begin{pmatrix} 2, & \frac{p+1}{2}, & 1 \\ 0, & 0, & 1 \end{pmatrix}$, also zu einer bereits zuvor gezählten Klasse ternärer Formen. Ist daher $\bar{h}'(p)$ die Anzahl uneigentlich primitiver Klassen von Formen $\varphi(y, z)$, so ist die Anzahl der ihnen entsprechenden Klassen ternärer Formen gleich $\frac{1}{2}\bar{h}'(p)$ oder $\frac{1}{2}(\bar{h}'(p) - 1)$, je nachdem $p \equiv 7$ oder $p \equiv 3 \pmod{8}$ ist. — Wenn dagegen $p \equiv 1 \pmod{4}$ ist, so werden solche Klassen nur durch eigentlich primitive Formen $\varphi(y, z)$ geliefert. In diesem Falle gibt es zwei Geschlechter binärer Formen mit der Determinante $-p$ und zwei ambige Klassen mit den Repräsentanten

$$y^2 + pz^2, \quad 2y^2 + 2yz + \frac{p+1}{2}z^2,$$

deren zweiter jedoch nur dann zu den Formen $\varphi(y, z)$ zählt, wenn $\left(\frac{-2}{p}\right) = 1$, also $p \equiv 1 \pmod{8}$ ist. Beide Formen aber führen zu ternären Klassen mit den Repräsentanten $\begin{pmatrix} 1, & 1, & p \\ 0, & 0, & 0 \end{pmatrix}$, $\begin{pmatrix} 2, & \frac{p+1}{2}, & 1 \\ 0, & 0, & 1 \end{pmatrix}$, die bereits gezählt worden sind. Demnach liefern jetzt die Formen $\varphi(y, z)$, wenn $p \equiv 1 \pmod{8}$ ist, $\frac{\bar{h}(p) - 2}{2}$ und, wenn $p \equiv 5 \pmod{8}$ ist, $\frac{\bar{h}(p) - 1}{2}$ ternäre Klassen.

21. Faßt man diese Ergebnisse zusammen, so läßt sich folgendes aussagen:

Die Anzahl H_2 der Klassen mit zwei automorphen Substitutionen ist im Falle $p \equiv 2 \pmod{3}$, je nachdem dann $p \equiv 3, 7, 5, 1 \pmod{8}$ ist, bzw. gleich

$$\begin{array}{cccc} \frac{\bar{h}(p)}{2} & +\frac{\bar{h}'(p)-1}{2} & +\frac{\bar{h}(2p)-1}{2} \\ \frac{\bar{h}(p)}{2} & +\frac{\bar{h}'(p)}{2} & +\frac{\bar{h}(2p)}{2} \\ \frac{\bar{h}(p)-1}{2} & * & +\frac{\bar{h}(2p)-1}{2} \\ \frac{\bar{h}(p)-2}{2} & * & +\frac{\bar{h}(2p)-2}{2}, \end{array}$$

d. i., wenn

$$\mathfrak{H}(p) = \bar{h}(p) + \bar{h}'(p) + \bar{h}(2p) \tag{20}$$

gesetzt wird, je nach den vier unterschiedenen Fällen, gleich

$$\tfrac{1}{2}\mathfrak{H}(p)-1, \quad \tfrac{1}{2}\mathfrak{H}(p), \quad \tfrac{1}{2}\mathfrak{H}(p)-1, \quad \tfrac{1}{2}\mathfrak{H}(p)-2;$$

im Falle $p \equiv 1 \pmod{3}$ sind die Anzahlen um je eine Einheit geringer.

Man kann $\mathfrak{H}(p)$ auch einfacher durch die Klassenzahlen $h(p)$, $h'(p)$, $h(2p)$ für die Determinanten $-p$, $-2p$ ausdrücken. Ist nämlich $p \equiv 1 \pmod{4}$, so ist sets $\bar{h}'(p) = 0$, da es in diesem Falle keine uneigentlich primitive binäre Formen gibt; von den zwei dann vorhandenen Geschlechtern eigentlich primitiver Geschlechter mit gleich viel Klassen kommt wegen $\left(\frac{-\varphi}{p}\right) = 1$ nur das eine in Betracht, demnach ist dann $\bar{h}(p) = \frac{1}{2}h(p)$. Ist dagegen $p \equiv 3 \pmod{4}$, so gibt es nur ein Geschlecht eigentlich primitiver Formen mit dem Repräsentanten $(1, 0, p)$ und dem Charakter $+1$, also keine Form φ, für welche $\left(\frac{-\varphi}{p}\right) = 1$ wäre, somit ist dann $\bar{h}(p) = 0$. Das eine dann vorhandene Geschlecht uneigentlich primitiver Formen mit dem Repräsentanten $\left(2, 1\ \frac{p+1}{2}\right)$ hat den Charakter $\left(\frac{2}{p}\right) = +1$; wegen $\left(\frac{-\varphi}{p}\right) = \left(\frac{-2}{p}\right) = 1$ ist daher $\bar{h}'(p)$ nur dann von Null verschieden, wenn $p \equiv 3 \pmod{8}$ ist, und dann gleich $h'(p)$. Endlich ist $\bar{h}(2p)$ stets gleich $\frac{1}{2}h(2p)$, da von den zwei für die Determinante $-2p$ vorhandenen Geschlechtern nur das eine der Bedingung $\left(\frac{-\psi}{p}\right) = 1$ genügt. Hiernach ist

$$\left\{\begin{array}{ll} \text{für } p \equiv 1 \pmod{4} & \mathfrak{H}(p) = \tfrac{1}{2}h(p) + \tfrac{1}{2}h(2p) \\ \text{für } p \equiv 3 \pmod{8} & \mathfrak{H}(p) = h'(p) + \tfrac{1}{2}h(2p) \\ \text{für } p \equiv 7 \pmod{8} & \mathfrak{H}(p) = \tfrac{1}{2}h(2p). \end{array}\right. \tag{55}$$

Nun folgt aus (45) und (46), da sich H_{12} und H_{24} gleich Null herausgestellt haben,

$$H(p) - M(p) = \tfrac{1}{2}H_2 + \tfrac{3}{4}H_4 + \tfrac{5}{6}H_6 + \tfrac{7}{8}H_8.$$

Nach den vorigen Ergebnissen kann man also, entsprechend den verschiedenen Fällen, welche der Rest von p (mod. 24) darbietet, folgende Tabelle aufstellen, in welcher

$$\Delta = H(p) - M(p) - \tfrac{1}{4}\mathfrak{H}(p)$$

gedacht ist:

$p \equiv$	1	5	7	11	13	17	19	23	(mod.24)
H_8	1	1	0	0	1	1	0	0	
H_6	1	0	1	0	1	0	1	0	
H_4	1	0	0	1	0	1	1	0	
H_2	$\frac{1}{2}\mathfrak{H} - 3$	$\frac{1}{2}\mathfrak{H} - 1$	$\frac{1}{2}\mathfrak{H} - 1$	$\frac{1}{2}\mathfrak{H} - 1$	$\frac{1}{2}\mathfrak{H} - 2$	$\frac{1}{2}\mathfrak{H} - 2$	$\frac{1}{2}\mathfrak{H} - 2$	$\frac{1}{2}\mathfrak{H}$	
Δ	$\frac{23}{24}$	$\frac{9}{24}$	$\frac{8}{24}$	$\frac{6}{24}$	$\frac{17}{24}$	$\frac{15}{24}$	$\frac{14}{24}$	0	
λ	47	19	17	13	35	31	29	1	

Nun ist nach einer allgemeineren Formel, die man auch Eisenstein verdankt, der sie in der erstgenannten Arbeit hergeleitet hat, für den hier vorliegenden Fall das Maß

$$M(p) = \frac{p+1}{48}.$$

Daher findet sich endlich als Wert der Klassenanzahl ternärer Formen mit der Determinante p und im Hauptgeschlechte

$$H(p) = \tfrac{1}{4}\mathfrak{H}(p) + \frac{p+\lambda}{48}, \tag{56}$$

worin für λ der in der Tabelle verzeichnete, dem jedesmaligen Reste von p entsprechende Wert zu setzen ist. —

In der zweiten der obgenannten Arbeiten hat Eisenstein noch allgemeinere Sätze ausgesprochen, die ganz analogen Charakter tragen und in ähnlicher Weise zu begründen sind, doch wird die Herleitung dann entsprechend komplizierter und muß deshalb hier unterbleiben. —

Zwölftes Kapitel.

Die zerlegbaren Formen.

1. Eine besonders wichtige und interessante Anwendung von der Reduktion positiver quadratischer Formen ist die, welche auf die Theorie der zerlegbaren Formen gemacht werden kann und die Lehre

von den quadratischen Formen mit derjenigen der algebraischen Zahlenkörper verbindet.[1])

Unter einer Form $F(x_1, x_2, \ldots, x_n)$ mit n Unbestimmten wird fortan eine homogene ganze Funktion der letzteren verstanden, deren Koeffizienten ganze Zahlen sind. Sie heißt irreduktibel, wenn sie nicht in Faktoren der gleichen Beschaffenheit zerlegt werden kann. Wir beschränken unsere Betrachtungen auf irreduktible Formen, deren Grad oder Dimension der Anzahl der Unbestimmten gleich, also gleich n ist. Eine solche wird zerlegbar genannt, wenn

$$F(x_1, x_2, \ldots, x_n) = U_1 \cdot U_2 \ldots U_n \tag{1}$$

gesetzt werden kann, wo

$$U_i = a_{i1} x_1 + a_{i2} x_2 + \cdots + a_{in} x_n \quad (i = 1, 2, \ldots, n) \tag{2}$$

Linearformen sind. Die notwendige Beschaffenheit ihrer Koeffizienten, die für irreduktible Formen nicht ganzzahlig sein können, wird sogleich festgestellt werden. Unter den ganzzahligen quadratischen Formen sind die binären dadurch ausgezeichnet, daß sie zugleich die einzigen zerlegbaren quadratischen Formen sind, und in dieser ihrer Eigenschaft liegt der Grund dafür, daß ihre Theorie im wesentlichen mit der Theorie des quadratischen Zahlenkörpers identisch ist. Für die übrigen quadratischen Formen aber ist es eben erst die Reduktion, welche sie zur Theorie algebraischer Zahlenkörper in Beziehung setzt und mit ihr verbindet.

Setzt man die Determinante der n Gleichungen (2)

$$D = |a_{ik}|, \tag{3}$$

so soll

$$I = D^2 = |a_{ik}|^2 \tag{4}$$

die Invariante der Form F heißen. Wird nun auf die Form (1) eine ganzzahlige Substitution

$$x_i = \alpha_{i1} y_1 + \alpha_{i2} y_2 + \cdots + \alpha_{in} y_n \quad (i = 1, 2, \ldots, n) \tag{5}$$

angewandt, so geht sie in eine andere zerlegbare Form

$$G'(y_1, y_2, \ldots, y_n) = V_1 \cdot V_2 \ldots V_n \tag{6}$$

1) Vgl. hierzu Stouff, Théorie des formes à coefficiens entiers décomposables en facteurs linéaires, Ann. fac. des Sciences de l' univ. de Toulouse, 5 (1903), p. 129.

über, deren Linearfaktoren V_i durch die Gleichungen

$$V_i = b_{i1}y_1 + b_{i2}y_2 + \cdots + b_{in}y_n \quad (i = 1, 2, \ldots, n) \tag{7}$$

gegeben werden, worin

$$b_{ik} = \sum_{j=1}^{n} a_{ij} \cdot \alpha_{jk}, \tag{7a}$$

d. h. gleich dem Werte ist, den U_i erhält, wenn die Unbestimmten $x_j = \alpha_{jk}$ gesetzt werden. Da hiernach die Determinante der Gleichungen (7) gleich

$$|b_{ik}| = |a_{ij}| \cdot |\alpha_{jk}|$$

ist, wird die Invariante der neuen Form G

$$|b_{ik}|^2 = |a_{ij}|^2 \cdot |\alpha_{jk}|^2$$

und folglich derjenigen der ursprünglichen Form F dann und nur dann gleich, wenn der Modul der Substitution (5) gleich ± 1 ist. In diesem Falle werden die Formen F, G einander äquivalent genannt; alle einander äquivalenten aber fassen wir in eine Klasse zusammen. Nach den Formeln (7a) findet sich für den Koeffizienten von y_k^n in der Form G der Wert

$$b_{1k} \cdot b_{2k} \ldots b_{nk} = F(\alpha_{1k}, \alpha_{2k}, \ldots, \alpha_{nk}).$$

Da nun, wie leicht einzusehen ist, eine Form F nicht für alle ganzzahligen Wertsysteme ihrer Unbestimmten verschwinden kann, so lassen sich ganze Zahlen $\alpha_{1k}, \alpha_{2k}, \ldots, \alpha_{nk}$ und genauer solche ohne gemeinsamen Teiler wählen, für welche F von Null verschieden ist. Man kann daher eine Substitution (5) aufstellen, deren Modul 1 ist, in welcher die Zahlen $\alpha_{1k}, \alpha_{2k}, \ldots, \alpha_{nk}$ die k^{te} Kolonne der Koeffizienten bilden und durch welche F in eine äquivalente Form übergeht, mit einem von Null verschiedenen Koeffizienten der höchsten Potenz y_k^n einer beliebigen der Unbestimmten. Oder, was dasselbe sagt, man darf die Ausgangsform F so in ihrer Klasse gewählt denken, daß dieser Koeffizient einer beliebigen der Unbestimmten, für die wir der Bestimmtheit wegen x_1 wählen, von Null verschieden ist. Da der Koeffizient A von x_1^n in F durch das Produkt

$$A = a_{11}a_{21} \ldots a_{n1}$$

gegeben wird, ist alsdann keine der Zahlen $a_{11}, a_{21}, \ldots, a_{n1}$ gleich Null, und folglich sind die Größen

$$z_i = -\frac{a_{i2}}{a_{i1}} \quad (i = 1, 2, \ldots, n) \tag{8}$$

und die Koeffizienten der linearen Ausdrücke

$$(9)\qquad \nu_i = \frac{a_{i3}}{a_{i1}} x_3 + \cdots + \frac{a_{in}}{a_{i1}} x_n \qquad (i = 1, 2, \ldots, n)$$

von endlichem Werte. Nun ist

$$\frac{F(z, 1, x_3, \ldots, x_n)}{A} = \prod_{i=1}^{n} (z - z_i + \nu_i),$$

und die Koeffizienten des entwickelten Produktes sind rationale Zahlen. Versteht man daher unter $\mathsf{F}_k(z)$ denjenigen Bestandteil dieser Entwicklung, welcher in bezug auf die Unbestimmten $x_3, x_4, \ldots, x_n$ von der k^{ten} Dimension ist, so daß

$$\frac{F(z, 1, x_3, \ldots, x_n)}{A} = \mathsf{F}(z) + \mathsf{F}_1(z) + \cdots + \mathsf{F}_n(z)$$

gesetzt werden kann, so ist auch

$$(10)\qquad \mathsf{F}(z) = \prod_{i=1}^{n} (z - z_i)$$

eine ganze Funktion von z vom Grade n mit rationalen Koeffizienten und

$$\mathsf{F}_1(z) = \sum_{i=1}^{n} \nu_i \prod_{h \gtrless i} (z - z_h)$$

ein in $x_3, x_4, \ldots, x_n$ linearer Ausdruck, der bezüglich z vom Grade $n - 1$ ist, mit ebenfalls rationalen Koeffizienten. Ist folglich z_1 eine einfache Wurzel der Gleichung

$$(11)\qquad \mathsf{F}(z) = 0,$$

so ergibt sich

$$\mathsf{F}_1(z_1) = \nu_1 (z_1 - z_2)(z_1 - z_3) \ldots (z_1 - z_n)$$

oder

$$\nu_1 = \frac{\mathsf{F}_1(z_1)}{\mathsf{F}'(z_1)}$$

und somit ν_1 als ein in $x_3, x_4, \ldots, x_n$ linearer Ausdruck, dessen Koeffizienten rationale Funktionen von z_1 mit ganzzahligen Koeffizienten sind. Werden die sämtlichen Werte (8) als voneinander verschieden vorausgesetzt, so gilt für jeden der Ausdrücke ν_i das gleiche wie für ν_1 und die allgemeine Beziehung

$$(12)\qquad \nu_i = \frac{\mathsf{F}_1(z_i)}{\mathsf{F}'(z_i)}. \qquad (i = 1, 2, \ldots, n)$$

2. Der eben gemachten Annahme aber kann man immer genügen. Ist sie nämlich für die Form F nicht schon erfüllt, so transformiere man F durch eine unimodulare Substitution (5), welche nur die Unbestimmten $x_2, x_3, \ldots, x_n$ durch ebenso viele andere $y_2, y_3, \ldots, y_n$ ersetzt. Da bei einer solchen $\alpha_{11} = 1$, für $i > 1$ aber $\alpha_{i1} = 0$, $\alpha_{1i} = 0$ ist, findet sich

$$(13) \qquad \frac{b_{i2}}{b_{i1}} = \frac{a_{i2}}{a_{i1}} \alpha_{22} + \frac{a_{i3}}{a_{i1}} \alpha_{32} + \cdots + \frac{a_{in}}{a_{i1}} \alpha_{n2}.$$

$$(i = 1, 2, \ldots, n)$$

Man setze nun

$$L_i = \frac{a_{i2}}{a_{i1}} x_2 + \frac{a_{i3}}{a_{i1}} x_3 + \cdots + \frac{a_{in}}{a_{i1}} x_n$$

und betrachte die Reihe

$$(14) \qquad L_1, L_2, \ldots, L_n.$$

Versteht man unter $x_3, x_4, \ldots, x_n$ ein beliebiges System von $n-2$ ganzen Zahlen und erteilt der Unbestimmten x_2 eine Anzahl $\frac{n(n-1)}{2} + 1$ verschiedener ganzzahliger Werte

$$x_2^{(h)} \quad \left(h = 1, 2, 3, \ldots, \frac{n(n-1)}{2} + 1\right)$$

so beschaffen, daß $x_2^{(h)}, x_3, x_4, \ldots, x_n$ ohne gemeinsamen Teiler sind, so erhält man ebenso viele Systeme

$$L_1^{(h)}, L_2^{(h)}, \ldots, L_n^{(h)}$$

zugehöriger Werte (14), unter denen wenigstens eins, wie wir zeigen wollen, aus lauter verschiedenen Werten bestehen muß. Denn, wäre in jedem von ihnen ein Paar gleicher Werte vorhanden, so müßte, da die Anzahl der Paare nur $\frac{n(n-1)}{2}$ beträgt, wenigstens in zwei Systemen d a s s e l b e Paar gleiche Werte erhalten, also etwa

$$L_i' = L_k', \qquad L_i'' = L_k'',$$

d. h.

$$\frac{a_{i2}}{a_{i1}} x_2' + \frac{a_{i3}}{a_{i1}} x_3 + \cdots + \frac{a_{in}}{a_{i1}} x_n = \frac{a_{k2}}{a_{k1}} x_2' + \frac{a_{k3}}{a_{k1}} x_3 + \cdots + \frac{a_{kn}}{a_{k1}} x_n$$

$$\frac{a_{i2}}{a_{i1}} x_2'' + \frac{a_{i3}}{a_{i1}} x_3 + \cdots + \frac{a_{in}}{a_{i1}} x_n = \frac{a_{k2}}{a_{k1}} x_2'' + \frac{a_{k3}}{a_{k1}} x_3 + \cdots + \frac{a_{kn}}{a_{k1}} x_n$$

sein. Hieraus findet sich zunächst

$$\frac{a_{i2}}{a_{i1}} (x_2' - x_2'') = \frac{a_{k2}}{a_{k1}} (x_2' - x_2''),$$

d. h. $\frac{a_{i2}}{a_{i1}} = \frac{a_{k2}}{a_{k1}}$, und darauf

$$\frac{a_{i3}}{a_{i1}} x_3 + \cdots + \frac{a_{in}}{a_{i1}} x_n = \frac{a_{k3}}{a_{k1}} x_3 + \cdots + \frac{a_{kn}}{a_{k1}} x_n,$$

also, da die ganzen Zahlen $x_3, \ldots, x_n$ beliebig sind,

$$\frac{a_{i3}}{a_{i1}} = \frac{a_{k3}}{a_{k1}}, \ldots, \frac{a_{in}}{a_{i1}} = \frac{a_{kn}}{a_{k1}}.$$

Demnach würden die beiden Linearfaktoren U_i, U_k von F einander proportional sein, und die Form F erhielte zwei gleiche Linearfaktoren, was mit der angenommenen Irreduktibilität derselben unverträglich ist. Es gibt also ein ganzzahliges Wertsystem $x_2, x_3, \ldots, x_n$ ohne gemeinsamen Teiler, wir nennen es

(15) $$\alpha_{22}, \alpha_{32}, \ldots, \alpha_{n2},$$

für welches alle Ausdrücke (14) ungleich werden, d. h. für welches die Quotienten (13) verschieden sind. Ihm entsprechend kann man aber für die Unbestimmten $x_2, x_3, \ldots, x_n$ eine unimodulare Substitution finden, deren erste Koeffizientenkolonne aus den Zahlen (15) besteht, und folglich eine Substitution (5) der oben bezeichneten Art, durch welche F in eine äquivalente Form G übergeht mit lauter verschiedenen Quotienten $\frac{b_{i2}}{b_{i1}}$.

Hiernach dürfen wir F selbst schon so gewählt denken, daß die bezüglich der Zahlen (8) in voriger Nr. gemachte Voraussetzung erfüllt ist und deshalb die Formeln (12) und ihre erwähnte Beschaffenheit Bestand haben. Das Ergebnis dieser ganzen Betrachtung aber läßt sich, wie folgt, aussprechen:

Setzt man eine zerlegbare Form F, in welcher der Koeffizient von x_1^n einen von Null verschiedenen Wert A hat, in die Gestalt:

(16) $$F = A \cdot \prod_{i=1}^{n} (x_1 + c_{i2} x_2 + \cdots + c_{in} x_n),$$

so können die einander in den Linearfaktoren entsprechenden Koeffizienten als die gleichen rationalen Funktionen von je einer Wurzel z_i einer Gleichung n^{ten} Grades

(17) $$\mathsf{F}(z) = 0$$

mit rationalen Koeffizienten, in Zeichen: für $k = 2, 3, \ldots, n$

(18) $$c_{ik} = \psi_k(z_i)$$
$$(i = 1, 2, \ldots, n)$$

vorausgesetzt werden.

Die Funktion $F(z)$ ist nicht in Faktoren derselben Art zerfällbar. Denn, hätte $F(z)$ einen rationalzahligen Faktor $F_0(z)$, so würde schon das Produkt der zu seinen Wurzeln gehörigen Linearfaktoren in (16), weil in bezug auf letztere symmetrisch, rational sein, was der Annahme der Irreduktibilität von F zuwider ist.

Die Invariante I von der Form F ist das Produkt aus A^2 in das Quadrat der Determinante

$$(19) \qquad \begin{vmatrix} 1, & c_{12}, & c_{13}, & \ldots, & c_{1n} \\ 1, & c_{22}, & c_{23}, & \ldots, & c_{2n} \\ . & . & . & . & . \\ 1, & c_{n2}, & c_{n3} & \ldots, & c_{nn} \end{vmatrix},$$

also offenbar eine rationale symmetrische Funktion von den Wurzeln der Gleichung (17) und demzufolge eine rationale Zahl. Ist sie von Null verschieden, so sind es auch die sämtlichen Koeffizienten c_{ik}. Denn, wäre etwa $c_{jk} = 0$, so bestände der Formel (18) gemäß eine rationale Gleichung

$$\psi_k(z_j) = 0,$$

also erhielte man wegen der Irreduktibilität von (17) für jede Wurzel z_i dieser Gleichung die Beziehung

$$\psi_k(z_i) = 0,$$

d. h. für jeden Index i die Gleichung $c_{ik} = 0$, also würden alle Glieder einer Kolonne in der Determinante (19) und damit diese Determinante selbst, also auch I gleich Null, gegen die Voraussetzung. Hieraus folgt weiter, daß in einer irreduktibeln Form F mit nicht verschwindender Invariante die Koeffizienten der höchsten Potenzen jeder der Unbestimmten von Null verschieden, also, da sie ganzzahlig vorausgesetzt sind, absolut genommen $\gtreqless 1$ sein müssen.

3. Ohne daß diese Betrachtungen im wesentlichen sich ändern, dürfen die Koeffizienten der Gleichung (17) als ganze Zahlen, der höchste von ihnen gleich 1 gedacht werden, da hierdurch die Wurzeln z_i höchstens durch ein ganzes Vielfaches derselben ersetzt werden. Die Gesamtheit aller rationalen Funktionen von der Wurzel z einer solchen Gleichung heißt bekanntlich ein Zahlenkörper, den wir durch $K(z)$ bezeichnen wollen. So entsprechen den n verschiedenen Wurzeln $z_1, z_2, \ldots, z_n$ der Gleichung (17) n konjugierte Zahlenkörper

$$(20) \qquad K(z_1),\ K(z_2), \ldots, K(z_n).$$

Sind unter den Wurzeln μ reelle Wurzeln $z_1, z_2, \ldots, z_\mu$ und ν Paare konjugiert imaginärer $\zeta_1, \zeta_1', \ldots, \zeta_\nu, \zeta_\nu'$ vorhanden, so daß

$$\mu + 2\nu = n$$

ist, so werden auch μ jener Körper reell sein und die andern in ν Paare konjugiert imaginärer Körper zerfallen. Dem eben Gesagten gemäß sind die Koeffizienten der einzelnen Linearfaktoren von F Zahlen, welche den gedachten Körpern angehören, und die Linearfaktoren selbst einander konjugiert. Da jede Zahl eines Körpers durch Multiplikation mit einer ganzen rationalen Zahl eine „ganze" Zahl des Körpers wird, so werden, wenn F mit einer passenden ganzen rationalen Zahl multipliziert wird, die Koeffizienten c_{ik} sämtlich zu ganzen Zahlen des entsprechenden Körpers. Die Eigenschaften der Form F und eines beliebigen Vielfachen derselben sind aber wesentlich dieselben. Demnach dürfen wir fortan die Form F in der Gestalt (1) voraussetzen und unter den einander entsprechenden Koeffizienten a_{ik} für $i = 1, 2, \ldots, n$ konjugierte ganze Zahlen der Körper (20) verstehen.

Indem wir aber die reellen von den komplexen Faktoren in der Bezeichnung unterscheiden wollen, schreiben wir

$$F = \prod_{i=1}^{\mu} R_i \cdot \prod_{i=1}^{\nu} S_i \cdot S_i', \tag{21}$$

wo

$$\begin{cases} R_i = r_{i1} x_1 + r_{i2} x_2 + \cdots + r_{in} x_n \\ S_i \;= s_{i1} x_1 + s_{i2} x_2 + \cdots + s_{in} x_n \\ S_i' = s_{i1}' x_1 + s_{i2}' x_2 + \cdots + s_{in}' x_n, \end{cases} \tag{21a}$$

die Koeffizienten r_{ik} reell, die Koeffizienten s_{ik}, s_{ik}' konjugiert imaginär zu denken sind.

Nach der Theorie der Zahlenkörper erhält man sämtliche ganzen algebraischen Zahlen eines Körpers $K(z)$ durch eine Formel

$$\omega_1 x_1 + \omega_2 x_2 + \cdots + \omega_n x_n, \tag{22}$$

in welcher $\omega_1, \omega_2, \ldots, \omega_n$ gewisse dieser Zahlen bedeuten, also gewisse rationale Funktionen von z sind, indem man die x_i sämtliche rationalen ganzen Zahlen durchlaufen läßt; die Zahlen ω_i werden eine Basis der Gesamtheit jener ganzen algebraischen Zahlen von $K(z)$ genannt. Setzt man für z die n verschiedenen Wurzeln der Gleichung (17), so erhält man die n Basen für die entsprechenden konjugierten Körper (20), die wir durch

$$\omega_1^{(i)}, \omega_2^{(i)}, \ldots, \omega_n^{(i)} \qquad (i = 1, 2, \ldots, n) \tag{23}$$

bezeichnen; die ersten μ dieser Systeme bestehen aus reellen Zahlen:

$$\varrho_1^{(i)}, \varrho_2^{(i)}, \ldots, \varrho_n^{(i)}, \qquad (i = 1, 2, \ldots, \mu) \tag{23a}$$

die anderen sind einander paarweise konjugiert imaginär:

$$(23\text{b})\qquad \begin{cases} \sigma_1^{(i)},\ \sigma_2^{(i)},\ \ldots,\ \sigma_n^{(i)} \\ \sigma_1'^{(i)},\ \sigma_2'^{(i)},\ \ldots,\ \sigma_n'^{(i)}. \end{cases}$$
$$(i = 1, 2, \ldots, \nu)$$

Dementsprechend erhält man für die Koeffizienten r_{ik} bzw. s_{ik} Formeln folgender Gestalt:

$$(24)\qquad \begin{cases} r_{ik} = \varrho_1^{(i)} u_{1k} + \varrho_2^{(i)} u_{2k} + \cdots + \varrho_n^{(i)} u_{nk} \\ \qquad (i = 1, 2, \ldots, \mu) \\ s_{ik} = \sigma_1^{(i)} u_{1k} + \sigma_2^{(i)} u_{2k} + \cdots + \sigma_n^{(i)} u_{nk} \\ s'_{ik} = \sigma_1'^{(i)} u_{1k} + \sigma_2'^{(i)} u_{2k} + \cdots + \sigma_n'^{(i)} u_{nk} \\ \qquad (i = 1, 2, \ldots, \nu) \end{cases}$$

mit denselben ganzzahligen Koeffizienten u_{hk}.

Ist $Z = f(z)$ eine Zahl des Körpers $K(z)$, so heißt das Produkt der n konjugierten d. i. den n Wurzeln von (17) entsprechenden Werte

$$f(z_1),\ f(z_2),\ \ldots,\ f(z_n)$$

die Norm von $f(z)$, in Zeichen:

$$Nf(z) = f(z_1) \cdot f(z_2) \ldots f(z_n).$$

Sie ist für jede ganze Zahl des Körpers eine rationale ganze Zahl. Ist sie gleich ± 1, so heißt $f(z)$ eine Einheit des Körpers.

Dirichlet hat gezeigt, daß die sämtlichen Einheiten $\varepsilon(z)$ eines Zahlenkörpers $K(z)$ durch $\lambda = \mu + \nu - 1$ fundamentale Einheiten $\eta_1(z), \eta_2(z), \ldots, \eta_\lambda(z)$ mit positiver Norm ausgedrückt werden können, nämlich aus dem Ausdrucke

$$(25)\qquad \varepsilon(z) = \pm\, \alpha^h \cdot \eta_1(z)^{k_1} \cdot \eta_2(z)^{k_2} \ldots \eta_\lambda(z)^{k_\lambda},$$

in welchem α eine dem Körper angehörige Einheitswurzel bedeutet, erhalten werden, wenn man $h, k_1, k_2, \ldots, k_\lambda$ sämtliche ganzen Zahlen durchlaufen läßt; beschränkt man sich auf Einheiten mit positiver Norm, so ist hierbei das negative Vorzeichen nur zulässig, wenn n gerade ist. Im 5. Teile der „Zahlentheorie" des Verfassers ist gezeigt worden[1]), wie dieser Satz aus dem in Nr. 6 des 7. Kapitels des vorliegenden Bandes gegebenen allgemeinen Minkowskischen Satze von den Linearformen hergeleitet werden kann, so daß wir davon Abstand nehmen, dies hier zu wiederholen.

4. Betrachten wir nur diejenigen zerlegbaren Formen, welche derselben Gleichung (17) zugehörig sind, und unter ihnen nur die,

1) Allg. Arithmetik der Zahlenkörper, Kap. 8 Seite 321.

welche gleiche Invariante I haben! Sie verteilen sich, wenn stets die einander äquivalenten zusammengefaßt werden, in eine Anzahl von Klassen. Hier stellt sich dann wieder die Frage nach der Reduktion der Formen ein, und Hermite hat gezeigt, wie die Reduktion der zerlegbaren Formen auf die der positiven quadratischen zurückgeführt werden kann.

Zu diesem Zwecke stellt er der zerlegbaren Form (21) die positive quadratische Form

$$\varphi = \sum_{i=1}^{\mu} \alpha_i R_i^2 + 2 \cdot \sum_{i=1}^{\nu} \beta_i S_i \cdot \beta_i' S_i', \tag{26}$$

wo die α_i reelle positive, die β_i, β_i' konjugiert imaginäre Zahlen bedeuten, an die Seite. Da einander proportionale Formen die gleichen Eigenschaften haben, darf man zwischen den Parametern α_i, β_i irgendeine Beziehung festsetzen, und wir wählen sie daher stets so, daß

$$\alpha_1, \alpha_2, \ldots, \alpha_\mu \cdot (\beta_1 \beta_1')^2 \ldots (\beta_\nu \beta_\nu')^2 = 1 \tag{27}$$

ist. Dieser Festsetzung zufolge wird die Determinante von φ gleich $(-1)^\nu$-mal dem Quadrate der Determinante

$$\begin{vmatrix} r_{11}, & r_{12}, & \ldots, & r_{1n} \\ \cdot & \cdot & \cdot & \cdot \\ s_{11}, & s_{12}, & \ldots, & s_{1n} \\ s_{11}', & s_{12}', & \ldots, & s_{1n}' \\ \cdot & \cdot & \cdot & \cdot \end{vmatrix}$$

d. i. gleich $(-1)^\nu \cdot I$.

Wenn nun für irgendein der Beziehung (27) genügendes Wertesystem der Parameter die Form φ reduziert ist (wobei die Definition reduzierter Formen nach Belieben gewählt werden kann), so soll auch die zerlegbare Form F reduziert genannt werden.

Dann unterliegen die Koeffizienten der Form φ gewissen Ungleichheitsbedingungen, durch welche sie beschränkt werden. Insbesondere besteht für die Hauptkoeffizienten von φ, welche $A_1, A_2, \ldots, A_n$ heißen mögen, eine Ungleichheit

$$A_1 \cdot A_2 \ldots A_n < \lambda_n \cdot D,$$

in welcher λ_n einen numerischen Faktor und D den absoluten Wert der Determinante von φ bedeutet; mithin ist

$$A_1 \cdot A_2 \ldots A_n < \lambda_n \cdot I. \tag{28}$$

Nun ist

$$A_k = \sum_{i=1}^{\mu} \alpha_i r_{ik}^2 + 2 \sum_{i=1}^{\nu} \beta_i \beta_i' \cdot s_{ik} s_{ik}' \tag{29}$$

eine Summe von n wesentlich positiven Werten, also das Produkt der letzteren bekanntlich kleiner als die n^{te} Potenz ihres arithmetischen Mittels $\frac{A_k}{n}$. Aber jenes Produkt findet sich wegen (27) gleich dem Quadrate des Koeffizienten von x_k^n in F, der als ganze Zahl absolut nicht kleiner als 1 ist, und demnach ergibt sich für jeden Index k

$$A_k \overline{\gtrless} n.$$

Da somit

$$A_1 \cdot A_2 \ldots A_{k-1} \cdot A_{k+1} \ldots A_n \overline{\gtrless} n^{n-1}$$

ist, folgt aus (28) für jeden Index k die Schranke

$$A_k < \frac{\lambda_n \cdot I}{n^{n-1}}.$$

Daraus schließt man wegen (29), daß auch alle Größen $r_{ik}\sqrt{\alpha_i}$ und $\beta_i s_{ik}$ dem absoluten Betrage nach endlich beschränkt sind, und da aus ihnen, mit Beachtung von (27), die Koeffizienten der zerlegbaren Form F nur durch Multiplikationen und Additionen entstehen, so gilt das gleiche auch für sie, so daß sie, da sie zugleich ganze Zahlen sind, nur eine endliche Anzahl verschiedener Werte haben können.

Man erkennt auf solche Weise zunächst den wichtigen Umstand, daß die Anzahl der möglichen reduzierten zerlegbaren Formen der oben angegebenen Art nur eine endliche ist.

Sollte aber φ für kein der Bedingung (27) genügendes Wertesystem der Parameter reduziert und daher auch F keine Reduzierte sein, so reduziere man φ für ein beliebig, aber mit (27) verträglich gewähltes Wertesystem der Parameter mittels einer unimodularen ganzzahligen Substitution (5). Dadurch geht φ in eine äquivalente Form $\overline{\varphi}$ über, welche für jenes Wertesystem reduziert ist, und man findet für sie den Ausdruck

$$\overline{\varphi} = \sum_{i=1}^{\mu} \alpha_i \overline{R}_i^2 + 2\sum \beta_i \beta_i' \overline{S}_i \overline{S}_i', \tag{30}$$

worin

$$\overline{R}_i = \overline{r}_{i1} \cdot y_1 + \overline{r}_{i2} \cdot y_2 + \cdots + \overline{r}_{in} \cdot y_n$$

$$\overline{S}_i = \overline{s}_{i1} \cdot y_1 + \overline{s}_{i2} \cdot y_2 + \cdots + \overline{s}_{in} \cdot y_n$$

$$\overline{S}_i' = \overline{s}_{i1}' \cdot y_1 + \overline{s}_{i2}' \cdot y_2 + \cdots + \overline{s}_{in}' \cdot y_n$$

und

$$\overline{r}_{ik} = \sum_{j=1}^{n} r_{ij} \cdot \alpha_{jk}$$

$$\overline{s}_{ik} = \sum_{j=1}^{n} s_{ij} \cdot \alpha_{jk}, \quad \overline{s}_{ik}' = \sum_{j=1}^{n} s_{ij}' \cdot \alpha_{jk}$$

ist. Zugleich aber verwandelt sich durch jene Substitution F in die ihr äquivalente zerlegbare Form

$$\bar{F} = \prod_{i=1}^{\mu} \bar{R}_i \cdot \prod_{i=1}^{\nu} \bar{S}_i \cdot \bar{S}_i',$$

die nun nach der Hermiteschen Definition eine Reduzierte ist. Man findet also, daß in jeder Klasse der zerlegbaren Formen von der angegebenen Art wenigstens eine Reduzierte vorhanden ist. In Verbindung mit dem zuvor festgestellten Umstande ergibt sich hieraus der wichtige Satz:

Für die angegebenen zerlegbaren Formen mit gegebener Invariante I ist nur eine endliche Anzahl Klassen äquivalenter Formen vorhanden.

5. Die Anwendung des Hermiteschen Satzes vom Minimum einer positiven quadratischen Form auf die Form φ läßt weitere interessante und bedeutsame Sätze für die Theorie der zerlegbaren Formen, bzw. für die der algebraischen Zahlenkörper erschließen. Wir geben zunächst eine feine Betrachtung wieder, welche man Hermite selbst verdankt.

Sei m eine positive ganze Zahl, in bezug auf welche als Modul die Kongruenz

$$\mathsf{F}(z) \equiv 0 \pmod{m}$$

in ganzen rationalen Zahlen lösbar ist, und sei z. B.

$$\mathsf{F}(a) \equiv 0 \pmod{m}. \tag{31}$$

Aus den Wurzeln z_i der Gleichung $\mathsf{F}(z) = 0$ bilde man die Linearformen

$$U_i = mx_1 + (z_i - a)x_2 + (z_i^2 - a^2)x_3 + \cdots + (z_i^{n-1} - a^{n-1})x_n \tag{32}$$
$$(i = 1, 2, \ldots, n)$$

oder, wenn

$$mx_1 - ax_2 - a^2x_3 - \cdots - a^{n-1}x_n = X_1$$

gesetzt wird

$$U_i = X_1 + z_i x_2 + z_i^2 x_3 + \cdots + z_i^{n-1} x_n.$$
$$(i = 1, 2, \ldots, n)$$

Für jedes nicht verschwindende ganzzahlige System $x_1, x_2, \ldots, x_n$ ist ihr Wert eine aus z_i gebildete, von Null verschiedene komplexe ganze Zahl $f(z_i)$, also die Form

$$F(x_1, x_2, \ldots, x_n) = \prod_{i=1}^{n} U_i \tag{33}$$

die Norm derselben und somit eine von Null verschiedene rationale ganze Zahl; diese aber ist teilbar durch m, denn nach (32) ist

$$U_i \equiv (z_i - a) \cdot \psi(z_i) \quad (\text{mod. } m),$$

wo $\psi(z_i)$ eine ganze komplexe Zahl in z_i ist, und demzufolge ist

$$F \equiv \pm \mathsf{F}(a) \cdot N\psi(z_i) \quad (\text{mod. } m),$$

wo nun $N\psi(z_i)$ eine ganze und $\mathsf{F}(a)$ eine — nach (31) — durch m teilbare ganze Zahl ist. Für jedes nicht verschwindende ganzzahlige System $x_1, x_2, \ldots, x_n$ darf man also setzen

$$F = m \cdot M, \tag{34}$$

wo M eine von Null verschiedene ganze Zahl ist. Setzt man nun wieder F in die Gestalt (21) und bildet ihr zugehörig nach (26) die Form φ, so erhält man

$$R_i = X_1 + z_i x_2 + z_i^2 x_3 + \cdots + z_i^{n-1} x_n$$
$$(i = 1, 2, \ldots, \mu)$$
$$S_i = X_1 + \zeta_i x_2 + \zeta_i^2 x_3 + \cdots + \zeta_i^{n-1} x_n$$
$$S_i' = X_1 + \zeta_i' x_2 + \zeta_i'^2 x_3 + \cdots + \zeta_i'^{n-1} x_n$$
$$(i = 1, 2, \ldots, \nu)$$

und für die Determinante D von φ den Ausdruck

$$(-1)^{\nu} \cdot \begin{vmatrix} m, & z_1 - a, & z_1^2 - a^2, & \ldots, & z_1^{n-1} - a^{n-1} \\ \cdot & \cdot & \cdot & \cdot & \cdot \\ m, & \zeta_1 - a, & \zeta_1^2 - a^2, & \ldots, & \zeta_1^{n-1} - a^{n-1} \\ m, & \zeta_1' - a, & \zeta_1'^2 - a^2, & \ldots, & \zeta_1'^{n-1} - a^{n-1} \\ \cdot & \cdot & \cdot & \cdot & \cdot \end{vmatrix}^2,$$

dessen absoluter Wert sich leicht gleich m^2-mal der Diskriminante Δ der Gleichung $\mathsf{F}(z) = 0$ ergibt. Da nun nach Hermite der Minimalwert von φ kleiner als

$$\left(\frac{4}{3}\right)^{\frac{n-1}{2}} \cdot \sqrt[n]{D}$$

ist, findet er sich kleiner als

$$\left(\frac{4}{3}\right)^{\frac{n-1}{2}} \cdot \sqrt[n]{m^2 \Delta}$$

und demzufolge das Produkt aller n positiven Summanden, aus denen jener Wert von φ besteht, d. i. das Quadrat des entsprechenden Wertes von F, nämlich $m^2 M^2$, kleiner als

$$\left(\frac{\left(\frac{4}{3}\right)^{\frac{n-1}{2}} \cdot \sqrt[n]{m^2 \Delta}}{n}\right)^n = \left(\frac{4}{3}\right)^{\frac{n(n-1)}{2}} \cdot \frac{m^2 \Delta}{n^n},$$

eine Ungleichheit, aus welcher die weitere:

$$(35) \qquad |M| < \left(\frac{4}{3}\right)^{\frac{n(n-1)}{4}} \cdot \sqrt{\frac{\Delta}{n^n}}$$

hervorgeht. Es gibt also ein ganzzahliges Wertesystem $x_1, x_2, \ldots, x_n$, für welches der Faktor M in der Formel (34) die vorstehende Ungleichheit erfüllt.

Wir wählen jetzt im besonderen für die Gleichung (17) die Kreisteilungsgleichung

$$(36) \qquad \frac{z^p - 1}{z - 1} = 0,$$

wo p eine ungerade Primzahl ist, verstehen also unter den z_i die imaginären p^{ten} Einheitswurzeln. Bekanntlich ist diese Gleichung als Kongruenz (mod. m) stets auflösbar, wenn m eine Primzahl von der Form $kp + 1$ ist.[1]) In unserem Falle ist $\Delta = p^{p-2}$ und nimmt die Ungleichheit (35), in der jetzt M positiv ist, da F aus paarweise konjugiert imaginären Faktoren besteht, die Gestalt an:

$$M < \left(\frac{4}{3}\right)^{\frac{(p-1)(p-2)}{4}} \cdot \sqrt{\frac{p^{p-2}}{(p-1)^{p-1}}}.$$

Für $p = 5$ ergibt sich

$$M < \left(\frac{4}{3}\right)^3 \cdot \sqrt{\frac{5^3}{4^4}} = \frac{20}{27} \cdot \sqrt{5} < 2$$

und folglich $M = 1$. Daraus erschließt man den zuerst von Jacobi[2]) ausgesprochenen Satz, daß jede Primzahl m von der Gestalt $5k + 1$ als Norm einer aus fünften Wurzeln der Einheit gebildeten komplexen ganzen Zahl darstellbar ist.

Ebenso kommt für $p = 7$

$$M < \left(\frac{4}{3}\right)^{\frac{15}{2}} \cdot \sqrt{\frac{7^5}{6^6}} < 6.$$

Da nun die Norm einer aus p^{ten} Wurzeln der Einheit gebildeten komplexen ganzen Zahl (mod. p) nur der Null oder der Einheit kongruent sein kann, aus (34) aber $F \equiv M$ (mod. p) hervorgeht, so kann im jetzigen Falle M wieder nur gleich 1 sein; demnach ist jede Primzahl von der Gestalt $7k + 1$ als Norm einer aus siebenten Wurzeln der Einheit gebildeten komplexen ganzen Zahl darstellbar.

---

1) Siehe des Verfassers „Lehre von der Kreisteilung" S. 241.

2) Siehe Journal f. d. r. u. a. Math., Bd. 19, S. 314; Ges. Werke, Bd. 6, S. 275.

Ferner wählen wir statt der Gleichung (17) die Gleichung, welche die $\frac{p-1}{2}$ zweigliedrigen Perioden der Kreisteilungsgleichung (36) zu Wurzeln hat. Sie gestattet, als Kongruenz aufgefaßt, nach jedem Primzahlmodul $m = kp \pm 1$ eine Lösung.[1]) Ihre Diskriminante ist $p^{\frac{p-3}{2}}$. Demnach nimmt die Ungleichheit (35) für solchen Wert m die Gestalt an

$$M < \left(\frac{4}{3}\right)^{\frac{(p-1)(p-3)}{16}} \sqrt{\frac{p^{\frac{p-3}{2}}}{\left(\frac{p-1}{2}\right)^{\frac{p-1}{2}}}}.$$

Für den besonderen Wert $p = 7$ kommt also

$$M < \left(\frac{4}{3}\right)^{3/2} \cdot \sqrt{\frac{7^2}{3^3}} = \frac{2^3 \cdot 7}{3^3} < 3.$$

Die Norm einer aus den zweigliedrigen Perioden der Kreisteilungsgleichung (36) gebildeten komplexen ganzen Zahl ist aber (mod. p) nur einem der Reste 0, 1 oder -1 kongruent. Da nun aus (34) hier $F \equiv \pm M (\text{mod.}\, p)$ hervorgeht, so ist im Falle $p = 7$ nur der Wert $M = 1$ zulässig, und man erhält den Satz: Jede Primzahl m von der Gestalt $7k \pm 1$ kann als Norm einer aus einer Wurzel der Gleichung

$$z^3 + z^2 - 2z - 1 = 0$$

gebildeten komplexen ganzen Zahl dargestellt werden.

6. Indem wir nunmehr eine wichtige Anwendung des Hermiteschen Satzes auf die Theorie der algebraischen Zahlenkörper entwickeln wollen, müssen wir dem Leser ein paar Begriffe und Sätze dieser Theorie zur Kenntnis oder in Erinnerung bringen.

Unter einem Ideale eines Körpers $K(z)$ versteht man eine Gesamtheit solcher ganzen algebraischen Zahlen desselben, welche die zwei folgenden Eigenschaften hat:

1. je zwei Zahlen der Gesamtheit geben sowohl addiert als auch subtrahiert wieder eine ihrer Zahlen,

2. jede Zahl der Gesamtheit mit irgendeiner ganzen algebraischen Zahl des Körpers multipliziert ist auch eine Zahl der Gesamtheit.

Ist α eine ganze Zahl in $K(z)$ und bedeutet ω jede ganze Zahl des Körpers, so heißt insbesondere die Gesamtheit aller Zahlen $\omega\alpha$ ein Hauptideal und soll durch (α) bezeichnet werden.

Man erhält alle Zahlen eines Ideals j, wenn man in dem Ausdrucke

$$(37) \qquad \alpha_1 x_1 + \alpha_2 x_2 + \cdots + \alpha_n x_n,$$

1) Siehe des Verfassers „Lehre von der Kreisteilung“, S. 242—243.

in welchem $\alpha_1, \alpha_2, \ldots, \alpha_n$ gewisse Zahlen des Ideals bedeuten, die x_i alle ganzen rationalen Zahlen durchlaufen läßt; die Zahlen $\alpha_1, \alpha_2, \ldots, \alpha_n$ werden eine Basis des Ideals genannt.

Sind j_1 und j_2 zwei Ideale, so bildet die Gesamtheit aller Produkte aus je einer Zahl aus j_1 und einer Zahl aus j_2 und aller Summen solcher Produkte wieder ein Ideal j, welches das Produkt jener beiden genannt wird, in Zeichen

$$j = j_1 \cdot j_2 = j_2 \cdot j_1.$$

Hier gilt dann der Satz: Zu jedem Ideale j_1 kann ein anderes j_2 angegeben werden von der Art, daß ihr Produkt $j_1 \cdot j_2$ ein Hauptideal wird.

Dies vorausgeschickt, seien nun wieder $z_1, z_2, \ldots, z_n$ die verschiedenen Wurzeln der Gleichung $\mathsf{F}(z) = 0$. Der Formel (37) des Ideals entsprechen n einander konjugierte Ausdrücke

$$\alpha_1^{(i)} x_1 + \alpha_2^{(i)} x_2 + \cdots + \alpha_n^{(i)} x_n, \quad (i = 1, 2, \ldots, n)$$

welche n den einzelnen Körpern $K(z_1), K(z_2), \ldots, K(z_n)$ angehörige, einander konjugierte Ideale bestimmen. Man betrachte dann die zerlegbare Form

$$F(x_1, x_2, \ldots, x_n) = \prod_{i=1}^{n} U_i,$$

in welcher

$$U_i = \alpha_1^{(i)} x_1 + \alpha_2^{(i)} x_2 + \cdots + \alpha_n^{(i)} x_n \tag{38}$$

ist, und die ihr nach (26) zugeordnete positive quadratische Form φ, deren Determinante gleich $(-1)^\nu$-mal dem Quadrate der Determinante

$$\mathsf{A} = \begin{vmatrix} \alpha_1', & \alpha_2', & \ldots, & \alpha_n' \\ \alpha_1'', & \alpha_2'', & \ldots, & \alpha_n'' \\ \cdot & \cdot & \cdot & \cdot \\ \alpha_1^{(n)}, & \alpha_2^{(n)}, & \ldots, & \alpha_n^{(n)} \end{vmatrix} \tag{39}$$

ist. Da die Basiszahlen $\alpha_1^{(i)}, \alpha_2^{(i)}, \ldots, \alpha_n^{(i)}$ dem Körper $K(z_i)$ angehörige ganze algebraische Zahlen sind, so können sie nach (22) als lineare ganzzahlige Funktionen der Basiszahlen $\omega_1^{(i)}, \omega_2^{(i)}, \ldots, \omega_n^{(i)}$ desselben dargestellt werden. Schreibt man dementsprechend

$$\alpha_k^{(i)} = \omega_1^{(i)} a_1^{(k)} + \omega_2^{(i)} a_2^{k} + \cdots + \omega_n^{(i)} a_n^{k}, \quad (i, k = 1, 2, \ldots, n)$$

wobei die $a_k^{(i)}$ ganze rationale Zahlen sind, so zerlegt sich die Determinante A nach einem bekanntem Determinantensatze in das Produkt der beiden folgenden:

$$\Omega = \begin{vmatrix} \omega_1', & \omega_2', & \ldots, & \omega_n' \\ \omega_1'', & \omega_2'', & \ldots, & \omega_n'' \\ . & . & . & . \\ \omega_1^{(n)}, & \omega_2^{(n)}, & \ldots, & \omega_n^{(n)} \end{vmatrix}$$

und

$$A = \begin{vmatrix} a_1', & a_2', & \ldots, & a_n' \\ a_1'', & a_2'', & \ldots, & a_n'' \\ . & . & . & . \\ a_1^{(n)}, & a_2^{(n)}, & \ldots, & a_n^{(n)} \end{vmatrix},$$

so daß

$$\mathsf{A} = \Omega \cdot A$$

gesetzt werden kann. Das Quadrat von Ω ist eine ganze Zahl, welche die Grundzahl D des Körpers $K(z)$ heißt, und der absolute Wert der ganzen Zahl A bezeichnet die sog. Norm des Ideals j, welche durch das Zeichen $N(j)$ ausgedrückt wird. Demnach wird die Determinante von φ gleich

$$(-1)^{r} \cdot N(j)^2 \cdot D$$

und dem Hermiteschen Satze zufolge der Minimalwert von φ kleiner als

$$\mu_n \cdot \sqrt[n]{N(j)^2 \cdot |D|},$$

wo μ_n ein gewisser numerischer Faktor ist. Dem ganzzahligen Systeme $x_1, x_2, \ldots, x_n$, durch das dieser Minimalwert dargestellt wird, entspricht also ein Wert der Form F, für welchen

$$|F| < \left(\frac{\mu_n \sqrt[n]{N(j)^2 \cdot |D|}}{n}\right)^{n/2} = \left(\frac{\mu_n}{n}\right)^{n/2} \cdot N(j) \cdot \sqrt{|D|}$$

ist. Das heißt: es gibt im Ideale j eine Zahl

$$\alpha = \alpha_1 x_1 + \alpha_2 x_2 + \cdots + \alpha_n x_n,$$

deren Norm absolut kleiner ist als

$$\left(\frac{\mu_n}{n}\right)^{n/2} \cdot N(j) \cdot \sqrt{|D|}.$$

Mit der Zahl α ist aber auch das ganze Hauptideal (α), dessen Norm mit dem absoluten Werte der Norm von α identisch ist, in j enthalten, und es gilt der Satz, daß wenn ein Ideal in einem anderen Ideale j enthalten ist, ein neues Ideal j' von der Beschaffenheit sich angeben läßt, daß jenes gleich jj' gesetzt werden kann; alsdann ist seine Norm gleich dem Produkte $N(j) \cdot N(j')$. Hieraus ergibt sich hier für das Ideal j' die Ungleichheit

$$N(j') < \left(\frac{\mu_n}{n}\right)^{n/2} \cdot \sqrt{|D|} \tag{40}$$

und damit der Satz:

Zu jedem Ideale j gibt es ein Ideal j' mit einer durch die Ungleichheit (40) endlich beschränkten Norm, mit welchem multipliziert es zu einem Hauptideale wird. Oder, da es nur eine endliche Anzahl von Idealen mit derselben Norm gibt, so genügt eine endliche Anzahl von Idealen, um durch Multiplikation mit einem von ihnen jedes Ideal in ein Hauptideal zu verwandeln.

Ferner aber schließt man aus jener Ungleichheit, da die Norm eines jeden Ideales eine positive ganze Zahl, also mindestens gleich 1 ist, die weitere:

$$|D| > \left(\frac{n}{\mu_n}\right)^{n/2}. \tag{41}$$

Wählt man hier für μ_n den im achten Kapitel bei (51) ermittelten Wert

$$\mu_n = \frac{4 \cdot \Gamma\left(1 + \frac{1}{n}\right)^{2/n}}{\Gamma\left(\frac{1}{2}\right)^2},$$

so ist

$$\frac{n}{\mu_n} = \frac{n\pi}{4\Gamma\left(1 + \frac{1}{n}\right)^{2/n}}$$

stets größer als 1, und $\left(\frac{n}{\mu_n}\right)^n$ wächst zugleich mit n über jede Grenze hinaus. Daraus folgen die beiden äußerst wichtigen Sätze: erstens: Die Grundzahl D jedes algebraischen Zahlenkörpers ist absolut größer als 1 und demnach jedenfalls durch mindestens eine Primzahl teilbar. Zweitens: Der Grad der Körper, denen eine gegebene Zahl als Grundzahl eigen ist, kann eine durch sie bestimmte endliche Grenze nicht übersteigen. Da, wie sich zeigen läßt[1]), die Anzahl der Körper desselben Grades, denen die gleiche Grundzahl zukommt, nur eine endliche ist, so folgt dieser selbe Umstand nun auch für Körper eines beliebigen Grades.

7. Kehren wir zu den Betrachtungen der Nr. 4 zurück. — Wenn die Form φ für kein mit (27) verträgliches Wertesystem der Parameter reduziert, also auch F keine Reduzierte war, so reduzierten wir φ für irgendeines jener Wertesysteme durch eine unimodulare Substitution S und erhielten eine für das Wertesystem reduzierte Form $\overline{\varphi}$ und entsprechend die mit F äquivalente Reduzierte $\overline{F}$. Aber durch die Ungleichheiten, welche φ als reduzierte Form charakterisieren, ist das Wertesystem der Parameter in endliche Grenzen gebannt, d. h. $\overline{\varphi}$

1) Siehe des Verfassers 5. Teil der „Zahlentheorie“: „Allgemeine Arithmetik der Zahlenkörper“, S. 344.

ist nur in einem endlich begrenzten Teile $\overline{G}$ des Gebietes G aller mit (27) verträglichen Wertesysteme der Parameter reduziert und hört auf es zu sein, wenn bei steter Veränderung dieses System an irgendeiner Stelle, die wir durch das System

(42) $$\gamma_1, \gamma_2, \ldots, \gamma_\mu, \quad \delta_1, \delta_1', \ldots, \delta_\nu, \delta_\nu'$$

bezeichnen, die Begrenzung von $\overline{G}$ überschreitet. Dann bedarf es einer neuen unimodularen Substitution S', um $\overline{\varphi}$ wieder zu reduzieren, und es entsteht eine neue, wieder in einem endlichen Teile $\overline{\overline{G}}$ von G reduzierte Form $\overline{\overline{\varphi}}$ und entsprechend eine neue mit F äquivalente Reduzierte $\overline{\overline{F}}$. Offenbar erhält man die Form $\overline{\overline{\varphi}}$ auch, wenn man unmittelbar die Form φ für das neue Wertesystem (42) der Parameter reduziert. So fortfahrend, d. h., um mit Hermite zu sprechen, durch stete Reduktion (réduction continuelle) der Form φ für alle mit (27) verträglichen Wertesysteme der Parameter erhält man eine Reihe reduzierender Substitutionen $S, S', S'', \ldots$ und durch sie eine Reihe reduzierter quadratischer Formen $\overline{\varphi}, \overline{\overline{\varphi}}, \overline{\overline{\overline{\varphi}}}, \ldots$, denen eine ebensolche Reihe mit F äquivalenter Reduzierten $\overline{F}, \overline{\overline{F}}, \overline{\overline{\overline{F}}}, \ldots$ zugehört. Die Reihe der Substitutionen ist unbegrenzt. Denn, denkt man sich die Parameter $\alpha_i, \beta_i, \beta_i'$ als ganze Funktionen eines einzigen Parameters λ und die Veränderung der Parameter speziell dadurch bewirkt, daß λ alle reellen Werte durchläuft, so werden auch die Koeffizienten von φ ganze Funktionen von λ, und die für reduzierte Formen erforderliche Bedingung (28), in welcher die linke Seite eine ganze Funktion von λ wäre, könnte jedesmal nur in einem endlichen Intervalle für λ erfüllt sein; bei unendlich wachsendem λ sind also unbegrenzt viele Reduktionen erforderlich.

Dagegen ist die Anzahl verschiedener Reduzierten in der Klasse von F, wie schon bewiesen, nur endlich. Nun ist zwar jede dieser Formen $\overline{F}$ auf unendlich viele Arten in Linearfaktoren zerlegbar; denn, ist

$$\overline{F} = \prod_{i=1}^{\mu} R_i \cdot \prod_{i=1}^{\nu} S_i \cdot S_i'$$

eine Zerlegung, so kann man auch setzen

$$\overline{F} = \prod_{i=1}^{\mu} \varepsilon_i R_i \cdot \prod_{i=1}^{\nu} \eta_i S_i \cdot \eta_i' S_i',$$

wenn man die Multiplikatoren ε_i, η_i, η_i' als irgendwelche, der Bedingung

$$\varepsilon_1 \ldots \varepsilon_\mu \cdot \eta_1 \eta_1' \ldots \eta_\nu \eta_\nu' = 1$$

genügende und dabei η_i, η_i' als konjugiert imaginäre Zahlen wählt. Betrachtet man aber alle diese Zerlegungen als nur unwesentlich verschieden, so gibt es entsprechend der endlichen Anzahl der Reduzierten in der Klasse von F auch nur eine endliche Anzahl wesentlich verschiedener Systeme $\overline{R}_i$, $\overline{S}_i$, $\overline{S}_i'$ von Linearformen derselben. Daraus folgt, daß gewiß zwei der genannten Substitutionen — sie heißen S_1, S_2 — zu ebendemselben dieser letzteren Systeme hinführen müssen, so daß die Substitution S_1 die Faktoren R_i, S_i, S_i' in

$$\varepsilon_{i1}\cdot\overline{R}_i,\quad \eta_{i1}\cdot\overline{S}_i,\quad \eta_{i1}'\cdot\overline{S}_i',$$

die Substitution S_2 in

$$\varepsilon_{i2}\cdot\overline{R}_i,\quad \eta_{i2}\cdot\overline{S}_i,\quad \eta_{i2}'\cdot\overline{S}_i',$$

verwandelt. Demgemäß wird dann die zusammengesetzte unimodulare Substitution $T = S_1\cdot S_2^{-1}$ die Faktoren R_i, S_i, S_i' in

$$\mathsf{E}_i R_i,\quad \mathsf{H}_i S_i,\quad \mathsf{H}_i' S_i',$$

wo

$$\mathsf{E}_i = \varepsilon_{i1}\cdot\varepsilon_{i2}^{-1},\quad \mathsf{H}_i = \eta_{i1}\cdot\eta_{i2}^{-1},\quad \mathsf{H}_i' = \eta_{i1}'\cdot\eta_{i2}'^{-1}$$

gesetzt ist, und folglich F in sich selbst verwandeln. Die Substitution T bezeichnet also eine Automorphie von F.

Stellen wir sie durch die Gleichungen

$$x_i = \alpha_{i1}y_1 + \alpha_{i2}y_2 + \cdots + \alpha_{in}y_n \tag{43}$$
$$(i = 1, 2, \ldots, n)$$

dar, so erhält man, da sie R_i in $\mathsf{E}_i\cdot R_i$ verwandelt, die folgende Beziehung:

$$\sum_j y_j \sum_k r_{ik}\alpha_{kj} = \mathsf{E}_i\cdot\sum_j r_{ij}y_j,$$

welche in die n Beziehungen:

$$\sum_{k=1}^{n} r_{ik}\alpha_{kj} = \mathsf{E}_i\cdot r_{ij}$$
$$(j = 1, 2, \ldots, n)$$

zerfällt. Sie lehren zunächst, daß E_i eine Zahl des Körpers $K(z)$ sein muß. Schreibt man sie aber in der Gestalt:

$$\begin{array}{llll}
r_{i1}(\alpha_{11}-\mathsf{E}_i) & + r_{i2}\alpha_{21} & + \cdots + r_{in}\alpha_{n1} & = 0\\
r_{i1}\alpha_{12} & + r_{i2}(\alpha_{22}-\mathsf{E}_i) & + \cdots + r_{in}\alpha_{n2} & = 0\\
\cdot\;\cdot\;\cdot & \cdot\;\cdot\;\cdot & \cdot\;\cdot\;\cdot & \\
r_{i1}\alpha_{1n} & + r_{i2}\alpha_{2n} & + \cdots + r_{in}(\alpha_{nn}-\mathsf{E}_i) & = 0,
\end{array}$$

so ergibt sich die Determinante

$$\begin{vmatrix} \alpha_{11} - \mathsf{E}_i, & \alpha_{21}, & \ldots, & \alpha_{n1} \\ \alpha_{12}, & \alpha_{22} - \mathsf{E}_i, & \ldots, & \alpha_{n2} \\ \cdot & \cdot & \cdot & \cdot \\ \alpha_{1n}, & \alpha_{2n}, & \ldots, & \alpha_{nn} - \mathsf{E}_i \end{vmatrix} = 0,$$

und demnach ist E_i Wurzel einer Gleichung n^{ten} Grades mit ganzzahligen Koeffizienten, deren höchster gleich $(-1)^n$ und deren letzter der Modul der Substitution (43), also 1 ist. Dies zeigt, daß E_i eine Einheit des Körpers $K(z_i)$ ist, die Multiplikatoren

$$\mathsf{E}_1, \ldots, \mathsf{E}_\mu, \mathsf{H}_1, \mathsf{H}_1', \ldots, \mathsf{H}_\nu, \mathsf{H}_\nu'$$

also konjugierte Einheiten der Körper (20), und zwar solche mit positiver Norm sind.

Somit hat die stete Reduktion der Form φ die Existenz einer Einheit des Körpers $K(z)$ ergeben, indem sie uns tatsächlich eine solche Einheit lieferte.

8. Man kann aber leicht einsehen, daß man durch sie auch sämtliche Einheiten des Körpers mit positiver Norm erhält. Dies beruht auf folgendem einfachen Satze: (vgl. Kap. 3, Nr. 12):

Nimmt die Form (21) für das ganzzahlige Wertesystem $\xi_1, \xi_2, \ldots, \xi_n$ der Unbestimmten einen absolut kleinsten Wert an und sind f, r_i, s_i, s_i' die entsprechenden Werte von F, R_i, S_i, S_i', so erhält auch die Form

$$\psi = \sum_{i=1}^{\mu} \left(\frac{R_i}{r_i}\right)^2 + 2 \cdot \sum_{i=1}^{\nu} \frac{S_i}{s_i} \cdot \frac{S_i'}{s_i'}$$

für dasselbe Wertesystem der Unbestimmten ihren kleinsten Wert. Wäre dies nämlich nicht der Fall, so würde der Minimalwert M von ψ kleiner als $\mu + 2\nu = n$ sein, und da das Produkt der n positiven Bestandteile von ψ bekanntlich absolut genommen nicht größer sein kann als die n^{te} Potenz ihres arithmetischen Mittels, so ergibt sich dann

$$\left|\frac{F}{f}\right|^2 = \prod_{i=1}^{\mu} \left(\frac{R_i}{r_i}\right)^2 \cdot \prod_{i=1}^{\nu} \left(\frac{S_i}{s_i}\right)^2 \cdot \left(\frac{S_i'}{s_i'}\right)^2 \overline{\gtrless} \left(\frac{M}{n}\right)^n < \left(\frac{n}{n}\right)^n = 1,$$

d. h.

$$|F| < |f|$$

gegen die Voraussetzung, nach welcher f absolut genommen den Minimalwert von F bedeutet.

Versteht man nun im besonderen unter F die Form

$$(44)\qquad F_0 = \prod_{i=1}^{n} U_i,$$

in welcher

$$U_i = \omega_1^{(i)} x_1 + \omega_2^{(i)} x_2 + \cdots + \omega_n^{(i)} x_n$$

ist — die wir als Hauptform bezeichnen wollen —, d. i. für jedes ganzzahlige Wertsystem der Unbestimmten die Norm einer ganzen algebraischen Zahl des Körpers $K(z)$, so ist der kleinste absolute Wert dieser Form gleich eins und wird erhalten, wenn der allgemeine Faktor des Produkts als eine Einheit

$$\mathsf{E}(z_i) = \omega_1^{(i)} \xi_1 + \omega_2^{(i)} \xi_2 + \cdots + \omega_n^{(i)} \xi_n$$

des Körpers $K(z_i)$ genommen wird. Dem voraufgeschickten Satze zufolge wird also das Wertesystem $\xi_1, \xi_2, \ldots, \xi_n$ eine Minimaldarstellung für die der Hauptform (44) entsprechende quadratische Form

$$\psi = \sum_{i=1}^{\mu} \left(\frac{R_i}{\mathsf{E}(z_i)}\right)^2 + 2 \sum_{i=1}^{\nu} \frac{S_i}{\mathsf{E}(\zeta_i)} \cdot \frac{S_i'}{\mathsf{E}(\zeta_i')}$$

sein. Dies ist aber die zu F_0 gehörige Form φ_0, wenn ihren Parametern die offenbar mit (27) verträglichen Werte

$$(45)\qquad \alpha_i = \frac{1}{\mathsf{E}(z_i)^2}, \quad \beta_i = \frac{1}{\mathsf{E}(\zeta_i)}, \quad \beta_i' = \frac{1}{\mathsf{E}(\zeta_i')}$$

erteilt werden. Läßt man also die Parameter dieser Form φ_0 alle mit (27) verträglichen Wertesysteme stetig durchlaufen und bestimmt jedesmal die Minimaldarstellungen der Form φ_0, was durch die Reduktion der Form erreicht werden kann, so stößt man notwendig auf jedes einer Einheit entsprechende Wertesystem der Unbestimmten, da ja die veränderlichen Parameter dann auch das Wertesystem von der Art (45) erhalten.

Die Form ψ kann mehr als die eine Minimaldarstellung zulassen. Jeder von ihnen entspricht aber auch eine Einheit. Denn der Minimalwert von ψ war, wie bemerkt, gleich n; aus $\psi = n$ aber folgt

$$\frac{|F_0|^2}{N\mathsf{E}(z_i)^2} \lesseqgtr \left(\frac{n}{n}\right)^n = 1$$

und somit $|F_0| = 1$, da $N\mathsf{E}(z_i) = 1$ und der Wert der Form F_0 nur ganzzahlig ist. Nun nimmt aber bekanntlich das Produkt der n positiven Bestandteile von ψ nur dann seine obere Schranke 1 an, wenn alle Bestandteile gleich, also hier gleich 1 sind. Daraus folgen die Gleichungen

$$\left(\frac{R_i}{\mathsf{E}(z_i)}\right)^2 = 1, \quad \frac{S_i}{\mathsf{E}(\zeta_i)} \cdot \frac{S_i'}{\mathsf{E}(\zeta_i')} = 1$$

oder, wenn wieder der allgemeine Faktor von F_0, der eine Einheit ist, mit U_i bezeichnet wird, die Bedingung, daß der absolute Betrag von

$$\frac{U_i}{\mathsf{E}(z_i)}$$

für jede Wurzel z_i der Gleichung $\mathsf{F}(z) = 0$ gleich 1 sei. Dieser Quotient ist aber wieder eine Einheit. Demnach unterscheiden sich U_i und $\mathsf{E}(z_i)$ bekanntlich nur um einen Faktor, der eine Einheitswurzel ϱ ist:

$$U_i = \varrho \cdot \mathsf{E}(z_i).$$

Faßt man nun alle Einheiten des Körpers, die sich nur in dieser Weise voneinander unterscheiden, in eine Gruppe zusammen, so liefern also alle Minimaldarstellungen von ψ eine ganze solche Gruppe, denn offenbar liefern auch umgekehrt die aus obiger Formel sich ergebenden Unbestimmten der Linearformen U_i eine Minimaldarstellung von ψ. Sooft nämlich die Gleichung $\mathsf{F}(z) = 0$ eine reelle Wurzel hat, kann der ihr entsprechende Wert des Quotienten $\frac{U_i}{\mathsf{E}(z_i)}$, weil reell, nur ± 1 sein; da dann für eine Wurzel z_i der irreduktibeln Gleichung $\mathsf{F}(z) = 0$ die Gleichung $U_i = \pm \mathsf{E}(z_i)$ stattfindet, so besteht sie für alle ihre Wurzeln, und aus den so hervorgehenden Gleichungen ersieht man, daß in diesem Falle die Form ψ nur zwei einander entgegengesetzte Minimaldarstellungen besitzt, denen zwei entgegengesetzte Einheiten entsprechen. Hat aber $\mathsf{F}(z) = 0$ nur imaginäre Wurzeln, so fällt die erste Summe in ψ aus, und es entsprechen in der zweiten den konjugiert imaginären Faktoren auch konjugiert imaginäre Einheitswurzeln ϱ, deren Produkt gleich 1 ist.

9. Die Automorphien einer zerlegbaren Form sind von zweierlei Art. Entweder führt eine solche durch Formeln von der Art (43) einen Faktor U_i der Form in den entsprechenden Faktor, d. i. in einen Ausdruck $\mathsf{E}_i \cdot U_i$ über, was durch die Gleichungen

$$\sum_{k=1}^{n} a_{ik} \cdot \alpha_{kj} = \mathsf{E}_i \cdot a_{ij}$$
$$(j = 1, 2, \ldots, n)$$

ausgesprochen wird. Ihnen zufolge ist E_i eine Zahl des Körpers $K(z_i)$; diese Gleichungen bedeuten also eine rationale Beziehung für die Wurzel z_i der irreduktiblen Gleichung $\mathsf{F}(z) = 0$ und bestehen daher für jede dieser Wurzeln, d. h. die sämtlichen Faktoren U_i gehen über in $\mathsf{E}_i \cdot U_i$, wo die E_i konjugierte Zahlen, und zwar, wie in Nr. 7 gezeigt, Einheiten der Körper (20) mit positiver Norm sind. Derartige Automorphien sollen eigentliche genannt werden.

Oder aber die Automorphie (43) verwandelt jeden Faktor U_i in einen ihm nicht entsprechenden, etwa U_i in $\varepsilon_i \cdot U_{h_i}$, was sich ausspricht in den Gleichungen

$$(47) \qquad \sum_{k=1}^{n} a_{ik} \cdot \alpha_{kj} = \varepsilon_i \cdot a_{h_i j}, \quad (h_i \neq i). \qquad (j = 1, 2, \ldots, n)$$

Hier steht dann links eine ganze rationale Funktion von z_i, im Faktor von ε_i rechts eine solche von z_{h_i}, die beide vom Grade $n-1$ gedacht werden dürfen; die n Gleichungen dienen mithin dazu, die Potenzen von z_{h_i} durch diejenigen von z_i auszudrücken, und ergeben insbesondere z_{h_i} selbst als eine ganze rationale Funktion von z_i, etwa

$$z_{h_i} = \psi(z_i, \varepsilon_i).$$

Den Formeln (47) zufolge ist ε_i eine rationale Funktion von z_i und z_{h_i}, jedenfalls also eine Zahl des zur Gleichung $\mathsf{F}(z) = 0$ gehörigen Galoisschen, d. h. aus allen ihren Wurzeln zusammengesetzten Zahlenkörpers. Die Funktion ψ bleibt für jeden Index $i = 1, 2, \ldots, n$ die gleiche. Hiernach kann eine Automorphie der zweiten Art, die uneigentlich heißen möge, für die zerlegbare Form F nur stattfinden, wenn für die Wurzeln der Gleichung $\mathsf{F}(z) = 0$ eine transitive, d. h. jede von ihnen durch eine von ihr verschiedene ersetzende Substitution

$$\begin{pmatrix} z_1, & z_2, & \ldots, & z_n \\ z_{h_1}, & z_{h_2}, & \ldots, & z_{h_n} \end{pmatrix}$$

angebbar ist, bei welcher jedes Element z_{h_i} der neuen Anordnung die gleiche rationale Funktion des entsprechenden Elementes z_i der ursprünglichen Anordnung und einer Zahl ε_i des zur Gleichung gehörigen Galoisschen Körpers ist; diese Zahlen ε_i erfüllen zudem die Bedingung

$$\prod_{i=1}^{n} \varepsilon_i = 1.$$

Wir wollen hier weiter nur die eigentlichen Automorphien behandeln.

Jeder eigentlichen Automorphie einer der Gleichung $\mathsf{F}(z) = 0$ zugehörigen zerlegbaren Form der oben bezeichneten Art entspricht, wie wir sahen, eine Einheit des Körpers $K(z)$ mit positiver Norm. Dies gilt insbesondere auch für die Hauptform

$$F_0 = \prod_{i=1}^{n} (\omega_1^{(i)} x_1 + \omega_2^{(i)} x_2 + \cdots + \omega_n^{(i)} x_n).$$

Hier gilt aber auch das Umgekehrte, daß jeder solchen Einheit E eine eigentliche Automorphie von F_0 zugehört. In der Tat bestehen, da jede der Zahlen

$$\omega_k^{(i)} \cdot \mathsf{E}_i$$
$$(k = 1, 2, \ldots, n)$$

eine ganze Zahl des Körpers $K(z_i)$ ist, Gleichungen von der Gestalt:

$$\omega_k^{(i)} \cdot \mathsf{E}_i = \varepsilon_{k1} \cdot \omega_1^{(i)} + \varepsilon_{k2} \cdot \omega_2^{(i)} + \cdots + \varepsilon_{kn} \cdot \omega_n^{(i)}$$
$$(k = 1, 2, \ldots, n)$$

mit ganzzahligen Koeffizienten ε_{kj}, welche für alle Werte des Index i die gleichen sind. Macht man also in der Hauptform F_0 die Substitution T:

$$x_h = \varepsilon_{1h} y_1 + \varepsilon_{2h} y_2 + \cdots + \varepsilon_{nh} y_n,$$
$$(h = 1, 2, \ldots, n)$$

so verwandelt sich der allgemeine Faktor

$$\omega_1^{(i)} x_1 + \omega_2^{(i)} x_2 + \cdots + \omega_n^{(i)} x_n$$

derselben in

$$\sum_h \sum_k \varepsilon_{kh} \omega_h^{(i)} \cdot y_k = E_i \cdot \sum_k \omega_k^{(i)} y_k,$$

und somit ist T eine der Einheit E zugehörige eigentliche Automorphie von F_0. Diese Automorphie ist aber auch eindeutig bestimmt. Denn aus den eine solche charakterisierenden Gleichungen

$$\sum_{k=1}^{n} \omega_k^{(i)} \cdot \alpha_{kj} = \mathsf{E}_i \cdot \omega_j^{(i)}$$
$$(i = 1, 2, \ldots, n)$$

bestimmen sich die Größen $\alpha_{1j}, \alpha_{2j}, \ldots, \alpha_{nj}$, d. h. die Koeffizienten jeder einzelnen Kolonne der Substitution und somit die Substitution selbst in ganz bestimmter Weise.

Nun wollen wir voraussetzen, daß der Körper $K(z)$ keine einer imaginären Einheitswurzel gleiche Einheit enthalte, in der Formel (25) mithin der Faktor α^h zu unterdrücken sei, was z. B. stets der Fall ist, wenn die Gleichung $\mathsf{F}(z) = 0$ wenigstens eine reelle Wurzel hat.[1]) Dann gehört dem Zuvorgesagten gemäß zu jeder der fundamentalen Einheiten $\eta_1, \eta_2, \ldots, \eta_\lambda$ je eine ganz bestimmte Automorphie $T_1, T_2, \ldots, T_\lambda$ der Form F_0, aus deren Zusammensetzung

1) Siehe des Verf. „Zahlentheorie“, Teil 5: Allg. Arithmetik der Zahlenkörper, S. 357.

eine zur Einheit

$$\varepsilon(z) = \eta_1(z)^{k_1} \cdot \eta_2(z)^{k_2} \ldots \eta_\lambda(z)^{k_\lambda} \tag{48 a}$$

gehörige Automorphie T — weil offenbar die eigentlichen Automorphien von F_0 bei der Zusammensetzung vertauschbar sind — durch die entsprechende Formel

$$T = T_1^{k_1} \cdot T_2^{k_2} \ldots T_\lambda^{k_\lambda} \tag{49 a}$$

erhalten wird. Die Einheit -1 ist nur dann eine solche mit positiver Norm, wenn n gerade ist, und dann besteht die ihr zugehörige Automorphie einfach darin, daß die Unbestimmten von F_0 mit entgegengesetzten Vorzeichen genommen werden; somit entspricht dann der Einheit

$$\varepsilon(z) = -\eta_1(z)^{k_1} \cdot \eta_2(z)^{k_2} \ldots \eta_\lambda(z)^{k_\lambda} \tag{48 b}$$

eine Automorphie

$$T = -T_1^{k_1} \cdot T_2^{k_2} \ldots T_\lambda^{k_\lambda}, \tag{49 b}$$

die aus der Automorphie (49 a) entsteht, wenn alle Unbestimmten in ihr entgegengesetzt genommen werden. Da nun auch umgekehrt jeder Automorphie von F_0 eine Einheit mit positiver Norm entspricht, die durch eine der beiden Formeln (48 a), (48 b) bestimmt werden muß, und dieser Einheit auch nur eine einzige Automorphie zugehören kann, so muß jede Automorphie von F_0 durch eine der beiden Formeln (49 a), (49 b) gegeben werden. *Es gibt also für die Hauptform F_0 eine Anzahl λ fundamentaler Automorphien $T_1, T_2, \ldots, T_\lambda$, aus denen jede eigentliche Automorphie T derselben nach der Formel*

$$T = \pm T_1^{k_1} \cdot T_2^{k_2} \ldots T_\lambda^{k_\lambda}$$

zusammensetzbar ist.

10. Ist jetzt

$$F = \prod_{i=1}^{n} U_i = \prod_{i=1}^{n} (a_{i1}x_1 + a_{i2}x_2 + \cdots + a_{in}x_n)$$

irgendeine der Gleichung $\mathsf{F}(z) = 0$ zugehörige zerlegbare Form, so daß allgemein

$$a_{ik} = \omega_1^{(i)} \cdot \alpha_{k1} + \omega_2^{(i)}\alpha_{k2} + \cdots + \omega_n^{(i)}\alpha_{kn}$$
$$(i, k = 1, 2, \ldots, n)$$

mit ganzzahligen Koeffizienten gesetzt werden kann, so geht F offenbar aus der Hauptform F_0 durch die Substitution S:

$$\begin{pmatrix} \alpha_{11}, & \alpha_{21}, & \ldots, & \alpha_{n1} \\ \alpha_{12}, & \alpha_{22}, & \ldots, & \alpha_{n2} \\ \cdot & \cdot & \cdot & \cdot \\ \alpha_{1n}, & \alpha_{2n}, & \ldots, & \alpha_{nn} \end{pmatrix}$$

hervor, deren Inverse S' heiße. Daraus folgt ersichtlich, daß, wenn T keine eigentliche Automorphie von F_0 ist, welcher die Einheit E entspricht, die Form F durch die Substitution $S' \cdot T \cdot S$ in sich selbst übergehen muß, indem ihre einzelnen Linearfaktoren U_i mit E_i multipliziert wiedererscheinen. Aber im allgemeinen ist diese Substitution keine Automorphie; nämlich ihre Koeffizienten sind nicht ganzzahlig, da diejenigen von S' es nur sind, wenn der Modul von S gleich ± 1, d. h. die Form F von gleicher Invariante wie die Hauptform ist. Wenn somit nicht jeder eigentlichen Automorphie von F_0 auch eine solche von F entspricht, so gilt doch das Umgekehrte, denn der Einheit E, welche einer eigentlichen Automorphie T von F entspricht, gehört ja auch, wie gezeigt, eine solche T von F_0 zu. Und zudem ist

$$\mathsf{T} = S' \cdot T \cdot S; \tag{50}$$

denn diese zusammengesetzte Substitution führt, ebenso wie T, jeden Linearfaktor U_i von F in $\mathsf{E}_i \cdot U_i$ über, und eine derartige Substitution ist, wie schon bemerkt, nur eindeutig bestimmt.

Nun kann es nicht mehr als λ unabhängige eigentliche Automorphien von F geben, d. h. wenn $\mathsf{T}_1, \mathsf{T}_2, \ldots, \mathsf{T}_\varrho$ mehr als λ solcher Automorphien bedeuten, so gibt es ganze, nicht durchweg verschwindende Exponenten $m_1, m_2, \ldots, m_\varrho$ der Art, daß

$$\mathsf{T}_1^{m_1} \cdot \mathsf{T}_2^{m_2} \ldots \mathsf{T}_\varrho^{m_\varrho} = 1,$$

nämlich der identischen Substitution gleich ist. In der Tat gibt es solche Zahlen, für welche

$$T_1^{m_1} \cdot T_2^{m_2} \ldots T_\varrho^{m_\varrho} = 1 \tag{51}$$

ist, wo die T_i die nach der Formel (50) den T_i entsprechenden Automorphien von F_0 sind; denn derartige Automorphien gibt es, da sie durch λ fundamentale ausgedrückt werden können, nicht mehr als λ unabhängige. Aus (51) aber folgt

$$\mathsf{T}_1^{m_1} \cdot \mathsf{T}_2^{m_2} \ldots \mathsf{T}_\varrho^{m_\varrho} = S' \cdot T_1^{m_1} \cdot T_2^{m_2} \ldots T_\varrho^{m_\varrho} \cdot S = S' \cdot S = 1.$$

Es läßt sich aber weiter zeigen, daß auch nicht durch weniger als λ Automorphien T_i jedes T ausgedrückt werden kann, daß also die Anzahl der fundamentalen eigentlichen Automorphien von F ebenfalls λ ist. Um dies zu erkennen, nehme man die Form F

wieder in der Gestalt (21) an und verfahre bei der steten Reduktion der ihr nach (26) zugeordneten Form φ in der folgenden besonderen Art. Man verstehe unter $r_1, r_2, \ldots, r_\mu, s_1, s_2, \ldots, s_\nu$ irgendwelche reelle Zahlen, welche die Bedingung erfüllen

$$(52) \qquad r_1 + \cdots + r_\mu + 2s_1 + \cdots + 2s_\nu = 0,$$

und unter K eine gegebene Zahl, unter mK jedes ihrer Vielfachen. Werden dann die Parameter α_i, β_i so gewählt, daß

$$\frac{\log \alpha_i}{r_i} = \frac{\log \beta_i \beta_i'}{s_i} = mK$$

$$(i = 1, 2, \ldots, \mu) \quad (i = 1, 2, \ldots, \nu)$$

ist, so erfüllen sie die Bedingung (27). Die Substitutionen, welche für alle diese, den verschiedenen Vielfachen von K entsprechenden Wertesysteme der Parameter die Form φ reduzieren, werden, wenn K hinreichend groß und damit die erwähnten Wertsysteme hinreichend voneinander verschieden gedacht werden, eine unbegrenzte Reihe verschiedener Substitutionen ausmachen, denen doch wie in Nr. 7 nur eine endliche Anzahl wesentlich verschiedener Linearformen $\overline{R}_i, \overline{S}_i, \overline{S}_i'$ zugehört. Demnach müssen unendlich vielen Vielfachen mK Substitutionen entsprechen, welche dasselbe System von Linearfaktoren und damit eine eigentliche Automorphie T der Form F herbeiführen. Es seien $m_1 K$, $m_2 K$ zwei solche Vielfachen und S_1, S_2 die zugehörigen Substitutionen. Unter Beibehaltung der Bezeichnungen von Nr. 7 entsprechen den Substitutionen S_1, S_2 die beiden reduzierten Formen

$$\sum_{i=1}^{\mu} e^{m_1 K r_i} \cdot \varepsilon_{i1}^2 \overline{R}_i^2 + 2 \sum_{i=1}^{\nu} e^{m_1 K s_i} \cdot \eta_{i1} \eta_{i1}' \overline{S}_i \overline{S}_i'$$

$$\sum_{i=1}^{\mu} e^{m_2 K r_i} \cdot \varepsilon_{i2}^2 \overline{R}_i^2 + 2 \sum_{i=1}^{\nu} e^{m_2 K s_i} \cdot \eta_{i2} \eta_{i2}' \overline{S}_i \overline{S}_i'.$$

Da in ihnen die Koeffizienten endlich beschränkt sind, so gilt dies insbesondere von den Koeffizienten von x_1^2, d. i. von den Ausdrücken

$$\sum_{i=1}^{\mu} e^{m_1 K r_i} \cdot \varepsilon_{i1}^2 \bar{r}_{i1}^2 + 2 \sum_{i=1}^{\nu} e^{m_1 K s_i} \cdot \eta_{i1} \eta_{i1}' \bar{s}_{i1} \bar{s}_{i1}'$$

$$\sum_{i=1}^{\mu} e^{m_2 K r_i} \cdot \varepsilon_{i2}^2 \bar{r}_{i1}^2 + 2 \sum_{i=1}^{\nu} e^{m_2 K s_i} \cdot \eta_{i2} \eta_{i2}' \bar{s}_{i1} \bar{s}_{i1}',$$

also auch von ihren einzelnen positiven Summanden; und da es nur eine endliche Anzahl Reduzierter in der Klasse von F gibt, also

$\bar{r}_{i1}, \bar{s}_{i1}, \bar{s}'_{i1}$ nur endlich viele verschiedene Werte haben können, auch von den Werten

$$e^{\frac{1}{2} m_1 K r_i} \cdot \varepsilon_{i1}, \quad e^{\frac{1}{2} m_2 K r_i} \cdot \varepsilon_{i2}$$

$$e^{m_1 K s_i} \cdot \eta_{i1} \eta'_{i1}, \quad e^{m_2 K s_i} \cdot \eta_{i2} \eta'_{i2},$$

die auch zugleich eine untere Grenze haben, da sie durch die Gleichungen

$$\prod_{i=1}^{\mu} e^{\frac{1}{2} m_1 K r_i} \cdot \varepsilon_{i1} \cdot \prod_{i=1}^{\nu} e^{m_1 K s_i} \cdot \eta_{i1} \eta'_{i1} = 1$$

$$\prod_{i=1}^{\mu} e^{\frac{1}{2} m_2 K r_i} \cdot \varepsilon_{i2} \cdot \prod_{i=1}^{\nu} e^{m_2 K s_i} \cdot \eta_{i2} \eta'_{i2} = 1$$

miteinander verknüpft sind. Setzt man sie daher gleich $A_{i1}, A_{i2}, B_{i1}, B_{i2}$ bzw., so sind die Logarithmen dieser Werte endlich und

$$\log \varepsilon_{i1} \quad = -\tfrac{1}{2} m_1 K r_i + \log A_{i1}, \quad \log \varepsilon_{i2} \quad = -\tfrac{1}{2} m_2 K r_i + \log A_{i2}$$

$$\log \eta_{i1} \eta'_{i2} = - \quad m_1 K s_i + \log B_{i1}, \quad \log \eta_{i2} \eta'_{i2} = - \quad m_2 K s_i + \log B_{i2}.$$

Also bestehen für die der Automorphie T zugehörige Einheit E die Gleichungen

$$(53) \quad \begin{cases} \log \mathsf{E}_i = -\tfrac{1}{2}(m_1 - m_2) K r_i + \log A_{i1} - \log A_{i2} \\ \log \mathsf{H}_i \mathsf{H}'_i = - \quad (m_1 - m_2) K s_i + \log B_{i1} - \log B_{i2}. \end{cases}$$

Wäre nun diese Automorphie durch weniger als λ fundamentale Automorphien $\mathsf{T}_1, \mathsf{T}_2, \ldots, \mathsf{T}_\varrho$ mit den zugehörigen Einheiten $E_1, E_2, \ldots, E_\varrho$ ausdrückbar, so daß

$$\mathsf{T} = \mathsf{T}_1^{k_1} \cdot \mathsf{T}_2^{k_2} \ldots \mathsf{T}_\varrho^{k_\varrho},$$

also auch

$$\mathsf{E} = E_1^{k_1} \cdot E_2^{k_2} \ldots E_\varrho^{k_\varrho}$$

gesetzt werden kann, so erhielte man $\lambda + 1$ Gleichungen für

$$\log \mathsf{E}_i \quad \text{und} \quad \log \mathsf{H}_i \mathsf{H}'_i,$$

$$(i = 1, 2, \ldots, \mu) \quad (i = 1, 2, \ldots, \nu)$$

aus deren λ ersten die $\varrho < \lambda$ Größen E_i eliminiert werden könnten, so daß sich eine Beziehung ergäbe von der Gestalt:

$$\sum_{i=1}^{\mu} C_i \cdot \log \mathsf{E}_i + \sum_{i=1}^{\nu-1} D_i \cdot \log \mathsf{H}_i \mathsf{H}'_i = 0$$

mit nicht durchweg verschwindenden C_i, D_i, welche mittels der Gleichungen (53) in die folgende:

$$\sum_{i=1}^{\mu} C_i r_i + \sum_{i=1}^{\nu-1} D_i s_i = \sum_{i=1}^{\mu} C_i \cdot \frac{2(\log A_{i1} - \log A_{i2})}{(m_2 - m_1) K} + \sum_{i=1}^{\nu-1} D_i \cdot \frac{\log B_{i1} - \log B_{i2}}{(m_2 - m_1) K}$$

übergeht. Da nun hierbei K beliebig groß gedacht werden kann, so erschlösse man durch Grenzübergang eine Gleichung

$$\sum_{i=1}^{\mu} C_i r_i + \sum_{i=1}^{\nu-1} D_i s_i = 0,$$

während doch die r_i, s_i in ihr beliebig annehmbar sind, da dann immer noch s_ν der Gleichung (52) gemäß bestimmt werden kann.

Nachdem so die obige Behauptung erwiesen ist, seien

$$\text{(54)} \qquad \mathsf{T}_1, \mathsf{T}_2, \ldots, \mathsf{T}_\lambda$$

die λ fundamentalen Automorphien für F und

$$\text{(55)} \qquad E_1, E_2, \ldots, E_\lambda$$

die zu ihnen gehörigen Einheiten. Jede von diesen kann durch eine der Formeln (48a), (48b) mittels der Fundamentaleinheiten des Körpers $K(z)$ ausgedrückt werden und umgekehrt jede der letzteren und folglich auch jede Einheit E des Körpers als ein Produkt von Potenzen der ersteren mit rationalen Exponenten, und somit ist für jede Einheit E des Körpers eine gewisse ganze Potenz E^m in der Gestalt

$$\mathsf{E}^m = E_1^{k_1} \cdot E_2^{k_2} \ldots E_\lambda^{k_\lambda}$$

mit ganzzahligen Exponenten darstellbar. Ihr gehört also die eigentliche Automorphie

$$\mathsf{T} = \mathsf{T}_1^{k_1} \cdot \mathsf{T}_2^{k_2} \ldots \mathsf{T}_\lambda^{k_\lambda}$$

von F zu. Ist nun T_0 die der Einheit E entsprechende eigentliche Automorphie von F_0, so ist T_0^m diejenige, welche E^m entspricht, die also der Automorphie T nach der Formel (50) zugeordnet ist. Man findet daher

$$\mathsf{T} = S' \cdot T_0^m \cdot S$$

und demnach den Satz:

Entspricht zwar nicht jeder eigentlichen Automorphie der Hauptform F_0 auch eine solche der Form F, so gibt es doch immer eine gewisse Potenz der ersteren, der eine solche zugeordnet ist. —

Dreizehntes Kapitel.

Die quadratischen und kubischen Irrationellen.

1. Die allgemeinen Betrachtungen des vorigen Kapitels sollen jetzt an einfachen Beispielen noch eingehender erläutert werden.

Im Falle $n = 2$ handelt es sich um die binären quadratischen Formen mit ganzzahligen Koeffizienten

$$F(x, y) = ax^2 + 2bxy + cy^2. \tag{1}$$

Wir beschränken uns auf die Betrachtung von solchen mit positiver, nicht quadratischer Determinante

$$D = b^2 - ac. \tag{2}$$

Derartige Formen sind stets zerlegbar in das Produkt

$$F(x, y) = a(x - \omega_1 y)(x - \omega_2 y), \tag{3}$$

worin

$$\omega_1 = \frac{-b + \sqrt{D}}{a}, \qquad \omega_2 = \frac{-b - \sqrt{D}}{a} \tag{4}$$

konjugierte, dem quadratischen Zahlenkörper $K(\sqrt{D})$ angehörige reelle Irrationellen sind.

War nun ω eine reelle Irrationelle, so wurden die sukzessiven Minima der quadratischen Form

$$f(x, y) = (x - \omega y)^2 + \lambda^2 y^2 \tag{5}$$

bei stetig abnehmendem Parameter λ (s. Kap. 2, Nr. 14) erhalten, wenn x, y den Zählern und Nennern der aufeinanderfolgenden Näherungsbrüche des gewöhnlichen Kettenbruches für ω gleichgesetzt wurden. Bei Reduktion der Form für irgendeinen Wert des Parameters λ mittels einer unimodularen Substitution $\begin{pmatrix} p, & r \\ q, & s \end{pmatrix}$ ist aber der erste Koeffizient

$$(p - \omega q)^2 + \lambda^2 q^2$$

der neuen Form der diesem λ entsprechende kleinste Wert der Form $f(x, y)$, und folglich $\frac{p}{q}$ einer jener Näherungsbrüche. Nun seien $\ldots \lambda_0, \bar{\lambda}, \lambda', \ldots$ die Werte des Parameters, denen die aufeinanderfolgenden Minima der Form $f(x, y)$ entsprechen und $\ldots \frac{p_0}{q_0}$, $\frac{p}{q}$, $\frac{p'}{q'}, \ldots$ die zugehörigen aufeinanderfolgenden Näherungsbrüche. Jene Parameterwerte sind dann auch diejenigen, für welche jedesmal eine neue Reduktion der Form $f(x, y)$ erforderlich wird. So entsteht eine unbegrenzte Reihe unimodularer Substitutionen ... S_0, $\bar{S}$, S', ..., welche jenen Parametern entsprechen, und es seien

$$\bar{S} = \begin{pmatrix} p, & r \\ q, & s \end{pmatrix} \text{ mit } ps - qr = 1$$

$$S' = \begin{pmatrix} p', & r' \\ q', & s' \end{pmatrix} \text{ mit } p's' - q'r' = 1$$

die zu $\bar{\lambda}$, λ' gehörigen beiden. Jede von ihnen ist eindeutig bestimmt. Denn durch λ sind zunächst p, q festgelegt; ist aber r, s ein zulässiges Wertesystem, so könnte jedes andere nur von der Form $r + hp$, $s + hq$ sein, wo h ganzzahlig ist; wenn nun die Form $f(x, y)$ durch $\begin{pmatrix} p, & r \\ q, & s \end{pmatrix}$ in eine reduzierte Form (A, B, C) übergeht, in welcher also B zwischen $\pm \frac{A}{2}$ liegt, so geht sie durch die Substitution $\begin{pmatrix} p, & r + hp \\ q, & s + hq \end{pmatrix}$ in eine Form (A, B', C') über, in welcher $B' = B + hA$, also nicht mehr zwischen $\pm \frac{A}{2}$ enthalten ist, die folglich nicht mehr reduziert wäre. Dies vorausbemerkt bestehen nun, unter ε die mit passendem Vorzeichen genommene Einheit verstanden, die Beziehungen

$$pq' - p'q = \varepsilon, \quad p_0 q - p q_0 = -\varepsilon.$$

Daraus erkennt man leicht, daß

$$(6) \qquad r = \varepsilon p', \quad s = \varepsilon q'$$

sein muß. Der Parameterwert λ' ist nämlich dadurch bestimmt, daß bis zu $\lambda = \lambda'$ hin $(p - \omega q)^2 + \lambda^2 q^2$, von $\lambda = \lambda'$ an aber $(q' - \omega q')^2 + \lambda^2 q'^2$ das Minimum der Form $f(x, y)$ ist; für $\lambda = \lambda'$ besteht mithin die Gleichung

$$(p - \omega q)^2 + \lambda'^2 q^2 = (p' - \omega q')^2 + \lambda'^2 q'^2,$$

und für jedes ganzzahlige System x, y ist

$$(x - \omega y)^2 + \lambda'^2 y^2 \gtreqless (p' - \omega q')^2 + \lambda'^2 q'^2,$$

insbesondere also, unter δ die positive oder negative Einheit verstanden,

$$[\delta p - p' - \omega (\delta q - q')]^2 + \lambda'^2 (\delta q - q')^2$$
$$\gtreqless (p' - \omega q')^2 + \lambda'^2 q'^2,$$

d. h.

$$(p - \omega q)^2 + \lambda'^2 q^2 \gtreqless 2\delta ((p - \omega q)(p' - \omega q') + \lambda'^2 q q').$$

Wenn also die Gleichungen (6) gelten, ist in der aus $f(x, y)$ durch die Substitution $\bar{S}$ entstehenden Form (A, B, C) noch für den

Grenzwert $\lambda = \lambda'$ des Parameters A der Minimalwert und

$$2\,|B| \gtreqless A,$$

die Form also noch reduziert; die Substitution

$$\bar{S} = \begin{pmatrix} p, & \varepsilon p' \\ q, & \varepsilon q' \end{pmatrix}$$

ist daher bis zu $\lambda = \lambda'$ hin die eindeutig bestimmte reduzierende Substitution. Desgleichen

$$S_0 = \begin{pmatrix} p_0, & -\varepsilon p \\ q_0, & -\varepsilon q \end{pmatrix}$$

für das Intervall bis $\lambda = \bar{\lambda}$ hin.

Seien die entsprechenden reduzierten Formen $f_0, \bar{f}$. Dann erhält man offenbar $\bar{f}$ aus f_0 durch die zusammengesetzte Substitution

$$\begin{pmatrix} -\varepsilon q, & \varepsilon p \\ -\;q_0, & p_0 \end{pmatrix} \cdot \begin{pmatrix} p, & \varepsilon p' \\ q, & \varepsilon q' \end{pmatrix} = \begin{pmatrix} 0, & \varepsilon \\ -\varepsilon, & \varepsilon(p_0 q' - p' q_0) \end{pmatrix}.$$

Nun ist

$$p' = gp + p_0, \quad q' = gq + q_0,$$

wo g eine positive ganze Zahl, nämlich der dem Näherungsbruche $\frac{p}{q}$ entsprechende Teilnenner des Kettenbruchs für ω ist. Daher nimmt die Substitution, welche f_0 in $\bar{f}$ verwandelt, die Gestalt an

$$T = \begin{pmatrix} 0, & \varepsilon \\ -\varepsilon, & -g \end{pmatrix}.$$

So ergibt sich also eine unbegrenzte Reihe von Substitutionen

$$(7) \qquad T_i = \begin{pmatrix} 0, & (-1)^i \\ (-1)^{i+1}, & -g_i \end{pmatrix},$$

in welcher die g_i die aufeinanderfolgenden Teilnenner des Kettenbruchs für ω sind und durch welche die bei der steten Reduktion der Form $f(x, y)$ auftretenden aufeinanderfolgenden Reduzierten jede in die nächstfolgende übergehen. Demnach ist eine etwaige Periodizität des Kettenbruchs mit einer Periodizität in der Reihe jener Substitutionen T_i identisch. Dies stimmt vollkommen mit den Betrachtungen in Kap. 2, Nr. 9 und 11, die in der Tat auch nur in der Auffassung von den hier entwickelten verschieden sind. Man schließt nun aus den Ergebnissen der letzteren, daß das bekannte Kriterium für quadratische Irrationellen jetzt auch folgendermaßen gefaßt werden kann:

Damit eine reelle Irrationelle ω Wurzel einer quadratischen Gleichung mit ganzzahligen Koeffizienten sei, ist notwendig und hinreichend, daß die Reihe der Substitutionen, welche die bei steter Reduktion der Form

$$(x - \omega y)^2 + \lambda^2 y^2$$

für alle Werte des Parameters λ auftretenden aufeinanderfolgenden Reduzierten jede in die nächstfolgende überführen, periodisch sei.

2. Wir stellen nun der Form $F(x, y)$, wie im vorigen Kapitel, die positive quadratische Form

$$\varphi(x, y) = (x - \omega_1 y)^2 + \lambda^2 (x - \omega_2 y)^2 \tag{8}$$

an die Seite und reduzieren die letztere für alle unendlich abnehmenden Werte des Parameters λ. Geschieht dies für einen Wert von λ durch die unimodulare Substitution

$$x = \alpha x' + \beta y', \qquad y = \gamma x' + \delta y',$$

so geht $\varphi(x, y)$ — vgl. Kap. 3, Nr. 1 — über in

$$\psi(x', y') = (\alpha - \gamma\omega_1)^2 \cdot \varphi'(x', y'), \tag{9}$$

wo

$$\varphi'(x', y') = (x' - \omega_1' y')^2 + \lambda'^2 (x' - \omega_2' y')^2$$

$$\lambda'^2 = \left(\frac{\alpha - \gamma\omega_2}{\alpha - \gamma\omega_1}\right)^2 \cdot \lambda^2 \tag{10}$$

und ω_1', ω_2' durch die Beziehungen

$$\omega_1 = \frac{\alpha\omega_1' + \beta}{\gamma\omega_1' + \delta}, \quad \omega_2 = \frac{\alpha\omega_2' + \beta}{\gamma\omega_2' + \delta}$$

oder

$$\omega_1' = -\frac{\beta - \delta\omega_1}{\alpha - \gamma\omega_1}, \quad \omega_2' = -\frac{\beta - \delta\omega_2}{\alpha - \gamma\omega_2} \tag{11}$$

bestimmt sind. Gleichzeitig verwandelt sich die Form $F(x, y)$ in die äquivalente Form

$$F'(x', y') = a'(x' - \omega_1' y')(x' - \omega_2' y'), \tag{12}$$

in welcher

$$a' = a(\alpha - \omega_1\gamma)(\alpha - \omega_2\gamma), \tag{13}$$

und deren zugeordnete positive quadratische Form $\varphi'(x', y')$ ist. Die Determinante der einander äquivalenten Formen φ, ψ ist

$$(\omega_1 + \lambda^2\omega_2)^2 - (1 + \lambda^2)(\omega_1^2 + \lambda^2\omega_2^2) = -\lambda^2(\omega_1 - \omega_2)^2 = \frac{-4D\lambda^2}{a^2}.$$

Da nun ψ reduziert ist, was wir im Lagrangeschen Sinne denken wollen, so bestehen, wenn $\psi = (A, B, C)$ gesetzt wird, die Ungleichheiten

$$A < \sqrt{\frac{16 D\lambda^2}{3a^2}} = \frac{4\lambda}{a}\sqrt{\frac{D}{3}}, \qquad |B| \overline{\gtrless} \frac{1}{2} A < \frac{2\lambda}{a}\sqrt{\frac{D}{3}}$$

und wegen $AC = B^2 + \frac{4D\lambda^2}{a^2}$ die weitere

$$AC < \frac{16 D\lambda^2}{3a^2}.$$

Andererseits ist

$$A = (\alpha - \omega_1\gamma)^2 + \lambda^2(\alpha - \omega_2\gamma)^2$$

$$C = (\beta - \omega_1\delta)^2 + \lambda^2(\beta - \omega_2\delta)^2,$$

woraus

$$(\alpha - \omega_1\gamma)^2 \cdot \lambda^2(\alpha - \omega_2\gamma)^2 \overline{\gtrless} \left(\frac{A}{2}\right)^2,$$

also

(14) $$|a'| = |a| \cdot (\alpha - \omega_1\gamma)(\alpha - \omega_2\gamma) < \sqrt{\frac{4D}{3}},$$

ferner

$$\lambda^2(\alpha - \omega_2\gamma)^2 < A, \quad (\beta - \omega_1\delta)^2 < C,$$

also

$$|\lambda(\alpha - \omega_2\gamma)(\beta - \omega_1\delta)| < \sqrt{AC},$$

d. i.

$$|a(\alpha - \omega_2\gamma)(\beta - \omega_1\delta)| < 4\sqrt{\frac{D}{3}}$$

und ebenso

$$|a(\alpha - \omega_1\gamma)(\beta - \omega_2\delta)| < 4\sqrt{\frac{D}{3}}$$

hervorgeht. Den Gleichungen (11) zufolge sind die letzten zwei Ungleichheiten nichts anderes als diese:

$$|a' \cdot \omega_1'| < 4\sqrt{\frac{D}{3}}, \qquad |a' \cdot \omega_2'| < 4\sqrt{\frac{D}{3}}.$$

Setzt man also

$$F'(x', y',) = a'x'^2 + 2b'x'y' + c'y'^2,$$

mithin

$$\omega_1' = \frac{-b' + \sqrt{D}}{a'}, \qquad \omega_2' = \frac{-b' - \sqrt{D}}{a'},$$

so liegen die Ausdrücke $-b' \pm \sqrt{D}$, während a', b', c' ganze Zahlen bedeuten, für jeden Wert von λ zwischen $\pm 4\sqrt{\frac{D}{3}}$; zufolge dieses Umstandes und der Ungleichheit (14) können daher a', b', also auch ω_1', ω_2' nur endlich viele verschiedene Werte haben. Reduziert man daher φ für alle Werte von λ, so wird man, da ψ nur in einem endlichen Intervalle für λ oder λ' reduziert bleiben kann, für zwei hinreichend verschiedene Werte λ_i, λ_h des Parameters auf zwei reduzierte Formen von der Gestalt

$$\psi_i(x, y) = (\alpha_i - \gamma_i\omega_1)^2 \cdot [(x - \Omega_1 y)^2 + \lambda_i^2(x - \Omega_2 y)^2]$$

$$\psi_h(x, y) = (\alpha_h - \gamma_h\omega_1)^2 \cdot [(x - \Omega_1 y)^2 + \lambda_h^2(x - \Omega_2 y)^2]$$

mit gleichen Wurzeln Ω_1, Ω_2 stoßen müssen, in denen λ_i, λ_h durch die Formeln

$$\lambda_i^2 = \left(\frac{\alpha_i - \gamma_i \omega_2}{\alpha_i - \gamma_i \omega_1}\right)^2 \cdot \lambda^2, \quad \lambda_h^2 = \left(\frac{\alpha_h - \gamma_h \omega_2}{\alpha_h - \gamma_h \omega_1}\right)^2 \cdot \lambda^2$$

mit λ^2, also durch die Formel $\lambda_h^2 = k^2 \cdot \lambda_i^2$, worin

$$k = \frac{(\alpha_h - \gamma_h \omega_2)(\alpha_i - \gamma_i \omega_1)}{(\alpha_h - \gamma_h \omega_1)(\alpha_i - \gamma_i \omega_2)}$$

gesetzt ist, miteinander verbunden sind. Bestimmen dabei die Ungleichheiten $\mu > \lambda_i > \nu$ das Intervall des Parameters λ, für welches ψ_i reduziert bleibt, so bestimmen diese anderen: $k\mu > \lambda_h > k\nu$ dasjenige, in welchem ψ_h es bleibt. Man darf annehmen, daß $k < 1$ sei. Wenn nun λ_i bei Abnahme des Parameters kleiner als ν und somit eine neue Reduktion erforderlich wird, so wird die Substitution, welche dies für ψ_i leistet, wegen der Übereinstimmung ihrer Wurzeln Ω_1, Ω_2 mit denen von ψ_h für ψ_h offenbar dasselbe bewirken, und da eben wegen dieser Übereinstimmung die neuen zwei Formen in derselben Beziehung zueinander stehen werden wie ψ_i zu ψ_h, so erhält man von ψ_i aus die gleiche Reihe reduzierender Substitutionen wie von ψ_h aus, und da notwendig in der ersteren Reihe sich eine befindet, welche zur Form ψ_h führt, so besteht von ψ_i an die Reihe der reduzierenden Substitutionen aus einer endlichen Anzahl von sich periodisch wiederholenden Substitutionen. So findet man den Satz:

Sind ω_1, ω_2 die Wurzeln der ganzzahligen quadratischen Form

$$F(x, y) = ax^2 + 2bxy + cy^2$$

mit positiver Determinante oder, was dasselbe sagt, zwei konjugierte reelle quadratische Irrationellen, so ist die Reihe der Substitutionen, welche die bei steter Reduktion der Form

$$\varphi(x, y) = (x - \omega_1 y)^2 + \lambda^2 (x - \omega_2 y)^2$$

auftretenden Reduzierten der Reihe nach ineinander überführen, periodisch.

Man kann dies anders ausdrücken. Nennt man die Größen ω_1, ω_2 den Stamm von φ und zwei Formen, die sich nur durch den Wert des Parameters sowie etwa durch einen positiven konstanten Faktor, der ja bei der Reduktion gleichgültig ist, voneinander unterscheiden, Formen gleichen Stammes, so ist gezeigt, daß unter den bei steter Reduktion von φ auftretenden Reduzierten sich zwei Formen ψ_i, ψ_h gleichen Stammes befinden müssen; die nächsten aus ihnen durch dieselbe Substitution entstehenden Reduzierten sind dann offenbar wieder gleichen Stammes usw. Da man nun auf solche Weise von ψ_i aus schließlich zu ψ_h gelangt, so findet man:

Wenn ω_1, ω_2 zwei konjugierte reelle quadratische Irrationellen sind, so besteht die Reihe der bei steter Reduktion der Form φ auftretenden Reduzierten aus einer unendlich oft wiederholten Periode von Formen, deren entsprechende Glieder Formen gleichen reellen Stammes sind.

Dieser Satz läßt sich umkehren und bezeichnet demnach **einen arithmetischen Charakter** jedes konjugierten Paares reeller quadratischer Irrationellen. Denn, ist die Reihe jener Reduzierten in dem bezeichneten Sinne periodisch, so treten in ihr zwei Formen ψ_i, ψ_h gleichen Stammes Ω_1, Ω_2 auf, und ist $\begin{pmatrix}\alpha, & \beta\\ \gamma, & \delta\end{pmatrix}$ die Substitution, welche ψ_i in ψ_h überführt, so bestehen die beiden Beziehungen

$$\Omega_1 = \frac{\alpha\Omega_1 + \beta}{\gamma\Omega_1 + \delta}, \quad \Omega_2 = \frac{\alpha\Omega_2 + \beta}{\gamma\Omega_2 + \delta},$$

denen zufolge Ω_1, Ω_2 die beiden Wurzeln einer quadratischen Gleichung mit ganzzahligen Koeffizienten sind. Da aber ω_1, ω_2 mit ihnen bzw. äquivalent sind, so müssen auch ω_1, ω_2 solche Wurzeln, d. h. zwei konjugierte reelle quadratische Irrationellen sein. —

3. Der nächste Wert $n = 3$ führt zu den kubischen zerlegbaren Formen mit drei Unbestimmten. Sei

$$\text{(15)} \qquad \mathsf{F}(u) = 0$$

eine irreduktible Gleichung dritten Grades in u mit ganzzahligen Koeffizienten und mit den Wurzeln $\omega_1, \omega_2, \omega_3$. Wir betrachten dann die Form

$$\text{(16)} \qquad F(x, y, z) = f(\omega_1) \cdot f(\omega_2) \cdot f(\omega_3),$$

worin

$$f(\omega_i) = x + \omega_i y + \omega_i^2 z$$
$$(i = 1, 2, 3)$$

gedacht ist. Sie bezeichnet, wenn die Unbestimmten ganzzahlig gewählt werden, die Norm einer komplexen ganzen Zahl des Körpers $K(u)$. Die Reduktion solcher Formen auf Grund der Hermiteschen Methode (s. Journ. f. d. r. u. a. Math., Bd. 40, S. 286/9) ist von Léon Charve in einer großen Arbeit (Thèses prés. à la fac. des Sc. de Paris, 1880) sehr eingehend behandelt. Darin hat er sich auf eine Art der Reduktion ternärer quadratischer Formen gestützt, welche von Selling (dasselbe Journ., Bd. 77, S. 143) angegeben und von der im Kap. 6 eingeführten wesentlich verschieden ist. Da wir ihrer auch an späterer Stelle bedürfen werden, müssen wir zunächst hier ihre hauptsächlichsten Gesichtspunkte klarlegen.

Ist

$$\text{(17)} \quad f(x, y, z) = ax^2 + by^2 + cz^2 + 2gyz + 2hzx + 2kxy$$

eine positive ternäre quadratische Form, so führe man durch die Gleichungen

$$a + h + k + l = 0, \quad b + k + g + m = 0$$
$$c + g + h + n = 0, \quad d + l + m + n = 0,$$

aus denen sich

$$d = a + b + c + 2g + 2h + 2k = f(1, 1, 1)$$

ergibt, vier neue Größen l, m, n, d ein. Setzt man dann

$$\bar{f}(x, y, z, t) = \tag{18}$$
$$-g(y-z)^2 - h(z-x)^2 - k(x-y)^2 - l(x-t)^2 - m(y-t)^2 - n(z-t)^2,$$

so findet man sogleich

$$\bar{f}(x, y, z, t) = f(x-t, y-t, z-t), \tag{19}$$

insbesondere also

$$\bar{f}(x, y, z, 0) = f(x, y, z). \tag{19a}$$

Zu kurzer Bezeichnung werde die quaternäre Form $\bar{f}$ die Variierte von f genannt. Werden die Unbestimmten x, y, z, t ganzzahlig gedacht, so stellen beide Formen dieselbe Gesamtheit von Zahlen dar; denn einerseits entsprechen den ganzen Zahlen x, y, z, t auch ganze Zahlen $\xi = x - t$, $\eta = y - t$, $\zeta = z - t$, andererseits aber ganzen Zahlen ξ, η, ζ nach willkürlicher Annahme einer ganzen Zahl t auch ganze Zahlen x, y, z, t durch die Gleichungen $\xi = x - t$, $\eta = y - t$, $\zeta = z - t$, und somit folgt die Behauptung aus der Beziehung (19) zwischen den beiden Formen.

Nun gehe f durch die unimodulare Substitution

$$\begin{cases} x = \alpha X + \alpha' Y + \alpha'' Z \\ y = \beta X + \beta' Y + \beta'' Z \\ z = \gamma X + \gamma' Y + \gamma'' Z \end{cases} \tag{20}$$

in die äquivalente Form $g(X, Y, Z)$ über, und es sei $\bar{g}(X, Y, Z, T)$ die aus g ebenso wie $\bar{f}$ aus f gebildete Form. Dann verwandelt sich $\bar{f}$ wegen (19) durch die Substitution

$$x - t = \alpha(X - T) + \alpha'(Y - T) + \alpha''(Z - T)$$
$$y - t = \beta(X - T) + \beta'(Y - T) + \beta''(Z - T)$$
$$z - t = \gamma(X - T) + \gamma'(Y - T) + \gamma''(Z - T)$$

in

$$g(X - T, Y - T, Z - T) = \bar{g}(X, Y, Z, T),$$

und f durch die Substitution

$$x = \alpha(X - T) + \alpha'(Y - T) + \alpha''(Z - T)$$
$$y = \beta(X - T) + \beta'(Y - T) + \beta''(Z - T)$$
$$z = \gamma(X - T) + \gamma'(Y - T) + \gamma''(Z - T),$$

endlich also $\bar{f}(x, y, z, t)$ durch die Substitution

$$(21)\qquad \begin{cases} x = \alpha(X - T) + \alpha'(Y - T) + \alpha''(Z - T) \\ y = \beta(X - T) + \beta'(Y - T) + \beta''(Z - T) \\ z = \gamma(X - T) + \gamma'(Y - T) + \gamma''(Z - T) \\ t = 0 \end{cases}$$

in dieselbe Form $\bar{g}(X, Y, Z, T)$. Die letzte Substitution läßt sich folgendermaßen schreiben:

$$(21\text{a})\qquad \begin{cases} x = \alpha X + \alpha' Y + \alpha'' Z + \alpha''' T \\ y = \beta X + \beta' Y + \beta'' Z + \beta''' T \\ z = \gamma X + \gamma' Y + \gamma'' Z + \gamma''' T \\ t = 0, \end{cases}$$

wenn man α''', β''', γ''' durch die drei Gleichungen

$$(21\text{b})\qquad \begin{cases} \alpha + \alpha' + \alpha'' + \alpha''' = 0 \\ \beta + \beta' + \beta'' + \beta''' = 0 \\ \gamma + \gamma' + \gamma'' + \gamma''' = 0 \end{cases}$$

bestimmt. Da aber in $\bar{f}$ nur die Differenzen $x - t$, $y - t$, $z - t$ auftreten, kann man die Substitution (21a) auch durch die folgende ersetzen:

$$(21\text{c})\qquad \begin{cases} x = \alpha_0 X + \alpha_1 Y + \alpha_2 Z + \alpha_3 T \\ y = \beta_0 X + \beta_1 Y + \beta_2 Z + \beta_3 T \\ z = \gamma_0 X + \gamma_1 Y + \gamma_2 Z + \gamma_3 T \\ t = \delta_0 X + \delta_1 Y + \delta_2 Z + \delta_3 T, \end{cases}$$

in welcher δ_0, δ_1, δ_2, δ_3 beliebige ganze Zahlen und

$$\alpha_i = \alpha^{(i)} + \delta_i, \quad \beta_i = \beta^{(i)} + \delta_i, \quad \gamma_i = \gamma^{(i)} + \delta_i$$
$$(i = 1, 2, 3)$$

zu setzen sind.

4. Dies vorausgeschickt, definieren wir nun nach Selling die Form f als eine Reduzierte, wenn in ihrer Variierten $\bar{f}$ sämtliche Koeffizienten g, h, k, l, m, n negativ oder Null sind. Es ist dann zu zeigen, daß in jeder Klasse äquivalenter Formen f wenigstens eine Reduzierte zu finden ist. Zu diesem Zwecke bemerken wir zunächst die aus den Gleichungen, durch welche l, m, n, d bestimmt wurden, folgende Beziehung

$$s = -(g + h + k + l + m + n) = \frac{a + b + c + d}{2}.$$

Es sei nun f keine Reduzierte, also mindestens ein Koeffizient in $\bar{f}$ positiv; da es offenbar gleich ist, von welchem wir dies voraussetzen, so sei etwa $g > 0$. Dann führt die unimodulare Substitution

$$x = -x' + t', \quad y = -y' + t', \quad z = -x' + z', \quad t = 0$$

die Form $\bar{f}$ in die folgende äquivalente:

$$\bar{f}' = -g(x' - y' - z' + t')^2 - h(z' - t')^2 - k(x' - y')^2$$
$$- l(x' - t')^2 - m(y' - t')^2 - n(z' - x')^2,$$

d. h. mit Rücksicht auf die Identität

$$(x' - y' - z' + t')^2 = -(y' - z')^2 + (z' - x')^2 + (x' - y')^2$$
$$- (x' - t')^2 + (y' - t')^2 + (z' - t')^2$$

in die Form

$$\bar{f}' = g\,(y' - z')^2 - (g + n)\,(z' - x')^2 - (g + k)\,(x' - y')^2$$
$$+ (g - l)\,(x' - t')^2 - (g + m)\,(y' - t')^2 - (g + h)\,(z' - t')^2$$

über. In dieser Form ist die der Summe s analoge Summe s' aller Koeffizienten

$$s' = s - g,$$

also verringert. Wären nun in $\bar{f}'$ noch nicht alle Koeffizienten negativ oder Null, so könnte man daraus eine neue Form $\bar{f}''$ herleiten, in welcher die analoge Summe s'' wieder kleiner wäre, usw. Man erhielte so eine Reihe von Formen $\bar{f}, \bar{f}', \bar{f}'', \ldots$, die nicht unbegrenzt sein kann. Denn, heißt $\bar{g}\,(X, Y, Z, T)$ irgendeine der Formen, sind $A, B, C, D, G, H, K, L, M, N$ die $a, b, c, d, g, h, k, l, m, n$ entsprechenden Koeffizienten und ist (21a) die zusammengesetzte Substitution, durch welche man unmittelbar von $\bar{f}$ zu $\bar{g}$ übergeht, so wäre nach Voraussetzung

$$-(G + H + K + L + M + N) = \frac{A + B + C + D}{2} < s$$

und

$$A = f(\alpha, \beta, \gamma), \qquad B = f(\alpha', \beta', \gamma'),$$
$$C = f(\alpha'', \beta'', \gamma''), \quad D = f(\alpha''', \beta''', \gamma''').$$

Da diese Koeffizienten positive, durch die vorige Ungleichung beschränkte Werte sind, so ist bekanntlich auch die Anzahl der sie durch f darstellenden Zahlen $\alpha, \beta, \gamma;\ \alpha', \beta', \gamma';\ \ldots$ eine beschränkte und somit auch die Anzahl der zulässigen Substitutionen (21a) sowie der durch sie entstehenden Formen, d. i. die gedachte Formenreihe nur endlich. Man kommt sonach notwendig auf eine Form $\bar{g}$, deren sämtliche Koeffizienten negativ oder Null sind, d. h. auf eine reduzierte Form g in der Klasse von f.

Es ist von Bedeutung, daß in jeder Klasse von Formen nur eine solche Reduzierte vorhanden ist[1]), und man findet dafür bei Charve (S. 14—18) den Beweis; doch bedürfen wir dieses Satzes hier für unsere Zwecke nicht weiter. Indem wir also nur auf jenen Beweis hindeuten, bemerken wir noch, daß dort auch eine neue Begründung für den zuerst von Gauss bestätigten Satz von Seeber (s. Kap. 6, Nr. 9) zu finden ist.

5. Nunmehr müssen wir zwei wesentlich verschiedene Fälle unterscheiden und getrennt behandeln. Entweder hat die irreduktible Gleichung (15) nur eine reelle Wurzel ω_1 und zwei konjugiert imaginäre Wurzeln ω_2, ω_3, oder alle ihre drei Wurzeln sind reell. Wir wollen drei Größen ω_1, ω_2, ω_3, von denen keine einer Gleichung ersten oder zweiten Grades mit rationalen Koeffizienten Genüge leistet, kurz ein Tripel nicht quadratischer Irrationellen nennen. Sind sie zugleich Wurzeln einer gemeinsamen kubischen Gleichung mit rationalen Koeffizienten, so heiße das Tripel ein kubisches, und zwar der ersten oder der zweiten Art, je nachdem nur eine der drei Größen oder alle drei reell sind.

Wir behandeln jetzt zunächst den ersten Fall der Gleichung (15), setzen also ω_1, ω_2, ω_3 als ein kubisches Tripel erster Art und etwa ω_1 als reell voraus. Der kubischen Form $F(x, y, z)$ stellen wir die ternäre positive quadratische Form

$$\varphi(x, y, z) = f(\omega_1)^2 + \lambda^2 \cdot f(\omega_2) f(\omega_3),$$

d. i.

$$(23) \qquad \varphi(x, y, z)$$
$$= (x + \omega_1 y + \omega_1^2 z)^2 + \lambda^2 (x + \omega_2 y + \omega_2^2 z)(x + \omega_3 y + \omega_3^2 z)$$

an die Seite und bewirken in der von Hermite angegebenen Weise die Reduktion von $F(x, y, z)$ durch die stete Reduktion von φ für alle Werte des reellen Parameters λ. Wir wollen dabei die Reduktion der quadratischen Form in dem früheren Seeberschen Sinne verstehen. Ist dann φ für einen bestimmten Wert des Parameters λ nicht reduziert und demnach $F(x, y, z)$ nicht selbst schon eine Reduzierte ihrer Klasse, so sei

$$x = \alpha x' + \alpha' y' + \alpha'' z', \quad y = \beta x' + \beta' y' + \beta'' z', \quad z = \gamma x' + \gamma' y' + \gamma'' z'$$

eine unimodulare Substitution, durch welche φ reduziert wird. Die so aus φ hervorgehende reduzierte Form ist

$$(24) \qquad \psi(x', y', z') = (P(\omega_1) x' + P'(\omega_1) y' + P''(\omega_1) z')^2$$
$$+ \lambda^2 (P(\omega_2) x' + P'(\omega_2) y' + P''(\omega_2) z') \cdot (P(\omega_3) x' + P'(\omega_3) y' + P''(\omega_3) z'),$$

1) Hierbei werden zwei Variierte, welche sich nur durch eine verschiedene Anordnung ihrer Koeffizienten unterscheiden, als identisch angesehen.

worin

$$(25)\qquad \begin{cases} P\ (\omega_i) = \alpha\ + \omega_i\beta\ + \omega_i^2\gamma \\ P'(\omega_i) = \alpha' + \omega_i\beta' + \omega_i^2\gamma' \\ P''(\omega_i) = \alpha'' + \omega_i\beta'' + \omega_i^2\gamma'' \end{cases}$$

$$(i = 1, 2, 3)$$

gedacht ist. Wir setzen ferner

$$(26)\qquad \begin{cases} \mathfrak{A}\ = P\ (\omega_1)^2 + \lambda^2 \cdot P\ (\omega_2)\, P\ (\omega_3) \\ \mathfrak{A}' = P'\ (\omega_1)^2 + \lambda^2 \cdot P'\ (\omega_2)\, P'\ (\omega_3) \\ \mathfrak{A}'' = P''(\omega_1)^2 + \lambda^2 \cdot P''(\omega_2)\, P''(\omega_3); \end{cases}$$

diese positiven Größen sind die Hauptkoeffizienten, d. h. die Koeffizienten von x'^2, y'^2, z'^2 in der reduzierten Form ψ. Demnach ist $\mathfrak{A}$ der kleinste von ihnen, und nach dem Seeberschen Satze ist

$$\mathfrak{A}\mathfrak{A}'\mathfrak{A}'' < 2\Delta,$$

wenn Δ die Determinante der äquivalenten Formen φ, ψ ist; diese aber findet man gleich

$$\frac{\lambda^4}{4} \cdot \begin{vmatrix} 1, & \omega_1, & \omega_1^2 \\ 1, & \omega_2, & \omega_2^2 \\ 1, & \omega_3, & \omega_3^2 \end{vmatrix}^2 = \frac{\lambda^4 D}{4},$$

wenn D die Diskriminante der kubischen Gleichung bedeutet. Also ist

$$(27)\qquad \mathfrak{A}\mathfrak{A}'\mathfrak{A}'' < \frac{\lambda^4 D}{2},$$

folglich

$$\mathfrak{A} < \sqrt[3]{\frac{\lambda^4 D}{2}}.$$

Setzt man

$$(28)\qquad \begin{cases} P\ (\omega_1) \cdot P(\omega_2) \cdot P(\omega_3) = \mathfrak{P} \\ P'\ (\omega_1) \cdot P(\omega_2) \cdot P(\omega_3) = \mathfrak{Q}_1 \\ P''(\omega_1) \cdot P(\omega_2) \cdot P(\omega_3) = \mathfrak{R}_1, \end{cases}$$

so sind $\mathfrak{P}$, $\mathfrak{Q}_1$, $\mathfrak{R}_1$ von Null verschieden, da keiner der Faktoren, aus denen sie sich zusammensetzen, verschwinden kann. Da ferner aus der ersten der Formeln (26)

$$\left(\frac{\lambda^2}{2}\right)^2 \cdot \mathfrak{P}^2 \overline{\gtrless} \left(\frac{\mathfrak{A}}{3}\right)^3 < \frac{\lambda^4 D}{2 \cdot 27}$$

erschlossen wird, so folgt daraus

$$(29)\qquad |\mathfrak{P}| < \sqrt{\frac{2D}{27}}.$$

Zudem ergeben sich aus (26) die Ungleichheiten

$$P'(\omega_1)^2 < \mathfrak{A}', \quad \lambda^2 P(\omega_2) P(\omega_3) < \mathfrak{A},$$

also mit Rücksicht auf (27) und auf die Ungleichheit $\mathfrak{A} \gtreqless \mathfrak{A}''$ die folgende

$$\lambda^4 \cdot P'(\omega_1)^2 P(\omega_2)^2 P(\omega_3)^2 < \mathfrak{A}'\mathfrak{A}^2 < \frac{\lambda^4 D}{2}$$

und demnach

(29a) $$|\mathfrak{Q}_1| < \sqrt{\frac{D}{2}}.$$

Ebenso ergibt sich

(29b) $$|\mathfrak{R}_1| < \sqrt{\frac{D}{2}}.$$

Nun sind die Ausdrücke $\mathfrak{Q}_1$, $\mathfrak{R}_1$ ganze Funktionen von ω_1, die als solche geschrieben werden können, wie folgt:

(30) $$\mathfrak{Q}_1 = q + q'\omega_1 + q''\omega_1^2, \quad \mathfrak{R}_1 = r + r'\omega_1 + r''\omega_1^2;$$

sie sind reell und ihre Koeffizienten rationale Zahlen, deren Nenner ebenso wie der von $\mathfrak{P}$ eine durch den höchsten Koeffizienten der Gleichung (15) fest bestimmte Zahl ist; wegen (29a) aber darf man, unter ε einen Wert verstehend, der absolut kleiner als 1 ist,

(31) $$q + q'\omega_1 + q''\omega_1^2 = \varepsilon \cdot \sqrt{\frac{D}{2}}$$

setzen. Bezeichnen ferner $\mathfrak{Q}_2$, $\mathfrak{Q}_3$ die Ausdrücke

$$P'(\omega_2) \cdot P(\omega_3) \cdot P(\omega_1)$$
$$P'(\omega_3) \cdot P(\omega_1) \cdot P(\omega_2),$$

d. i. die Funktionen

$$q + q'\omega_2 + q''\omega_2^2, \quad q + q'\omega_3 + q''\omega_3^2,$$

welche einander konjugiert imaginär sind und deshalb in der Gestalt

$$\varrho \cdot e^{\omega i}, \quad \varrho \cdot e^{-\omega i}$$

mit $\varrho > 0$ geschrieben werden können, so ergibt sich die Gleichung

$$\varrho^2 = P'(\omega_2) \cdot P'(\omega_3) \cdot P(\omega_1) \cdot \mathfrak{P}.$$

Andererseits geben die Formeln (26) die Ungleichheiten

$$\lambda^2 \cdot P(\omega_1) \cdot \mathfrak{P} = P(\omega_1)^2 \cdot \lambda^2 P(\omega_2)\, P(\omega_3) \gtreqless \left(\frac{\mathfrak{A}}{2}\right)^2$$

und

$$\lambda^2 P'(\omega_2)\, P'(\omega_3) < \mathfrak{A}',$$

denen zufolge aus der vorigen Gleichung

$$\varrho^2 < \frac{D}{8}, \quad \text{also } \varrho < \frac{\sqrt{D}}{2\sqrt{2}}$$

hervorgeht. Man darf daher, unter η wieder einen absolut unter 1 liegenden Wert verstehend,

$$q + q'\omega_2 + q''\omega_2^2 = \eta \cdot \sqrt{\frac{D}{8}} \cdot e^{\omega i}$$

$$q + q'\omega_3 + q''\omega_3^2 = \eta \cdot \sqrt{\frac{D}{8}} \cdot e^{-\omega i}$$

setzen, und diese Formeln zusammen mit (31) lassen erkennen, daß die Zahlen q, q', q'' in endliche Grenzen gebannt und daher nur in endlicher Anzahl vorhanden sind. Dasselbe findet sich in ganz ähnlicher Weise für die Zahlen r, r', r''.

Nun läßt sich ψ, wenn

$$(32) \qquad \lambda'^2 = \frac{\mathfrak{P} \cdot \lambda^2}{P(\omega_1)^3}$$

gedacht wird, in folgender Gestalt schreiben:

$$(33) \qquad \psi(x', y', z') = P(\omega_1)^2 \cdot \Big[\Big(x' + \frac{\mathfrak{Q}_1}{\mathfrak{P}} y' + \frac{\mathfrak{R}_1}{\mathfrak{P}} z'\Big)^2 + \lambda'^2 \cdot \Big(x' + \frac{\mathfrak{Q}_2}{\mathfrak{P}} y' + \frac{\mathfrak{R}_2}{\mathfrak{P}} z'\Big)\Big(x' + \frac{\mathfrak{Q}_3}{\mathfrak{P}} y' + \frac{\mathfrak{R}_3}{\mathfrak{P}} z'\Big)\Big],$$

welche also die gemeinsame Gestalt aller durch stete Reduktion von φ hervorgehenden Reduzierten ist. Die darin auftretenden Größen $\mathfrak{P}, \mathfrak{Q}_1, \mathfrak{Q}_2, \mathfrak{Q}_3, \mathfrak{R}_1, \mathfrak{R}_2, \mathfrak{R}_3$ oder die rationalen Zahlen $\mathfrak{P}, q, q', q''$, r, r', r'' mögen wieder kurz als **Stamm der Form** ψ bezeichnet werden. Da sie nun nach dem zuvor Bewiesenen nur endlich viele verschiedene Werte annehmen können, erschließt man, daß in der unbegrenzten Reihe reduzierter Formen sich gewiß einmal zwei Formen ψ_h, ψ_k vorfinden müssen, die gleichen Stamm aufweisen, sich also nur im Werte von λ' und im Faktor $P(\omega_1)$ voneinander unterscheiden. Je zwei solche Formen nennen wir **Formen gleichen Stammes**. Sind ihre Parameter $\lambda_h, \lambda_k < \lambda_h$ und $P_h(\omega_i), P_k(\omega_i)$ die zugehörigen Werte von $P(\omega_i)$, so hat man die Beziehungen

$$\lambda_h^2 = \frac{\mathfrak{P} \cdot \lambda^2}{P_h(\omega_1)^3}, \quad \lambda_k^2 = \frac{\mathfrak{P} \cdot \lambda^2}{P_k(\omega_1)^3},$$

also $\lambda_k^2 = C^2 \lambda_h^2$, wobei

$$C^2 = \frac{P_h(\omega_1)^3}{P_k(\omega_1)^3} < 1$$

ist. Dem Intervalle μ bis $\nu < \mu$ des Parameters λ_h, in welchem ψ_h reduziert ist, entspricht das Intervall $C\mu$ bis $C\nu$ für den Parameter λ_k, in welchem ψ_k es ist. Man bemerke nun, daß der **Stamm** einer Form, die aus einer Form ψ durch eine lineare Substitution entsteht, offenbar außer von dieser Substitution nur vom **Stamme** von ψ bestimmt wird; zwei Formen gleichen Stammes liefern also bei gleicher Substitution wieder zwei solche Formen. Wenn aber bei steter Abnahme des Parameters λ_h die Form ψ_h aufhört, reduziert zu sein, und daher eine Substitution S erforderlich wird, durch welche aus ψ_h eine neue, in einem gewissen Intervalle ν bis $\varrho < \nu$ des Parameters reduzierte Form ψ_{h+1} hervorgeht, so verwandelt dieselbe Substitution S die Form ψ_k in eine Form ψ_{k+1}, die für ein entsprechendes Intervall des Parameters reduziert bleibt. Dem Gesagten zufolge werden ψ_{h+1} und ψ_{k+1} wieder Formen gleichen Stammes sein, für welche daher die gleiche Betrachtung wiederholt werden kann. Da man aber beim Fortgange derselben von ψ_h aus notwendig einmal auf die Form ψ_k geführt wird, tritt in der Reihe der reduzierenden Substitutionen von der Form ψ_h an eine Periodizität ein. Man gelangt demnach ganz wie bei den quadratischen Formen zu folgender Aussage:

Für jedes Tripel kubischer Irrationellen erster Art ist die Reihe der Substitutionen, welche die bei steter Reduktion der Form φ entstehenden Reduzierten der Reihe nach ineinander überführen, periodisch. Oder:

Ist ein nicht quadratisches Tripel mit einem reellen Elemente ω_1 und zwei konjugiert imaginären Elementen ω_2, ω_3 ein kubisches Tripel, so weist die Reihe der Reduzierten der Form φ eine periodisch wiederkehrende Reihe rationaler Stämme auf.

6. Der letzte Satz ist umkehrbar und gibt demnach einen **arithmetischen Charakter** eines jeden kubischen Tripels erster Art ganz analog demjenigen für ein Paar reeller quadratischer Irrationellen. In der Tat, sind ω_1, ω_2, ω_3 drei Irrationelle, deren erste reell, die beiden anderen konjugiert imaginär sind, während eine Gleichung

$$A + B\omega_i + C\omega_i^2 = 0 \tag{34}$$

mit rationalen Koeffizienten für keinen der Werte $i = 1, 2, 3$ stattfinden kann, so sei

$$F(u) = 0$$

die kubische Gleichung, der sie als Wurzeln genügen. Ist dann φ die aus ihnen gebildete positive quadratische Form und ist die Reihe der durch stete Reduktion von φ für alle Werte des Parameters λ gebildeten Reduzierten von der angegebenen Beschaffenheit, so gibt es zwei Reduzierte gleichen rationalen Stammes. Sei die Form (33), in welcher der zu (34) gemachten Voraussetzung zufolge die mit $\mathfrak{P}$, $\mathfrak{Q}_i$, $\mathfrak{R}_i$ bezeichneten Größen nicht Null sein können, die eine von ihnen und

$$S = \begin{pmatrix} a, & a', & a'' \\ b, & b', & b'' \\ c, & c', & c'' \end{pmatrix}$$

die unimodulare Substitution, durch welche sie in die andere übergeht, so bestehen, da deren Stamm derselbe sein soll, zwei Gleichungen folgender Gestalt:

$$(35) \qquad \begin{cases} \mathfrak{P}a' + \mathfrak{Q}_i b' + \mathfrak{R}_i c' = \frac{\mathfrak{Q}_i}{\mathfrak{P}} (\mathfrak{P}a + \mathfrak{Q}_i b + \mathfrak{R}_i c) \\ \mathfrak{P}a'' + \mathfrak{Q}_i b'' + \mathfrak{R}_i c'' = \frac{\mathfrak{R}_i}{\mathfrak{P}} (\mathfrak{P}a + \mathfrak{Q}_i b + \mathfrak{R}_i c). \end{cases}$$
$$(i = 1, 2, 3)$$

Aus ihnen ergibt sich für $\mathfrak{Q}_i$ durch Elimination von $\mathfrak{R}_i$ eine Gleichung vierten Grades, deren höchster Koeffizient aber, wie man leicht feststellt, Null ist. Jede der drei als verschieden gedachten Größen[1]) $\mathfrak{Q}_1$, $\mathfrak{Q}_2$, $\mathfrak{Q}_3$ ist also Wurzel einer gemeinsamen kubischen Gleichung mit ganzzahligen Koeffizienten. Dasselbe gilt für die drei Größen $\mathfrak{R}_1$, $\mathfrak{R}_2$, $\mathfrak{R}_3$. Demzufolge sind die einfachen symmetrischen Funktionen der Größen $\mathfrak{Q}_1$, $\mathfrak{Q}_2$, $\mathfrak{Q}_3$ sowie der Größen $\mathfrak{R}_1$, $\mathfrak{R}_2$, $\mathfrak{R}_3$ rational. Wäre jetzt einer der Koeffizienten q'', r'' gleich Null, mithin $\mathfrak{Q}_i$ oder $\mathfrak{R}_i$ eine l i n e a r e Funktion von ω_i mit rationalen Koeffizienten, so folgte unmittelbar, daß auch ω_1, ω_2, ω_3 die Wurzeln einer kubischen Gleichung mit ganzzahligen Koeffizienten sind. Wir setzen deshalb jetzt q'', r'' als von Null verschieden voraus.

Nun folgt aus den Ausdrücken der Größen $\mathfrak{Q}_i$, $\mathfrak{R}_i$

$$(q'r'' - q''r')\,\omega_i = q''r - qr'' + r''\mathfrak{Q}_i - q''\mathfrak{R}_i$$
$$(i = 1, 2, 3),$$

1) Da diese Größen von der in voriger Nr. bezeichneten Beschaffenheit der Stämme vorausgesetzt sind, so sind sie als verschieden voneinander zu denken, da sie es dort sind. In der Tat sind sie dort die Wurzeln einer kubischen Gleichung mit rationalen Koeffizienten; hätte diese gleiche Wurzeln, so hätte sie einen Teiler mit ihrer Ableitung gemein, also jedenfalls einen rationalen Faktor ersten Grades; eine der Größen $\mathfrak{Q}_i$ wäre also rational, d. h. $q' = q'' = 0$, also $\mathfrak{Q}_1 = \mathfrak{Q}_2 = \mathfrak{Q}_3$, was nicht sein kann, da sonst die Determinante von ψ, in deren Ausdruck der Faktor

$$\begin{vmatrix} 1, & \frac{\mathfrak{Q}_1}{\mathfrak{P}}, & \frac{\mathfrak{R}_1}{\mathfrak{P}} \\ 1, & \frac{\mathfrak{Q}_2}{\mathfrak{P}}, & \frac{\mathfrak{R}_2}{\mathfrak{P}} \\ 1, & \frac{\mathfrak{Q}_3}{\mathfrak{P}}, & \frac{\mathfrak{R}_3}{\mathfrak{P}} \end{vmatrix}$$

eingeht, fälschlich Null würde.

d. i.

$$\omega_i = m + n\mathfrak{Q}_i + p\mathfrak{R}_i$$
$$(i = 1, 2, 3)$$

mit rationalen Koeffizienten m, n, p, deren beide letzten von Null verschieden sind. Mithin ist

$$\omega_1 + \omega_2 + \omega_3 = 3m + n(\mathfrak{Q}_1 + \mathfrak{Q}_2 + \mathfrak{Q}_3) + p(\mathfrak{R}_1 + \mathfrak{R}_2 + \mathfrak{R}_3)$$

ein rationaler Wert. Jeder der beiden Gleichungen

$$\mathfrak{Q}_1 + \mathfrak{Q}_2 + \mathfrak{Q}_3 = 3q + q'(\omega_1 + \omega_2 + \omega_3) + q''(\omega_1^2 + \omega_2^2 + \omega_3^2)$$
$$\mathfrak{R}_1 + \mathfrak{R}_2 + \mathfrak{R}_3 = 3r + r'(\omega_1 + \omega_2 + \omega_3) + r''(\omega_1^2 + \omega_2^2 + \omega_3^2)$$

zufolge ist daher auch $\omega_1^2 + \omega_2^2 + \omega_3^2$ und somit auch $\omega_1\omega_2 + \omega_2\omega_3 + \omega_3\omega_1$ einem rationalen Werte gleich. Da man aber für diese Summe den folgenden Ausdruck:

$$3m^2 + 2mn(\mathfrak{Q}_1 + \mathfrak{Q}_2 + \mathfrak{Q}_3) + 2mp(\mathfrak{R}_1 + \mathfrak{R}_2 + \mathfrak{R}_3)$$
$$+ n^2(\mathfrak{Q}_1\mathfrak{Q}_2 + \mathfrak{Q}_2\mathfrak{Q}_3 + \mathfrak{Q}_3\mathfrak{Q}_1) + p^2(\mathfrak{R}_1\mathfrak{R}_2 + \mathfrak{R}_2\mathfrak{R}_3 + \mathfrak{R}_3\mathfrak{R}_1)$$
$$+ np(\mathfrak{Q}_1 + \mathfrak{Q}_2 + \mathfrak{Q}_3)(\mathfrak{R}_1 + \mathfrak{R}_2 + \mathfrak{R}_3) - np(\mathfrak{Q}_1\mathfrak{R}_1 + \mathfrak{Q}_2\mathfrak{R}_2 + \mathfrak{Q}_3\mathfrak{R}_3)$$

erhält, so erkennt man auch

$$\mathfrak{S} = \mathfrak{Q}_1\mathfrak{R}_1 + \mathfrak{Q}_2\mathfrak{R}_2 + \mathfrak{Q}_3\mathfrak{R}_3$$

als einen rationalen Wert. Nun läßt sich dieser Ausdruck schreiben, wie folgt:

$$\mathfrak{S} = r(\mathfrak{Q}_1 + \mathfrak{Q}_2 + \mathfrak{Q}_3) + r'(\mathfrak{Q}_1\omega_1 + \mathfrak{Q}_2\omega_2 + \mathfrak{Q}_3\omega_3)$$
$$+ r''(\mathfrak{Q}_1\omega_1^2 + \mathfrak{Q}_2\omega_2^2 + \mathfrak{Q}_3\omega_3^2),$$

desgleichen der rationale Ausdruck $\mathfrak{T} = \mathfrak{Q}_1^2 + \mathfrak{Q}_2^2 + \mathfrak{Q}_3^2$ in der Form

$$\mathfrak{T} = q(\mathfrak{Q}_1 + \mathfrak{Q}_2 + \mathfrak{Q}_3) + q'(\mathfrak{Q}_1\omega_1 + \mathfrak{Q}_2\omega_2 + \mathfrak{Q}_3\omega_3)$$
$$+ q''(\mathfrak{Q}_1\omega_1^2 + \mathfrak{Q}_2\omega_2^2 + \mathfrak{Q}_3\omega_3^2),$$

woraus sich auch

$$\mathfrak{Q}_1\omega_1 + \mathfrak{Q}_2\omega_2 + \mathfrak{Q}_3\omega_3$$
$$= q(\omega_1 + \omega_2 + \omega_3) + q'(\omega_1^2 + \omega_2^2 + \omega_3^2) + q''(\omega_1^3 + \omega_2^3 + \omega_3^3)$$

und folglich auch $\omega_1^3 + \omega_2^3 + \omega_3^3$, sowie $\omega_1\omega_2\omega_3$ als rational ergibt. Demnach sind ω_1, ω_2, ω_3 Wurzeln einer kubischen Gleichung mit ganzzahligen Koeffizienten, die nach der zu (34) gemachten Voraussetzung irreduktibel ist, und bilden somit ein kubisches Tripel erster Art, w. z. b. w.

Diese Betrachtungen haben aber zur Voraussetzung, daß

$$q'r'' - q''r'$$

nicht Null sei. Daß dies jedoch nicht sein kann, ersieht man unmittelbar daraus, daß

$$(36)\qquad q'r'' - q''r' = \mathfrak{P}$$

ist. In der Tat entstehen die Ausdrücke

$$(37\,\text{a})\qquad \begin{cases} X = P(\omega_1)x' + P'(\omega_1)y' + P''(\omega_1)z' \\ Y = P(\omega_2)x' + P'(\omega_2)y' + P''(\omega_2)z' \\ Z = P(\omega_3)x' + P'(\omega_3)y' + P''(\omega_3)z' \end{cases}$$

oder

$$(37\,\text{b})\qquad \begin{cases} X = \dfrac{1}{P(\omega_2)P(\omega_3)}\cdot(\mathfrak{P}x' + \mathfrak{Q}_1 y' + \mathfrak{R}_1 z') \\ Y = \dfrac{1}{P(\omega_3)P(\omega_1)}\cdot(\mathfrak{P}x' + \mathfrak{Q}_2 y' + \mathfrak{R}_2 z') \\ Z = \dfrac{1}{P(\omega_1)P(\omega_2)}\cdot(\mathfrak{P}x' + \mathfrak{Q}_3 y' + \mathfrak{R}_3 z') \end{cases}$$

einerseits durch Zusammensetzung der beiden Systeme:

$$X = x_0 + \omega_1 y_0 + \omega_1^2 z_0,\quad Y = x_0 + \omega_2 y_0 + \omega_2^2 z_0,\quad Z = x_0 + \omega_3 y_0 + \omega_3^2 z_0$$

$$x_0 = \alpha x' + \alpha' y' + \alpha'' z',\quad y_0 = \beta x' + \beta' y' + \beta'' z',\quad z_0 = \gamma x' + \gamma' y' + \gamma'' z',$$

andererseits durch Zusammensetzung der folgenden drei:

$$X = \frac{1}{P(\omega_2)P(\omega_3)}\cdot x_0,\quad Y = \frac{1}{P(\omega_3)P(\omega_1)}\cdot y_0,\quad Z = \frac{1}{P(\omega_1)P(\omega_2)}\cdot z_0,$$

$$x_0 = x_1 + \omega_1 y_1 + \omega_1^2 z_1,\quad y_0 = x_1 + \omega_2 y_1 + \omega_2^2 z_1,\quad z_0 = x_1 + \omega_3 y_1 + \omega_3^2 z_1,$$

$$x_1 = \mathfrak{P}x' + qy' + rz',\quad y_1 = q'y' + r'z',\quad z_1 = q''y' + r''z';$$

durch Gleichsetzung der zusammengesetzten Determinanten ergibt sich die behauptete Gleichheit.

Man kann noch einwenden, daß die kubischen Gleichungen für $\mathfrak{Q}_i$ oder $\mathfrak{R}_i$ vielleicht identisch erfüllt sind; doch läßt sich einsehen, daß dies nicht der Fall ist. Wäre es nämlich etwa die Gleichung für $\mathfrak{Q}_i$, so beständen die Beziehungen (35) bei jeder Annahme für $\mathfrak{Q}_i$. Setzte man also, unter z einen beliebigen rationalen Wert verstehend,

$$\mathfrak{Q}_i = z\cdot\mathfrak{R}_i,$$

so erhielte man zwei Gleichungen, aus denen die folgende:

$$\mathfrak{P}(a' - a''z) = \mathfrak{R}_i(b''z^2 + (c'' - b')z - c')$$

hervorgeht, die sich auflöst in die drei anderen:

$$(38)\qquad \begin{cases} \mathfrak{P}(a' - a''z) = r\ (b''z^2 + (c'' - b')z - c') \\ \qquad 0 \qquad\ = r'\ (b''z^2 + (c'' - b')z - c') \\ \qquad 0 \qquad\ = r''(b''z^2 + (c'' - b')z - c'). \end{cases}$$

Nun können nicht gleichzeitig r', r'' verschwinden[1]), da sonst $\mathfrak{R}_1 = r$ rational würde, was zu einer Gleichung

$$P''(\omega_1) = \frac{r}{\mathfrak{P}} \cdot P(\omega_1),$$

d. i. zu den Beziehungen

$$\alpha'' = \frac{r}{\mathfrak{P}} \cdot \alpha, \quad \beta'' = \frac{r}{\mathfrak{P}} \cdot \beta, \quad \gamma'' = \frac{r}{\mathfrak{P}} \cdot \gamma$$

führte, den Modul der Substitution

$$\begin{pmatrix} \alpha, & \alpha', & \alpha'' \\ \beta, & \beta', & \beta'' \\ \gamma, & \gamma', & \gamma'' \end{pmatrix}$$

also zu Null machte, während er gleich 1 vorausgesetzt ist. Man schließt also aus den Beziehungen (38), daß

$$b''z^2 + (c'' - b')z - c' = 0, \quad a' - a''z = 0$$

sein muß. Da z ein willkürlicher rationaler Wert ist, so ergeben sich folgende Gleichungen:

$$b'' = 0, \quad c'' = b', \quad c' = 0, \quad a' = 0, \quad a'' = 0.$$

Dann nimmt aber die erste der Beziehungen (35) die Gestalt an

$$\mathfrak{P}b' = \mathfrak{P}a + \mathfrak{Q}_i b + \mathfrak{R}_i c,$$

woraus

$$\mathfrak{P}(b' - a) = qb + rc, \quad 0 = q'b + r'c, \quad 0 = q''b + r''c,$$

also $b = 0$, $c = 0$ und somit die Substitution S schließlich als die identische hervorgeht, ihrer Bedeutung zuwider. —

7. Wir setzen jetzt den höchsten Koeffizienten der irreduktibeln ganzzahligen Gleichung (15) gleich 1 voraus, eine Voraussetzung, derzufolge $\mathfrak{P}$, q, q', q'', r, r', r'' ganze Zahlen sein werden. Sei jetzt $\psi(x', y', z')$ irgendeine Form in der Periode der Reduzierten, Ψ irgendeine der Formen gleichen Stammes wie sie und S die Substitution, durch welche sie aus ψ entsteht. Schreibt man die letztere Form in der Gestalt

$$\psi(x', y', z')$$
$$= \frac{P(\omega_1)^2}{\mathfrak{P}^2} \cdot [(\mathfrak{P}x' + \mathfrak{Q}_1 y' + \mathfrak{R}_1 z')^2 + \lambda'^2(\mathfrak{P}x' + \mathfrak{Q}_2 y' + \mathfrak{R}_2 z')(\mathfrak{P}x' + \mathfrak{Q}_3 y' + \mathfrak{R}_3 z')],$$

so unterscheidet sich, abgesehen von einem anderen Werte des Parameters, Ψ davon nur dadurch, daß der Multiplikator $\frac{P(\omega_1)^2}{\mathfrak{P}^2}$ durch diesen anderen

$$\frac{P(\omega_1)^2}{\mathfrak{P}^2} (\mathfrak{P}a + \mathfrak{Q}_1 b + \mathfrak{R}_1 c)^2$$

1) S. die Anmerkung auf S. 423.

ersetzt ist. Hier ist $\mathfrak{P}a + \mathfrak{Q}_1 b + \mathfrak{R}_1 c$, wenn darin für $\mathfrak{Q}_1$, $\mathfrak{R}_1$ ihre Ausdrücke (30) eingeführt werden, eine komplexe Zahl von der Form

$$f(\omega_1) = A + B\omega_1 + C\omega_1^2$$

mit ganzzahligen Koeffizienten, und mit Rücksicht auf die Gleichungen (35) hat man

$$\frac{f(\omega_1)}{\mathfrak{P}} = a + \frac{\mathfrak{Q}_1}{\mathfrak{P}} b + \frac{\mathfrak{R}_1}{\mathfrak{P}} c$$

$$\frac{\mathfrak{Q}_1}{\mathfrak{P}} \cdot \frac{f(\omega_1)}{\mathfrak{P}} = a' + \frac{\mathfrak{Q}_1}{\mathfrak{P}} b' + \frac{\mathfrak{R}_1}{\mathfrak{P}} c'$$

$$\frac{\mathfrak{R}_1}{\mathfrak{P}} \cdot \frac{f(\omega_1)}{\mathfrak{P}} = a'' + \frac{\mathfrak{Q}_1}{\mathfrak{P}} b'' + \frac{\mathfrak{R}_1}{\mathfrak{P}} c'',$$

aus welchen Gleichungen sich $\frac{f(\omega_1)}{\mathfrak{P}}$ und deshalb auch $\frac{f(\omega_2)}{\mathfrak{P}}, \frac{f(\omega_3)}{\mathfrak{P}}$ ergeben als Wurzeln der kubischen Gleichung

$$\begin{vmatrix} a - z, & b, & c \\ a', & b' - z, & c' \\ a'', & b'', & c'' - z \end{vmatrix} = 0$$

mit ganzzahligen Koeffizienten, deren höchster gleich 1 ist, also als ganze algebraische Zahlen des Körpers $K(\omega)$, und ferner, da

$$\frac{f(\omega_1)}{\mathfrak{P}} \cdot \frac{f(\omega_2)}{\mathfrak{P}} \cdot \frac{f(\omega_3)}{\mathfrak{P}} = \begin{vmatrix} a, & b, & c \\ a', & b', & c' \\ a'', & b'', & c'' \end{vmatrix} = 1$$

ist, als Einheiten dieses Körpers. Dabei ist $\frac{f(\omega_1)}{\mathfrak{P}}$ eine Zahl $\mathfrak{A} + \mathfrak{B}\omega_1 + \mathfrak{C}\omega_1^2$ mit ganzzahligen Koeffizienten. Denn aus den obigen drei Gleichungen folgen diese drei anderen:

$$\begin{aligned} \alpha \cdot f(\omega_1) + \beta \cdot \omega_1 f(\omega_1) + \gamma \cdot \omega_1^2 f(\omega_1) &= f(\omega_1) \cdot P(\omega_1) \\ &= \mathfrak{P} \cdot (a \cdot P(\omega_1) + b \cdot P'(\omega_1) + c \cdot P''(\omega_1)) \\ \alpha' \cdot f(\omega_1) + \beta' \cdot \omega_1 f(\omega_1) + \gamma' \cdot \omega_1^2 f(\omega_1) &= f(\omega_1) \cdot P'(\omega_1) \\ &= \mathfrak{P} \cdot (a' \cdot P(\omega_1) + b' \cdot P'(\omega_1) + c' \cdot P''(\omega_1)) \\ \alpha'' \cdot f(\omega_1) + \beta'' \cdot \omega_1 f(\omega_1) + \gamma'' \cdot \omega_1^2 f(\omega_1) &= f(\omega_1) \cdot P''(\omega_1) \\ &= \mathfrak{P} \cdot (a'' \cdot P(\omega_1) + b'' \cdot P'(\omega_1) + c'' \cdot P''(\omega_1)), \end{aligned}$$

durch deren Auflösung also auch $f(\omega_1)$ von der Form

$$\mathfrak{P}(\mathfrak{A} + \mathfrak{B}\omega_1 + \mathfrak{C}\omega_1^2)$$

mit ganzzahligen $\mathfrak{A}$, $\mathfrak{B}$, $\mathfrak{C}$ gefunden wird.

Aus jeder Substitution, welche eine Form in der Periode der Reduzierten in je ein entsprechendes Glied einer späteren Periode überführt, geht hiernach eine Einheit des Körpers von der Gestalt $\mathfrak{A} + \mathfrak{B}\omega_1 + \mathfrak{C}\omega_1{}^2$ mit ganzzahligen Koeffizienten hervor.

8. Auf solche Weise aber erhält man diese auch sämtlich. Um dies zu zeigen, bemerken wir zunächst, daß wegen (36)

$$\omega_1 = \frac{q''r - qr''}{\mathfrak{P}} + r'' \cdot \frac{\mathfrak{Q}_1}{\mathfrak{P}} - q'' \cdot \frac{\mathfrak{R}_1}{\mathfrak{P}}$$

$$\omega_1{}^2 = \frac{q'r - qr'}{\mathfrak{P}} - r' \cdot \frac{\mathfrak{Q}_1}{\mathfrak{P}} + q' \cdot \frac{\mathfrak{R}_1}{\mathfrak{P}}$$

und die erste dieser Gleichungen in der Gestalt

$$\omega_1 \cdot P(\omega_1) - r'' \cdot P'(\omega_1) + q'' \cdot P''(\omega_1) = \frac{q''r - qr''}{\mathfrak{P}} \cdot P(\omega_1)$$

geschrieben werden kann, woraus die Zahlen

$$\frac{q''r - qr''}{\mathfrak{P}} \cdot \alpha, \quad \frac{q''r - qr''}{\mathfrak{P}} \cdot \alpha', \quad \frac{q''r - qr''}{\mathfrak{P}} \cdot \alpha''$$

als ganz und folglich, da $\alpha, \alpha', \alpha''$ ohne gemeinsamen Teiler sind, auch $\frac{q''r - rq''}{\mathfrak{P}}$ als eine ganze Zahl erkannt wird. Dasselbe ergibt sich aus der zweiten der obigen Gleichungen für $\frac{q'r - qr'}{\mathfrak{P}}$. Ist daher

$$F(\omega_1) = \mathfrak{A} + \mathfrak{B}\omega_1 + \mathfrak{C}\omega_1{}^2$$

eine komplexe Zahl des Körpers $K(\omega_1)$ mit ganzzahligen Koeffizienten, so kann man ihr auch die Gestalt geben

$$F(\omega_1) = a + b \cdot \frac{\mathfrak{Q}_1}{\mathfrak{P}} + c \cdot \frac{\mathfrak{R}_1}{\mathfrak{P}} \tag{39}$$

mit ganzzahligen a, b, c. Ebenso gelten Gleichungen wie die folgenden:

$$\mathfrak{Q}_1 \cdot F(\omega_1) = a_1 + b_1 \cdot \frac{\mathfrak{Q}_1}{\mathfrak{P}} + c_1 \cdot \frac{\mathfrak{R}_1}{\mathfrak{P}}$$

$$\mathfrak{R}_1 \cdot F(\omega_1) = a_2 + b_2 \cdot \frac{\mathfrak{Q}_1}{\mathfrak{P}} + c_2 \cdot \frac{\mathfrak{R}_1}{\mathfrak{P}}$$

mit ganzzahligen Koeffizienten. Da aber der ersteren von ihnen auch der Ausdruck

$$\mathfrak{P} \cdot P'(\omega_1) F(\omega_1) = a_1 P(\omega_1) + b_1 P'(\omega_1) + c_1 P''(\omega_1)$$

gegeben werden kann, so ergeben sich die Zahlen

$$a_1\alpha + b_1\alpha' + c_1\alpha''$$

$$a_1\beta + b_1\beta' + c_1\beta''$$

$$a_1\gamma + b_1\gamma' + c_1\gamma''$$

und folglich auch a_1, b_1, c_1 als ganze durch $\mathfrak{P}$ teilbare Zahlen $\mathfrak{P} \cdot a'$, $\mathfrak{P} \cdot b'$, $\mathfrak{P} \cdot c'$ und auf gleiche Weise aus der zweiten der obigen Gleichungen a_2, b_2, c_2 als ganze durch $\mathfrak{P}$ teilbare Zahlen $\mathfrak{P} \cdot a''$, $\mathfrak{P} \cdot b''$, $\mathfrak{P} \cdot c''$, und demnach kommt

$$(39) \qquad \begin{cases} \dfrac{\mathfrak{Q}_1}{\mathfrak{P}} \cdot F(\omega_1) = a' + b' \cdot \dfrac{\mathfrak{Q}_1}{\mathfrak{P}} + c' \cdot \dfrac{\mathfrak{R}_1}{\mathfrak{P}} \\ \dfrac{\mathfrak{R}_1}{\mathfrak{P}} \cdot F(\omega_1) = a'' + b'' \cdot \dfrac{\mathfrak{Q}_1}{\mathfrak{P}} + c'' \cdot \dfrac{\mathfrak{R}_1}{\mathfrak{P}}. \end{cases}$$

Aus den drei Gleichungen (39) folgen aber $F(\omega_1)$ und also auch $F(\omega_2)$, $F(\omega_3)$ als Wurzeln der ganzzahligen kubischen Gleichung

$$\begin{vmatrix} a - z, & b, & c \\ a', & b' - z, & c' \\ a'', & b'', & c'' - z \end{vmatrix} = 0,$$

und folglich ist

$$F(\omega_1) F(\omega_2) F(\omega_3) = \begin{vmatrix} a, & b, & c \\ a', & b', & c' \\ a'', & b'', & c'' \end{vmatrix}.$$

Ist also $F(\omega_1)$ eine Einheit in $K(\omega_1)$, so wird diese Determinante gleich 1, und durch die unimodulare Substitution

$$\begin{pmatrix} a, & a', & a'' \\ b, & b', & b'' \\ c, & c', & c'' \end{pmatrix}$$

verwandelt sich ψ, da aus den Gleichungen (39) die Beziehungen (35) folgen, in eine äquivalente Form gleichen Stammes, die in einem gewissen — dem für ψ geltenden entsprechenden — Intervalle ihres Parameters reduziert, mithin ein der Form ψ entsprechendes Glied Ψ einer späteren Periode sein muß; $F(\omega_1)$ ist diejenige Einheit, welche aus der Substitution S, durch welche Ψ aus ψ entsteht, hervorgeht.

9. Wir gehen nun dazu über, den zweiten der in Nr. 5 unterschiedenen Fälle zu behandeln, in welchem alle drei Wurzeln $\omega_1, \omega_2, \omega_3$ der kubischen Gleichung (15) reell sind. In ihm ordnen wir der kubischen Form $F(x, y, z)$ die folgende positive quadratische Form zu:

$$(40) \qquad \varphi(x, y, z)$$
$$= (x + \omega_1 y + \omega_1^2 z)^2 + \lambda^2 (x + \omega_2 y + \omega_2^2 z)^2 + \mu^2 (x + \omega_3 y + \omega_3^2 z)^2,$$

welche zwei positive veränderliche Parameter λ^2, μ^2 enthält, und reduzieren diese Form für alle möglichen Werte derselben. Durch das

Auftreten von zwei Parametern an Stelle des einen beim vorigen Falle verwickeln sich die Verhältnisse wesentlich, und es empfiehlt sich deshalb, eine geometrische Deutung einzuführen, um sie zu veranschaulichen. Hierbei bietet aber Sellings Reduktionsmethode Vorzüge dar, um derentwillen wir jetzt, wie Charve, statt der Seeberschen sie benutzen wollen.

Die Determinante der Form φ ist

$$\lambda^2\mu^2\cdot D,$$

unter D die Diskriminante der kubischen Gleichung verstanden. Aus dem Seeberschen Satze folgt das Vorhandensein einer unimodularen Substitution

$$(41)\qquad \begin{cases} x = \alpha x' + \alpha' y' + \alpha'' z' \\ y = \beta x' + \beta' y' + \beta'' z' \\ z = \gamma x' + \gamma' y' + \gamma'' z', \end{cases}$$

durch welche φ in eine äquivalente Form $\psi(x', y', z')$ übergeht, in der das Produkt der Hauptkoeffizienten kleiner ist als die doppelte Determinante. Führt man die Ausdrücke ein:

$$(42)\qquad \begin{cases} P\,(\omega_i) = \alpha + \ \beta\omega_i + \ \gamma\omega_i^2 \\ P'\,(\omega_i) = \alpha' + \beta'\omega_i + \gamma'\omega_i^2 \\ P''(\omega_i) = \alpha'' + \beta''\omega_i + \gamma''\omega_i^2, \end{cases}$$

so wird

$$\psi(x', y', z')$$
$$= (P(\omega_1)x' + P'(\omega_1)y' + P''(\omega_1)z')^2 + \lambda^2(P(\omega_2)x' + P'(\omega_2)y' + P''(\omega_2)z')^2$$
$$+ \mu^2(P(\omega_3)x' + P'(\omega_3)y' + P''(\omega_3)z')^2.$$

Die Hauptkoeffizienten dieser Form sind

$$(43)\qquad \begin{cases} \mathfrak{A} = P(\omega_1)^2 + \lambda^2 P(\omega_2)^2 + \mu^2 P(\omega_3)^2 \\ \mathfrak{A}' = P'(\omega_1)^2 + \lambda^2 P'(\omega_2)^2 + \mu^2 P'(\omega_3)^2 \\ \mathfrak{A}'' = P''(\omega_1)^2 + \lambda^2 P''(\omega_2)^2 + \mu^2 P''(\omega_3)^2, \end{cases}$$

und man darf $\mathfrak{A}$ als den kleinsten von ihnen voraussetzen. Aus

$$\mathfrak{A}\mathfrak{A}'\mathfrak{A}'' < 2\lambda^2\mu^2 D$$

folgt dann zunächst

$$\mathfrak{A} < \sqrt[3]{2\lambda^2\mu^2 D}, \quad \mathfrak{A}^2\mathfrak{A}' < 2\lambda^2\mu^2 D, \quad \mathfrak{A}^2\mathfrak{A}'' < 2\lambda^2\mu^2 D,$$

und, weil aus der ersten der Gleichungen (43) sich

$$\lambda^2\mu^2\cdot P(\omega_1)^2 P(\omega_2)^2 P(\omega_3)^2 \mathrel{\overline{\overline{<}}} \left(\frac{\mathfrak{A}}{3}\right)^3$$

ergibt, so erschließt man durch Verbindung mit der voraufgehenden Ungleichheit die neue:

$$(44) \qquad \mathfrak{P} < \sqrt{\frac{2D}{27}},$$

wenn

$$P(\omega_1) \cdot P(\omega_2) \cdot P(\omega_3) = \mathfrak{P}$$

gedacht wird. Wir setzen ferner

$$P'(\omega_1) \cdot P(\omega_2) \cdot P(\omega_3) = \mathfrak{Q}_1, \quad P''(\omega_1) \cdot P(\omega_2) \cdot P(\omega_3) = \mathfrak{R}_1.$$

Diese Ausdrücke sind ganze Funktionen von ω_1, die als solche auch in der Gestalt

$$(45) \qquad \mathfrak{Q}_1 = q + q'\omega_1 + q''\omega_1^2, \quad \mathfrak{R}_1 = r + r'\omega_1 + r''\omega_1^2$$

mit rationalen Koeffizienten geschrieben werden können, deren Nenner ebenso wie der von $\mathfrak{P}$ eine durch den höchsten Koeffizienten von $\mathsf{F}(u)$ fest gegebene Zahl ist, und man findet

$$\mathfrak{Q}_2 = q + q'\omega_2 + q''\omega_2^2, \quad \mathfrak{R}_2 = r + r'\omega_2 + r''\omega_2^2$$
$$\mathfrak{Q}_3 = q + q'\omega_3 + q''\omega_3^2, \quad \mathfrak{R}_3 = r + r'\omega_3 + r''\omega_3^2$$

für die Ausdrücke

$$\mathfrak{Q}_2 = P'(\omega_2) \cdot P(\omega_3) \cdot P(\omega_1), \quad \mathfrak{R}_2 = P''(\omega_2) \cdot P(\omega_3) \cdot P(\omega_1)$$
$$\mathfrak{Q}_3 = P'(\omega_3) \cdot P(\omega_1) \cdot P(\omega_2), \quad \mathfrak{R}_3 = P''(\omega_3) \cdot P(\omega_1) \cdot P(\omega_2).$$

Keiner der Faktoren, aus denen $\mathfrak{P}, \mathfrak{Q}_i, \mathfrak{R}_i$ sich zusammensetzen, und daher auch keine der Größen $\mathfrak{P}, \mathfrak{Q}_i, \mathfrak{R}_i$ kann verschwinden. Nun folgt weiter aus den Gleichungen (43)

$$P'(\omega_1)^2 < \mathfrak{A}', \quad \lambda^2 P(\omega_2)^2 + \mu^2 P(\omega_3)^2 < \mathfrak{A},$$

also

$$\lambda^2\mu^2 \cdot P(\omega_2)^2 P(\omega_3)^2 < \frac{\mathfrak{A}^2}{4},$$

demnach

$$\lambda^2\mu^2\mathfrak{Q}_1^2 < \frac{\mathfrak{A}^2\mathfrak{A}'}{4} < \frac{\lambda^2\mu^2 D}{2}$$

oder

$$\mathfrak{Q}_1 = q + q'\omega_1 + q''\omega_1^2 < \sqrt{\frac{D}{2}}$$

und ebenso

$$\mathfrak{Q}_2 = q + q'\omega_2 + q''\omega_2^2 < \sqrt{\frac{D}{2}}$$

$$\mathfrak{Q}_3 = q + q'\omega_3 + q''\omega_3^2 < \sqrt{\frac{D}{2}}.$$

Für $\mathfrak{R}_1, \mathfrak{R}_2, \mathfrak{R}_3$ ergeben sich die gleichen Grenzen. Hieraus schließt man, daß auch $\mathfrak{P}, q, q', q'', r, r', r''$ in endliche Grenzen gebannt sind, und daß folglich, wie auch λ, μ gewählt werden, nur eine endliche Anzahl verschiedener Wertesysteme der ebengenannten Zahlen auftreten können.

Nun läßt sich der Ausdruck für die Form $\psi(x', y', z')$ durch den folgenden ersetzen:

$$(46)\quad \psi(x',y',z') = P(\omega_1)^2 \cdot \Big[\Big(x' + \frac{\mathfrak{Q}_1}{\mathfrak{P}} y' + \frac{\mathfrak{R}_1}{\mathfrak{P}} z'\Big)^2 + \lambda'^2\Big(x' + \frac{\mathfrak{Q}_2}{\mathfrak{P}} y' + \frac{\mathfrak{R}_2}{\mathfrak{P}} z'\Big)^2 + \mu'^2\Big(x' + \frac{\mathfrak{Q}_3}{\mathfrak{P}} y' + \frac{\mathfrak{R}_3}{\mathfrak{P}} z'\Big)^2\Big],$$

in welchem zur Abkürzung

$$(47)\qquad \lambda'^2 = \lambda^2 \cdot \frac{P(\omega_2)^2}{P(\omega_1)^2}, \quad \mu'^2 = \mu^2 \cdot \frac{P(\omega_3)^2}{P(\omega_1)^2}$$

geschrieben ist. Wie man also auch λ, μ wählt, die zugehörigen Formen ψ bieten nur eine endliche Anzahl verschiedener Systeme $\mathfrak{P}, \mathfrak{Q}_i, \mathfrak{R}_i$ oder, wie wieder gesagt werden mag, eine endliche Anzahl verschiedener Stämme dar. Demnach wird es zwei Wertesysteme λ_h, μ_h und λ_k, μ_k der Parameter geben, denen Formen $\psi_h(x, y, z)$ und $\psi_k(x, y, z)$ gleichen Stammes entsprechen, die sich also nur durch andere Werte ihrer Parameter sowie durch ihre Multiplikatoren voneinander unterscheiden; zwischen den ersteren bestehen, den Beziehungen (47) entsprechend, die nachstehenden Gleichungen:

$$(48)\qquad \lambda_k^2 = C_2^2 \lambda_h^2, \quad \mu_k^2 = C_3^2 \mu_h^2,$$

wo

$$C_2 = \frac{P_k(\omega_2) P_h(\omega_1)}{P_k(\omega_1) P_h(\omega_2)}, \quad C_3 = \frac{P_k(\omega_3) P_h(\omega_1)}{P_k(\omega_1) P_h(\omega_3)}$$

ist und die P_h, P_k als die zu P entsprechenden Funktionen gedacht sind.

10. Hierbei könnten die Formen ψ_h, ψ_k etwa als Seebersche Reduzierte gedacht werden. Da wir aber nach der Methode von Selling reduzieren wollen, so führen wir statt jener Formen ihre Variierten

$$\overline{\psi}_h(x, y, z, t), \quad \overline{\psi}_k(x, y, z, t)$$

ein und ersetzen diese nun nach Nr. 4 durch ihre Reduzierten $\overline{\chi}_h$, $\overline{\chi}_k$. Sieht man dabei von den Multiplikatoren der Formen ψ_h, ψ_k ab, die für die Reduktion gleichgültig sind, so sind offenbar die Koeffizienten der Form $\overline{\chi}_h$ ebenso wie diejenigen der Form ψ_h von der linearen Gestalt

$$K + L\lambda_h^2 + M\mu_h^2,$$

wobei K, L, M nur durch den Stamm der Form bestimmt sind; deshalb sind diejenigen von $\overline{\chi}_k$ von der Gestalt

$$K + L\lambda_k^2 + M\mu_k^2$$

mit je ebendenselben Konstanten K, L, M.

Denken wir jetzt $\overline{\chi}_h$ nach (18) in der Gestalt

$$-g(y-z)^2 - h(z-x)^2 - k(x-y)^2$$
$$-l(x-t)^2 - m(y-t)^2 - n(z-t)^2,$$

so besteht das Wesen von $\bar{\chi}_h$ als Reduzierte darin, daß alle sechs Koeffizienten g, h, k, l, m, n negativ oder Null, d. i. darin, daß sechs lineare Ungleichheiten von der Gestalt

$$K + L\lambda_h^2 + M\mu_h^2 \gtreqless 0 \tag{49}$$

erfüllt sind. Faßt man also, um sie geometrisch zu deuten, λ_h^2, μ_h^2 als Parallelkoordinaten für einen Punkt einer Ebene auf, so bedeutet

$$K + L_h\lambda^2 + M\mu_h^2 = 0$$

eine Gerade in der letzteren, und jede jener Ungleichheiten beschränkt den Punkt λ_h^2, μ_h^2 auf eine bestimmte Seite einer solchen Geraden. Das Gebiet für die Parameterwerte λ_h^2, μ_h^2, in welchem die Form $\bar{\chi}_h$ reduziert bleibt, ergibt sich also hiernach im allgemeinen als ein gewisses Sechseck, das wir (s. Fig. 18) mit $PQRSTU$ bezeichnen wollen, das aber auch in ein Polygon von geringerer Seitenzahl ausarten kann. Das für die Form $\bar{\chi}_k$ geltende Reduktionsgebiet wird entsprechend durch die Ungleichheiten

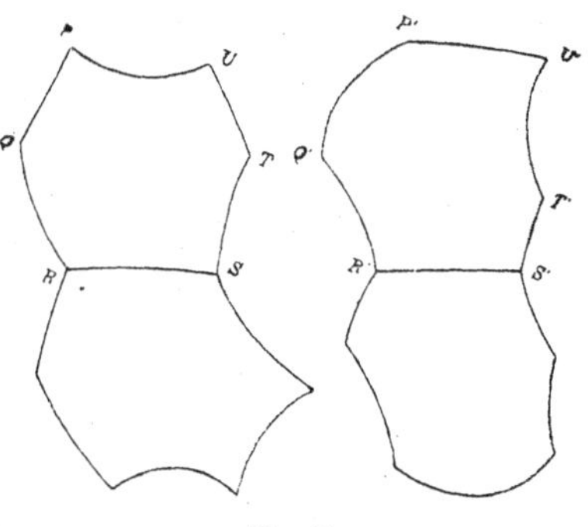

Fig. 18.

$$K + L\lambda_k^2 + M\mu_k^2 \gtreqless 0,$$

d. i. durch

$$K + C_2^2 L \cdot \lambda_h^2 + C_3^2 M \cdot \mu_h^2 \gtreqless 0,$$

also durch ein dem vorigen zugeordnetes zweites Sechseck $P'Q'R'S'T'U'$ bestimmt sein.

Wenn nun bei stetiger Änderung der Parameter der Punkt λ_h^2, μ_h^2 das Sechseck $PQRSTU$ verläßt, indem er über eine seiner Seiten, etwa über ST hinwegschreitet, so hört $\bar{\chi}_h$ auf, reduziert zu sein. Eine neue reduziernde Substitution bringt dann eine Form $\bar{\chi}_{h+1}$ hervor, die in einem neuen, an die Seite ST sich anlegenden Polygon reduziert ist, und dieselbe Substitution, angewandt auf die Form $\bar{\chi}_k$ gleichen Stammes wie $\bar{\chi}_h$ liefert eine neue Reduzierte, deren Reduktionsgebiet ein an das Polygon $P'Q'R'S'T'U'$ anliegendes, dem ebengedachten entsprechendes Polygon sein wird. So fortfahrend erhält man zwei einander zugeordnete Polygonketten, welche den Reihen der aufeinanderfolgenden Reduzierten entsprechen. Bei geeigneter Bewegung des Punktes λ_h^2, μ_h^2 wird sich aber in der von $\bar{\chi}_h$ ausgehenden Reihe von Reduzierten auch $\bar{\chi}_k$ befinden; dann wird ersichtlich die Reihe der reduzierenden Substitutionen periodisch, und es tritt in der Reihe der Reduzierten selbst eine Periodizität in dem Sinne ein, daß die entsprechenden Glieder der Perioden Formen gleichen Stammes sind.

Verhält es sich also hiermit ebenso wie im vorigen Falle, so unterscheidet sich der jetzige darin von jenem, daß hier ausgehend von $\bar{\chi}_h$ mehr als eine, und zwar mindestens zwei solche Perioden sich einstellen werden, da sich an jede Seite des für $\bar{\chi}_h$ geltenden Polygons die gleiche Betrachtung knüpfen läßt. Charve hat für eine Reihe von Beispielen die Rechnung durchgeführt, wobei jedesmal zwei solche Perioden in Betracht kommen. Aber man erkennt hieraus nicht im allgemeinen, ob und in welcher Weise eine Periodizität dieses Algorithmus sich gestaltet der Art, daß er, indem jene Polygonketten die ganze Ebene überdecken, jede der Reduzierten ergebe, und inwieweit er etwa, ähnlich wie bei den kubischen Irrationellen der ersten Art, zur arithmetischen Charakteristik derjenigen der zweiten Art verwendbar ist. Wir gehen deshalb auch auf die Herleitung der komplexen Einheiten des diesem Falle entsprechenden kubischen Körpers $K(u)$ aus jenen Perioden von Substitutionen oder Formen hier weiter nicht ein.

Vierzehntes Kapitel.

Der verallgemeinerte Kettenbruchalgorithmus.

1. Die Untersuchungen des vorigen Kapitels führen zu einer Frage zurück, die in Kap. 6, Nr. 13 gelegentlich der Reduktion der Form

$$(1) \qquad (x - \omega z)^2 + (y - \Omega z)^2 + \lambda^2 z^2$$

und ihrer Adjungierten

$$(2) \qquad (x\omega + y\Omega + z)^2 + \lambda^2(x^2 + y^2),$$

in denen ω, Ω zwei reelle Irrationelle bedeuteten, gestellt worden ist. Diese Reduktion lieferte die Möglichkeit, eine unbegrenzte Reihe von Brüchen $\frac{x}{z}, \frac{y}{z}$ zu finden, die als Näherungsbrüche der beiden Irrationellen mit demselben Nenner zu bezeichnen sind, indem mit wachsendem Nenner die Differenzen $\frac{x}{z} - \omega$, $\frac{y}{z} - \Omega$ gemäß einem Gesetze, nach welchem

$$\left|\frac{x}{z} - \omega\right| < \frac{k}{z\sqrt{z}}, \quad \left|\frac{y}{z} - \Omega\right| < \frac{k}{z\sqrt{z}}$$

ist, wobei $k = \frac{2}{3}$ gesetzt werden darf, beliebig klein wurden. An späterer Stelle (Kap. 7, Nr. 7) ergab sich allgemeiner das Vorhandensein ganzer Zahlen $x_1, x_2, \ldots, x_n$, durch welche für n reelle Irrationellen $\omega_1, \omega_2, \ldots, \omega_n$ die Ungleichheiten

$$\left|\frac{x_i}{x_n} - \omega_i\right| \overline{\overline{<}} \frac{k}{|x_n|^{\frac{n}{n-1}}},$$

wobei $k = \frac{n-1}{n}$ gedacht werden darf, erfüllt wurden. Ebenso zieht die Reduktion der Form (2) die Möglichkeit nach sich, eine unbegrenzte Menge von Systemen ganzer Zahlen x, y, z zu finden, durch welche die Gleichung

$$x\omega + y\Omega + z = 0 \tag{3}$$

mit beliebiger Annäherung zu lösen ist. Beide Tatsachen stehen in engem Zusammenhange miteinander. Aber diese Untersuchungen lieferten keinen regelrechten Algorithmus, nach welchem diese Reihen von Systemen ganzer Zahlen eins nach dem andern aufgestellt werden können, ähnlich wie bei der analogen Frage bezüglich der Differenz $\frac{x}{y} - \omega$ oder des Ausdrucks $x - \omega y$, bei welcher die Theorie der Kettenbrüche solchen Algorithmus darbot.

Nun haben unabhängig von der Reduktion der Formen Euler und später Jacobi versucht, durch eine Verallgemeinerung des Kettenbruchalgorithmus zu einer Regel zu gelangen, ein System ganzer Zahlen x, y, z zu finden, wie sie aus der Reduktion der Formen (1) und (2) hervorgingen. Ersterer ersetzte die Irrationellen ω, Ω in der Formel (3) durch beliebig angenäherte rationale Werte und bestimmte dann ganze Zahlen x, y, z, welche die so aus (3) hervorgehende Gleichung mit rationalen Koeffizienten erfüllen. Liegt eine solche vor, etwa die Gleichung

$$49a + 59b + 75c = 0, \tag{3a}$$

so setze man, durch den kleinsten Koeffizienten dividierend,

$$a + b + c = d, \quad \text{also} \quad 10b + 26c + 49d = 0,$$

dann wieder

$$b + 2c + 4d = e, \quad \text{also} \quad 6c + 9d + 10e = 0,$$

nun wieder

$$c + d + e = f, \quad \text{also} \quad 3d + 4e + 6f = 0,$$

endlich

$$d + e + 2f = g, \quad \text{also} \quad e + 3g = 0;$$

da sich nun aus der letzten Gleichung e unmittelbar durch g ausdrücken läßt, so können jetzt durch die aufeinanderfolgenden rekurrierenden Gleichungen der Reihe nach d, c, b, a durch die beiden unbestimmt bleibenden Zahlen f, g so ausgedrückt werden, daß die Gleichung (3a) erfüllt wird:

$$e = -3g, \quad d = -2f + 4g, \quad c = 3f - g, \quad b = 2f - 17g,$$
$$a = -7f + 22g;$$

indem man hier für f, g alle ganzen Zahlen setzt, erhält man die sämtlichen der Gleichung (3a) genügenden ganzzahligen Wertsysteme a, b, c.

2. Jacobis Betrachtung aber ist eine unmittelbare Verallgemeinerung des Kettenbruchalgorithmus und kommt im wesentlichen darauf hinaus, nachfolgende Reihe von Gleichungen aufzustellen, in denen α_1, α_2 zwei reelle Irrationelle bedeuten sollen, die positiv gedacht werden mögen: bezeichnen a_1^0, a_2^0 die unmittelbar kleineren ganzen Zahlen als α_1, α_2, so setze man zunächst

$$\alpha_1 = a_1^0 + \frac{1}{\alpha_2'}, \quad \alpha_2 = a_2^0 + \frac{\alpha_1'}{\alpha_2'};$$

sind dann a_1', a_2' die unmittelbar unter α_1', α_2' liegenden ganzen Zahlen, so werde

$$\alpha_1' = a_1' + \frac{1}{\alpha_2''}, \quad \alpha_2' = a_2' + \frac{\alpha_1''}{\alpha_2''}$$

gesetzt und so fortgefahren:

$$\alpha_1'' = a_1'' + \frac{1}{\alpha_2'''}, \quad \alpha_2'' = a_2'' + \frac{\alpha_1'''}{\alpha_2'''}$$

usw. Dies führt dann zu einer noch weiteren Verallgemeinerung, indem man für n reelle positive Irrationellen $\alpha_1, \alpha_2, \ldots, \alpha_n$ den nachstehenden Algorithmus aufstellt:

$$(4)\quad \begin{cases} \alpha_1 = a_1^0 + \frac{a_0'}{\alpha_n'}, & \alpha_2 = a_2^0 + \frac{\alpha_1'}{\alpha_n'}, & \ldots, & \alpha_n = a_n^0 + \frac{\alpha_{n-1}'}{\alpha_n'} \\ \alpha_1' = a_1' + \frac{a_0''}{\alpha_n''}, & \alpha_2' = a_2' + \frac{\alpha_1''}{\alpha_n''}, & \ldots, & \alpha_n' = a_n' + \frac{\alpha_{n-1}''}{\alpha_n''} \\ \alpha_1'' = a_1'' + \frac{a_0'''}{\alpha_n'''}, & \alpha_2'' = a_2'' + \frac{\alpha_1'''}{\alpha_n'''}, & \ldots, & \alpha_n'' = a_n'' + \frac{\alpha_{n-1}'''}{\alpha_n'''} \\ \ldots & \ldots & \ldots & \ldots \end{cases}$$

in welchem allgemein $a_k^{(h)}$ das größte in $\alpha_k^{(h)}$ enthaltene Ganze bedeuten soll; er unterscheidet sich nur darin von dem vorigen einfacheren, daß in ihm statt der Einheit die Zahlen $a_0^{(h)}$ stehen, was für die Gesetze des Algorithmus keine wesentliche Änderung, aber einige Vorteile herbeiführt. Perron hat in zwei größeren Arbeiten die Eigenschaften dieses allgemeinen Kettenbruchalgorithmus sehr eingehend untersucht und eine Fülle wichtiger Ergebnisse gewonnen.[1]) Wir wollen dieselben hier, soweit sie für unsere Darstellung ein Interesse bieten, zur Kenntnis bringen, müssen uns aber da-

1) „Grundlagen für eine Theorie des Jacobischen Kettenbruchalgorithmus" (Habilitationsschrift 1906) und „Über die Konvergenz der Jacobi-Kettenbruchalgorithmen mit komplexen Elementen", Sitzgsber. d. K. Bayr. Ak. d. Wiss. 1908.

bei teilweise nur auf eine Skizzierung des zu ihnen führenden Beweisganges beschränken.

Zunächst ergibt sich aus den Gleichungen (4) durch aufeinanderfolgende Substitutionen eine allgemeine Formel von folgender Gestalt:

$$(5) \qquad \alpha_i = \frac{a_0^{(h)} A_i^{(h)} + \alpha_1^{(h)} A_i^{(h+1)} + \cdots + \alpha_n^{(h)} A_i^{(h+n)}}{a_0^{(h)} A_0^{(h)} + \alpha_1^{(h)} A_0^{(h+1)} + \cdots + \alpha_n^{(h)} A_0^{(h+n)}}.$$
$$(i = 1, 2, 3, \ldots, n)$$

In der Tat hat man unmittelbar in der Gleichung

$$(6) \qquad \alpha_i = \frac{\alpha'_{i-1} + a_i^0 \alpha'_n}{\alpha'_n}$$

für $h = 1$ einen so gestalteten Ausdruck. Nehmen wir nun an, derselbe wäre bereits für einen bestimmten Wert des Index h nachgewiesen, so erhält man durch Einsetzen der Werte von

$$\alpha_1^{(h)}, \alpha_2^{(h)}, \ldots, \alpha_n^{(h)}$$

in (5) auch für den Index $h + 1$ den Ausdruck

$$\alpha_i = \frac{a_0^{(h+1)} A_i^{(h+1)} + \alpha_1^{(h+1)} A_i^{(h+2)} + \cdots + \alpha_n^{(h+1)} A_i^{(h+n+1)}}{a_0^{(h+1)} A_0^{(h+1)} + \alpha_1^{(h+1)} A_0^{(h+2)} + \cdots + \alpha_n^{(h+1)} A_0^{(h+n+1)}}$$

von derselben Gestalt, wenn man $A_i^{(h+n+1)}$ durch die Formel

$$(7) \qquad A_i^{(h+n+1)} = a_0^{(h)} A_i^{(h)} + a_1^{(h)} A_i^{(h+1)} + \cdots + a_n^{(h)} A_i^{(h+n)}$$
$$(i = 0, 1, 2, \ldots, n)$$

definiert. Hiermit ist die Behauptung erwiesen und zugleich eine Rekursionsformel gewonnen, um die Koeffizienten $A_i^{(k)}$ für $k > n$ aus den Werten derselben für $k = 0, 1, 2, \ldots, n$ zu erhalten. Für die letzteren aber ergeben sich durch Vergleichung der Formeln (5) und (6) die nachstehenden Werte:

$$(8) \quad A_i^{(h)} = 0 \text{ für } h = 1, 2, \ldots, i-1, i+1, \ldots, n; \; A_i^{(i)} = 1, \; A_i^{(n+1)} = a_i^0$$
$$(i = 1, 2, \ldots, n)$$

und demgemäß aus (7)

$$(8\text{a}) \qquad A_i^{(0)} = 0$$
$$(i = 1, 2, 3, \ldots, n);$$

ferner

$$(9) \qquad A_0^{(h)} = 0 \quad \text{für} \quad h = 1, 2, \ldots, n; \quad A_0^{(n+1)} = 1.$$

Die Formel (7) besteht auch für $i = 0, h = 0$, wenn man noch übereinkommt

$$(9\text{a}) \qquad a_0^{(0)} = 1, \quad A_0^{(0)} = 1$$

zu setzen.

3. Wir wollen nun zunächst die Rekursionsformel (7), unabhängig von dem Algorithmus (4), der zu ihr geführt hat, zum Ausgangspunkte unserer Betrachtung nehmen und die Reihe der Zahlen $A_i^{(k)}$, welche durch sie erhalten werden, näher untersuchen.

Wir denken uns also irgendwie unendlich viele Zahlen

$$(10)\qquad a_0^{(h)},\ a_1^{(h)},\ \ldots,\ a_n^{(h)} \qquad (h = 0, 1, 2, 3, \ldots)$$

gegeben, die wir ganz allgemein als reell oder auch als komplex annehmen dürften, hier jedoch durchweg als ganze nicht-negative Zahlen, die Zahlen $a_0^{(h)} > 0$ voraussetzen wollen. Werden in der Rekursionsformel (7) die Größen

$$(11)\qquad A_i^{(0)},\ A_i^{(1)},\ A_i^{(2)},\ \ldots,\ A_i^{(n)}$$

beliebig als nicht-negative ganze Zahlen gewählt, so liefert sie für jeden Index $i = 0, 1, 2, \ldots, n$ ein zugehöriges System nicht-negativer ganzer Zahlen

$$(12)\qquad A_i^{(h)} \quad \text{für} \quad h = 0, 1, 2, 3, \ldots$$

und somit $n + 1$ solcher Systeme, um deren Eigenschaften es sich handelt. Wir wählen aber insbesondere für die anfänglichen Werte (11) die in (8) und (9) angegebenen, setzen nämlich

$$(13)\qquad \begin{cases} A_i^{(i)} = 1 & (\text{für } i = 0, 1, 2, \ldots, n) \\ A_i^{(h)} = 0 & (\text{für } i, h = 0, 1, 2, \ldots, n;\ h \neq i) \end{cases}$$

voraus und nennen dann das System der $n + 1$ Formeln (7) oder die $n + 1$ Systeme (12) eine Jacobi-Kette n^{ter} Ordnung.

Für $n = 1$ führt sie offenbar zu den gewöhnlichen Kettenbrüchen, da die Formel (7) dann die Gestalt

$$(7\,\text{a})\qquad A_i^{(h+2)} = a_1^{(h)} A_i^{(h+1)} + a_0^{(h)} A_i^{(h)} \qquad (i = 0, 1)$$

annimmt, also das bekannte Bildungsgesetz der Zähler und Nenner für die Näherungsbrüche des Kettenbruchs

$$K = a_1^{(0)} + \frac{a_0^{(1)}|}{|a_1^{(1)}} + \frac{a_0''|}{|a_1''} + \cdots$$

ausspricht.

Die Determinante der $n + 1$ Formeln (7) hat einen sehr einfachen Wert. Erhöht man nämlich in derselben den Index h um eine Einheit und ersetzt dann die Elemente der letzten Kolonne nach der Formel (7) durch ihre Ausdrücke, so erhält man nach bekannter Regel

$$\begin{vmatrix} A_0^{(h+1)}, & A_0^{(h+2)}, & \ldots, & A_0^{(h+n+1)} \\ A_1^{(h+1)}, & A_1^{(h+2)}, & \ldots, & A_1^{(h+n+1)} \\ . & . & . & . \\ A_n^{(h+1)}, & A_n^{(h+2)}, & \ldots, & A_n^{(h+n+1)} \end{vmatrix} = (-1)^n a_0^{(h)} \begin{vmatrix} A_0^{(h)}, & A_0^{(h+1)}, & \ldots, & A_0^{(h+n)} \\ A_1^{(h)}, & A_1^{(h+1)}, & \ldots, & A_1^{(h+n)} \\ . & . & . & . \\ A_n^{(h)}, & A_n^{(h+1)}, & \ldots, & A_n^{(h+n)} \end{vmatrix},$$

aus welcher Rekursionsformel sogleich

$$(14)\qquad \begin{vmatrix} A_0^{(h)}, & A_0^{(h+1)}, & \ldots, & A_0^{(h+n)} \\ A_1^{(h)}, & A_1^{(h+1)}, & \ldots, & A_1^{(h+n)} \\ . & . & . & . \\ A_n^{(h)}, & A_n^{(h+1)}, & \ldots, & A_n^{(h+n)} \end{vmatrix} = (-1)^{hn} \cdot a_0^{(0)} a_0^{(1)} \ldots a_0^{(h-1)}$$

gefunden wird.

Die Größen $A_i^{(k)}$ werden nach dem Bildungsgesetze (7) offenbar ganze und ganzzahlige Funktionen der Elemente $a_i^{(k)}$ und ebendeshalb nach unserer für die letzteren gemachten Voraussetzung jedenfalls für $k > n$ positive ganze Zahlen. Versteht man nun unter $A_{i,r}^{(k)}$ ein System von Zahlen, welches die Anfangswerte

$$(15)\qquad \begin{cases} A_{i,r}^{(i)} = 1 & (\text{für } i = 0, 1, 2, \ldots, n) \\ A_{i,r}^{(h)} = 0 & (\text{für } i, h = 0, 1, 2, \ldots, n;\ h \neq i) \end{cases}$$

aufweist, im übrigen durch die Rekursionsformel

$$(16)\quad A_{i,r}^{(h+n+1)} = a_0^{(h+r)} \cdot A_{i,r}^{(h)} + a_1^{(h+r)} \cdot A_{i,r}^{(h+1)} + \cdots + a_n^{(h+r)} \cdot A_{i,r}^{(h+n)}$$

bestimmt wird, so gehen ersichtlich die Ausdrücke für diese Größen aus den entsprechenden für die $A_i^{(k)}$ einfach dadurch hervor, daß in diesen die oberen Indizes der Elemente $a_i^{(h)}$ um r Einheiten erhöht werden. Entsprechend mit den Formeln (8) findet sich also insbesondere

$$(15\,\mathrm{a})\qquad A_{i,r}^{(n+1)} = a_i^{(r)}.$$

Man erhält leicht zwischen den Größen $A_i^{(k)}$ und $A_{i,r}^{(k)}$ nachstehende Beziehung

$$(17)\quad A_i^{(h+r)} = A_{0,r}^{(h)} \cdot A_i^{(r)} + A_{1,r}^{(h)} \cdot A_i^{(r+1)} + \cdots + A_{n,r}^{(h)} \cdot A_i^{(r+n)}.$$

In der Tat besteht dieselbe den Festsetzungen (15) zufolge identisch für $h = 0, 1, 2, \ldots, n$; wenn sie aber für irgend $n+1$ aufeinanderfolgende Werte $h, h+1, h+2, \ldots, h+n$ besteht, so besteht sie allgemein, da, wenn man die entsprechenden Gleichungen bzw. mit

$$a_0^{(h+r)}, \quad a_1^{(h+r)}, \quad \ldots, \quad a_n^{(h+r)}$$

multipliziert, aus ihrer Addition mit Rücksicht auf (16) dieselbe Gleichung auch noch für $h + n + 1$ gültig hervorgeht. Insbesondere findet man aus der so bewiesenen Formel, wenn darin $r = 1$ und $h-1$ statt h gesetzt wird,

$$(17\,\mathrm{a})\qquad \begin{cases} A_i^{(h)} = a_i^{(0)} \cdot A_{n,1}^{(h-1)} + A_{i-1,1}^{(h-1)} \\ \qquad (i = 1, 2, \ldots, n) \\ A_0^{(h)} = a_0^{(0)} \cdot A_{n,1}^{(h-1)}, \end{cases}$$

woraus sogleich einer obigen Bemerkung gemäß allgemeiner

$$(17\,\mathrm{b})\qquad \begin{cases} A_{i,r}^{(h)} = a_i^{(r)} \cdot A_{n,r+1}^{(h-1)} + A_{i-1,r+1}^{(h-1)} \\ \qquad (i = 1, 2, \ldots, n) \\ A_{0,r}^{(h)} = a_0^{(r)} \cdot A_{n,r+1}^{(h-1)} \end{cases}$$

folgt.

4. Im Falle $n = 1$ bilden, wie schon bemerkt, die Brüche

$$\frac{A_1^{(h)}}{A_0^{(h)}}$$

für $h = 0, 1, 2, \ldots$ die aufeinanderfolgenden Näherungsbrüche des Kettenbruchs K, indem, je nachdem sie mit unendlich wachsendem h gegen einen endlichen Grenzwert α konvergieren oder nicht, der Kettenbruch K diesen Wert repräsentiert oder sinnlos ist. Dies verallgemeinernd werden wir die Jacobi-Kette (7) konvergent oder divergent nennen, je nachdem die Brüche

$$\frac{A_i^{(h)}}{A_0^{(h)}} \quad (\text{für } i = 1, 2, \ldots, n)$$

mit unendlich wachsendem h gegen endliche Grenzen konvergieren oder nicht, je nachdem also Gleichungen stattfinden von der Form

$$(18)\qquad \lim_{h=\infty} \frac{A_1^{(h)}}{A_0^{(h)}} = \alpha_1^{\,0}, \quad \lim_{h=\infty} \frac{A_2^{(h)}}{A_0^{(h)}} = \alpha_2^{\,0}, \quad \ldots, \quad \lim_{h=\infty} \frac{A_n^{(h)}}{A_0^{(h)}} = \alpha_n^{\,0}$$

oder nicht.

Da nach (17 a)

$$\frac{A_i^{(h)}}{A_0^{(h)}} = a_i^{(0)} + \frac{A_{i-1,1}^{(h-1)}}{A_{n,1}^{(h-1)}}$$

gesetzt werden kann, so ist die Konvergenz der Jacobi-Kette auch gleichbedeutend mit der Existenz der Grenzwerte

$$(18\,\mathrm{a})\qquad \lim_{h=\infty} \frac{A_{0,1}^{(h)}}{A_{n,1}^{(h)}}, \quad \lim_{h=\infty} \frac{A_{1,1}^{(h)}}{A_{n,1}^{(h)}}, \quad \ldots, \quad \lim_{h=\infty} \frac{A_{n-1,1}^{(h)}}{A_{n,1}^{(h)}}.$$

Diese Ausdrücke enthalten aber keine der Zahlen $a_0^{\,0}, a_1^{\,0}, \ldots, a_n^{\,0}$, und demnach hängt die Konvergenz oder Divergenz des

Kettenbruchalgorithmus von den Werten dieser Zahlen nicht ab.

Perron nennt im Anschluß an eine Definition Pringsheims den Algorithmus (7) unbedingt konvergent, wenn er auch nach Weglassung einer beliebigen Anzahl r von Anfangszeilen des Systems (10) noch konvergent bleibt, d. h. also, wenn für jedes $r = 0, 1, 2, \ldots$ die Ausdrücke

$$\frac{A_{1,r}^{(h)}}{A_{0,r}^{(h)}}, \quad \frac{A_{2,r}^{(h)}}{A_{0,r}^{(h)}}, \ldots, \frac{A_{n,r}^{(h)}}{A_{0,r}^{(h)}} \tag{19}$$

mit unendlich wachsendem h gegen bestimmte endliche Grenzwerte konvergieren. In diesem Falle wollen wir setzen

$$\lim_{h=\infty} a_0^{(r)} \cdot \frac{A_{i,r}^{(h)}}{A_{0,r}^{(h)}} = \alpha_i^{(r)}. \tag{20}$$

$$(i = 0, 1, 2, \ldots, n)$$

Da alsdann aus der Formel (17 b), wenn sie in der Gestalt

$$a_0^{(r)} \cdot \frac{A_{i,r}^{(h)}}{A_{0,r}^{(h)}} = a_i^{(r)} + \frac{A_{i-1,r+1}^{(h)}}{A_{n,r+1}^{(h-1)}}$$

geschrieben wird, durch den Übergang zur Grenze $h = \infty$ die Beziehung

$$\alpha_i^{(r)} = a_i^{(r)} + \frac{\alpha_{i-1}^{(r+1)}}{\alpha_n^{(r+1)}},$$

$$(i = 1, 2, \ldots, n)$$

insbesondere also für $i = 1$

$$\alpha_1^{(r)} = a_1^{(r)} + \frac{a_0^{(r+1)}}{\alpha_n^{(r+1)}}$$

gewonnen wird, so erhellt zunächst, daß $\alpha_n^{(r+1)}$ von Null verschieden sein muß, damit $\alpha_1^{(r)}$ einen endlichen Wert bedeuten kann; sodann aber ergibt sich ein System von Gleichungen

$$\left\{\begin{array}{l} \alpha_1^0 = a_1^0 + \dfrac{a_0^{(1)}}{\alpha_n^{(1)}}, \quad \alpha_2^0 = a_2^0 + \dfrac{\alpha_1^{(1)}}{\alpha_n^{(1)}}, \ldots, \alpha_n^0 = a_n^0 + \dfrac{\alpha_{n-1}^{(1)}}{\alpha_n^{(1)}} \\ \alpha_1^{(1)} = a_1^{(1)} + \dfrac{a_0^{(2)}}{\alpha_n^{(2)}}, \quad \alpha_2^{(1)} = a_2^{(1)} + \dfrac{\alpha_1^{(2)}}{\alpha_n^{(2)}}, \ldots, \alpha_n^{(1)} = a_n^{(1)} + \dfrac{\alpha_{n-1}^{(2)}}{\alpha_n^{(2)}} \\ \alpha_1^{(2)} = a_1^{(2)} + \dfrac{a_n^{(3)}}{\alpha^{(3)}}, \quad \alpha_2^{(2)} = a_2^{(2)} + \dfrac{\alpha_1^{(3)}}{\alpha_n^{(3)}}, \ldots, \alpha_n^{(2)} = a_n^{(2)} + \dfrac{\alpha_{n-1}^{(3)}}{\alpha_n^{(3)}} \\ \ldots\ldots\ldots\ldots\ldots\ldots\ldots\ldots\ldots\ldots \end{array}\right. \tag{21}$$

von derselben Gestalt wie die Gleichungen (4), so daß, wie aus diesen die Formel (5), aus ihm die folgende Gleichung

$$\alpha_i^0 = a_0^0 \cdot \frac{a_0^{(h)} A_i^{(h)} + \alpha_1^{(h)} A_i^{(h+1)} + \cdots + \alpha_n^{(h)} A_i^{(h+n)}}{a_0^{(h)} A_0^{(h)} + \alpha_1^{(h)} A_0^{(h+1)} + \cdots + \alpha_n^{(h)} A_0^{(h+n)}} \tag{22}$$

erschlossen wird.

5. Nun läßt sich folgender Satz beweisen:

Wenn die Elemente (10) für jeden Wert des Index h die Voraussetzungen erfüllen, daß, unter C eine feste positive Konstante verstanden,

$$a_0^0 > 0, \quad 0 < \frac{1}{a_0^{(h)}} \lesseqgtr C, \quad 0 \lesseqgtr \frac{a_i^{(h)}}{a_n^{(h)}} \lesseqgtr C \tag{23}$$

für $i = 0, 1, 2, \ldots, n-1$ ist, so konvergiert die Kette (7) unbedingt.

Zum Beweise bemerken wir zunächst, daß alsdann

$$A_0^{(n+1)} = a_0^0 > 0$$

und nach (7) $\quad A_0^{(h+n+1)} \geqq a_n^{(h)} \cdot A_0^{(h+n)} \geqq \frac{A_0^{(h+n)}}{C}$

ist, woraus allgemeiner für jeden Index $h > n$

$$A_0^{(h+k)} \geqq \frac{1}{C^k} \cdot A_0^{(h)} \tag{24}$$

hervorgeht. Hiernach ist $A_0^{(h)} > 0$ für jedes $h > n$, und daher sind dann die Quotienten

$$\frac{A_i^{(h)}}{A_0^{(h)}}, \quad \frac{A_i^{(h+1)}}{A_0^{(h+1)}}, \quad \ldots, \quad \frac{A_i^{(h+n)}}{A_0^{(h+n)}}$$

von endlichem Werte und somit unter $n+1$ solchen aufeinanderfolgenden Quotienten ein kleinster positiver Wert $k_i^{(h)}$ und ein größter positiver Wert $g_i^{(h)}$ vorhanden. Nun folgt aus (7) die Gleichung

$$\frac{A_i^{(h+n+1)}}{A_0^{(h+n+1)}} = \lambda_0^{(h)} \cdot \frac{A_i^{(h)}}{A_0^{(h)}} + \lambda_1^{(h)} \cdot \frac{A_i^{(h+1)}}{A_0^{(h+1)}} + \cdots + \lambda_n^{(h)} \cdot \frac{A_i^{(h+n)}}{A_0^{(h+n)}}, \tag{25}$$

wenn
$$\lambda_k^{(h)} = \frac{a_k^{(h)} A_0^{(h+k)}}{A_0^{(h+n+1)}}$$
$$(k = 0, 1, 2, \ldots, n)$$

gedacht wird, und zwischen diesen gewiß nicht negativen Koeffizienten $\lambda_k^{(h)}$ besteht ebenfalls nach (7) die Beziehung

$$\lambda_0^{(h)} + \lambda_1^{(h)} + \cdots + \lambda_n^{(h)} = 1. \tag{26}$$

Zudem ist nach den Voraussetzungen (23) und der Ungleichheit (24)

$$(27) \qquad \frac{\lambda_k^{(h)}}{\lambda_n^{(h)}} = \frac{a_k^{(h)}}{a_n^{(h)}} \cdot \frac{A_0^{(h+k)}}{A_0^{(h+n)}} \lesseqgtr C^{n-k+1},$$

also wegen der voraufgehenden Beziehung

$$(28) \qquad \lambda_n^{(h)} \gtreqless \frac{1}{M},$$

wenn $M = 1 + C + C^2 + \cdots + C^{n+1}$ gedacht wird.

Nun folgt aus (25) und (26)

$$\frac{A_i^{(h+n+1)}}{A_0^{(h+n+1)}} \gtreqless k_i^{(h)}$$

und also auch $k_i^{(h+1)} \gtreqless k_i^{(h)}$. Ebenso findet man $g_i^{(h+1)} \lesseqgtr g_i^{(h)}$ und daher die Ungleichheiten

$$0 \lesseqgtr k_i^{(h)} \lesseqgtr k_i^{(h+1)} \lesseqgtr g_i^{(h+1)} \lesseqgtr g_i^{(h)},$$

denen zufolge die Größen $k_i^{(h)}$ mit h stets wachsend und die Größen $g_i^{(h)}$ stets abnehmend gegen endliche Grenzen K_i, G_i konvergieren, während $K_i \lesseqgtr G_i$ ist.

Nachdem dies festgestellt ist, kann nun gezeigt werden, daß $K_i = G_i$ sein muß. Denn nehmen wir diese Werte als voneinander verschieden an, so würde doch für hinreichend große h, wie klein auch die positive Größe ε gedacht werde, $k_i^{(h)} > K_i - \varepsilon$ sein, da es sich mit zunehmendem h stets wachsend der Grenze K_i unendlich nähert, und daher erhielte man dann auch $\frac{A_i^{(h)}}{A_0^{(h)}} > K_i - \varepsilon$. Alsdann aber folgt aus (25)

$$\frac{A_i^{(h+n+1)}}{A_0^{(h+n+1)}} > (1 - \lambda_n^{(h)})(K_i - \varepsilon) + \lambda_n^{(h)} \cdot \frac{A_i^{(h+n)}}{A_0^{(h+n)}},$$

d. i., wenn (28) beachtet wird,

$$\frac{A_i^{(h+n+1)}}{A_0^{(h+n+1)}} - K_i > \frac{1}{M} \cdot \left(\frac{A_i^{(h+n)}}{A_0^{(h+n)}} - K_i\right) - \varepsilon.$$

Aus dieser für jeden Index $h > n$ erschlossenen Ungleichheit geht aber sogleich die allgemeinere:

$$\frac{A_i^{(h+n+k)}}{A_0^{(h+n+k)}} - K_i > \frac{1}{M^k}\left(\frac{A_i^{(h+n)}}{A_0^{(h+n)}} - K_i\right) - \varepsilon\left(1 + \frac{1}{M} + \cdots + \frac{1}{M^{k-1}}\right)$$

hervor, in welcher nun der Index h unter $n + 1$ aufeinanderfolgenden Zahlen so gewählt werden kann, daß $\frac{A_i^{(h+n)}}{A_0^{(h+n)}}$ der größte der entsprechenden Werte, also größer als G_i, und dann k unter $n+1$ aufeinanderfolgenden Zahlen so, daß $\frac{A_i^{(h+n+k)}}{A_0^{(h+n+k)}}$ der kleinste der entsprechenden Werte, also kleiner als K_i wird. Dann erhielte man aber die Ungleichheit

$$0 > \frac{1}{M^k}(G_i - K_i) - \varepsilon\left(1 + \frac{1}{M} + \cdots + \frac{1}{M^{k-1}}\right),$$

die nicht bestehen kann, wenn die Zahlen h, k bei der zuvor getroffenen Wahl zugleich so groß genommen werden, daß das Glied mit ε hinreichend klein wird. Da somit unsere Annahme $K_i < G_i$ unzulässig ist, erhält man, wie behauptet, $K_i = G_i$, und demnach konvergieren die Ausdrücke $\frac{A_i^{(h)}}{A_0^{(h)}}$ mit unendlich wachsendem h gegen feste endliche Grenzen, und man darf setzen

$$\lim_{h=\infty} a_0^{(0)} \cdot \frac{A_i^{(h)}}{A_0^{(h)}} = \alpha_i^0; \tag{29}$$

$$(i = 1, 2, \ldots, n)$$

die Kette (7) ist also konvergent.

Da aber die Voraussetzungen (23) auch gelten, wenn man beliebig viele Anfangszeilen des Elementensystems (10) wegläßt, so erschließt man in gleicher Weise auch das Vorhandensein allgemeinerer Grenzwerte

$$\lim a_0^{(r)} \cdot \frac{A_{i,r}^{(h)}}{A_{0,r}^{(h)}} = \alpha_i^{(r)}, \tag{30}$$

$$(i = 1, 2, \ldots, n)$$

also die unbedingte Konvergenz der Kette (7).

Man bemerke endlich, daß man, weil die Konvergenz oder Divergenz der Kette von den Zahlen $a_0^0, a_1^0, \ldots, a_n^0$ der ersten Zeile des Systems (10) nicht abhängt, in den Voraussetzungen (23) des Satzes die auf diese Zahlen bezüglichen auch unterdrücken kann, ohne daß er aufhört, gültig zu bleiben.

6. Wir kehren nun zu den Gleichungen (4) zurück. Wenn in ihnen $\alpha_1^{(h-1)}$ keiner ganzen Zahl gleich ist, darf man $a_0^{(h)}$ als eine beliebige positive ganze Zahl wählen, und die erste Gleichung der entsprechenden Zeile bestimmt dann $\alpha_n^{(h)}$; wäre aber $\alpha_1^{(h-1)}$ einer ganzen Zahl gleich, so müßte $a_0^{(h)} = 0$ gesetzt werden, und die Größe $\alpha_n^{(h)}$ wäre aus der ersten Gleichung jener Zeile nicht zu bestimmen. Dann dürfte

$$\alpha_2^{(h-1)} = a_2^{(h-1)} + \frac{a_1^{(h)}}{\alpha_n^{(h)}}$$

gesetzt und unter $a_1^{(h)}$ eine beliebige positive ganze Zahl verstanden werden, wodurch dann $\alpha_n^{(h)}$ bestimmt wird, außer wenn auch $\alpha_2^{(h-1)}$ einer ganzen Zahl gleich ist. In diesem Falle müßte man in derselben Weise zur dritten Gleichung der Zeile weitergehen usw. Aber nicht sämtliche Zahlen $\alpha_1^{(h-1)}, \alpha_2^{(h-1)}, \ldots, \alpha_n^{(h-1)}$ können ganzen Zahlen gleich sein, da sonst nach (5), wenn darin h in $h-1$ verwandelt wird, α_i rational würde, gegen die Voraussetzung. Sei demnach $\alpha_j^{(h-1)}$ die erste jener Zahlen, die von einer ganzen Zahl verschieden ist, so daß

$$\alpha_j^{(h-1)} = a_j^{(h-1)} + \frac{a_j^{(h)}}{\alpha_j^{(h)}}$$

gesetzt werden darf, unter $a_j^{(h)}$ eine beliebige positive ganze Zahl verstanden, so liegt $\frac{a_j^{(h)}}{\alpha_n^{(h)}}$ zwischen den Grenzen 0 und 1, ausschließlich derselben; demnach ist $\frac{\alpha_n^{(h)}}{a_j^{(h)}}$ ein endlicher Wert größer als 1, also $\alpha_n^{(h)} > a_j^{(h)}$ und folglich auch $a_n^{(h)} \gtreqless a_j^{(h)}$ oder

$$0 < \frac{a_j^{(h)}}{a_n^{(h)}} \lesseqgtr 1.$$

Da aber nach Voraussetzung $a_{j-1}^{(h)} = a_{j-2}^{(h)} = \cdots = a_0^{(h)} = 0$ sind, so gelten allgemeiner die Ungleichheiten

$$0 \lesseqgtr \frac{a_i^{(h)}}{a_n^{(h)}} \lesseqgtr 1.$$

$$(i = 0, 1, 2, \ldots, j)$$

Für die folgenden Gleichungen der Zeile lassen sich aber dieselben Betrachtungen wiederholen, und so findet man endlich diese Ungleichheiten für alle $i = 0, 1, 2, \ldots, n$ erfüllt. Zudem ist wegen $\alpha_n^{(h)} > a_j^{(h)}$

$$0 < \frac{1}{\alpha_n^{(h)}} < \frac{1}{a_j^{(h)}} < 1$$

und $a_0^0 = 1 > 0$. Demnach sind die Voraussetzungen des vorigen Satzes für jeden Index $h > 0$ erfüllt, wenn $C = 1$ gedacht wird. Der Schlußbemerkung voriger Nr. zufolge dürfen wir also den Satz aussprechen: *Der durch die Gleichungen (4) gegebene Jacobische Kettenbruchalgorithmus für n positive Irrationellen $\alpha_1, \alpha_2, \ldots, \alpha_n$ ist unbedingt konvergent.*

Demgemäß führt er zu gewissen Grenzwerten (29), andererseits aber zur Formel (5). Diese nun läßt sich schreiben, wie folgt:

$$\alpha_i = \frac{\alpha_0^{(h)} A_0^{(h)}}{N} \cdot a_0^0 \frac{A_i^{(h)}}{A_0^{(h)}} + \frac{\alpha_1^{(h)} A_0^{(h+1)}}{N} \cdot a_0^0 \frac{A_i^{(h+1)}}{A_0^{(h+1)}} + \cdots + \frac{\alpha_n^{(h)} A_0^{(h+n)}}{N} \cdot a_0^0 \frac{A_i^{(h+n)}}{A_0^{(h+n)}},$$

wo zur Abkürzung

$$N = a_0^{(h)} A_0^{(h)} + \alpha_0^{(h)} A_0^{(h+1)} + \cdots + \alpha_n^{(h)} A_0^{(h+n)}$$

gesetzt ist; oder einfacher

$$\alpha_i = \lambda_0^{(h)} \cdot a_0^0 \frac{A_i^{(h)}}{A_0^{(h)}} + \lambda_1^{(h)} \cdot a_0^0 \frac{A_i^{(h+1)}}{A_0^{(h+1)}} + \cdots + \lambda_n^{(h)} \cdot a_0^0 \frac{A_i^{(h+n)}}{A_0^{(h+n)}},$$

während die $\lambda_0^{(h)}, \lambda_1^{(h)}, \ldots, \lambda_n^{(h)}$ nichtnegative Größen sind, deren Summe gleich 1 ist, die mithin zwischen 0 und 1 enthalten sind. Läßt man aber hierin h unendlich wachsen, so darf man — mit Rücksicht auf (29) und indem man unter $\varepsilon_0, \varepsilon_1, \ldots, \varepsilon_n$ beliebig kleine Größen versteht —

$$\alpha_i = \alpha_i^0 + \lambda_0^{(h)} \varepsilon_0 + \lambda_1^{(h)} \varepsilon_1 + \cdots + \lambda_n^{(h)} \varepsilon_n$$

schreiben, d. h. an der Grenze für $h = \infty$

$$\alpha_i = \alpha_i^0.$$
$$(i = 1, 2, \ldots, n)$$

Demnach sind die Irrationellen α_i selbst die Grenzwerte des zu den Gleichungen (4) gehörigen Kettenbruchalgorithmus (7), und folglich dürfen die den aufeinanderfolgenden Werten von h entsprechenden Brüche

$$a_0^0 \cdot \frac{A_i^{(h)}}{A_0^{(h)}} \quad \text{für } i = 1, 2, 3, \ldots, n$$

mit Recht als die sukzessiven **Näherungsbrüche** für die Irrationellen α_i bezeichnet werden.

Es ist das Verdienst Perrons, diesen Nachweis erbracht zu haben; Jacobis Arbeit, welche die Frage nach der Konvergenz des Algorithmus überhaupt nicht berührt, läßt daher auch ganz im Zweifel, inwieweit man bei demselben von Näherungsbrüchen der Irrationellen α_i zu sprechen berechtigt sei.

7. Wir zeigen jetzt weiter, daß, wenn bei dem Algorithmus (4) für alle hinreichend großen Werte des Index h

$$(31) \qquad \frac{a_0^{(h)} + \alpha_1^{(h)} + \cdots + \alpha_{n-1}^{(h)}}{\alpha_n^{(h)}} < \theta < 1$$

bleibt,

(32) $$\lim_{h=\infty} (A_i^{(h)} - \alpha_i A_0^{(h)}) = 0$$

ist. Zur Abkürzung schreiben wir

$$A_i^{(h)} - \alpha_i \cdot A_0^{(h)} = B_h;$$

dann geht aus der Formel (5) folgende Gleichung hervor:

$$B_{h+n} = -\frac{\alpha_0^{(h)}}{\alpha_n^{(h)}} \cdot B_h - \frac{\alpha_1^{(h)}}{\alpha_n^{(h)}} \cdot B_{h+1} - \cdots - \frac{\alpha_{n-1}^{(h)}}{\alpha_n^{(h)}} \cdot B_{h+n-1}.$$

Bezeichnet man daher den größten absoluten Betrag von n aufeinanderfolgenden Ausdrücken

$$B_h, B_{h+1}, \ldots, B_{h+n-1}$$

mit M_h, so folgt

$$|B_{h+n}| \lesseqgtr \frac{\alpha_0^{(h)} + \alpha_1^{(h)} + \cdots + \alpha_{n-1}^{(h)}}{\alpha_n^{(h)}} \cdot M_h,$$

also nach der Voraussetzung (31) für hinreichend große Werte von h

(33) $$|B_{h+n}| < \theta \cdot M_h < M_h,$$

und demnach gewiß auch

$$M_{h+1} \lesseqgtr M_h,$$

so daß die Zahlen M_h mit wachsendem Index niemals zunehmen. Daher ergibt die für n aufeinanderfolgende Werte von h gebildete Ungleichheit (33) die Größen

$$B_{h+n}, B_{h+n+1}, \ldots, B_{h+2n-1}$$

sämtlich absolut kleiner als $\theta \cdot M_h$ und folglich auch

$$M_{h+n} < \theta \cdot M_h,$$

allgemeiner also

$$M_{h+kn} < \theta^k \cdot M_h,$$

woraus bei unendlich wachsendem k

$$\lim M_{h+kn} = 0,$$

also auch die behauptete Gleichung (32), sich herausstellt.

Unter derselben Voraussetzung (31) und wenn keine der Zahlen $a_0^{(h)}$ verschwindet, kann zwischen den Irrationellen α_i keine Gleichung

$$P_0 + P_1\alpha_1 + P_2\alpha_2 + \cdots + P_n\alpha_n = 0$$

mit ganzen (also auch nicht mit rationalen) Koeffizienten bestehen, es sei denn, daß alle $P_i = 0$ sind. Denn aus einer solchen Gleichung ergäbe sich

$$P_0 A_0^{(h)} = -\sum_{i=1}^{n} P_i \alpha_i A_0^{(h)},$$

also

$$\sum_{i=0}^{n} P_i A_i^{(h)} = \sum_{i=1}^{n} P_i (A_i^{(h)} - \alpha_i A_0^{(h)}).$$

Hier sinkt bei unendlich wachsendem h jedes Glied der Summe zur Rechten nach dem soeben Bewiesenen unter jeden Grad von Kleinheit herab, so daß für alle Werte von h von einer gewissen ganzen Zahl ν an der absolute Betrag der Summe zur Rechten kleiner als 1 bleibt. Da die Summe zur Linken stets einer ganzen Zahl gleich ist, muß sie deshalb für alle jene Werte von h gleich Null sein. Man kann daher $n+1$ Gleichungen schreiben:

$$\begin{gathered}
A_0^{(\nu)} P_0 + A_1^{(\nu)} P_1 + \cdots + A_n^{(\nu)} P_n = 0 \\
A_0^{(\nu+1)} P_0 + A_1^{(\nu+1)} P_1 + \cdots + A_n^{(\nu+1)} P_n = 0 \\
\cdots\cdots\cdots\cdots\cdots \\
A_0^{(\nu+n)} P_0 + A_1^{(\nu+n)} P_1 + \cdots + A_n^{(\nu+n)} P_n = 0,
\end{gathered}$$

deren Determinante nach der Formel (14) von Null verschieden ist. Demnach müssen alle Koeffizienten P_i verschwinden. —

8. Bei der Entwicklung einer Irrationellen in einen gewöhnlichen Kettenbruch war, wie mehrfach erwähnt, eine Periodizität des letzteren charakteristisch dafür, daß jene Irrationelle eine quadratische ist. Da nun der Jacobische Kettenbruchalgorithmus (4) nur eine einfache Verallgemeinerung jenes einfachen ist, liegt die Frage nahe, ob eine Periodizität desselben in analoger Weise für den algebraischen Charakter der Irrationellen $\alpha_1, \alpha_2, \ldots, \alpha_n$ maßgebend sei oder nicht. Jacobi selbst hat diese Frage für den Fall $n = 2$, insbesondere, wenn dann $\alpha_1 = \alpha$, $\alpha_2 = \alpha^2$ und α die Kubikwurzel aus einer ganzen Zahl ist, schon zu lösen versucht und für eine Reihe von Beispielen, nämlich für

$$\alpha = \sqrt[3]{2},\ \sqrt[3]{3},\ \sqrt[3]{5}$$

die Periodizität des zugehörigen Algorithmus tatsächlich festgestellt. Perron ist dann dieser Frage für jeden Wert von n in weitem Umfange und mit gutem Erfolge nähergetreten. Seine Hauptergebnisse sollen, soweit es sich um regelmäßige Algorithmen handelt, hier noch skizziert werden. Unter einem regelmäßigen Kettenbruchalgorithmus aber soll ein solcher verstanden werden, dessen Elemente (10) von der bei den Gleichungen (4) geltenden Beschaffenheit sind, während keine der Zahlen $a_0^{(h)}$ verschwindet, welche dann alle gleich 1 gedacht werden dürfen und sollen.

Ein solcher ist nach Nr. 6 unbedingt konvergent. Die Konvergenz soll aber hinfort in etwas allgemeinerem Sinne gefaßt werden, indem der Algorithmus konvergent heißen soll, wenn es $n+1$ nicht sämtlich verschwindende Größen $x_0, x_1, x_2, \ldots, x_n$ gibt, so beschaffen, daß

$$\lim_{h=\infty} (A_0^{(h)} : A_1^{(h)} : \ldots : A_n^{(h)}) = x_0 : x_1 : \ldots : x_n \tag{34}$$

ist. Man erkennt einfach, daß auch dann Konvergenz oder Divergenz des Algorithmus durch Fortlassen beliebig vieler Anfangszeilen des Systems (10) nicht geändert wird. In der Tat, ist er konvergent, wenn die ersten r Zeilen unterdrückt werden, d. h., ist

$$\lim_{h=0} (A_{0,r}^{(h)} : A_{1,r}^{(h)} : \ldots : A_{n,r}^{(h)}) = x_0^{(r)} : x_1^{(r)} : \ldots : x_n^{(r)}, \tag{34a}$$

wo die $x_i^{(r)}$ nicht sämtlich verschwinden, so folgt aus den Gleichungen (17), welche die $A_i^{(h+r)}$ linear ausdrücken durch die $A_{i,r}^{(h)}$, die Proportion

$$\begin{aligned} &\lim_{h=0} (A_0^{(h)} : A_1^{(h)} : \ldots : A_n^{(h)}) \\ &= A_0^{(r)} x_0^{(r)} + A_0^{(r+1)} x_1^{(r)} + \cdots + A_0^{(r+n)} x_n^{(r)} \\ &: A_1^{(r)} x_0^{(r)} + A_1^{(r+1)} x_1^{(r)} + \ldots + A_1^{(r+n)} x_n^{(r)} \\ &: \ldots \ldots \ldots \ldots \ldots \ldots \\ &: A_n^{(r)} x_0^{(r)} + A_n^{(r+1)} x_1^{(r)} + \cdots + A_n^{(r+n)} x_n^{(r)}, \end{aligned}$$

deren rechtsseitige Glieder nicht sämtlich Null sein können, da sonst aus den $n+1$ Gleichungen

$$A_i^{(r)} x_0^{(r)} + A_i^{(r+1)} x_1^{(r)} + \cdots + A_i^{(r+n)} x_n^{(r)} = 0,$$

deren Determinante bei einem regelmäßigen Algorithmus der Gleichung (14) zufolge nicht Null ist, sämtliche $x_i^{(r)}$ gegen die Voraussetzung sich gleich Null ergäben. Somit ist auch der von Anfang an genommene Algorithmus konvergent. Aus den Gleichungen (17) finden sich aber, da, wie gesagt, ihre Determinante nicht Null ist, auch umgekehrt die $A_{i,r}^{(h)}$ linear ausgedrückt durch die $A_i^{(h)}$, und deshalb ist in gleicher Weise der umgekehrte Schluß, also die oben aufgestellte Behauptung zu begründen.

Aus den Proportionen (34) und (34a) zusammen mit den Gleichungen (17) ergibt sich nun bei geeigneter Wahl der Proportionalitätsfaktoren die Formel

$$x_i = A_i^{(r)} x_0^{(r)} + A_i^{(r+1)} x_1^{(r)} + \cdots + A_i^{(r+n)} x_n^{(r)}. \tag{35}$$

$$(i = 0, 1, 2, \ldots, n)$$

9. Wir nennen den regelmäßigen Algorithmus periodisch, wenn in dem Systeme (10) seiner Elemente von Anfang an oder nach einer gewissen Anzahl g von Zeilen eine Reihe

von p Zeilen sich unaufhörlich wiederholt, wenn also für alle Indizes h

(36)
$$a_i^{(g+p+h)} = a_i^{(g+p)} \quad (i = 0, 1, 2, \ldots, n)$$

oder, was dasselbe sagt, wenn

$$a_i^{(g+h)} = a_i^{(g+k)} \quad (i = 0, 1, 2, \ldots, n)$$

ist, sooft $h \equiv k \pmod{p}$. Wenn dabei $g = 0$ ist, heißt der Algorithmus rein periodisch, anderenfalls bilden die ersten g Zeilen des Systems (10) seine Vorperiode. Bei der Frage nach der Konvergenz eines periodischen Algorithmus darf man sich nach dem Satze der vorigen Nummer auf die Betrachtung rein periodischer Algorithmen beschränken. Allgemein aber folgt offenbar aus den Annahmen (36) das Bestehen der Gleichungen

(37)
$$A_{i,\,g+p}^{(h)} = A_{i,\,g}^{(h)} \quad (i = 0, 1, 2, \ldots, n)$$

und bei reiner Periodizität

(37a)
$$A_{i,\,p}^{(h)} = A_i^{(h)}. \quad (i = 0, 1, 2, \ldots, n)$$

Daher besteht an der Grenze für $h = \infty$ die Proportion

$$x_0^{(g+p)} : x_1^{(g+p)} : \ldots : x_n^{(g+p)} = x_0^{(g)} : x_1^{(g)} : \ldots : x_n^{(g)}$$

oder, wenn ϱ den Proportionalitätsfaktor bedeutet, die allgemeine Beziehung

(38)
$$x_i^{(g)} = \varrho \cdot x_i^{(g+p)}. \quad (i = 0, 1, 2, \ldots, n)$$

Setzt man nun in (35) $r = g$, so kommt

$$\varrho \cdot x_i = \varrho\left(A_i^{(g)} x_0^{(g)} + A_i^{(g+1)} x_1^{(g)} + \cdots + A_i^{(g+n)} x_n^{(g)}\right),$$

für $r = g + p$ aber mit Rücksicht auf (38)

$$\varrho \cdot x_i = A_i^{(g+p)} x_0^{(g)} + A_i^{(g+p+1)} x_1^{(g)} + \cdots + A_i^{(g+p+n)} x_n^{(g)},$$

und demnach

$$\left(A_i^{(g+p)} - \varrho \cdot A_i^{(g)}\right) \cdot x_0^{(g)} + \cdots + \left(A_i^{(g+p+n)} - \varrho \cdot A_i^{(g+n)}\right) \cdot x_n^{(g)} = 0;$$
$$(i = 0, 1, 2, \ldots, n)$$

man erhält also $n + 1$ Gleichungen, deren Determinante verschwinden muß, da nicht sämtliche $x_i^{(g)} = 0$ sind. Der Proportionalitätsfaktor ϱ muß also Wurzel der folgenden Gleichung $n+1^{\text{ten}}$ Grades sein:

$$\begin{vmatrix} A_0^{(g+p)}-\varrho A_0^{(g)}, & A_0^{(g+p+1)}-\varrho A_0^{(g+1)}, & \dots, & A_0^{(g+p+n)}-\varrho A_0^{(g+n)} \\ A_1^{(g+p)}-\varrho A_1^{(g)}, & A_1^{(g+p+1)}-\varrho A_1^{(g+1)}, & \dots, & A_1^{(g+p+n)}-\varrho A_1^{(g+n)} \\ \cdot & \cdot & \cdot & \cdot \\ A_n^{(g+p)}-\varrho A_n^{(g)}, & A_n^{(g+p+1)}-\varrho A_n^{(g+1)}, & \dots, & A_n^{(g+p+n)}-\varrho A_n^{(g+n)} \end{vmatrix} = 0,$$

die charakteristische Gleichung des periodischen Algorithmus genannt werden soll. Mit Beachtung der Gleichungen (17) kann ihr die folgende einfachere Gestalt gegeben werden:

$$\begin{vmatrix} A_{0,g}^{(p)}-\varrho, & A_{0,g}^{(p+1)}, & \dots, & A_{0,g}^{(p+n)} \\ A_{1,g}^{(p)}, & A_{1,g}^{(p+1)}-\varrho, & \dots, & A_{1,g}^{(p+n)} \\ \cdot & \cdot & \cdot & \cdot \\ A_{n,g}^{(p)}, & A_{n,g}^{(p+1)}, & \dots, & A_{n,g}^{(p+n)}-\varrho \end{vmatrix} = 0;$$

in der Tat geht diese Determinante zufolge der genannten Gleichungen in die vorige über, wenn man sie, mit der nach den Voraussetzungen von Null verschiedenen Determinante

$$\begin{vmatrix} A_0^{(g)} & A_1^{(g)}, & \dots, & A_n^{(g)} \\ A_0^{(g+1)}, & A_1^{(g+1)}, & \dots, & A_n^{(g+1)} \\ \cdot & \cdot & \cdot & \cdot \\ A_0^{(g+n)}, & A_1^{(g+n)}, & \dots, & A_n^{(g+n)} \end{vmatrix}$$

kolonnenweise multipliziert. Diese neue Gestalt der charakteristischen Gleichung empfiehlt sich nicht nur durch größere Einfachheit, sondern vornehmlich dadurch, daß sie die Unabhängigkeit derselben von der Vorperiode zum Ausdrucke bringt.

Beschränkt man sich deshalb auf reinperiodische Algorithmen, d. h. setzt man $g=0$, so kann die charakteristische Gleichung folgendermaßen gefaßt werden:

$$(39)\qquad f(\varrho) = \begin{vmatrix} \varrho - A_0^{(p)}, & -A_0^{(p+1)}, & \dots, & -A_0^{(p+n)} \\ -A_1^{(p)}, & \varrho - A_1^{(p+1)}, & \dots, & -A_1^{(p+n)} \\ \cdot & \cdot & \cdot & \cdot \\ -A_n^{(p)}, & -A_n^{(p+1)}, & \dots, & \varrho - A_n^{(p+n)} \end{vmatrix} = 0.$$

10. Perron hat, indem er das Elementensystem (10) zunächst ganz beliebig ließ, in den §§ 11—13 seiner erstgenannten Arbeit die notwendigen und hinreichenden Bedingungen für die Konvergenz eines periodischen Algorithmus aufgesucht. Die hierzu erforderlichen Erwägungen sind aber recht beträchtlich und mannigfaltig, besonders

in dem Falle, wo die Periodenzahl $p > 1$ ist. Indem wir hier, wo die Konvergenz des Algorithmus schon feststeht, bloß darauf verweisen können, müssen wir doch der Arbeit einen Satz entnehmen, der, aus jenen Betrachtungen gewonnen, die Grundlage für das Folgende bildet. Wir führen dazu neben der Determinante (39) die aus ihren Unterdeterminanten n^{ten} Grades gebildete Determinante ein und schreiben diese wie folgt:

$$\begin{vmatrix} g_{00}(\varrho), & g_{01}(\varrho), & \ldots, & g_{0n}(\varrho) \\ \cdot & \cdot & \cdot & \cdot \\ g_{n0}(\varrho), & g_{n1}(\varrho), & \ldots, & g_{nn}(\varrho) \end{vmatrix}.$$

Aus den bekannten Beziehungen zwischen den Elementen einer Determinante und den dazu Adjungierten folgen dann zunächst die Gleichungen

$$(40)\quad A_k^{(p)} \cdot g_{i0}(\varrho) + A_k^{(p+1)} \cdot g_{i1}(\varrho) + \cdots + A_k^{(p+n)} \cdot g_{in}(\varrho)$$
$$= \varrho \cdot g_{ik}(\varrho) - \begin{Bmatrix} f(\varrho) \\ 0 \end{Bmatrix}, \text{ je nachdem } \begin{Bmatrix} k = i \\ k \neq i \end{Bmatrix} \text{ ist.}$$
$$(\text{für } i, k = 0, 1, 2, \ldots, n)$$

Durch sie sind die Elemente $g_{ik}(\varrho)$ für alle Indizes $i, k = 0, 1, 2, \ldots, n$ definiert, und es bestehen identisch für $k = 0, 1, 2, \ldots, n$ die Beziehungen

$$(41)\quad g_{ki}(\varrho) = A_0^{(k)} g_{0i}(\varrho) + A_1^{(k)} g_{1i}(\varrho) + \cdots + A_n^{(k)} g_{ni}(\varrho),$$

die man aber auch zur Definition der Größen $g_{ki}(\varrho)$ für größere Werte des Index k benutzen kann. Aus ihnen ergibt sich dann die folgende:

$$\sum_{h=0}^{n} A_i^{(p+h)} \cdot g_{kh}(\varrho) = \sum_{\lambda=0}^{n} A_\lambda^{(k)} \sum_{h=0}^{n} A_i^{(p+h)} g_{\lambda h}(\varrho),$$

wo nun die auf h bezügliche Summe zur Rechten nach (40) den Wert $\varrho \cdot g_{\lambda i}(\varrho)$ oder den Wert $\varrho \cdot g_{\lambda i}(\varrho) - f(\varrho)$ hat, je nachdem $\lambda \neq i$ oder $\lambda = i$ ist; da hiernach die Doppelsumme gleich

$$\varrho \cdot \sum_{\lambda=0}^{n} A_\lambda^{(k)} g_{\lambda i}(\varrho) - A_i^{(k)} f(\varrho)$$

wird, so folgt aus (41) für die vorige Gleichung die Gestalt:

$$(42)\quad \varrho \cdot g_{ki}(\varrho) - \sum_{h=0}^{n} A_i^{(p+h)} \cdot g_{kh}(\varrho) = A_i^{(k)} f(\varrho),$$

eine Beziehung, auf die wir später werden zurückzuweisen haben. Sie kann ebenfalls zur Definition der Größen $g_{ki}(\varrho)$ dienen, indem für jeden bestimmten Wert von k die $n+1$ Gleichungen für $i = 0, 1, 2, \ldots, n$, deren Determinante gleich $f(\varrho)$, also nicht identisch Null ist, die $n+1$ Größen

$$g_{k0}(\varrho), \quad g_{k1}(\varrho), \ldots, g_{kn}(\varrho)$$

eindeutig bestimmen.

Stellen wir nun noch mit Perron folgende Definition auf: Eine algebraische Gleichung $f(\varrho) = 0$ heiße regulär, wenn unter ihren verschiedenen Wurzeln entweder nur eine, die mit ϱ_0 bezeichnet werde, den absolut größten Betrag hat, oder, falls mehrere von diesem Betrage vorhanden sind, doch deren Vielfachheit geringer ist als die von ϱ_0. Die Wurzel ϱ_0 soll die Hauptwurzel dieser Gleichung heißen.

Dies vorausgeschickt, läßt sich der gedachte, von Perron aus der oben angegebenen Grundlage hergeleitete Satz folgendermaßen fassen: Ist der den Irrationellen $\alpha_1, \alpha_2, \ldots, \alpha_n$ zugehörige Kettenbruchalgorithmus (4) regelmäßig und periodisch, so ist die charakteristische Gleichung regulär, die Hauptwurzel ϱ_0 positiv und einfach und $g_{ki}(\varrho_0) > 0$, und man erhält aus (35) für $r = p$ wegen (38) die Gleichung

$$\varrho \cdot x_i = A_i^{(p)} x_0 + A_i^{(p+1)} x_1 + \cdots + A_i^{(p+n)} x_n,$$

während

$$\alpha_i = \lim_{h=\infty} \frac{A_i^{(h)}}{A_0^{(h)}} = \frac{x_i}{x_0} = \frac{g_{ki}(\varrho_0)}{g_{k0}(\varrho_0)} \tag{43}$$

ist, wo k eine beliebige positive ganze Zahl.

11. Unter den Voraussetzungen dieses Satzes hat die charakteristische Gleichung

$$f(\varrho) = 0$$

vom Grade $n+1$ ganzzahlige Koeffizienten, und die Adjungierten $g_{ki}(\varrho)$ der Determinante (39) sind ganze und ganzzahlige Funktionen von ϱ. Aus (43) ergeben sich also die Irrationellen α_i als rationale Funktionen von ϱ_0 mit ganzzahligen Koeffizienten, also als Zahlen des aus der Hauptwurzel ϱ_0 der charakteristischen Gleichung gebildeten Zahlenkörpers $k(\varrho_0)$. Da der höchste Koeffizient dieser Gleichung ± 1 ist, so ist ϱ_0 selbst eine ganze algebraische Zahl und genauer eine Einheit, da die Elemente $a_0^{(h)}$ gleich 1 gewählt sind, weil alsdann zufolge der Beziehung (14) auch das konstante Glied der charakteristischen Gleichung gleich ± 1 ist. Der Satz der vorigen Nummer führt somit zu dem wichtigen Ergebnisse: Ist der den Irrationellen $\alpha_1, \alpha_2, \ldots, \alpha_n$ zugehörige Kettenbruchalgorithmus (4) regelmäßig und rein periodisch, so sind diese Irrationellen Zahlen des aus der Hauptwurzel ϱ_0 der charakteristischen Gleichung gebildeten Zahlenkörpers, d. h. Zahlen eines und desselben Körpers von einem Grade $\lesseqgtr n+1$.

Hierbei kann die Voraussetzung der reinen Periodizität noch unterdrückt werden. Ist nämlich eine Vorperiode von g Zeilen vorhanden, so ist doch der den Größen

$$\alpha_1^{(g)},\ \alpha_2^{(g)},\ \ldots,\ \alpha_n^{(g)}$$

zugehörige Kettenbruchalgorithmus von der im Satze vorausgesetzten Art, und demnach sind diese Größen Zahlen eines Körpers von einem Grade $\overline{\gtrless}\, n+1$. Da aber aus der Formel (5), wenn darin $h=g$ gesetzt wird, die Zahlen $\alpha_1, \alpha_2, \ldots, \alpha_n$ sich als rationale Funktionen jener Größen mit ganzzahligen Koeffizienten ergeben, so müssen auch sie Zahlen ebendesselben Zahlenkörpers sein.

Bei der Entwicklung einer Irrationellen α in einen gewöhnlichen Kettenbruch, also für den Fall $n=1$, ergab sich unmittelbar aus dem Bildungsgesetze der Näherungsbrüche der Satz, daß α bei einer Periodizität des Kettenbruchs eine Irrationelle zweiten Grades sein müsse. Das vorher bewiesene Ergebnis ist die Ausdehnung dieses Satzes auf den verallgemeinerten Jacobischen Kettenbruchalgorithmus. Aber man sieht, wie außerordentlich viel umständlicher die Mittel sind, durch die wir nach Perron zu solchem Resultate geführt worden sind; auch erscheint es nicht völlig als die entsprechende Verallgemeinerung jenes Satzes, da die Irrationellen $\alpha_1, \alpha_2, \ldots, \alpha_n$ nicht notwendig algebraische Zahlen $(n+1)^{\text{ten}}$ Grades sind. In der Tat folgt letzteres aus unseren Betrachtungen etwa nur dann, wenn die charakteristische Gleichung (39) irreduktibel ist; es bleibt aber in Frage, ob oder wann dies der Fall ist.

In dieser Hinsicht ist folgender Satz bemerkenswert:

Die charakteristische Gleichung ist irreduktibel, sooft die Zahlen $a_0^{(h)}=1$ sind und für alle der Periode angehörigen Werte des Index h

$$a_n^{(h)} \overline{\gtrless}\, n + a_1^{(h)} + a_2^{(h)} + \cdots + a_{n-1}^{(h)} \tag{44}$$

ist. In der Tat, wenn sie nicht irreduktibel und deshalb $\alpha_1, \alpha_2, \ldots, \alpha_n$ Zahlen eines Körpers von geringerem Grade als $n+1$ wären, so bestände zwischen diesen eine Beziehung

$$P_0 + P_1\alpha_1 + P_2\alpha_2 + \cdots + P_n\alpha_n = 0$$

mit ganzzahligen Koeffizienten, die nicht sämtlich Null sind. Das könnte aber nach Nr. 7 nur geschehen, wenn der Ausdruck

$$\frac{1+\alpha_1^{(h)}+\cdots+\alpha_{n-1}^{(h)}}{\alpha_n^{(h)}}$$

nicht für sämtliche, über einer gewissen Grenze liegenden h, d. h. hier für alle h einer Periode unter einer Zahl $\theta < 1$ verbleibt, wenn also für mindestens einen dieser Werte h

$$\frac{1+\alpha_1^{(h)}+\cdots+\alpha_{n-1}^{(h)}}{\alpha_n^{(h)}} \gtreqless 1$$

wird. Da nun $\alpha_i^{(h)}$ zwischen den Grenzen $a_i^{(h)}$ und $a_i^{(h)}+1$ enthalten ist, so ist derselbe Ausdruck kleiner als

$$\frac{n+a_1^{(h)}+\cdots+a_{n-1}^{(h)}}{a_n^{(h)}},$$

und demnach müßte dieser letztere Bruch für mindestens einen jener Werte h größer als 1 sein, was der Voraussetzung (44) zuwider ist.

12. **Ist aber die charakteristische Gleichung irreduktibel, so sind auch die Zahlen $\alpha_1, \alpha_2, \ldots, \alpha_n$ linear unabhängige Größen, d. h. es ist keine Beziehung**

$$(45) \qquad P_0+P_1\alpha_1+\cdots+P_n\alpha_n=0$$

mit ganzzahligen, nicht sämtlich verschwindenden Koeffizienten zwischen ihnen möglich. Es genügt, dies für reinperiodische Algorithmen zu zeigen, da eine solche Beziehung offenbar auch eine ebensolche zwischen den von jenen Zahlen linear abhängigen Größen

$$\alpha_1^{(h)}, \alpha_2^{(h)}, \ldots, \alpha_n^{(h)}$$

nach sich zieht, und umgekehrt. Ist aber der Algorithmus für die Zahlen $\alpha_1, \alpha_2, \ldots, \alpha_n$ rein periodisch, so sind sie Zahlen des Körpers $K(\varrho_0)$, wo ϱ_0 die Hauptwurzel der charakteristischen Gleichung ist. Man bezeichne mit

$$\beta_1, \beta_2, \ldots, \beta_n$$
$$\cdot \quad \cdot \quad \cdot \quad \cdot$$
$$\zeta_1, \zeta_2, \ldots, \zeta_n$$

die zu $\alpha_1, \alpha_2, \ldots, \alpha_n$ konjugierten Zahlen in den n zu $K(\varrho_0)$ konjugierten Körpern. Bestände dann eine Gleichung (45), so müßten auch

$$P_0+P_1\beta_1+\cdots+P_n\beta_n=0$$
$$\cdot \quad \cdot \quad \cdot \quad \cdot \quad \cdot \quad \cdot \quad \cdot \quad \cdot$$
$$P_0+P_1\zeta_1+\cdots+P_n\zeta_n=0$$

sein, und da nicht alle P_i Null sein sollen, müßte die Determinante

$$\begin{vmatrix} 1, & \alpha_1, & \alpha_2, & \ldots, & \alpha_n \\ 1, & \beta_1, & \beta_2, & \ldots, & \beta_n \\ \cdot & \cdot & \cdot & & \cdot \\ 1, & \zeta_1, & \zeta_2, & \ldots, & \zeta_n \end{vmatrix}$$

verschwinden. Sie unterscheidet sich aber, wenn $\varrho_0, \varrho_1, \ldots, \varrho_n$ die Wurzeln der charakteristischen Gleichung bedeuten, nach den Beziehungen (43) von der andern Determinante:

$$\text{(46)}\qquad \begin{vmatrix} g_{k0}(\varrho_0), & g_{k1}(\varrho_0), & \ldots, & g_{kn}(\varrho_0) \\ g_{k0}(\varrho_1), & g_{k1}(\varrho_1), & \ldots, & g_{kn}(\varrho_1) \\ \cdot & \cdot & \cdot & \cdot \\ g_{k0}(\varrho_n), & g_{k1}(\varrho_n), & \ldots, & g_{kn}(\varrho_n) \end{vmatrix}$$

nur um den Multiplikator

$$g_{k0}(\varrho_0) \cdot g_{k0}(\varrho_1) \ldots g_{k0}(\varrho_n),$$

der von Null verschieden ist, da $g_{k0}(\varrho)$ für die Wurzel ϱ_0 der charakteristischen Gleichung nach dem Satze in Nr. 10 positiv ist, also auch für keine der übrigen Wurzeln dieser als irreduktibel vorausgesetzten Gleichung verschwinden kann. Ist also die neue Determinante nicht Null, so kann es auch die frühere nicht sein. Multipliziert man aber jene zeilenweise mit der folgenden:

$$\text{(47)}\qquad \begin{vmatrix} A_i^{(0)}, & A_i^{(1)}, & \ldots, & A_i^{(n)} \\ A_i^{(p)}, & A_i^{(p+1)}, & \ldots, & A_i^{(p+n)} \\ \cdot & \cdot & \cdot & \cdot \\ A_i^{(np)}, & A_i^{(np+1)}, & \ldots, & A_i^{(np+n)} \end{vmatrix},$$

so ist das allgemeine Glied der Produktdeterminante die Summe

$$\sum_{h=0}^{n} A_i^{(\lambda p+h)} \cdot g_{kh}(\varrho_\mu).$$

$$(\lambda, \mu = 0, 1, 2, \ldots, n)$$

Nun findet man einerseits aus (17), wenn h darin durch $(\lambda-1)p+h$ und r durch p ersetzt und bemerkt wird, daß bei reiner Periodizität $A_{s,p}^{(h)} = A_s^{(h)}$ ist, die allgemeine Gleichung

$$\text{(48)}\qquad A_i^{(\lambda p+h)} = \sum_{s=0}^{n} A_s^{(\lambda-1)p+h} \cdot A_i^{(p+s)},$$

andererseits besteht wegen (42) die Gleichung

$$\text{(49)}\qquad \sum_{h=0}^{n} A_i^{(p+h)} \cdot g_{kh}(\varrho_\mu) = \varrho_\mu \cdot g_{ki}(\varrho_\mu).$$

Allgemeiner aber ist

$$\text{(50)}\qquad \sum_{h=0}^{n} A_i^{(\lambda p+h)} \cdot g_{kh}(\varrho_\mu) = \varrho_\mu^\lambda \cdot g_{ki}(\varrho_\mu).$$

Man beweist dies durch allgemeine Induktion, indem man annimmt, daß die Gleichung

$$\sum_{h=0}^{n} A_i^{((\lambda-1)p+h)} \cdot g_{kh}(\varrho_\mu) = \varrho_\mu^{\lambda-1} \cdot g_{ki}(\varrho_\mu)$$

schon feststehe; dann wird wegen (48)

$$\sum_{h=0}^{n} A_i^{(\lambda p+h)} \cdot g_{kh}(\varrho_\mu) = \sum_{h,s=0}^{n} A_s^{((\lambda-1)p+h)} \cdot A_i^{(p+s)} \cdot g_{kh}(\varrho_\mu)$$

$$= \sum_{s=0}^{n} A_i^{(p+s)} \cdot \varrho_\mu^{\lambda-1} \cdot g_{ks}(\varrho_\mu),$$

also nach (49) gleich $\varrho_\mu^{\lambda} \cdot g_{ki}(\varrho_\mu)$.

Nach diesen Ergebnissen wird das Produkt der zwei Determinanten (46) und (47) einfach gleich

$$g_{ki}(\varrho_0) g_{ki}(\varrho_1) \cdots g_{ki}(\varrho_n) \cdot \begin{vmatrix} 1, & \varrho_0, & \varrho_0^2, & \ldots, & \varrho_0^n \\ 1, & \varrho_1, & \varrho_1^2, & \ldots, & \varrho_1^n \\ \cdot & \cdot & \cdot & \cdot & \cdot \\ 1, & \varrho_n, & \varrho_n^2, & \ldots, & \varrho_n^n \end{vmatrix}.$$

Es kann daher nicht verschwinden, also auch nicht die Determinante (46); denn die Determinante in dem vorstehenden Ausdrucke ist als Diskriminante der irreduktibeln charakteristischen Gleichung von Null verschieden und $g_{ki}(\varrho)$ nach dem Satze in Nr. 10 positiv, also auch keiner der übrigen Faktoren $g_{ki}(\varrho_1), \ldots, g_{ki}(\varrho_n)$ gleich Null. So entsteht ein Widerspruch, und der ausgesprochene Satz ist bewiesen.

13. Bestimmt nach dem Hauptsatze der Nr. 11 die Periodizität des Kettenbruchalgorithmus (4) unter gewissen Voraussetzungen die Irrationellen $\alpha_1, \alpha_2, \ldots, \alpha_n$ als Zahlen eines und desselben Zahlenkörpers vom $(n+1)^{\text{ten}}$ Grade, so entsteht nun die Frage, ob sie einem solchen Systeme von n Zahlen auch charakteristisch ist, ob nämlich auch für jedes System dieser Art der zugehörige Algorithmus notwendig periodisch sein muß. Diese, wie bereits gesagt, für den Wert $n = 2$ schon von Jacobi behandelte Frage ist für den allgemeinen Kettenbruchalgorithmus bisher völlig offen geblieben. Dagegen ist es Perron noch gelungen, freilich auch nur auf Grundlage der in Nr. 10 erwähnten umständlichen Betrachtungen, für periodische Algorithmen ihr Näherungsgesetz zu ermitteln, d. h. zu zeigen, in welcher Weise die Differenzen

$$\frac{A_i^{(h)}}{A_0^{(h)}} - \alpha_i$$

$$(i = 1, 2, \ldots, n)$$

mit wachsendem Index h gegen Null konvergieren. Wir beschränken uns auf den Fall regelmäßiger Algorithmen, in welchem also $a_0^{(h)} = 1$ gedacht werden kann. Setzen wir $h = kp + \lambda$, wo λ einen der Werte $0, 1, 2, \ldots, p-1$ hat, und betrachten, indem wir k unendlich wachsen lassen, die Differenzen

$$\frac{A_i^{(kp+\lambda)}}{A_0^{(kp+\lambda)}} - \alpha_i .$$
$$(i = 1, 2, \ldots, n)$$

Man kann dann leicht einsehen, daß das Näherungsgesetz von einer etwaigen Vorperiode des Algorithmus unabhängig ist. In der Tat folgt zunächst aus (17) die Formel

$$A_i^{(kp+\lambda+g)} - \alpha_i A_0^{(kp+\lambda+g)} = \sum_{s=0}^{n} A_{s,g}^{(kp+\lambda)} \cdot \left(A_i^{(g+s)} - \alpha_i A_0^{(g+s)}\right),$$

deren rechte Seite mit Rücksicht auf die aus (5) hervorgehende Beziehung

$$\alpha_i (a_0^{(g)} A_0^{(g)} + \alpha_1^{(g)} A_0^{(g+1)} + \cdots + \alpha_n^{(g)} A_0^{(g+n)})$$
$$= a_0^{(g)} A_i^{(g)} + \alpha_1^{(g)} A_i^{(g+1)} + \cdots + \alpha_n^{(g)} A_i^{(g+n)}$$

auch in der Gestalt

$$\sum_{s=0}^{n} (A_{s,g}^{(kp+\lambda)} - \alpha_s^{(g)} A_{0,g}^{(kp+\lambda)})(A_i^{(g+s)} - \alpha_i A_0^{(g+s)})$$

geschrieben werden kann, wenn unter $\alpha_0^{(g)}$ die Zahl $a_0^{(g)} = 1$ verstanden wird. Da man dann aber das $s = 0$ entsprechende Glied der Summe, welches verschwindet, unterdrücken kann, so erhält man n Gleichungen:

(51) $$A_i^{(kp+\lambda+g)} - \alpha_i A_0^{(kp+\lambda+g)}$$
$$= \sum_{s=1}^{n} (A_{s,g}^{(kp+\lambda)} - \alpha_s^{(g)} A_{0,g}^{(kp+\lambda)}) \cdot (A_i^{(g+s)} - \alpha_i A_0^{(g+s)}).$$
$$(i = 1, 2, \ldots, n)$$

Ihre Determinante ist von Null verschieden; denn man findet leicht

$$\begin{vmatrix} A_1^{(g+1)} - \alpha_1 A_0^{(g+1)}, & \ldots, & A_1^{(g+n)} - \alpha_1 A_0^{(g+n)} \\ \cdot & \cdot & \cdot \\ A_n^{(g+1)} - \alpha_n A_0^{(g+1)}, & \ldots, & A_n^{(g+n)} - \alpha_n A_0^{(g+n)} \end{vmatrix}$$
$$= \begin{vmatrix} 1, & A_0^{(g+1)}, & \ldots, & A_0^{(g+n)} \\ \alpha_1, & A_1^{(g+1)}, & \ldots, & A_1^{(g+n)} \\ \cdot & \cdot & \cdot & \cdot \\ \alpha_n, & A_n^{(g+1)}, & \ldots, & A_n^{(g+n)} \end{vmatrix}$$

und die letztere Determinante mit Rücksicht auf die Formeln (5) und (14) gleich

$$\frac{\pm 1}{\alpha_0^{(g)} A_0^{(g)} + \alpha_1^{(g)} A_0^{(g+1)} + \cdots + \alpha_n^{(g)} A_0^{(g+n)}}.$$

Deshalb ergeben sich aus den n Gleichungen (51), welche die n Ausdrücke

$$A_i^{(kp+\lambda+g)} - \alpha_i A_0^{(kp+\lambda+g)}$$

als lineare Funktionen der n anderen

$$A_{i,g}^{(kp+\lambda)} - \alpha_i^{(g)} \cdot A_{0,g}^{(kp+\lambda)}$$

mit von k unabhängigen Koeffizienten darstellen, auch umgekehrt diese letzteren Ausdrücke als solche Funktionen der ersteren. Da nun nach (17) der Quotient

$$\frac{A_0^{(kp+\lambda+g)}}{A_{0,g}^{(kp+\lambda)}} = A_0^{(g)} + \sum_{i=1}^{n} A_0^{(g+i)} \cdot \frac{A_{i,g}^{(kp+\lambda)}}{A_{0,g}^{(kp+\lambda)}}$$

ist, also mit unendlich wachsendem k gegen die endliche Grenze

$$A_0^{(g)} + \sum_{i=1}^{n} A_0^{(g+i)} \cdot \alpha_i^{(g)}$$

konvergiert, so muß offenbar das Näherungsgesetz, nach welchem die Ausdrücke

$$\frac{A_i^{(kp+\lambda+g)}}{A_0^{(kp+\lambda+g)}} - \alpha_i \quad \text{und} \quad \frac{A_{i,g}^{(kp+\lambda)}}{A_{0,g}^{(kp+\lambda)}} - \alpha_i^{(g)}$$

mit wachsendem h unendlich abnehmen, für beide das gleiche sein.

Demnach dürfen wir uns, um dieses Gesetz anzugeben, auf die Betrachtung rein periodischer Kettenbruchalgorithmen beschränken. Das Gesetz, zu welchem Perron hierbei gekommen ist, lautet dann, in etwas engerer Fassung, als wie er es gegeben hat, folgendermaßen:

Ist der Kettenbruchalgorithmus (4) für die Irrationellen $\alpha_1, \alpha_2, \ldots, \alpha_n$ regelmäßig und rein periodisch mit der Periodenzahl p, und hat die charakteristische Gleichung desselben keine mehrfachen Wurzeln, so ist für alle $i=1,2,\ldots,n$ und $\lambda = 0, 1, 2, \ldots, p-1$

$$\left| \frac{A_i^{(kp+\lambda)}}{A_0^{(kp+\lambda)}} - \alpha_i \right| < C \cdot \left(\frac{\varrho_1}{\varrho_0}\right)^k, \tag{52 a}$$

unter C eine gewisse positive endliche Konstante verstanden; aber für wenigstens eine jener np Kombinationen i, λ ist bei allen hinreichend großen Werten k

$$\left| \frac{A_i^{(kp+\lambda)}}{A_0^{(kp+\lambda)}} - \alpha_i \right| > C_1 \cdot \left(\frac{\varrho_1}{\varrho_0}\right)^k, \tag{52 b}$$

während auch C_1 eine gewisse positive endliche Konstante bedeutet. Dabei bezeichnet ϱ_0 die Hauptwurzel der charakteristischen Gleichung und ϱ_1 diejenige ihrer Wurzeln, deren absoluter Betrag nächstkleiner ist.

14. Man sieht durch Vergleichung mit Nr. 1: dieses Näherungsgesetz ist im allgemeinen ein ganz anderes, als es sich für diejenigen Brüche $\frac{x_i}{x_0}$ herausgestellt hat, durch welche man n Irrationellen $\alpha_1, \alpha_2, \ldots, \alpha_n$ mittels der Reduktion quadratischer Formen, bzw. auf Grund eines allgemeinen zahlengeometrischen Satzes von Minkowski nahe kommen kann, und wonach die Annäherung durch einen Ausdruck

$$\frac{C}{x_0 \sqrt[n]{x_0}}$$

gemessen wurde. Fragen wir also mit Perron noch kurz danach, wann etwa jenes Gesetz mit dem eben genannten in Übereinstimmung ist. Da man sich auf den Fall reiner Periodizität beschränken kann, so wäre also die Frage, wann, unter C^0 eine positive endliche Konstante gedacht, für alle $i = 1, 2, \ldots, n$ und $\lambda = 0, 1, 2, \ldots, p-1$

$$\left|\frac{A_i^{(kp+\lambda)}}{A_0^{(kp+\lambda)}} - \alpha_i\right| < \frac{C^0}{A_0^{(kp+\lambda)} \cdot \sqrt[n]{A_0^{(kp+\lambda)}}} \tag{53}$$

ausfällt.

Nun wächst $A_0^{(kp+\lambda)}$ proportional mit ϱ_0^k. Hiervon überzeugt man sich folgendermaßen: Entwickelt man die rationale Funktion

$$\frac{g_{ki}(\varrho)}{f(\varrho)}$$

von ϱ nach fallenden Potenzen dieser Größe, so erhält man die Entwicklung

$$\frac{g_{ki}(\varrho)}{f(\varrho)} = \frac{A_i^{(k)}}{\varrho} + \frac{A_i^{(p+k)}}{\varrho^2} + \frac{A_i^{(2p+k)}}{\varrho^3} + \cdots, \tag{54}$$

denn diese Formel erfüllt, für $k = 0, 1, 2, \ldots, n$ in (42) eingesetzt, diese letztere Gleichung, die ja zur eindeutigen Definition der Größen $g_{ki}(\varrho)$ diente. In der Tat erhält man so als linke Seite der Gleichung die Differenz

$$\sum_{s=0}^{\infty} \frac{A_i^{(sp+k)}}{\varrho^s} - \sum_{h=0}^{n} \sum_{s=0}^{\infty} \frac{A_i^{(p+h)} A_h^{(sp+k)}}{\varrho^{s+1}},$$

d. i. wegen der Beziehung

$$\sum_{h=0}^{n} A_h^{(sp+k)} \cdot A_i^{(p+h)} = A_i^{((s+1)p+k)},$$

welche aus (17) durch die Annahmen $r = p$ und $sp + k$ für h und durch die Bemerkung, daß $A_{h,p}^{(sp+k)} = A_h^{(sp+k)}$ ist, hervorgeht, einfacher

$$\sum_{s=0}^{\infty} \frac{A_i^{(sp+k)}}{\varrho^s} - \sum_{s=0}^{\infty} \frac{A_i^{((s+1)p+k)}}{\varrho^{s+1}} = A_i^{(k)},$$

wie es die Gleichung (42) verlangt. Aus (54) folgt nun für $i = 0$

$$\frac{g_{k0}(\varrho)\cdot(\varrho-\varrho_0)}{f(\varrho)}$$
$$= A_0^{(k)} + \frac{A_0^{(p+k)} - \varrho_0 A_0^{(k)}}{\varrho} + \frac{A_0^{(2p+k)} - \varrho_0 A_0^{(p+k)}}{\varrho^2} + \cdots.$$

Da aber bei einem regelmäßigen Kettenbruchalgorithmus, wie er vorausgesetzt ist, die Hauptwurzel ϱ_0 der charakteristischen Gleichung nur einfach ist und alle übrigen Wurzeln derselben von kleinerem Betrage sind, so konvergiert die vorstehende Reihe noch für $\varrho = \varrho_0$ und ergibt dann die Beziehung

$$\frac{g_{k0}(\varrho_0)}{f'(\varrho_0)} = \lim \frac{A_0^{(ph+k)}}{\varrho_0^h},$$

aus welcher die Richtigkeit der gestellten Behauptung einleuchtet. Deshalb ist die Ungleichheit (53) gleichbedeutend mit der anderen:

$$\left|\frac{A_i^{(kp+\lambda)}}{A_0^{(kp+\lambda)}} - \alpha_i\right| < \frac{C'}{\varrho_0^k \sqrt[n]{\varrho_0^k}},$$

worin C' eine andere positive endliche Konstante bedeutet. Dem ausgesprochenen Näherungsgesetze zufolge ist aber für eine bestimmte Kombination i, λ und für alle hinreichend großen Werte von k

$$\left|\frac{A_i^{(kp+\lambda)}}{A_0^{(kp+\lambda)}} - \alpha_i\right| > C_1 \cdot \left|\frac{\varrho_1}{\varrho_0}\right|^k,$$

und es müßte also dann

$$C_1 \cdot \left|\frac{\varrho_1}{\varrho_0}\right|^k < \frac{C'}{\varrho_0^k \sqrt[n]{\varrho_0^k}},$$

d. h.

$$\left|\varrho_1 \sqrt[n]{\varrho_0}\right|^k < \frac{C'}{C_1}$$

sein. Das ist für unendlich zunehmende Werte von k nur möglich, wenn

$$\left|\varrho_1 \sqrt[n]{\varrho_0}\right| \leqq 1$$

oder ϱ_1 absolut nicht größer als $\frac{1}{\sqrt[n]{\varrho_0}}$ ist, und a fortiori auch die übrigen Wurzeln $\varrho_2, \ldots, \varrho_n$ der charakteristischen Gleichung absolut nicht größer sind als $\frac{1}{\sqrt[n]{\varrho_0}}$. Dann muß aber ϱ_0 als Wurzel größten absoluten Betrages vom Betrage $\gtreqless 1$, und jede der übrigen Wurzeln der charakteristischen Gleichung absolut nicht kleiner als $\frac{1}{\sqrt[n]{\varrho_0}}$ sein, da sonst das Produkt

$$|\varrho_0 \varrho_1 \varrho_2 \ldots \varrho_n| < 1$$

würde, während es absolut gleich dem letzten Koeffizienten der charakteristischen Gleichung, d. i. gleich 1 sein muß. Man erschließt also als eine für die Annahme der Annäherung (53) erforderliche Bedingung, daß

$$(55) \qquad |\varrho_1| = |\varrho_2| = \cdots = |\varrho_n| = \frac{1}{\sqrt[n]{\varrho_0}}$$

sein muß.

Diese notwendige Bedingung ist aber zugleich auch die ausreichende. Denn, genügen ihr die Wurzeln der charakteristischen Gleichung, so kann die Hauptwurzel ϱ_0, da sie nur einfach ist, nicht vom Betrage 1 sein, weil sonst auch die übrigen, die doch mindestens auch einfach sind, von gleichem Betrage wären, der Bedeutung der Hauptwurzel zuwider; sie ist also die einzige Wurzel, welche absolut größer als 1 ist. Daher ist die charakteristische Gleichung irreduktibel, denn sonst wären die Wurzeln wenigstens eines der Faktoren, in die $f(\varrho)$ zerfällt, sämtlich absolut kleiner als 1, während sein letzter Koeffizient ± 1 sein müßte. Da somit jene Gleichung nur einfache Wurzeln hat, gilt das in (52 a) ausgesprochene Näherungsgesetz und gibt mit Beachtung von (55)

$$\left| \frac{A_i^{(kp+\lambda)}}{A_0^{(kp+\lambda)}} - \alpha_i \right| < \frac{C}{\varrho_0^k \sqrt[n]{\varrho_0^k}}$$

oder auch

$$\left| \frac{A_i^{(kp+\lambda)}}{A_0^{(kp+\lambda)}} - \alpha_i \right| < \frac{\bar{C}}{A_0^{(kp+\lambda)} \cdot \sqrt[n]{A_0^{(kp+\lambda)}}},$$

wo $\bar{C}$ eine positive endliche Konstante bedeutet. —

Bei regelmäßigen Algorithmen, wo die Zahlen $a_0^{(h)} = 1$ sind, die Determinante (14) also ± 1 ist, ist ϱ_0, wie in Nr. 11 bemerkt, eine Einheit. Nun werden wir in der Folge zeigen, daß es nur zwei Arten algebraischer Zahlenkörper gibt, in denen eine Einheit ϱ_0 vorhanden ist, deren konjugierte Einheiten den Gleichungen (55) genügen. Dies sind einerseits die reellen quadratischen Körper, welche dem Werte $n = 1$ entsprechen, also zu den gewöhlichen Kettenbrüchen für quadratische Irrationellen führen, andererseits unter den, dem Werte $n = 2$ entsprechenden kubischen Körpern diejenigen, deren erzeugende Gleichung eine reelle und zwei konjugiert imaginäre Wurzeln hat, in welchem Falle der Kettenbruchalgorithmus also derjenige für zwei kubische Irrationellen α_1, α_2 erster Art ist. Demnach gilt nur für eine reelle quadratische Irrationelle und für zwei reelle kubische Irrationellen erster Art eine Annäherung mittels des Kettenbruchalgorithmus, welche in gleicher Weise wie bei der Annäherung mittels Reduktion quadratischer Formen, nämlich durch die Formeln

$$\frac{C}{A_0^{(h)}}, \text{ bzw. } \frac{C}{(A_0^{(h)})^{3/2}}$$

gemessen wird.

Für den Fall des besonderen Kettenbruchalgorithmus der Zahlen $\alpha_1 = \alpha, \alpha_2 = \alpha^2$, wo α die Kubikwurzel aus einer ganzen Zahl ist, hat, falls derselbe periodisch ist, zuerst der Verfasser das Stattfinden eines solchen Näherungsgesetzes nachgewiesen (Vorles. über die Natur der Irrationalzahlen, 10. Vorlesung; Leipzig 1892).

Die letzten Betrachtungen lassen erkennen, daß die nach Jacobi eingeführte Verallgemeinerung des gewöhnlichen Kettenbruchs kaum als das rechte Analogon zu demselben angesehen werden kann, indem wesentliche Eigenschaften des letzteren sich auf den allgemeineren Algorithmus nicht ganz übertragen. Dagegen weist das Ergebnis dieser Nummer zugleich mit den Untersuchungen des vorigen Kapitels, insbesondere die Sätze in Nr. 5 und 6 desselben, auf die kontinuierliche Reduktion der allgemeinen quadratischen Formen als die vermutliche Quelle hin, um das wahre Analogon zur Charakteristik einer Irrationellen zu ermitteln, wie die Kettenbruchentwicklung, d. i. die kontinuierliche Reduktion binärer quadratischer Formen, sie für quadratische Irrationellen gewährt.

Fünfzehntes Kapitel.

Minkowskis Charakteristik algebraischer Zahlen.

1. Die am Schlusse des vorigen Kapitels erwähnte Reduktion der binären quadratischen Formen ist zweifelsohne anzusehen als der Ausgangspunkt für eine allgemeinere Untersuchung wesentlich anderer Richtung, als sie die Jacobische Verallgemeinerung der Kettenbruchalgorithmen einschlägt; eine Untersuchung, durch welche es Minkowski gelungen ist, einen arithmetischen Charakter für die algebraischen Zahlen jeden gegebenen Grades festzustellen und so jenen kapitalen Satz der Kettenbruchtheorie, der den arithmetischen Charakter der quadratischen Zahlen betrifft, zu verallgemeinern.

In Nr. 1 des 14. Kapitels ist bemerkt, wie die stete Reduktion der Form

$$(x_1 - \alpha x_2)^2 + \lambda^2 x_2^2$$

die sukzessiven Minima derselben, mit ihnen aber nach Kap. 2, Nr. 14 auch die aufeinanderfolgenden relativen Minima des Ausdrucks

$$\xi = x_1 - \alpha x_2,$$

nämlich in den Näherungsbrüchen

$$\frac{p_1'}{p_2'}, \frac{p_1''}{p_2''}, \frac{p_1'''}{p_2'''}, \ldots$$

des Kettenbruchs für α eine unbegrenzte Reihe wachsender Zahlen $p_2', p_2'', p_2''', \ldots$ herbeiführt von der Beschaffenheit, daß jedesmal für alle ganzen Zahlen x_1, x_2, deren zweite nicht größer ist als $p_2^{(i)}$, der Ausdruck ξ für $x_1 = p_1^{(i)}$, $x_2 = p_2^{(i)}$ am kleinsten wird. Verbindet man aber den Ausdruck

$$\alpha_i = p_1^{(i)} - \alpha p_2^{(i)}$$

mit dem ihm voraufgehenden

$$\alpha_{i-1} = p_1^{(i-1)} - \alpha p_2^{(i-1)},$$

so gehört zu jeder Zahl $p_2^{(i)}$ eine bestimmte Substitution S_i:

$$x_1 = p_1^{(i-1)} \cdot z_1 + p_1^{(i)} \cdot z_2, \quad x_2 = p_2^{(i-1)} \cdot z_1 + p_2^{(i)} \cdot z_2,$$

durch welche sich ξ in den Ausdruck

$$\chi_i = \alpha_{i-1} \cdot z_1 + \alpha_i \cdot z_2$$

verwandelt. Man erhält so eine unbegrenzte Reihe von Ausdrücken $\chi_1, \chi_2, \chi_3, \ldots$ oder von Substitutionen $S_1, S_2, S_3, \ldots$, die man auch

$$S_1, \quad S_2 = S_1 \cdot Q_1, \quad S_3 = S_2 \cdot Q_2, \ldots$$

schreiben kann, und die besondere Beschaffenheit der letzteren Reihe, nach welcher die Substitutionen $Q_1, Q_2, Q_3, \ldots$ eine Reihe periodisch wiederkehrender Substitutionen bilden, gibt der Irrationellen α den Charakter einer algebraischen Zahl vom Grade zwei.

Dieser Betrachtung analog gehen wir jetzt für irgendeine reelle oder komplexe Größe α von dem Ausdrucke

$$(1) \qquad \xi = x_1 + \alpha x_2 + \alpha^2 x_3 + \cdots + \alpha^{n-1} x_n$$

aus, der n Unbestimmte x_i enthält. Erteilt man jeder der Unbestimmten einen der Werte

$$0, \pm 1, \pm 2, \ldots, \pm r,$$

wo r eine positive ganze Zahl ist, so erhält man $(2r+1)^n$ verschiedene Wertesysteme $x_1, x_2, \ldots, x_n$. Wir nennen $m \gtreqless n$ von ihnen unabhängig voneinander, wenn in ihrer Matrix nicht alle Determinanten m^{ten} Grades verschwinden. So gibt es denn unter ihnen gewiß n voneinander unabhängige Systeme; denn die Systeme

$$x_i = 1, \quad x_k = 0 \quad \text{für} \quad k \neq i$$
$$(i, k = 1, 2, \ldots, n)$$

sind es gewiß, da ihre Determinante gleich 1 ist. Nur wähle man unter den gedachten Systemen ein solches aus, für welches der Ausdruck ξ den kleinsten absoluten Betrag erhält; es heiße $p_1^{(1)}, p_2^{(1)}, \ldots, p_n^{(1)}$, und man setze

$$\alpha_1 = p_1^{(1)} + \alpha p_2^{(1)} + \alpha^2 p_3^{(1)} + \cdots + \alpha^{n-1} p_n^{(1)}.$$

Alsdann wähle man ein zweites, von dem ersten unabhängiges Wertesystem $p_1^{(2)}, p_2^{(2)}, \ldots, p_n^{(2)}$ unter den gedachten so aus, daß der absolute Betrag von ξ den nächstkleinsten Wert erhält, und setze

$$\alpha_2 = p_1^{(2)} + \alpha p_2^{(2)} + \alpha^2 p_3^{(2)} + \cdots + \alpha^{n-1} p_n^{(2)}$$

und fahre so fort, bis zu einem n^{ten} von den vorhergehenden Systemen unabhängigen Wertesysteme $p_1^{(n)}, p_2^{(n)}, \ldots, p_n^{(n)}$, für welches der Ausdruck ξ wieder den nächstkleinsten absoluten Betrag erhält, und setze

$$\alpha_n = p_1^{(n)} + \alpha p_2^{(n)} + \alpha^2 p_3^{(n)} + \cdots + \alpha^{n-1} p_n^{(n)}.$$

Hiernach gehört zu der ganzen Zahl r eine gewisse ganzzahlige Substitution S:

$$(2) \qquad x_i = p_i^{(1)} z_1 + p_i^{(2)} z_2 + \cdots + p_i^{(n)} z_n$$
$$(i = 1, 2, \ldots, n)$$

mit nicht verschwindender Determinante $|p_i^{(k)}|$, und durch sie geht ξ über in einen Ausdruck

$$(3) \qquad \chi = \alpha_1 z_1 + \alpha_2 z_2 + \cdots + \alpha_n z_n,$$

in welchem die Koeffizienten der Unbestimmten z_i offenbar den Ungleichheiten

$$(4) \qquad |\alpha_1| \lesseqgtr |\alpha_2| \lesseqgtr |\alpha_3| \cdots \lesseqgtr |\alpha_n|$$

genügen. Diese Koeffizienten sind, obwohl die Wahl der sukzessiven Wertesysteme $p_1^{(i)}, p_2^{(i)}, \ldots, p_n^{(i)}$ keine eindeutig bestimmte zu sein braucht, durch die Zahl r dennoch eindeutig festgelegt, denn sie sind, wie leicht gezeigt werden kann, die dem absoluten Betrage nach kleinstmöglichen Werte, die der Ausdruck ξ überhaupt bei irgendwelchen n unabhängigen der $(2r+1)^n$ gedachten Wertesysteme anzunehmen vermag.

2. Um dies zu zeigen, bedürfen wir aber eines Hilfssatzes, der folgendes aussagt:

Versteht man unter

$$(5) \qquad p_1^{(i)}, p_2^{(i)}, \ldots, p_n^{(i)} \quad (i = 1, 2, \ldots, n)$$

irgendwelche n voneinander unabhängigen Systeme ganzer Zahlen, so kann die Umkehrung der ihnen entsprechenden Substitution S:

$$(6) \qquad x_i = p_i^{(1)} z_1 + p_i^{(2)} z_2 + \cdots + p_i^{(n)} z_n \quad (i = 1, 2, \ldots, n)$$

mit einer solchen ganzzahligen Substitution T vom Modul ± 1:

$$(7) \qquad x_i = a_i^{(1)} y_1 + a_i^{(2)} y_2 + \cdots + a_i^{(n)} y_n \quad (i = 1, 2, \ldots, n)$$

zusammengesetzt werden, daß das Produkt $U = S^{-1} \cdot T$ durch Formeln von der Gestalt

$$(8) \qquad \begin{cases} z_1 = \gamma_1^{(1)} y_1 + \gamma_1^{(2)} y_2 + \cdots + \gamma_1^{(n)} y_n \\ z_2 = \qquad\quad \gamma_2^{(2)} y_2 + \cdots + \gamma_2^{(n)} y_n \\ \cdot \quad \cdot \quad \cdot \quad \cdot \quad \cdot \quad \cdot \quad \cdot \quad \cdot \quad \cdot \quad \cdot \quad \cdot \quad \cdot \\ z_n = \qquad\qquad\qquad\qquad\quad \gamma_n^{(n)} y_n \end{cases}$$

gegeben wird, in welchen

$$0 < \gamma_h^{(h)} \lesseqgtr 1, \quad 0 \lesseqgtr \gamma_k^{(h)} \lesseqgtr \gamma_k^{(h)} \quad (h < k)$$

ist. Zum Beweise denken wir uns alle ganzzahligen Wertesysteme $x_1, x_2, \ldots, x_n$ von der Form

$$x_i = \gamma_1 \cdot p_i^{(1)}, \quad (i = 1, 2, \ldots, n)$$

in denen $0 < \gamma_1 \lesseqgtr 1$ ist; ein solches gibt es gewiß, nämlich das System

$$x_i = p_i^{(1)}; \quad (i = 1, 2, \ldots, n)$$

unter ihnen allen sei das System

$$a_i^{(1)} = \gamma_1^{(1)} \cdot p_i^{(1)} \quad (i = 1, 2, \ldots, n)$$

dasjenige, für welches γ_1 seinen kleinsten Wert $\gamma_1^{(1)}$ hat. Nunmehr denke man alle ganzzahligen Systeme x_i von der Form

$$x_i = \gamma_1 p_i^{(1)} + \gamma_2 p_i^{(2)}, \quad (i = 1, 2, \ldots, n)$$

in welchen $0 \leqq \gamma_1 < \gamma_1^{(1)}$, $0 < \gamma_2 \leqq 1$ ist; ein solches ist das System

$$x_i = p_i^{(2)},$$
$$(i = 1, 2, \ldots, n)$$

und unter ihnen allen sei

$$a_i^{(2)} = \gamma_1^{(2)} p_i^{(1)} + \gamma_2^{(2)} p_i^{(2)}$$
$$(i = 1, 2, \ldots, n)$$

dasjenige, in welchem γ_2 seinen kleinsten Wert $\gamma_2^{(2)}$ hat, usw.; endlich denken wir unter allen Systemen von der Form

$$x_i = \gamma_1 p_i^{(1)} + \gamma_2 p_i^{(2)} + \cdots + \gamma_n p_i^{(n)},$$
$$(i = 1, 2, \ldots, n)$$

in welchen

$$0 \leqq \gamma_1 < \gamma_1^{(1)}, \ldots, \quad 0 \leqq \gamma_{n-1} < \gamma_{n-1}^{(n-1)}, \quad 0 < \gamma_n \leqq 1$$

ist, dasjenige

$$a_i^{(n)} = \gamma_1^{(n)} p_i^{(1)} + \gamma_2^{(n)} p_i^{(2)} + \cdots + \gamma_n^{(n)} p_i^{(n)},$$
$$(i = 1, 2, \ldots, n)$$

in welchem γ_n seinen kleinsten Wert $\gamma_n^{(n)}$ hat. Dies vorausgeschickt, sei $x_1, x_2, \ldots, x_n$ irgendein ganzzahliges Wertesystem. Setzt man dann in den Formeln (6), durch welche wegen $|p_i^{(k)}| \neq 0$ endliche Werte $z_1, z_2, \ldots, z_n$ bestimmt werden, $z_n = \gamma_n^{(n)} y_n + \gamma_n$ mit ganzzahligem y_n und $0 \leqq \gamma_n < \gamma_n^{(n)}$, so wird $x_i - a_i^{(n)} y_n$ von der Form

$$x_i - a_i^{(n)} y_n = p_i^{(1)} z' + \cdots + p_i^{(n-1)} z'_{n-1} + \gamma_n p_i^{(n)}.$$

Ferner kommt, wenn nun $z'_{n-1} = \gamma_{n-1}^{(n-1)} \cdot y_{n-1} + \gamma_{n-1}$ mit ganzzahligem y_{n-1} und $0 \leqq \gamma_{n-1} < \gamma_{n-1}^{(n-1)}$ gesetzt wird,

$$x_i - a_i^{(n)} y_n - a_i^{(n-1)} y_{n-1}$$
$$= p_i^{(1)} z'' + \cdots + p_i^{(n-2)} z''_{n-2} + \gamma_{n-1} p_i^{(n-1)} + \gamma_n p_i^{(n)},$$

usw.; endlich findet sich

$$x_i - a_i^{(n)} y_n - a_i^{(n-1)} y_{n-1} - \cdots - a_i^{(1)} y_1$$
$$= \gamma_1 p_i^{(1)} + \gamma_2 p_i^{(2)} + \cdots + \gamma_{n-1} p_i^{(n-1)} + \gamma_n p_i^{(n)}$$

mit den Bestimmungen

$$0 \leqq \gamma_1 < \gamma_1^{(1)}, \ldots, 0 \leqq \gamma_{n-1} < \gamma_{n-1}^{(n-1)}, \; 0 \leqq \gamma_n < \gamma_n^{(n)},$$

die nicht anders erfüllt werden können, als wenn sämtliche $\gamma_i = 0$ sind, mithin

$$x_i = a_i^{(1)} y_1 + a_2^{(i)} y_2 + \cdots + a_n^{(i)} y_n$$

ist. Da dies für jeden der Werte $i = 1, 2, \ldots, n$ gilt, entspricht also jedem ganzzahligen Wertesysteme $x_1, x_2, \ldots, x_n$ ein Formelsystem von der Gestalt (7) und ein ihm genügendes ganzzahliges Wertesystem $y_1, y_1, \ldots, y_n$, was offenbar auch umgekehrt gilt; also muß die Determinante dieser Gleichungen ± 1 sein. Die entsprechende Substitution T ist also vom Modul ± 1, und da man aus den Werten der $a_k^{(i)}$ sogleich die Beziehung $S \cdot U = T$ oder $U = S^{-1} \cdot T$ gewinnt und die Koeffizienten in U den bei (8) angegebenen Bedingungen genügen, so ist unsere Behauptung erwiesen. Zugleich gilt zwischen den Determinanten P, Δ, A dieser Substitutionen die Beziehung

$$P \cdot \Delta = A = \pm 1,$$

d. h.

$$\gamma_1^{(1)} \cdot \gamma_2^{(2)} \cdots \gamma_n^{(n)} = \frac{\pm 1}{|p_i^{(k)}|}. \tag{8}$$

3. Seien nun wieder die Systeme (5):

$$p_1^{(i)}, p_2^{(i)}, \ldots, p_n^{(i)}$$
$$(i = 1, 2, \ldots, n)$$

diejenigen, die wir in Nr. 1 eingeführt haben, und

$$x_1^{(i)}, x_2^{(i)}, \ldots, x_n^{(i)} \tag{9}$$
$$(i = 1, 2, \ldots, n)$$

irgend n unabhängige der dort betrachteten $(2r + 1)^n$ ganzzahligen Wertesysteme. Für jedes Wertesystem $x_1, x_2, \ldots, x_n$ dieser Art sind durch die Gleichungen (6), in denen jede Vertikalreihe eins der n Systeme (5) aufweist, die z_i eindeutig bestimmt; wenn also

$$z_j, z_{j+1}, \ldots, z_n$$

nicht sämtlich Null sind, so werden das System $x_1, x_2, \ldots, x_n$ und die $j - 1$ Systeme

$$p_1^{(i)}, p_2^{(i)}, \ldots, p_n^{(i)} \tag{10}$$
$$(i = 1, 2, \ldots, j - 1)$$

voneinander unabhängig sein, da es sonst durch diese allein, d. h. mittels lauter verschwindender $z_j, z_{j+1}, \ldots, z_n$ ausgedrückt werden könnte. Mit den Größen $z_j, z_{j+1}, \ldots, z_n$ sind aber den Beziehungen (8) zufolge die Größen $y_j, y_{j+1}, \ldots, y_n$ gleichzeitig sämtlich Null oder gleichzeitig nicht sämtlich Null, im letzteren Falle ist also das System $x_1, x_2, \ldots, x_n$ von den Systemen (10) unabhängig, und folglich ist nach der Bedeutung der Größen α_i der jenem Systeme zugehörige Wert von ξ dem absoluten Betrage nach gleich oder größer als $|\alpha_j|$. Nun ist die Determinante $|x_i^{(k)}|$ der Systeme (9), also den

Gleichungen (7) zufolge auch die Determinante $|y_i^{(k)}|$ von Null verschieden. Demnach können nicht für j oder gar für mehr als j der Systeme (9) die zugehörigen $y_j, y_{j+1}, \ldots, y_n$ sämtlich verschwinden, da sonst in j Zeilen der Determinante $|y_i^{(k)}|$ jede der letzten $n-j+1$ Kolonnen und damit die ganze Determinante Null wäre. Somit sind mindestens $n-j+1$ Systeme (9) unabhängig von den Systemen (10) und geben einen Wert $|\xi| \gtreqless |\alpha_j|$. Werden also jetzt die zu den Systemen (9) gehörigen Werte von ξ ihrem absoluten Betrage nach wachsend geordnet:

$$|\xi_1| \leqq |\xi_2| \leqq \cdots \leqq |\xi_n|,$$

so sind hier mindestens die letzten $n-j+1$ derselben $\geqq |\alpha_j|$, und demnach auch

$$|\xi_j| \geqq |\alpha_j|.$$

Das besagt: die Werte $\alpha_1, \alpha_2, \ldots, \alpha_n$ sind, wie behauptet, das dem absoluten Betrage nach kleinstmögliche System von n Werten des Ausdrucks ξ für irgendwelche n unabhängigen Wertesysteme $x_1, x_2, \ldots, x_n$ unter den $(2r+1)^n$ Systemen mit $|x_i| \leqq r$.

Nachdem dieser Punkt festgestellt ist, lassen wir jetzt r die Reihe der positiven ganzen Zahlen durchlaufen. Zu jedem r gehören n unabhängige Systeme (5) von Zahlen $\leqq r$, welche die kleinstmöglichen n Werte von ξ liefern; geht r in $r+1$ über, so kann es geschehen, daß jene Systeme auch unter den Zahlen, die absolut $\leqq r+1$ sind, noch diejenigen sind, denen die kleinstmöglichen n Werte von ξ, also noch dieselbe Substitution S und der gleiche, durch sie aus ξ hervorgehende Ausdruck χ entsprechen. Stellen wir also zunächst für $r = r_1$ d. i. $r = 1$ die zugehörige Substitution (2) auf, die S_1 heiße und nennen χ_1 den durch sie aus ξ entstehenden Ausdruck

$$\chi_1 = \alpha_1^{(1)} z_1 + \alpha_2^{(1)} z_2 + \cdots + \alpha_n^{(1)} z_n.$$

Möglicherweise gehören dann S_1 und χ_1 auch noch zu den folgenden Werten $r = 2, 3, \ldots$ bis zu einem bestimmten Werte $r = r_2 - 1$ hin, während für $r = r_2$ und hin bis zu einer letzten Zahl $r = r_3 - 1$ eine neue zugehörige Substitution (2), welche S_2 heiße, und ein neuer ihr entsprechender Ausdruck

$$\chi_2 = \alpha_1^{(2)} z_1 + \alpha_2^{(2)} z_2 + \cdots + \alpha_n^{(2)} z_n$$

aufzustellen ist, usw.; allgemein also ist für ein Intervall $r = r_h$ bis $r = r_{h+1} - 1$ eine Substitution S_h und ein Ausdruck

$$\chi_h = \alpha_1^{(h)} z_1 + \alpha_2^{(h)} z_2 + \cdots + \alpha_n^{(h)} z_n \tag{11}$$

aufzustellen. Die Koeffizienten der zu r_h gehörigen Substitution sind sämtlich $\leqq r_h$, mindestens einer von ihnen aber gleich r_h. Hierbei kann man festsetzen, was auch geschehen soll, daß, wenn in einem dieser Ausdrücke einige Koeffizienten, welche dann wegen (4) die ersten sein müssen, gleich Null sind, die Vertikalreihen

$$p_1^{(i)}, p_2^{(i)}, \ldots, p_n^{(i)}$$

der zugehörigen Substitution, denen diese Koeffizienten entsprechen, in allen folgenden Substitutionen unverändert beibehalten werden sollen; demgemäß verschwindet dann im folgenden Ausdruck χ mindestens die gleiche Anzahl anfänglicher Koeffizienten.

Überhaupt aber finden nach der Art und Weise, wie die Größen $\alpha_i^{(h)}$ entstehen, offenbar für zwei aufeinanderfolgende Ausdrücke χ_h, χ_{h+1} die Ungleichheiten statt:

$$(12) \qquad |\alpha_i^{(h+1)}| \overline{\gtrless} |\alpha_i^{(h)}|, \qquad (i = 1, 2, \ldots, n)$$

wo nicht in allen das Gleichheitszeichen stattfinden kann.

Auf solche Weise entsteht eine Reihe von Substitutionen $S_1, S_2, S_3, \ldots$ und zugehörigen Ausdrücken $\chi_1, \chi_2, \chi_3, \ldots$, die wir — entsprechend den im vorigen Kapitel behandelten Jacobi-Ketten — als eine Minkowski-Kette kennzeichnen wollen. Von diesen Ketten hat nun Minkowski[1]) einen Satz bewiesen, der, soweit er den für uns wesentlichsten Punkt angeht, folgendermaßen gefaßt werden kann:

Damit α eine algebraische Zahl von einem Grade $n > \sigma$ — wo $\sigma = 1$ oder 2, je nachdem α reell oder komplex ist — sei, d. h. Wurzel einer irreduktibeln Gleichung n^{ten} Grades mit ganzzahligen Koeffizienten, ist notwendig und hinreichend, daß die zugehörige Kette für den Ausdruck (1) unbegrenzt, die Koeffizienten der sämtlichen Ausdrücke χ_h von Null verschieden und unter diesen Ausdrücken nur eine endliche Anzahl wesentlich verschiedener vorhanden sei; als wesentlich verschieden sind dabei zwei Ausdrücke χ_h, χ_k anzusehen, die sich nicht bloß durch einen konstanten Multiplikator unterscheiden.

Hierdurch ist dann ein allgemeiner arithmetischer Charakter dieser Zahlen festgestellt, wie ein solcher insbesondere für die quadratischen Irrationellen schon lange bekannt war.

4. Indem wir zum Beweise dieses hochbedeutenden Satzes übergehen, setzen wir also α als eine algebraische Zahl

1) Minkowski, „Ein Kriterium für die algebraischen Zahlen", Nachr. d. K. Ges. d. Wiss., Göttingen 1899; im Anschluß daran „Über periodische Approximationen algebraischer Zahlen", Acta math. 26, S. 333; oder auch Ges. Abhandlungen, 1. Bd., S. 293 u. 357.

n^{ten} Grades voraus. Minkowskis Beweis beruht nun durchaus auf einem allgemeinen zahlengeometrischen Satze, den wir deshalb zuvörderst hier anführen müssen.

Es seien ν homogene Linearformen

$$\xi_1, \xi_2, \ldots, \xi_\nu$$

mit n Unbestimmten $x_1, x_2, \ldots, x_n$ und beliebig reellen oder komplexen Koeffizienten gegeben von der Beschaffenheit, daß unter den reellen Wertesystemen $x_1, x_2, \ldots, x_n$ das aus lauter verschwindenden Werten bestehende das einzige sei, für welches alle ν Linearformen Null werden. Dann bezeichne wieder, wie in Kap. 7, Nr. 6,

$$f(x_1, x_2, \ldots, x_n)$$

die Strahldistanz, welche als größter aller absoluten Werte der Formen $\xi_1, \xi_2, \ldots, \xi_\nu$ für das Wertesystem $x_1, x_2, \ldots, x_n$ definiert ist; da sie für alle Systeme, bei denen ein x_i absolut gleich 1, die übrigen absolut nicht größer als 1 sind, offenbar nicht unter einen kleinsten Wert K und nicht über einen größten Wert G hinausgehen wird, so folgert man aus der für eine Strahldistanz und einen positiven Wert t gültigen Beziehung

$$f(tx_1, tx_2, \ldots, tx_n) = t \cdot f(x_1, x_2, \ldots, x_n)$$

daß, wenn mit $\max(x_i)$ der größte absolute Wert aller x_i bezeichnet wird, für jedes Wertesystem $x_1, x_2, \ldots, x_n$

$$K \cdot \max(x_i) \overline{\gtrless} f(x_1, x_2, \ldots, x_n) \overline{\gtrless} G \cdot \max(x_i)$$

sein wird. Die untere dieser Ungleichheiten lehrt, daß es nur eine endliche Anzahl ganzzahliger Systeme $x_1, x_2, \ldots, x_n$ geben kann, bei denen f eine gegebene Größe nicht übersteigt, insbesondere also, bei denen $f \overline{\gtrless} G$ ist. Unter den letzteren aber gibt es gewiß n voneinander unabhängige, denn wenigstens sind es die Systeme

$$x_i = 1, \quad x_k = 0 \ (i \gtrless k).$$
$$(i, k = 1, 2, \ldots, n)$$

Man wähle nun unter ihnen zunächst ein solches

$$p_1^{(1)}, p_2^{(1)}, \ldots, p_n^{(1)}$$

aus, für welches f einen möglichst kleinen Wert f_1 erhält; man wähle dann unter den übrigen jener Systeme ein solches, vom ersten unabhängiges zweites System

$$p_1^{(2)}, p_2^{(2)}, \ldots, p_n^{(2)},$$

für das f den nächstkleinsten Wert f_2 annimmt, usw., bis zuletzt ein von den früheren unabhängiges System

$$p_1^{(n)}, p_2^{(n)}, \ldots, p_n^{(n)},$$

welches der Funktion f wieder den nächstkleinsten Wert erteilt. So erhält man n Werte

$$f_1, f_2, \ldots, f_n,$$

die wieder, wie die Größen α_i in Nr. 1, völlig eindeutig bestimmt sind als die möglichst kleinsten Werte, welche $f(x_1, x_2, \ldots, x_n)$ für irgendwelche n voneinander unabhängigen ganzzahligen Wertesysteme $x_1, x_2, \ldots, x_n$ annehmen kann.

Von diesen n Größen $f_1, f_2, \ldots, f_n$ gilt nun der allgemeine zahlengeometrische Satz, der in der Ungleichheit

$$f_1 \cdot f_2 \cdots f_n \cdot I \overline{\gtrless} 2^n,$$

in welcher I das Volumen des Bereiches

$$(13) \qquad f(x_1, x_2, \cdots, x_n) \overline{\gtrless} 1$$

bezeichnet, seinen Ausdruck findet. Minkowski hat dafür in seiner „Geometrie der Zahlen", Leipzig 1896 (1910) S. 172ff. einen vollständigen, aber sehr umständlichen Beweis geliefert. Indessen kommt es für den Gebrauch, den wir hier von dem Satze zu machen haben, nicht so sehr auf die genaue obere Schranke, als darauf an, daß sie nur von n abhängig ist. In seiner obengenannten Arbeit hat daher Minkowski selbst die behauptete Ungleichheit durch die weniger genaue

$$f_1 \cdot f_2 \cdots f_n \cdot I \overline{\gtrless} n!\, 2^n$$

ersetzt und die letztere begründet. Da aber auch dieser Nachweis noch ziemlich weitläufig ist, stehen wir von einer Wiedergabe desselben hier ab und entnehmen also den allgemeinen Untersuchungen Minkowskis hier einfach den Umstand, daß

$$(14) \qquad f_1 \cdot f_2 \cdots f_n \cdot I \overline{\gtrless} N$$

ist, wo N eine nur von n abhängende endliche Größe ist.

5. Das erste, was nun einleuchtet, ist, daß in den Formen χ_h der Kette für α sämtliche Koeffizienten $\alpha_i^{(h)}$ von Null verschieden sein müssen. Denn jeder dieser Koeffizienten ist ein Ausdruck $(n-1)^{\text{ten}}$ Grades in α mit ganzzahligen Koeffizienten, die nicht alle verschwinden, und kann also wegen der Irreduktibilität der Gleichung, der α genügt, nicht Null sein.

Wir wählen jetzt an Stelle der Linearformen $\xi_1, \xi_2, \ldots, \xi_\nu$ die $n+1$ folgenden besonderen:

$$(15) \qquad x_1, x_2, \ldots, x_n \quad \text{und} \quad \frac{\xi}{\varepsilon} = \frac{x_1 + \alpha x_2 + \cdots + \alpha^{n-1} x_n}{\varepsilon},$$

unter ε einen positiven Wert verstehend. Der Bereich (13), d. h. der Bereich aller Systeme $x_1, x_2, \ldots, x_n$, für welche jene Formen sämtlich absolut nicht größer als 1 sind, ist durch die Ungleichheiten ausgesprochen:

$$(16)\qquad -1 \gtreqless x_i \gtreqless 1, \quad |\xi| \gtreqless \varepsilon.$$
$$(i = 1, 2, \ldots, n)$$

Da ξ in ihm zufolge der ersten n derselben schon absolut nicht größer ist als die Größe

$$(17)\qquad C = 1 + |\alpha| + |\alpha^2| + \cdots + |\alpha^{n-1}|,$$

werde $\varepsilon \gtreqless C$ gedacht. Um den Inhalt I des Bereiches zu bestimmen, unterscheiden wir die Fälle eines reellen und eines komplexen Wertes von α. Im ersteren Falle ist auch ξ reell und sind die vorigen Ungleichheiten identisch mit diesen:

$$(18)\qquad -1 \gtreqless x_i \gtreqless 1, \quad -\varepsilon \gtreqless \xi \gtreqless \varepsilon.$$
$$(i = 1, 2, \ldots, n)$$

Sind nun $\eta_1, \eta_2, \ldots, \eta_{n-1}$ beliebige reelle Linearformen mit den Unbestimmten $x_1, x_2, \ldots, x_n$ von der Art, daß die Determinante der Formen $\xi, \eta_1, \eta_2, \ldots, \eta_{n-1}$ gleich 1 ist, so lassen sich die x_i linear durch die letzteren ausdrücken:

$$x_i = s_0^{(i)}\xi + s_1^{(i)}\eta_1 + \cdots + s_{n-1}^{(i)}\eta_{n-1},$$
$$(i = 1, 2, \ldots, n)$$

und man findet

$$(19)\qquad I = \int dx_1\, dx_2 \ldots dx_n = \int d\xi\, d\eta_1 \ldots d\eta_{n-1},$$

wo das erstere Integral über den Bereich (18), das letztere über den Bereich

$$-1 \gtreqless s_0^{(i)}\xi + s_1^{(i)}\eta_1 + \cdots + s_{n-1}^{(i)}\eta_{n-1} \gtreqless 1, \quad -\varepsilon \gtreqless \xi \gtreqless \varepsilon$$
$$(i = 1, 2, \ldots, n)$$

ausgedehnt ist. Je kleiner aber ε gedacht wird, je kleiner also auch ξ bleibt, um so angenäherter lassen sich die n ersten Ungleichheiten durch die folgenden:

$$-1 \gtreqless s_1^{(i)}\eta_1 + \cdots + s_{n-1}^{(i)}\eta_{n-1} \gtreqless 1$$
$$(i = 1, 2, \ldots, n)$$

ersetzen, und um so näher wird das zweite Integral in (19) gleich

$$2\varepsilon \cdot \int d\eta_1 \ldots d\eta_{n-1},$$

wo die Integration ausgedehnt ist über den Bereich der letzten Ungleichheiten oder, was dasselbe sagt, über den Bereich

$$(20) \qquad -1 \lesseqgtr x_i \lesseqgtr 1, \quad \xi = 0. \qquad (i = 1, 2, \ldots, n)$$

Oder: mit unendlich abnehmendem ε konvergiert $\frac{I}{2\varepsilon}$ gegen das in dieser Ausdehnung genommene Integral

$$\int d\eta_1 \ldots d\eta_{n-1},$$

d. i. gegen einen endlichen positiven Wert.

Ist zweitens α, also auch ξ komplex, so setze man $\xi = \theta + i\zeta$, wo dann θ, ζ zwei reelle Linearformen sind, und bestimme irgend $n-2$ andere reelle Linearformen $\eta_1, \eta_2, \ldots, \eta_{n-2}$ derart, daß die Determinante der n Formen $\theta, \zeta, \eta_1, \ldots, \eta_{n-2}$ gleich 1 ist. Dann lassen sich die x_i linear ausdrücken in der Gestalt:

$$x_i = r^{(i)}\theta + s^{(i)}\zeta + s_1^{(i)}\eta_1 + \cdots + s_{n-2}^{(i)}\eta_{n-2}. \qquad (i = 1, 2, \ldots, n)$$

Der Bereich (18) ist jetzt identisch mit dem folgenden:

$$-1 \lesseqgtr x_i \lesseqgtr 1, \quad \theta^2 + \zeta^2 \lesseqgtr \varepsilon^2 \qquad (i = 1, 2, \ldots, n)$$

und sein Inhalt

$$I = \int dx_1 \ldots dx_n = \int d\theta d\zeta d\eta_1 \ldots d\eta_{n-2},$$

wo das letztere Integral ausgedehnt ist über den Bereich

$$\begin{cases} -1 \lesseqgtr r^{(i)}\theta + s^{(i)}\zeta + s_1^{(i)}\eta_1 + \cdots + s_{n-2}^{(i)}\eta_{n-2} \lesseqgtr 1 \\ \qquad \theta^2 + \zeta^2 \lesseqgtr \varepsilon^2. \end{cases}$$

Je kleiner nun ε, also auch θ, ζ werden, um so näher ist das Integral gleich

$$\pi\varepsilon^2 \cdot \int d\eta_1 \ldots d\eta_{n-2},$$

wo die Integration ausgedehnt ist über den Bereich

$$-1 \lesseqgtr s_1^{(i)}\eta_1 + \cdots + s_{n-2}^{(i)}\eta_{n-2} \lesseqgtr 1,$$

d. h. über den Bereich (20); mithin konvergiert jetzt $\frac{I}{\pi\varepsilon^2}$ mit unendlich abnehmendem ε gegen einen endlichen positiven Wert. Bezeichnet wieder σ die 1 oder die 2, je nachdem α reell oder komplex ist, so darf man hiernach sagen: $\frac{I}{\varepsilon^\sigma}$ bleibt für $\varepsilon \lesseqgtr C$ oberhalb, also

$\frac{\varepsilon^\sigma}{I}$ und daher auch $\frac{\varepsilon^\sigma \cdot N}{I}$ unterhalb einer endlichen positiven Schranke, die wir für letzteren Ausdruck mit M^σ bezeichnen wollen, so daß

$$\frac{\varepsilon^\sigma \cdot N}{I} \overline{\gtrless} M^\sigma$$

geschrieben werden kann. Infolge hiervon geht aber die Ungleichheit (14) für unseren Fall über in die folgende:

$$(21) \qquad \varepsilon^\sigma \cdot f_1 f_2 \cdots f_n \overline{\gtrless} M^\sigma.$$

Der Bedeutung der Größen f_i entsprechend bestehen jedenfalls die Ungleichheiten

$$f_1 \overline{\gtrless} f_2 \overline{\gtrless} \cdots \overline{\gtrless} f_n,$$

und ihnen zufolge schließt man aus vorstehender Ungleichheit die besonderen Beziehungen:

$$(21\text{a}) \qquad \varepsilon^\sigma \cdot f_1^{n-1} \cdot f_n \overline{\gtrless} M^\sigma$$

und

$$(21\text{b}) \qquad \varepsilon \cdot f_1^{\frac{n}{\sigma}} \overline{\gtrless} M.$$

Nun sei S eine Substitution der Kette für α und r die Zahl, zu der sie gehört, endlich

$$(22) \qquad \chi = \alpha_1 z_1 + \alpha_2 z_2 + \cdots + \alpha_n z_n$$

die ihr entsprechende Form. Dann ist

$$\alpha_1 = p_1^{(1)} + \alpha p_2^{(1)} + \cdots + \alpha^{n-1} p_n^{(1)},$$

wie schon bemerkt, von Null verschieden und dem absoluten Betrage nach $\overline{\gtrless} C \cdot r$; setzt man also $\varepsilon = \frac{|\alpha_1|}{r}$, so wird $\varepsilon \overline{\gtrless} C$ und

$$\frac{\xi}{\varepsilon} = \frac{\xi}{|\alpha_1|} \cdot r.$$

Da $|\xi|$ für alle ganzzahligen Wertesysteme $x_1, x_2, \ldots, x_n$, bei denen sämtliche x_i absolut kleiner als r sind, mindestens gleich $|\alpha_1|$ ist, so wird das Maximum $f(x_1, x_2, \ldots, x_n)$ der Beträge für die Formen (15) bei all solchen Wertesystemen mindestens gleich r; dasselbe gilt, wenn wenigstens eine der ganzen Zahlen x_i absolut gleich oder größer als r ist. Ferner gibt es unter den Systemen, bei denen $|x_i| \overline{\gtrless} r$ ist, zum mindesten das eine System $x_i = p_i^{(1)}$ (für $i = 1, 2, \ldots, n$), für welches

$$\left|\frac{\xi}{\varepsilon}\right| = \frac{|\alpha_1|}{|\alpha_1|} \cdot r = r,$$

also $f(x_1, x_2, \ldots, x_n) = r$ wird. Dieser Wert ist also der kleinste, den $f(x_1, x_2, \ldots, x_n)$ überhaupt bei ganzzahligen x_i anzunehmen vermag, und somit $f_1 = r$.

Aus der Ungleichheit (21 b) erschließt man also die folgende:

$$\frac{|\alpha_1|}{r} \cdot r^{\frac{n}{\sigma}} \lesseqgtr M$$

oder

$$|\alpha_1| \lesseqgtr M \cdot r^{-\frac{n-\sigma}{\sigma}}. \tag{23}$$

Der erste Koeffizient der Formen χ nimmt demnach, wenn man r der Reihe nach alle positiven ganzen Zahlen durchlaufen läßt, unendlich ab, ohne jemals Null zu werden, woraus hervorgeht, daß die Kette für α unbegrenzt ist.

Dieser Schluß würde unzulässig sein, wenn zugleich $n = 2$ und $\sigma = 2$, d. h. wenn α eine komplexe quadratische Zahl ist; deshalb ist bei dem zu beweisenden Satze die Bedingung $n > \sigma$ erforderlich, die, wenn $\sigma = 1$ ist, übrigens sich von selbst versteht.

6. Um nun für eine Zahl α vom Grade n auch noch den dritten Punkt in der Aussage des Minkowskischen Satzes zu beweisen, bemerken wir, daß ein gewisses ganzes Vielfaches $a\alpha$ der Zahl α eine ganze algebraische Zahl ist. Daher ist auch $a^{n-1} \cdot \mathfrak{x}$ für jedes ganzzahlige System $x_1, x_2, \ldots, x_n$ eine von Null verschiedene ganze algebraische Zahl und daher ihre Norm $N(a^{n-1}\mathfrak{x})$ eine von Null verschiedene rationale ganze Zahl, also absolut gleich oder größer als Eins. Andererseits ist sie, wenn die x_i sämtlich absolut nicht größer als r sind, endlich beschränkt. Ist nämlich wieder $\sigma = 1$ oder $\sigma = 2$, je nachdem α reell oder komplex ist, und bedeutet im letzteren Falle α^0 die konjugiert imaginäre Größe zu α, so können die sämtlichen mit α Konjugierten durch

$$\alpha, (\alpha^0), \alpha', \alpha'', \ldots, \alpha^{(n-\sigma)}$$

und entsprechend die mit $\mathfrak{x}$ Konjugierten durch

$$\mathfrak{x}, (\mathfrak{x}^0), \mathfrak{x}', \mathfrak{x}'', \ldots, \mathfrak{x}^{(n-\sigma)}$$

bezeichnet werden, wo die eingeklammerten Größen nur in Betracht kommen, wenn $\sigma = 2$ ist. Bezeichnet dann $\bar{C}$ den größten aller Beträge

$$1 + |\alpha^{(i)}| + |\alpha^{(i)^2}| + \cdots + |\alpha^{(i)^{n-1}}|,$$

so ist allgemein

$$|\mathfrak{x}| = |\mathfrak{x}^0|, \quad |\mathfrak{x}^{(i)}| \lesseqgtr \bar{C} \cdot r, \tag{24}$$

also

$$\begin{aligned} N(a^{n-1}\mathfrak{x}) &= a^{n(n-1)} \cdot |\mathfrak{x}(\mathfrak{x}^0)\mathfrak{x}' \ldots \mathfrak{x}^{(n-\sigma)}| \\ &\lesseqgtr a^{n(n-1)} \cdot \bar{C}^{n-\sigma} \cdot |\mathfrak{x}|^{\sigma} \cdot r^{n-\sigma}. \end{aligned}$$

Da folglich diese obere Grenze nicht kleiner als 1 sein kann, ergibt sich, wenn

$$\frac{1}{a^{n(n-1)} \cdot \bar{C}^{n-\sigma}} = b^{\sigma}$$

gesetzt wird, die Ungleichheit

(25) $$|\xi|^\sigma \cdot r^{n-\sigma} \overline{\gtrless} b^\sigma,$$

worin b nicht von r, sondern allein von n und der Gleichung, welche α bestimmt, abhängig ist. Diese Ungleichheit gilt, wenn S und die Funktion χ die zur Zahl r gehörigen sind, insbesondere von dem Werte $\xi = \alpha_1$, so daß

(26) $$|\alpha_1| \overline{\gtrless} b \cdot r^{-\frac{n-\sigma}{\sigma}}$$

gesetzt werden kann.

Ist andererseits wieder $f(x_1, x_2, \ldots, x_n)$ für ein positives $\varepsilon \overline{\lessgtr} C$ der Maximalwert der Formen (15) und f_1 der kleinste Wert, den er für alle ganzzahligen x_i annehmen kann, so bestehen für das Wertesystem, welches f_1 liefert, die Ungleichheiten $|x_i| \overline{\lessgtr} f_1$, $|\xi| \overline{\lessgtr} \varepsilon f_1$, und aus (25) geht, wenn unter r das größte Ganze verstanden wird, das in f_1 aufgeht, die Beziehung hervor:

$$(\varepsilon f_1)^\sigma \cdot (f_1)^{n-\sigma} \overline{\gtrless} b^\sigma,$$

d. i. einfacher

(27) $$\varepsilon \cdot f_1^{\frac{n}{\sigma}} \overline{\gtrless} b,$$

wodurch dann die Ungleichheit (21a) folgende Gestalt annimmt:

(28) $$\varepsilon \cdot f_n^{\frac{n}{\sigma}} \overline{\lessgtr} B = \frac{M^n}{b^{n-1}}.$$

Wird aber bei dieser Betrachtung unter ε der Wert $\frac{|\alpha_n|}{r}$ verstanden, der $\overline{\lessgtr} C$ ist, so findet sich $f_n = r$; denn für n voneinander unabhängige Systeme $x_1, x_2, \ldots, x_n$, die sämtlich absolut kleiner als r sind, ist $f(x_1, x_2, \ldots, x_n)$ sicher nicht kleiner als r, da alsdann $|\xi| \overline{\gtrless} |\alpha_n|$, also

$$\frac{|\xi|}{\varepsilon} = \frac{|\xi|}{|\alpha_n|} \cdot r \overline{\gtrless} r$$

ist. Dasselbe gilt, wenn in wenigstens einem von n solchen unabhängigen Systemen sich Werte x_i absolut gleich oder größer als r vorfinden; endlich aber gibt es n solche Systeme mit Zahlen x_i, die absolut $\overline{\lessgtr} r$ sind, nämlich diejenigen zum Werte α_n von ξ, also zum Werte $\frac{|\xi|}{\varepsilon} = r$ führenden Systeme, für welche $f(x_1, x_2, \ldots, x_n) = r$, aber keine n derartigen Systeme, für welche $f(x_1, x_2, \ldots, x_n) < r$ wird. Demnach ist eben $f_n = r$, und aus (28) folgt jetzt

(29) $$|\alpha_n| \overline{\lessgtr} B \cdot r^{-\frac{n-\sigma}{\sigma}}.$$

Diese Ungleichheit verbunden mit den andern (4) und (26) ergibt schließlich

$$(30)\qquad b\cdot r^{-\frac{n-\sigma}{\sigma}} \lesseqgtr |\alpha_1| \lesseqgtr |\alpha_2| \lesseqgtr \cdots \lesseqgtr |\alpha_n| \lesseqgtr B\cdot r^{-\frac{n-\sigma}{\sigma}}.$$

7. Bezeichnen ferner

$$\alpha_i,\ (\alpha_i^0),\ \alpha_i',\ \ldots,\ \alpha_i^{(n-\sigma)}$$

für die Größe α_i ihre sämtlichen Konjugierten, so erhält man aus

$$(31)\qquad |\alpha_i^{(h)}| \lesseqgtr \overline{C}\cdot r \quad \text{(nach (24))}$$

und aus den Ungleichheiten (30) die neue Ungleichheit:

$$(32)\quad N(a^{n-1}\cdot\alpha_i) = a^{n(n-1)}\alpha_i(\alpha_i^0)\alpha_i'\ldots\alpha_i^{(n-\sigma)} \lesseqgtr a^{n(n-1)}\cdot B^\sigma\cdot\overline{C}^{n-\sigma},$$

der zufolge die rationale ganze Zahl, welcher die Norm gleich ist, bei unbegrenztem Wachsen von r nur endlich viele verschiedene Werte annehmen kann. Wird die Ungleichheit (31) aber nur mit Ausnahme der einen bestimmten Zahl $\alpha_i^{(h)}$ benutzt, so findet sich

$$N(a^{n-1}\alpha_i) \leqq \frac{a^{n(n-1)}\cdot B^\sigma\cdot\overline{C}^{n-\sigma-1}}{r}\cdot|\alpha_i^{(h)}|$$

und, da die Norm $\gtreqless 1$ ist, die Ungleichheit

$$(33)\qquad |\alpha_i^{(h)}| \gtreqless c\cdot r,$$

wo c die von r unabhängige Größe

$$\frac{1}{a^{n(n-1)}\cdot B^\sigma\cdot\overline{C}^{n-\sigma-1}}$$

bedeutet.

Aus diesen Ungleichheiten folgen weiter, wenn i, k irgend zwei verschiedene der Indizes $1, 2, \ldots, n$ bezeichnen, die weiteren:

$$\left|\frac{\alpha_k}{\alpha_i}\right| \left(\text{also auch } \left|\frac{\alpha_k^0}{\alpha_i^0}\right|\right) \lesseqgtr \frac{B}{b}$$

und für $h = 1, 2, \ldots, n-\sigma$

$$\left|\frac{\alpha_k^{(h)}}{\alpha_i^{(h)}}\right| \lesseqgtr \frac{\overline{C}}{c}.$$

Bildet man nun die Gleichung

$$(34)\ N(a^{n-1}\alpha_i)\cdot\left(z-\frac{\alpha_k}{\alpha_i}\right)\left(\left(z-\frac{\alpha_k^0}{\alpha_i^0}\right)\right)\left(z-\frac{\alpha_k'}{\alpha_i'}\right)\cdots\left(z-\frac{\alpha_k^{(n-\sigma)}}{\alpha_i^{(n-\sigma)}}\right)=0,$$

wo der zweite Linearfaktor wieder nur in Betracht kommt, wenn $\sigma = 2$ ist, so liegen den letzten Ungleichheiten und (32) zufolge die Koeffizienten derselben unterhalb endlicher, nicht von r abhängiger

Grenzen; da sie aber offenbar ganze algebraische Zahlen und als symmetrische rationale Funktionen von den Wurzeln der Gleichung, der α genügt, rationale Zahlen, folglich ganze rationale Zahlen sind, so haben sie für alle wachsenden Werte von r nur eine endliche Anzahl verschiedener Werte, und es ist nur eine endliche Anzahl solcher Gleichungen (34) vorhanden. Demnach haben auch die Verhältnisse $\frac{\alpha_k}{\alpha_i}$ als Wurzeln derselben nur eine endliche Anzahl verschiedener Werte und tritt in der unbegrenzten Kette für α nur eine endliche Anzahl der Verhältnisse

$$\alpha_1 : \alpha_2 : \alpha_3 : \ldots : \alpha_n ,$$

d. h. aber nur eine endliche Anzahl wesentlich verschiedener Formen χ auf.

8. Alles in allem steht also nunmehr fest, daß, wenn α eine algebraische Zahl n^{ten} Grades ist, die zugehörige Kette die drei im Minkowskischen Satze ausgesagten Eigenschaften besitzt. Wenn aber α keine algebraische Zahl n^{ten} Grades ist, so sind nur zwei Fälle möglich:

Entweder ist α eine algebraische Zahl geringeren als n^{ten} Grades, oder sie ist weder eine algebraische Zahl n^{ten} noch eine solche geringeren Grades.

Im ersteren Falle besteht für α eine Gleichung

$$(35) \qquad a_0 + a_1\alpha + a_2\alpha^2 + \cdots + a_{n-1}\alpha^{n-1} = 0$$

mit ganzzahligen Koeffizienten a_i, deren größter absoluter Wert r heiße. Ist dann S diejenige Substitution der Kette für α, welche zur Zahl r gehört, und

$$\chi = \alpha_1 z_1 + \alpha_2 z_2 + \cdots + \alpha_n z_n$$

die ihr entsprechende Linearform, so ist der Ausdruck (35) der kleinste absolute Wert von ξ, welcher für alle die Zahl r absolut nicht überschreitenden Wertesysteme $x_1, x_2, \ldots, x_n$ möglich ist, und mithin ist der erste Koeffizient α_1 in χ und daher auch in jeder der etwa folgenden Formen der Kette gleich Null. In diesem Falle sind also nicht alle Koeffizienten in den Formen der Kette von Null verschieden.

Im zweiten Falle kann kein Koeffizient α_i Null werden, weil die Gleichung $\alpha_i = 0$ die Zahl α zu einer algebraischen Zahl geringeren als n^{ten} Grades stempeln würde. Demnach schließt man zunächst wieder, wie in Nr. 5[1]), daß die Kette für α unbegrenzt sein muß. Jetzt müssen aber sämtliche Formen χ wesentlich verschieden sein. Denn, wären die Formen χ_h, χ_k, welche den Substitutionen S_h, S_k der

1) Die Schlüsse dieser Nr. waren von der Voraussetzung, daß α eine Zahl n^{ten} Grades sei, unabhängig.

Kette — die letztere sei in der Kette die spätere — entsprechen, nicht wesentlich verschieden, sondern

$$\chi_k = \theta \cdot \chi_h$$

mit konstantem Multiplikator θ, mithin, wenn

$$\chi_h = \alpha_1^{(h)} z_1 + \alpha_2^{(h)} z_2 + \cdots + \alpha_n^{(h)} z_n$$

$$\chi_k = \alpha_1^{(k)} z_1 + \alpha_2^{(k)} z_2 + \cdots + \alpha_n^{(k)} z_n$$

gesetzt wird, auch

$$\alpha_i^{(k)} = \theta \cdot \alpha_i^{(h)}, \quad (i = 1, 2, \ldots, n)$$

so ergäbe sich zunächst mit Rücksicht auf die Ungleichheiten (12)

$$(36) \qquad |\theta| < 1.$$

Andererseits geht offenbar die Form ξ durch die zusammengesetzte Substitution $S_k \cdot S_h^{-1}$ mit rationalen Koeffizienten, welche durch

$$(37) \qquad \begin{pmatrix} q_1^{(1)}, & q_1^{(2)}, & \ldots, & q_1^{(n)} \\ q_2^{(1)}, & q_2^{(2)}, & \ldots, & q_2^{(n)} \\ \cdot & \cdot & \cdot & \cdot \\ q_n^{(1)}, & q_n^{(2)}, & \ldots, & q_n^{(n)} \end{pmatrix}$$

bezeichnet werde, in $\theta \cdot \xi$ über, und folglich bestehen die Beziehungen:

$$\theta \cdot \alpha^{k-1} = q_1^{(k)} + \alpha \cdot q_2^{(k)} + \cdots + \alpha^{n-1} \cdot q_n^{(k)}. \quad (k = 1, 2, \ldots, n)$$

Aus je zwei aufeinanderfolgenden dieser Gleichungen erschließt man $n-1$ Gleichungen von der Gestalt:

$$0 = q_1^{(k+1)} + (q_2^{(k+1)} - q_1^{(k)}) \cdot \alpha + \cdots + (q_n^{(k+1)} - q_{n-1}^{(k)}) \cdot \alpha^{n-1} - q_n^{(k)} \cdot \alpha^n. \quad (k = 1, 2, \ldots, n-1)$$

Wenn eine dieser Gleichungen nicht identisch bestände, so wäre α eine algebraische Zahl n^{ten} oder geringeren Grades, gegen die Voraussetzung. Sie müßten also sämtlich identisch erfüllt sein, d. h. es müßte

$$q_1^{(k+1)} = 0, \quad q_{h+1}^{(k+1)} = q_h^{(k)}, \quad q_n^{(k)} = 0 \quad (h = 1, 2, \ldots, n-1)$$

sein für alle Werte $k = 1, 2, \ldots, n-1$. Dann ergäben sich zunächst die Werte

$$q_1^{(1)} = q_2^{(2)} = \cdots = q_n^{(n)}$$

$$q_1^{(2)} = 0, \; q_1^{(3)} = 0, \; \ldots, \; q_1^{(n)} = 0$$

$$q_n^{(1)} = 0, \; q_n^{(2)} = 0, \; \ldots, \; q_n^{(n-1)} = 0,$$

folglich dann alle übrigen Größen $q_h^{(k)}$ gleich Null. Die Substitution (37) erhielte also die Gestalt

$$\begin{pmatrix} q, 0, \ldots, 0 \\ 0, q, \ldots, 0 \\ \cdot \quad \cdot \quad \cdot \quad \cdot \quad \cdot \\ 0, 0, \ldots, q \end{pmatrix},$$

wenn q den gemeinsamen Wert der Zahlen $q_h^{(h)}$ bedeutet, und da ξ durch sie überging in $\theta \cdot \xi$, so findet sich $\theta = q$. Andererseits folgte $S_k = q S_h = \theta \cdot S_h$, d. h. die Koeffizienten der Substitution S_k entständen aus den entsprechenden Koeffizienten von S_h durch Multiplikation mit θ. Gehören nun diese Substitutionen bzw. zu den Zahlen r_k, r_h, wo nach der Annahme $r_k > r_h$ ist, so wäre wenigstens einer der Koeffizienten in S_k gleich r_k, während jeder der Koeffizienten in S_h höchstens gleich r_h ist, was der Bedingung (36) widerspricht. Im jetzigen Falle können also nicht zwei der Formen χ nur unwesentlich verschieden sein.

Daher muß α, wenn bei der zugehörigen Kette alle drei im Minkowskischen Satze ausgesagten Eigenschaften zutreffen, notwendig eine algebraische Zahl n^{ten} Grades sein, und damit ist nun der in diesem Satze behauptete arithmetische Charakter dieser Irrationellen vollständig erwiesen. —

9. Die Determinante $|p_i^{(k)}|$ jeder Substitution der Kette für α liegt unterhalb einer von der Zahl r, zu der die Substitution gehört, unabhängigen endlichen Grenze, für welche die Zahl $n!$ genommen werden kann. Wir beweisen dies hier nur für algebraische Zahlen vom n^{ten} Grade, doch bedürfte es nur einer geringen Ergänzung, um es als allgemein für jede Zahl α als gültig zu erkennen.

Es sei die zur Zahl r gehörige Substitution S der Kette

$$(38) \qquad x_i = p_i^{(1)} z_1 + p_i^{(2)} z_2 + \cdots + p_i^{(n)} z_n \quad (i = 1, 2, \ldots, n)$$

und

$$\chi = \alpha_1 z_1 + \alpha_2 z_2 + \cdots + \alpha_n z_n$$

die Form, in welche ξ durch sie übergeht. Dann sind sämtliche Koeffizienten $p_i^{(k)}$ der Substitution $\lesseqgtr r$ und sämtliche Koeffizienten α_i der Form χ von Null verschieden. Zunächst erkennt man leicht, daß der Bereich aller Systeme $x_1, x_2, \ldots, x_n$, welche der Ungleichheit

$$(39) \qquad |z_1| + |z_2| + \cdots + |z_n| \lesseqgtr 1$$

genügen, kein ganzzahliges System mit nicht durchweg verschwindenden x_i in seinem Innern enthält, d. h. kein solches, das der

Ungleichheit

$$(40) \qquad |z_1| + |z_2| + \cdots + |z_n| < 1$$

genügt. Denn, wäre $x_1, x_2, \ldots, x_n$ ein System dieser Art und in den ihm entsprechenden Gleichungen (38) z_j die letzte nicht der Null gleiche der Größen z_i, also

$$x_i = p_i^{(1)} z_1 + p_i^{(2)} z_2 + \cdots + p_i^{(j)} z_j$$

mit

$$|z_1| + |z_2| + \cdots + |z_j| < 1,$$

und der zugehörige Wert von ξ

$$\xi_j = \alpha_1 z_1 + \alpha_2 z_2 + \cdots + \alpha_j z_j,$$

so wäre das System jedenfalls unabhängig von den $j - 1$ Systemen

$$\begin{array}{l} p_1^{(1)}, \quad p_2^{(1)}, \quad \ldots, p_n^{(1)} \\ \cdot \quad \cdot \quad \cdot \quad \cdot \quad \cdot \quad \cdot \quad \cdot \quad \cdot \\ p_1^{(j-1)}, p_2^{(j-1)}, \ldots, p_n^{(j-1)}; \end{array}$$

andererseits wären, da die $p_i^{(k)}$ absolut nicht größer als r sind, sämtliche

$$|x_i| \overline{\gtrless} r\,(|z_1| + |z_2| + \cdots + |z_j|) < r.$$

Demnach müßte $|\xi_j| \overline{\gtrless} |\alpha_j|$ sein; dagegen folgte aus (40) und den Ungleichheiten $|\alpha_1| \overline{\gtrless} |\alpha_2| \overline{\gtrless} \ldots \overline{\gtrless} |\alpha_j|$, daß

$$|\xi_j| \overline{\gtrless} |\alpha_j|\,(|z_1| + |z_2| + \cdots + |z_j|) < |\alpha_j|$$

sein müßte, und somit ein Widerspruch.

Wir bestimmen nun das Volumen I des Bereichs (39), d. i. das über ihn ausgedehnte Integral

$$(41) \qquad \int dx_1\, dx_2 \ldots dx_n = |p_h^{(k)}| \cdot \int dz_1\, dz_2 \ldots dz_n,$$

wo unter $|p_h^{(k)}|$ jetzt der absolute Wert der Determinante verstanden wird. Aus (39) folgt

$$|z_2| + \cdots + |z_n| \overline{\gtrless} 1 - |z_1|,$$

also ist zunächst z_1 zwischen $+1$ und -1 zu nehmen. Setzt man dann

$$z_i = (1 - |z_1|) \cdot z_i',$$
$$(i = 2, 3, \ldots, n)$$

so geht das n-fache Integral zur Rechten in (41) über in

$$(42) \qquad \int_{-1}^{+1} (1 - |z_1|)^{n-1} dz_1 \int dz_2'\, dz_3' \ldots dz_n'$$

mit der Begrenzung

$$|z_2'| + |z_3'| + \cdots + |z_n'| \overline{\gtrless} 1.$$

Nehmen wir nun an, das $(n-1)$fache Integral, welches sich über diesen Bereich ersteckt, sei schon gleich $\frac{2^{n-1}}{(n-1)!}$ gefunden, was offenbar für den Fall $n = 2$ richtig ist, so wäre das Integral (42) gleich

$$\frac{2^{n-1}}{(n-1)!}\left(\int_{-1}^{0}(1+z_1)^{n-1}dz_1 + \int_{0}^{1}(1-z_1)^{n-1}dz_1\right) = \frac{2^n}{n!},$$

der angenommene Wert wäre so durch allgemeine Induktion als gültig erwiesen, und man findet daher aus (41)

$$I = |p_i^{(k)}| \cdot \frac{2^n}{n!}. \tag{43}$$

Für dasselbe Volumen aber läßt sich eine obere Grenze finden, die von r unabhängig ist. Denkt man sich zu diesem Zwecke in den Ausdruck

$$|z_1| + |z_2| + \cdots + |z_n| \tag{44}$$

die aus (38) hervorgehenden Werte x_i eingeführt, so erhält man eine Funktion $\psi(x_1, x_2, \ldots, x_n)$ mit den Eigenschaften einer Strahldistanz. Denn **erstens** verschwindet (44) nur, wenn alle z_i, also auch nur, wenn alle x_i Null sind; **zweitens** erhält man für jedes positive t

$$\begin{aligned}\psi(tx_1, tx_2, \ldots, tx_n) &= |tz_1| + |tz_2| + \cdots + |tz_n| \\ &= t \cdot \psi(x_1, x_2, \ldots, x_n);\end{aligned}$$

drittens findet sich, wenn einem zweiten Systeme x_i' die Werte z_i' entsprechen,

$$\begin{aligned}\psi(x_1 + x_1', \ldots, x_n + x_n') &= |z_1 + z_1'| + \cdots + |z_n + z_n'| \\ &\gtreqless (|z_1| + \cdots + |z_n|) + (|z_1'| + \cdots + |z_n'|) \\ &= \psi(x_1, \ldots, x_n) + \psi(x_1', \ldots, x_n'),\end{aligned}$$

und **endlich** ist

$$\psi(-x_1, -x_2, \ldots, -x_n) = \psi(x_1, x_2, \ldots, x_n).$$

Dem Bereiche (39) entspricht nun der Bereich

$$\psi(x_1, x_2, \ldots, x_n) \gtreqless 1, \tag{45}$$

der somit in seinem Innern kein von Null verschiedenes ganzzahliges Wertesystem $x_1, x_2, \ldots, x_n$ enthält. Sind daher $2h_1, \ldots, 2h_n$ und $2k_1, \ldots, 2k_n$ zwei verschiedene Systeme gerader Zahlen, so haben die zwei Bereiche

$$\psi(x_1 - 2h_1, \ldots, x_n - 2h_n) \gtreqless 1, \qquad \psi(x_1 - 2k_1, \ldots, x_n - 2k_n) \gtreqless 1$$

keinen inneren Punkt $x_1, x_2, \ldots, x_n$ gemeinsam; denn, da für ein solches System

$$2 \cdot \psi(k_1 - h_1, \ldots, k_n - h_n) = \psi(2k_1 - 2h_1, \ldots, 2k_n - 2h_n)$$
$$\overline{\gtrless}\, \psi(x_1 - 2h_1, \ldots, x_n - 2h_n) + \psi(2k_1 - x_1, \ldots, 2k_n - x_n) < 2,$$

also $\psi(k_1 - h_1, \ldots, k_n - h_n) < 1$ sich ergäbe, so enthielte der Bereich (45) in seinem Innern ein ganzzahliges Wertesystem, was nicht zutrifft. Dies vorausgeschickt, sei jetzt Ω eine positive ganze Zahl. Betrachtet man dann alle Systeme $2h_1, \ldots, 2h_n$, bei denen $h_1, \ldots, h_n$ einen der Werte $0, \pm 1, \pm 2, \ldots, \pm \Omega$ haben, deren Anzahl $(2\Omega + 1)^n$ ist, so haben, wie gezeigt, keine zwei der Bereiche

$$\psi(x_1 - 2h_1, \ldots, x_n - 2h_n) \overline{\gtrless}\, 1$$

einen gemeinsamen inneren Punkt. Da nun im Bereiche (39) oder (45) den Gleichungen (38) zufolge jedes $|x_i| \overline{\gtrless}\, r$ ist, so ist im letztgenannten Bereiche $|x_i - 2h_i| \overline{\gtrless}\, r$, also jedenfalls jedes x_i zwischen $+(2\Omega + r)$ und $-(2\Omega + r)$ enthalten. Die sämtlichen genannten Bereiche liegen also in dem Würfel

$$-(2\Omega + r) \overline{\gtrless}\, x_i \overline{\gtrless}\, (2\Omega + r),$$
$$(i = 1, 2, \ldots, n)$$

dessen Inhalt gleich

$$(4\Omega + 2r)^n$$

ist; und da $(2\Omega + 1)^n$ ihre Anzahl und sie alle offenbar gleichen Inhalts sind, so ergibt sich die Ungleichheit

$$(2\Omega + 1)^n \cdot I \overline{\gtrless}\, (4\Omega + 2r)^n.$$

Weil dies aber für jeden noch so großen Wert von Ω gilt, erhält man zur Grenze $\Omega = \infty$ übergehend die Beschränkung

$$I \overline{\gtrless}\, 2^n.$$

Verbindet man nun diese Ungleichheit mit der Beziehung (43), so findet man, wie behauptet worden ist,

$$|p_n^{(n)}| \overline{\gtrless}\, n!$$

10. Mit geringer Verallgemeinerung kann hiernach die Beschaffenheit der bei einer algebraischen Zahl α vom n^{ten} Grade auftretenden Minkowski-Kette so formuliert werden, wie es Minkowski in seiner zweiten obgenannten Abhandlung getan hat:

Bei einer algebraischen Zahl α vom Grade $n > \sigma$ kann zu jeder reellen Größe $r \overline{\gtrless}\, 1$ eine ganzzahlige Substitution S:

$$x_i = p_i^{(1)} z_1 + p_i^{(2)} z_2 + \cdots + p_i^{(n)} z_n$$
$$(i = 1, 2, \ldots, n)$$

angegeben werden, deren nicht verschwindende Determinante ebenso wie die Verhältnisse $\frac{p_i^{(k)}}{r}$ ihrem absoluten Betrage nach feste, von r unabhängige Grenzen nicht überschreiten, während in den durch die Substitution S aus

$$\xi = x_1 + \alpha x_2 + \alpha^2 x_3 + \cdots + \alpha^{n-1} x_n$$

hervorgehenden Formen

$$\chi = \alpha_1 z_1 + \alpha_2 z_2 + \cdots + \alpha_n z_n$$

die Koeffizienten nur eine endliche, von r unabhängige Anzahl verschiedener Verhältnisse

$$\alpha_1 : \alpha_2 : \ldots : \alpha_n$$

darbieten und die Produkte

$$\alpha_1 \cdot r^{\frac{n-\sigma}{\sigma}}, \alpha_2 \cdot r^{\frac{n-\sigma}{\sigma}}, \ldots, \alpha_n \cdot r^{\frac{n-\sigma}{\sigma}}$$

ohne zu verschwinden unterhalb endlicher, von r unabhängiger Grenzen verbleiben.

Vergleicht man diesen allgemeinen Satz mit dem in Nr. 1 erwähnten aus der Kettenbruchlehre, so fehlt hier im Charakter der algebraischen Zahl α ein Zug, der dort als der wesentliche erscheint: eine Periodizität im Algorithmus. Man sieht sich so zu der interessanten Frage gedrängt, unter welchen Umständen etwa der allgemeine Algorithmus der Minkowski-Ketten ebenfalls eine solche darbiete. Indem wir also α immer als eine algebraische Zahl n^{ten} Grades denken, knüpfen wir an den früheren Beweisgang wieder an und setzen $n > \sigma$ voraus.

Es sei nun den wachsenden Werten von r entsprechend

$$S_1, S_2, S_3, \ldots$$

die Reihe der verschiedenen Substitutionen S der Kette und $r_1 < r_2 < r_3 \ldots$ die Werte von r, zu denen sie gehören. Schreibt man diese Reihe in der Gestalt

$$S_1, S_2 = S_1 \cdot Q_1, S_3 = S_2 \cdot Q_2, \ldots,$$

so wollen wir sie periodisch nennen, wenn die Reihe der Substitutionen

$$Q_1, Q_2, Q_3, \ldots$$

von einem bestimmten Gliede Q_h an nur aus einer steten Wiederkehr von einer endlichen Anzahl p von Substitutionen besteht, so daß für jeden Index $j \gtreqless h$

$$Q_j = Q_{p+j} \tag{46}$$

ist. Da
$$Q_j = S_j^{-1} \cdot S_{j+1}, \quad Q_{p+j} = S_{p+j}^{-1} \cdot S_{p+j+1}$$
ist, gilt dann die Beziehung
$$S_j^{-1} \cdot S_{j+1} = S_{p+j}^{-1} \cdot S_{p+j+1}$$
oder
$$S_{p+j} \cdot S_j^{-1} = S_{p+j+1} \cdot S_{j+1}^{-1}$$
für jeden Index $j \geqq h$. Setzt man
$$S_{p+h} \cdot S_h^{-1} = P_0$$
so folgt für jeden Index $j \geqq h$ die Gleichung
$$S_{p+j} \cdot S_j^{-1} = P_0$$
oder
$$S_{p+j} = P_0 \cdot S_j$$
und allgemeiner

(47) $$S_{pf+j} = P_0^f \cdot S_j$$

für jede ganze Zahl $f = 1, 2, 3, \ldots$

Nun sei

(48) $$\chi_j = \alpha_1^{(j)} \cdot z_1 + \alpha_2^{(j)} \cdot z_2 + \cdots + \alpha_n^{(j)} \cdot z_n$$

die Form, in welche ξ durch die Substitution S_j übergeht. Da die Anzahl verschiedener Verhältnisse

(49) $$\alpha_1^{(j)} : \alpha_2^{(j)} : \ldots : \alpha_n^{(j)}$$

in der Kette nur eine endliche ist, gibt es unendlich viele Substitutionen S_j, insbesondere auch unendlich viele unter den Substitutionen S_{pf+h} für alle Werte von f, denen das gleiche Verhältnis (49) zugehört. Da aber die ganzzahlige Determinante dieser Substitutionen wieder nur eine endliche Anzahl verschiedener Werte zuläßt, so gibt es unter ihnen noch eine unendliche Anzahl solcher mit der gleichen Determinante D und nun endlich unter den letzteren Substitutionen noch eine unendliche Menge solcher, deren entsprechende Koeffizienten einander (mod. D) kongruent sind. Nennen wir zwei Substitutionen dieser Art
$$T = S_{cp+h}, \quad U = S_{dp+h},$$
wobei $d > c$ sei, so ergibt sich leicht nach den Gesetzen der Zusammensetzung der Substitutionen und nach den Beziehungen zwischen den Elementen einer solchen und denen ihrer Inversen, daß die Substitution
$$P = U \cdot T^{-1} = S_{dp+h} \cdot S_{cp+h}^{-1}$$
ganzzahlige Koeffizienten und die Determinante 1 haben muß. Aus (47) ergibt sich zudem $$P = P_0^{d-c}$$

und, wenn $(d - c)\, p = \pi$ gesetzt wird,

$$S_{\pi + j} = P \cdot S_j,$$

allgemeiner

(50) $$S_{f\pi + j} = P^f \cdot S_j$$

für $f = 1, 2, 3, \ldots$ Ferner hat man, da die den Substitutionen T, U zugehörigen Formen χ gleiche Koeffizientenverhältnisse haben, die Beziehung

$$\chi_{dp+h} = \theta \cdot \chi_{cp+h}$$

mit konstantem Multiplikator θ, für welchen, da χ_{dp+h} die spätere der beiden Formen der Kette ist, wieder die Bedingung (36):

$$|\theta| < 1$$

sich herausstellt. Auch erkennt man θ als eine Zahl des Körpers $K(\alpha)$, da die vorige Gleichung mit den folgenden:

$$\alpha_i^{(dp+h)} = \theta \cdot \alpha_i^{(cp+h)}$$
$$(i = 1, 2, \ldots, n)$$

übereinkommt, deren jede die Behauptung bestätigt. In bekannter Symbolik kann dieselbe Gleichung geschrieben werden, wie folgt:

$$\xi U = \theta \cdot \xi T$$

oder

(51) $$\xi U T^{-1} \text{ d. i. } \xi P = \theta \cdot \xi.$$

Wie in Nr. 8 ergeben sich hieraus, wenn das Zeichen (37) jetzt die Substitution P ausdrückt, n Gleichungen von der Form:

$$\theta \cdot \alpha^{k-1} = q_1^{(k)} + \alpha q_2^{(k)} + \cdots + \alpha^{n-1} \cdot q_n^{(k)}$$
$$(k = 1, 2, \ldots, n)$$

und aus ihnen θ als Wurzel der Gleichung

(52) $$\begin{vmatrix} q_1^{(1)} - \theta, & q_2^{(1)}, & \ldots, & q_n^{(1)} \\ q_1^{(2)}, & q_2^{(2)} - \theta, & \ldots, & q_n^{(2)} \\ \cdot & \cdot & \cdot & \cdot \\ q_1^{(n)}, & q_2^{(n)}, & \ldots, & q_n^{(n)} - \theta \end{vmatrix} = 0.$$

Da P aber eine Substitution mit ganzzahligen Koeffizienten und ihre Determinante 1, d. h.

$$|q_i^{(k)}| = 1$$

ist, erweist sich θ genauer als eine ganze Zahl und zwar als eine Einheit des Körpers $K(\alpha)$, deren absoluter Betrag $|\theta| < 1$ ist.

Nun folgt aus (51) allgemeiner

$$\xi P^f = \theta^f . \xi$$

und daraus mit Beachtung von (50)

$$\xi S_{f\pi+j} = \theta^f \cdot \xi S_j$$

oder

(53) $$\chi_{f\pi+j} = \theta^f \cdot \chi_j$$

für jedes $j \gtreqless h$ und $f = 1, 2, 3, \ldots$ Die Anwendung der Ergebnisse der Nr. 6 und 7 auf die Form χ_j aber, die jetzt einfacher

$$\chi_j = \alpha_1 z_1 + \alpha_2 z_2 + \cdots + \alpha_n z_n$$

geschrieben werde, zeigt durch die Formeln (31) und (33), daß die Größen $\frac{|\alpha_i^{(h)}|}{r_j}$, wo jetzt wieder $\alpha_i^{(h)}$ für $h = 0, 1, 2, \ldots, n - \sigma$ die Konjugierten von α_i bedeutet, zwischen zwei von r_j unabhängigen Grenzen enthalten sind:

$$c \lesseqgtr \left|\frac{\alpha_i^{(h)}}{r_j}\right| \lesseqgtr \overline{C}.$$

Demzufolge werden auch die Verhältnisse $\left|\frac{\alpha_i^{(h)}}{\alpha_i^{(k)}}\right|$ zwischen zwei verschiedenen der konjugierten Zahlen $\alpha_i^{(h)}$, $\alpha_k^{(h)}$ für $h, k = 1, 2, \ldots, n - \sigma$ in endlichen Grenzen verbleiben:

$$\frac{c}{\overline{C}} \lesseqgtr \left|\frac{\alpha_i^{(h)}}{\alpha_i^{(k)}}\right| \lesseqgtr \frac{\overline{C}}{c},$$

und diese Grenzen sind für alle Verhältnisse die gleichen, welchen Wert $j \gtreqless h$ auch habe. Setzt man also

$$\chi_{f\pi+j} = \mathsf{A}_1 z_1 + \mathsf{A}_2 z_2 + \cdots + \mathsf{A}_n z_n,$$

so wird auch

$$\frac{c}{\overline{C}} \lesseqgtr \left|\frac{\mathsf{A}_i^{(h)}}{\mathsf{A}_i^{(k)}}\right| \lesseqgtr \frac{\overline{C}}{c}$$

sein. Da nun aus (53)

$$\mathsf{A}_i = \theta^f \cdot \alpha_i,$$

also auch die sämtlichen hiermit konjugierten Gleichungen hervorgehen, so findet sich

$$\frac{\mathsf{A}_i^{(h)}}{\mathsf{A}_j^{(k)}} = \left|\frac{\theta^{(h)}}{\theta^{(k)}}\right|^f \cdot \frac{\alpha_i^{(h)}}{\alpha_i^{(k)}}$$

und mit Rücksicht auf die voraufgehenden Ungleichheiten

$$\frac{c^2}{\overline{C}^2} \lesseqgtr \left|\frac{\theta^{(h)}}{\theta^{(k)}}\right|^f \lesseqgtr \frac{\overline{C}^2}{c^2}$$

für jeden Wert $f = 1, 2, 3, \ldots$ Dies ist aber offenbar nur möglich, wenn der Quotient $\frac{\theta^{(h)}}{\theta^{(k)}}$ vom absoluten Betrage 1 ist, alle zu θ Konjugierten also — von θ^0 abgesehen, wenn θ komplex ist — den gleichen absoluten Betrag haben. Da aber θ eine Einheit, also

$$|\theta \cdot (\theta^0) \cdot \theta' \cdot \theta'' \ldots \theta^{(n-\sigma)}| = 1$$

und zugleich $|\theta| < 1$ ist, muß jener Betrag größer als 1 sein.

Das Ergebnis dieser Betrachtungen ist der Satz:

Damit die algebraische Zahl α vom Grade $n > \sigma$ eine periodische Minkowski-Kette habe, ist notwendig, daß in dem von ihr erzeugten Zahlenkörper eine Einheit θ von einem Betrage < 1 vorhanden sei, deren Konjugierte (abgesehen, wenn α komplex ist, von ihrer konjugiert Imaginären) sämtlich von gleichem absoluten Betrage sind.

11. Diese notwendige Bedingung ist aber zugleich auch die hinreichende. Ist nämlich θ eine Einheit dieser Art in $K(\alpha)$, so werden die Koeffizienten einer Substitution Q, durch welche

$$\mathfrak{x},\ (\mathfrak{x}^0),\ \mathfrak{x}',\ \ldots,\ \mathfrak{x}^{(n-\sigma)}$$

in

$$\theta\mathfrak{x},\ (\theta^0\mathfrak{x}^0),\ \theta'\mathfrak{x}',\ \ldots,\ \theta^{(n-\sigma)}\mathfrak{x}^{(n-\sigma)}$$

verwandelt werden, durch Gleichungen von der Form:

$$q_1^{(k)} + \alpha q_2^{(k)} + \cdots + \alpha^{n-1} q_n^{(k)} = \theta \cdot \alpha^{k-1} \qquad (k = 1, 2, \ldots, n) \tag{54}$$

und durch die zu ihnen Konjugierten bestimmt, so daß für $q_1^{(k)}, q_2^{(k)}, \ldots, q_n^{(k)}$ folgende n Gleichungen bestehen:

$$\begin{cases} q_1^{(k)} + \alpha q_2^{(k)} + \cdots + \alpha^{n-1} q_n^{(k)} = \theta \cdot \alpha^{k-1} \\ (q_1^{(k)} + \alpha^0 q_2^{(k)} + \cdots + (\alpha^0)^{n-1} q_n^{(k)} = \theta^0 \cdot (\alpha^0)^{k-1}) \\ q_1^{(k)} + \alpha' q_2^{(k)} + \cdots + \alpha'^{n-1} q_n^{(k)} = \theta' \cdot \alpha'^{k-1} \\ \cdots\cdots\cdots\cdots\cdots\cdots \\ q_1^{(k)} + \alpha^{(n-\sigma)} q_2^{(k)} + \cdots + (\alpha^{(n-\sigma)})^{n-1} q_n^{(k)} = \theta^{(n-\sigma)} \cdot (\alpha^{(n-\sigma)})^{k-1}. \end{cases} \tag{55}$$

Da sie in bezug auf die Wurzeln der Gleichung, der α genügt, rational und symmetrisch sind, ergeben sich die $q_i^{(k)}$ als symmetrische rationale Funktionen dieser Wurzeln und sind folglich rationale Zahlen. Schreibt man ihre, durch Auflösung der Gleichungen (55) hervorgehenden Ausdrücke, wie folgt:

$$q_i^{(k)} = \theta\alpha^{k-1} \cdot \mathfrak{A} \, (+ \, \theta^0 (\alpha^0)^{k-1} \mathfrak{A}^0) + \theta' (\alpha')^{k-1} \mathfrak{A}' + \cdots + \theta^{(n-\sigma)} \, (\alpha^{(n-\sigma)})^{k-1} \mathfrak{A}^{(n-\sigma)}, \qquad (k = 1, 2, \ldots, n) \tag{56}$$

so haben dieselben, da die $\theta, (\theta^0), \theta', \ldots, \theta^{(n-\sigma)}$ ganze Zahlen der konjugierten Körper sind, nur solche Nenner, die eine feste, nur durch $K(\alpha)$ bestimmte Grenze nicht überschreiten. Ferner ist die Determinante der Substitution Q, da aus (54) eine Gleichung wie die Gleichung (52) erschlossen wird, deren Wurzeln die konjugierten Einheiten sind, gleich ± 1. Die gleichen Eigenschaften kommen daher jeder Substitution Q^f für $f = 1, 2, 3, \ldots$ zu, durch welche ξ, (ξ^0), $\xi', \ldots, \xi^{(n-\sigma)}$ bzw. in

$$\theta^f \xi,\ ((\theta^0)^f \xi^0),\ (\theta')^f \xi', \ldots, (\theta^{(n-\sigma)})^f \xi^{(n-\sigma)}$$

übergehen. In der unendlichen Menge derselben muß es daher noch unendlich viele geben, bei denen der Nenner der $q_i^{(k)}$ der gleiche N ist, und unter diesen wieder noch unendlich viele, bei denen ihre Zähler bzw. kongruent (mod. N) sind. Seien Q^c, Q^d mit $d > c$ zwei derartige Substitutionen, so wird $\bar{Q} = Q^d \cdot (Q^c)^{-1} = Q^{d-c}$ eine Substitution mit ganzzahligen Koeffizienten und einer Determinante ± 1, durch welche ξ, (ξ^0), $\xi', \ldots, \xi^{(n-\sigma)}$ in $\vartheta\xi$, $(\vartheta^0\xi^0)$, $\vartheta'\xi', \ldots$, $\vartheta^{(n-\sigma)}\xi^{(n-\sigma)}$ sich verwandeln, wo $\vartheta = \theta^{d-c}$, also offenbar wieder eine Einheit in $K(\alpha)$ mit einem absoluten Betrage < 1 und lauter Konjugierten von gleichem absoluten Betrage $\eta > 1$ ist; aus

$$|\vartheta \cdot (\vartheta^0) \cdot \vartheta' \ldots \vartheta^{(n-\sigma)}| = 1$$

folgt noch

$$|\vartheta|^\sigma \cdot \eta^{n-\sigma} = 1,$$

also

$$\eta = |\vartheta|^{-\frac{\sigma}{n-\sigma}}.$$

Betrachten wir nun die unbegrenzte Reihe der Substitutionen

$$(57) \qquad 1,\ \bar{Q},\ \bar{Q}^2,\ \bar{Q}^3, \ldots$$

und bezeichnen $\bar{Q}^f$ wieder durch das Symbol (37), so bestehen jetzt die Gleichungen (54), (55) und (56), wenn in ihnen ϑ^f statt θ gesetzt wird, und aus den letzteren ergibt sich allgemein

$$|q_i^{(k)}| \overline{\gtrless} \eta^f \cdot \mathfrak{q}_i^{(k)},$$
$$(i, k = 1, 2, \ldots, n)$$

wo der Faktor $\mathfrak{q}_i^{(k)}$ ganz allein durch die Zahl α bestimmt ist. Die Substitution $\bar{Q}^f$ hat also die Eigenschaft, daß ihre Determinante sowohl, wie die Verhältnisse ihrer Koeffizienten zu $r_f = \eta^f$ gewisse endliche Grenzen nicht überschreiten, die nicht von r_f abhängen. Andererseits geht ξ durch $\bar{Q}^f$ über in $\chi_f = \vartheta^f \cdot \xi$ mit den Koeffizienten

$$(58) \qquad \vartheta^f \cdot 1,\quad \vartheta^f \cdot \alpha,\quad \vartheta^f \cdot \alpha^2,\quad \ldots,\quad \vartheta^f \cdot \alpha^{n-1};$$

somit entspricht allen unendlich vielen Substitutionen der Reihe (57) nur ein einziges Verhältnis

$$1 : \alpha : \alpha_2 : \ldots : \alpha^{n-1}$$

zwischen den Koeffizienten der Formen χ, und zudem sind die Produkte aus (58) in

$$r_f^{\frac{n-\sigma}{\sigma}} = \vartheta^{-f}$$

bzw. gleich $1, \alpha, \alpha^2, \ldots, \alpha^{n-1}$, also für jeden Wert von f nicht größer als feste endliche Grenzen. Der Substitutionenreihe (57) kommen daher die sämtlichen in Nr. 10 formulierten Eigenschaften zu, und demnach besitzt die algebraische Zahl α in den Substitutionen (57) eine offenbar periodische Minkowski-Kette.

12. Nachdem nun dieser wichtige neue Satz bewiesen ist, fragt es sich noch weiter, welche Zahlenkörper $K(\alpha)$ eine Einheit θ der in demselben ausgesagten Art etwa besitzen. Auch hierauf hat Minkowski a. a. O. die völlig erschöpfende Antwort gefunden und nachgewiesen, daß es nur sechs verschiedene Arten solcher Zahlenkörper gibt. Es sind die folgenden:

1. Die reellen Zahlenkörper $K(\alpha)$ zweiten Grades;

2. die aus einer reellen kubischen Irrationalzahl α erster Art erzeugten Körper;

3. die Konjugierten der letzteren;

4. die Körper vierten Grades, deren Erzeugende α nebst allen ihren Konjugierten komplex ist;

5. die Körper vierten Grades mit einer komplexen Erzeugenden α, welche einen aus einer reellen quadratischen Zahl gebildeten Unterkörper haben, und

6. die Körper sechsten Grades mit einer komplexen Erzeugenden α, welche einen aus einer reellen kubischen Irrationellen erster Art gebildeten Unterkörper besitzen.

Beschränken wir unsere Betrachtung, wie früher, ausschließlich auf reelle Irrationelle, so bleiben, wie in der letzten Nr. des vorigen Kapitels ausgesprochen wurde[1]), nur die zwei ersten Gattungen von Zahlenkörpern übrig, und es soll nun hier noch der Nachweis dafür nach Minkowski geführt werden.

Zunächst leuchtet in diesen beiden Fällen ein, daß die Körper in der Tat eine Einheit der angegebenen Art besitzen. Denn entweder ist die reelle Fundamentaleinheit des bezüglichen Körpers oder ihre Reziproke dem Betrage nach kleiner als 1, und außer ihr ist im ersten Falle nur eine Konjugierte, sind im zweiten Falle aber zwei konjugiert imaginäre Konjugierte, deren absoluter Betrag also der gleiche ist, vorhanden. Somit bleibt nur zu zeigen, daß

1) Dort wurde die Behauptung für Zahlenkörper ausgesprochen, welche eine Einheit vom Betrage > 1 mit lauter Konjugierten von gleichem Betrage enthalten; ist θ eine solche, so ist θ^{-1} eine Einheit, wie oben, und umgekehrt.

die genannten Körper die einzigen sind, in denen eine solche Einheit θ sich findet.

Wenn nun eine Zahl θ in einem Körper $K(\alpha)$ vom n^{ten} Grade nicht auch n^{ten} Grades ist, so ist sie von einem Grade ν, der ein Teiler von n ist, und daher sind je $\frac{n}{\nu}$ ihrer Konjugierten einander gleich. Die Einheit θ von der besagten Beschaffenheit ist aber von allen ihr Konjugierten verschieden, und demnach müssen auch ihre Konjugierten untereinander verschieden sein.

Da wir α als reell annehmen, ist $\sigma = 1$ und sind also $\alpha', \alpha'', \ldots, \alpha^{(n-1)}$ die Konjugierten von α. Desgleichen ist θ reell; wir setzen $\theta = \pm\,\varepsilon$, wo ε ein positiver Wert < 1 ist, und indem wir den gemeinsamen absoluten Betrag der Konjugierten durch η bezeichnen, ergibt sich

$$\varepsilon \cdot \eta^{n-1} = 1. \tag{59}$$

Nun sind drei Fälle denkbar.

Erstens finden sich unter den Konjugierten $\alpha', \alpha'', \ldots, \alpha^{(n-1)}$ wenigstens zwei reelle Größen; sind es etwa die Konjugierten $\alpha^{(h)}$, $\alpha^{(k)}$, so werden auch $\theta^{(h)}$, $\theta^{(k)}$ reell sein und, da sie verschieden voneinander, aber gleichen Betrages sein müssen, ergibt sich $\theta^{(h)} = -\theta^{(k)}$, also $(\theta^{(h)})^2 = (\theta^{(k)})^2$. Aber die im Körper $K(\alpha)$ enthaltene Zahl $\theta^2 = \varepsilon^2$ ist von allen ihr Konjugierten verschieden, da deren absoluter Betrag $\eta^2 > \varepsilon^2$ ist; sie muß daher einer voraufgeschickten Bemerkung zufolge eine Zahl n^{ten} Grades, d. i. Wurzel einer irreduktibeln Gleichung dieses Grades sein, und deshalb können nicht zwei ihrer Konjugierten $(\theta^{(h)})^2$, $(\theta^{(k)})^2$ einander gleich sein. Dieser Fall ist daher stets unmöglich.

Zweitens ist nur eine der Konjugierten, etwa $\alpha^{(h)}$, also auch $\theta^{(h)}$ reell, d. i. $\theta^{(h)} = \pm\,\eta$. Dieser Fall ist unmöglich, wenn $n > 2$. Denn alsdann wären noch $n - 2$ paarweise konjugiert imaginäre Größen $\alpha^{(k)}$, mindestens also ein Paar konjugierter Werte $\theta^{(g)}$, $\theta^{(k)}$, die ein Produkt η^2 ergäben, vorhanden. Die irreduktible Gleichung nun, der $\theta^2 = \varepsilon^2$ genügt, hätte außerdem die Wurzel $(\theta^h)^2 = \eta^2$ und $n-2$ andere Wurzeln vom Betrage η^2. Bildet man dagegen die Gleichung mit rationalen Koeffizienten, welche zu Wurzeln die $\frac{n(n-1)}{2}$ Produkte aus je zweien der Konjugierten $\theta, \theta', \theta'', \ldots, \theta^{(n-1)}$ hat, so wären $n - 1$ dieser Wurzeln vom Betrage $\varepsilon\eta$, die übrigen vom Betrage η^2, darunter mindestens eine Wurzel, nämlich das Produkt $\theta^{(g)} \cdot \theta^{(k)}$ gleich η^2, also gemeinsam mit der vorgenannten irreduktibeln Gleichung; deshalb müßten auch alle übrigen Wurzeln der letzteren unter jenen Wurzeln sein, was für die Wurzel ε^2, die kleiner als $\varepsilon\eta$ und η^2 ist, nicht geschehen kann.

Drittens müßten sämtliche Konjugierte $\alpha', \alpha'', \ldots, \alpha^{(n-1)}$ komplex sein, also $\frac{n-1}{2}$ Paare konjugiert imaginärer Größen $\alpha^{(h)}, \alpha^{(k)}$, also auch konjugiert imaginärer Werte $\theta^{(h)}, \theta^{(k)}$, deren Produkt gleich η^2 wäre, vorhanden sein. Dieser Fall ist unmöglich, wenn $n > 3$ ist. Denn, bildet man die Gleichung mit rationalen Koeffizienten, welche die $\frac{n(n-1)}{2}$ Produkte aus je zwei der Größen

$$\theta^{-n+1}, (\theta')^{-n+1}, \ldots, (\theta^{(n-1)})^{-n+1}$$

zu Wurzeln hat, so besitzt dieselbe $n-1$ Wurzeln vom Betrage $(\varepsilon\eta)^{-n+1}$, d. h. mit Rücksicht auf (59) vom Betrage $\eta^{(n-1)(n-2)}$, und sonst nur solche vom Betrage $\eta^{-2(n-1)}$, d. h. wegen (59) vom Betrage ε^2, darunter wenigstens eine, nämlich das Produkt

$$(\theta^{(h)})^{-n+1} \cdot (\theta^{(k)})^{-n+1}$$

gleich ε^2, d. i. gemeinsam mit der irreduktibeln Gleichung, welcher $\theta^2 = \varepsilon^2$ genügt; deshalb müßte sie auch alle übrigen Wurzeln der letzteren haben, deren Betrag η^2 ist, und demnach müßte $\eta^2 = \eta^{(n-1)(n-2)}$ sein, was $n = 3$ erheischt, entgegen der Voraussetzung.

Aus alle diesem geht hervor, daß die einzig möglichen Fälle die Fälle $n = 2$ mit zwei reellen und $n = 3$ mit einer reellen und zwei konjugiert imaginären unter den mit α Konjugierten, d. h. die obenerwähnten Fälle 1. und 2. sind, und es ist schon eingangs bemerkt, daß diese beiden Fälle tatsächlich eine Einheit θ der gedachten Beschaffenheit darbieten. —

13. Blicken wir hier zurück! Der Algorithmus der Minkowski-Ketten läßt erkennen, daß in dem arithmetischen Charakter der algebraischen Zahl n^{ten} Grades eine Periodizität desselben keineswegs das Wesentliche, vielmehr nur eine Begleiterscheinung ist, die, wenn man nur reelle algebraische Zahlen betrachtet, ausschließlich bei den quadratischen Irrationellen und den kubischen Irrationellen der ersten Art auftritt. Diese beiden Arten von Irrationellen nehmen also hier dieselbe Ausnahmestellung ein — eine ausgezeichnete Besonderheit, die ja auch in den obengenannten Fällen 5. und 6. zutage tritt — wie sie auch schon im Algorithmus der Jacobi-Ketten bei ihnen bemerkt wurde, insofern derselbe, wenigstens wenn er periodisch ist, für sie ausschließlich ein Näherungsgesetz von besonderem Charakter aufwies. Auch die Reduktion der ihnen zugehörigen zerlegbaren Formen erteilte ihnen, wie man aus der letzten Nummer des 14. Kapitels entnehmen darf, diese besondere Stellung. Fragt man nun nach dem Grunde dieser Erscheinung, so dürfte eben die Rückkehr zur Reduktion der Formen die richtige Antwort darauf geben: jene zerlegbaren Formen sind

die einzigen indefiniten Formen dieser Art, für welche die ihnen zugeordneten positiven quadratischen Formen nur einen veränderlichen Parameter enthalten, worauf eben die bei der Reduktion eintretende Periodizität des Algorithmus beruht. In unmittelbarem logischen Zusammenhange damit aber steht der andere Umstand, daß die jenen Irrationellen entsprechenden Zahlenkörper die einzigen reellen Körper sind, die nur eine Fundamentaleinheit besitzen, ein Umstand, der mithin ebenso wie der erwähnte andere als Ursache jener Ausnahmestellung der beiden Irrationellen angesehen werden könnte. Ob es irgendeine arithmetische Charakteristik der reellen algebraischen Zahlen n^{ten} Grades geben kann, bei welcher die Periodizität des ihr zugrunde liegenden Algorithmus — wenigstens, wenn dieser Begriff im gewöhnlichen Sinne genommen wird — ein wesentliches Merkmal sei, dürfte nach alle diesem mehr als unwahrscheinlich sein. Bei den gedachten beiden Irrationellen fällt eben nur ausnahmsweise ihre wesentliche Bestimmung mit diesem besonderen Charakterzuge in eins zusammen. —

Sechzehntes Kapitel.

Die unbestimmten quadratischen Formen mit mehr als zwei Unbestimmten.

1. Wir behandeln endlich noch die Reduktion der unbestimmten quadratischen Formen mit n Unbestimmten, welche Hermite ebenfalls, wie die der zerlegbaren Formen, auf die stete Reduktion veränderlicher positiver quadratischer Formen zurückgeführt hat. Das Hauptziel unserer Betrachtungen soll dabei der Nachweis sein, daß für ganzzahlige Formen dieser Art und von gegebener Determinante nur eine endliche Anzahl von Klassen äquivalenter Formen vorhanden ist. Um die allgemeine Theorie verständlicher zu machen, beginnen wir mit der bezüglichen Untersuchung ternärer quadratischer Formen. Für solche hat Selling[1]) eine umfangreiche Arbeit geliefert, in der er, zwar den Hermiteschen Grundgedanken beibehaltend, den Gegenstand in einer ihm eigentümlichen Weise behandelt hat. Die wesentlichsten Ergebnisse dieser Arbeit, soweit sie die für uns interessanten Fragen betreffen, sollen zunächst hier abgeleitet werden.

Es sei

$$(1) \qquad f = ax^2 + by^2 + cz^2 + 2gyz + 2hzx + 2kxy$$

1) Selling, Journ. für die reine u. angew. Math. Bd. 47, S. 143—229.

oder kurz

$$f = \begin{pmatrix} a, & b, & c \\ g, & h, & k \end{pmatrix}$$

eine unbestimmte ternäre Form; doch betrachten wir nur solche, durch welche die Null nicht darstellbar ist. Jede solche kann bekanntlich als ein Aggregat von drei Quadraten von Linearformen dargestellt werden, die verschiedene Vorzeichen haben, also entweder ein positives und zwei negative Quadrate oder umgekehrt sind. Da, wenn für eine Form f das eine gilt, das andere für $-f$ der Fall ist, und zwei solche entgegengesetzt genommene Formen wesentlich gleiche Eigenschaften haben, braucht man nur die eine Art von ihnen zu behandeln und darf daher voraussetzen, daß die Form f in folgende Gestalt gesetzt werden kann:

$$(2) \qquad f = U^2 - V^2 - W^2,$$

wo

$$(3) \quad U = \xi x + \eta y + \zeta z, \quad V = \xi_1 x + \eta_1 y + \zeta_1 z, \quad W = \xi_2 x + \eta_2 y + \zeta_2 z$$

Linearformen mit reellen Koeffizienten sind. Ist

$$(4) \qquad \Delta = \begin{vmatrix} \xi, & \eta, & \zeta \\ \xi_1, & \eta_1, & \zeta_1 \\ \xi_2, & \eta_2, & \zeta_2 \end{vmatrix}$$

ihre Determinante, so ist die Determinante der Form f

$$(5) \qquad D = \Delta^2,$$

also positiv. Aus der Vergleichung von (1) und (2) aber ergeben sich nachstehende Beziehungen:

$$(6) \begin{cases} a = \xi^2 - \xi_1^2 - \xi_2^2, & b = \eta^2 - \eta_1^2 - \eta_2^2, \quad c = \zeta^2 - \zeta_1^2 - \zeta_2^2 \\ g = \eta\zeta - \eta_1\zeta_1 - \eta_2\zeta_2, & h = \zeta\xi - \zeta_1\xi_1 - \zeta_2\xi_2, \quad k = \xi\eta - \xi_1\eta_1 - \xi_2\eta_2. \end{cases}$$

Die Adjungierten zu den Elementen der Determinante Δ bezeichnen wir mit

$$(7) \quad \begin{cases} \bar{\xi} = \eta_1\zeta_2 - \eta_2\zeta_1, & \bar{\eta} = \zeta_1\xi_2 - \zeta_2\xi_1, & \bar{\zeta} = \xi_1\eta_2 - \xi_2\eta_1 \\ \bar{\xi}_1 = \eta_2\zeta - \eta\zeta_2, & \bar{\eta}_1 = \zeta_2\xi - \zeta\xi_2, & \bar{\zeta}_1 = \xi_2\eta - \xi\eta_2 \\ \bar{\xi}_2 = \eta\zeta_1 - \eta_1\zeta, & \bar{\eta}_2 = \zeta\xi_1 - \zeta_1\xi, & \bar{\zeta}_2 = \xi\eta_1 - \xi_1\eta. \end{cases}$$

Nun ist die Adjungierte der Form $U^2 - V^2 - W^2$ mit dieser letzteren identisch. Nennt man aber

$$(8) \qquad F = Ax^2 + By^2 + Cz^2 + 2Gyz + 2Hzx + 2Kxy$$

die Adjungierte von f und bedenkt, daß der Ausdruck (2) durch die Substitution

$$\begin{pmatrix} \xi, & \eta, & \zeta \\ \xi_1, & \eta_1, & \zeta_1 \\ \xi_2, & \eta_2, & \zeta_2 \end{pmatrix}$$

mit der Determinante Δ sich in f verwandelt, und daß daher bekanntlich der adjungierte Ausdruck, d. h. er selbst durch die Substitution

$$\begin{pmatrix} \bar\xi, & \bar\eta, & \bar\zeta \\ \bar\xi_1, & \bar\eta_1, & \bar\zeta_1 \\ \bar\xi_2, & \bar\eta_2, & \bar\zeta_2 \end{pmatrix}$$

in F übergeht, so findet man die Gleichung

$$(9) \qquad F = \overline{U}^2 - \overline{V}^2 - \overline{W}^2,$$

wenn

$$(10) \quad \overline{U} = \bar\xi x + \bar\eta y + \bar\zeta z, \; \overline{V} = \bar\xi_1 x + \bar\eta_1 y + \bar\zeta_1 z, \; \overline{W} = \bar\xi_2 x + \bar\eta_2 y + \bar\zeta_2 z$$

gesetzt wird, und deshalb die mit (6) analogen Beziehungen:

$$(11) \begin{cases} A = \bar\xi^2 - \bar\xi_1^2 - \bar\xi_2^2, \quad B = \bar\eta^2 - \bar\eta_1^2 - \bar\eta_2^2, \; C = \bar\zeta^2 - \bar\zeta_1^2 - \bar\zeta_2^2 \\ G = \bar\eta\bar\zeta - \bar\eta_1\bar\zeta_1 - \bar\eta_2\bar\zeta_2, \; H = \bar\zeta\bar\xi - \bar\zeta_1\bar\xi_1 - \bar\zeta_2\bar\xi_2, \; K = \bar\xi\bar\eta - \bar\xi_1\bar\eta_1 - \bar\xi_2\bar\eta_2. \end{cases}$$

Aus (2) aber geht nach den Beziehungen, die zwischen den Elementen einer Determinante und ihren adjungierten Elementen bestehen, die Gleichung

$$(12) \qquad f(\bar\xi, \bar\eta, \bar\zeta) = \Delta^2 = D$$

und aus (9) ebenso

$$(13) \qquad F(\xi, \eta, \zeta) = \Delta^2 = D$$

hervor.

2. Nun ordne man der unbestimmten Form (1) oder (2) die positive quadratische Form

$$(14) \qquad \mathfrak{f} = U^2 + V^2 + W^2$$

mit den gleichen Linearformen (3) zu. Schreibt man sie ausführlich, wie folgt:

$$(15) \qquad \mathfrak{f} = \mathfrak{a}x^2 + \mathfrak{b}y^2 + \mathfrak{c}z^2 + 2\mathfrak{g}yz + 2\mathfrak{h}zx + 2\mathfrak{k}xy,$$

so erhält man entsprechend mit (6) die Beziehungen:

$$(16) \begin{cases} \mathfrak{a} = \xi^2 + \xi_1^2 + \xi_2^2, \quad \mathfrak{b} = \eta^2 + \eta_1^2 + \eta_2^2, \; \mathfrak{c} = \zeta^2 + \zeta_1^2 + \zeta_2^2 \\ \mathfrak{g} = \eta\zeta + \eta_1\zeta_1 + \eta_2\zeta_2, \; \mathfrak{h} = \zeta\xi + \zeta_1\xi_1 + \zeta_2\xi_2, \; \mathfrak{k} = \xi\eta + \xi_1\eta_1 + \xi_2\eta_2 \end{cases}$$

und demnach

$$(17)\qquad \begin{cases} a + \mathfrak{a} = 2\xi^2, \; b + \mathfrak{b} = 2\eta^2, \; c + \mathfrak{c} = 2\zeta^2 \\ g + \mathfrak{g} = 2\eta\zeta, \; h + \mathfrak{h} = 2\zeta\xi, \; k + \mathfrak{k} = 2\xi\eta. \end{cases}$$

Da nun wieder die Adjungierte des Ausdrucks (14) mit diesem Ausdrucke identisch ist, so ergibt sich als Adjungierte der Form $\mathfrak{f}$, die wir bezeichnen wollen durch

$$(18)\qquad \mathfrak{F} = \mathfrak{A}x^2 + \mathfrak{B}y^2 + \mathfrak{C}z^2 + 2\mathfrak{G}yz + 2\mathfrak{H}zx + 2\mathfrak{K}xy,$$

der Ausdruck

$$(19)\qquad \mathfrak{F} = \bar{U}^2 + \bar{V}^2 + \bar{W}^2,$$

mithin die Formeln

$$(20)\qquad \begin{cases} \mathfrak{A} = \bar{\xi}^2 + \bar{\xi}_1^2 + \bar{\xi}_2^2, \quad \mathfrak{B} = \bar{\eta}^2 + \bar{\eta}_1^2 + \bar{\eta}_2^2, \quad \mathfrak{C} = \bar{\zeta}^2 + \bar{\zeta}_1^2 + \bar{\zeta}_2^2 \\ \mathfrak{G} = \bar{\eta}\bar{\zeta} + \bar{\eta}_1\bar{\zeta}_1 + \bar{\eta}_2\bar{\zeta}_2, \quad \mathfrak{H} = \bar{\zeta}\bar{\xi} + \bar{\zeta}_1\bar{\xi}_1 + \bar{\zeta}_2\bar{\xi}_2, \quad \mathfrak{K} = \bar{\xi}\bar{\eta} + \bar{\xi}_1\bar{\eta}_1 + \bar{\xi}_2\bar{\eta}_2 \end{cases}$$

sowie die anderen

$$(21)\qquad \begin{cases} A + \mathfrak{A} = 2\bar{\xi}^2, \; B + \mathfrak{B} = 2\bar{\eta}^2, \; C + \mathfrak{C} = 2\bar{\zeta}^2 \\ G + \mathfrak{G} = 2\overline{\eta\zeta}, \; H + \mathfrak{H} = 2\overline{\zeta\xi}, \; K + \mathfrak{K} = 2\overline{\xi\eta}. \end{cases}$$

Den Beziehungen (17) zufolge läßt sich die Gleichung (13) schreiben, wie folgt:

$$(22)\qquad \begin{aligned} & 2F(\xi, \eta, \zeta) \\ & = A(a + \mathfrak{a}) + B(b + \mathfrak{b}) + C(c + \mathfrak{c}) + 2G(g + \mathfrak{g}) \\ & \quad + 2H(h + \mathfrak{h}) + 2K(k + \mathfrak{k}) = 2D. \end{aligned}$$

Andererseits ist

$$\begin{aligned} & Aa + Bb + Cc + 2Gg + 2Hh + 2Kk \\ & = (Aa + Kk + Hh) + (Kk + Bb + Gg) + (Hh + Gg + Cc) \\ & = 3D. \end{aligned}$$

Daher findet sich

$$A\mathfrak{a} + B\mathfrak{b} + C\mathfrak{c} + 2G\mathfrak{g} + 2H\mathfrak{h} + 2K\mathfrak{k} = -D$$

und entsprechend

$$a\mathfrak{A} + b\mathfrak{B} + c\mathfrak{C} + 2g\mathfrak{G} + 2h\mathfrak{H} + 2k\mathfrak{K} = -D.$$

Die Gleichung (13) kann aber auch folgendermaßen geschrieben werden:

$$F(2\xi^2, 2\xi\eta, 2\xi\zeta) = 4\xi^2 \cdot D,$$

d. i. wegen (17)

$$(23)\qquad F(a + \mathfrak{a}, k + \mathfrak{k}, h + \mathfrak{h}) = 4\xi^2 \cdot D.$$

Hier ist die linke Seite gleich

$$F(a, k, h) + F(\mathfrak{a}, \mathfrak{k}, \mathfrak{h})$$
$$+ 2\mathfrak{a}(Aa + Kk + Hk) + 2\mathfrak{k}(Ka + Bk + Gh) + 2\mathfrak{h}(Ha + Gk + Ch)$$
$$= F(a, k, h) + F(\mathfrak{a}, \mathfrak{k}, \mathfrak{h}) + 2\mathfrak{a} \cdot D,$$

und da

$$F(a, k, h)$$
$$= a(Aa + Kk + Hh) + k(Ka + Bk + Gh) + h(Ha + Gk + Ch)$$
$$= a \cdot D$$

ist, nimmt so die Gleichung (23) die Gestalt an:

$$aD + F(\mathfrak{a}, \mathfrak{k}, \mathfrak{h}) + 2\mathfrak{a} \cdot D = 4\xi^2 \cdot D,$$

d. i. wegen (17)

(24) $$F(\mathfrak{a}, \mathfrak{k}, \mathfrak{h}) = aD.$$

Analog ergibt sich

(25) $$f(\mathfrak{A}, \mathfrak{K}, \mathfrak{H}) = AD.$$

3. Nachdem diese allgemeinen Beziehungen hergeleitet worden sind, bemerken wir, daß durch die sechs Gleichungen (6) zwischen den neun Elementen der Determinante Δ nur sechs von ihnen als Funktionen der drei übrigen, für welche ξ, η, ζ gewählt werden können, bestimmt sind. Da zwischen den letzteren die Gleichung (13) erfüllt sein muß, so bleiben nur zwei von ihnen unabhängig, und man kann somit auch sämtliche neun Elemente der Linearformen U, V, W als Funktionen von zwei unabhängig veränderlichen Parametern λ_1, λ_2 auffassen, die so gewählt werden müssen, daß die Gleichungen (6) zusammen mit (13) reelle Werte jener Elemente ergeben. Während so die Koeffizienten der Form f feste Werte behalten, werden diejenigen der zugeordneten positiven Form $\mathfrak{f}$ veränderlich. Denkt man sich das dieser letzteren Form zugehörige Raumgitter, dessen Grundpunkte vom Nullpunkte die Abstände $\sqrt{\mathfrak{a}}$, $\sqrt{\mathfrak{b}}$, $\sqrt{\mathfrak{c}}$ haben, so wird also auch dieses Gitter mit den veränderlichen Parametern λ_1, λ_2 oder den veränderlichen ξ, η, ζ zugleich sich verändern, indem seine Grundpunkte und mit ihnen seine sämtlichen Gitterpunkte bestimmte Bewegungen erleiden, wenn der Punkt ξ, η, ζ sich der Gleichung (13) gemäß, d. i. auf dem durch diese Gleichung, falls ξ, η, ζ als Punktkoordinaten gedacht werden, bestimmten zweischaligen Hyperboloide bewegt. Hierbei kommt übrigens nur die eine Schale des letzteren in Betracht, denn von den zwei Punkten ξ, η, ζ und $-\xi$, $-\eta$, $-\zeta$ braucht offenbar in den Gleichungen (6) nur der eine betrachtet zu werden, etwa derjenige von ihnen, für welchen die Determinante $\Delta > 0$ wird.

Dies gibt nun den Anhalt, die Reduktion der unbestimmten Form f analog zu definieren, wie diejenige der zerlegbaren Formen. Die

Form f soll nämlich als Reduzierte bezeichnet werden, wenn die ihr zugeordnete positive Form $\mathfrak{f}$ für irgendeins der zulässigen Wertesysteme der Parameter λ_1, λ_2 oder einen der Punkte ξ, η, ζ auf der bezeichneten Hyperboloidschale eine reduzierte Form ist. Da durch die Ungleichheiten, welche eine Form $\mathfrak{f}$ als eine Reduzierte bestimmen, die Wertesysteme der Koeffizienten ξ, η, ζ oder der Parameter λ_1, λ_2 beschränkt werden, so kann diese Form nur in einem begrenzten Teile der Hyperboloidschale oder einer Ebene, in der λ_1, λ_2 als Punktkoordinaten zu denken sind, reduziert bleiben.

Wendet man nun auf eine Form f und die ihr zugeordnete positive Form $\mathfrak{f}$ eine unimodulare Substitution S:

$$(26)\qquad x = \alpha x' + \beta y' + \gamma z',\ y = \alpha_1 x' + \beta_1 y' + \gamma_1 z',\quad z = \alpha_2 x' + \beta_2 y' + \gamma_2 z'$$

an, so verwandeln sie sich in die ihnen äquivalenten Formen von der Gestalt:

$$(27)\qquad \begin{cases} f' = (\xi' x' + \eta' y' + \zeta' z')^2 - (\xi_1' x' + \eta_1' y' + \zeta_1' z')^2 - (\xi_2' x' + \eta_2' y' + \zeta_2' z')^2 \\ \mathfrak{f}' = (\xi' x' + \eta' y' + \zeta' z')^2 + (\xi_1' x' + \eta_1' y' + \zeta_1' z')^2 + (\xi_2' x' + \eta_2' y' + \zeta_2' z')^2, \end{cases}$$

worin

$$(28)\qquad \xi_i' = \xi_i \alpha + \eta_i \alpha_1 + \zeta_i \alpha_2,\ \eta_i' = \xi_i \beta + \eta_i \beta_1 + \zeta_i \beta_2,\ \zeta_i' = \xi_i \gamma + \eta_i \gamma_1 + \zeta_i \gamma_2 \quad (i = 0, 1, 2)$$

gedacht sind. Da $\mathfrak{f}'$ hiernach offenbar die zur Form f' zugeordnete positive quadratische Form ist, darf man den Satz aussprechen:

Äquivalenten unbestimmten Formen entsprechen äquivalente zugeordnete positive Formen, und offenbar auch umgekehrt.

Sei jetzt die Form f keine Reduzierte, nämlich die ihr zugeordnete positive Form $\mathfrak{f}$ für kein zulässiges Wertesystem ξ, η, ζ oder λ_1, λ_2 reduziert, so sei ξ, η, ζ ein bestimmtes dieser Systeme und die Substitution (26) eine solche, durch welche die demselben zugehörige Form $\mathfrak{f}$ in eine Reduzierte $\mathfrak{f}'$ übergeführt wird. Diese aber ist reduziert für das gemäß den Gleichungen (28) aus jenem System ξ, η, ζ sich ergebende Wertesystem ξ', η', ζ' und wird es innerhalb eines begrenzten Gebietes dieser Größen, also innerhalb eines nach (28) ihm entsprechenden Gebietes der ξ, η, ζ, d. h. eines gewissen Feldes der Hyperboloidschale verbleiben. Demnach ist die nach dem voraufgeschickten allgemeinen Satze durch die gleiche Substitution S aus f entstehende zugeordnete unbestimmte Form f' eine Reduzierte, welche der Form f äquivalent oder der Klasse dieser Form angehörig ist, und folglich gibt es in jeder Klasse unbestimmter Formen stets auch eine reduzierte Form. Wird dies nun für alle zulässigen Werte der Parameter λ_1, λ_2 oder ξ, η, ζ in gleicher Weise durchgeführt, so erhält man einen Komplex positiver Formen $\mathfrak{f}'$, $\mathfrak{f}''$, $\mathfrak{f}'''$, ..., deren jede in einem besonderen begrenzten Felde der Hyperboloidschale oder der Ebene der λ_1, λ_2 reduziert ist, und entsprechend einen Komplex ihnen bzw. zugeordneter unbestimmter reduzierter Formen f', f'', f''', ..., die alle der Klasse von f angehören, also auch untereinander äquivalent sind. Ihre Gesamtheit werde mit (f) bezeichnet, ebenso die der zugeordneten positiven reduzierten Formen mit $(\mathfrak{f})$.

4. Hier gilt zunächst der Satz: Die für zwei äquivalente Formen f, f' gebildeten Komplexe (f), (f') reduzierter Formen bestehen aus denselben Formen. Es wiederholt sich hier eine schon in Nr. 1 des dritten Kapitels angestellte Betrachtung. Ist S die unimodulare Substitution (26), durch welche f in f' übergeht, so daß

$$f' = f \cdot S$$

gesetzt werden kann, so ist auch

$$\mathfrak{f}' = \mathfrak{f} \cdot S.$$

Wendet man nun für ein bestimmtes Wertesystem ξ', η', ζ' auf $\mathfrak{f}'$ eine Substitution $\mathfrak{S}$ an, durch welche diese Form in eine Reduzierte verwandelt und als ihr zugehörig die Form $f' \cdot \mathfrak{S}$ des Komplexes (f') erhalten wird, die durch dieselbe Substitution $\mathfrak{S}$ aus f' entsteht, so geht die für das jenem Wertesysteme gemäß den Beziehungen (28) entsprechende System ξ, η, ζ gebildete Form $\mathfrak{f}$ durch die Substitution $S \cdot \mathfrak{S}$ in ebendieselbe, für das letztere System reduzierte Form über, der somit auch eine Form des Komplexes (f), nämlich die Form $f \cdot S\mathfrak{S} = f' \cdot \mathfrak{S}$ zugeordnet ist. Jede Form in (f') ist also auch eine solche in (f), und offenbar auch umgekehrt.

Hieraus ersieht man, daß der zuvor erwähnten Einteilung der Hyperboloidschale (13) eine völlig konforme Einteilung der Hyperboloidschale

$$F'(x', y', z') = D,$$

wo F' die Adjungierte von f' bedeutet, nämlich jedem Felde auf der einen Schale ein Feld auf der anderen entspricht, denen beiden ein und dieselbe Reduzierte der Klasse von f, f' zugeordnet ist. Man kann daher die eine Einteilung durch die andere ersetzen.

Ist nun aber **f** irgendeine der Reduzierten in der Klasse C von f, also äquivalent mit f, so ist dem eben Bewiesenen zufolge der Komplex (**f**) im ganzen identisch mit (f), und somit die Form **f**, welche selbst jenem angehört, auch im letzteren enthalten. Der in oben bezeichneter Weise aus f gebildete Komplex (f) enthält somit auch **sämtliche** Reduzierten der Klasse von f. Alle diese verteilen sich daher über die gedachten Felder der Hyperboloidschale (13) oder der Ebene der λ_1, λ_2 in der Weise, daß jedem Felde eine bestimmte von ihnen nebst der ihr zugeordneten positiven Form zugehörig ist.

5. Diese Sätze bestehen unabhängig davon, welche Definition reduzierter positiver quadratischer Formen man auch zugrunde legen mag. Selling hat für seine Untersuchung die schon in Nr. 4 des vierzehnten Kapitels eingeführte Definition gewählt, und so werden wir zunächst uns darin ihm anschließen. Wir haben deshalb neben der zu f zugeordneten Form $\mathfrak{f}(x, y, z)$ noch ihre Variierte

$$(29)\qquad \begin{aligned} &\bar{\mathfrak{f}}(x, y, z, t) \\ &= -\mathfrak{g}(y-z)^2 - \mathfrak{h}(z-x)^2 - \mathfrak{k}(x-y)^2 - \mathfrak{l}(x-t)^2 \\ &\qquad - \mathfrak{m}(y-t)^2 - \mathfrak{n}(z-t)^2 \end{aligned}$$

zu betrachten, in welcher die Koeffizienten $\mathfrak{l}$, $\mathfrak{m}$, $\mathfrak{n}$ durch die Gleichungen

$$(30)\qquad \mathfrak{a}+\mathfrak{h}+\mathfrak{k}+\mathfrak{l}=0,\quad \mathfrak{b}+\mathfrak{k}+\mathfrak{g}+\mathfrak{m}=0,\quad \mathfrak{c}+\mathfrak{g}+\mathfrak{h}+\mathfrak{n}=0$$

bestimmt sind. Die sechs Koeffizienten

$$(31)\qquad \mathfrak{g},\ \mathfrak{h},\ \mathfrak{k},\ \mathfrak{l},\ \mathfrak{m},\ \mathfrak{n}$$

sind dann ebenfalls Funktionen von ξ, η, ζ oder von λ_1, λ_2, und die Form $\mathfrak{f}$ nebst der ihr zugehörigen unbestimmten Form f heißt reduziert, wenn für ein gegebenes Wertesystem der unabhängigen Parameter keiner von jenen sechs Koeffizienten positiv ist. Sie hören auf, reduziert zu sein, wenn bei Veränderung der Parameter einer oder mehr als einer der Koeffizienten (31) positiv wird, was nur geschehen kann, wenn er durch Null hindurchgeht. Legt man also diese Sellingschen Reduzierten der Betrachtung zugrunde, so wird man aus einem Felde der obigen Einteilung der Hyperboloidschale oder der Ebene der λ_1, λ_2 in ein benachbartes nur übertreten, wenn einer oder mehrere der Koeffizienten (31) durch Null hindurchgehen, und demnach wird die Begrenzung eines jeden solchen Feldes durch Linien bestimmt sein, in denen die Parameter einer der Gleichungen

$$\mathfrak{g}=0,\ \mathfrak{h}=0,\ \mathfrak{k}=0,\ \mathfrak{l}=0,\ \mathfrak{m}=0,\ \mathfrak{n}=0$$

genügen.

Durch eine solche Gleichung allein kann kein Feld begrenzt sein. In der Tat, wenn etwa die Gleichung $\mathfrak{k}=0$ die in sich geschlossene Begrenzung eines Feldes wäre, so müßte an zwei Punkten ξ, η, ζ derselben

$$(32) \qquad \frac{1}{2} \cdot \frac{\partial F(\xi, \eta, \zeta)}{\partial \zeta} = H\xi + G\eta + C\zeta = 0$$

sein, eine Gleichung, die in Rücksicht auf die Beziehungen (11) mit der anderen:

$$\bar{\zeta} = 0$$

übereinkommt. Der letzteren zufolge ergibt sich aus (21)

$$C + \mathfrak{C} = 0,$$

d. h. die Determinanten

$$k^2 - ab, \quad \mathfrak{k}^2 - \mathfrak{a}\mathfrak{b}$$

der beiden binären Formen (a, k, b), $(\mathfrak{a}, \mathfrak{k}, \mathfrak{b})$ sind einander entgegengesetzt gleich; die erste Form ist eine unbestimmte, die zweite eine positive, und sie sind den Gleichungen

$$(33) \qquad a + \mathfrak{a} = 2\xi^2, \; b + \mathfrak{b} = 2\eta^2, \; k + \mathfrak{k} = 2\xi\eta$$

zufolge zwei, auf die in Nr. 4 des dritten Kapitels angegebene Weise einander zugeordnete binäre Formen, für welche die dortige Gleichung (54):

$$a\mathfrak{b} - 2k\mathfrak{k} + b\mathfrak{a} = 0,$$

hier also wegen

$$(34) \qquad \mathfrak{k} = 0$$

die Gleichung $a\mathfrak{b} + b\mathfrak{a} = 0$ erfüllt ist. Dieser zufolge haben a, b verschiedenes Vorzeichen, also ist $-ab$ positiv. Nach (33) läßt sich die Gleichung schreiben, wie folgt:

$$b\xi^2 + a\eta^2 = ab$$

und gibt zusammen mit (34), d. h. mit $2\xi\eta = k$,

$$\xi^4 - a\xi^2 + \frac{ak^2}{4b} = 0,$$

also

$$\xi^2 = \frac{ab \pm \sqrt{-ab(k^2 - ab)}}{2b}.$$

Somit erhält man nur zwei reelle Lösungen $\pm \xi, \pm \eta$, und es wäre nur ein Punkt ξ, η, ζ der Hyperboloidschale auf der Linie (34) möglich, für den (32) besteht.

Sind demnach mehrere jener Linien zur Begrenzung eines Feldes nötig, so werden auch Ecken derselben vorhanden sein, Punkte ξ, η, ζ, in denen mehrere dieser Koeffizienten gleichzeitig verschwinden. Dabei können zwei wesentlich verschiedene Fälle eintreten. Entweder verschwinden zugleich zwei Koeffizienten, wie $\mathfrak{g}$ und $\mathfrak{l}$, welche sich in $\bar{\mathfrak{f}}$ auf alle vier Unbestimmten $(y, z;\ x, t)$ beziehen. Bezeichnet man die Variierte (29) kurz mit

$$\begin{Bmatrix} \mathfrak{g}, & \mathfrak{h}, & \mathfrak{k} \\ \mathfrak{l}, & \mathfrak{m}, & \mathfrak{n} \end{Bmatrix},$$

so wird sie an solcher Stelle zur Form

$$\begin{Bmatrix} 0, & \mathfrak{h}, & \mathfrak{k} \\ 0, & \mathfrak{m}, & \mathfrak{n} \end{Bmatrix}$$

und geht durch die Substitution

$$\sum = \begin{pmatrix} 0, & -1, & 1, & 0 \\ 1, & -1, & 0, & 0 \\ 0, & 0, & 1, & -1 \end{pmatrix}$$

und ihre Wiederholung in die Formen

$$\begin{Bmatrix} 0, & \mathfrak{k}, & \mathfrak{m} \\ 0, & \mathfrak{h}, & \mathfrak{n} \end{Bmatrix}, \quad \begin{Bmatrix} 0, & \mathfrak{m}, & \mathfrak{h} \\ 0, & \mathfrak{k}, & \mathfrak{n} \end{Bmatrix}$$

über, die zugleich mit jener reduziert sind und sich mit ihr durch jene Substitution zyklisch vertauschen. Daher stoßen an der gedachten Ecke drei Felder reduzierter Formen zusammen in der Weise der nebenstehenden Fig. 19, indem die von der Ecke ausgehenden Begrenzungslinien

$$\mathfrak{g} = 0,\ \mathfrak{l} = 0,\ \mathfrak{g} = \mathfrak{l}$$

nur nach einer Seite hin zu verfolgen sind. Eine solche Ecke, wo jede dieser Linien sich gewissermaßen in zwei andere spaltet, nennt S e l l i n g einen S p a l t u n g s p u n k t.

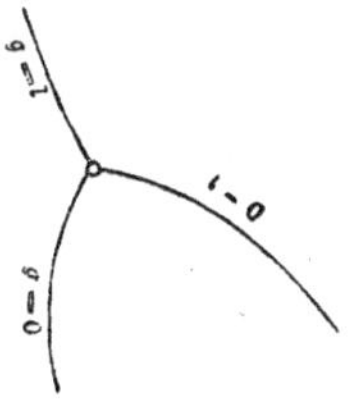

Fig. 19.

O d e r es verschwinden zugleich zwei Koeffizienten, wie $\mathfrak{h}, \mathfrak{k}$, die sich auf nur drei der Unbestimmten $(z, x;\ x, y)$ beziehen. Hier nimmt also (29) die Form an

$$\begin{Bmatrix} \mathfrak{g}, & 0, & 0 \\ \mathfrak{l}, & \mathfrak{m}, & \mathfrak{n} \end{Bmatrix}.$$

Sie geht durch die Substitution

$$\sum = \begin{pmatrix} 1, & 0, & 0, & -1 \\ 0, & 0, & 1, & -1 \\ 0, & -1, & 1, & 0 \end{pmatrix}$$

und ihre Wiederholung $\sum^2$ in die beiden Formen

$$\begin{Bmatrix} \mathfrak{n}, & 0, & 0 \\ \mathfrak{l}, & \mathfrak{g}, & \mathfrak{m} \end{Bmatrix}, \quad \begin{Bmatrix} \mathfrak{m}, & 0, & 0 \\ \mathfrak{l}, & \mathfrak{n}, & \mathfrak{g} \end{Bmatrix}$$

über, und die weiteren Wiederholungen von $\sum$ führen, da

$$\sum^3 = \begin{pmatrix} 1, & 0, & 0, & -1 \\ 0, & -1, & 0, & 1 \\ 0, & 0, & -1, & 1 \end{pmatrix}$$

ist, dieselben Formen wieder herbei, bis $\sum^6 = 1$, d. h. der identischen Substitution gleich wird. Sonach stoßen an einer solchen Ecke sechs Felder zusammen in der Weise, wie die Fig. 20 es andeutet, wo die Linien $\mathfrak{h} = 0$, $\mathfrak{k} = 0$, und $\mathfrak{h} + \mathfrak{k} = 0$ einander durchsetzen. Deshalb bezeichnet Selling eine Ecke dieser zweiten Art als einen Kreuzungspunkt.

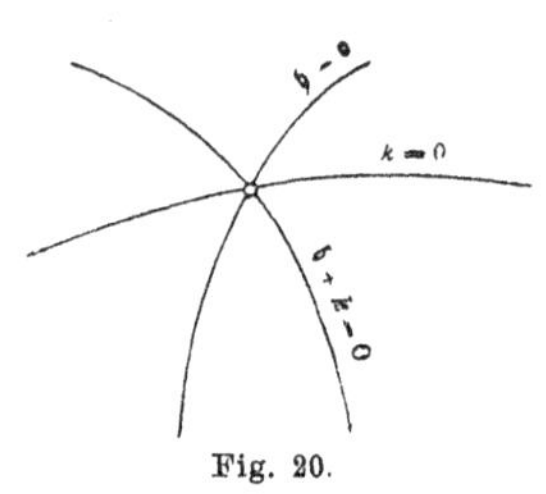

Fig. 20.

Auf die Komplikationen, welche eintreten, wenn in einem Punkte mehr als zwei der Koeffizienten (31) zugleich verschwinden, brauchen wir für unsere Zwecke nicht einzugehen.

6. Es gibt stets Kreuzungspunkte. Denn, wären etwa auf der Begrenzung eines Feldes nur Spaltungspunkte vorhanden, wie der Spaltungspunkt in Fig. 19, so müßte doch jedes der drei in einem solchen zusammenstoßenden Felder noch eine der Linien

$$\mathfrak{h} = 0, \quad \mathfrak{k} = 0, \quad \mathfrak{m} = 0, \quad \mathfrak{n} = 0$$

zur Begrenzung, also zusammen mit $\mathfrak{g} = 0$ bzw. $\mathfrak{l} = 0$ einen Kreuzungspunkt zur Ecke haben. Hieraus folgt, daß es in jeder Klasse unbestimmter Formen eine Reduzierte f gibt, deren zugeordnete positive Form $\mathfrak{f}$ einem Kreuzungspunkte entspricht.

Sei dieser nun etwa wieder der Punkt

$$\mathfrak{h} = 0, \quad \mathfrak{k} = 0,$$

d. h. sei

$$\mathfrak{f} = \begin{pmatrix} \mathfrak{a}, & \mathfrak{b}, & \mathfrak{c} \\ \mathfrak{g}, & 0, & 0 \end{pmatrix}$$

und $f = \begin{pmatrix} a, & b, & c \\ g, & h, & k \end{pmatrix}$ die unbestimmte Form, der $\mathfrak{f}$ zugeordnet ist. Dann ergibt sich aus (24) zunächst

$$\mathfrak{a} = \sqrt{\frac{aD}{A}}. \tag{35}$$

Da ferner nach den Formeln (17) allgemein

$$(a + \mathfrak{a})(b + \mathfrak{b}) = (k + \mathfrak{k})^2, \quad (a + \mathfrak{a})(c + \mathfrak{c}) = (h + \mathfrak{h})^2$$
$$(a + \mathfrak{a})(g + \mathfrak{g}) = (h + \mathfrak{h})(k + \mathfrak{k})$$

ist, wird hier insbesondere

$$(36)\qquad \begin{cases} \mathfrak{b} = \dfrac{k^2}{a+\mathfrak{a}} - b = \dfrac{-C - b\mathfrak{a}}{a+\mathfrak{a}} \\ \mathfrak{c} = \dfrac{h^2}{a+\mathfrak{a}} - c = \dfrac{-B - c\mathfrak{a}}{a+\mathfrak{a}} \\ \mathfrak{g} = \dfrac{hk}{a+\mathfrak{a}} - g = \dfrac{G - g\mathfrak{a}}{a+\mathfrak{a}}. \end{cases}$$

Mit $\mathfrak{h}$ und $\mathfrak{k}$ zugleich verschwinden aber auch $\mathfrak{H}$ und $\mathfrak{K}$, und man findet zunächst aus (25)

$$(35\,\mathrm{a})\qquad \mathfrak{A} = \sqrt{\frac{AD}{a}}$$

und dann ganz entsprechend den Formeln (36) diese anderen:

$$(36\,\mathrm{a})\qquad \begin{cases} \mathfrak{B} = \dfrac{K^2}{A+\mathfrak{A}} - B = \dfrac{-cD - B\mathfrak{A}}{A+\mathfrak{A}} \\ \mathfrak{C} = \dfrac{H^2}{A+\mathfrak{A}} - C = \dfrac{-bD - C\mathfrak{A}}{A+\mathfrak{A}} \\ \mathfrak{G} = \dfrac{HK}{A+\mathfrak{A}} - G = \dfrac{gD - G\mathfrak{A}}{A+\mathfrak{A}}. \end{cases}$$

Damit die vorstehenden Ausdrücke reell werden, ist notwendig, aber auch ausreichend, daß a, A dasselbe Vorzeichen haben; sollen jedoch auch ξ, η, ζ reelle Werte erhalten, so erfordern die Gleichungen (17) und (21) noch, daß $a + \mathfrak{a}$, $A + \mathfrak{A}$ positiv ausfallen. Sind also a, A negativ, so muß

$$\mathfrak{a} > |a|, \quad \mathfrak{A} > |A|$$

sein, was beides wegen (35) und (35 a) auf die eine Bedingung

$$(37)\qquad 0 < aA < D$$

hinausläuft. Diese besteht aber auch für positive a, A; denn man findet

$$D = aA + kK + hH = aA - (bh^2 - 2ghk + ck^2),$$

d. i. mit Rücksicht auf (17) und da der Annahme $\mathfrak{h} = 0$, $\mathfrak{k} = 0$ zufolge $h\eta - k\xi = 0$ ist,

$$D = aA + (\mathfrak{b}h^2 - 2\mathfrak{g}hk + \mathfrak{c}k^2),$$

wo die quadratische Form mit der negativen Determinante

$$\mathfrak{g}^2 - \mathfrak{b}\mathfrak{c} = -\mathfrak{A}$$

eine positive Form, also

$$D > aA > 0$$

ist. — Für die Form $\mathfrak{f}$ ist nun

$$\mathfrak{a} + \mathfrak{l} = 0, \quad \mathfrak{b} + \mathfrak{g} + \mathfrak{m} = 0, \quad \mathfrak{c} + \mathfrak{g} + \mathfrak{n} = 0;$$

setzt man noch

$$\mathfrak{a}_1 + \mathfrak{m} + \mathfrak{n} = 0,$$

so bilden die binären Formen

$$(\mathfrak{b}, \mathfrak{g}, \mathfrak{c}), \quad (\mathfrak{c}, \mathfrak{n}, \mathfrak{a}_1), \quad (\mathfrak{a}_1, \mathfrak{m}, \mathfrak{b})$$

ein Tripel äquivalenter Formen, welche nach der Sellingschen Definition (Kap. 3, Nr. 5) reduziert sind und durch die Substitution

$$\begin{pmatrix} 0, & 1 \\ -1, & 1 \end{pmatrix}$$

sich zyklisch vertauschen. Daher gehen die Formen

$$(38) \qquad \begin{pmatrix} \mathfrak{a}, & \mathfrak{b}, & \mathfrak{c} \\ \mathfrak{g}, & 0, & 0 \end{pmatrix}, \quad \begin{pmatrix} \mathfrak{a}, & \mathfrak{c}, & \mathfrak{a}_1 \\ \mathfrak{n}, & 0, & 0 \end{pmatrix}, \quad \begin{pmatrix} \mathfrak{a}, & \mathfrak{a}_1, & \mathfrak{b} \\ \mathfrak{m}, & 0, & 0 \end{pmatrix}$$

durch die Substitution

$$\begin{pmatrix} 1, & 0, & 0 \\ 0, & 0, & 1 \\ 0, & -1, & 1 \end{pmatrix}$$

zyklisch ineinander über und sind mit jenem Tripel binärer Formen zugleich reduziert bzw. zugleich nicht reduziert. Alle drei gehören zu demselben Kreuzungspunkte $\mathfrak{h} = 0$, $\mathfrak{k} = 0$.

7. Ist hierdurch die diesem Kreuzungspunkte zugehörige positive reduzierte Form vollständig charakterisiert, so können wir davon Gebrauch machen, um zu beweisen, daß es für eine gegebene Determinante D nur eine endliche Anzahl Klassen ganzzahliger unbestimmter Formen gibt. Es sei C eine beliebige Klasse von Formen dieser Determinante und von dem betrachteten Typ, und es sei für eine beliebige Form aus derselben die Einteilung der zugehörigen Hyperboloidschale in die Felder reduzierter Formen und in ihr ein Kreuzungspunkt gegeben, für den etwa wieder $\mathfrak{h} = 0$, $\mathfrak{k} = 0$ ist. Sind dann f und $\mathfrak{f}$, wie in voriger Nummer, die diesem Punkte entsprechenden Formen, so darf man für $\mathfrak{f}$ nach Belieben eine der drei äquivalenten Reduzierten (38) wählen; wir wollen diejenige wählen, welche den absolut kleinsten der drei Koeffizienten $\mathfrak{g}$, $\mathfrak{m}$, $\mathfrak{n}$ enthält. Sei dies etwa die erste derselben. Dann gelten alle Bestimmungen der vorigen Nummer, jedoch bedeuten jetzt a, b, c, g, h, k, sowie A, B, C, G, H, K ganze Zahlen. Nun läßt zunächst die Bedingung (37) für die ganzen Zahlen a, A nur eine endliche Anzahl von Werten zu. Ferner ist

$$\mathfrak{b} + 2\mathfrak{g} = -\mathfrak{m} + \mathfrak{g} = |\mathfrak{m}| - |\mathfrak{g}| \gtreqless 0$$

$$\mathfrak{c} + 2\mathfrak{g} = -\mathfrak{n} + \mathfrak{g} = |\mathfrak{n}| - |\mathfrak{g}| \gtreqless 0$$

und somit

$$|\mathfrak{g}| \gtrless \tfrac{1}{2}\mathfrak{b}, \quad |\mathfrak{g}| \gtrless \tfrac{1}{2}\mathfrak{c}, \quad \mathfrak{g}^2 \gtrless \tfrac{1}{4}bc.$$

Aus $\mathfrak{b}\mathfrak{c} - \mathfrak{g}^2 = \mathfrak{A}$ folgt jetzt

$$\mathfrak{b}\mathfrak{c} \gtrless \tfrac{4}{3}\mathfrak{A}; \tag{39}$$

ist aber etwa $\mathfrak{b}$ die kleinere der beiden Größen $\mathfrak{b}$, $\mathfrak{c}$, so folgt weiter

$$\mathfrak{b} \gtrless \sqrt{\frac{4}{3}\mathfrak{A}}, \quad |\mathfrak{g}| \gtrless \sqrt{\frac{\mathfrak{A}}{3}}, \tag{40}$$

wodurch diese Koeffizienten wegen (35 a) auf endliche Intervalle beschränkt sind. Demnach sind wegen (35) auch

$$\mathfrak{G} = \mathfrak{a} \cdot \mathfrak{g} \tag{41}$$

und

$$\mathfrak{B}\mathfrak{C} = \mathfrak{G}^2 + \mathfrak{a} \cdot D \tag{42}$$

endlich beschränkt.

Nun können b, c entweder beide negativ sein. Dann kann man die aus (39) und den Formeln (36) sich ergebende Ungleichheit

$$\left(\frac{k^2}{a+\mathfrak{a}} - b\right) \cdot \left(\frac{h^2}{a+\mathfrak{a}} - c\right) \gtrless \frac{4}{3}\mathfrak{A}$$

benutzen, aus der, da nach der Annahme $\mathfrak{b} < \mathfrak{c}$ der erste der beiden jetzt positiven Faktoren der kleinere ist,

$$\frac{k^2}{a+\mathfrak{a}} + |b| \gtrless \sqrt{\frac{4\mathfrak{A}}{3}},$$

also auch jeder der beiden positiven Summanden

$$|b| \gtrless \sqrt{\frac{4D}{3}}, \quad \frac{k^2}{a+\mathfrak{a}} \gtrless \sqrt{\frac{4D}{3}}$$

gefunden wird. Hierdurch sind für jedes der endlich vielen zulässigen Wertesysteme a, A auch die ganzen Zahlen b, k nur auf endlich viele Werte beschränkt. Daher ist aber auch der andere Faktor

$$\frac{h^2}{a+\mathfrak{a}} + |c| \gtrless \frac{\frac{4\mathfrak{A}}{3}}{\frac{k^2}{a+\mathfrak{a}} - b}$$

jedesmal nur auf ein endliches Intervall beschränkt und demnach auch für c, h jedesmal nur eine endliche Anzahl von ganzen Werten zulässig. Schließlich ergibt sich für die Zahl g dasselbe aus der Gleichung $g^2 = bc - A$.

Oder b, c haben verschiedenes Vorzeichen. In diesem Falle wäre

$$A = bc - g^2$$

negativ, und aus der Formel

$$|A| = |g|^2 + |b| \cdot |c|$$

ergeben sich für jeden der endlich vielen zulässigen Werte von A nur endlich viele ganzzahlige Lösungen b, c, g, und da $\mathfrak{b}$ und $\mathfrak{g}$ durch die Ungleichheiten (40) beschränkt sind, nach der ersten und dritten der Formeln (36) endliche Intervalle und daher nur eine jedesmal endliche Anzahl zulässiger Werte für die ganzen Zahlen k, h.

Endlich können b, c beide positiv sein. Dann lehren die beiden ersten der Formeln (36), daß B und C negativ sein müssen, und man kann in gleicher Weise, wie für die Koeffizienten von f im ersten Falle aus (35) und (36), jetzt aus den Formeln (35 a) und (36 a) von den Koeffizienten von F beweisen, daß sie nur eine endliche Anzahl ganzzahliger Werte zulassen. Daraus ergibt sich dann aber nach den Beziehungen zwischen den ersteren zu den ihnen adjungierten letzteren das gleiche auch für a, b, c, g, h, k.

Man bemerke nun, daß die Ungleichheiten (37) zusammen mit (40) bzw. mit (41) und (42), auf Grund deren die nur endliche Anzahl zulässiger ganzer Zahlen a, b, c, g, h, k erschlossen ist, völlig unabhängig sind sowohl von dem besonderen Kreuzungspunkte wie auch von der Klasse, zu welcher derselbe gehören kann. Demnach ist festgestellt, daß es insgesamt überhaupt nur endlich viele unbestimmte reduzierte Formen f mit der Determinante D gibt, welche einem Kreuzungspunkte zugehören. Da aber in jeder Klasse, wie schon bemerkt, solche reduzierte Formen vorhanden sind, kann auch die Anzahl der Klassen nur eine endliche sein. —

8. Wir behalten jetzt die Voraussetzung, daß die Koeffizienten der unbestimmten Formen ganzzahlig seien, auch weiter bei. Sei wieder f eine unbestimmte und $\mathfrak{f}$ die ihr zugeordnete positive quadratische Form und der Komplex $(\mathfrak{f})$ bzw. (f) der Reduzierten der Klasse von f in der angegebenen Weise gebildet und entsprechend die Einteilung der Hyperboloidschale oder einfacher der Ebene der λ_1, λ_2 in Felder hergestellt, deren jedem ein Paar zusammengehöriger Formen f', $\mathfrak{f}'$ jener Komplexe zugehört. Seien $\mathfrak{F}_1, \mathfrak{F}_2$ zwei benachbarte Felder und f_1, $\mathfrak{f}_1$ bzw. f_2, $\mathfrak{f}_2$ die zugehörigen Formenpaare, ferner $\xi^{(1)}$, $\eta^{(1)}$, $\zeta^{(1)}$ jeder Punkt in $\mathfrak{F}_1$ und $\xi^{(2)}$, $\eta^{(2)}$, $\zeta^{(2)}$ jeder Punkt in $\mathfrak{F}_2$. Dann entsteht $\mathfrak{f}_1$ aus der für die Werte $\xi^{(1)}$, $\eta^{(1)}$, $\zeta^{(1)}$ gebildeten Form $\mathfrak{f}$, die wir mit

$$\mathfrak{f}\{\xi^{(1)}, \eta^{(1)}, \zeta^{(1)}\}$$

bezeichnen, durch eine Substitution S_1, welche diese Form reduziert, ebenso $\mathfrak{f}_2$ durch eine reduzierende Substitution S_2 aus

$$\mathfrak{f}\{\xi^{(2)}, \eta^{(2)}, \zeta^{(2)}\},$$

so daß man setzen kann

$$\mathfrak{f}\{\xi^{(1)}, \eta^{(1)}, \zeta^{(1)}\} \cdot S_1 = \mathfrak{f}_1, \quad \mathfrak{f}\{\xi^{(2)}, \eta^{(2)}, \zeta^{(2)}\} \cdot S_2 = \mathfrak{f}_2.$$

Läßt man nun den Punkt $\xi^{(1)}, \eta^{(1)}, \zeta^{(1)}$ an irgendeiner Stelle ξ, η, ζ die Begrenzung des Feldes $\mathfrak{F}_1$ überschreiten und in $\mathfrak{F}_2$ übertreten, so hört hier $\mathfrak{f}_1$ auf, reduziert zu sein; aus den noch eben geltenden Beziehungen

$$\mathfrak{f}\{\xi, \eta, \zeta\} \cdot S_1 = \mathfrak{f}_1, \quad \mathfrak{f}\{\xi, \eta, \zeta\} \cdot S_2 = \mathfrak{f}_2$$

aber erschließt man

$$\mathfrak{f}_2 = \mathfrak{f}_1 \cdot S_1^{-1} S_2,$$

d. h., wenn die Form $\mathfrak{f}_1$ aufhört reduziert zu sein, so führt die Substitution $S_1^{-1} \cdot S_2$ sie von neuem in eine reduzierte Form $\mathfrak{f}_2$ über. Durch die gleiche Substitution verwandelt sich dann f_1 in f_2. Statt daher die Formen des Komplexes $(\mathfrak{f})$ durch stete Reduktion derselben Form $\mathfrak{f}$ zu bilden, kann man sie auch der Reihe nach erhalten, wenn man jede derselben, wo sie aufhört reduziert zu sein, von neuem reduziert. Die so auftretenden Substitutionen $S', S'', S''', \ldots$ vermitteln den Übergang aus jedem Felde der Ebene in ein anliegendes und somit durch passende Zusammensetzung auch den Übergang aus irgendeinem Felde derselben in jedes andere, oder geben so eine Substitution, durch welche die jenem zugehörige Form des Komplexes (f) in die dem letzteren zugehörige übergeht.

Da es sich nur um ganzzahlige Formen handeln soll, bei denen nur eine endliche Anzahl reduzierter Formen vorhanden ist, also (f) nur aus einer endlichen Anzahl verschiedener Formen besteht, die sich über die unendliche Menge der Felder verteilen, so muß mindestens eine dieser Formen, sie heiße f_1, zu unendlich vielen jener Felder gehören. Sei $\mathfrak{F}_1$ eins derselben. Man vereinige $\mathfrak{F}_1$ mit allen ihm anliegenden Feldern zu einer Gruppe A, diese ganze Gruppe mit sämtlichen ihr anliegenden Feldern zu einer größeren Gruppe B usw., so lange bis zuerst in einer von ihnen die Form f_1 ein oder mehrere Male von neuem auftritt. Der Übergang vom Felde $\mathfrak{F}_1$ zu den endlich vielen Feldern, in denen dies geschieht, liefert dann eine endliche Anzahl von Substitutionen $\mathfrak{S}, \mathfrak{S}', \mathfrak{S}'', \ldots$, durch welche die Form f_1 in sich selbst transformiert wird. Sei $\mathfrak{F}_2$ eins dieser neuen Felder, und $\xi^{(1)}, \eta^{(1)}, \zeta^{(1)}$ jeder Punkt in $\mathfrak{F}_1$ und $\xi^{(2)}, \eta^{(2)}, \zeta^{(2)}$ jeder Punkt in $\mathfrak{F}_2$, so hängt, da $\mathfrak{f}_1, \mathfrak{f}_2$ zu derselben Form $f_2 = f_1$ zugeordnet sind, die Form $\mathfrak{f}_2$ genau so von den letzteren Größen wie $\mathfrak{f}_1$ von $\xi^{(1)}, \eta^{(1)}, \zeta^{(1)}$ ab und muß das Feld für jene, in dem $\mathfrak{f}_2$ reduziert bleibt, mit dem Felde für diese, worin $\mathfrak{f}_1$ es bleibt, identisch sein, ebenso die Substitutionen, durch welche die beiden Formen, wo sie aufhören reduziert zu sein, von neuem reduziert werden. Es bildet sich demnach von jedem der bezeichneten Felder aus, dem die Form f_1 zugehört, genau die gleiche Gruppierung der Felder wie von $\mathfrak{F}_1$ aus, und es führen demnach dieselben Substitutionen $\mathfrak{S}, \mathfrak{S}', \mathfrak{S}'', \ldots$ wie zuvor zu den nächstfolgenden Feldern dieser Art oder zu der ihnen zugehörigen Form f_1 über. Also genügen jene Substitutionen, um von der Form f_1 in $\mathfrak{F}_1$ aus zu jedem anderen Felde, dem dieselbe Form zugehört, überzugehen oder um alle die Substitutionen zusammenzusetzen, durch welche die reduzierte Form f_1 des Komplexes (f) in eine mit ihr identische Form desselben verwandelt wird.

So erhält man aus den endlich vielen fundamentalen Substitutionen $\mathfrak{S}, \mathfrak{S}', \mathfrak{S}'', \ldots$ zusammengesetzt unendlich viele Transformationen der Form f_1 in sich selbst. Man erhält sie so aber auch sämtlich. In der Tat, sei die durch die Gleichungen (26) gegebene Substitution S irgendeine solche, derart, daß $f_1 \cdot S = f_1$ ist. Bezieht man jetzt die Formeln (6) und (16) auf die Form f_1 und ihre Zugeordnete $\mathfrak{f}_1$, so bilden die durch (28) gelieferten Größen ξ', η', ζ' eine zweite Lösung jener Formeln, bestimmen also einen anderen Punkt desselben Hyperboloides und ein dem Felde $\mathfrak{F}_1$ entsprechendes anderes Feld desselben, in welchem die in (27) angegebene Form $\mathfrak{f}'$, die der Form $f' = f_1$ zugeordnet ist, reduziert ist. Die Substitution S ist mithin eine solche, welche die Form f_1 in eine ihr gleiche des Komplexes (f_1) oder (f) überführt, und findet sich folglich unter den aus den fundamentalen Substitutionen $\mathfrak{S}, \mathfrak{S}', \mathfrak{S}'', \ldots$ zusammengesetzten, die zuvor betrachtet sind.

Hat man so für die reduzierte Form f_1 ihre fundamentalen Transformationen in sich selbst ermittelt, so können sie auch für jede andere Form ihrer Klasse angegeben werden. Ist nämlich f irgendeine solche und T eine Substitution, durch welche f in f_1 übergeht, so sind die verlangten fundamentalen Transformationen von f in sich selbst offenbar

$$T\mathfrak{S}T^{-1}, \quad T\mathfrak{S}'T^{-1}, \quad T\mathfrak{S}''T^{-1}, \ldots.$$

Selling hat in seiner Abhandlung sehr detaillierte Angaben gemacht zur Herstellung der gedachten Feldereinteilung und sie für ein besonderes Beispiel durch eine Zeichnung erläutert, und er hat dann für eine Reihe von Beispielen auch die fundamentalen Substitutionen $\mathfrak{S}, \mathfrak{S}', \mathfrak{S}'', \ldots$ aufgesucht. Es ist nicht möglich, von diesen umständlichen und wenig durchsichtigen Betrachtungen hier eine nähere Andeutung zu machen, und sie kann auch unterbleiben, da jene Betrachtungen zu keinen Ergebnissen geführt haben, die eine allgemeinere, belangreiche Formulierung zuließen.

9. Wenden wir uns nunmehr zu den Formen mit einer beliebigen Anzahl n von Unbestimmten. Es sei

(43) $$f(x_1, x_2, \ldots, x_n) = \sum a_{ij} \cdot x_i x_j$$
$$(i, j = 1, 2, \ldots, n)$$

eine indefinite Form dieser Art mit der Determinante

(44) $$D = |a_{ij}|,$$

die von Null verschieden vorausgesetzt werden soll. Eine solche kann bekanntlich als ein Aggregat von n Linearformen dargestellt werden, die nicht alle gleiches Vorzeichen haben, und nach der Anzahl der negativ genommenen unter ihnen (dem sogenannten Index) unterscheiden sich diese Formen in verschiedene Typen. Wir erhalten einen beliebigen von diesen, wenn wir, unter p irgendeinen der Werte $1, 2, \ldots, n-1$ verstehend, p negative, also $n-p$ positive Quadrate voraussetzen; da zwei mit entgegengesetzten Vorzeichen genommene Formen f und $-f$ wesentlich die gleichen Eigenschaften haben, darf man sich auf die Betrachtung einer derselben beschränken und deshalb $p \lesseqgtr \frac{n}{2}$ voraussetzen. Dann ist $p \lesseqgtr n-p$ und um so mehr, wenn $q < p$ ist, $q < n - q$.

Man darf also setzen

(45) $$f = U_1^2 + U_2^2 + \cdots + U_{n-p}^2 - V_1^2 - V_2^2 - \cdots - V_p^2,$$

worin

(46) $$\begin{cases} U_i = \xi_{i1}x_1 + \xi_{i2}x_2 + \cdots + \xi_{in}x_n \\ \qquad (i = 1, 2, \ldots, n-p) \\ V_i = \eta_{i1}x_1 + \eta_{i2}x_2 + \cdots + \eta_{in}x_n \\ \qquad (i = 1, 2, \ldots, p) \end{cases}$$

Linearformen mit reellen Koeffizienten sind. Heißt Δ die Determinante dieser Linearformen, so ist

$$D = (-1)^p \cdot \Delta^2.$$

Ordnen wir nun mit Hermite der Form f eine positive quadratische Form $\mathfrak{f}$ zu durch die Gleichung

(47) $$\mathfrak{f}(x_1, x_2, \ldots, x_n) = U_1^2 + U_2^2 + \cdots + U_{n-p}^2 + V_1^2 + \cdots + V_p^2.$$

Ist

$$x_i = \alpha_{i1}y_1 + \alpha_{i2}y_2 + \cdots + \alpha_{in}y_n$$
$$(i = 1, 2, \ldots, n)$$

eine unimodulare ganzzahlige Substitution, so gehen f und $\mathfrak{f}$ durch sie in äquivalente Formen über, welche durch nachstehende Gleichungen gegeben sind:

(48) $$\begin{cases} f' = U_1'^2 + \cdots + U_{n-p}'^2 - V_1'^2 - \cdots - V_p'^2 \\ \mathfrak{f}' = U_1'^2 + \cdots + U_{n-p}'^2 + V_1'^2 + \cdots + V_p'^2, \end{cases}$$

worin

$$(48\,\text{a})\qquad \begin{cases} U_i' = \xi_{i1}'y_1 + \xi_{i2}'y_2 + \cdots + \xi_{in}'y_n \\ \qquad (i = 1, 2, \ldots, n-p) \\ V_i' = \eta_{i1}'y_1 + \eta_{i2}'y_2 + \cdots + \eta_{in}'y_n \\ \qquad (i = 1, 2, \ldots, p) \end{cases}$$

und

$$(48\,\text{b})\qquad \begin{cases} \xi_{ih}' = \xi_{i1}\alpha_{1h} + \xi_{i2}\alpha_{2h} + \cdots + \xi_{in}\alpha_{nh} \\ \eta_{ih}' = \eta_{i1}\alpha_{1h} + \eta_{i2}\alpha_{2h} + \cdots + \eta_{in}\alpha_{nh} \end{cases}$$

zu setzen ist. Die Formeln (48) lassen erkennen, daß äquivalenten unbestimmten Formen auch äquivalente zugeordnete positive Formen entsprechen, und umgekehrt.

Die Vergleichung der Gleichungen (43) und (45) liefert mit Beachtung der Beziehungen (46) die allgemeine Formel:

$$(49)\qquad a_{ij} = a_{ji} = \xi_{1i}\xi_{1j} + \cdots + \xi_{n-p,i}\xi_{n-p,j} - \eta_{1i}\eta_{1j} - \cdots - \eta_{pi}\eta_{pj},$$
$$(i, j = 1, 2, \ldots, n)$$

welche an Stelle von $\frac{n(n+1)}{2}$ besonderen steht; demnach bleiben durch diese Formeln von den n^2 Größen ξ_{ik}, η_{ik} noch $\frac{n(n-1)}{2}$ unbestimmt.

Man heiße nun wieder f eine Reduzierte, wenn für irgendeins der unendlich vielen Wertesysteme ξ_{ik}, η_{ik}, welche den Formeln (49) genügen, die zugeordnete positive Form $\mathfrak{f}$ reduziert ist.

Ist aber $\mathfrak{f}$ für keins jener Wertesysteme reduziert, so wende man für irgendeins derselben auf die Form $\mathfrak{f}$ eine unimodulare Substitution an, durch welche sie in eine für dieses Wertesystem reduzierte Form $\mathfrak{f}'$ übergeht. Durch die gleiche Substitution erhält man aus f eine ihr äquivalente Form f', die nach der obigen Vorbemerkung die Form $\mathfrak{f}'$ zur Zugeordneten hat und deshalb als Reduzierte ihrer Klasse zu bezeichnen ist. Hieraus geht zunächst hervor, daß in jeder Klasse unbestimmter Formen wenigstens eine Reduzierte vorhanden ist. Wird aber diese Operation für jedes der mit (49) verträglichen Wertesysteme ξ_{ik}, η_{ik} durchgeführt, so entsteht ein ganzer Komplex $(\mathfrak{f})$ reduzierter positiver Formen und entsprechend ein solcher Komplex (f) von mit f äquivalenten reduzierten Formen, denen jene zugeordnet sind. Alles dies verhält sich geradeso wie insbesondere bei den ternären Formen, und es finden sich ebenso auch die beiden Sätze: daß die aus zwei äquivalenten Formen f und f' in der eben angegebenen Weise gebildeten Komplexe (f) und (f') insgesamt aus denselben reduzierten Formen bestehen, und daß jeder von ihnen auch sämtliche Reduzierten der Klasse von f und f' in sich enthält. Auch gelten diese Sätze wieder, welche Art der Reduktion man auch zugrunde legen mag. Wir wenden aber bei dieser allgemeinen Untersuchung nicht mehr die Sellingsche Definition reduzierter Formen an, sondern bestimmen sie wieder wie in Nr. 2 des neunten Kapitels, so daß die Reduzierte $\mathfrak{f}$ jetzt als Hermitesche Reduzierte (s. Kap. 8, Nr. 4) vorausgesetzt werden darf.

10. Hermite hat zuerst den Satz ausgesprochen, ohne jedoch seinen Beweis dafür mitzuteilen, daß bei ganzzahligen Formen jeden Typs und von gegebener Determinante nur eine endliche Anzahl reduzierter Formen möglich und demnach auch nur eine endliche Anzahl Klassen äquivalenter Formen vorhanden ist.[1]) Da, wenn die zu f zugeordnete Form $\mathfrak{f}$ keine Reduzierte ist, die mit f äquivalente Form f', deren Zugeordnete $\mathfrak{f}'$ es ist, zu $\mathfrak{f}'$ in der gleichen Beziehung steht wie f zu $\mathfrak{f}$, so läßt sich das zu beweisende dahin fassen, daß es nur endlich viele ganzzahlige Formen f des gedachten Typs und mit gegebener Determinante D gibt, deren Zugeordnete $\mathfrak{f}$ eine Hermitesche Reduzierte ist. Dies soll nun nachgewiesen werden, wozu es freilich eines anderen Weges bedarf als dessen, den wir bei den ternären Formen zum gleichen Zwecke einschlagen konnten. Wir folgen zunächst den Betrachtungen, durch welche Stouff[2]) dahin gelangt ist, Hermites Behauptung zu beweisen.

Es sei die Form (47) eine Hermitesche Reduzierte; wir setzen sie, wie im achten Kapitel, in die andere Gestalt

$$\mathfrak{f} = A_1^2 + A_2^2 + \cdots + A_n^2, \tag{47 a}$$

worin

$$A_i = \gamma_{ii} \cdot x_i + \gamma_{i,i+1} \cdot x_{i+1} + \cdots + \gamma_{in} \cdot x_n \tag{50}$$
$$(i = 1, 2, \ldots, n)$$

zu denken ist. Dann ist, wie dort in Nr. 4a gezeigt wurde, die Determinante der Form $\mathfrak{f}$, nämlich

$$|D| = (\gamma_{11} \cdot \gamma_{22} \cdots \gamma_{nn})^2; \tag{51}$$

also ist jede der Größen γ_{ii} von Null verschieden und kann positiv gedacht werden. Ferner ist

$$\gamma_{ii} < \varrho_i \cdot \gamma_{i+1,i+1}, \tag{52}$$

1) Journ. f. d. reine u. angew. Mathem., Bd. 47, S. 336.

2) Stouff, Ann. de l'Ecole Normale 19 (1902) p. 89.

wo ϱ_i ein nur von i und n abhängiger endlicher numerischer Faktor ist. Auch besteht, wenn $k < j$ ist, die dortige Ungleichheit (18):

$$\gamma_{1j}^2 + \gamma_{2j}^2 + \cdots + \gamma_{kj}^2 \overline{\gtrless} \tfrac{1}{4}(\gamma_{11}^2 + \gamma_{22}^2 + \cdots + \gamma_{kk}^2)$$

aus welcher mit Rücksicht auf (52) zu schließen ist, daß für $i \overline{\gtrless} k < j$

$$(53) \qquad |\gamma_{ij}| \overline{\gtrless} \varrho_k' \cdot \gamma_{kk}$$

ist, unter ϱ_k' wieder einen endlichen numerischen Faktor verstanden, der nur durch k und n bestimmt ist. Insbesondere ist also

$$(54) \qquad |\gamma_{kj}| \overline{\gtrless} \varrho_k' \cdot \gamma_{kk} \overline{\gtrless} \varrho_l'' \cdot |\gamma_{ll}|,$$

wenn ϱ_l'' wieder einen ähnlichen Faktor bedeutet und k kleiner ist als j und l.

Dies vorausgeschickt, lassen sich, da D, also nach (51) die Determinante

$$\gamma_{11} \cdot \gamma_{22} \cdots \gamma_{nn}$$

der Gleichungen (50), nicht Null ist, aus diesen Gleichungen die x_i linear durch die Ausdrücke A_i bestimmen, und wenn ihre derartigen Werte in die Linearformen U_i, V_i eingeführt werden, so nehmen auch diese die Gestalt von Formen an, die in den A_i linear sind, wie durch nachstehende Gleichungen angezeigt werde:

$$(55) \qquad \begin{cases} U_i = \lambda_{i1} A_1 + \lambda_{i2} A_2 + \cdots + \lambda_{in} A_n \\ \qquad (i = 1, 2, \ldots, n-p) \\ V_i = \mu_{i1} A_1 + \mu_{i2} A_2 + \cdots + \mu_{in} A_n. \\ \qquad (i = 1, 2, \ldots, p) \end{cases}$$

Da nun für $\mathfrak{f}$ die beiden Ausdrücke (47) und (47 a) zugleich gelten, erhält man zwischen den A_i die identische Beziehung:

$$A_1^2 + A_2^2 + \cdots + A_n^2$$
$$= \sum_{i=1}^{n-p} (\lambda_{i1} A_1 + \cdots + \lambda_{in} A_n)^2 + \sum_{i=1}^{p} (\mu_{i1} A_1 + \cdots + \mu_{in} A_n)^2,$$

aus welcher zu ersehen ist, daß die Koeffizienten

$$\begin{matrix} \lambda_{11}, \lambda_{12}, \ldots, \lambda_{1n} \\ \cdot \quad \cdot \quad \cdot \quad \cdot \quad \cdot \quad \cdot \\ \lambda_{n-p,1}, \ldots, \lambda_{n-p,n} \\ \mu_{11}, \mu_{12}, \ldots, \mu_{1n} \\ \cdot \quad \cdot \quad \cdot \quad \cdot \quad \cdot \quad \cdot \\ \mu_{p1}, \mu_{p2}, \ldots, \mu_{pn} \end{matrix}$$

die Elemente einer orthogonalen Substitution sind, nach deren bekannten Eigenschaften u. a. insbesondere folgende Beziehungen stattfinden:

$$(56)\qquad \mu_{i1}\mu_{h1} + \mu_{i2}\mu_{h2} + \cdots + \mu_{in}\mu_{hn} = \begin{Bmatrix}1\\0\end{Bmatrix} \text{ je nachdem } \begin{matrix} i = h \\ i \neq h \end{matrix} \text{ ist.}$$

Ihnen zufolge können die Elemente μ_{ik} absolut nicht größer sein als 1

11. Die Form (45), die sich auch folgendermaßen schreiben läßt

$$f = U_1^2 + \cdots + U_{n-p}^2 + V_1^2 + \cdots + V_p^2 - 2(V_1^2 + \cdots + V_p^2),$$

nimmt nunmehr mit Beachtung der Gleichungen (47), (47 a) und der Ausdrücke (55) für die V_i die Gestalt an:

$$(57)\qquad \begin{cases} f = A_1^2 + A_2^2 + \cdots + A_n^2 \\ \quad - 2(\mu_{11}A_1 + \mu_{12}A_2 + \cdots + \mu_{1n}A_n)^2 \\ \quad - 2(\mu_{21}A_1 + \mu_{22}A_2 + \cdots + \mu_{2n}A_n)^2 \\ \quad \cdot\ \cdot\ \cdot\ \cdot\ \cdot\ \cdot\ \cdot\ \cdot\ \cdot\ \cdot\ \cdot\ \cdot\ \cdot \\ \quad - 2(\mu_{p1}A_1 + \mu_{p2}A_2 + \cdots + \mu_{pn}A_n)^2. \end{cases}$$

Hieraus folgen die Gleichungen:

$$\begin{aligned} a_{11} &= \gamma_{11}^2(1 - 2\mu_{11}^2 - 2\mu_{21}^2 - \cdots - 2\mu_{p1}^2) \\ a_{12} = a_{21} &= \gamma_{11}\gamma_{12}(1 - 2\mu_{11}^2 - \cdots - 2\mu_{p1}^2) \\ &\quad - 2\gamma_{12}\gamma_{22}(\mu_{11}\mu_{12} + \cdots + \mu_{p1}\mu_{p2}) \\ a_{22} &= \gamma_{12}^2(1 - 2\mu_{11}^2 - 2\mu_{21}^2 - \cdots - 2\mu_{p1}^2) \\ &\quad - 4\gamma_{12}\gamma_{22}(\mu_{11}\mu_{12} + \cdots + \mu_{p1}\mu_{p2}) \\ &\quad + \gamma_{22}^2(1 - 2\mu_{12}^2 - 2\mu_{22}^2 - \cdots - 2\mu_{p2}^2) \\ &\quad \cdot\ \cdot\ \cdot\ \cdot\ \cdot\ \cdot\ \cdot\ \cdot\ \cdot\ \cdot\ \cdot\ \cdot\ \cdot\ ; \end{aligned}$$

allgemein ergibt sich

$$(58)\qquad a_{ij} = a_{ji} = \sum C_{hk} \cdot \gamma_{hi} \cdot \gamma_{kj}$$

als eine Summe von Gliedern, in denen $h \lesseqgtr i$, $k \lesseqgtr j$ ist und die Koeffizienten C_{hk} ganze Funktionen zweiten Grades von den Größen μ_{ik} sind, also, da diese absolut nicht größer sind als 1, Werte haben, welche bestimmte endliche Grenzen nicht überschreiten.

Dies vorausgeschickt, bezeichnen wir jetzt zur Abkürzung γ_{ii} durch γ_i und zeigen zunächst den Satz:

In dem Produkte

$$(59)\qquad \gamma_1\gamma_2 \cdots \gamma_n = \sqrt{|D|}$$

ist jedes Produkt $\gamma_r \cdot \gamma_{n+1-r}$ zweier Faktoren, die von den beiden Enden gleich weit abstehen, größer als ein positiver

Wert M, der nur von r, n und D abhängig ist. Da nämlich zufolge der Ungleichheiten (54), sooft h nicht größer ist als die Zahlen i und $r \gtreqless i$ und k nicht größer ist als die Zahlen j und $n+1-r \gtreqless j$,

$$|\gamma_{hi}| \lesseqgtr \varrho_r \cdot \gamma_r, \quad |\gamma_{k,j}| \lesseqgtr \varrho_{n+1-r} \cdot \gamma_{n+1-r}$$

mit endlichen Multiplikatoren ϱ_r, ϱ_{n+1-r} gefunden wird, so wird jeder Summand in dem Ausdrucke (58) nicht größer sein als $\gamma_r \cdot \gamma_{n+1-r}$ mal einem endlichen numerischen Faktor, und somit wird das gleiche gelten für die ganze Summe, d. i. für a_{ij}, so oft $i \lesseqgtr r$ und $j \lesseqgtr n+1-r$ ist. Wenn demnach das Produkt $\gamma_r \cdot \gamma_{n+1-r}$ nicht über einer positiven Grenze verbliebe, sondern beliebig klein werden könnte, so würde jeder der gedachten Koeffizienten a_{ij} es auch werden, müßte also, da er ganzzahlig ist, verschwinden. In der Determinante D der Form f:

$$D = \begin{vmatrix} a_{11} & a_{12} & \dots & a_{1n} \\ a_{21} & a_{22} & \dots & a_{2n} \\ \cdot & \cdot & \cdot & \cdot \\ a_{n1} & a_{n2} & \dots & a_{nn} \end{vmatrix}$$

wären also in den ersten r Reihen die ersten $n+1-r$ Elemente gleich Null, wodurch aber die ganze Determinante zu Null würde, der gemachten Voraussetzung zuwider. — Für ein ungerades n gilt die gleiche Betrachtung noch für $r = \frac{n+1}{2}$, $n+1-r = \frac{n+1}{2}$ und ergibt dann, daß $\gamma_{\frac{n+1}{2}}$ oberhalb einer positiven Grenze verbleibt.

Hieraus folgt aber weiter, daß es, wie ebenso jedes der Produkte

$$\gamma_r \cdot \gamma_{n+1-r},$$

auch unterhalb einer endlichen Grenze verbleibt, die nur von r, n und D abhängig ist. Denn aus der Gleichung (59) ergibt sich jede dieser Größen gleich $\sqrt{|D|}$, geteilt durch das Produkt der übrigen gleichgearteten Größen; da letztere nun oberhalb, so muß der Quotient unterhalb einer endlichen Grenze bleiben.

12. Der weitere, recht umständliche Verlauf des Stouffschen Beweises kann hier nur noch skizziert werden. Auf Grund der erhaltenen beiden Sätze und wesentlich mittels der Darstellung der Form f in der Gestalt (57) leitet Stouff zunächst eine Reihe von Hilfssätzen her, welche Eigenschaften der Koeffizienten μ_{ik} zum Ausdrucke bringen.

Zunächst wird die Existenz einer bestimmten endlichen Größe L_1 nachgewiesen von der Beschaffenheit, daß, wenn $\gamma_{n-p+1} > L_1$ ist, folgende Beziehungen stattfinden:

$$\sum_{h=1}^{p} \mu_{hi}\mu_{hj} = \begin{Bmatrix} 1/2 \\ 0 \end{Bmatrix} \text{ je nachdem } \begin{Bmatrix} i = j \\ i \neq j \end{Bmatrix} \text{ ist,}$$

und

$$\mu_{ij} = 0 \quad \text{für} \quad i = 1, 2, \ldots, p; j = p + 1, \ldots, n.$$

Der Beweis dieses Satzes läßt nebenher erkennen, daß, wenn $\gamma_{n-p+1} > L_1$ ist, sämtliche γ_i mit einem Index $i \gtreqless n - p$ unter endlichen Grenzen verbleiben. Damit steht dann aber fest, daß sie es allezeit tun, denn, wäre $\gamma_{n-p+1} < L_1$, so würden der Formel (52) zufolge auch alle jene γ_i endliche Grenzen nicht überschreiten.

Wird nun $q \gtreqless p$ gedacht, und erfüllen die Elemente μ_{ij} für $i = 1, 2, \ldots, p; j = 1, 2, \ldots, n$ die Bedingungen:

$$\sum_{h=1}^{n} \mu_{ih}\mu_{jh} = \begin{Bmatrix} 1 \\ 0 \end{Bmatrix} \text{ je nachdem } \begin{Bmatrix} i = j \\ i \neq j \end{Bmatrix} \text{ ist}$$

$$(i, j = 1, 2, \ldots, p)$$

und

(60) $$\sum_{h=1}^{p} \mu_{hi}\mu_{hj} = \begin{Bmatrix} 1/2 \\ 0 \end{Bmatrix} \text{ je nachdem } \begin{Bmatrix} i = j \\ i \neq j \end{Bmatrix} \text{ ist,}$$

$$(i = 1, 2, \ldots, q; j = 1, 2, \ldots, n - q)$$

so wird gezeigt, daß dann

$$\mu_{i,n-q+j} = \sum_{h=1}^{q} \omega_{jh}\mu_{ih}$$

$$(j = 1, 2, \ldots, q)$$

ist, worin die ω_{jh} $(j, h = 1, 2, \ldots, q)$ die Elemente einer orthogonalen Substitution sind.

Ist nun $\gamma_{n-p+1} > L_1$, so finden die Beziehungen (60) für $q = p$ statt, zugleich ist dem ersten Hilfssatze zufolge γ_{n-p} endlich beschränkt. Ist aber $\gamma_{n-p+1} < L_1$, so gibt es, wie Stouff zeigt, eine endliche Größe L_2 von der Beschaffenheit, daß, wenn $\gamma_{n-p+2} > L_2$ ist, die Beziehungen (60) für $q = p - 1$ erfüllt sind. Ist dagegen $\gamma_{n-p+2} < L_2$, so gibt es eine endliche Größe L_3 von der Beschaffenheit, daß, wenn $\gamma_{n-p+3} > L_3$ ist, die Bedingungen (60) für $q = p - 2$ stattfinden usw.; endlich, wenn γ_{n-1} kleiner ist als eine bei diesem Fortgange nachgewiesene endliche Größe L_{p-1}, so gibt es eine endliche Größe L_p derart, daß, wenn $\gamma_n > L_p$ ist, die Bedingungen (60) für $q = 1$ erfüllt sind. Nimmt man also an, daß für eine Zahl $q \gtreqless p$ die Ungleichheiten

$$\gamma_{n-q} < L_{p-q}, \quad \gamma_{n-q+1} > L_{p-q+1}$$

stattfinden, so werden hiernach die Gleichungen (60) für diesen Wert von q ebenfalls erfüllt sein.

Auf diesen Umstand gründet sich nun die weitere Beweisführung. In dem Ausdrucke (58) für den Koeffizienten a_{ij} ist nämlich das allgemeine Glied

$$C_{hk} \cdot \gamma_{hi} \gamma_{kj}$$

der Beitrag, der nach der Formel (57) durch das Produkt $A_h A_k$ geliefert wird. Nach (54) ergibt er sich als nicht größer wie $\gamma_h \cdot \gamma_k$ mal einem endlich beschränkten numerischen Faktor und ist demnach ebenfalls endlich beschränkt, sobald das Produkt $\gamma_h \cdot \gamma_k$ es ist. Dies ist aber der Fall, sooft $h+k \overline{\gtrless} n+1$ ist, denn dann ist $k \overline{\gtrless} n+1-h$ und nach (52) jenes Produkt kleiner als $\gamma_h \cdot \gamma_{n+1-h}$ mal einem endlichen numerischen Faktor, also dem ersten der Sätze in Nr. 10 zufolge endlich beschränkt. Dasselbe gilt, wenn $h \overline{\gtrless} n-q$, $k \overline{\gtrless} n-q$ ist, da nach der Annahme $\gamma_{n-q} < L_{p-q}$ ist. Aus diesen Gründen könnten nur solche Produkte $A_h A_k$ keine endlich beschränkten Beiträge zum Koeffizienten a_{ij} liefern, bei denen eine der Zahlen h, k, etwa $h > n-q$ und dann entweder

$$h \overline{\gtrless} n-q+1, \quad k \overline{\gtrless} q+1$$

oder

$$h \overline{\gtrless} n-q+1, \quad k \overline{\gtrless} q, \quad h+k > n+1$$

ist, wo im letzteren Falle ein gleichzeitiges Gelten des Gleichheitszeichens ausgeschlossen ist.

Auf Grund des oben hervorgehobenen Umstandes zeigt nun Stouff, daß die Produkte $A_h A_k$, für welche die erstere Alternative stattfindet, sämtlich aus der Entwicklung von (57) verschwinden, und daß für diejenigen Produkte der zweiten Art, die etwa keine begrenzten Beiträge liefern sollten, das gleiche gilt.

Da somit alle zum Koeffizienten a_{ij} tatsächlich gelieferten Beiträge endlich beschränkt sind, gilt dasselbe für a_{ij} selbst, und da a_{ij} ein beliebiger der Koeffizienten von f ist, für sämtliche Koeffizienten dieser Form, die also als ganze Zahlen jeder nur eine endliche Anzahl verschiedener Werte aufweisen können. Demnach kann es nur eine endliche Anzahl ganzzahliger Formen des betrachteten Typs und mit der gegebenen Determinante D geben, die in der vorausgesetzten Art reduziert sind. Da jede Klasse aber solche Formen enthält, kann auch die Anzahl der letzteren nur endlich sein.

13. Beschränkt man die Betrachtung auf eigentlich indefinite Formen (d. h. auf solche, durch welche die Null nicht darstellbar ist), denen das Hauptinteresse zukommt, so können die mühsamen Betrachtungen der letzten Nummer durch folgende einfache Erwägung ersetzt werden.

Nach (47 a) ist der Koeffizient von x_1^2 in der Form $\mathfrak{f}$ gleich γ_1^2, nach (47) ist er gleich

$$\xi_{11}^2 + \xi_{21}^2 + \cdots + \xi_{n-p,1}^2 + \eta_{11}^2 + \cdots + \eta_{p1}^2,$$

während nach (45)

$$a_{11} = \xi_{11}^2 + \xi_{21}^2 + \cdots + \xi_{n-p,1}^2 - \eta_{11}^2 - \cdots - \eta_{p1}^2$$

gefunden wird. Hieraus folgt, daß jedenfalls

$$\gamma_1^2 \geqq |a_{11}|$$

und deshalb, weil a_{11} nach Voraussetzung eine ganze Zahl ist und für eigentlich indefinite Formen nicht Null sein kann,

$$\gamma_1 \geqq 1.$$

Da nun nach dem ersten Satze in Nr. 11

$$\gamma_1 \cdot \gamma_n$$

endlich beschränkt ist, muß es auch γ_n sein. Nun sind im Ausdruck (58) eines jeden Koeffizienten a_{ij} von f die Produkte $|\gamma_{hi}\gamma_{kj}|$ nach (54) nicht größer als $\gamma_h \cdot \gamma_k$ mal einem endlichen Faktor, also nach (52) a fortiori nicht größer als γ_n^2 mal einem solchen; sie sind also ebenfalls endlich beschränkt und mit ihnen zugleich der ganze Ausdruck für a_{ij}. Daraus ergeben sich wieder die gleichen Schlüsse wie in der vorigen Nummer.

Nachdem dies festgestellt ist, treten nun die gleichen Betrachtungen in Kraft, die bezüglich der Automorphien unbestimmter Formen für den Fall $n = 3$ in Nr. 8 ausführlich entwickelt worden sind. Nur hat man im allgemeinen Falle der Formen mit n Unbestimmten statt der Einteilung einer Ebene in Felder die Einteilung eines Raumes von $\nu \lesseqgtr \frac{n(n-1)}{2}$ Dimensionen in begrenzte Raumteile zu betrachten, deren jedem ein zusammengeordnetes Paar von reduzierten Formen aus den mit (f) und $(\mathfrak{f})$ bezeichneten Komplexen zugehört. Aber die genau entsprechenden Erwägungen lehren dann auch hier, daß es für jede ganzzahlige Form eine endliche Anzahl fundamentaler Transformationen derselben in sich selbst gibt, aus deren Zusammensetzung jede Transformation dieser Art erhalten wird. Welches freilich diese fundamentalen Automorphien in jedem einzelnen Falle sind, wie groß ihre Anzahl, und welches die besonderen Gesetze ihrer Zusammensetzung — dies sind schwierigste Fragen, die noch nicht einmal bei den ternären Formen beantwortet werden konnten und bei den allgemeinen unbestimmten Formen überhaupt noch gar nicht in Angriff genommen worden sind. —

14. Zum Schluß kehren wir noch einmal zu den ternären unbestimmten Formen zurück.

Markoff hat seine Untersuchungen über die Minima der Klassen unbestimmter binärer Formen auch auf unbestimmte ternäre Formen ausgedehnt[1]) und auf Grund der für jene erlangten Ergebnisse folgenden Satz gegeben:

Die genaue obere Grenze für die Minima aller Klassen unbestimmter ternärer Formen (deren Koeffizienten jetzt wieder beliebig reell gedacht werden), bei denen diese Koeffizienten kommensurabel miteinander sind und welche die Determinante 1 haben, ist $\sqrt[3]{\frac{2}{3}}$ und entspricht der durch die Form

$$f_0 = -\sqrt[3]{\tfrac{2}{3}}\,(x^2 - xy + y^2 - 2z^2)$$

repräsentierten Klasse; für alle nicht mit f_0 äquivalenten Formen ist sie $\sqrt[3]{\frac{2}{5}}$ und entspricht der durch die Form

$$f_1 = \sqrt[3]{\tfrac{2}{5}}\,(x^2 - xy - y^2 - 2z^2)$$

repräsentierten Klasse; für alle weder mit f_0 noch mit f_1 äquivalenten Formen ist sie $\sqrt[3]{\frac{1}{3}}$ und entspricht der durch die Form

$$f_2 = -\sqrt[3]{\tfrac{1}{3}}\,(x^2 + y^2 - 3z^2)$$

repräsentierten Klasse; für alle übrigen Formen ist sie kleiner als $\sqrt[3]{\frac{1}{3}}$.

Für Formen mit der Determinante D hat man f_0, f_1, f_2 mit $\sqrt[3]{D}$ zu multiplizieren, um das Entsprechende zu erhalten.

Die Herleitung dieses Satzes ist in ihren wesentlichen Zügen die folgende.

Für jede der bezeichneten Formen ist, da sie ganzzahligen Formen proportional sind, ein Minimum wirklich vorhanden, und wenn a diese absolut kleinste, mittels ganzzahliger Werte der Unbestimmten durch die Formenklasse darstellbare Zahl ist, so gibt es Formen in der betrachteten Klasse, deren erster Koeffizient gleich a ist. Es sei

$$(61)\qquad f = ax^2 + a'y^2 + a''z^2 + 2byz + 2b'zx + 2b''xy$$

eine solche Form und

$$F = AX^2 + A'Y^2 + A''Z^2 + 2BYZ + 2B'ZX + 2B''XY$$

ihre Adjungierte. Da durch eine unimodulare Substitution

$$\begin{pmatrix} 1, & 0, & 0 \\ 0, & \beta, & \gamma \\ 0, & \beta', & \gamma' \end{pmatrix}$$

1) Markoff, Math. Annalen, Bd. 56, S. 233.

die Form f in eine äquivalente Form mit dem ersten Koeffizienten a verwandelt wird und zugleich F durch die Substitution

$$\begin{pmatrix} 1, & 0, & 0 \\ 0, & \gamma', & -\beta' \\ 0, & -\gamma, & \beta \end{pmatrix}$$

in deren Adjungierte, wobei die Form $A'Y^2 + 2BYZ + A''Z^2$ durch die unimodulare Substitution $\begin{pmatrix} \gamma', & -\beta' \\ -\gamma, & \beta \end{pmatrix}$ in eine ihr äquivalente binäre Form übergeht, so kann man diese Substitution so wählen, daß die letztere Form eine Reduzierte ist. Mit anderen Worten: wir dürfen von vornherein die Form f in ihrer Klasse so gewählt denken, daß in ihrer Adjungierten der Ausdruck $A'Y^2 + 2BYZ + A''Z^2$ eine reduzierte Form ist.

Dies vorausgeschickt, setze man f in die Gestalt

$$(62) \qquad f = a\left(x + \frac{b''}{a}y + \frac{b'}{a}z\right)^2 + \frac{A''y^2 - 2Byz + A'z^2}{a}$$

$$= a\left(x + \frac{b''}{a}y + \frac{b'}{a}z\right)^2 + \frac{A''}{a}\left(y - \frac{B}{A''}z\right)^2 + \frac{z^2}{A''}.$$

Dann ergibt sich, da f eine unbestimmte Form sein soll, daß wenigstens eine der Zahlen a, A'' negativ sein muß, und in ähnlicher Weise erkennt man das gleiche für a und A'.

Wenn nun zuerst $a > 0$ ist, so müssen also A', A'' negativ sein, und daher sind die Formen

$$(63) \qquad ax^2 + 2b'xz + a''z^2, \quad ax^2 + 2b''xy + a'y^2$$

mit den Determinanten

$$b'^2 - aa'' = -A', \quad b''^2 - aa' = -A''$$

unbestimmte Formen, und offenbar ist a ihr Minimum, also sind

$\dfrac{a}{\sqrt{-A'}}, \dfrac{a}{\sqrt{-A''}}$ die Minimalwerte der Formen

$$(63\text{a}) \qquad \frac{ax^2 + 2b'xz + a''z^2}{\sqrt{-A'}}, \quad \frac{ax^2 + 2b''xy + a'y^2}{\sqrt{-A''}}.$$

Sind nun diese Werte kleiner als $\sqrt{\tfrac{1}{2}}$ oder einer von ihnen kleiner, der andere nicht größer als $\sqrt{\tfrac{1}{2}}$, mithin etwa

$$a \lesseqgtr \sqrt{-\tfrac{1}{2}A'}, \quad a < \sqrt{-\tfrac{1}{2}A''},$$

so wird, weil für die reduzierte und, da ihre Determinante

$$B^2 - A'A'' = -a < 0$$

ist, positive Form

$$-A'y^2 - 2BYZ - A''Z^2$$

das Produkt $A'A'' \gtreqless \frac{4}{3}a$ ist,

$$a^2 < \sqrt{\frac{1}{4}A'A''} < \sqrt{\frac{a}{3}},$$

d. h.

$$a < \sqrt[3]{\frac{1}{3}}.$$

Entweder ist also der Minimalwert der Formenklasse kleiner als $\sqrt[3]{\frac{1}{3}}$, oder die Werte $\frac{a}{\sqrt{-A'}}$, $\frac{a}{\sqrt{-A''}}$ sind $\gtreqless \sqrt{\frac{1}{2}}$ und dann zufolge der in Kap. 4, Nr. 7 für binäre Formen gegebenen Sätze gleich einem der Werte $\sqrt{\frac{4}{5}}$, $\sqrt{\frac{1}{2}}$, und die Formen (63) sind äquivalent mit einer der beiden Formen

$$\varphi_0 = \sqrt{-\tfrac{4}{5}A'}\,(x^2 - xz - z^2) = a(x^2 - xz - z^2)$$
$$\varphi_1 = \sqrt{-\tfrac{1}{2}A'}\,(x^2 - 2xz - z^2) = a(x^2 - 2xz - z^2);$$

daher ist die Form f einer anderen äquivalent, in welcher neben a jetzt auch $-a$ ein Hauptkoeffizient ist, und man käme also auf den Fall hinaus, in welchem $a < 0$ ist.

15. Diesen zweiten Fall $a < 0$ haben wir also nur noch zu untersuchen. Sehen wir dabei von den Formenklassen ab, deren Minimum $< \sqrt[3]{\frac{1}{3}}$ ist, so haben wir

$$(64) \qquad -a \gtreqless \sqrt[3]{\tfrac{1}{3}}$$

vorauszusetzen. Da jetzt $B^2 - A'A'' = -a > 0$ ist, so ist

$$A'Y^2 + 2BYZ + A''Z^2$$

eine reduzierte unbestimmte Form, und wir dürfen daher (s. Kap. 3, Nr. 3) annehmen, daß $A' < 0$, $A'' > 0$ und von den Wurzeln der Form die eine positiv und größer, die andere negativ und absolut kleiner als 1 sei; jene heiße ξ_0, diese $-\frac{1}{\eta_0}$, und

$$\xi_0 = \mathfrak{K}(g_0; g_1, g_2, \ldots)$$
$$\eta_0 = \mathfrak{K}(g_{-1}; g_{-2}, g_{-3}, \ldots)$$

seien die gewöhnlichen Kettenbrüche für ξ_0, η_0, endlich

$$\xi_i = \mathfrak{K}(g_i; g_{i+1}, g_{i+2}, \ldots)$$
$$\eta_i = \mathfrak{K}(g_{i-1}; g_{i-2}, g_{i-3}, \ldots).$$

Setzt man dann, wie in Nr. 1 des vierten Kapitels

(65) $K_i = \xi_i + \frac{1}{\eta_i} = \mathfrak{K}(g_i;\, g_{i+1}, g_{i+2}, \ldots) + \mathfrak{K}(0;\, g_{i-1}, g_{i-2}, \ldots),$

so findet sich

(66) $K_0 = \xi_0 + \frac{1}{\eta_0} = \frac{-2\sqrt{-a}}{A'}, \quad K_{-1} = \xi_{-1} + \frac{1}{\eta_{-1}} = \frac{2\sqrt{-a}}{A''}.$

Andererseits sind die binären Formen

$$ax^2 + 2b'xz + a''z^2, \quad ax^2 + 2b''xy + a'y^2,$$

deren Minimalwert $|a|$ ist, bzw. eine unbestimmte und eine bestimmte Form. Setzt man daher

$$\frac{-a}{\sqrt{-A'}} = \mu, \quad \frac{-a}{\sqrt{A''}} = \nu,$$

so ist früheren Sätzen zufolge

$$\mu \gtreqless \sqrt{\tfrac{4}{5}}, \quad \nu \gtreqless \sqrt{\tfrac{4}{3}},$$

und man findet

(67) $$-a = \sqrt[3]{\frac{4\mu^4}{K_0^2}} = \sqrt[3]{\frac{4\nu^4}{K_{-1}^2}}.$$

Bei dieser Betrachtung bedeutete

$$A'Y^2 + 2BYZ + A''Z^2$$

eine beliebige Reduzierte ihrer Klasse mit negativem ersten Koeffizienten; sie darf also mit jeder der in Kap. 4, Nr. 1 betrachteten Formen F_i mit ungeradem Index i identifiziert werden. Demnach bestehen neben den Gleichungen (67) allgemeiner diese zwei:

(67 a) $$-a = \sqrt[3]{\frac{4\mu_i^4}{K_{2i}^2}} = \sqrt[3]{\frac{4\nu_i^4}{K_{2i-1}^2}},$$

worin

$$\mu_i \gtreqless \sqrt{\frac{4}{5}}, \quad \nu_i \gtreqless \sqrt{\frac{4}{3}}.$$

Daraus folgen wegen (64) die Ungleichheiten

(68) $K_{2i} \gtreqless \frac{8}{5}\sqrt{3} < 2{,}772, \quad K_{2i-1} \gtreqless \frac{8}{3}\sqrt{3} < 4{,}62.$

Der ersteren zufolge zeigt die Formel (65), daß jede Zahl g_{2i} mit geradem Index $\gtreqless 2$ sein muß; nach der zweiten muß jede Zahl g_{2i-1} mit ungeradem Index $\gtreqless 3$ sein, denn sonst wäre nach (65)

$$K_{2i-1} > (4 + \tfrac{1}{3}) + \tfrac{1}{3} > 4{,}62.$$

16. Nun sind nach Kap. 4, Nr. 7 die einzigen Werte, welche μ_i haben kann, die Werte der Zahlenreihe

$$\sqrt{\tfrac{4}{5}}, \quad \sqrt{\tfrac{1}{2}}, \quad \sqrt{\tfrac{100}{221}}, \ldots$$

Also sind nur folgende Fälle denkbar:

Entweder sind sämtliche μ_i gleich $\sqrt{\frac{4}{5}}$, oder unter ihnen finden sich Zahlen, welche $\gtreqless \sqrt{\frac{1}{2}}$ sind, und, wenn in diesem Falle sie nicht sämtlich $\gtreqless \sqrt{\frac{1}{2}}$ sind, wird auf ein gewisses $\mu_i = \sqrt{\frac{4}{5}}$ entweder ein gleiches μ_{i+1} oder ein $\mu_{i+1} \gtreqless \sqrt{\frac{1}{2}}$ folgen, und im letzteren Falle kann man vor μ_i ein gleiches μ_{i-1} oder ein $\mu_{i-1} \gtreqless \sqrt{\frac{1}{2}}$ denken; d. h. es ist für ein gewisses i

1. entweder $\quad \mu_{i-1} \gtreqless \sqrt{\frac{1}{2}}, \quad \mu_i = \mu_{i+1} = \sqrt{\frac{4}{5}}$
2. oder $\quad \mu_{i-1} = \mu_i = \sqrt{\frac{4}{5}}, \quad \mu_{i+1} \gtreqless \sqrt{\frac{1}{2}}$
3. oder $\quad \mu_{i-1} \gtreqless \sqrt{\frac{1}{2}}, \quad \mu_i = \sqrt{\frac{4}{5}}, \quad \mu_{i+1} \gtreqless \sqrt{\frac{1}{2}}$.

Es läßt sich nun zunächst zeigen, daß die folgenden Fälle:

$$1\text{a)}\quad \mu_{i-1} < \sqrt{\tfrac{1}{2}}, \quad \mu_i = \mu_{i+1} = \sqrt{\tfrac{4}{5}}$$
$$2\text{a)}\quad \mu_{i-1} = \mu_i = \sqrt{\tfrac{4}{5}}, \quad \mu_{i+1} < \sqrt{\tfrac{1}{2}}$$
$$3\text{a)}\quad \mu_{i-1} < \sqrt{\tfrac{1}{2}}, \quad \mu_i = \sqrt{\tfrac{4}{5}}, \quad \mu_{i+1} < \sqrt{\tfrac{1}{2}},$$

unzulässig sind. Es genügt, dies etwa für die zweite Annahme zu tun, da der Beweis für die beiden anderen völlig analog zu führen ist. Dieser Annahme zufolge aber hat μ_{i+1} höchstens den Wert $\sqrt{\frac{100}{221}}$ und gehen aus der allgemeinen Formel

$$-a = \sqrt[3]{\frac{4\mu_i^4}{K_{2i}^2}}$$

die Beziehungen

$$K_{2i-2} = K_{2i} \geqq \tfrac{221}{125} K_{2i+2}$$

hervor. Mit Rücksicht auf die aus (65) ersichtlichen Beziehungen

$$K_{2i} = \xi_{2i} + \cfrac{1}{g_{2i-1} + \cfrac{1}{\eta_{2i-1}}} = \eta_{2i+1} + \cfrac{1}{g_{2i+1} + \cfrac{1}{\xi_{2i+1}}}$$

$$K_{2i-2} = \eta_{2i-1} + \cfrac{1}{g_{2i-1} + \cfrac{1}{\xi_{2i}}}, \quad K_{2i+2} = \xi_{2i+2} + \cfrac{1}{g_{2i+1} + \cfrac{1}{\eta_{2i+1}}}$$

finden sich aber die beiden anderen:

$$\frac{g_{2i-1}\cdot\xi_{2i}+1}{g_{2i-1}\cdot\eta_{2i-1}+1}\cdot K_{2i-1} = K_{2i} = \frac{g_{2i+1}\cdot\eta_{2i+1}+1}{g_{2i+1}\cdot\xi_{2i+2}+1}\cdot K_{2i+2},$$

aus deren Verbindung mit den voraufgehenden

$$\xi_{2i} = \eta_{2i-1}$$

$$\eta_{2i+1} \geqq \frac{221}{125}\cdot\xi_{2i+2} + \frac{96}{125}\cdot\frac{1}{g_{2i+1}}$$

erschlossen wird. Nach dem für die Zahlen g_{2i}, g_{2i+1} in voriger Nummer Bemerkten ist

$$\eta_{2i+1} < 3, \quad \xi_{2i+2} > g_{2i+2} + \tfrac{1}{4} \geqq \tfrac{5}{4}, \quad g_{2i+1} \lesseqgtr 3;$$

da somit nach der zweiten der vorigen Beziehungen

$$\eta_{2i+1} > 2{,}21 + \tfrac{32}{125} = 2{,}466, \quad \text{also} \quad g_{2i} = 2$$

ist, so folgt nach der ersten derselben

$$g_{2i-2} = g_{2i} = 2 \quad \text{und} \quad g_{2i+2} = 1,$$

da sonst wieder nach der zweiten von ihnen

$$\eta_{2i+1} > \tfrac{221}{125} \cdot 2 > 3$$

würde; endlich muß $g_{2i-1} = 1$ sein, denn sonst würde

$$\eta_{2i+1} = 2 + \cfrac{1}{g_{2i-1} + \cfrac{1}{g_{2i-2} + \cdots}} < 2 + \cfrac{1}{2 + \cfrac{1}{3}} < 2{,}466.$$

Bei diesen Werten der Zahlen g_i aber ergäbe sich

$$K_{2i} > \left(2 + \frac{1}{4}\right) + \cfrac{1}{1 + \cfrac{1}{2}} > 2{,}9,$$

was der ersten der Ungleichheiten (68) widerspräche. —

Man kann aber ferner zeigen, daß auch die Annahme nicht zulässig ist, daß **sämtliche** $\mu_i < \sqrt{\tfrac{1}{2}}$ sind. Denn alsdann wäre $\mu_i \lesseqgtr \sqrt{\tfrac{100}{221}}$, mithin

$$K_{2i} \lesseqgtr \tfrac{200}{221} \cdot \sqrt{3} < (1 + \tfrac{1}{4}) + \tfrac{1}{3},$$

woraus durch Vergleichung mit (65) und mit Beachtung der für die g_{2i}, g_{2i+1} als nur zulässig befundenen Werte die sämtlichen g_{2i} sich gleich 1, die sämtlichen g_{2i+1} sich gleich 3 ergäben. Somit würde

$$\xi_0 = 1 + \cfrac{1}{3 + \cfrac{1}{\xi_0}}, \quad 3\xi_0^2 - 3\xi_0 - 1 = 0,$$

d. h. die Form $A'Y^2 + 2BYZ + A''Z^2$ proportional mit

$$3Y^2 - 3YZ - Z^2,$$

und man fände aus dem Werte $-a$ ihrer Determinante

$$A'Y^2 + 2BYZ + A''Z^2 = -\sqrt{\frac{-4a}{21}}(3Y^2 - 3YZ - Z^2).$$

Somit nähme die Formel (62) die Gestalt an:

$$\frac{f}{a} = \left(x + \frac{b''}{a}y + \frac{b'}{a}z\right)^2 + \sqrt{\frac{-4}{21a^3}} \cdot (y^2 - 3yz - 3z^2),$$

wonach $\frac{f}{a}$ für die Wertesysteme

$$y = 1, \quad z = 0; \quad y = 1, \quad z = -1; \quad y = 4, \quad z = 1$$

bzw. die Werte

$$\left(x + \frac{b''}{a}\right)^2 + \sqrt{\frac{-4}{21a^3}}, \quad \left(x - \frac{b'}{a} + \frac{b''}{a}\right)^2 + \sqrt{\frac{-4}{21a^3}},$$

$$\left(x + \frac{b'}{a} + \frac{4b''}{a}\right)^2 + \sqrt{\frac{-4}{21a^3}}$$

erhielte. Demzufolge wären, da $\frac{f}{a}$ absolut $\overline{\gtrless} 1$ sein muß,

$$x + \frac{b''}{a}, \quad x - \frac{b'}{a} + \frac{b''}{a}, \quad x + \frac{b'}{a} + \frac{4b''}{a},$$

wie immer die ganze Zahl x auch gewählt werde, absolut nicht kleiner als

$$\sqrt{1 - \sqrt{\frac{-4}{21a^3}}} \overline{\gtrless} \sqrt{1 - \sqrt{\frac{4}{7}}} = 0{,}49\ldots$$

Andererseits könnte man ganze Zahlen x_0, x_1, x_2 für x so wählen, daß jene Ausdrücke absolut kleiner als $\frac{1}{2}$ ausfallen; man dürfte daher setzen:

$$x_0 + \frac{b''}{a} = \varepsilon_0\left(\frac{1}{2} - \delta_0\right)$$

$$x_1 - \frac{b'}{a} + \frac{b''}{a} = \varepsilon_1\left(\frac{1}{2} - \delta_1\right), \quad x_2 + \frac{b'}{a} + \frac{4b''}{a} = \varepsilon_2\left(\frac{1}{2} - \delta_2\right),$$

wenn unter $\varepsilon_0, \varepsilon_1, \varepsilon_2$ Einheiten, unter $\delta_0, \delta_1, \delta_2$ Werte zwischen 0 und 0,01 verstanden werden; aus diesen Gleichungen ginge jedoch die folgende hervor:

$$5x_0 - x_1 - x_2 = \frac{5\varepsilon_0 - \varepsilon_1 - \varepsilon_2}{2} - 5\varepsilon_0\delta_0 + \varepsilon_1\delta_1 + \varepsilon_2\delta_2,$$

in welcher links eine ganze Zahl, rechts aber offenbar keine solche steht, welche also unmöglich ist und die gemachte Annahme als unzulässig erweist.

17. Von den denkbaren Fällen bleiben also nur noch zwei weiter zu untersuchen: entweder sind sämtliche $\mu_i = \sqrt{\frac{4}{5}}$, oder unter ihnen kommt ein Wert $\mu_i = \sqrt{\frac{1}{2}}$ vor.

Im ersten dieser Fälle bestehen die Gleichungen

$$K_{-2} = K_0 = K_2,$$

woraus

$$\xi_0 = \eta_{-1}, \quad \xi_2 = \eta_1$$

hervorgehen. Demzufolge müssen die sämtlichen Zahlen g_{2i} einander gleich sein, ebenso müssen die sämtlichen Zahlen g_{4i+1} unter sich und die sämtlichen Zahlen g_{4i+3} untereinander gleich sein. Es bieten sich nunmehr nach Ende von Nr. 15 nur zwei Möglichkeiten dar: entweder sind alle g_{2i} gleich 2 oder alle gleich 1.

Nehmen wir zunächst an, alle g_{2i} seien gleich 2. Dann kann keine der Zahlen $g_{2i+1} = 1$ sein, da sonst

$$K_{2i} > \left(2 + \frac{1}{1+\frac{1}{2}}\right) + \frac{1}{3+\frac{1}{2}} > 2{,}772$$

der ersten der Ungleichheiten (68) zuwider gefunden würde; auch können nicht alle, ebenso wie die g_{2i}, gleich 2 sein, weil sonst wieder

$$K_{2i} = \mathfrak{K}(2;\, 2,\, 2, \ldots) + \mathfrak{K}(0;\, 2,\, 2, \ldots) = 2 \cdot \sqrt{2} > 2{,}772$$

wäre; demnach muß eine der Zahlen g_{2i+1} und somit entweder alle Zahlen g_{4i+1} oder alle Zahlen g_{4i+3} gleich 3 sein. Diesen Umständen entsprechend können nur folgende Entwicklungen für ξ_0 bestehen:

1. $\xi_0 = \mathfrak{K}(2;\, 3,\, \xi_0)$
2. $\xi_0 = \mathfrak{K}(2;\, 2,\, 2,\, 3,\, \xi_0)$
3. $\xi_0 = \mathfrak{K}(2;\, 3,\, 2,\, 2,\, \xi_0)$,

je nachdem $g_{4i+1} = g_{4i-1} = 3$; $g_{4i+1} = 2$, $g_{4i-1} = 3$; $g_{4i+1} = 3$, $g_{4i-1} = 2$ ist. Bei der ersten findet sich

$$3\xi_0^2 - 6\xi_0 - 2 = 0,$$

also $\xi_0 = 1 + \sqrt{\frac{5}{3}}$, ferner $K_0 = 2\sqrt{\frac{5}{3}}$, mithin nach (67)

$$-a = \sqrt[3]{\frac{48}{125}};$$

die Form

$$A'Y^2 + 2BYZ + A''Z^2$$

wird proportional mit

$$3Y^2 - 6YZ - 2Z^2,$$

und da ihre Determinante $-a$ ist,

$$A'Y^2 + 2BYZ + A''Z^2 = \sqrt{\frac{-a}{15}}\,(3Y^2 - 6YZ - 2Z^2).$$

Hiermit geht die Formel (62) in die folgende über:

$$\frac{f}{a} = \left(x + \frac{b''}{a}y + \frac{b'}{a}z\right)^2 + \frac{5}{12}(2y^2 - 6yz - 3z^2),$$

und dieser Ausdruck nimmt für die Wertesysteme

$$y = 0,\quad z = 1;\quad y = 3,\quad z = 1;\quad y = 1,\quad z = 0$$

bzw. die Werte an

$$\left(x + \frac{b'}{a}\right)^2 - \frac{5}{4},\quad \left(x + \frac{b'}{a} + \frac{3b''}{a}\right)^2 - \frac{5}{4},\quad \left(x + \frac{b''}{a}\right)^2 + \frac{5}{6};$$

bestimmt man aber die ganzen Zahlen x_0, x_1, x_2 so, daß

$$\frac{1}{2} \gtreqless \left| x_0 + \frac{b'}{a} \right| \gtreqless 1, \quad \frac{1}{2} \gtreqless \left| x_1 + \frac{b'}{a} + \frac{3b''}{a} \right| \gtreqless 1, \quad 0 \gtreqless \left| x_2 + \frac{b''}{a} \right| \gtreqless \frac{1}{2}$$

wird, so ergibt sich für sie wenigstens einer jener drei Werte, d. i. — was nicht sein darf — $\frac{f}{a}$ kleiner als 1, da entgegengesetztenfalls $\frac{b'}{a} - \frac{1}{2}$ und dann $\frac{3b''}{a}$ ganze Zahlen würden, während $\frac{b''}{a}$ sich von einer ganzen Zahl um eine Größe δ unterschiede, die zwischen $\frac{1}{2}$ und $\sqrt{\frac{1}{6}}$ läge, und somit 3δ eine ganze Zahl und zwischen $^3/_2$ und $3 \cdot \sqrt{\frac{1}{6}} < 2$ enthalten sein würde. Durch diesen Widerspruch ist die Entwicklung 1. als unzulässig erwiesen, und in ganz ähnlicher Weise zeigt sich auch die Unzulässigkeit der Entwicklungen 2. und 3.

Da also die Zahlen g_{2i} nicht alle gleich 2 sein können, fragt es sich noch, ob sie sämtlich gleich 1 sein können. Je nachdem dann die Zahlen g_{4i+1} den gleichen Wert haben wie die Zahlen g_{4i+3} oder nicht, gibt es wie im vorigen Falle mehrere mögliche Entwicklungen für ξ_0, die aber in ganz ähnlicher Weise wie dort sich sämtlich als unzulässig erweisen bis auf die eine:

$$\xi_0 = \mathfrak{K}(1;\ 1,\ 1,\ 2,\ \xi_0),$$

welche dem Falle $g_{2i} = 1$, $g_{4i+1} = 1$, $g_{4i+3} = 2$ entspricht. Für sie wird

$$5\xi_0^2 - 6\xi_0 - 3 = 0,$$

also $\xi_0 = \frac{3 + \sqrt{24}}{5}$, ferner $K_0 = \frac{2\sqrt{24}}{5}$ und nach (67) $-a = \sqrt[3]{\frac{2}{3}}$; die Form $A'Y^2 + 2BYZ + A''Z^2$ wird proportional mit

$$5Y^2 - 6YZ - 3Z^2$$

und, da ihre Determinante $-a$ ist, wird

$$A'Y^2 + 2BYZ + A''Z^2 = \sqrt{\frac{-a}{24}}(5Y^2 - 6YZ - 3Z^2),$$

also

$$\frac{f}{a} = \left(x + \frac{b''}{a}y + \frac{b'}{a}z\right)^2 + \frac{1}{4}(3y^2 - 6yz - 5z^2).$$

Dieser Ausdruck nimmt für $y = 1$, $z = 0$ bzw. $y = 0$, $z = 1$ die Werte

$$\left(x + \frac{b''}{a}\right)^2 + \frac{3}{4}, \quad \left(x + \frac{b'}{a}\right)^2 - \frac{5}{4}$$

an und würde, was nicht sein darf, durch passende Wahl der ganzen Zahl x absolut kleiner als 1, wenn einer der Werte $\frac{b''}{a} + \frac{1}{2}$, $\frac{b'}{a} + \frac{1}{2}$ von einer ganzen Zahl verschieden wäre. Setzt man dagegen, unter

m, n ganze Zahlen verstehend, $\frac{b''}{a} + \frac{1}{2} = m$, $\frac{b'}{a} + \frac{1}{2} = n$ und x für $x + my + nz$, so wird

$$\begin{aligned}\frac{f}{a} &= \left(x - \frac{1}{2}y - \frac{1}{2}z\right)^2 + \frac{1}{4}(3y^2 - 6yz - 5z^2) \\ &= x^2 + y^2 - z^2 - yz - zx - xy \\ &= (x-z)^2 + (y-z)^2 - (x-z)(y-z) - 2z^2,\end{aligned}$$

eine Form, welche offenbar äquivalent ist mit

$$x^2 + y^2 - xy - 2z^2.$$

Die Form f gehört alsdann zu der durch die Form

(69) $$-\sqrt[3]{\tfrac{2}{3}}\,(x^2 + y^2 - xy - 2z^2)$$

repräsentierten Klasse.

18. Noch ist endlich denkbar, daß für einen bestimmten Wert von i

$$\mu_i = \sqrt{\frac{1}{2}}, \quad \text{also} \quad a = -\sqrt{\frac{-A'}{2}}$$

werde. Dann ist die binäre Form $ax^2 + 2b'xz + a''z^2$ äquivalent mit der Form

$$-a(x^2 - 2xz - z^2) = -a((x-z)^2 - 2z^2)$$

oder auch mit der Form $-a(x^2 - 2z^2)$, in welche sie durch eine unimodulare Substitution übergeht. Demnach geht f durch dieselbe Substitution in eine äquivalente Form von der Gestalt

$$f' = -a(x^2 - 2z^2) + 2\beta yz + 2\beta' xy + \alpha' y^2$$

über, in welcher jetzt der erste Koeffizient $-a$ statt a, also positiv ist. Auf diese Form nun kann man die Ergebnisse von Nr. 14 anwenden: die Formen

$$-a(x^2 - 2z^2), \quad -ax^2 + 2\beta' xy + \alpha' y^2$$

haben bzw. die Determinanten

$$2a^2, \quad \beta'^2 + a\alpha';$$

da nun $\frac{-a}{\sqrt{2a^2}}$ absolut gleich $\sqrt{\frac{1}{2}}$ ist und von Formen abgesehen wird, deren Minimalwert kleiner als $\sqrt[3]{\frac{1}{3}}$ ist, so muß die Form $-ax^2 + 2\beta' xy + \alpha' y^2$ entweder mit der Form

$$-a(x^2 - xy - y^2)$$

oder mit der Form

$$-a(x^2 - 2xy - y^2) = -a((x-y)^2 - 2y^2),$$

also auch mit der Form

$$-a(x^2 - 2y^2)$$

äquivalent sein.

Im ersten Falle kann $\frac{f'}{-a}$ in die Gestalt

$$x^2 - xy - y^2 - 2z^2 + 2gyz$$

übergeführt werden[1]), wobei g positiv gedacht werden kann, und — da die Determinante dieser Form gleich $-\frac{1}{a^3}$ sein muß — durch die Beziehung

(70) $$-a^3(\tfrac{5}{2} - g^2) = 1$$

mit a verknüpft ist. Die Werte, in welche dieser Ausdruck übergeht, wenn man $x = 1$, $y = z = -1$ bzw. $x = 3$, $y = +1$, $z = -1$ setzt, nämlich

$$-1 + 2g, \quad 3 - 2g$$

dürfen absolut nicht kleiner sein als 1; da nun wegen (70) $g < \sqrt{\tfrac{5}{2}}$, also $3 - 2g > -1$ ist, muß sogar $3 - 2g \geqq +1$, d. h. $g \leqq 1$ sein, weshalb $-1 + 2g$ nur dann absolut $\geqq 1$ wird, wenn entweder $g = 0$ oder $g = 1$ ist. Für letzteren Wert wird wegen (70)

$$-a = \sqrt[3]{\tfrac{2}{3}},$$

und f' nimmt die Gestalt an:

$$\sqrt[3]{\tfrac{2}{3}}\,(x^2 - xy - y^2 - 2z^2 + 2yz)$$
$$= -\sqrt[3]{\tfrac{2}{3}}\,(y^2 - y(2z - x) + (2z - x)^2 - 2(z - x)^2),$$

ist also äquivalent mit der schon erhaltenen Form (69), in deren Klasse daher auch die Form f gehört. — Für $g = 0$ aber findet sich

$$-a = \sqrt[3]{\tfrac{2}{5}},$$

also f' als die Form

(71) $$\sqrt[3]{\tfrac{2}{5}}\,(x^2 - xy - y^2 - 2z^2),$$

und die Form f gehört zu der Klasse, welche durch sie repräsentiert ist.

1) Hier scheint mir Markoffs Betrachtung nicht einwandfrei. Denn zwar geht $-ax^2 + 2\beta' xy + \alpha' y^2$ durch eine Substitution $x = x' + \lambda y'$, $y = y'$ mit $\lambda = \frac{2\beta' - a}{2a}$ in die ihr äquivalente Form $-a(x^2 - xy - y^2)$ und damit $\frac{f'}{-a}$ in die angegebene Gestalt über, da aber λ nicht ganz zu sein braucht, entsprechen sich nicht notwendig ganzzahlige Werte der früheren und der neuen Unbestimmten.

Im zweiten der eben unterschiedenen Fälle läßt sich $\frac{f'}{-a}$ in die Gestalt

$$x^2 - 2y^2 - 2z^2 + 2gyz$$

überführen[1]), in welcher die positive Größe g jetzt durch die Gleichung

$$-a^3(4 - g^2) = 1 \tag{70a}$$

bestimmt ist. Da nun jene Form für $x = y = z = 1$ gleich

$$-3 + 2g$$

wird und absolut nicht kleiner sein darf als 1, so kann g, welches zufolge (70a) kleiner ist als 2, nicht größer sein als 1, ist aber, zufolge (70a) und da $-a \gtreqless \sqrt[3]{\frac{1}{3}}$ ist, gleich oder größer als 1 und muß daher gleich 1 sein. Daraus geht dann $-a = \sqrt[3]{\frac{1}{3}}$ und für f' der Ausdruck

$$\sqrt[3]{\tfrac{1}{3}}(x^2 - 2y^2 - 2z^2 + 2yz)$$
$$= -\sqrt[3]{\tfrac{1}{3}}((y + z + x)^2 + (y - 2z - x)^2 - 3(x + z)^2)$$

hervor; dieser ist äquivalent mit der Form

$$-\sqrt[3]{\tfrac{1}{3}}(x^2 + y^2 - 3z^2),$$

und f gehört zu der Klasse, welche diese repräsentiert.

Hiermit ist aber der Beweis des Satzes in Nr. 14 erbracht.

---

1) Hier gilt dieselbe Bemerkung wie zuvor.

Autorenverzeichnis.

Sachverzeichnis.

www.ingramcontent.com/pod-product-compliance
Lightning Source LLC
LaVergne TN
LVHW011251110826
845149LV00001B/102

9781418185404